Patrik von zur Mühlen

„Schlagt Hitler an der Saar!"

Abstimmungskampf, Emigration
und Widerstand im Saargebiet
1933—1935

D1724255

Verlag Neue Gesellschaft GmbH · Bonn

CIP-Kurztitelaufnahme der Deutschen Bibliothek

Zur Mühlen, Patrik von:
„Schlagt Hitler an der Saar!": Abstimmungskampf,
Emigration u. Widerstand im Saargebiet 1933—1935 /
Patrik von zur Mühlen. — Bonn: Verlag
Neue Gesellschaft, 1979.
  (Reihe Politik und Gesellschaftsgeschichte; Bd. 7)
  ISBN 3-87831-308-X

Dr. Patrik von zur Mühlen, geboren 1942, ist wissenschaft-
licher Mitarbeiter des Forschungsinstituts der Friedrich-
Ebert-Stiftung. Veröffentlichung u.a.: Rassenideologien,
Geschichte und Hintergründe. Bonn 1977.

ISBN 3-87831-308-X
Forschungsinstitut der Friedrich-Ebert-Stiftung
Godesberger Allee 149, D-5300 Bonn 2

© 1979 bei Verlag Neue Gesellschaft GmbH
Godesberger Allee 143, D-5300 Bonn 2
Alle Rechte vorbehalten
Nachdruck — auch auszugsweise — nur mit Genehmigung
des Verlages
Herstellung: wico grafik GmbH, Sankt Augustin 1
Printed in Germany 1979

Vorwort

Die vorliegende Studie behandelt die innenpolitische Entwicklung des Saargebiets unter dem Völkerbundsregime in den Jahren 1933 bis 1935. Den Hintergrund der Thematik bildet die nationalsozialistische Machtergreifung in Deutschland und der Ausbau der Hitler-Diktatur zum totalitären Staat. Nach Maßgabe des Versailler Vertrages konnte die Bevölkerung des seit 1920 vom deutschen Reich abgetrennten Saargebiets nach einem Zeitraum von fünfzehn Jahren über staatliche Zugehörigkeit ihrer Heimat abstimmen. Am 13. Januar 1935 votierten mehr als 90 % der Abstimmungsberechtigten für die Rückgliederung an Deutschland und damit indirekt für Hitler. Hier sollen die Ursachen dieser Entscheidung untersucht und über den räumlichen und zeitlichen Rahmen der Thematik hinaus ihre Bedeutung für die deutsche Geschichte herausgearbeitet werden.

Die Quellenlage war für vorliegende Arbeit eine außerordentlich günstige. Dienststellen des Reiches und der Länder, auswärtiger Staaten und des Völkerbundes, Archive von Gemeinden, Parteien und Gewerkschaften sowie die zeitgenössische Presse gestatten es, ein vergleichsweise vollständiges Bild des Saargebiets in den Jahren 1933 bis 1935 nachzuzeichnen. Aus diesem Grunde war es leicht zu verschmerzen, daß dem Verfasser einige Quellen versperrt blieben. Das betraf einmal die in den Archiven der DDR liegenden Bestände, zum anderen Materialien der Archives nationales in Paris, die nur Akten von geringem Quellenwert zur Einsichtnahme freigeben wollten, und drittens einige Bestände aus dem Bayerischen Hauptstaatsarchiv/Geheimes Staatsarchiv in München, die aus Gründen des Persönlichkeitsschutzes vorenthalten wurden.

Im übrigen standen die Mitarbeiter der aufgesuchten Archive dem Verfasser mit Rat und Tat zur Seite; für ihre Hilfsbereitschaft möchte ich an dieser Stelle meinen Dank aussprechen. Dies gilt ganz besonders den Leitern des Saarländischen Landesarchivs, Herrn Dr. Hans-Walter Herrmann, und des Saarbrücker Stadtarchivs, Herrn Dr. Hanns Klein; beide haben die Entstehung der Arbeit mit Interesse verfolgt und durch wertvolle Anregungen unterstützt. Danken möchte ich auch Fräulein Ursula Theisen/Saarbrücken, Herrn Hans Obermann vom Stadtarchiv Völklingen sowie den Herren Franz Glauben/Wallerfangen, Joseph Burger/Dillingen und Ludwig Becheter/Posadas (Argentinien), die durch ihre Bereitschaft zum Gedankenaustausch, durch mündliche und schriftliche Auskünfte und Ratschläge zur Vollständigkeit der Arbeit beigetragen haben. Vor allem aber gilt dieser Dank Herrn Ernst Kunkel/Dudweiler, der in unermüdlicher Geduld und Hilfsbereitschaft seine umfassende Kenntnis der hier behandelten Thematik zur Verfügung gestellt hat.

Die in der Abteilung Sozial- und Zeitgeschichte des Forschungsinstituts der Friedrich-Ebert-Stiftung erarbeitete Studie wurde von der Deutschen Forschungsgemeinschaft im Rahmen des Schwerpunkts „Exilforschung" finanziell gefördert. Ihr sei an dieser Stelle herzlich gedankt. Mein Dank gilt schließlich auch Herrn Dr. Kurt Klotzbach, der die Veröffentlichung in der Reihe „Politik- und Gesellschaftsgeschichte" ermöglichte.

Bonn, im März 1979   Patrik v. zur Mühlen

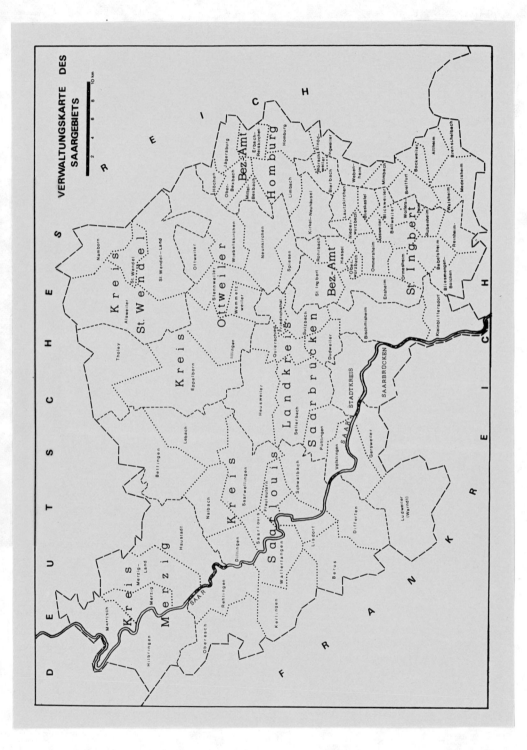

Inhaltsverzeichnis

Abkürzungsverzeichnis

AA   – Auswärtiges Amt
AD   – Archives départementales
ADAP   – Akten zur Deutschen Auswärtigen Politik
ADGB   – Allgemeiner Deutscher Gewerkschaftsbund
AKD   – Abeitsgemeinschaft Katholischer Deutscher
AsD   – Archiv der sozialen Demokratie/Friedrich Ebert-Stiftung
AStV   – Archiv des Stadtverbandes Saarbrücken

BA   – Bundesarchiv
BAV   – Verband der Bergbauindustriearbeiter, Bergarbeiterverband
BayHStA – Bayerisches Hauptstaatsarchiv

CMV   – Christlicher Metallarbeiterverband

DAF   – Deutsche Arbeitsfront
DGB   – Deutscher Gewerkschaftsbund
DMV   – Deutscher Metallarbeiterverband
DNV   – Deutsches Nachrichtenbüro
DNVP   – Deutschnationale Volkspartei
DSVP   – Deutsch-Saarländische Volkspartei
DVP   – Deutsche Volkspartei
DWP   – Deutsche Wirtschaftspartei des Mittelstandes

EVBD   – Einheitsverband der Bergarbeiter Deutschlands
EfdB   – Einheitsverband für das Baugewerbe

FAUD   – Freie Arbeiterunion Deutschlands

Gestapa   – Geheimes Staatspolizei-Amt
Gestapo   – Geheime Staatspolizei

HJ   – Hitler-Jugend
HStA   – Hauptstaatsarchiv

IGB   – Internationaler Gewerkschaftsbund
IISG   – Internationales Institut für Sozialgeschichte
ISK   – Internationaler Sozialistischer Kampfbund

Komintern – Kommunistische Internationale
KPD   – Kommunistische Partei Deutschlands
KPO   – Kommunistische Partei Deutschlands/Opposition

LA	– Landesarchiv
LHA	– Landeshauptarchiv
MSS	– Massenselbstschutz
NSDAP	– Nationalsozialistische Deutsche Arbeiterpartei
PA AA	– Politisches Archiv des Auswärtigen Amts
RFB	– Roter Frontkämpfer-Bund
RGO	– Revolutionäre Gewerkschaftsopposition
SPD	– Sozialdemokratische Partei Deutschlands
SSA	– Saarländische Sturmabteilungen
SSB	– Sozialistischer Schutzbund
SSP	– Saarländische Sozialistische Partei
SSS	– Saar-Sturm-Staffeln
StadtA	– Stadtarchiv
Stapo	– Staatspolizei
SWV	– Saarländische Wirtschaftsvereinigung
V-Mann	– Vertrauensmann

Das Saargebiet: historisch-politische Landeskunde

Noch während des Ersten Weltkrieges hatten französische Publizisten nicht nur die Rückgabe Elsaß-Lothringens gefordert, sondern auch eine Verschiebung der Grenzen in Richtung Mittelrhein. Begründet wurden derartige Forderungen mit historischen Argumenten, denen zufolge ein Teil des späteren Saargebiets unter Ludwig XIV zum Herzogtum Lothringen gehört habe und die Stadt Saarlouis, wie der Name andeutet, vom Sonnenkönig gegründet worden sei; sodann habe das gesamte linksrheinische Gebiet vom Luneviller Frieden 1801 bis 1814 und ein Teil des Kreises Saarlouis bis 1815 zu Frankreich gehört. Darauf beruhte dann auch die Argumentation Clémenceaus, derzufolge an der Saar 150 000 Saar-Franzosen lebten. Derartige historische und ethnographische Traktate, die die eigentlichen wirtschaftlichen, politischen und strategischen Absichten verdecken sollten, begleiteten – wenngleich mit rückläufiger Zahl – die gesamte Geschichte der französischen Saar-Politik[1]. Sie riefen wiederum entsprechende deutsche Pamphlete hervor, die mit gleichem nationalistischen Eifer einen ewigen französischen Expansionsdrang zum Rhein beschworen[2]. Die Saar war zum dauernden Konfliktstoff zwischen beiden Völkern geworden.

Auf den Friedensverhandlungen in Versailles konnte Frankreich seinen Wunsch nach Gebietserweiterungen gegen die Vorbehalte seiner Verbündeteten nicht durchsetzen. Stimmte Lloyd George einer Übertragung der Saargruben an Frankreich und der Schaffung eines eigenen Saarstaates zu, so lehnte er eine französische Annexion, die ein neues Elsaß-Lothringen schaffen würde, entschieden ab. Präsident Wilson verwarf beide Möglichkeiten, da sie zu seinen vierzehn Punkten in Widerspruch standen[3]. Das Resultat war schließlich ein den Deutschen aufgezwungener Kompromiß der Alliierten, in dem die

---

1 Vgl. Ernest Babelon: Au pays de la Sarre. Sarrelouis et Sarrebrück, Paris 1918. – Jacques Bainville: Histoire de deux peuples, Paris 1915. – Georges Blondel: La Rhénanie, Paris 1921. – F. Dontenville: Le bassin de la Sarre doit appartenir à la France, Paris 1926. – Fernand Engerand: L'Allemagne et le fer. Les frontières lorraines et la force allemande, Paris 1916. – Jean de Pange: Les libertés rhénanes, Pays rhénans, Sarre, Alsace, Paris 1922. – Paul Vidal de la Blache: La France de l'Est, Paris 1917. – Paul Vidal de la Blache & Lucien Gallois: Le Bassin de la Sarre. Clauses du Traité de Versailles. Etude historique et économique, Paris 1919.

2 Herbert Stegemann: Rettet das Saarland! Ein Aufruf, Berlin 1919. – Joseph M. Goergen: Frankreichs Fundamentalirrtum im Saargebiet. 150 000 Saarfranzosen oder Fälschung, München 1927. – Friedrich Grimm: Frankreich an der Saar. Der Kampf um die Saar im Lichte der historischen französischen Rheinpolitik, Hamburg 1934. – Martin Herold/Josef Niessen/Franz Steinbach: Geschichte der französischen Saarpolitik. Ausgangsstellung und Angriff. – Von der Saar zum Rhein – Wende und Wiederkehr, Bonn 1934. – Jacob Szliska: Der Freiheitskampf an der Saar, Teile I–V, Breslau 1934.

3 Als Kurzdarstellung s. Dieter Gebhardt: Das Saargebiet (1919–1935), *Saarheimat*. Zeitschrift für Kultur, Landschaft und Volkstum 19 (1975). – Max von der Kall: Das Saargebiet in der Politik der Gegenwart, in: Fritz Kloevekorn (Hrsg.): Das Saargebiet, seine Struktur, seine Probleme, Saarbrücken 1929, S. 469–548, hier S. 472 ff. – Helmut Hirsch: Die Saar in Versailles. Die Saarfrage auf der Friedenskonferenz von 1919, (Reinisches Archiv 42), Bonn 1952.

Saar weder von Frankreich annektiert, noch der deutschen Souveränität belassen, noch als selbständiger Staat konstituiert wurde, sondern als besonderes Gebilde einer – scheinbar – neutralen Instanz, dem Völkerbund, zur Verwaltung und Regierung für fünfzehn Jahre anvertraut wurde. Nach Ablauf dieser am 10. Januar 1920 einsetzenden Zeitspanne sollten die Einwohner dieses Gebiets frei darüber entscheiden, ob sie die Rückkehr zu Deutschland, den Anschluß an Frankreich oder aber den Fortbestand des Status quo wünschten[4]. Den Interessen Frankreichs wurde jedoch auf vielfältige Weise Rechnung getragen: als Entschädigung für die von deutscher Seite angerichteten Kriegsschäden in Nordfrankreich erhielt es das schulden- und lastenfreie Eigentum der saarländischen Kohlenbergwerke, die Zollhoheit über das Gebiet sowie eine Reihe wirtschaftlicher und politischer Vormachtstellungen, auf die wir noch eingehen werden.

Das Saarstatut des Versailler Vertrages

Das Saargebiet war eine Konstruktion des Versailler Vertrages und stellte auf mehrfache Weise ein völkerrechtliches Novum dar. Nach Artikel 45–50 des Vertragswerks und der dazugehörigen, 40 Paragraphen umfassenden Anlage („Saarstatut") trat das Deutsche Reich die Souveränitätsrechte über einen Gebietsstreifen beiderseits der mittleren Saar sowie einige angrenzende Nachbargebiete für die Dauer von fünfzehn Jahren an den Völkerbund ab[5]. Damit wurde ein territoriales Gebilde geschaffen, dessen völkerrechtliche Qualität mit den bisherigen internationalen Rechtskategorien nicht erfaßt werden konnte: weder war die neue politische Einheit ein Staat, noch ein dem Völkerbund oder einem Staat übertragenes Mandatsgebiet (wie die ehemaligen deutschen Kolonien), noch ein völkerrechtliches Protektorat (wie die Freie Stadt Danzig), noch ein Abstimmungsverwaltungsgebiet (wie beispielsweise zeitweilig Oberschlesien) oder ein abhängiges Gebiet, sondern ein zeitlich befristetes völkerrechtliches Gebilde sui generis[6]. Diese neuartige Stellung des – wie es amtlich hieß – „Saarbeckengebiets" verweist auf die unterschiedlichen politischen Zielsetzungen der Siegermächte, die als Kompromiß im Saarstatut ihren völkerrechtlichen Niederschlag fanden.

Artikel 48 des Versailler Vertrages legte die Grenzen des neuen territorialen Gebildes fest; die endgültige Grenzziehung sollte durch einen fünfköpfigen Ausschuß erfolgen. Dadurch wurde aus den fünf preußischen Kreisen Saarbrücken-Land, Ottweiler, Saarlouis, Merzig und St. Wendel sowie der kreisfreien Stadt Saarbrücken und den beiden bayerischen Bezirksämtern (bzw. Teilen derselben) St. Ingbert und Homburg ein rund 1 900 km² großes Territorium mit über 700 000 Einwohnern geschaffen, das Deutschland mit allen Souveränitätsrechten des Reiches, Preußens und Bayerns an den Völkerbund als Treuhänder abtrat. Dennoch blieb das Saargebiet ein Teil Deutschlands, so wie die Einwohner auch deutsche Staatsbürger blieben. Allerdings waren ihre Staatsbürgerrechte, beispielsweise zur Teilnahme an Wahlen, suspendiert, so wie umgekehrt die Gesetzgebung des

---

4 Hellmut Katsch: Regierung und Volksvertretung im Saargebiet, Leipzig 1930, S. 3 ff. – Ludwig Müller: Der Völkerbund als Treuhänder des Saargebiets, Diss. Würzburg 1931, S. 9 ff. – Alexander Geimer: Die völkerrechtliche Stellung des Saargebiets unter besonderer Berücksichtigung der ausländischen Literatur, Diss. Erlangen, Saarbrücken 1931, S. 21 ff.

5 Der amtliche deutsche Vertragstext ist abgedruckt im *Reichsgesetzblatt* 1919, S. 768 ff. – Vollständige Nachdrucke befinden sich in den unter Anm. 11 angeführten Schriften. Der Originaltext war in englischer und französischer Sprache abgefaßt.

6 Hierzu vgl. Eduard Biesel: Die völkerrechtliche Stellung des Saargebiets, (Frankruter Abhandlungen zum modernen Völkerrecht H. 15) Leipzig 1929, S. 27–38.

Reichstags sowie der Landtage in Berlin und München sich nicht mehr auf die Saar erstreckten. Dagegen blieben die deutschen Gesetze aus der Zeit vor dem 11. November 1918 in Kraft, soweit sie nicht ausdrücklich von der Völkerbundsverwaltung aufgehoben wurden[7]. Von französischer Seite wurde dem Saargebiet gelegentlich so etwas wie Staatscharakter zugesprochen. Auf Veranlassung Frankreichs erhielt die Saar eine eigene schwarz-weiß-blaue Fahne, und mit der Einführung einer „Saareinwohnerschaft" 1921 sollte eine der Staatsbürgerschaft ähnlich scheinende Rechtsqualität geschaffen werden. Dennoch drückte § 27 des Saarstatuts die tatsächliche Rechtslage eindeutig aus: „Die gegenwärtige Staatsangehörigkeit der Einwohner des Saarbeckengebiets wird von diesen Bestimmungen in keiner Weise berührt"[8].

Da Deutschland für die Dauer von fünfzehn Jahren auf die Regierung verzichten mußte, ging alle Staatsgewalt – die legislative, exekutive und judikative – auf den Völkerbund über. Nach §§ 11 ff. übertrug der Rat des Völkerbundes die Regierungsgewalt des Saargebiets einem fünfköpfigen Ausschuß, der später so genannten Regierungskommission, deren eines Mitglied Franzose, ein anderes Saarländer und die übrigen Mitglieder Bürger von drei anderen Ländern als Deutschland und Frankreich sein mußten. Der Vorsitzende der Regierungskommission und die vier übrigen Mitglieder wurden für ein Jahr ernannt; Wiederernennung war möglich und in der Praxis die Regel. Die Regierungskommission erhielt alle Regierungsbefugnisse, die früher dem Deutschen Reich, Preußen und Bayern zugestanden hatten, konnte Beamte ernennen, Verwaltungsstellen einrichten, früher reichseigenes, preußisches oder bayerisches Eigentum nutznießen, Gesetze und Verordnungen erlassen, Abgaben und Steuern erheben und die zu allen diesen Aufgaben erforderlichen Maßnahmen ergreifen. Mit anderen Worten: die Regierungskommission war Reichsregierung und Reichstag, Landesregierung und Landtag von Preußen und Bayern, Exekutive und Legislative in einem. Zwar blieb die vor dem Versailler Vertrag bestehende Gerichtsverfassung erhalten, jedoch richtete die Regierungskommission nach § 25 des Saarstatuts einen mit ausländischen Richtern besetzten Obersten Gerichtshof in Saarlouis ein[9].

Die wichtigste Befugnis des Völkerbundsrates war die Ernennung der Mitglieder der Regierungskommission. In der Auswahl der Personen war er hierbei formell unabhängig von irgendwelchen Vorschlägen, jedoch wurden in der Praxis die Empfehlungen der einzelnen Regierungen berücksichtigt. Durch geschickte Vorarbeit gelang es der französischen Regierung, im ersten Jahrfünft der Völkerbundsregierung überwiegend ihr genehme Personen nicht-französischer Nationalität in die Regierungskommission zu lancieren und das französische Mitglied mit dem Amt des Präsidenten zu betrauen. Nach 1926 übernahmen dann Kanadier bzw. Briten dieses Amt. Unter den insgesamt sechzehn Personen, die während der Völkerbundsregierung einmal Mitglied der fünfköpfigen Regierungskommission gewesen waren, stammten vier aus dem Saargebiet selbst, je zwei aus Frankreich, Großbritannien und Kanada und je einer aus Belgien, Dänemark, Spanien, der Tschechoslowakei, Finnland und Jugoslawien. Die Regierungskommission war ausschließlich dem Völkerbund verantwortlich, aber sonst weder deutschen, noch französischen, noch saarländischen Instanzen. Die Kontrollbefugnis des Völkerbundsrates war nur insoweit einge-

---

7 Geimer, S. 39 ff. – Walter Simons: Die völkerrechtliche Stellung des Saargebiets, in: Adolf Grabowsky/ Georg Wilhelm Sante (Hrsg.): Die Grundlagen des Saarkampfes. Handbuch zur Volksabstimmung, Berlin 1934, S. 91 ff. – Eine knappe Übersicht zur rechtlichen und politischen Problematik bietet Michael T. Florinsky: The Saar Struggle, New York 1934.
8 Geimer, S. 84 f. – Maximilian Schwalb: Die „Staatlichkeit" des Saargebiets, in: Grabowsky/Sante, a.a.O. S. 160–174, insbes. S. 163 f.
9 Katsch, S. 53 ff. – Biesel, S. 39 ff.

schränkt, als er selbst im Saargebiet keine Regierungshandlungen vornehmen konnte. Der Völkerbundsrat konnte aber der Regierungskommission Richtlinien erteilen und erhielt wiederum von dieser regelmäßige vierteljährliche Berichte über ihre Regierungstätigkeit. In der Praxis setzte sich eine weitgehende Unabhängigkeit der Regierungskommission von unmittelbaren Eingriffen des Völkerbundsrates durch. Die Regierungskommission war eine kollegiale Behörde, die mit Stimmenmehrheit Beschlüsse faßte. Der Präsident der Regierungskommission war ausführende Stelle und primus inter pares; außerdem unterstanden ihm die Ressorts Auswärtiges und Inneres. Dem jeweiligen saarländischen Mitglied unterstanden gewöhnlich die Zuständigkeiten für Arbeitswesen, Sozialversicherung, Volkswohlfahrt und Gesundheitswesen, Landwirtschaft und Forsten[10].

Auf unterer administrativer Ebene wurden durch die Regierungskommission keine Änderungen vorgenommen: die Verwaltung von Gemeinden und Kreisen blieb weitgehend in ihrer alten Form erhalten. Dagegen ordnete sie den Aufbau der Behördenorganisation neu und schuf eigene saarländische Behörden für Polizeiwesen, Eisenbahn und Post sowie verschiedene Versicherungsämter. Die Beamtenschaft wurde weitgehend aus reichsdeutschen, preußischen und bayerischen Diensten übernommen und für die Zeit der Völkerbundsregierung von ihren Dienstherren entpflichtet. Jedoch stellte die Regierungskommission in leitenden Stellen überwiegend Ausländer ein. Im Jahre 1923 waren in der Zentralverwaltung 73 ausländische Beamte tätig, darunter 57 Franzosen[11]. Außerdem unterstand der Regierungskommission später eine Gendarmerie zur Aufrechterhaltung der öffentlichen Ordnung. Als die Kommission Ende Februar 1920 ihre Amtsgeschäfte in Saarbrücken aufnahm, gab es etwa 200 einheimische Polizisten sowie 8 000 bis 11 000 französische Soldaten[12]. Mit großer Verzögerung wurde bis 1923 eine einheimische saarländische Gendarmerie aufgebaut. Die Verzögerungen gingen von der Regierungskommission selbst aus, um damit einen Vorwand für den Verbleib französischer Truppen zu schaffen. Zusammenstöße der Bevölkerung mit den Soldaten wurden von französischen Militärgerichten bestraft; Übergriffe der Soldaten dagegen, bei denen bis 1924 zehn Saarländer ihr Leben lassen mußten, konnten von ordentlichen Gerichten des Saargebiets nicht belangt werden. Der Streit um das französische Militär und die eigene saarländische Gendarmerie bildete einen der brisantesten Konfliktstoffe in den ersten Jahren des Völkerbundsregimes. Auf Druck der öffentlichen Meinung in der Welt veranlaßte der Völkerbundsrat 1922 eine Reduzierung der Truppen auf 4 500, jedoch blieb der Konfliktstoff des fremden Militärs erhalten. 1927 wurde eine Regelung dergestalt getroffen, daß bis auf ein 630 Mann starkes französisches Bataillon für den Bahnschutz, das um 100 Briten und 68 Belgier verstärkt wurde, alle fremden Soldaten abgezogen wurden. Bis Ende 1930 verließen auch diese restlichen Militäreinheiten das Saargebiet, so daß der Konfliktstoff damit endgültig beseitigt war. Inzwischen hatte die Regierungskommission eine 1926 etwa 1 000 saarländische Landjäger umfassende eigene Gendarmerie aufgebaut[13].

---

10 Geimer, S. 69 ff. – Katsch, S. 66 ff. – Müller, S. 44 ff. – Die Berichte sind abgedruckt im Amtsblatt der Regierungskommission des Völkerbundes (Saarländisches Landesarchiv, Saarbrücken). – Curt Groten: Die Kontrolle des Völkerbundes über die Tätigkeit der Regierungskommission des Saargebiets, Diss. Bonn, Saarbrücken 1929 S. 15 ff., 22 ff., 26. – Als knappe Gesamtübersicht vgl. Karl Barth: Die Verwaltungsorganisation des Saargebiets unter der Völkerbundsregierung, in: Grabowsky/Sante, a.a.O., S. 257-279.

11 Ernst Metzger: Der Einfluß des Saarstatuts auf die politischen und wirtschaftlichen Verhältnisse des Saargebiets, Diss. Jena, Würzburg 1934, S. 22 ff.

12 Unterschiedliche Angaben bei Groten, S. 48, und Metzger, S. 28.

13 Metzger, S. 29 ff., 35, 37 ff. – Müller, S. 71 ff. – Vgl. Maria Zenner: Partei und Politik im Saargebiet unter dem Völkerbundsregime 1920–1935, Diss., Saarbrücken 1966, S. 75 f.

Nach § 31 des Saarstatuts wurde das Saargebiet dem französischen Zollsystem eingegliedert, so daß – abgesehen von den ohnehin in französischen Staatsbesitz übergehenden Saargruben – ein großer Teil der Wirtschaft sich zwangsläufig an Frankreich zu orientieren begann. Nach § 32 des Saarstatuts erhielt der französische Staat das Recht, sich bei allen Käufen, Zahlungen und Verträgen des französischen Geldes zu bedienen. Gegen Widerstände der Bevölkerung wurde zwischen 1920 und 1923 der französische Franken etappenweise als Zahlungsmittel eingeführt und durch Verordnung vom 1. Juni 1923 zur allein gültigen Währung erklärt. Die Integration in das französische Zollgebiet dauerte länger und war erst gegen 1925 abgeschlossen[14].

Den Kern der Saarfrage bildete der in Artikel 45 des Versailler Vertrages und in den §§ 1–15 des Saarstatuts geregelte schulden- und lastenfreie Übergang sämtlicher Kohlengruben an der Saar in französischen Staatsbesitz. Dadurch wurde der französische Staat größter Arbeitgeber an der Saar; durch das Einfließen französischen Aktienkapitals gerieten auch andere Industriezweige bis zu 60% in französische Hände[15]. Der gesamte vorher preußische bzw. bayerische Saarbergbau wurde dem Ministerium für öffentliche Arbeiten in Paris unterstellt, dem ein Verwaltungsrat zur Seite stand. Die Bergwerksverwaltung wurde neu organisiert und als „Administration des Mines domaniales françaises du bassin de la Sarre" einem Generaldirektor unterstellt und vor allem im Leitungsbereich mit französischen Beamten besetzt. Die Gruben wurden nach privatwirtschaftlichen Gesichtspunkten geleitet und standen aufgrund ihrer Rechtskonstruktion außerhalb parlamentarischer Kontrolle[16].

Zur Ausbeutung der Kohlengruben erhielt der französische Staat weitreichende wirtschaftliche und verkehrstechnische Vollmachten; er durfte weitere Grundstücke erwerben und für die Angestellten und Arbeiter französische Schulen sowie Krankenhäuser, Wohnhäuser und Wohlfahrtseinrichtungen errichten und unterhalten. Der französische Staat erhielt das Recht, die Erzeugnisse der Gruben nach eigenem Ermessen zu verkaufen und zu versenden und – bei einer späteren Wiedervereinigung des Saargebiets mit Deutschland – nach einer im Saarstatut festgelegten Regelung die Gruben selbst an Deutschland zu verkaufen. Der französische Staat erhielt ferner ein Mitspracherecht bei eventuellen von der Regierungskommission eingeleiteten gesetzlichen Neuregelungen der Ordnung der Grubenbetriebe.

Das Saargebiet unter dem Völkerbundsregime

Frankreich hatte durch die vorstehend skizzierten Verhältnisse und Einrichtungen eine dominierende Stellung an der Saar eingenommen; die Regierungskommission des Völkerbundes war vor allem in den ersten sechs Jahren oft nicht viel mehr als ein ausführendes Organ französischer Staats- und Kapitalinteressen. Wegen der starken Stellung Frankreichs im Völkerbund war von dieser Seite vorerst auch kein Ausgleich zu erwarten; erst gegen Ende der 20er Jahre setzte unter britischem Einfluß ein gewisser Wandel ein. Typischer Repräsentant der französischen Saarpolitik war der erste Präsident der Regierungskommission, Victor Rault, Staatsrat und ehemaliger Präfekt des Rhone-Departements, der wie auch einige der übrigen Mitglieder der Regierungskommission kein Wort deutsch verstand und sehr enge Beziehungen zur Regierung in Paris unterhielt. Obwohl nur dem Völ-

---

14 Zenner, S. 44 ff. – Metzger, S. 80, 91 ff.
15 Zenner, S. 43. – Katsch, S. 8 ff.
16 Metzger, S. 56 ff. – Gustav Herr/ Heinrich Jahns: Die Kohlenlagerstätte und der Bergbau an der Saar, in: Kloevekorn (Hrsg.), a.a.O. S. 149–222, insbes. S. 181 f.

kerbund verpflichtet, betrieb er eine ausschließlich an französischen Interessen orientierte Politik, die auf die Bedürfnisse der Bevölkerung wenig Rücksicht nahm. Da er – wie viele zeitgenössische Franzosen – von der Erwartung besessen war, an der Saar als Befreier französischer Muttererde begrüßt zu werden, führte er jeden Widerstand der Bevölkerung auf reichsdeutsche Machenschaften zurück, was ihn wiederum zu charakteristischen Überreaktionen verleitete. Als die Regierungskommission im März 1920 eine Verordnung erließ, in der sie sich eine Aussonderung und Entlassung saarländischer Beamter vorbehielt, führte die darauf einsetzende Unruhe in der Beamtenschaft zu einem eintägigen Warnstreik. Darauf verhängte Rault den Belagerungszustand und übertrug die vollziehende Gewalt dem kommandierenden französischen General[17].

Insgesamt mußte in der saarländischen Bevölkerung der Eindruck entstehen, daß die Regierungskommission unter der Präsidentschaft von Rault die in Versailles den Franzosen vorenthaltene Annexion des Saargebiets auf administrativem Wege nachzuholen versuche. Die Anwesenheit französischen Militärs, die Besetzung der wichtigsten Stellen in der Zentralverwaltung mit Franzosen und weitere Maßnahmen im Bereich der Innen- und Kulturpolitik waren dazu angetan, den Gegensatz zwischen Bevölkerung und Regierungskommission aufrecht zu erhalten. Eine der Institutionen, die in der Öffentlichkeit als Mittel einer Französisierungspolitik verstanden wurde, waren die sogenannten Domanialschulen. Wie schon erwähnt wurde, durfte die Grubenverwaltung nach § 14 des Saarstatuts technische Schulen sowie Volksschulen für die Mitarbeiter der Gruben und ihre Kinder unterhalten und durch Lehrer eigener Auswahl Unterricht nach eigenem Lehrplan in französischer Sprache erteilen lassen. Da § 28 des Saarstatuts ausdrücklich vorsah, daß die Einwohner „unter der Überwachung des Regierungsausschusses ihre örtlichen Vertretungen, ihre religiösen Freiheiten, ihre Schulen und ihre Sprache" behalten durften, war allgemeine Rechtsauffassung, daß der in § 14 verwendete Begriff „Grubenpersonal" nur die französischen Bediensteten bezeichnete. Dennoch richtete die Grubenverwaltung neben rein französischen Schulen auch solche für die Kinder deutscher Bergleute ein, in denen sie ein von der öffentlichen Schulverwaltung nicht überwachtes, französisches Unterrichtsprogramm durchführte. Aufgrund der öffentlichen Empörung gegen die Domanialschulen wurden diese auch Gegenstand einer Demarche der Reichsregierung beim Völkerbund. Die Zahl der Domanialschulen betrug in der Zeit des Völkerbundsregimes 24; aufgrund des großen Widerstandes in der Bevölkerung besuchten niemals mehr als 3,8% der schulpflichtigen saarländischen Kinder diese Einrichtungen. Ebenfalls als Französisierungsversuch und nicht als zusätzliches Bildungsangebot interpretiert wurde in der Öffentlichkeit auch die Einführung des fakultativen Französisch-Unterrichts an allen Volksschulen[18].

Provozierend wirkte auf die Bevölkerung auch die von Rault betriebene Politik, die möglichst auch kulturelle Bindungen von der Saar nach Deutschland erschwerte oder sogar verhinderte. Die Teilnahme an Tagungen und Veranstaltungen in Deutschland wurde saarländischen Lehrern untersagt, dagegen wurden Ferienkurse in Frankreich und in der welschen Schweiz großzügig gefördert[19]. Noch während der Zeit des Waffenstillstandes gründeten französischen Stellen neue Zeitungen an der Saar oder kauften bereits bestehende auf, um mit ihnen Propaganda für ihre Politik zu betreiben. Hierzu gehörten *Der Neue Saarkurier*, der von 1919 bis 1926 erschien und eine Auflagenhöhe von 1 500–3 000 erreicht haben dürfte; die *Saarchronik* (später die *Chronik*), die im lothringischen Grenzort Forbach gedruckt wurde; das *Saarlouiser Journal*, das vor seinem Ankauf durch einen französischen

---

17 Zenner, S. 60 f; Metzger, S. 23 ff. – Zur Regierungspraxis unter dem Regime Rault s. Zenner, S. 42–57.
18 Metzger, S. 65–75; Zenner, S. 48.
19 Zenner, S. 50 f. – Vgl. Grimm, S. 45 ff.

Leutnant 1919 *Saarlouiser Tageblatt* geheißen hatte[20]. Daneben gaben die französische Grubenverwaltung sowie einige von ihr protegierte Vereinigungen den *Saarbrücker Bergmannskalender* und andere Schriften in deutscher Sprache heraus, die entweder die französische Vergangenheit der Saar (unter Ludwig XIV und Napoleon I) verherrlichten oder sonstwie den Lesern eine Umorientierung zum französischen Geist nahelegten[21]. Gerade die Grubenverwaltung bildete aufgrund ihrer bedeutsamen wirtschaftlichen und sozialpolitischen Stellung und nicht zuletzt durch ihre beträchtlichen finanziellen Mittel eine Zentrale der französischen Politik an der Saar. Sie konnte als größter Arbeitgeber ungehindert die Bergleute unter Druck setzen, mit Kündigung von Arbeitsstelle und Werkswohnung drohen und die von ihr abhängigen kleineren Zulieferindustrien beeinflussen; sie konnte im Falle eines Streiks französische Arbeiter in beliebiger Zahl an die Saar holen und einheimischen Streikbrecherorganisationen in Domanialschulen und Nebenanlagen der Gruben Räume zu ungehinderten Betätigung zur Verfügung stellen.

Als 1918 französische Truppen in Saarbrücken einmarschierten, bestanden in Paris wahrscheinlich recht verkehrte Vorstellungen von Land und Leuten. Vermutlich haben französische Politiker als Opfer ihrer eigenen Propaganda tatsächlich geglaubt, daß ihre Soldaten als Befreier begrüßt würden, wie es teilweise in Elsaß-Lothringen geschehen war. Irreführend war für Paris sicher auch, daß 1919 einige Tausend Saarländer bei den Franzosen Naturalisierungsgesuche einreichten. Im Kreise Saarlouis sollen dies bis Ende 1921 etwa 15 000 gewesen sein; etwa 80 000 wurden damals – von französischer Seite – als „frankophil" eingstuft? Allerdings müssen an diesen Schätzungen, die, von einem starken Wunschdenken getrieben, wohl den Boden der Realität verließen, folgende Vorbehalte angemeldet werden: aus der Zeit vor der Abtretung Elsaß-Lothringens an Frankreich lebten viele Lothringer an der Saar, die nach dem Ersten Weltkrieg ihre Staatsbürgerschaft den tatsächlichen politischen Gegebenheiten anpaßten, um nicht irgendwelche Rechte zu verlieren und am Ort ihrer Herkunft und ihrer Familie nicht als Ausländer zu gelten; zum andern wird man unter den Naturalisierungsgesuchen auch manche opportunistischen Motive vermuten dürfen: Verlierer des Krieges war Deutschland, in dem Revolution, soziale Unruhen und Kriegsfolgen eine ungewisse Zukunft ankündigten, weswegen vor allem mittelständische, bürgerliche Kreise ihre plötzliche Liebe für die Sieger- und Ordnungsmacht entdeckten. Wie die später zwischen 1922 und 1932 auf Landes-, Kreis- und Gemeindeebene durchgeführten Wahlen zeigten, hat einmal eine frankophile Gruppe 6 600 Stimmen (2,7%), jedoch auf Landesebene kein Mandat für sich gewinnen können. Dem Boden einer französischerseits unterstellten Frankreich-Euphorie waren also enge Grenzen gesetzt, und Grubenverwaltung und Regierungskommission unter Rault sorgten unfreiwillig dafür, daß sie sich im Laufe der ersten Jahre des Völkerbundsregimes sich noch weiter einengten.

Dennoch wurde von französischer Seite eine eifrige Propaganda betrieben, die den Saarländern einen Anschluß an Frankreich oder wenigstens eine endgültige Abtrennung des Saargebiets von Deutschland schmackhaft machen sollte. Da die Versuche, die Saarländer zu Franzosen zu bekehren, erfolglos blieben, lautete die Alternative nicht Deutschland oder Frankreich, sondern Preußen oder Lothringen. Zu lange seien die Saarländer – als im weiteren Sinne Rheinländer – vom fernen Berlin unterdrückt worden; sie dürften nicht

---

20 Heinrich Baldauf: Fünfzehn Jahre publizistischer Kampf um die Saar, Diss. München, Saarbrücken 1934, S. 39–51.
21 Ebd., S. 59 ff.
22 Vgl. Helmut Hirsch: Die Saar von Genf. Die Saarfrage während des Völkerbundsregimes von 1920–1935, (Rheinisches Archiv 46), Bonn 1954, S. 42. – Vgl. auch Robert Herly: Le mouvement francophile en Sarre, in: ebd., S. 92 ff.

von ihren lothringischen Stammesbrüdern, mit denen sie durch jahrhundertelange kulturelle und wirtschaftliche Bande verknüpft seien, getrennt werden[23].

Mit einer derartigen Argumentation agitierte eine Reihe frankophiler Vereine, die von der Grubenverwaltung, von staatlicher und privater Seite mit beträchtlichen Geldmitteln ausgestattet wurden. Dazu gehörten die 1922 gegründete „Gesellschaft der Saarfreunde", deren Mitglieder nur Saarländer und Franzosen sein konnten; sie agitierte vor allem durch heimatkundliche Veröffentlichungen, in denen die engen historischen und wirtschaftlichen Bindungen der Saar-Region nach Frankreich hervorgehoben wurden[24]. Daneben wirkten eine Reihe kleinerer Vereinigungen: der „Warndtbergleuteverband", die „Vereinigung der Elsaß-Lothringer an der Saar" und andere. Gefördert wurden sie von der Grubenverwaltung sowie seit 1928 von der in Paris und Metz wirkenden „Association française de la Sarre", deren Schriftführer Robert Herly (Pseudonym: Jean Revire) in Verbandsblättchen und Traktaten die französische Annexion der Saar oder wenigstens einen autonomen Saarstaat forderte[25]. Die stärkste Organisation war eine von der Grubenverwaltung ins Leben gerufene Bergarbeiterorganisation, der „Saarbergleuteverband" (Saarbund), der erstmals beim großen Streik von 1923 in Erscheinung trat. Daneben gab es als parallele Organisation den „Berufsverband der saarländischen Bergbauangestellten" (Bedsab.). Beide traten als Konkurrenzverbände zu den christlichen und freien Gewerkschaften auf, sollten Bergleute als Streikbrecher werben und auch sonst im Interesse der Grubenverwaltung wirken[26].

Schließlich griffen die französische Militärverwaltung und später die Regierungskommission unter Rault auch auf einzelne Persönlichkeiten zurück, die ihr aufgrund ihrer frankophilen Gesinnung genehm waren. Hier muß als wichtigster Vertreter der – zahlenmäßig völlig unbedeutenden – französisch orientierten Honoratioren der Saarlouiser Arzt Jacob Hector genannt werden, der auch noch später eine gewisse Rolle spielte. Als der amtierende Bürgermeister von Saarlouis den französischen Truppen 1919 einen feierlichen Empfang durch die Stadt verweigerte, wurde er vom Militärkommandanten abgesetzt und auf Druck durch den bisherigen Beigeordneten Hector ersetzt. In dieser Eigenschaft sandte dieser, nachdem er die sprachunkundigen Stadtverordneten durch eine gefälschte Übersetzung getäuscht hatte, mehrere Ergebenheitsadressen nach Paris, in denen die Stadt Saarlouis sich dem Wohlwollen Frankreichs empfahl. Hector wurde 1920 auf Betreiben Raults und gegen den Widerstand der saarländischen Öffentlichkeit zum Mitglied der Regierungskommission des Völkerbundes und zum Minister für Landwirtschaft, Wohlfahrts- und Gesundheitswesen ernannt. Später leugnete er die ihm zur Last gelegten Briefe an Clémenceau, verwickelte sich aber dabei in einen Meineidsprozeß, der ihn schließlich 1923 sein Amt kostete[27]. Persönlichkeiten wie Hector oder die Mitglieder der frankophilen Vereinigungen wurden von sämtlichen politischen Parteien abgelehnt und von der Öffentlichkeit überwiegend als Kollaborateure angesehen. Ihre unverhohlene Protektion durch die französische Militärbesatzung und später durch die Regierungskommission unter Rault haben zweifellos dazu beigetragen, die nationale Frontstellung der saarländischen Bevölkerung zu verfestigen.

Der Versailler Vertrag hatte eine Beteiligung der Saarländer an der Regierung ihres Gebietes nicht vorgesehen. In § 28 des Saarstatuts wurde die Beibehaltung der örtlichen Vertretungen, also der kommunalen Parlamente auf Kreis- und Gemeindeebene, festgelegt; ein

---

23 v. der Kall, S. 486 ff., 491. – Baldauf, S. 56.
24 Baldauf, S. 51 ff.
25 Zenner, S. 218 f.
26 Baldauf, S. 31 ff.
27 Hermann Röchling: Wir halten die Saar! Berlin 1934, S. 81–88. – Zenner, S. 41.

Wahlrecht für mögliche andere Vertretungskörperschaften war ausdrücklich ausgeschlossen worden. Zwar stellte das im April 1920 von der Regierungskommission eingeführte allgemeine, gleiche und geheime Wahlrecht einen Fortschritt dar gegenüber dem früher im preußischen Teil der Saar geltenden Dreiklassenwahlrecht, bot den Saarländern jedoch keine Möglichkeit zur Mitwirkung auf überregionaler Ebene. – Nach §§ 23 und 26 des Saarstatuts sollte die Regierungskommission bei Gesetzesänderungen und Verordnungen sowie Steuererhebungen die „Äußerung der gewählten Vertreter der Bevölkerung" einholen: „Über die Form der Einholung dieser Äußerung entscheidet der Ausschuß". Damit stand aber offen, *wen* die Regierungskommission jeweils als gewählten Vertreter der Bevölkerung betrachtete und unter welchen Umständen die Stellungnahme eingeholt wurde; vor allem aber bestand kein Rechtsanspruch darauf, daß die Wünsche der Saarländer erfüllt würden. Schließlich war zwar ein Sitz in der Regierungskommission einem Saarländer vorbehalten, aber Auswahl und Ernennung waren völlig unbestimmt und ließen, wie der Fall Hector zeigte, auch Entscheidungen des Völkerbundsrates gegen den ausdrücklichen Willen der saarländischen Bevölkerung zu. So blieb als einziges Mittel einer politischen Artikulation die Presse, in der auch recht freimütig Kritik am Völkerbundsregime vorgetragen werden konnte[28].

Die innenpolitische Entwicklung des Saargebiets

Die politischen Parteien an der Saar konnten ihre Wünsche zunächst nur durch Eingaben und Schreiben an den Völkerbundsrat zum Ausdruck bringen, die aber unbeantwortet blieben. 1921 reiste erstmals eine aus Vertretern von Zentrum, SPD und Liberaler Volkspartei sowie der großen Gewerkschaften gebildete Delegation nach Genf, um über persönliche Beziehungen des saarländischen Großindustriellen Hermann Röchling Zugang zu britischen Diplomaten zu erhalten. Auf diese Weise und im Zusammenwirken mit einer großen Pressekampagne konnte die Weltöffentlichkeit auf die autokratischen Herrschaftsmethoden unter Rault aufmerksam gemacht werden. In den wiederholten Beschwerden der saarländischen Parteien wurde immer wieder die Forderung nach einer demokratischen Beteiligung der saarländischen Bevölkerung erhoben: einmal in Form eines saarländischen Parlaments, zum andern durch das Vorschlagsrecht der saarländischen Bevölkerung für das vom Völkerbundsrat zu ernennende einheimische Mitglied der Regierungskommission. Auf Druck der Weltöffentlichkeit wurde schließlich durch Verordnung der Regierungskommission im März 1922 ein pseudo-parlamentarisches Gremium, der Landesrat, geschaffen[29]. Die saarländischen Parteien gaben sich mit dieser Lösung nicht zufrieden, begrüßten die neue Institution jedoch als Tribüne, auf der die Interessen der Bevölkerung in einem offiziellen Rahmen zum Ausdruck gebracht werden konnten.
Der Landesrat bestand aus 30 in allgemeiner, gleicher, unmittelbarer und geheimer Wahl nach dem Verhältniswahlrecht gewählten Vertretern der saarländischen Bevölkerung. Das aktive Wahlrecht war gebunden an ein Lebensalter von mindestens 20 Jahren und an die Eigenschaft als „Saareinwohner" und stand daher auch ausländischen Zuwanderern – beispielsweise Franzosen – zu, die sich legal an der Saar niedergelassen hatten; die von der Regierungskommission ursprünglich vertretene Auffassung, daß das passive Wahlrecht nur gebürtigen Saarländern zustehe, setzte sich nicht durch. Für das passive Wahlrecht

---

28 Zenner, S. 57 ff. – Eugen Wagner: Die Presse des Saargebiets und ihr Kampf gegen die französischen Annexionsbestrebungen in den Jahren 1918–1925, Saarbrücken 1933.
29 Zu den Hintergründen, die schließlich zur Gründung des Landesrates führten, s. Zenner, S. 64–71.

wurde ein Lebensalter von 25 Jahren verlangt. Die Abgeordneten besaßen keine Immunität, jedoch bemühten sich die späteren Regierungskommissionen um eine Behandlung der Abgeordneten, *als ob* eine derartige Regelung bestünde; die Abgeordneten erhielten eine Freifahrkarte und eine steuerfreie Aufwandsentschädigung. Die ursprünglich vorgesehene Wahlperiode von drei Jahren wurde kein einziges Mal eingehalten. Insgesamt fanden vier Landesratswahlen statt: 1922, 1924, 1928 und 1932[30].

Da der Landesrat kein echtes Parlament war, durfte er sich keine Geschäftsordnung geben; sie wurde ihm von der Regierungskommission gegen den Protest sämtlicher der darin vertretenen Parteien auf dem Verordnungswege aufgezwungen. Zeitpunkt und Ort der Sitzungen sowie die Tagesordnungen wurden nach Anhörung des dreiköpfigen Landesratspräsidiums vom Präsidenten der Regierungskommission festgesetzt. Der Landesrat konnte von sich aus weder Sitzungen einberufen, noch Fragen außerhalb der Tagesordnung erörtern, noch sich vertragen, noch sich selbst auflösen. Allerdings wurden derartige Beschränkungen durch die späteren Präsidenten der Regierungskommission gelockert, aufgehoben oder nicht mehr angewendet. Die Sitzungen fanden grundsätzlich öffentlich statt. Mitglieder der Regierungskommission, die als verantwortliche Minister ihre Gesetzentwürfe hätten begründen können, erschienen niemals bei Sitzungen, allenfalls ließ sich der Präsident der Regierungskommission durch einen eigens dazu beauftragten Staatskommissar vertreten, vor allem um amtliche Verlautbarungen bekanntzugeben. Die Hauptaufgabe des Landesrates lag in der Beratung und Stellungnahme zu Gesetz- oder Verordnungsentwürfen zur Änderung der jeweiligen Rechtslage; er hatte also einen Anspruch auf Anhörung durch die Regierungskommission, woraus dieser jedoch keinerlei bindende Verpflichtungen erwuchsen. Dies galt auch für Steuerfragen und für das Budget der Regierungskommission.

Zusammenfassend wird man dem Landesrat jede parlamentarische Qualifikation absprechen müssen; ihm fehlten die elementaren Rechte eines Parlaments: Gesetzgebung und Budgetrecht. Er besaß keinerlei Kontrollfunktion gegenüber der Exekutive und hatte keinerlei Einfluß auf personelle Entscheidungen – nicht einmal im Hinblick auf das saarländische Mitglied der Regierungskommission. Schließlich war der Landesrat wehrlos, wenn sein eigenes Recht, das der Anhörung, durch die Regierungskommission mißachtet wurde, wie dies unter Rault wiederholt geschah. Dennoch wird man diesem Gremium nicht jede demokratisch-repräsentative Funktion absprechen dürfen. Es nahm sehr wohl gewisse politische Aufgaben eines Parlaments wahr, indem es zur Tribüne für die Artikulation der in ihm vertretenen Parteien wurde und damit eine nicht zu unterschätzende Wirkung in der Öffentlichkeit erzielte – auch im Ausland und nicht zuletzt beim Völkerbund in Genf. Außerdem ertrotzte sich der Landesrat im Laufe der Jahre einige Gewohnheitsrechte, die seine Arbeit erleichterten und seine Wirkung erhöhten. So nahmen die Abgeordneten sich das Recht zu Erklärungen und recht bald auch zu Debatten zu Fragen außerhalb der vorgeschriebenen Tagesordnung; gegen den anfangs heftigen Widerstand von Präsident Rault richtete der Landesrat Anträge und Anfragen an die Regierungskommission sowie Eingaben und Denkschriften an den Völkerbund und entsandte schließlich Delegationen zu Sitzungsperioden des Völkerbundsrates nach Genf. Durch Kontakte zu schwedischen, norwegischen, spanischen, niederländischen und belgischen Ratsmitgliedern wurde schließlich auch der Zugang zu den maßgebenden britischen Vertretern geebnet. Von französischer Seite sind die saarländischen Delegationen – allein bis 1930 über dreißig – niemals empfangen worden[31].

---

30 Hierzu und zum folgenden Katsch, S. 101 ff.; Metzger, S. 47 ff.
31 Katsch, S. 140 ff.

Um ein Mandat im Landesrat zu erringen, mußte eine Partei mindestens 3,3% der Stimmen gewinnen. Abgesehen von einigen kleineren bürgerlichen Mittelparteien, die mehrfach ihren Namen wechselten, war keine Partei im Landesrat vertreten, die nicht auch im Reichstag ihre Abgeordneten gehabt hätte. Es gab also keine saarländische Sonderentwicklung unter den Parteien. Trotz französischer Protektion konnten die frankophilen Gruppen nie ein parlamentarisches Mandat auf Landesebene erringen. Dies gelang ihnen nur vereinzelt in einigen Gemeinden und auch dort teilweise nur durch Wahlfälschungen, die – wie 1932 in einigen Gemeinden des Warndt – zur Annullierung und Wiederholung der Wahl führten.

Wenn wir einmal absehen vom Kampf der Saarländer um größere verfassungsmäßige Mitspracherechte, der während der gesamten Zeit der Völbundsherrschaft an der Saar andauerte, so beschäftigten vor allem folgende Themen die saarländischen Parteien: Schulwesen und Kirche, Steuergesetzgebung und Zollfragen sowie Arbeitsrecht und Sozialversicherungen. Die Domanialschulen unterstanden zwar nicht der Regierungskommission, sondern der französischen Grubenverwaltung; aber in der Öffentlichkeit wurde die Schulpolitik der Regierungskommission mit dem nach Frankreich ausgerichteten Lehrplan und dem reduzierten Einfluß der Gemeindeverwaltungen als Ergänzung und Fortsetzung der 1919 vom französischen Militär eingeschlagenen Kulturpolitik aufgefaßt[32]. In die gleiche Richtung zielte die Kirchenpolitik der Regierungskommission. Noch während der Miltitärbesatzung hatten französische Offiziere Kontakt zu evangelischen Geistlichen aufgenommen und ihnen eine Trennung von der rheinischen Landeskirche nahegelegt. Durch hinhaltende Verhandlungen konnten derartige Absichten vereitelt werden, so daß später die Regierungskommission nicht mehr auf derartige Pläne zurückgriff. Wohl aber versuchte sie im katholischen Bereich durch Vorsprachen beim Vatikan, eine Herauslösung des Saargebiets aus den Diözesen von Trier und Speyer und die Ernennung eines eigenen Saar-Bischofs zu erreichen, was indessen am Widerstand der Kirche und nicht zuletzt der saarländischen Geistlichkeit scheiterte[33].

In Steuer- und Zollfragen richtete sich der Kampf der saarländischen Parteien auf eine Angleichung des Steuersystems an die Erzbergerschen Steuerreformen, für eine höhere Besteuerung der Kapitalgesellschaften sowie der staatlichen französischen Saargruben, Steuersenkungen für Arbeiter sowie Erleichterungen für die Wirtschaftszweige, die von der Integration des Saargebiets in die französische Zollhoheit nachteilig betroffen waren[34]. Im Bereich Arbeitsrecht und Sozialpolitik richteten sich die Bemühungen der Parteien und vor allem der Gewerkschaften darauf, die nach 1918 im Reich eingeführten Verbesserungen und Reformen auch an der Saar einzuführen, was jedoch nicht gelang. Dagegen konnten im Bereich der Wohlfahrt einige Fortschritte erzielt werden, was unter anderem darauf zurückzuführen war, daß dieser Aufgabenbereich in das Ressort des saarländischen Mitgliedes der Regierungskommission fiel[35].

Die saarländische Innenpolitik wurde während der Präsidentschaft Victor Raults (1920–1926) von den großen nationalen Kontroversen geprägt, in die auch rein sachliche Streitfragen oder soziale Konflikte einbezogen wurden. Rault selbst hat durch seine unnachgiebige Haltung, die ihn mehr als Vertreter französischer Staats- und Kapitalinteressen denn als Beauftragten des – scheinbar – neutralen Völkerbunds auswies, zur Verschärfung der Streitfragen beigetragen und die weitgehend geschlossene Frontstellung der

---

32 Zenner, S. 100 ff.; Metzger, S. 43 f. – Hans Bongard: Das Kulturleben an der Saar, in: Kloevekorn (Hrsg.), a.a.O., S. 409–438, insbes. S. 419 f.
33 Bongard, S. 415 ff; Metzger, S. 42.
34 Zenner, S. 132–148.
35 Ebd., S. 116–132.

Bevölkerung provoziert. So bekämpfte Rault jede saarländische Forderung nach politischer Mitsprache als vermeintliche Bedrohung elementarer französischer Interessen. Erwähnenswert ist hier der für die innenpolitische Entwicklung bedeutsame hunderttägige Bergarbeiterstreik, der nach gescheiterten Lohnverhandlungen am 5. Februar 1923 begann. Etwa 72 000 Bergleute traten in den Ausstand, was die Grubenverwaltung mit Entlassungen und Wohnungskündigungen beantwortete. Hinter den Streikenden standen nicht nur geschlossen die freien und christlichen Gewerkschaften, sondern sämtliche im Landesrat vertretenen Parteien. Als Lohnkampf gegen den französischen Staat als Arbeitgeber entbrannt, erhielt der Streik durch die gleichzeitige französische Besetzung des Ruhrgebiets auch außenpolitische Akzente. Präsident Rault vermutete – gegen den ausdrücklichen Widerspruch seines kanadischen Kommissionskollegen – eine von Berlin aus gesteuerte Obstruktionspolitik gegen den französischen Kohlenabbau und verhängte – wiederum gegen den Protest des Kanadiers – den Belagerungszustand; durch eine Notverordnung wurden Streikposten verboten. Bereits bei Ausbruch des Arbeitskampfes hatte er französische Truppen angefordert. Der Streik wurde schließlich durch Vermittlung des Internationalen Arbeitsamtes, an das sich die Parteien des Landrates gewandt hatten, beigelegt[36].

Die Bemühungen um die Errichtung des Landesrates 1922, der große Bergarbeiterstreik 1923 und eine zunehmend kritischere Publizistik in britischen, amerikanischen und skandinavischen Zeitungen leiteten schließlich die Krise des Regimes Rault ein. Vor allem sozialdemokratische Parteien des Auslandes griffen immer schärfer die überwiegend an französischen Interessen orientierte Politik der Regierungskommission an; die französischen Sozialisten schlossen sich dem an und forderten von ihrer Regierung die sofortige und restlose Rückgabe der Saar an Deutschland; Léon Blum sandte 1924 ein Solidaritätstelegramm an die saarländischen Sozialdemokraten[37]. Durch die sich wandelnde Haltung des Völkerbundsrates geriet auch Rault selbst zwischen diesen und die Regierung in Paris, die von ihm ein uneingeschränktes Eintreten für französische Interessen notfalls auch gegen den Völkerbund erwartete.

1924 setzte eine Erosion der französischen Vormachtstellung in der Regierungskommission selbst ein. Das erste saarländische Mitglied hatte 1920 bereits nach wenigen Monaten aus Protest sein Amt niedergelegt und war durch Hector ersetzt worden, der wiederum im Zusammenhang mit seinem Meineidsprozeß ausschied. Hectors Nachfolger war wiederum ein enger Vertrauter von ihm, der nicht das Vertrauen der Saarländer besaß. Er wurde also 1924 durch den früheren Bergmann und christlichen Gewerkschaftsfunktionär Bartholomäus Koßmann ersetzt, der das Zentrum von 1912 bis 1918 im Reichstag und von 1922 bis 1924 im Landesrat vertreten hatte. Er bekleidete dieses Amt bis zur Rückgliederung der Saar 1935. Im Jahre 1924 schied auch das dänische Mitglied der Regierungskommission aus, ein in Paris lebender Rennstallbesitzer, und wurde durch einen Spanier ersetzt, der sich in den wenigen Monaten seines Wirkens das Vertrauen der Bevölkerung erwarb. Nach seinem Tode im selben Jahre übernahm ein Tschechoslowake sein Amt. 1926 schied schließlich Rault selbst aus dem Amt; 1928 folgte ihm das belgische Mitglied, so daß seitdem die Regierungskommission gegenüber 1920 eine vollständig andere war. An die Stelle des Belgiers trat ein Finne, für Rault wurde sein Neffe Jean Morize als französisches Mitglied berufen. Das Amt des Präsidenten übernahm ein Kanadier, dem 1927 und 1932 britische Diplomaten folgten[38].

---

36 Ebd., S. 73 ff.
37 Ebd., S. 184. – Max Braun: Unsere Hoffnungen und Ziele, in: Kloevekorn (Hrsg.), a.a.O., S. 549–555, insbes. S. 550.
38 Zenner, S. 84 f.

Der personelle Wechsel leitete eine sichtbare innenpolitische Entspannung ein. Zwar konnten die saarländischen Parteien keine weiteren verfassungsrechtlichen Verbesserungen durchsetzen, andererseits bemühte sich die Regierungskommission in zunehmendem Maße um Verständnis und Mitarbeit der saarländischen Parteien. Dies galt insbesondere auch für den seit 1932 amtierenden schottischen Präsidenten Sir Geoffrey George Knox, der zwar auf eine strenge Erfüllung der im Saarstatut gestellten Aufgaben achtete, aber andererseits im Rahmen des Möglichen mit den tragenden Parteien des Landesrats zusammenzuarbeiten trachtete[39]. Auch die außenpolitische Entspannung kam der saarländischen Innenpolitik zugute. Bereits 1926 scheinen sich im Kreise um Briand Erkenntnisse durchgesetzt zu haben, daß die saarländische Bevölkerung kaum für Frankreich gewonnen werden könne. Bei den deutsch-französischen Verhandlungen 1929/30 kamen auch mögliche vorzeitige Lösungen der Saarfrage zur Sprache, die zwar scheiterten, indessen die Einsicht maßgebender französischer Kreise erkennen ließen, daß eine vorherige Regelung der Zollfragen und des Verkaufs der Gruben an Deutschland Frankreich eine bessere Verhandlungsbasis bieten würde als nach der zu erwartenden französischen Abstimmungsniederlage 1935. Die leidenschaftlichen Attacken der Association française de la Sarre gegen eine beiderseitige Entspannungspolitik auf der Grundlage einer Lösung der Saarfrage entpuppte diese als Ausfluß chauvinistischer Kreise, die zwar noch störend wirken konnten, aber gerade in ihrer Agressivität und Irrationalität das Scheitern einer verfehlten Expansionspolitik andeuteten[40].

Dennoch blieb im Verhältnis zwischen saarländischen Parteien und Regierunskommission und besonders zwischen der Arbeiterschaft und der französischen Grubenverwaltung eine gewisse Atmosphäre des Mißtrauens erhalten. Die militärische Besatzungszeit 1919 und die 1920 einsetzende repressive Politik des Völkerbundsregimes unter Victor Rault hatten in der Bevölkerung Wunden geschlagen, die nur schwer heilten und eine bleibende Frontstellung aller Parteien gegen die Regierungskommission und vor allem gegen Frankreich aufrecht erhielten[41]. Man muß sich diesen Sachverhalt vor Augen halten, wenn man den Hintergrund der nach dem Saarstatut für 1935 vorgesehenen Volksabstimmung der Saarländer über die politische Zukunft ihrer Heimat verstehen will. Nach § 34 des Saarstatuts sollte die saarländische Bevölkerung nach Ablauf einer Frist von fünfzehn Jahren nach Inkrafttreten des Versailler Vertrages über folgende drei Lösungsmöglichkeiten abstimmen: (1) Beibehaltung der durch den Versailler Vertrag und das Saarstatut geschaffenen Rechtsordnung; (2) Vereinigung mit Frankreich oder (3) Vereinigung mit Deutschland. Stimmberechtigt war jede Person, die am Tage der Abstimmung das zwanzigste Lebensjahr erreicht hatte und am Tage der Unterzeichnung des Versailler Vertrages ihren Wohnsitz im Saargebiet hatte. Die Vorschriften über den Zeitpunkt der Abstimmung sowie über die Modalitäten einer freien, geheimen und unbeeinflußten Stimmenabgabe sollten vom Völkerbundsrat festgesetzt werden. Angesichts des jahrelangen Kampfes der Saarländer um politische Mitspracherechte und gegen französische Vormacht an der Saar war von Anfang an der Ausgang der Volksabstimmung nicht zweifelhaft. Sämtliche im Landesrat vertretenen Parteien hatten wiederholt ihr Bekenntnis zur Rückkehr zu Deutschland abgelegt. Sie hatten sich seit jeher gegen alle Maßnahmen gewandt, die die verbliebenen Bindungen des Saargebiets zu Deutschland lockern konnten. Mit unterschiedlicher Zielvorstellung, Argumentation und Phraseologie forderten sie alle die Rückkehr zum Reich. Die wenigen frankophilen oder autonomistischen Gruppen

---

39 Zu Knox vgl. Hirsch; Saar von Genf, S. 86 ff.
40 Zenner, S. 218 ff.
41 Auf diesen Aspekt verweist besonders Joseph M. Goergen: Das Saarexperiment des Völkerbundes, Strasbourg 1934, S. 19 ff., 27.

spielten in der Innenpolitik keine Rolle und genossen wegen ihres Rufes französischer Fernsteuerung kein sehr hohes Ansehen. Mit anderen Worten: es gab in der Frage der Saarabstimmung bei allen Parteien keine grundsätzlichen Kontroversen über das Votum, das sie ihren Wählern, Mitgliedern und Anhängern empfehlen würden.

Die Eingikeit der saarländischen Parteien beruhte aber auf der als selbstverständlich geltenden demokratischen Staatsform des Deutschen Reiches. Sie bildete den Konsensus auch für die nationale Frage, insofern keine Partei von einer demokratischen Reichsregierung irgendwelche Beschränkungen oder Behinderungen und keine Bevölkerungsgruppe über irgendwelche Übergangsschwierigkeiten hinausgehende Benachteiligungen zu erwarten hatte. Diese Situation mußte sich schlagartig verändern, sobald in Deutschland ein Regime an die Macht gelangte, dessen politische Praxis das Wirken dieser Parteien zunächst behinderte und recht bald mit brutaler Gewalt ganz unterdrückte. Hier mußte die vorher unzweideutige Frage von den Parteien neu gestellt und beantwortet werden: Rückkehr in ein zur Diktatur entstelltes Mutterland oder Verbleib unter dem ungeliebten Völkerbundsregime, das aber ein gewisses Mindestmaß an Freiheit und Rechtssicherheit garantierte. Die Frage nach den Prioritäten stellte sich vorher nicht, da sie sich nicht gegenseitig ausschlossen, sondern in einem Votum zusammenfielen. Erst nach der Machtergreifung des Nationalsozialismus wurden die Saarländer vor die Wahl gestellt: Deutschland oder Freiheit. Erst durch Hitlers Amtsantritt entstand so etwas wie eine Abstimmungsfrage, die durch den Zusammenbruch des vorher bestehenden Konsensus ausgelöst wurde und durch die nunmehr einsetzenden Kontroversen die saarländische Bevölkerung spaltete. Die fast zwei Jahre zwischen Hitlers Machtergreifung am 30. Januar 1933 und dem Plebiszit am 13. Januar 1935 bilden daher die Zeit des Abstimmungskampfes, der den zeitlichen und sachlichen Rahmen der vorliegenden Untersuchung absteckt.

Panorama der saarländischen Parteienlandschaft

Neben dem Ruhrgebiet, Sachsen und Oberschlesien war das Gebiet an der Saar eines der ältesten industriellen Ballungszentren Deutschlands. Bergbau und Eisenhütten, deren Anfänge bis ins Spätmittelalter zurückreichen, hatten durch landesherrliche Förderung bereits im 18. Jahrhundert einen beträchtlichen Stand erreicht und erlebten ab 1850 einen Aufschwung, dessen Auswirkungen das Land bis heute gestalten. Dabei hat der saarländische Wirtschaftsraum einige besondere Entwicklungen durchlaufen, die sich in demographischer, wirtschafts- und sozialgeschichtlicher Hinsicht stark von den übrigen Industriegebieten unterschieden und sich auch auf die politische Landschaft auswirkten. In der Grafschaft Nassau-Saarbrücken als dem wichtigsten Staat an der Saar war um die Mitte des 18. Jahrhunderts der Bergbau in landesfürstlichen Besitz übergegangen, der nach der Annexion der linksrheinischen Gebiete durch das revolutionäre Frankreich an den französischen Staat fiel. 1815 kam der größte Teil dieser Region an Preußen, das nun das Erbe der staatlichen Saargruben antrat und – mit einer Ausnahme – bis 1918 fortsetzte. Ähnlich gelagert waren die Verhältnisse in der benachbarten bayerischen Saar-Pfalz, wo sich gleichfalls die Bergwerke mit Ausnahme einer privat verpachteten Grube in Staatsbesitz befanden[1].

Die Eisenhüttenindustrie erlebte nach der Annexion Elsaß-Lothringens 1871 einen Aufschwung durch den Zugang zu den lothringischen Erzgebieten und vollzog rasch einen Konzentrationsprozeß, der den Konzernen eine auch für andere Industriezweige bestimmende Stellung gab. Drei der fünf großen saarländischen Eisenhütten im Jahre 1913 wurden vom Stumm-Konzern beherrscht, der auch weitere Industrien in Lothringen und Luxemburg besaß, eine von der Familie Röchling und die fünfte von einer belgisch-luxemburgischen Kapitalgesellschaft. Um diese Konzerne scharten sich als wirtschaftliche Trabanten etliche aufgekaufte oder zu großen Teilen kontrollierte weiterverarbeitende Metallindustrien[2].

Diese geballte wirtschaftliche Macht leitete in einem überwiegend agrarischen Gebiet vom landesfürstlichen Absolutismus über zum Hochkapitalismus, ohne daß als Übergang eine liberale bürgerliche Zwischenphase das Land und seine Bewohner hätten nachhaltig prägen können. Der königlich-preußische Bergbau und die mächtigen Hüttenkonzerne, die gewöhnlich eng zusammenarbeiteten, stellten auch im politischen Bereich eine dominierende Macht dar, die keinerlei Organisation oder Partei aufkommen ließ, die ihren Interessen nicht entsprach. 1877 gründete Carl Ferdinand Freiherr von Stumm den „Verein zur Bekämpfung der Sozialdemokratischen Bewegung", in dem das gesamte Unternehmertum an der Saar unter Einschluß der königlich-preußischen Bergwerksdirektion und der Eisenbahnverwaltung zusammengeschlossen waren. Jeder Arbeiter, der im Verdacht sozialdemokratischer Neigungen stand, wurde entlassen und fand aufgrund „schwarzer

---

1 Gustav Herr/Heinrich Jahns: Die Kohlenlagerstätte und der Bergbau an der Saar, in: Kloevekorn (Hrsg.), a.a.O., S. 149–221 insbes. S. 161 ff.
2 Walther Cartellieri: Die Eisenindustrie an der Saar, in: ebd., S. 223–262, insbes. S. 226 f.

Listen" in keinem Betrieb an der Saar mehr Arbeit. Zwar bestand dieser Verein nur fünf Jahre, aber Nachfolgeorganisationen setzten diese Praxis fort, die bis zu Stumms Tode 1901 uneingeschränkt die politische Landschaft bestimmte[3]. Diese nur langsam sich lockernden Verhältnisse hatten die Anfänge überwiegend konfessioneller Arbeitervereine zwar nicht verhindert, aber dennoch die Entstehung von Gewerkschaften stark verzögert. Obwohl die Saar eine der wirtschaftlich meist entwickelten Regionen Deutschlands war, bildete sie sozialpolitisch doch eines der Schlußlichter und erhielt von zeitgenössischen Kritikern den bezeichnenden Namen „Saarabien".

Den sozialen Verhältnissen entsprachen auch die politischen Machtstrukturen. Bis zum Ersten Weltkrieg bestimmten Freikonservative und Nationalliberale die Parteienlandschaft[4]. Die Arbeiterschaft war noch nicht in der Lage, sich als eigenständige Kraft zu artikulieren, und wählte aufgrund ihrer Abhängigkeit vielfach die von ihren Unternehmern favorisierten Parteien. Dabei wurden die wirtschaftlichen und administrativen Herrschaftsverhältnisse noch zusätzlich gestützt durch besondere Sozialstrukturen innerhalb der Arbeiterschaft selbst, die die Politisierung und Solidarisierung eines geschlossenen Proletariats stark behinderten. Zum einen bestand sie aus kleinbäuerlichen Parzellenbesitzern, die neben ihrem Bergmannsberuf einen landwirtschaftlichen Betrieb unterhielten und noch stark in dörflich-agrarischen Traditionen standen, zum andern aus zugewanderten Besitzlosen aus Lothringen oder dem Hunsrück; unterschiedliche Arbeitsbedingungen in den einzelnen Branchen, verschiedene konfessionelle Bindungen und landsmannschaftliche Überlieferungen bildeten Hemmnisse, die im Zusammenwirken mit den tatsächlichen wirtschaftlichen Machtstrukturen schwer zu überwinden waren. Wenn auch der These widersprochen werden muß, wonach das Saar-Revier sich industrialisiert, aber nicht in gleichem Maße proletarisiert habe, so muß doch unterstrichen werden, daß in einem Gebiet, in dem bereits 1910 fast 70% der Erwerbstätigen in der Industrie beschäftigt waren, eine den mitteldeutschen Industrierevieren vergleichbare gewerkschaftliche und parteipolitische Entwicklung bis zum Ersten Weltkrieg nicht hat durchsetzen können[5]. Nach dem Tode des Freiherrn v. Stumm erfolgten gewisse Einbrüche in die parteipolitische Landschaft durch den Aufstieg des Zentrums und die ersten Anfänge der christlichen Gewerkschaften. Zwar hatte es katholische Arbeiterverbände schon seit Mitte des 19. Jahrhunderts gegeben, so die 1856 gegründete „St. Barbara-Bruderschaft für Berg- und Hüttenarbeiter", jedoch handelte es sich hier um rein religiöse Vereinigungen. Aber sie leiteten eine stärkere Politisierung des katholischen Vereinslebens ein, die 1902 zur Gründung einer saarländischen Sektion des „Verbandes der katholischen Arbeitervereine" führte; kurz darauf folgten die christlichen Gewerkschaften: 1904 der Gewerkverein christlicher Bergarbeiter, 1906 der Christliche Metallarbeiterverband, der im selben Jahre auch den ersten Streik in der saarländischen Industrie organisierte[6]. Etwa zur gleichen Zeit drang auch das Zentrum, das in den ländlichen Gebieten ohnehin schon stark vertreten war, in die Arbeiterschaft und gewann in scharfer Konkurrenz zu den Nationalliberalen stark an Boden. Unter geistlicher Führung nahm das Zentrum an der Saar recht bald den Charakter einer vorwiegend an Arbeiterinteressen orientierten Partei an. Die regen sozialpolitischen Akti-

---

3 Otto Borck: Die Großeisenindustrie des Saargebiets unter besonderer Berücksichtigung der Lohn- und Arbeitsverhältnisse in der Nachkriegszeit, Diss. Frankfurt am Main, Leipzig 1930, S. 58 ff., 61. f.

4 Josef Bellot: Hundert Jahre politisches Leben an der Saar unter preußischer Herrschaft (1815–1918), (Rheinisches Archiv 45), Bonn 1954, S. 120 ff.

5 Borck, S. 41. – Matthias Karius: Zur Sozialpolitik im Saargebiet, in: Kloevekorn (Hrsg.), a.a.O., S. 345–388, insbes. S. 346, 348.

6 Borck, S. 44 ff.

vitäten des Trierer Kaplans Georg Friedrich Dasbach an der Saar und im Reichstag zeugten ebenso davon wie die enge personelle Verflechtung von Zentrum und christlichen Gewerkschaften[7]. Dagegen konnten Sozialdemokratie und freie Gewerkschaften unter den angedeuteten politischen Bedingungen nur sehr schwer Fuß fassen, was durch folgende Zahlen beleuchtet wird: um 1911 hatten die christlichen Gewerkschaften mit Schwerpunkt im Bergbau 15 000 Mitglieder, die freien Verbände nicht einmal 1 000. Im Jahre 1910 waren von 100 000 Metallarbeitern an der Saar und in Elsaß-Lothringen überhaupt nur 6% in Gewerkschaften organisiert, etwa 700 im Christlichen Metallarbeiterverband und nicht einmal halb soviele im freigewerkschaftlichen Verband. Die überwältigende Mehrheit der Organisierten gehörte wirtschaftsfriedlichen Werkvereinen an. Bis zur Änderung des preußischen Vereinsgesetzes 1908 unterhielten die freien Gewerkschaften nur im bayerischen Teil des späteren Saargebiets ein Sekretariat, da dort die Vereinsgesetzgebung liberaler war und ihre Mitglieder wegen der dort möglichen Geheimhaltung der Verbandszugehörigkeit auch stärker vor Diskriminierung durch die Unternehmer schützte[8].

Der politische Umbruch an der Saar setzte während des Ersten Weltkrieges ein. Da der Staat im Kriege auf die Hilfe der Gewerkschaften angewiesen war, räumte er ihnen einige Zugeständnisse ein: mit dem Hilfsdienstgesetz vom 5. Dezember 1916 wurde die staatliche Anerkennung der Gewerkschaften erreicht. Auf ihr Betreiben wurden die wirtschaftsfriedlichen Organisationen aus den Schlichtungsausschüssen ausgeschlossen, was den „gelben" Werkvereinen jede Möglichkeit zur Mitwirkung nahm; sie verkümmerten recht bald zu völliger Bedeutungslosigkeit. Im Jahre 1917 setzte ein starker Zulauf zu den Gewerkschaften ein. Der Gewerkverein christlicher Bergarbeiter konnte sich von rund 11 000 im Jahre 1913 bis 1919 verdoppeln; der freigewerkschaftliche Bergarbeiterverband wuchs im selben Zeitraum von 1 250 auf 34 500 Mitglieder[9]. Gleichzeitig entwickelte sich die vorher gänzlich bedeutungslose Sozialdemokratische Partei zur führenden Kraft in der Revolution von 1918. Der Arbeiter- und Soldatenrat von Saarbrücken stellte am 11. November 1918 eine Reihe wichtiger sozialpolitischer Forderungen auf: Achtstundentag, Schutz vor Entlassungen, Gründung eines Wohlfahrtsausschusses und bestimmte Vollmachten für den Arbeiter- und Soldatenrat. Zwar wurden diese Forderungen von dem kurz darauf einmarschierenden französischen Militär wieder annulliert, aber einige der erkämpften Errungenschaften blieben erhalten: 1919 gingen die Hüttenwerke vom Zwölf- zum Achtstundentag über und bildeten damit das Vorbild für andere Industrien; mit einem Tarifvertrag zwischen Arbeitgeberverband und Gewerkschaften im Oktober 1919 wurden erstmals die Arbeitnehmerorganisationen als Vertragspartner anerkannt[10]. Die Arbeiterbewegung hatte in dem vorher als „Saarabien" bezeichneten rückständigen Saar-Revier eine maßgebende Stellung in Politik und Wirtschaft errungen.

Obgleich die politische Landschaft an der Saar mit dieser Entwicklung Anschluß gefunden hatte an den Stand anderer deutscher Industriereviere, führte die Sonderstellung des unter Völkerbundverwaltung stehenden neuen territorialen Gebildes zu anders gearteten Arbeitsbedingungen für Parteien und Gewerkschaften. Die saarländische Bevölkerung

7 Zenner, S. 27 f. – Vgl. Albert Schorr: Zur Soziologie des Industriearbeiters an der Saar, Diss. Hamburg 1931, S. 50 f. – Klaus Saul: Staat, Industrie, Arbeiterbewegung im Kaiserreich. Zur Innen- und Außenpolitik des Wilhelminischen Deutschland 1904–1914, Diss. Hamburg, Düsseldorf 1974, S. 143 f.
8 Borck, S. 47, 52, 50; – Karius, in: Kloevekorn, a.a.O., S. 382.
9 Rudolf Obé: Die Arbeiterverhältnisse im französisch-fiskalischen Saarbergbau, Diss. Frankfurt am Main, Leipzig 1930, S. 47. Rudolf Schnell: Die Bergarbeiterbewegung im Saargebiet seit der französischen Okkupation, Diss. München (hekt.) 1924, S. 22–14, 41 f.
10 Borck, 56 f.

war von der politischen Mitwirkung auf Landesebene ausgeschlossen. Die Parteien konnten daher nur auf kommunaler Ebene bzw. als beratende Gremien im pseudoparlamentarischen Landesrat arbeiten. Im Bereich der Sozialpolitik blieb das Saargebiet hinter dem Reich zurück, indem etliche der dort eingeführten Neuerungen von der Regierungskommission nicht übernommen wurden: die Verordnung vom 23. Dezember 1918 über Tarifverträge, Arbeiter- und Angestelltenausschüsse und Schlichtung von Arbeitsstreitigkeiten, das Betriebsrätegesetz von 1920, das Arbeitsgerichtsgesetz von 1926, das Arbeitsnotgesetz von 1927 und das Gesetz zur Arbeitsvermittlung und Arbeitslosenversicherung sowie eine Reihe von Neuerungen im Bereich der Sozialversicherungen. Dagegen stellte die 1925 an der Saar eingeführte, von Arbeitgebern und Arbeitnehmern paritätisch besetzte Arbeitskammer nur eine lückenhafte Kompensation für den sozialpolitischen Stillstand dar[11].

Zusammen mit den rechtlichen und politischen Besonderheiten des neuen Gemeinwesens an der Saar bildete auch dessen demographische Struktur den Hintergrund für eine vom Reich abweichende Parteienlandschaft. Als eigenständige politische Einheit besaß das Saargebiet mit 403 Einwohnern pro Quadratkilometer die größte Bevölkerungsdichte in Europa und übertraf damit das Reich mit 113 Einwohnern um mehr als das dreieinhalbfache. Diese Bevölkerungsdichte aber war wiederum innerhalb des vergleichsweise kleinen Territoriums sehr ungleich verteilt. Vor allem in den ehemals bayerischen Kreisen (Bezirksämtern) Homburg und St. Ingbert gab es Gemeinden mit weniger als 100 Einwohnern pro Quadratkilometer[12]. Entsprechend der starken Industrialisierung wies auch die berufliche Gliederung starke Abweichungen vom reichsdeutschen Durchschnitt auf. Während der Anteil des Beschäftigten in den Berufszweigen Handel und Verkehr, Verwaltung, freie Berufe, Gesundheitswesen und häusliche Dienste etwa die gleiche Stärke besaß wie im Reich, so waren die in der Land- und Forstwirtschaft Beschäftigten mit 18,6% (gegenüber 30,5% im Reich) stark unterrepräsentiert, dagegen Industrie und Handel mit 54,9% (gegenüber 41,4%) überrepräsentiert[13]. Von den rund 247000 im Jahre 1927 statistisch erfaßten Erwerbstätigen waren etwa 73000 (29,6%) im Bergbau und 36000 (11,6%) in der Großeisenindustrie beschäftigt. Gegenüber 1913 hatte die Zahl der Hüttenarbeiter um etwa 6000, die der Bergleute um 16000 zugenommen[14]. Andere Branchen wie weiterverarbeitende Metallindustrie, Motoren-, Keramik-, Glas- und Papierfabrikation fielen gegenüber diesen beiden großen Branchen weniger ins Gewicht.

Für die saarländische Parteienlandschaft waren indessen nicht nur die demographischen und sozialen Strukturen maßgebend, sondern auch das besondere konfessionelle Gepräge. Waren in Deutschland 64,1 % der Wohnbevölkerung protestantisch und 32,4 % katholisch, so lagen die Mehrheitsverhältnisse an der Saar umgekehrt: 72,6 % aller Saarländer waren Katholiken, 25,9% Protestanten. Aufgrund des historischen Hintergrundes der einzelnen Landesteile, aus denen das Saargebiet zusammengesetzt war, gab es in einigen Kreisen und Bürgermeistereien extreme Abweichungen. Vor allem in den ehemals pfälzischen Kreisen Homburg und St. Ingbert gab es Ortschaften mit mehr als 90 % Protestan-

---

11 Karius, S. 376 ff., Borck, S. 66 f.

12 Die Bevölkerung des Saargebiets nach den Ergebnissen der Volkszählung vom 19. Juli 1927, Bd. I: Volkszählung, Saarbrücken 1930, S. 6 f. – Bis zum 1. Januar 1933 erhöhte sich die Bevölkerungsdichte durch Zuwanderung noch auf 431.

13 Emil Straus: Die gesellschaftliche Gliederung des Saargebiets. Eine soziographische Beschreibung, Phil. Diss. Frankfurt am Main 1935, S. 2.

14 Die Bevölkerung des Saargebiets.... Bd. II: Berufszählung, Saarbrücken 1931, S. 8 ff., 166 ff., 178 ff. – Vgl. Otto Rixecker: Die Bevölkerungsverteilung im Saargebiet, Diss. Berlin 1930, S. 55 ff. – Obé, S. 3; Cartellieri, S. 259. – Jeweils geringere Angaben zur Hüttenarbeiterschaft macht Borck, S. 36.

ten (Wolfersheim 94,1 %, Webenheim 94,6 %, Mimbach 90,9 %), umgekehrt in den Kreisen Saarlouis, Merzig und St. Wendel nicht selten Gemeinden mit mehr als 98 % Katholiken[15]. Neben den aufgeführten demographischen, sozialen und konfessionellen Besonderheiten wird man zusätzlich die starke Heterogenität aller drei genannten Bereiche in den einzelnen Landesteilen als weiteres Charakteristikum des Saargebiets festhalten können.

Die saarländische Parteienlandschaft im Zeitraum 1918–1933 wies·quantitative Unterschiede zum Reich im zahlenmäßigen Verhältnis der Parteien zueinander auf, jedoch keine grundlegenden qualitativen Unterschiede: mit Ausnahme der von französischer Seite protegierten, aber bedeutungslose „frankophilen" Gruppen entsprachen alle nennenswerten politischen Vereinigungen irgendwelchen reichsdeutschen Parteien, deren saarländische Gliederung sie in der Regel darstellten[16]. Stärker aber als im Reich hatte der Umbruch von 1918 das politische Schwergewicht innerhalb des Parteiensystems verlagert. Die Konservativen – vor 1900 dominierende Kraft an der Saar – versanken in Bedeutungslosigkeit: ihr parteipolitischer Erbe, die DNVP, erlangte im Jahre 1928 mit 3,8% der Wählerstimmen das einzige Mandat in vier Landesratswahlen; die schwache Stellung der DNVP wurde im Reich nur noch in der Pfalz, in Niederbayern und in Hessen-Darmstadt unterboten. Auch der Nationalliberalismus – vor dem Ersten Weltkrieg stärkste Partei im Saarrevier – verlor an Boden; sein Erbe, die Liberale Volkspartei, schloß sich 1924 mit der DDP zur Deutsch-Saarländischen Volkspartei (DSVP) zusammen, die wiederum der DVP im Reich nahestand; sie erreichte zwar im selben Jahre mit 14,9 % der Stimmen vier Mandate im Landesrat, verlor jedoch in den folgenden Jahren fast die Hälfte ihrer Wähler. Sie behielt nur noch eine gewisse Bedeutung durch den Kommerzienrat Hermann Röchling, der ihrem Vorstand sowie dem Landesrat angehörte und über seine wirtschaftlichen und persönlichen Verbindungen auch seiner Partei Geltung veschaffen konnte[17]. Neben der DSVP behaupteten sich unter wechselnden Bezeichnungen noch kleinere mittelständische Parteien wie die Vereinigung von Hausbesitz und Landwirtschaft und später die Deutsche Wirtschaftspartei des Mittelstandes. Diese bürgerlichen Parteien der Mitte gingen Ende der 20er Jahre stark zurück, was auch der Entwicklung im Reich entsprach.

Dominierende Partei war und blieb bis 1933 das Zentrum, dessen Aufstieg an der Saar bereits vor dem Ersten Weltkrieg eingesetzt hatte. Sein Stimmenanteil bei den Landesratswahlen schwankte bei abnehmender Tendenz zwischen 47 % und 43 %. Das Zentrum blieb stärkste Partei und war, wie wir sehen werden, durch die enge Verbindung mit den christlichen Gewerkschaften auch in der katholischen Arbeiterschaft tief verwurzelt. Der Umbruch von 1918 hatte aber vor allem ein rapides Anwachsen der Linksparteien zur Folge, die nach jahrzentelanger Unterdrückung der Arbeiterbewegung ihren im Vergleich mit anderen Industriegebieten erheblichen Rückstand rasch aufholten. Bei den Landesratswahlen 1922 erhielten SPD und KPD zusammen 24 % der Wählerstimmen; 1924 schnellte ihr Stimmenanteil auf 34 % und machte seitdem ziemlich konstant ein Drittel des saarländischen Wählerpotentials aus. Schwankungen in der Wählergunst wirkten sich nur innerhalb dieses Drittels im Verhältnis der beiden Parteien zueinander aus. Mit 16 % holte die KPD 1924 die SPD mit 18 % fast ein und überrundete sie 1928. Im Reich gab es eine vergleichbare Entwicklung nur in wenigen Wahlkreisen, so in den KPD-Hochburgen Merseburg und Düsseldorf-Ost, wo die Kommunisten seit jeher stärker waren als die Sozialdemokraten, sowie seit 1930 auch in Berlin[18].

---

15 Die Bevölkerung des Saargebiets. . . Bd. I, S. 394 f. – Zur Wählersoziologie Deutschlands vgl. Alfred Milatz: Wähler und Wahlen in der Weimarer Republik, Bonn 1965, s. 70 ff.
16 Straus, S. 109; Zenner, S. 202 f.; Milatz, S. 104.
17 Zenner, S. 170 ff.
18 Milatz, S. 90, 108.

In der saarländischen Parteienlandschaft setzte in der zweiten Hälfte der 20er Jahre eine stärkere Angleichung an das Parteiensystem der Weimarer Republik ein. Nachdem die großen Konfliktstoffe wie Frankenwährung, Vertretungskörperschaften der Saarländer, Schulwesen, Steuer- und Zollfragen sowie Arbeitsrecht und Sozialversicherung entweder gelöst worden waren oder wenigstens ihre Sprengkraft verloren hatten und andererseits der französische Druck nachgelassen hatte, setzte eine gewisse innenpolitische Konsolidierung ein, in der die spezifisch saarländischen Probleme stärker zurücktraten. Insgesamt zeichnete sich eine Einmündung in die reichsdeutsche Parteienszenerie ab[19]. Dennoch haben einige Faktoren wesentlich dazu beigetragen, parteipolitische Entwicklungen im Reich nur mit einer gewissen zeitlichen Phasenverschiebung und in abgeschwächter Form an der Saar wirksam werden zu lassen: die saarländischen Parteien, von denen Zentrum, DSVP und SPD die für die Innenpolitik bestimmenden Kräfte darstellten, waren nicht an den im Reich schwelenden Regierungskrisen, Wahlen usw. beteiligt oder von ihnen betroffen; zum anderen waren sie aufgrund der politischen Verfassung des Saargebiets an der Gesetzgebung und an der Regierungsbildung nicht beteiligt, was vorhandene parteipolitische Gegensätze zumal in der gemeinsamen Frontstellung gegen die Regierunskommission nicht in voller Schärfe zutage treten ließ. Schließlich waren die bestimmenden Parteien in einer Reihe von außen- und sozialpolitischen Fragen sich weitgehend einig. Das galt vor allem für das nationale Anliegen der Rückgliederung, was einer nationalistischen Propaganda weitgehend den Boden entzog. Als Charakteristikum der politischen Landschaft an der Saar wird man bis zur letzten Landesratswahl 1932 die geringe Radikalisierung und eine relative Stabilität des Parteiensystems hervorheben können[20]. Erst in diesem Jahre zeigten sich mit Verspätung und stark abgeschwächt gewisse Veränderungen in der Parteienszenerie.

Im folgenden soll versucht werden, die bisherigen skizzenhaften Andeutungen über das saarländische Parteiensystem durch eine Untersuchung der letzten Wahlen im Saargebiet vor der Machtergreifung Hitlers im Reich und vor der Rückgliederung zu vertiefen. Gleichzeitig gewinnen wir dadurch Einsicht in Größe, regionale und soziale Schwerpunkte der Parteien, Wahlverhalten und Wählerfluktuation unmittelbar vor Beginn des hier behandelten Zeitraumes. Im Jahre 1932 fanden im Saargebiet Wahlen auf drei verschiedenen Ebenen statt: am 13. März für den Landesrat und am 13. November für Kreistage und Gemeinderäte. Zwischen beiden Daten liegen zwar acht Monate, in denen im Reich sich einschneidende Entwicklungen angebahnt und selbst zwei Reichstagswahlen stattgefunden hatten, aber in denen an der Saar keine nennenswerten Veränderungen eingetreten waren. Die drei Wahlen bieten unter Auswertung auch älterer Wahlvergleiche die Möglichkeit einer – allerdings vorläufigen und selbst etwas skizzenhaften – Analyse der saarländischen Parteienlandschaft. Der provisorische Charakter dieser Analyse ergibt sich aus dem Fehlen der Wahlergebnisse für die einzelnen Gemeinden, die für eine detaillierte Untersuchung erforderlich wären. Diese Ergebnisse wurde damals vom Statistischen Amt des Saargebiets nicht veröffentlicht und konnten dafür in der Direktion des Innern der Regierungskommission eingesehen werden[21]. Diese unveröffentlichten Unterlagen sind verschollen. Einen unvollständigen Ersatz enthalten die statistischen Angaben der von Emil Straus angefertigten Untersuchung über die gesellschaftliche Gliederung des Saargebiets, denen die damals zugänglichen amtlichen Unterlagen zugrunde lagen[22]. Außerdem exi-

---

19 Zenner, S. 203. – Vgl. auch Katsch, S. 109 ff., 169 f.
20 Zenner, S. 204 f.
21 Bericht des Statistischen Amtes des Saargebiets, 11. Heft, Saarbrücken 1933, S. 389.
22 Vgl. Anm. 13.

stieren noch einige Statistiken, die Straus aus diesen amtlichen Unterlagen exzerpiert hat und die heute im Saarländischen Landesarchiv eingesehen werden können[23]. Wir werden also teilweise auf Straus' Ergebnisse, teilweise auf seine eigenen Erhebungen zurückgreifen müssen, wo die noch vorhandenen Quellen keine ausreichende Grundlage bieten.

Für die Analyse der saarländischen Wahlen des Jahres 1932 sind für uns folgende Faktoren von vorrangigem Interesse: Sozialstruktur und konfessionelles Gepräge; es versteht sich, daß der Begriff Sozialstruktur nicht nur die berufliche Gliederung vor dem Hintergrund der wichtigsten Wirtschaftszweige umfaßt, sondern auch davon abhängige, sekundäre Faktoren wie Siedlungsformen, Grad der Arbeitslosigkeit usw.[24]. Dagegen können Faktoren wie Verlauf, Charakter und Inhalte des Wahlkampfes hier nicht behandelt oder nur kurz gestreift werden. Ziel dieses Abschnittes ist es, das Panorama der politischen Landschaft an der Saar als Ausgangspunkt der saarländischen Parteien zu Beginn des Abstimmungskampfes zu skizzieren. Bevor die Parteien im einzelnen behandelt werden, soll daher ein Blick auf die Wahlen die Bedingungen ihrer Existenz und ihres Wirkens innerhalb der saarländischen Bevölkerung umreißen.

Ein Charakteristikum aller drei 1932 abgehaltenen Wahlen war ihre Mobilisierung der saarländischen Bevölkerung. In allen drei Fällen lag die Wahlbeteiligung höher als in der jeweils früheren Wahl (vgl. Tab. 1). Machte diese Differenz bei den Kommunalwahlen nur einige Prozent aus, so bedeutete das Jahr 1932 bei den Landesratswahlen einen sprunghaften Anstieg der Wahlbeteiligung von 66,1 % auf 77,3 %. Schlüsseln wir diesen Anstieg weiter regional auf, so sehen wir im Kreise Homburg sogar eine extreme Steigerung von 55,2 % auf 77 %; Homburg war es auch, wo die Wahlergebnisse die stärksten Abweichungen zeigten – sowohl gegenüber früheren Wahlen in diesem Kreise als auch gegenüber dem saarländischen Landesdurchschnitt. Wir werden gerade auf den Kreis Homburg im Hinblick auf die Besonderheiten des Wahlverhaltens näher eingehen müssen[25].

Ein zweites Charakteristikum der Landesratswahlen 1932 war eine Aufsplitterung des Parteienspektrums. Hatten 1928 acht Parteien kandidiert, so waren es jetzt zwölf, unter ihnen zum ersten Male die NSDAP. Teilweise waren die übrigen Splittergruppen Abspaltungen von den bestehenden größeren Parteien, wie dies auch im Reich beobachtet werden konnte: so die KPO von der KPD, die SAP von der SPD und als rheinische und saarländische Besonderheit die Arbeiter- und Bauernpartei/Christlichradikale Volksfront (Vitus Heller-Bewegung) vom Zentrum. Teilweise stellten sich auch kleine Protestgruppen zur Wahl, die – wie die „Liste Otto Fried" in Ottweiler – nur lokale Bedeutung erlangten. Insgesamt haben aber diese Splittergruppen, zu denen sich als Neuling an der Saar noch die Deutsche Staatspartei gesellte, zusammen nur 5,5 % der Stimmen erlangt und rein quantitativ die bisherige Parteienlandschaft an der Saar kaum verändert. Ihre Gewinne bezogen sie, wie wir sehen werden, größtenteils aus dem sich zersplitternden und radikalisierenden bürgerlichen Lager, dessen Niedergang verbunden mit dem Aufstieg der Flügelparteien wir als das eigentliche Resultat der Wahlen von 1932 festhalten können.

---

23 Landesarchiv Saarbrücken: Privatpapiere Emil Straus Nr. 3. – In diesen Unterlagen sind die Wahlergebnisse von 36 der 82 saarländischen Gemeinden erhalten, schwerpunktmäßig in den Kreisen Saarbrücken-Land und Homburg.

24 Zum Methodischen vgl. die Übersicht von Nils Diedrich: Empirische Wahlforschung. Konzeptionen und Methoden im internationalen Vergleich, Köln – Opladen 1965, insbes. S. 29 ff. – Peter Steinbach: Stand und Methode der historischen Wahlforschung, in: Hartmut Kaelble u.a.: Probleme der Modernisierung in Deutschland. Sozialhistorische Studien zum 19. und 20. Jahrhundert, S. 171–234.

25 Sämtliche im folgenden aufgeführten Angaben wurden errechnet nach dem Bericht des Statistischen Amtes des Saargebiets..., a.a.O., S. 389 ff.

Tab. 1: Wahlbeteiligung und Stimmenanteil der Saarparteien — Landesratswahl 1932

	Wahlbe- teiligung 1	relative Zunahme der Wahl- beteilig. 2	KPD 3	SPD 4	Zentrum 5	DSVP + DWP + DNVP 6	NSDAP 7
Saarbrücken-Stadt	67,7	6,0	19,9	14,0	28,0	24,9	10,5
Saarbrücken-Land	79,4	9,2	27,2	12,2	36,5	12,9	5,3
Kreis Ottweiler	83,5	13,3	26,9	9,1	41,6	7,8	5,9
Kreis Saarlouis	75,9	12,0	23,5	5,4	53,4	7,7	5,3
Kreis St. Ingbert	79,9	14,6	15,5	8,2	63,1	6,6	4,6
Kreis Homburg	77,0	21,8	16,5	11,6	39,4	8,4	18,6
Kreis Merzig	75,5	10,5	18,0	6,6	60,3	7,6	2,9
Kreis St. Wendel	78,7	12,4	19,3	6,5	62,0	5,6	3,4
Saargebiet	77,3	11,2	23,2	9,9	43,2	11,4	6,7

In der vorstehenden Statistik sehen wir die Wahlergebnisse der Landesratswahl, wobei die kleinen bürgerlichen Mitte- und Rechtsparteien in Spalte 6 der Einfachheit halber zusammengefaßt wurden. Sie konnten ohnehin nur noch in Saarbrücken-Stadt eine nennenswerte Position halten und im Kreise Saarbrücken-Land den Landesdurchschnitt kaum überrunden. Die Statistik zeigt auch anschaulich die Schwerpunkte der übrigen Parteien. Die Sozialdemokratie erreichte ihre besten Wahlergebnisse in den Gebieten, die neben einer starken Industrialisierung einen starken protestantischen Bevölkerungsanteil vorweisen konnten: Saarbrücken-Stadt (42,3 % Protestanten), Saarbrücken-Land (32,1 %) und Homburg (45,5 %). Das Zentrum hatte seine Hochburgen naturgemäß in überwiegend katholischen **Gebieten,** teilweise auch in den industrialisierten Gegenden, wo es durch seine Nähe zu den christlichen Gewerkschaften durchaus eine — verglichen mit dem Reichsgebiet — ungewöhnlich starke Stellung behaupten konnte. Die KPD schließlich hatte ihre stärkste Stellung in den Ballungszentren der Schwerindustrie: Saarbrücken-Land, Ottweiler und Saarlouis. In Saarbrücken-Land erreichte sie sorgar in einigen Gemeinden fast die Hälfte aller Wählerstimmen — so in Dudweiler 49,5 %[26].

Um die entscheidenden Verschiebungen der Wahlen von 1932 zu erkennen, müssen wir vor allem den unterschiedlichen Stimmenzuwachs der einzelnen Parteien gegenüberstellen:

Tab. 2: Absoluter und relativer Stimmenzuwachs der Saar-Parteien — Landesratswahl 1932

	Zuwachs der KPD absolut 1	relativ 2	Zuwachs der SPD absolut 3	relativ 4	Zuwachs des Ztr absolut 5	relativ 6	Zuwachs von DSVP, DWP + DNVP absolut 7	relativ 8
Saarbrücken-Stadt	112,3	7,4	− 12,7	− 7,4	23,9	− 2,3	− 0,2	− 8,5
Saarbrücken-Land	66,5	6,6	− 15,0	− 5,8	22,1	− 1,3	− 6,6	− 4,5
Kreis Ottweiler	70,2	7,4	− 21,3	− 5,2	10,2	− 5,0	− 30,2	− 6,0
Kreis Saarlouis	71,7	5,2	− 16,6	− 3,2	43,5	3,9	− 2,7	− 2,3
Kreis St. Ingbert	68,1	3,1	− 16,7	5,0	38,4	2,0	− 16,0	− 4,0
Kreis Homburg	203,7	8,1	− 23,8	− 11,8	38,4	− 4,3	− 39,6	− 13,0
Kreis Merzig	133,8	7,9	− 31,5	− 6,1	21,9	− 4,3	5,8	− 1,8
Kreis St. Wendel	125,6	8,2	− 25,1	− 4,7	21,0	− 4,4	− 23,2	− 3,9
Saargebiet	80,7	6,5	− 17,4	− 5,7	29,3	− 3,2	− 9,6	− 5,2

26 Privatpapiere Emil Straus Nr. 3 (vgl. Anm. 23).

Bei dieser Tabelle erweist es sich als sinnvoll, sowohl den absoluten als auch den relativen Stimmenzuwachs zu betrachten, da wir hieran in Verbindung mit der in Tab. 1 erkennbaren Zunahme der Wahlbeteiligung die Wählerwanderungen erkennen können. So erhielt die KPD bei den Landesratswahlen 1928 fast 47000 Stimmen, im Jahre 1932 mehr als 84000 Stimmen. Das bedeutet eine absolute Stimmenzunahme um 80,7 %, die sich jedoch aufgrund der allgemein höheren Wahlbeteiligung nur als Zuwachs von 6,5 % der 1932 abgegebenen Stimmen niederschlug. Der Vergleich von absoluten und relativen Stimmengewinnen zeigt andererseits, daß das Zentrum die Zahl seiner Wähler zwar absolut vergrößern konnte, jedoch im Gesamtresultat 3,2% der Stimmen einbüßte. Dagegen wird deutlich, daß sowohl die SPD als auch die bürgerlichen Mitte- und Rechtsparteien, die hier aus Gründen der Vereinfachung zusammengezogen wurden, sowohl absolut wie relativ ausschließlich Verluste zu verzeichnen hatten.

Bemerkenswert ist der Zuwachs der KPD in Gebieten, in denen sie ihre traditionellen Hochburgen *nicht* hatte: in Homburg konnte sie ihr absolutes Wählerpotential mehr als verdreifachen, in Saarbrücken-Stadt, Merzig und St. Wendel weit mehr als verdoppeln. Der KPD ist daher ein Einbruch in Wählerschaften gelungen, die vorher nicht kommunistisch wählten, wogegen der Stimmenzuwachs in ihren Hochburgen unterhalb des Landesdurchschnitts lag. Ihre größten absoluten Gewinne fallen zusammen mit den Kreisen, in denen die SPD ihre größten absoluten Verluste erlitt: Homburg, Merzig, St. Wendel. Da die KPD-Gewinne mit Ausnahme von Homburg stets größer waren als die SPD-Verluste, müssen die Kommunisten auch aus anderen Bevölkerungsschichten und Wählergruppen Stimmen auf sich gezogen haben. Da die absoluten Verluste der SPD mit 17,4 % sich noch in Grenzen hielten gegenüber dem relativen Stimmenanteil – Rückgang von 15,6 % 1928 auf 9,6 % im Jahre 1932, – hat sie also innerhalb ihrer Stammwählerschaft nicht so sehr verloren. Vielmehr schnitt die KPD deswegen so gut ab, weil es ihr gelang, einen großen Teil der Nichtwähler von 1928 vor allem außerhalb ihrer Hochburgen zu mobilisieren. Das Wahlergebnis von 1932 trägt deutlich Züge einer Protestwahl.

Die SPD hat überwiegend an die KDP verloren, aber auch an andere Parteien. Dies wird deutlich am Landkreis Homburg, wo ihre Verluste sogar erheblich die Gewinne der KPD übertreffen. Da die kleinen bürgerlichen Parteien dort nur Verluste hatten, müssen auch das Zentrum, das absolut an Stimmen gewann, und vor allem die NSDAP vor den Wählerwanderungen profitiert haben. Addieren wir die positiven und negativen Zuwächse der angeführten Parteien (Tab. 2, Spalten 2, 4, 6 und 8), so erhalten wir −21,0 %, die also die dort aufgeführten Parteien gemeinsam verloren haben. Erbe dieses Stimmenpotentials war die NSDAP, die in Homburg 18,6 % erhielt, wobei die Differenz an Splittergruppen ging. Diese Berechnung können wir auch am Beispiel der anderen Kreise des Saargebiets durchführen: überall präsentiert sich die NSDAP als Erbin der Stimmen der übrigen, vor allem der bürgerlichen Parteien, was ganz der Entwicklung im Reich entspricht.

Der Landkreis Homburg ist für die Landesrats- wie für die beiden Kommunalwahlen insofern bemerkenswert, als er in jeder Beziehung am stärksten vom saarländischen Durchschnitt abweicht und dem des Reiches sich annähert. Hier war der größte Anteil an Protestanten, was die geringe Stärke des Zentrums erklärt. Hier fehlen weitgehend die schwerindustriellen Ballungszentren der Kreise Saarbrücken-Land, Ottweiler und Saarlouis. Hier gab es einen stärker ausgeprägten bürgerlichen Mittelstand, der – mit Ausnahme von Saarbrücken-Stadt – vor dem industriell-agrarischen Hintergrund des Saargebiets sonst wenigentwickelt war. Saarbrücken-Stadt stand in dieser Hinsicht zwar an erster Stelle und wies daher gleichfalls stärkere Abweichungen vom saarländischen Landesdurchschnitt auf.

---

27 Vgl. Milatz, S. 110 f.

27,3 % aller ErwerbstÄtigen in Saarbrücken-Stadt waren Angestellte und 11 % Beamte; im Kreise Homburg lagen die entsprechenden Zahlen bei 9,5 % und 8,5 %, was das Vorhandensein eines größeren bürgerlichen Wählerpotentials verdeutlicht. Andererseits liegt Saarbrücken mitten in den industriellen und demographischen Ballungszentren an der Saar, deren Ausstrahlung den bürgerlichen Charakter der Stadt teilweise wieder reduziert[28]. Daher stellte Homburg die für das Saargebiet untypischere Region dar und entsprach dafür stärker dem statistischen Durchschnitt des Reiches.

Der aus Tab. 1 erkennbare hohe Wahlerfolg der NSDAP in Homburg, die 1932 im Saargebiet zum ersten Male kandidierte, hatte neben einer allgemeinen Radikalisierung der Parteienlandschaft drei Voraussetzungen, die Straus noch mit Resultaten von Untersuchungen auf lokaler Ebene erhärtet hat: (1) die geringe Größe der Ortschaften, vor allem der Dörfer und Weiler, (2) das überwiegend evangelische Bekenntnis der Bewohner und (3) den verminderten Einfluß der Arbeiterparteien[29]. Die Radikalisierung schlug daher stärker nach rechts als nach links aus, wozu allerdings noch folgender wesentlicher Faktor hinzukam. Als Hauptursache für die allgemeine Radikalisierung können wir die Arbeitslosigkeit ansehen. Insgesamt schwankte ihre Quote in den Jahren 1932–1934 je nach Saison zwischen 32000 und 41000 (d. h. 24 und 28 %), von denen im Durchschnitt nur 1200 bis 2000 auf den Kreis Homburg fielen; d. h. nur 3,5 % bis 5 % aller Erwerbslosen lebten im Kreise Homburg, obwohl dort etwa 6 % der saarländischen Bevölkerung lebten[30]. Die Arbeitslosigkeit lag also leicht unter dem Landesdurchschnitt, betraf aber besondere Berufsgruppen, die in der Statistik als „Fabrikarbeiter" geführt wurden. Es handelte sich hier um die Beschäftigten der Fertigwarenindustrie (Textil, Leder, Glas, Keramik, Papier), die – verglichen mit der saarländischen Schwerindustrie – in relativ kleinen Unternehmen arbeiteten[31]. Diese Arbeiterschaft hatte hier nicht die gleichen Organisationsmöglichkeiten wie in den Ballungszentren der Schwerindustrie, und der Einfluß der Arbeiterparteien war ungleich geringer. Mit saisonbedingten Schwankungen lebte ein Drittel aller erwerbslosen saarländischen „Fabrikarbeiter" im Kreise Homburg, in dem selbst wiederum ein Viertel aller Erwerbslosen „Fabrikarbeiter" waren. Die Arbeitslosigkeit traf also Berufsgruppen, bei denen trotz kommunistischer Stimmengewinne eine Radikalisierung mehr nach rechts als nach links geführt hat[32].

In Tab. 3 können wir die Stärkung der Flügelparteien im Kreise Homburg von 1928 bis 1932 auf zwei regionalen Ebenen vergleichen: Landesratswahlen (LRW) und Kreistagswahlen (KTW). Die Gemeinderatswahlen werden hierbei ausgelassen, weil aufgrund des lokalen und oft persönlichkeitsorientierten Wahlverhaltens viele Stimmen von nicht parteigebundenen Listen und Wahlvorschlägen angezogen wurden, was einen Vergleich mit den übrigen Wahlen als nicht sinnvoll erscheinen läßt.

Wir erkennen hier deutlich den Rückgang des Zentrums, das sich sonst im Saargebiet relativ stabil gehalten hatte, die annähernde Verdoppelung der KPD, die Halbierung der SPD

---

28 Vgl. Straus, S. 146.

29 Ebd., S. 147 f. – Vgl. Zenner, S. 254.

30 Zum statistischen Material zur Arbeitslosigkeit s. Straus, S. 122, 133 ff. – Die von der Regierungskommission wöchentlich erstellten Erhebungen, gegliedert nach Berufsgruppen und Landkreisen, befinden sich mit nur geringen Lücken im Bestand PA AA, Pol. II: Arbeitsverhältnisse im Saargebiet, Bde.

31 Hierzu Rixecker, S. 57. – Erwähnenswert sind hier vor allem die Glashütten zur Flaschenherstellung in Homburg; vgl. Walter Lauer: Die Glas- und Keramikindustrie im Saargebiet, in: Kloevekorn (Hrsg.), S. 263–275, insbes. S. 272.

32 Straus, S. 129, 133.

Tabelle 3: Entwicklung des Stimmenanteils der Parteien im Landkreise Homburg 1928–1932

	KPD	SPD	Zentrum	DSVP + DWP + DNVP	NSDAP
LRW 1928	8,4	23,4	43,7	21,4	–
KTW 1929	3,9	24,0	38,8	28,7	–
LRW 1932	16,5	11,6	39,4	8,4	18,6
KTW 1932	15,1	13,0	35,8	13,7	19,3

und das völlige Absinken der kleineren bürgerlichen Mitte- und Rechtsparteien. Homburg bildete nicht nur die regionale Einbruchstelle der NSDAP im Saargebiet, sondern zeigte auch aufgrund seines besonderen wirtschaftlichen, demographischen und konfessionellen Gepräges die sozialen Schwachstellen im saarländischen Parteiensystem an.

Wenn wir von Homburg einmal absehen, entsprachen sich weitgehend kommunistische Stimmengewinne und sozialdemokratische Stimmenverluste. Das linke Wählerpotential aber, das wir hier ungeachtet parteipolitischer Differenzen aus statistischen Gründen einmal als Ganzes nehmen wollen, blieb relativ konstant und nahm im Durchschnitt sogar geringfügig zu (vgl. Tab. 4). Der Einbruch der NSDAP in das bürgerliche Wählerpotential hat insgesamt die Stabilität der Wählerschaft der Arbeiterparteien nicht beeinträchtigt bzw. die Verluste sozialdemokratischer Stimmen durch den Zulauf von früheren Nichtwählern zur KPD ausgeglichen. Einbußen erlitten die Arbeiterparteien insgesamt nur noch in Homburg und Saarbrücken, wo die NSDAP überdurchschnittlich gewann, sowie in St. Ingbert, wo ausnahmsweise auch das Zentrum an Stimmen zunahm.

Tab. 4: Stabilität des linken Wählerpotentials

	LRW 1928 KPD + SPD	LRW 1932 KPD + SPD
Saarbrücken-Stadt	34,0	33,9
Saarbrücken-Land	38,7	39,4
Kreis Ottweiler	33,8	35,9
Kreis Saarlouis	26,9	28,9
Kreis St. Ingbert	25,6	23,7
Kreis Homburg	31,8	28,2
Kreis Merzig	22,7	24,7
Kreis St. Wendel	22,3	25,7
Saargebiet	32,4	33,1

Im Vordergrund unseres Interesses stehen SPD und KPD, deren Größenvergleich für den reichsdeutschen Durchschnitt völlig untypisch war und mit den saarländischen Wahlen von 1932 sich noch weiter von den im Reich gegebenen Verhältnissen entfernte. Der einzige deutsche Wahlkreis, in dem 1932 ein vergleichbares Größenverhältnis wie an der Saar herrschte, war Düsseldorf-Ost (KPD 22,5 % und SPD 10,5 %), wo aber das gesamte übrige Parteispektrum sich erheblich unterschied: Zentrum 16,6 % und NSDAP 37,4 %. Die Relation zwischen den beiden Arbeiterparteien dürfte daher vorrangig aus spezifisch saarländischen Bedingungen heraus zu deuten sein.

Wir hatten die Landesratswahlen 1932 als Protestwahl bezeichnet, bei der die Radikalisierung den Flügelparteien zugute kam. Vergleichen wir jedoch die Ergebnisse mit den acht Monate später abgehaltenen Kreistags- und Gemeinderatswahlen, so relativieren sich einige unserer Feststellungen erheblich. Im Durchschnitt hat die SPD auf kommunaler Ebene wesentlich besser abgeschnitten als auf Landesebene: ihre Stimmenzahl bei den Gemeinderatswahlen lag höher als bei den Kreistagswahlen und dort wiederum höher als bei den Landratswahlen. Auf unterer lokaler Ebene schnitt sie auch teilweise besser ab als die KPD. Wir können dies nicht nur an den prozentualen Wahlergebnissen feststellen, sondern auch an der Zahlenrelation der beiden Parteien zueinander. In den Spalten 2, 4, und 6 von Tab. 5 können wir die sehr stark abweichenden Ergebnisse der Wahlen auf den einzelnen Ebenen vergleichen. So erhielten die beiden Arbeiterparteien zusammen bei den Gemeinderatswahlen in St. Wendel nur 9,2%, bei den Kreistagswahlen 27,7% und bei den Landesratswahlen 25,7%. Im allgemeinen erhielten sämtliche Parteien in den Gemeinden weniger Stimmen als auf Kreistags- und Landesratsebene, da hier Einzelpersonen und unabhängige Wählerlisten stärker in den Vordergrund traten; im saarländischen Durchschnitt fielen auf sie 24,5 % aller Stimmen.

Tab. 5: Verhältnis kommunistischer und sozialdemokratischer Wähler 1932

	Landesratswahl 1932		Kreistagswahl 1932		Gemeinderatswahl 1932	
	SPD: 100 KPD	KPD + SPD	SPD: 100 KPD	KPD + SPD	SPD: 100 KPD	KPD + SPD
	1	2	3	4	5	6
Saarbrücken-Stadt	70,4	33,9	entfällt		63,7	33,6
Saarbrücken-Land	44,6	39,4	60,0	36,7	49,7	40,9
Kreis Ottweiler	33,8	35,9	39,0	35,7	46,7	31,1
Kreis Saarlouis	23,0	28,9	31,1	31,1	28,3	23,9
Kreis St. Ingbert	53,1	23,7	59,1	29,7	73,7	21,5
Kreis Homburg	70,4	28,2	86,5	28,1	90,2	19,2
Kreis Merzig	36,9	24,7	43,5	22,0	49,3	14,9
Kreis St. Wendel	33,6	25,7	72,7	27,7	97,9	9,2
Saargebiet	42,8	33,1	44,9	35,0	49,6	29,9

Diese Aufstellung wird indessen erst interessant durch das in den Spalten 1, 3, und 5 wiedergegebene Größenverhältnis von KPD und SPD; die dort angegebenen Zahlen zeigen, wieviele sozialdemokratische Stimmen auf 100 kommunistische Wähler fielen. Vergleichen wir diese Relation mit der daneben stehenden Summe der linken Wählerstimmen insgesamt, so lassen sich folgende Feststellungen treffen: Je besser die beiden Arbeiterparteien insgesamt abschnitten, desto schlechter war das Ergebnis der SPD; je weniger die Arbeiterparteien zusammen erhielten, desto günstiger stand die SPD gegenüber der KPD. Wir sehen dies besonders deutlich am extremen Beispiel der Gemeinderatswahl von St. Wendel, wo die SPD mit 97,2 Stimmen auf 100 kommunistische Wähler annähernd gleich gut abschnitt.
Die Schlußfolgerungen hieraus sind folgende: die SPD hat zwar erheblich an Stimmen eingebüßt, aber eine gewisse Stammwählerschaft vor allem auf kommunaler Ebene behalten; diese blieb der Partei auch bei geringer Wahlbeteiligung treu und sicherte ihr dort noch ihre besten Ergebnisse. Die KPD dagegen profitierte von der stärkeren Mobilisierung der Nichtwähler. Sie erhielt dort ihre größten Gewinne, wo die Arbeiterparteien auch zusammen relativ viel gewannen und wo im allgemeinen auch die Wahlbeteiligung am höchsten war. Und schließlich hatte sie den größten Zulauf dort, wo sie vorher schwach gewesen war, wogegen sie in ihren alten Hochburgen sich nur vergleichsweise wenig über ihre traditionelle Stammwählerschaft auszudehnen vermochte. Ihre Wählerschaft war insgesamt weniger konstant und stabil und wies ein stärker spontanes Verhalten auf. Der

Charakter einer Protestwahl wird nicht nur deutlich, wenn wir die KPD-Stimmengewinne zur Arbeitslosigkeit in Beziehung setzen[33], sondern auch die Mitgliederstruktur. Der Anstieg der kommunistischen Stimmen vor dem Hintergrund einer starken Arbeitslosigkeit wird auch bestätigt durch die Tatsache, daß etwa die Hälfte aller KPD-Mitglieder Erwerbslose waren[34].

Die KPD hatte aber nicht nur ihre regionalen, sondern auch ihre sozialen Hochburgen. Dazu gehörte vor allem die Arbeiterschaft in den Eisenhütten. Dort errang die Partei gewöhnlich ihre höchsten Wahlergebnisse und hatte auch zugleich ihre breiteste Mitgliederbasis[35]. Dagegen fand sie vergleichsweise geringen Zulauf aus Kreisen der Bergleute, die mit 29,6 % aller Erwerbstätigen den mit Abstand stärksten Berufszweig an der Saar repräsentierten. Wir stoßen hierbei auf die dem Saargebiet eigentümliche Sozialstruktur, die innerhalb anderer deutscher Industriereviere keinerlei Parallele hat. Die saarländischen Bergleute waren ursprünglich Bauern gewesen, die auch im Laufe der Industrialisierung großenteils einen kleinen landwirtschaftlichen Nebenbetrieb beibehielten. 1932 waren 12 000 Bergleute (18,5 %) nebenberuflich in der Landwirtschaft tätig, deren Erträge in Form von Naturaleinnahmen durchschnittlich ein Sechstel ihrer Gesamteinnahmen ausmachten. Diese Bodenständigkeit war von der preußischen Grubenverwaltung stets gefördert worden; noch 1925 waren fast 33 % der Bergleute Hauseigentümer[36]. Ein großer Teil von ihnen lebte noch in Dörfern; insgesamt verteilten sich die rund 73 000 Bergleute auf etwa 760 Ortschaften, von denen 535 Orte weniger als 50 Arbeiter stellten. Andererseits behielten auch reine Industrieorte noch starke Reste ihres früheren dörflichen Gepräges – siedlungsgeographisch, aber auch sozial. Man sieht hier Faktoren einer starken Seßhaftigkeit und Verwurzelung in agrarischen Sozialstrukturen und Kulturtraditionen, die das konservative Gepräge der saarländischen Bergarbeiterschaft erklären[37].

In der Eisenhüttenindustrie dagegen war die starke Konzentration der Arbeiterschaft in unmittelbarer Nähe ihrer Arbeitsstätten vorherrschend. In den Niederlassungen der einzelnen großen Hüttenwerke – Neunkirchen, Völklingen, Malstatt-Burbach, Dillingen und Brebach – lebte auch die Mehrzahl aller Hüttenarbeiter[38]. Sie waren nicht bodenständig, oft zugewandert und stammten vielfach aus Lothringen oder dem Rheinlande. Ihre Seßhaftigkeit war gering, ihre geographische Mobilität kontrastierte deutlich zur Bergarbeiterschaft. Dementsprechend waren Bindungen an dörfliche Sozialstrukturen, Kirche und Tradition bei ihnen weitaus schwächer. Ihre Tätigkeit in Großbetrieben und ihre Ansiedlung in Ballungszentren erleichterte erheblich politische Kommunikation und Organisation. Das konservative Element, das für die Bergarbeiterschaft charakteristisch war, fehlte fast völlig.

Bei den Bergleuten spielten konfessionelle Berufs- und Traditionsvereine eine wichtige Rolle, und die christlichen Gewerkschaften waren in dieser Branche etwa ebenso stark wie ihre freigewerkschaftlichen Parallelorganisationen, diese aber wiederum ganz und gar sozialdemokratisch orientiert. Kleine Ortschaften mit starker Bergarbeiterbevölkerung hatten bei den Landesratswahlen meistens eine unterdurchschnittliche Zahl von KPD-Wählern und wiesen nicht selten sogar Verluste auf gegenüber 1928. In Dörrenbach (Kreis St. Wendel) mit 44,1 % Bergleuten an der erwerbstätigen Bevölkerung gingen die KPD-Stim-

---

33 Hierzu bringt Straus (a.a.O., S. 133 ff.) überzeugende Beispiele an ausgesuchten Gemeinden.
34 Vgl. S. 116 f.
35 Vgl. Straus, S. 120 f., 137.
36 Straus, S. 120; Schorr, S. 48. – Bericht des Statistischen Amtes. . ., a.a.O., S. 340. – Herr/Jahns, S. 207 f.
37 Schorr, S. 38; Rixecker, s. 63., Karius, S. 346 f.
38 Schorr, S. 39; Herr/Jahns, S. 211 f.

men von 6,1 % auf 1,9 % zurück, in Urexweiler (80,8 % Bergleute) von 8,6 % auf 2,0 %[39]. Mit Ausnahme der Gemeinden Elversberg, Dudweiler und Ludweiler ist das Wahlverhalten der Bergarbeiterschaft im allgemeinen konstant geblieben; Abspaltungen von der SPD kamen dort teilweise nicht der KPD, sondern Splittergruppen zugute. Die größten Gewinne erzielte die KPD dagegen in Ortschaften mit Hüttenindustrien sowie in katholischen Ortschaften, in denen die Arbeitslosigkeit auch die Arbeiterschaft anderer Branchen radikalisierte[40].

Dennoch wird man das Wahlergebnis von 1932 im saarländischen Rahmen als Indiz für eine politische Gesamtentwicklung nicht überbewerten dürfen. Der Protestcharakter der Landesratswahl 1932 hat die tatsächliche Stärke der Parteien verzeichnet. Die Sozialdemokratie hatte organisatorisch und parteipolitisch nicht soviel an Boden verloren, die KPD nicht soviel an Einfluß gewonnen, wie es nach den Stimmenzahlen den Anschein hat. Das Zentrum hatte sich trotz geringer Verluste stabil gehalten und allein der Rückgang der bürgerlichen Parteien bei gleichzeitigem Vormarsch der NSDAP in Homburg und Saarbrücken-Stadt ist als eine an die Entwicklung im Reich erinnernde Verschiebung zu werten. Am Vorabend von Hitlers Machtergreifung darf die saarländische Parteinlandschaft *noch* als relativ stabil bezeichnet werden, deren Panorama sich erst unter den extremen Bedingungen des Abstimmungskampfes zu ändern begann.

---

39 Straus, S. 139.
40 Ebd., S. 138, 122.

Sozialdemokratie und freie Gewerkschaften

Die saarländische SPD bildete bis zum Parteienverbot im Reich einen Unterbezirk des sozialdemokratischen Bezirks Oberrhein. Abgesehen von der politischen Sonderstellung des Saargebiets und den daraus resultierenden unterschiedlichen Arbeitsbedingungen unterschied sie sich kaum von anderen Unterbezirken ihrer reichsdeutschen Mutterpartei. Die Analyse der Landesrats- und Kommunalwahlen von 1932 hatte uns bereits die sozialen und regionalen Hochburgen der SPD/Saar[1] vor Augen geführt. Die Kreise Saarbrücken-Land und Saarbrücken-Stadt standen hier an erster Stelle, gefolgt von den Kreisen St. Wendel und Ottweiler, St. Ingbert und Homburg, während sie in Arbeiterorten des Kreises Saarlouis oder gar in den katholischen ländlichen Gegenden nur wenige Anhänger hatte. Dem entsprach auch die Gliederung der Partei; von den elf Agitationsbezirken, aus denen sich der Unterbezirk zusammensetzte, lagen fünf allein in den beiden Kreisen Ottweiler und Saarbrücken-Land: Neunkirchen-Ottweiler, Illingen, Sulzbach, Völklingen und Obere Saar (Bischmisheim-Brebach). In den Kreisen Saarbrücken-Stadt, St. Wendel, St. Ingbert, Homburg, Saarlouis und Merzig entsprach der Agitationsbezirk der regionalen Gebietskörperschaft. Insgesamt waren in den elf Agitationsbezirken 83 Ortsgruppen vereinigt[2].

Über die Mitgliederzahl der SPD/Saar liegen für die Zeit vor dem Abstimmungskampf keine zuverlässigen Zahlen vor. Zenner erwähnt unter Berufung auf eine etwas unsichere Quelle etwa 5 000 für 1930[3]. Kunkel gibt zwischen 5 000 und 6 000 für 1933 an, dazu 1 200 bis 1 500 für die beiden Jugendorganisationen der Jungsozialisten und der Sozialistischen Arbeiterjugend (SAJ) zusammen[4]. Alle übrigen Zahlenangaben stammen aus der Zeit des Abstimmungskampfes, in der die Partei stark bedrängt wurde und folglich einem personellen Erosionsprozeß ausgesetzt war. Spekulationen reichsdeutscher Stellen über die Stärke der saarländischen Sozialdemokratie bewegten sich gewöhnlich bei 4 000 Mitgliedern. Im November 1933 gab der Parteivorsitzende Max Braun in internem Kreise die Zahl mit 4 500 an, was wohl damals bereits eine recht optimistische Selbstüberschätzung bedeutete; von anderer Seite wurden wesentlich geringere Schätzungen angesetzt[5].

---

1 Für die saarländische SPD wurden in den Jahren 1933–1935 offiziell und informell verschiedene Abkürzungen verwendet: SPS oder SPdŠ (Sozialdemokratische Partei des Saargebiets) und SLS (Sozialdemokratische Landespartei des Saargebiets); im folgenden wird dort, wo eine Unterscheidung von der reichsdeutschen Mutterpartei erforderlich ist, sowie aus Gründen der Einheitlichkeit die Abkürzung SPD/Saar verwendet. – Zum Organisatorischen vgl. Ernst Kunkel: Die Sozialdemokratische Partei des Saargebiets im Abstimmungskampf 1933/1935, o. O. o. J. (1968), S. 74.
2 Ebd.
3 Zenner, S. 189.
4 Kunkel, S. 74. – Vgl. auch Karl Retzlaw: Spartakus. Aufstieg und Niedergang. Erinnerungen eines Parteiarbeiters, Frankfurt am Main 1974, S. 384.
5 Otto Wels: Bericht über die Reise nach Saarbrücken, 8.11.33; AsD: Emigration – Sopade, Mappe 161.

Der Zusammenhalt der Partei zeigte sich nach Kunkel in der strengen Beitragsdisziplin[6]. Die Mitgliedsbeiträge wurden von ehrenamtlichen Kassierern eingesammelt. Nur Beitragszahlende galten als Vollmitglieder, und Delegiertenstimmen wurden stets nach den verkauften Beitragsmarken berechnet. Auf der Grundlage des mutmaßlichen Mitgliederbestandes läßt sich auch sehr vage das Einkommen der Partei abschätzen. Bei einem durchschnittlichen Monatsbeitrag von 10 ffrs und einem recht geringen Spendensatz verfügte die SPD/Saar über etwa 55 000 ffrs (ungefährt 6 000 Mark) im Monat, wovon rund 80% für Löhne und Gehälter sowie für laufende Sachkosten ausgegeben wurden[7]. Diese Angaben treffen auf die Zeit vor 1933 zu, galten aber bereits wenige Monate nach Hitlers Machtergreifung nur noch mit starken Einschränkungen. Die Zahl der Mitglieder verringerte sich, die Zahlungsmoral ließ nach, und die finanzielle Situation der Partei verschlechterte sich zusehends.

Publizistisch war die Partei vertreten durch die *Volksstimme*, die erstmals 1908 erschien. Sie führte den Untertitel „Sozialdemokratisches Organ für Südwestdeutschland, Ausgabe für das Fürstentum Birkenfeld und das Saarrevier". Sie wurde in Frankfurt am Main redigiert und gedruckt und enthielt einen besonderen Lokalteil für die Saar. 1919 wurde das Blatt redaktionell unabhängig von Frankfurt und erschien seitdem als „Organ der sozialdemokratischen Partei des Saargebiets". Sitz der Redaktion und der verlagseigenen Druckerei war Saarbrücken, Schützenstraße 5. Chefredakteur war Max Braun; die Redakteure Johann Pitz und Georg Schulte waren zuständig für Gewerkschaftliches, Kommunales und Jugendbewegung bzw. für den Lokalteil[8]. Das Blatt war zwar Sprachorgan der SPD/Saar, jedoch so gestaltet, daß es über den engeren Kreis der Parteimitglieder hinaus eine gewisse Leserschaft besaß. Für die Zeit von 1933 erscheint die Auflagenziffer von 10 000 durchaus als realistisch.[9]

Der Vorstand der SPD/Saar wurde gebildet aus dem Vorsitzenden und seinem Stellvertreter, dem Kassierer und den Vorsitzenden der elf Agitationsbezirke. Letztere wurden zum Vorstand der Partei delegiert, die ersten drei vom Parteitag gewählt[10]. Vorsitzender war der 1892 in Neuß am Rhein geborene Max Braun, von Beruf Volksschullehrer, der 1923 als Chefredakteur der *Volksstimme* an die Saar gekommen war. 1928 löste er den damaligen Vorsitzenden Valentin Schäfer ab[11]. Max Braun war nach Aussagen zahlreicher Zeitgenossen ein geschickter Verhandlungsführer, gewandter Parlamentarier und brillanter Journalist. Soweit man dies an den Landesratsprotokollen und den Leitartikeln der *Volksstimme* nachprüfen kann, trifft dies uneingeschränkt zu.

Vor allem aber war er ein mitreißender Redner, der alle anderen saarländischen Politiker an intellektueller Ausstrahlung und rhetorischem Glanz weit überragte[12]. Insgesamt war Max Braun eine für das Saargebiet und die dortige Sozialdemokratie untypische Erschei-

---

6 Kunkel, S. 74.
7 Ebd., S. 76.
8 Ursula Theisen: Die Haltung der sozialistischen Presse des Saargebiets im Abstimmungskampf 1934/35; wiss. Staatsarbeit/Universität Saarbrücken 1975 (unveröff. Mskr.), S. 15 f.
9 Kunkel, S. 73.
10 Ebd., S. 148. – Eine von Kunkel abweichende Liste der Mitglieder des Parteivorstandes befindet sich in einem Gestapo-Verzeichnis der Parteien, Gewerkschaften und Verbände des Saargebiets vom 14.10.33; PA AA, Pol. II: Parteien im Saargebiet Bd. 5. – Ebenso Schreiben der Stapo-Stelle Trier an den Regierungspräsidenten von Trier vom 9.10.33; LHA Koblenz: 442/8531.
11 Hierzu Zenner, S. 188; Theisen, S. 15. – Dieter Marc Schneider: Saarpolitik und Exil 1933–1955, *Vierteljahreshefte für Zeitgeschichte* 25 (1977), S. 467–545, hier S. 481, Anm. 43.
12 Vgl. die Beschreibungen bei Kunkel, S. 72; Zenner, S. 189; Paul Siegmann: Vor vierzig Jahren. Der Kampf um den 13. Januar 1935. Tagebuch-Auszüge, *Zeitschrift für die Geschichte der Saargegend* XXII (1974), S. 224–325, insbes. S. 231 und 278.

nung und stand in starkem Kontrast zu seiner proletarischen und kleinbürgerlichen Umgebung. Die Art seines Auftretens trug ihm einmal von seiten der kommunistischen *Arbeiter-Zeitung* die Titulierung „Pfau von Saarbrücken" ein[13]; das kulturelle Engagement seiner Ehefrau und ihr Lebensstil vertieften diesen Kontrast. Den direkten Gegensatz dazu bildete der stellvertretende Vorsitzende Julius Schwarz. 1880 geboren und damit um zwölf Jahre älter als Braun, gehörte er einem anderen Milieu an, das dem saarländischen Querschnitt wohl eher entsprach. Von Beruf Bergmann, Bezirksleiter des Verbandes der Bergbauindustriearbeiter (BAV), weder Redner noch Theoretiker, aber ausdauernd in Verhandlungen, engagiert insbesondere für gewerkschaftliche Belange, national und pragmatisch eingestellt; er galt innerhalb der Partei als Konservativer[14].

Die herausragende Stellung, die Max Braun in den Jahren 1933–1935 für seine Partei und darüber hinaus für die gesamte saarländische Innenpolitik erlangen sollte, hat in der Literatur vielfach das Interesse auf seine Person konzentriert und ihn als das eigentliche Entscheidungszentrum der SPD/Saar erscheinen lassen[15]. Dies mochte auf die Repräsentation der Partei nach außen auch zutreffen, galt aber nicht für innerparteiliche Entwicklungen generell. Hier haben der offizielle Parteivorstand und daneben eine mehr informelle Führungselite großen Einfluß ausgeübt. Soziale Charakterisierungen der saarländischen Parteispitze widersprechen sich gelegentlich. Hinsichtlich der beruflichen Zusammensetzung bestand der Parteivorstand aus zwölf Arbeitern, zwei Lehrern, einem Rechtsanwalt und einer Hausfrau; nach den in den Jahren 1933–1935 ausgeübten Berufen differierten die Angaben folgendermaßen: ein Chefredakteur, drei Parteisekretäre, drei Gewerkschaftssekretäre, ein Lehrer, ein Rechtsanwalt, eine Hausfrau und sechs Arbeiter[16]. Dem gegenüber steht das Urteil von anderer Seite, wonach aufgrund der starken Präsenz von Redakteuren, Lehrern und Rechtsanwälten die Führungsspitze der Partei ein ausgesprochen intellektuelles Gepräge gehabt habe, so daß Otto Wels sogar einmal verächtlich von „intellektueller Bohème" sprach[17]. Tatsächlich sind beide Charakterisierungen richtig, indessen jeweils unvollständig, da beide nur einen Teil der offiziellen und informellen Parteiführung treffen. Nicht alle Mitglieder des Parteivorstandes besaßen das gleiche Gewicht, wogegen andererseits manche für die Politik der Partei maßgebliche Persönlichkeit nicht offiziell dem Parteivorstand angehörte. Letzteres gilt beispielsweise für den Saarbrücker Rechtsanwalt Walter Sender wie auch für Max Brauns Bruder Heinz Braun, der vor seiner Emigration von Magdeburg an die Saar gleichfalls als Rechtsanwalt gewirkt hatte. Das gilt aber auch für den Bezirksleiter des saarländischen Allgemeinen Deutschen Gewerkschaftsbundes (ADGB), Fritz Dobisch, und viele andere freigewerkschaftliche Funktionäre. Erwähnt werden müssen hier noch die Redakteure der *Volksstimme* Johann Pitz und Georg Schulte sowie die im Landesrat und in den kommunalen Vertretungskörperschaften mitwirkenden Vertreter der Partei. Hinzu kamen in den Jahren 1933–1935 einige einflußreiche sozialdemokratische Emigranten, die das durchaus heterogene Bild der Partei noch weiter differenzierten[18].

Ohne daß man von einer allzu profilierten Flügelbildung in der Partei reden kann, muß man doch von zwei schwerpunktmäßig unterschiedlichen Gruppierungen ausgehen: einem pragmatisch orientierten Teil mit starker gewerkschaftlicher Bindung, zu dem man

---

13 „Die Einheitsfront von unten marschiert", *Arbeiter-Zeitung* vom 27./28.8.33.
14 Vgl. Kunkel, S. 72.
15 Beispielsweise Retzlaw, S. 384. – Differenzierter hierzu Siegmann, S. 278, der die Rolle Brauns als Parteiführer und Geführter richtig erkannt hat. – Interview mit Ernst Kunkel am 16.5.77.
16 Kunkel, S. 71.
17 Zenner, S. 189. – Vgl. Anm. 5.
18 Vgl. Schneider, S. 481 f.

den stellvertretenden Vorsitzenden Julius Schwarz, den früheren Vorsitzenden Valentin Schäfer, den Geschäftsführer der *Volksstimme* Ernst Klopfer, den ADGB-Vorsitzenden Fritz Dobisch und den später zur nationalsozialistischen Gegenseite übergelaufenen Johann Bernarding wird rechnen können. Ihnen gegenüber standen Max Braun und der von Otto Wels als „intellektuelle Bohème" bezeichnete Kreis, bestehend aus den Rechtsanwälten Eduard Lehmann und Walter Sender, dem Lehrer Bernhard Schneider und einem weiteren Personenkreis, zu dem man auch die Führung der Sozialistischen Arbeiterjugend (SAJ) unter Ernst Braun rechnen darf. Zwischen diesen beiden Flügeln standen die einflußreichen Vorsitzenden der Agitationsbezirke, die meistens zugleich führende Gewerkschaftsfunktionäre waren: Richard Kirn, Franz Glauben, Hugo Brück, Hermann Petri, Karl Etienne und andere. Diese Flügelbildung setzte naturgemäß erst ein, als die Partei vor Entscheidungen gestellt wurde, bei denen die Interessengegensätze voll zum Ausbruch kamen. Diese Situation war aber mit Hitlers Machtantritt gegeben. Kritisierte schon ein Teil der reichsdeutschen SPD die als zu weich empfundene Politik der Parteiführung gegenüber der NSDAP, so griffen diese Differenzen auch auf den saarländischen Unterbezirk über.

Der gesamte informelle Führungskreis der Partei wurde gebildet aus den in Parteiämtern oder in parteieigenen Unternehmungen hauptamtlich tätigen Mitarbeitern, den Parteiangehörigen, die zugleich führende Gewerkschafts- oder Verbandsfunktionen ausübten, sowie den Mitgliedern der sozialdemokratischen Fraktionen von Landesrat, Kreistagen oder Stadträten. Diese Doppelfunktionen waren vielfach auch der Grund für die enge Verbindung von Partei, Gewerkschaften und Kommunalpolitik. So war Max Braun als Parteivorsitzender auch Chefredakteur der *Volksstimme*, Mitglied des Landesrates sowie des Saarbrücker Stadtrates, in dem wiederum auch sein Stellvertreter Julius Schwarz, der ADGB-Vorsitzende Dobisch und der Rechtsanwalt Eduard Lehmann saßen[19]. Die saarländische Sozialdemokratie hatte daher ihr Zentrum nicht nur im Parteisitz in der Saarbrücker Brauerstraße 6–8, sondern auch in einer Reihe von anderen Organisationen. Dazu gehörte neben den Gewerkschaften vor allem die Arbeiterwohlfahrt, deren Haus in der Hohenzollernstraße 45 zugleich Versammlungszentrum und Raum für parteiinterne und gewerkschaftliche Veranstaltungen bildete. Gerade die Arbeiterwohlfahrt – ein Zweig der 1919 in Frankfurt am Main von Marie Juchacz gegründeten gleichnamigen reichsdeutschen Mutterorganisation[20] – nahm an der Saar eine wichtige Stellung in Sozialpolitik und gewerkschaftlicher Wohlfahrtsarbeit ein.

Obgleich die saarländische SPD bei den Landesrats- und Kommunalwahlen 1932 recht schlecht abgeschnitten hatte, blieb sie eine vergleichsweise starke Partei. Das lag an ihrer engen Bindung zu parteinahen Organisationen, die wiederum vollständig oder doch weitgehend von Sozialdemokraten geführt wurden. Neben den genannten Organisationen gehörten hierzu Vereinigungen mit kultureller, sportlicher oder gemeinnütziger Zielsetzung. Erwähnt seien hier die Arbeiter-Sport- und Kulturvereine, der Arbeitersamariterbund und der Touristische Verein „Die Naturfreunde"[21]. Wichtig für die Partei waren vor allem die beiden Jugend- und Nachwuchsorganisationen Jungsozialisten und SAJ, deren Mitgliederzahl Kunkel auf höchstens 1 500 beziffert; sie waren in nur wenigen Ortsgruppen organisiert, spielten aber in Saarbrücken und einigen größeren Städten eine aktive Rolle. Ihr Verhältnis zur Partei war, von gelegentlichen Differenzen abgesehen, ein gutes. Der SAJ-Vorsitzende Ernst Braun stand voll und ganz hinter Max Braun. Er diente diesem

---

19 Vgl. Gestapo-Verzeichnis vom 14.10.33; Anm. 13.
20 Hierzu Fritzmichael Roehl: Marie Juchacz und die Arbeiterwohlfahrt, überarbeitet von Hedwig Wachenheim, Hannover 1961.
21 Kunkel, S. 93.

später in der Abstimmungszeit als Leibwächter, nachdem mehrere Attentatsversuche fehlgeschlagen waren[22]. Innerhalb der SPD/Saar neigte die Jugend mehr zum Kreise um Max Braun und hat im Jahre 1934, als in der saarländischen Sozialdemokratie Differenzen über den politischen Kurs ausbrachen, ihre Stellungnahme auch mit Fäusten unterstrichen. Eine Gliederung der Partei, die in der Abstimmungszeit an Bedeutung gewinnen sollte, war das Reichsbanner Schwarz-Rot-Gold. Gegründet 1924 in Magdeburg als Nachfolgeorganisation früherer Arbeiterwehren und als republikanischer Schutzverband, war das Reichsbanner offiziell überparteilich und hatte zumindest in der Anfangsphase auch Mitglieder, die der bürgerlichen Mitte nahestanden[23]. Tatsächlich war es jedoch eine sozialdemokratische Organisation, deren Aufbau der regionalen Gliederung der SPD entsprach und deren führende Funktionäre fast ausschließlich Sozialdemokraten waren. Das Reichsbanner war regional gegliedert in Gaue, Kreise, Bezirke und Ortsvereine, die – im Gegensatz zu vergleichbaren Wehrverbänden der Rechten – von Vorständen, also kollektiven Gremien, geführt wurden. Das Reichsbanner unterzog seine Mitglieder, deren Schutzformationen 1931 etwa 160000, im Frühjahr 1932 ca. 250000 Mitglieder vereinigten, einer wehrsportlichen und waffentechnischen Ausbildung, die ihm den Charakter eines paramilitärischen Verbandes verlieh[24]. Besondere Bedeutung erhielt das Reichsbanner in der Endphase der Weimarer Republik in der sogenannten „Eisernen Front", zu der sich Reichsbanner, Vertreter der Sozialdemokratie, der freien Gewerkschaften und der Arbeitersportvereine zusammenschlossen. Die Führung übernahm der damalige Reichsbanner-Vorsitzende Karl Höltermann; Mitglied des Bundesvorstandes und zugleich Syndikus war Max Brauns Bruder Heinz. Über eine reguläre Bewaffnung verfügte das Reichsbanner nicht, jedoch besaßen viele Mitglieder aus eigener Initiative leichtere Waffen zur Selbstverteidigung[25].

Das Reichsbanner war auch an der Saar aktiv. In den Sulzbacher Friedrich Ebert-Anlagen befand sich ein Schießplatz, auf dem auch wehrsportliche Übungen abgehalten wurden. Aufgabe des Reichsbanners war es, Versammlungen der Partei, Klebekolonnen, Redner sowie parteieigene Gebäude und Einrichtungen zu schützen. Das saarländische Reichsbanner hatte also einen rein defensiven Charakter. Es vermochte in der Abstimmungszeit zu verhindern, daß die Straße völlig der Gegenseite überlassen blieb. Die meisten Mitglieder der Organisation, die sich im Juni 1933 in Sozialistischer Schutzbund (SSB) umbenannte, verfügten über eine leichte Schußwaffe und etwas Munition, jedoch kann auch hier von keiner regulären Bewaffnung gesprochen werden[26]. Als Ersatz für die von der Regierungskommission verbotene Uniformierung diente bei öffentlichen Auftritten eine einheitliche Kleidung: grünes Hemd, schwarze Hose, Stiefel. Schwierig ist es, die zahlenmäßige Stärke des saarländischen Reichsbanners zu bestimmen, da genaue Angaben hierüber fehlen. Bei Massenveranstaltungen traten als Ordnerdienst und Schutz gegen etwaige Störungen größere Einheiten auf[27]. Auf einem Arbeitersportfest im Mai 1934, an dem laut Gestapo-Bericht 3400–4000 Personen teilgenommen haben sollen, marschierten

---

22 Ebd., S. 74. – Vgl. Schneider, S. 484.
23 Karl Rohe: Das Reichsbanner Schwarz Rot Gold. Ein Beitrag zur Geschichte und Struktur der politischen Kampfverbände zur Zeit der Weimarer Republik, Düsseldorf 1966, hier S. 66 ff., 71.
24 Erich Matthias: Die Sozialdemokratische Partei Deutschlands, in: Erich Matthias/Rudolf Morsey (Hrsg.): Das Ende der Parteien 1933, Düsseldorf 1960, S. 101–278, hier S. 122.
25 Ebd., S. 123 f. – Rohe, S. 392 ff. – Vgl. auch Ernst Thape: Von Rot zu Schwarz-Rot-Gold, Hannover 1969, S. 76–80.
26 Kunkel, S. 74 f.
27 „Die freie Saar marschiert", *Deutsche Freiheit* vom 29.8.33.

auch 200 Vertreter des SSB in ihrer schwarz-grünen Kleidung auf[28]. Wahrscheinlich wird man diese Zahl annähernd als Kern der aktiven Mitglieder ansehen dürfen. Geführt wurde das saarländische Reichsbanner von Wilhelm Kaupp, der zugleich Sekretär des saarländischen Bezirks des Verbandes der Eisenbahner war[29].

Die freien Gewerkschaften an der Saar

Die freien Gewerkschaften an der Saar galten als „befreundete Organisation" der Sozialdemokratie[30]. Jedoch bestand eine organisatorische Bindung an die Partei wie bei den Jungsozialisten, der SAJ, der Arbeiterwohlfahrt oder dem Reichsbanner, offiziell nicht. Die freien Gewerkschaften waren nominell überparteilich und hatten auch zahlreiche parteilose oder kommunistische Mitglieder. Die Parteinähe ergab sich aus der politisch verwandten oder benachbarten Programmatik und aus engen personellen Querverbindungen und Verflechtungen von Partei- und Gewerkschaftsführungen. Dennoch muß auf die besondere Stellung der Gewerkschaften nachdrücklich hingewiesen werden, da aus unterschiedlichen Interessen sehr wohl Kontroversen mit der Partei entstehen und dort, wo hohe Gewerkschafts- und Parteifunktionen in einer Hand lagen, auch zu Rollenkonflikten führen konnten.

Wir haben die Entstehung und Entwicklung der saarländischen Gewerkschaften schon kurz skizziert. Sowohl freie Gewerkschaften wie auch ihre christlichen Parallelorganisationen hatten am Vorabend des Abstimmungskampfes den Höhepunkt ihrer Mitgliederentwicklung überschritten. Ihren großen Aufschwung hatten alle Verbände in den Jahren 1917 bis 1921 erlebt und dann zeitweilig noch einmal 1927. Genaue Zahlen für das Jahr 1932 fehlen; die letzten stammen von 1928 und dann wieder für den BAV im Jahre 1933, als unter den Bedingungen des Abstimmungskampfes eine starke Mitgliederabwanderung in den freigewerkschaftlichen Verbänden einsetzte. Die stärkste Organisation bildete naturgemäß der Verband der Bergbauindustriearbeiter (Bergarbeiterverband, BAV), für den für 1927 etwa 29 000, für 1928 25 000 Mitglieder überliefert sind[31]. Die zweitstärkste Organisation war 1927 der Deutsche Metallarbeiterverband (DMV), in dem sowohl Arbeiter der Hüttenindustrie als auch der metallverarbeitenden Industrien vereinigt waren; ihre Mitgliederstärke wird für 1927 mit 9 000 bis 10 000 angegeben[32]. Neben diesen beiden großen Verbänden existierten an der Saar noch weitere zehn freigewerkschaftliche Bezirksverbände, über deren Stärke keinerlei Zahlen vorliegen. Sie dürften aber angesichts der im Vergleich zu Bergbau und Hüttenindustrie relativ bedeutungslosen übrigen Branchen weit unter den beiden erstgenannten Organisationen gelegen haben. Daher ist es außerordentlich schwer, die ungefähre Stärke aller freigewerkschaftlichen Organisationen zusammengerechnet abzuschätzen. Die bei Karius für 1929 angegebene Zahl von 80 000 dürfte erheblich zu hoch gegriffen sein[33]. Vermutlich beruhte sie auf folgender pauschaler Schätzung: da Bergbau und Hüttenindustrie etwa 45 % aller Arbeiter im Saargebiet beschäftigten und BAV und DMV 1927 zusammen etwa 40 000 Mitglieder

28 Gestapo-Bericht vom 29.5.34; PA AA, Pol. II: Parteien im Saargebiet Bd. 10.
29 Anm. 13. – Bericht der Stapo-Stelle Trier vom 30.11.34; PA AA, Pol. II: Parteien im Saargebiet Bd. 14.
30 Vgl. Kunkel, S. 74 f., 93. – Vgl. hierzu allgemein: Rolf Thieringer: Das Verhältnis der deutschen Gewerkschaften zu Staat und politischen Parteien in der Weimarer Republik 1918 bis 1933, Phil. Diss. Tübingen 1954.
31 Obé, S. 47.
32 Borck, S. 52.
33 Karius, in: Kloevekorn, S. 382.

hatten, bot sich als Summe der Mitglieder aller übrigen Verbände etwa die Zahl von vergleichbarer Stärke an, was dann den Rückschluß auf 80 000 freigewerkschaftlich organisierte Arbeiter gestatten würde. Eine derartige Rechnung übersieht jedoch, daß der Organisationsgrad in anderen Branchen und vor allem auch in kleineren Betrieben geringer war; zwar ist die von Zenner für 1927 gegebene Gesamtzahl von 27 000 wohl erheblich zu niedrig gegriffen[34], jedoch wies die Mitgliederentwicklung insgesamt eine abnehmende Tendenz auf. Für Anfang 1933 dürfte der BAV zwischen 16 000 und 20 000 Mitglieder gehabt haben[35]; für die übrigen Verbände liegen in diesem Zeitraum keine Vergleichszahlen vor.

Als einzige freigewerkschaftliche Organisation besaß der BAV einen Verbandsapparat und ein eigenes Büro in der Saarbrücker Sophienstraße 23; alle übrigen Verbände unterhielten nur je ein Büro in der Brauerstraße 6, wo auch die Bezirkszeitung des Allgemeinen Deutschen Gewerkschaftsbundes und die SPD/Saar ihren Sitz hatten. Bezirksleiter des BAV war Julius Schwarz, der uns schon als stellvertretender Vorsitzender der SPD/Saar begegnet war; neben ihm wirkten ein hauptamtlicher Bezirkskassierer und acht Gewerkschaftssekretäre. Die zweitgrößte Gewerkschaft, der DMV, wurde von Max Bock geleitet. Im Gegensatz zu den meisten anderen Gewerkschaftsfunktionären stammte Bock nicht von der Saar. Seiner Herkunft nach Thüringer, war er jedoch in den 20er Jahren als Gewerkschaftssekretär nach Saarbrücken gekommen, wo er auch dem Landesvorstand der SPD angehörte. Ab 1928 in Frankfurt am Main tätig, emigrierte er im Frühjahr 1933 an die Saar und übernahm im Juni den Vorsitz des DMV/Saar[36]. – Die übrigen freigewerkschaftlichen Organisationen waren die der Bauarbeiter, Nahrungs- und Getränkearbeiter, Fabrikarbeiter, Maschinisten und Heizer, Eisenbahner, Holzarbeiter, Buchdrucker, Zimmerer sowie der Arbeitnehmer der öffentlichen Betriebe und des Warenverkehrs. Sie waren im Dachverband des ADGB zusammengeschlossen, dessen saarländischer Bezirk von Fritz Dobisch geleitet wurde[37].

Die enge Bindung der freien Gewerkschaften an die Sozialdemokratie war vor allem in der Parteizugehörigkeit ihrer Funktionäre begründet. Aufgrund eines ungeschriebenen Gesetzes wurden nur Mitglieder mit mindestens fünfjähriger SPD-Zugehörigkeit in führende Funktionen gewählt, so daß Angehörige anderer Parteien selten in wichtige Positionen gelangten. Ausnahmen waren hier die beiden kommunistischen BAV-Funktionäre Wilhelm Frisch und Richard Kraushaar sowie der KPO-Mann Albin Weis im DMV. Auch unter den Mitgliedern waren etwa die der kommunistischen RGO angehörenden „roten Verbände", auf die wir im Zusammenhang mit der KPD eingehen werden, sowie Fraktionen anderer politischer Couleur nicht ohne Bedeutung. So wie fast alle führenden Parteifunktionäre auch Mitglieder oder gar Sekretäre einer Gewerkschaft waren, so waren umgekehrt die meisten Gewerkschaftssekretäre Sozialdemokraten. Die Vorstandsmitglieder der SPD/Saar Richard Kirn, Julius Schwarz und Hermann Petri waren führende BAV-Sekretäre. Der Vorsitzende des ADGB/Saar Fritz Dobisch, die Gewerkschaftssekretäre Heinrich Hünnekens (Maschinisten und Heizer), Max Bock (DMV), Martin Schmidt (Holzarbeiter), Heinrich Wacker (Werkmeisterverband), Johann Bernarding (BAV) und

---

34 Zenner, S. 183.
35 Diese Zahlenangaben resultieren aus folgender Überlegung: Anfang 1934 gab der BAV – in Übereinstimmung mit anderen zeitgenössischen Schätzungen 15000 Mitglieder an; für das Jahr 1933 wurden dagegen laufend Austritte gemeldet, die die vom AA im Sommer geschätzten maximal 20000 Mitglieder vermindert haben. – Vgl. „Die mächtige christlich-nationale Gewerkschaftsfront", *Saar-Bergarbeiter-Zeitung* vom 27.1.34. – Vermerk Voigts vom 4.7.33; PA AA, Büro RAM: Akten betr. Saargebiet Bd. 6.
36 Schneider, S. 483.
37 Anm. 13.

andere bekleideten teilweise wichtige Parteiämter, wirkten als sozialdemokratische Vertreter in kommunalen Parlamenten oder gehörten sonstwie einer engeren oder weiteren Führungsgruppe der Partei an[38]. Gerade die starke Präsenz von Sozialdemokraten in den Gewerkschaften und von Gewerkschaftsfunktionären in der SPD läßt es als gerechtfertigt erscheinen sie als eng verflochtene, befreundete Organisationen anzusehen.

Zur Politik der saarländischen Sozialdemokratie

Die Möglichkeiten politischen Wirkens waren für die saarländischen Parteien aufgrund der vom Saarstatut vorgezeichneten Rahmenbedingungen begrenzt. Die großen Fragen der Landespolitik waren, wie wir gesehen hatten, in der zweiten Hälfte der 20er Jahre entweder gelöst oder wenigstens entschärft worden: Frankenwährung, Landesrat, Arbeits- und Versicherungsfragen. Die elementaren Forderungen der saarländischen Parteien nach demokratischer Mitsprache und sozialen Verbesserungen waren im wesentlichen von der SPD/Saar mitgetragen worden. Wichtige Schritte, vor allem gegenüber dem Völkerbund, wurden gewöhnlich von SPD, Zentrum und DSVP gemeinsam unternommen: gemischte Delegationen wurden nach Genf entsandt, wo den Sozialdemokraten ihre guten internationalen Verbindungen zu schwedischen, belgischen oder französischen Parteifreunden von Nutzen waren. Die SPD/Saar vertrat auch stets einen ausgesprochen nationalen Standpunkt in der Saarfrage; sie arbeitete mit dem „Bund der Saarvereine" im Reich zusammen, und Vertreter ihrer Partei sprachen auch auf Kundgebungen einzelner der darin zusammengeschlossenen Vereinigungen. Als typische Vertreter dieses nationalen Standpunktes galten der frühere Parteivorsitzende Valentin Schäfer, der Rechtsanwalt Walter Sender und der stellvertretende Vorsitzende Julius Schwarz[39]. Allerdings verband die Partei stets die Lösung der Saarfrage mit der Konzeption einer grundsätzlichen deutsch-französischen Aussöhnung[40].

Von den großen politischen Entscheidungszentren Berlin, Paris und Genf abgeschnitten, konzentrierte sich die Politik der Partei in den letzten Jahren vor 1933 auf die Sozial- und Kommunalpolitik. Da Sozialdemokraten in fast allen Kreistagen und Stadträten aktiv waren und in vielen Fällen Schlüsselstellungen behaupteten, stellte diese Verantwortung dort eine schwere Belastung dar, wo ihre Wähler auch unerfüllbare Leistungen von ihr erwarteten. In kritischen Phasen, beispielsweise im Falle großer Arbeitslosigkeit, konnten diese Erwartungen auch in Enttäuschung umschlagen und – wie im Jahre 1932 – zur Abwanderung ihrer Wähler führen. Auch im gewerkschaftlichen Bereich waren der Partei Grenzen gesetzt. Organisierte Arbeiter außerhalb des engeren sozialdemokratischen Umfeldes mochten zwar in vielen Einzelfragen der Partei zustimmen, waren jedoch nur in begrenztem maße für sie zu mobilisieren. Viele Gewerkschaftsmitglieder hielten an ihren Organisationen nur fest wegen der sozialpolitischen Absicherung und des vernbandspolitischen Schutzes, den diese boten; sie bekannten sich aber dadurch keineswegs ausdrücklich zur Politik ihrer sozialdemokratischen Verbandsführungen. Dies wurde solange nicht offenkundig, als die Politik von Partei und Verbänden übereinstimmte, mußte jedoch den Rollenkonflikt der Mitglieder und die Grenzen ihrer Mobilisierung durch die Partei erkennbar werden lassen, sobald eine Interessengleichheit nicht mehr gegeben war.

---

38 Zu Angaben der Personalien vgl. das Personenregister von Kunkel sowie die Anmerkungen bei Schneider und Siegmann.
39 Zenner, S. 183; Kunkel S. 72.
40 Max Braun; in: Kloevekorn, S. 549 ff.

Dem öffentlichen Wirken der SPD/Saar waren aber auch an anderer Stelle objektive Grenzen gesetzt, wofür Kunkel zwei Gründe nennt: die Sozialdemokratie habe gewisse doktrinäre Fesseln nicht ablegen können und sie habe, zweitens, nicht die propagandistischen Methoden beherrscht, mit denen man – wie die KPD – breitere Massen ansprechen konnte[41]. Der erste Grund gibt die mangelnde Fähigkeit der Partei an, jenseits ihrer traditionellen Stammwählerschaft Gehör zu finden, etwa in der stärker konfessionell geprägten Arbeiterschaft oder im Bürgertum; der zweite betrifft die Arbeitsweise der Partei, die seit Jahrzehnten im gleichen Muster ablief und sich innerhalb bestimmter politischer Rahmenbedingungen zwar bewährt hatte, sich jedoch in Krisenzeiten als stumpfe Waffe erwies. Wo nicht mehr Argumente wirkten, war sie machtlos. Ihre Kommunalpolitik und die von ihr betriebene Arbeit auf dem Gebiet der Gewerkschaften und der Sozial- und Arbeitsgesetzgebung bot aufgrund der zwangsläufig kleinen Schritte auf pragmatischen Wegen nicht die Möglichkeit, die Masse der Unzufriedenen durch zündende Parolen mitzureißen[42]. Erst die Zeit des Abstimmungskampfes hat aufgrund der besonderen Situation, die aus der nationalsozialistischen Gefahr herrührte, zur Korrektur ihres politischen Arbeitsstiles gezwungen.

Das Verhältnis der SPD/Saar zur Reichsregierung nahm nach dem Bruch der großen Koalition unter Reichskanzler Hermann Müller im März 1930 zunehmend den Charakter kritischer Distanz an. Obwohl an den Auseinandersetzungen der deutschen Innenpolitik nicht unmittelbar beteiligt, kühlte sich vor dem Hintergrund der Rechtsentwicklung des Zentrums auch das Verhältnis der beiden saarländischen Parteiverbände zueinander ab, obgleich in außenpolitischen Fragen weiterhin Übereinstimmungen bestanden[43]. Eine gewisse Mobilisierung der SPD/Saar erfolgte im Sommer 1932 als Antwort auf Papens Staatsstreich gegen die preußische Regierung. In zahlreichen Städten des Reiches demonstrierten Zehntausende gegen diesen schweren Schlag gegen die Republik. Diese Unruhe griff auch auf die Saar über. Auf einer Kundgebung in St. Ingbert, an der nach Schätzung der Ortsbehörden etwa 750 Menschen teilnahmen, rief Max Braun zum Schutz der Republik auf; es sei eine zweite Revolution erforderlich, die das vollende, was 1918 unterlassen worden sei[44]. Innerhalb der gesamten deutschen Sozialdemokratie wird man den saarländischen Unterbezirk eher auf dem linken Spektrum der Partei ansiedeln dürfen. Vor allem der Kreis um Max Braun sparte nicht mit Kritik am Parteivorstand und warf ihm Inaktivität vor[45]. Obwohl – oder vielleicht gerade weil – die SPD/Saar außerhalb der Reichsgrenzen nicht unmittelbar in die deutsche Innenpolitik verwickelt war, nahm sie eine schärfere und konsequentere Haltung zur Entwicklung in Deutschland ein als der Parteivorstand in Berlin. Obwohl die NSDAP selbst an der Saar völlig unbedeutend war, traf Hitlers Machtergreifung in Berlin eine durch eigene Wahlniederlagen aufgeschreckte und durch die deutsche Innenpolitik seit längerem beunruhigte saarländische Sozialdemokratie.

41 Kunkel, S. 74.
42 Zenner, S. 187 f.
43 Vgl. Zenner, S. 187.
44 Vermerk der Bürgermeisterei St. Ingbert vom 25.7.32; LA Saarbrücken: Landratsakten St. Ingbert III/23-3321. – In diesem Bestand befindet sich auch Material über andere Kundgebungen.
45 Kunkel, S. 82. – Vgl. Matthias, in: Matthias/Morsey, S. 125 f.

Die Kommunistische Partei

Die Anfänge der saarländischen KPD reichen zurück bis Oktober 1919, als in St. Ingbert die erste Ortsgruppe der neuen Partei an der Saar gegründet wurde. Überwiegend waren es Arbeiter, die aus der USPD und dem Spartakus-Bund zu ihr stießen. Kurz darauf folgte die Bildung von Ortsgruppen in Schnappach, Dillingen, Saarbrücken, Sulzbach, Dudweiler, Völklingen, Wiebelskirchen, Neunkirchen, Ludweiler, Homburg und St. Wendel. Bis April 1922 konnte die KPD/Saar insgesamt dreißig Ortsgruppen gründen. Sie war zwar noch eine kleine Partei, nahm im Parteienspektrum aber einen unübersehbaren Platz ein[1]. Die KPD/Saar bildete zunächst noch keinen eigenen Bezirk, sondern gehörte vorerst dem 1921 gegründeten Parteibezirk Mittelrhein an und wurde 1923 dem Bezirk Pfalz-Rheinhessen zugeschlagen[2].

Ein wichtiges Jahr für die Frühgeschichte der KPD/Saar war 1922, als die USPD sich auflöste und den Kommunisten einen Teil aus der Erbmasse ihrer Mitglieder hinterließ. Der Parteiausschluß des Vorsitzenden (Unterbezirksleiters) Max Waltz leitete auch eine interne Konsolidierung ein; im selben Jahre gründete die Partei eine eigene Buchhandlung zum Vertrieb marxistischer Literatur und gab erstmals – gegen den Widerstand einheimischer Verlage, Druckereien und Presseorgane – die *Arbeiter-Zeitung* heraus, die bis 1935 erscheinen sollte. Wegen der wirtschaftlichen Boykottmaßnahmen wurde das Blatt zeitweilig in Metz gedruckt, bis die KPD/Saar eine eigene Verlagsgenossenschaft gründete. Die ersten Landesratswahlen 1922 brachten den Kommunisten mit über 14 000 (7,5 %) der abgegebenen Stimmen und zwei Sitzen im Landesrat einen ersten Erfolg, der ihr bereits skizziertes Anwachsen zur zweitstärksten Wählerpartei einleitete[3]. Neben intensiver Arbeit in Gewerkschaften und Betrieben erfolgte der systematische Aufbau von kommunistischen oder kommunistisch gelenkten Jugend-, Sport-, Kultur- und anderen Organisationen, die das Wirkungsfeld der Partei erweitern sollten.

Parteiapparat und Mitglieder

In der hier behandelten Periode des Abstimmungskampfes bildete die KPD/Saar einen eigenen Parteibezirk. Er gliederte sich in vierzehn Unterbezirke, in denen 124 Ortsgruppen zusammengefaßt waren; dazu gehörten mehrere Betriebszellen, deren Zahl in Quellen und Literatur unterschiedlich – zwischen vier und vierundzwanzig – angegeben wird. Die Grenzen der Unterbezirke richteten sich nicht nach der kommunalen Gliederung des Saargebiets, sondern nach praktisch-pragmatischen Gesichtspunkten. Die in ihnen zusam-

---

1 Vgl. Luitwin Bies: Klassenkampf an der Saar 1919–1935. Die KPD im Saargebiet im Ringen um die soziale und nationale Befreiung des Volkes, Frankfurt am Main 1978, S. 11 ff.
2 Vgl. Günter Bers: Der Bezirk Mittelrhein/Saar der Kommunistischen Partei Deutschlands (KPD) im Jahre 1922, Wentorf bei Hamburg 1975, S. 8, 14.
3 Heinz Lippmann: Honecker. Porträt eines Nachfolgers, Köln 1971, S. 21. – Bers, S. 17; Bies, S. 43 ff.

mengefaßten Ortsgruppen waren, wie es ihre hohe Zahl andeutet, recht klein und umfaßten in manchen Dörfern und Weilern nicht einmal zehn Mitglieder. Die Organisationsstruktur auf Betriebszellenbasis scheint nur in einigen größeren Städten bestanden zu haben[4]. Die Hochburgen der Partei lagen naturgemäß in den Zentren der Schwerindustrie. Die Unterbezirke Sulzbach, Neunkirchen und Saarbrücken/Bezirksvororte bildeten die stärksten unter ihnen, gefolgt von Bischmisheim, Illingen, Dillingen und Ensdorf. Wie es scheint, hat die Partei im Laufe des Abstimmungskampfes eine geringfügige Neugliederung der Unterbezirke vorgenommen und ihre Zahl auf zwölf oder dreizehn reduziert. Auf Statistiken vom November 1934, die der Gestapo in die Hände fielen, gehörte der Warndt nunmehr zu „Saarbrücken/Bezirksvororte"; Homburg und Dudweiler fehlen gelegentlich, so daß sie ihre Eigenständigkeit eingebüßt zu haben scheinen oder aber mit anderen Organisationseinheiten zusammengelegt worden waren[5]. Die Mitgliederstärke der Partei hat naturgemäß im Laufe der Zeit erheblichen Schwankungen unterlegen. Noch 1929 soll sie nur etwa 1200 betragen haben[6]. Neben Austrittswellen im Frühjahr und Sommer 1933 erlebte die KPD/Saar jedoch auch beträchtliche Neuzugänge, die die Partei fast wieder auf ihre alte Stärke brachten. Die von Kunkel überlieferten Schätzungen des saarländischen KPD-Vorstandes über etwa 8000 Mitglieder in den Jahren 1933 – 1935 dürften erheblich zu hoch liegen[7]. Möglicherweise waren darin einige der Partei angegliederte oder nahestehende Organisationen mitgerechnet. Für Ende März 1934 sind 6898 KPD-Mitglieder überliefert, deren Zahl in der Folgezeit um mehrere Hundert zunahm[8]. Soweit jedoch Quellenmaterial hierzu vorliegt, hat die saarländische KPD im genannten Zeitraum niemals die 8000-Grenze überschritten. Allerdings muß der Zahl der Parteimitglieder noch eine Anzahl von parteinahen Organisationen zugerechnet werden, für deren Angehörige die KPD-Mitgliedschaft nicht obligatorisch war. Zu erwähnen sind hier der kommunistische Jugendverband (KJVD), die Rote Hilfe, die Internationale Arbeiterhilfe (IAH), der Rote Frontkämpferbund (RFB), die Revolutionäre Gewerkschaftsopposition (RGO) sowie kommunistische Sport- und Kulturvereine[9]. Da diese Verbände das propagandistische und organisatorische Potential der Partei vergrößerten, werden wir sie gesondert vorstellen müssen.

Insgesamt war die KPD/Saar in den 20er Jahren von recht untergeordneter Bedeutung für die reichsdeutsche Mutterpartei gewesen. Wegen der Ausgliederung des Saargebiets aus Deutschland war sie im Hinblick auf Reichstags- oder Landtagswahlen von geringem parteipolitischen Nutzen. Dies hatte zur Folge, daß die saarländische KPD lange ihr lokales provinzielles Gepräge behielt und erst relativ spät ihren organisatorischen Apparat den im Reich geltenden Normen anpaßte. Die führenden Funktionäre kamen überwiegend aus der einheimischen Arbeiterschaft, was ihren unmittelbaren Kontakt zur Bevölkerung gewährleistete und die Entwicklung anonymer oder gar weitgehend konspirativer Apparate verhinderte. Parteiinterne Auseinandersetzungen trugen oft persönlichen Charakter und

---

4 Als eigener Parteibezirk ist die KPD/Saar bereits 1929 nachweisbar. Die Unterbezirke waren Saarbrücken/Bezirksvororte, Bischmisheim, Merzig, Ensdorf, Neunkirchen, Bous, St. Wendel, Homburg, St. Ingbert, Warndt, Bettingen, Dillingen, Illingen, Sulzbach. – Eine weitere Untergliederung dieser Unterbezirke enthält der Artikel „Mobilmachung zum Sturmaufgebot der Roten Freiheitshelden", *Arbeiter-Zeitung* vom 10./11.9.33.
5 Schreiben der Gestapo vom 24.11.34 mit statistischen Angaben über die KPD/Saar; PA AA, Pol. II: Parteien im Saargebiet Bd. 14.
6 Lippmann, S. 30.
7 Kunkel, S. 93. – Bies (a. a. O., S. 104) gibt für Mitte 1934 ca. 7500 Mitglieder an.
8 Zur Problematik der Mitgliederfluktuation und der diesbezüglichen Quellenlage vgl. S. 116 f.
9 Vgl. die Übersicht bei Kunkel, S. 93.

waren selten ideologischer Natur[10]. Aufschlußreich über die Aktivitäten der KPD in einer mittelgroßen saarländischen Stadt ist eine Aufzeichnung bayerisch-pfälzischer Dienststellen, die auch eine Einsicht in Partei- und Mitgliederstruktur vermittelt. In St. Ingbert, damals eine Stadt von etwa 22000 Einwohnern, hatte die Partei etwa 150 Mitglieder, überwiegend Arbeitslose und Fürsorgeempfänger. Diese Beobachtung entspricht Parteistatistiken aus dem Jahre 1934, in denen fast die Hälfte der Parteimitglieder als Erwerbslose ausgewiesen sind. Der Rote Frontkämpferbund wird für St. Inbert mit 35 Mann angegeben; eine annähernd gleiche Stärke sollen die Ortsgruppen von RGO, KJVD und des Arbeitersportvereins „Fichte" gehabt haben. Die Hauptaktivitäten der Partei lagen zu dieser Zeit nach Angaben des Vermerks in Agitations- und Schulungsarbeit, regelmäßigen Zusammenkünften und Veranstaltungen sowie im Falle des RFB und der Sportvereine in Schießübungen, Nachtmärschen und Wehrsport. Über scheinbar unpolitische Vereine gelang es der Partei, auch in kleineren Dörfern aktiv zu werden. Freimütig gibt der Bericht auch preis, mit welchen Mitteln die städtische Polizei von St. Ingbert die kommunistischen Aktivitäten störte oder behinderte: durch schwer erfüllbare Auflagen für Veranstaltungen sowie gewerbe- und baupolizeiliche Vorschriften gegen Wirte, in deren Räumlichkeiten die Partei sich zu versammeln pflegte. Als regionale Schwerpunkte der Partei nennt der Vermerk an erster Stelle Dudweiler und Neunkirchen, wogegen die Saarbrücker KPD als inaktiv galt[11].

Wie stark der Parteiapparat war und wie hoch die Zahl der hauptamtlichen Funktionäre, geht aus den Quellen nicht hervor und wurde, soweit erkennbar, auch niemals von der Partei veröffentlicht. Nach Angaben der KPD im Reich aus dem Jahre 1927 waren 1,64 % der Mitglieder hauptberuflich in der Partei beschäftigt, so daß auf etwa 200 Angehörige drei Parteiangestellte kamen; davon bestand der größte Teil aus technischem Personal: Schreibkräfte, Mitarbeiter in den Verlagen und Druckereien der Partei usw; die eigentlichen Führungskräfte dürften hiervon nur einen Bruchteil gebildet haben[12]. Da auf die zentralen Parteiinstanzen in Berlin ein besonders großer Anteil an hauptamtlichen Kräften entfiel, ist der entsprechende Prozentsatz in den Bezirken und Unterbezirken wahrscheinlich wesentlich niedriger gewesen. Für die KPD/Saar sind Zahlen hierüber nicht überliefert. Aus der Lektüre der *Arbeiter-Zeitung* geht jedoch hervor, daß die Partei in starkem Maße auf die freiwillige Mitarbeit ihrer Mitglieder angewiesen war. Wegen des großen Anteils an Arbeitslosen konnten KPD-Angehörige leicht in größerer Zahl für bestimmte Aufgaben und Funktionen mobilisiert werden, deren Tätigkeit für die Partei jedoch wohl nur sporadischen Charakter hatte. Aus der Tatsache, daß die KPD/Saar ab 1926 ein Mitteilungsblatt für Parteiarbeiter (*Rotes Banner*) und seit Anfang der dreißiger Jahre das Funktionärsorgan *Bolschwik* herausgab, kann man jedoch Rückschlüsse ziehen auf einen immerhin entwickelten Kaderapparat. Erst für August 1934 sind uns Angaben überliefert, nach denen die Partei 32 Angestellte und Arbeiter gehabt habe[13]. Diese Zahl ist jedoch, auch wenn sie zutreffen sollte, ohne nähere Erläuterungen wertlos. Aus ihr geht nicht hervor, ob beispielsweise die Mitarbeiter der *Arbeiter-Zeitung* und der *Saar-Nahe-Druck-A.G.* sowie die Funktionäre der parteinahen Organisationen mitgerechnet wurden. Nach Hitlers Machtergreifung nahm die Partei zudem immer stärker die Mitarbeit kommunistischer

---

10 Zenner, S. 199 f.

11 „Die kommunistische Bewegung im Bezirk St. Ingbert und im Saargebiet", LA Speyer: H 38/1427. – Verweise auf die letzten bzw. bevorstehenden Wahlen im Saargebiet deuten darauf hin, daß dieser undatierte Vermerk im Herbst 1932 abgefaßt wurde. – Ähnliche Angaben enthält ein Vermerk der Bürgermeisterei St. Ingbert vom 11.8.31; LA Saarbrücken: III/25-3331.

12 Vgl. Hermann Weber: Die Wandlung des deutschen Kommunismus. Die Stalinisierung der KPD in der Weimarer Republik, 2 Bde., Frankfurt am Main, 1969; hier Bd. 2, S. 6 f.

13 Gestapo-Bericht vom 2. 11. 34; PA AA, Pol II: Partien im Saargebiet Bd. 13. – Bies, S. 43.

Emigranten in Anspruch, so daß Angaben über den eigentlichen Apparat insgesamt nur wenig über die Aktivitäten der KPD/Saar aussagen.

Ab 1924 begannen die KPD-Bezirke sich zu vereinheitlichen, so daß die folgenden Angaben auch für die KPD/Saar gelten können. Der Bezirksparteitag wählte die Bezirksleitung (BL), die wiederum die Leiter der Ressorts (Gewerkschaft, Agitprop, Kommunales usw.) ernannte. Aus ihrer Mitte wählte die Bezirksleitung eine engere Leitung (engere BL) aus sieben bis zehn Mitgliedern und ein Sekretariat mit drei oder vier hauptamtlichen Mitarbeitern, die gewöhnlich die Ämter eines Pol-Leiters, Org.-Leiters und eines Sekretärs für gewerkschaftliche Fragen bekleideten, in größeren Bezirken auch das Amt eines Agitprop-Leiters. Der politisch verantwortliche Funktionär des Bezirks war der Pol-Leiter, der die Arbeit der Sekretäre sowie der Unterbezirke kontrollierte. Der Org.-Leiter bestimmte den Einsatz der Mitarbeiter und regelte die organisatorischen Angelegenheiten der Parteiarbeit. Die strikte Verantwortlichkeit der Funktionäre gegenüber der Bezirksleitung und deren Abhängigkeit von den Anweisungen des Zentralkomitees garantierten den „demokratischen Zentralismus" der Partei insgesamt[14].

Obwohl die KPD/Saar wegen der Sonderstellung des Saargebiets in der reichsdeutschen Innenpolitik eine periphere Rolle spielte, sind aus ihrem Parteibezirk doch auch einige Funktionäre von überregionaler Bedeutung hervorgegangen. An erster Stelle muß hier der Saarbrücker Metallarbeiter Philipp Daub (1896–19. .) genannt werden. Ab 1923 kommunistischer Stadtverordneter, ab 1927 hauptamtlich im Parteiapparat tätig – zuerst als Org-Leiter, ab 1928 als Pol-Leiter der saarländischen KPD, wurde Daub 1929 ins ZK gewählt, 1931 für wenige Monate Pol-Leiter des Parteibezirks Hessen, 1932 Reichstagsabgeordneter der KPD und war ab 1933 im Wiederstand gegen das NS-Regime tätig[15]. Daub kehrte erst im Sommer 1934 an die Saar zurück, als die Partei fähige Funktionäre benötigte, die zudem über entsprechende Ortskenntnisse verfügten und – als Saarländer – sich legal und ohne Behinderung durch die Regierungskommission politisch betätigen konnten. – Einer der Nachfolger Daubs als Pol-Leiter der KPD/Saar war bis zu seiner Ablösung im Sommer 1934 Paul Lorenz. Sein damals verbreiteter Spitzname „Kaiserbild-Lorenz" rührte daher, daß er einmal bei einer Polizeirazzia sich hinter einem abgestellten Bildnis Wilhelms II. versteckt gehalten hatte. Ohne vergleichbare Qualifikationen wie Daub, scheint Lorenz ein Strohmann ohne größere eigene Initiative gewesen zu sein. Seine 1933 vielfach erwartete Ablösung durch den Dudweiler Bergmann August Hey scheiterte, wie man vermutete, an dessen zwar linientreuer, aber doch auch sehr eigenwilliger Parteiarbeit. Als Mitglied der kommunistischen Landesratsfraktion bekleidete Lorenz wie viele andere Funktionäre gleichzeitig wichtige Parteiämter und zugleich parlamentarische Funktionen. Auch die übrigen Vertreter der Partei im Landesrat waren im Parteiapparat, in Gewerkschaften oder in kommunalen Parlamenten führend tätig. So leitete Hans Pink die Rote Hilfe, Wilhelm Frisch den RGO-Verband der Bergarbeiter, so trat Johann L'Hoste des öfteren in wechselnden Funktionen in der Öffentlichkeit auf; Heinrich Detgen schließlich war zugleich Mitglied der Saarbrücker Stadtratsfraktion und aktiver Funktionär im Saarbrücker Unterbezirk. Ähnliches kann, außer von Detgen, auch von den anderen KPD-Vertretern im Saarbrücker Stadtrat gesagt werden. Otto Niebergall und Hans Hoffmann wirkten im Roten Frontkämpferbund und der Kaufmann Hans Eggersdörfer leitete den „Bund der Freunde der Sowjetunion"[16].

---

14 Weber 1, S. 265 ff.
15 Weber 2, S. 92 f.
16 Im Herbst 1933 stellte die Gestapo ein – zu diesem Zeitpunkt teilweise schon stark veraltetes – Verzeichnis von Parteien und Verbänden an der Saar sowie ihren führenden Vertretern auf; vgl. Gestapo-Vermerk vom 14.10.33, PA AA: Pol. II: Parteien im Saargebiet Bd. 5.

Der Sitz der Partei lag in einem von der Stadt Saarbrücken angemieteten Haus in der Herbertstraße 6–8[17], wo auch der Verlag *Saar-Nahe-Druck A.G.* sowie Redaktion, Druckerei und Vertriebszentrale der *Arbeiter-Zeitung* untergebracht waren. Dort hatten gewöhnlich auch die kommuninistischen oder die der Partei nahestehenden Organisationen ihren Sitz. Die *Arbeiter-Zeitung* erschien, wie bereits erwähnt, seit 1922 täglich und war vor 1933 nur einmal von der Regierungskommission wegen Verstoßes gegen presserechtliche Bestimmungen für mehrere Tage verboten worden. Sie war Sprachrohr der Partei, aber auch anderer, der KPD nahestehender Organisationen, sofern diese nicht über eigene Publikationsorgane verfügten. Ihre höchste Auflagenstärke soll – allerdings nach zweifelhaften Schätzungen – im Jahre 1929 etwa 18 000 Exemplare betragen haben. In der Zeit des Abstimmungskampfes schwankte sie zwischen 4 000 und 5 000. Die Namen der im Impressum aufgeführten verantwortlichen Redakteure wechselten häufig; in den Jahren 1933–1935 tauchten allein neun verschiedene Herausgeber auf[18]. Insgesamt ist der Quellenwert des Blattes begrenzt; es war ein reines Agitationsorgan, dessen Berichterstattung nur wenig Einblick in das parteiinterne Leben vermittelte. So ging nur aus zwei beiläufigen Nachrichten 1934 hervor, daß Paul Lorenz Pol-Leiter des KPD-Bezirks war[19]. Welche Funktionäre welche Parteiämter bekleideten oder in anderen kommunistischen Organisationen wirkten, läßt sich nur mittelbar den gelegentlich abgedruckten Aufrufen, seltener der Berichterstattung über Veranstaltungen entnehmen.

Daneben gaben die KPD/Saar, einzelne Ortsgruppen oder Betriebszellen oder die ihr nahestehenden Organisationen eigene Periodika heraus, deren Auflage nur gering und deren Erscheinen wohl nur sporadischer Natur war. Von den von Bies genannten Blättern *Rotes Banner* und *Bolschewik* sowie von *Der Arbeitslose* konnten keine Exemplare ermittelt werden. Unvollständig, teilweise nur in Einzelexemplaren erhalten, sind die Wochenschrift *Das Volksecho, Die Bombe,* die *Rote Grenzwacht,* die *Rote Wacht* und *Der Röchlingprolet*[20]. Vermutlich gab es auf lokaler oder betrieblicher Ebene noch zahlreiche weitere kleine Publikationsorgane dieser Art.

Die kommunistischen Organisationen

Frühzeitig bemühte sich die KPD/Saar, ihren Einfluß durch ihre Mitwirkung in sogenannten Massenorganisationen über ihren unmittelbaren Mitgliederkreis hinaus auszudehnen. Dabei mußte sie recht flexibel vorgehen und ihre Arbeit auf den Personenkreis abstimmen, den sie ansprechen und gewinnen wollte. Einige dieser Organisationen waren daher Gliederungen der Partei, andere wiederum zumindest den Statuten nach überparteilich, de facto jedoch kommunistisch geführt. Teilweise griff die KPD/Saar auf alte sozialdemokratische Vereine zurück, die dann gewöhnlich in einen kommunistischen und einen der SPD nahestehenden Verband auseinanderfielen; wie es scheint, hatte sich als einziger der „Verein der Naturfreunde" noch nicht gespalten[21]. Insgesamt scheint der saarländische Parteibezirk im Aufbau der Massenorganisationen der Mutterpartei im Reich

---

17 Die Straße wurde nach dem Kriege in Dr. Mauer-Straße umbenannt.
18 Eugen Wagner: Die Presse des Saargebiets und ihr Kampf gegen die französischen Annexionsbestrebungen in den Jahren 1918–1925, Saarbrücken 1933, S. 45. – Theisen, S. 17.
19 Vgl. „1. Mai 1933" und „Gegen Faschismus und Separatismus!", *Arbeiter-Zeitung* vom 26.3. bzw. 9.5.33.
20 Bies, S. 43. – Das *Volksecho* ist unvollständig im Stadtarchiv Saarbrücken erhalten; Exemplare der anderen aufgeführten Blätter befinden sich verstreut in den Beständen folgender Archive: LA Saarbrücken: Landratsakten St. Ingbert III/26-3331; – AStadtV Saarbrücken: P-A/13.
21 Kunkel, S. 19.

hinterhergehinkt zu sein, denn seine Verbandsarbeit setzte in größerem Maße erst in der zweiten Hälfte der zwanziger Jahre, teilweise erst 1933 ein, während im Reich schon weitgehend derartige kommunistische Organisationen bestanden.

Diese Feststellung gilt nicht für den Kommunistischen Jugendverband (KJVD), dessen Geschichte an der Saar fast ebenso alt ist wie die der Partei. Die erste Ortsgruppe des KJVD wurde 1920 in Dillingen gegründet; zwei Jahre später erfolgte seine Gründung auf Landesebene und 1923 hatte der Verband innerhalb eines Jahres seine Mitgliederzahl von 480 auf 1 560 mehr als verdreifacht[22]. Wie stark er zu Beginn des hier behandelten Zeitraumes war, ist nicht bekannt. Der KJVD war recht aktiv und nahm zu zahlreichen die Jugend betreffenden Fragen wie Erziehungs- und Schulwesen, oder Berufsausbildung Stellung. Vor allem aber diente der Verband der frühzeitigen Schulung eines aktiven Kaderapparates der Partei. Aus leitenden Positionen im KJVD sind mehrere führende Funktionäre der KPD hervorgegangen. Otto Niebergall avancierte zum Führer des saarländischen Rotfrontkämpferbundes; Fritz Nickolay wirkte in den Jahren 1933 – 35 aktiv im Verband mit und wurde nach dem Kriege saarländischer KPD-Vorsitzender. Vor allem aber Erich Honecker, der 1928 die etwa 80köpfige Wiebelskirchener Ortsgruppe leitete, schlug den Weg einer langen Karriere ein. Nach einjährigem Schulungs- und Informationsaufenthalt in der Sowjetunion wurde er im Herbst 1931 zunächst Agitrop-Leiter und kurz darauf Pol-Leiter des saarländischen KJVD-Bezirks[23]. Im Herbst 1933 entsandte ihn die Partei über Paris ins Ruhrgebiet, um dort für die inzwischen illegale KPD zu arbeiten. Nach eigenen Angaben blieb er formell bis Februar 1934 Pol-Leiter des saarländischen KJVD und stand anschließend der saarländischen KPD für besondere Aufgaben zur Verfügung. Nach anderen Angaben war er bei seinem erneuten Einsatz an der Saar ab Juni 1934 immer noch Pol-Leiter des KJVD/Saar, ohne diese Funktion jemals offiziell abgelegt zu haben[24].

Eine andere wichtige Parteiorganisation war der Rote Frontkämpfer-Bund (RFB). Seine Gründung fällt im Reich in das Jahr 1924; konzipiert war er als Parallelorganisation zu anderen Parteimilizen, insbesondere zum SPD-nahen Reichsbanner Schwarz-Rot-Gold[25]. Zwar wurde der RFB samt seiner Jugendorganisation 1929 verboten, wirkte jedoch illegal weiter. Von internen Krisen geschüttelt, in Fraktionen gespalten, stellte er aber gegen Ende der 20er Jahre keine politische Potenz mehr dar, die ein wirksames Gegengewicht gegen Stahlhelm oder SA hätte bilden können. Soweit er als Agitationsgruppe in Erscheinung getreten war, wurden diese Funktionen von anderen Parteiorganisationen übernommen und nicht ohne Erfolg durchgeführt. Der Fortbestand bis zum KPD-Verbot durch das NS-Regime im März 1933 hatte also für die Parteigeschichte keinerlei Bedeutung mehr. Das Verbot im Reich galt indessen nicht für das Saargebiet, wo sich der RFB schon relativ früh – 1925 – organisiert hatte. Das Saargebiet bildete einen eigenen RFB-Gau und besaß als Zusammenfassung der saarländischen Ortsgruppen eine regionale Eigegenständigkeit unterhalb der für ganz Deutschland geltenden Bundesleitung. Die Mitgliedschaft im RFB setzte nicht die Zugehörigkeit zur KPD oder einer ihrer Unterorganisationen voraus. Aufnahmefähig waren alle über 16jährigen Personen, für die zwei Bürgen gestellt werden mußten. Der Bund verstand sich als Interessenverein proletarischer Kriegsteilnehmer und der im Waffendienst ausgebildeten Männer, durchbrach aber in der Pra-

22 Bies, S. 47.
23 Ebd. S. 48, 64. – Lippmann, S. 29, 33.
24 Lippmann, S. 35, 243. – Vgl. S. 114.
25 Vgl. Kurt G. P. Schuster: Der Rote Frontkämpferbund 1924–1929. Beiträge zur Geschichte und Organisationsstruktur eines politischen Kampfbundes, Düsseldorf 1975, S. 19 ff.
26 Vgl. die Satzungen und Richtlinien des RFB zur Organisation; ebd., S. 259 ff. – Vgl. Hermann Dünow: Der Rote Frontkämpferbund. Die revolutionäre Schutz- und Wehrorganisation des deutschen Proletariats in der Weimarer Republik, Berlin DDR 1958, S. 28 f., 38 ff.

xis diese personellen Grenzen durch die Aufnahme von Jugendlichen sowie von Frauen in jeweils eigene Abteilungen. Laut Satzung lehnte der RFB eine ungesetzliche Bewaffnung seiner Mitglieder ab[26]. Die in ihrem Aussagegehalt äußerst dürftigen Satzungen verschweigen indessen die Verbandswirklichkeit, die mit paramilitärischen Geländespielen, Aufmärschen sowie ihren Aufgaben im Saalschutz dem Zuschnitt einer Parteimiliz entsprach und nach 1930 sogar als Kadertruppe einer künftigen deutschen „Roten Armee" vorgesehen war[27]. Die Zahlenangaben für den RFB im Reich schwanken erheblich, dürften jedoch nach realistischen Schätzungen weit unter 100 000, wahrscheinlich um 70 000 gelegen haben, wogegen die KPD selbst im Januar 1933 noch 300 000 Mitglieder hatte[28].

Einen Einblick in die Aktivitäten des saarländischen RFB kurz vor dem Abstimmungskampf vermittelt uns der bereits zitierte Polizeibericht über die KPD in St. Ingbert aus dem Jahre 1931. Darin wird von häufigen Wehrsportübungen berichtet, teilweise getarnt als Betätigung von Schützen- und Wandervereinen. Der RFB soll unter der Führung der Brüder Gustav und Friedel Ehrhardt 35 Mitglieder (bei 150 KPD-Mitgliedern) gehabt haben, was im Zahlenverhältnis etwa dem von RFB und Partei im Reich entsprach. Hausdurchsuchungen hatten gelegentlich Waffenlager, vor allem Handgranaten, zutage gefördert[29]. Über die Stärke des gesamten saarländischen RFB-Gaues liegen nur ungefähre Schätzungen vor. Die Gestapo vermutete im November 1933, daß der Rote Frontkämpferbund vor Ende März 1933 etwa 1 500 Mitglieder gehabt habe; in der Folgezeit seien wahrscheinlich zahlreiche Angehörige abgesprungen, aber teilweise durch Emigranten ersetzt worden. In einer ähnlichen Größenordnung bewegen sich die Angaben von Bies. Beim ersten Treffen aller saarländischen Rotfrontkämpfer sollen 1926 in Saarbrücken 1 500 uniformierte Mitglieder des Verbandes aufmarschiert sein. Damals existierten 23 Ortsgruppen, von denen einige mehr als 100 Angehörige hatten[30].

Der organisatorische Aufbau des RFB-Gaues Saar entsprach mit nur geringen Abweichungen dem der reichsdeutschen Mutterorganisation. Aufnahmefähig war, wer die entsprechenden Altersvoraussetzungen erfüllte, das Programm und die Satzung anerkannte, die Beiträge pünktlich entrichtete, zu aktiver Mitarbeit sowie strenger Disziplin bereit war und zwei Bürgen stellen konnte. Im Unterschied zu den reichsdeutschen Aufnahmebedingungen durfte der RFB-Anwärter nicht Mitglied einer „arbeiterfeindlichen" Organisation gewesen sein; wie weit dieser Begriff gezogen wurde und in der Phase der „ultralinken Politik" der Komintern auch die Sozialdemokratie umfaßte, ist nicht bekannt. Jeder RFB-Anwärter an der Saar mußte eine dreimonatige Ausbildungszeit in einem Lehrzug absolvieren, in dem er über Ziele und Zwecke des Roten Frontkämpfer-Bundes informiert, im Wehrsport geschult und für Auftritte gegenüber Polizei und Gericht vorbereitet wurde. Abweichend zum organisatorischen Aufbau im Reich bestanden die kleinsten RFB-Einheiten aus Fünfergruppen (dort aus Achtergruppen). Neben dieser unterschiedlichen Verbandsstruktur scheint es an der Saar noch eine besondere Organisationsform gegeben zu haben: den Stoßtrupp. Er setzte sich zusammen aus zwei Fünfergruppen, an deren Mitglieder jedoch erhöhte Anforderungen gestellt wurden; Körpergröße von mindestens 172 cm, gute Gesundheit und sportliche Fertigkeiten im Schwimmen, Radfahren und Jiu-Jitsu sowie eine mindestens sechsmonatige Mitgliedschaft im RFB. Daneben gab es sogenannte Fahrabteilungen, die mit Fahrrädern oder Motorrädern ausgestattet waren. Vier bis sechs Gruppen, also 20 bis 30 Rote Frontkämpfer, bildeten – auch dies abweichend von der

27 Ebd., S. 69 f., 230.
28 Ebd., S. 239 ff. – Horst Duhnke: die KPD von 1933 bis 1945, Köln 1972, S. 104.
29 Anm. 12.
30 Schreiben des Gestapa/Berlin vom 15. 11. 33 an die Bayerische Politische Polizei; LA Speyer: H 38/1427.

Organisation im Reich – einen Sturm, der bereits eine entwickelte Bürokratie besaß: einen Sturmführer nebst Stellvertreter, einen Kassierer sowie Beauftragte für Agitprop-Arbeit, Jugend und andere Bereiche[31].

Der Rote Frontkämpfer-Bund war an der Saar zweifellos die aktivste kommunistische Organisation, die gewöhnlich über jüngere und besonders einsatzfreudige Mitglieder verfügte. Es besteht kein Zweifel darüber, daß der RFB bewaffnet war. Davon legen nicht nur seine teilweise gewalttätigen Aktivitäten vor 1933 Zeugnis ab, sondern auch sein Auftreten in der Abstimmungszeit, in der er den Kern des Massenselbstschutzes stellte. Wie preußische Dienststellen im Frühjahr 1933 erfahren haben wollen, hatte die KPD im Januar und Februar zuvor wiederholt Waffenschmuggel betrieben[32] und auch die im Laufe des Abstimmungskampfes regelmäßig durchgeführten illegalen Schriftentransporte über die Reichsgrenze wurden von teilweise bewaffneten Parteimitgliedern durchgeführt. Vor allem aber war der RFB die aktivste Organisation, wo es um Saalschutz, Kurierdienste, Agitations- und Propagandaarbeit und andere Dienste für die Partei ging. Nicht völlig klar ist die personelle Führung des RFB. Im Herbst 1933 werden Otto Niebergall als Pol.-Leiter und der Saarbrücker Stadtverordnete Hans Hoffmann als Geschäftsführer genannt sowie Karl Merkel als Wehrsportsführer[33]. Spätere Aufrufe des RFB in der *Arbeiter-Zeitung* sind ausschließlich von Karl Merkel unterzeichnet, so wie er auch in der Öffentlichkeit für den Verband als Vertreter auftrat[34]. Auch hier wie in der gesamten Partei entsprach nicht immer das offizielle Parteiamt der tatsächlichen politischen Funktion, die sein Inhaber ausübte. Dies sollte sich besonders im Verlaufe des Abstimmungskampfes zeigen, als in zunehmendem Maße kommunistische Emigranten die saarländische KPD durchsetzten, ohne als Amtsinhaber offiziell nach außen in Erscheinung zu treten.

Von politisch untergeordneter Bedeutung waren die kommunistischen Arbeitersportvereine; ihre Größe und Organisationsstruktur ist bislang noch nicht untersucht worden[35]. Vorbehaltlich neuerer Forschungsergebnisse wird man ihnen wohl mehr die Funktion einer Mobilisierung der Massen zuschreiben müssen, weniger den Charakter einer Organisation zur praktischen Unterstützung der Partei, wie es der RFB war. In der zeitgenössischen Presse ebenso wie in den Berichten politischer Beobachter tauchten sie fast ausschließlich auf im Zusammenhang mit Demonstrationen und Aufmärschen. Wegen der im Umkreis der KPD nicht seltenen Mehrfachmitgliedschaften in verschiedenen parteinahen Organisationen bleibt ohnehin die Frage offen, wie weit sie nicht de facto ein bloßer Anhang des RFB waren, mit dem sie über den Wehrsport auch sachlich verbunden waren.

---

31 „Richtlinien für den RFB-Gau Saar", Abschrift vom 11.5.34; PA AA, Pol. II: Parteien im Saargebiet Bd. 10. – Abschrift eines RFB-Formulars vom 18.4.31 („Gaukontrolle des RFB"), in dem neben Personalien auch besondere Kenntnisse (Führerschein, Waffengattungen) erfragt werden: LA Saarbrücken: Landratsakten St. Ingbert III/25-3331. – Materialien über den St. Ingberter Arbeiterschützenverein aus dem Jahre 1931; ebd. III/25-3331a.

32 Vermerk vom 8.3.33; LHA Koblenz: 403/16857.

33 Vgl. Anm. 16 und 30.

34 „Kampfkonferenz der Saar-Kommunisten" und „Die Massen rüsten zur Heerschau nach Sulzbach", *Arbeiter-Zeitung* vom 4.4. und 17.8.34. – Ebenso wird Merkel als RFB-Führer erwähnt in einem auf Angaben der saarländischen Landeskriminalpolizei beruhenden Gestapo-Vermerk vom 30.11.34; PA AA, Pol. II: Parteien im Saargebiet Bd. 14. – Auch Bies (a. a. O., S. 49) führt beide Namen ohne nähere Funktionsbezeichnungen auf.

35 Nähere Aufschlüsse über Organisation, Größe, politische Betätigung und Verbandsgeschichte sind zu erwarten von der Dissertation von Gerd Bungert: Das Vereinswesen der Saargegend in den beiden Abtrennungszeiten 1920–34 und 1945–55 (Arbeitstitel), Universität Saarbrücken.

Zwei Organisationen der KPD waren an der Saar zeitweilig besonders aktiv und wirkten über das engere Umfeld der Parteianhängerschaft hinaus: die Internationale Arbeiterhilfe (IAH) und die Rote Hilfe Deutschlands. Die IAH war 1921 aus den Hilfskomitees für die Hungernden in Sowjetrußland entstanden und unter der tatkräftigen Führung Willi Münzenbergs recht bald zu einer umfassenden Organisation angewachsen, die über ihre engere karitative Arbeit hinaus als Agitprop-Instrument in zahlreichen Bereichen des sozialen und kulturellen Lebens tätig war[36]. Recht bald griff die IAH auch in die Politik ein, indem sie notleidende Proletarierfamilien im eigenen Lande unterstützte und insbesondere streikende Arbeiter mit Lebensmitteln und Kleidungsstücken versorgte. Die IAH war zwar kommunistisch geführt, jedoch war die Parteimitgliedschaft nicht obligatorisch, und die Mehrheit ihrer Mitglieder gehörte nicht der KPD an. Umgekehrt nahm die IAH auch korporativ ganze Organisationen auf wie etwa den RFB, einzelne Gruppen der RGO und anderer kommunistischer Vereinigungen. Im Jahre 1931 hatte die IAH in Deutschland 105 000 Einzelmitglieder und bildete damit eine der zahlenstärksten Organisationen im Umfelde der KPD[37].

Konkrete Details über Aufbau und Stärke der IAH an der Saar konnten nicht ermittelt werden. Für das Jahr 1933 liegen überhaupt keine Anzeichen einer nennenswerten Aktivität vor, wogegen für die Zeit vom Frühjahr 1934 an eine rege und in der Schlußphase des Abstimmungskampfes sich steigernde Tätigkeit nachweisbar ist. Allem Anschein nach ging die Initiative dazu hauptsächlich von der inzwischen nach Paris verlegten IAH-Zentrale aus und kaum von der lokalen saarländischen Sektion, die mit ihrer Sprecherin Berta Fuchs mehr ausführendes Organ war. Auf Anregung Münzenbergs richtete die IAH bei Saarbrücken ein Kinderheim ein und half mit ihren Funktionären bei propagandistischen Auftritten[38]. In Moskau wurden Filme für den Abstimmungskampf gedreht[39] und durch Vermittlung der IAH kommunistische Schriftsteller und Künstler an die Saar geschickt. Von ihr wurde später ein beträchtlicher Teil der Agitprop-Arbeit geleistet, auf deren Breitenwirkung wir noch eingehen werden.

Eine verwandte Aufgabe nahm die Rote Hilfe wahr. Ihr Anliegen war die praktische Solidarität gegenüber in Not geratenen KPD-Mitgliedern, moralische und materielle Hilfe in Fällen von Verfolgung, Streiks und Arbeitslosigkeit[40]. An der Saar formierte sie sich erst um 1928 und hatte zu dieser Zeit 31 Ortsgruppen. Eine stärkere Verbandstätigkeit läßt sich, sofern man sich auf die Berichterstattung der *Arbeiter-Zeitung* verläßt, vor 1933 kaum nachweisen. Erst der sich verschärfende Abstimmungskampf scheint die KPD und mit ihr die Rote Hilfe vor die Notwendigkeit einer intensiveren Sokidaritätsarbeit gestellt zu haben. Ihre Aktivitäten nahmen im Winter 1933/34 spürbar zu. Im Februar 1934 erschien die erste Nummer der Verbandszeitschrift *Tribunal*[41]. Parallel zur verstärkten Öffentlichkeitsarbeit lief den ganzen Winter über eine rege Mitgliederwerbung. In einem Rundschreiben der Roten Hilfe Saar vom 25. Januar 1934 wird Enttäuschung über das Resultat einer Winterhilfkampagne geäußert und zugleich eine neue massive Werbeaktion

---

36 Vgl. Kurt Finker: Aus dem Kampf der Internationalen Arbeiterhilfe in Deutschland, *Beiträge zur Geschichte der deutschen Arbeiterbewegung* VI (1964), S. 928–36. – Babette Gross: Willi Münzenberg. Eine politische Biographie, Stuttgart 1967, S. 129 ff.
37 Finker, S. 929 f., 936, 935.
38 Gross, S. 285.
39 Gustav Regler: Das Ohr des Malchus, Köln - Berlin 1958, S. 260 ff., 291, 304.
40 Vgl. Johannes Zelt: . . . und nicht vergessen – die Solidarität! Aus der Geschichte der Internationalen Roten Hilfe und der Roten Hilfe Deutschlands, Berlin DDR 1960.
41 Bies, S. 50. – Das Blatt erschien als Beilage der *Arbeiter-Zeitung* vom 6.2.34; weitere Nummern konnten nicht ermittelt werden, so daß über Regelmäßigkeit und Häufigkeit des Erscheinens nichts ausgesagt werden kann.

zu Ehren von Thälmann und Dimitroff angekündigt: die Mitglieder werden verpflichtet, in einem nicht näher bezeichneten Zeitraum 1 500 Beitrittswillige zu gewinnen, 34 neue Orts- und acht Betriebsgruppen zu gründen, 2 150 Broschüren zu verkaufen und 4 325 ffrs zu sammeln[42]. Rund zwei Monate später meldete die *Arbeiter-Zeitung*, daß von Dezember 1933 bis Februar 1934 900 Personen und in den ersten Märztagen allein 142 der Roten Hilfe beigetreten seien[43]. Im November 1934, also in der Schlußphase des Abstimmungskampfes, soll sie 4 328 Mitglieder an der Saar gehabt haben, was weit mehr als der Hälfte der saarländischen KPD-Angehörigen entsprechen würde[44].

Durch das bereits zitierte Rundschreiben werden wir über die Art der psychologischen Hilfestellung und ihre Methoden informiert. Für die bei Straßenkämpfen und Zusammenstößen verhafteten und vor Gericht gewöhnlich hart bestraften KPD-Mitglieder sollten sich zur moralischen und rechtlichen Unterstützung ad hoc-Untersuchungsausschüsse bilden, ihren Schützling auf vielfache Weise betreuen und sich nach Erledigung der Angelegenheit oder nach Übewindung der Schwierigkeiten wieder auflösen[45]. Besondere Bedeutung erlangte die Rote Hilfe an der Saar ab Frühjahr 1933, als durch die steigende Zahl kommunistischer Emigranten die sozialen Probleme wuchsen und die saarländische KPD vor eine Reihe dringender karitativer Aufgaben stellte. – Vorsitzender der Roten Hilfe Saar scheint der Landesratsabgeordnete Hans Pink gewesen zu sein. Er firmierte als Herausgeber der Verbandszeitschrift *Tribunal* und trat auch als Redner auf Veranstaltungen auf[46]. Aufrufe der Roten Hilfe wurde gelegentlich von Johann Hey unterzeichnet[47].

Eine der interessantesten Organisationen der KPD war die Revolutionäre Gewerkschaftsopposition (RGO), die auch an der Saar aktiv war. Die RGO war kein in sich völlig geschlossener Verband, sondern ein sehr komplexes Gebilde, dessen Struktur nur aus der Geschichte der kommunistischen Gewerkschaftspolitik zu verstehen ist. Bekanntlich hatte das Verhältnis der KPD zu den freien Gewerkschaften im Laufe der 1920er Jahre starken Schwankungen unterlegen. Von der Gründung unbedeutender kommunistischer Verbände im Frühjahr 1919 abgesehen, die ein Jahr später weitgehend wieder aufgelöst wurden, setzte sich bald die Überzeugung durch, innerhalb der bestehenden freigewerkschaftlichen Organisationen wirken und den kommunistischen Einfluß durch fraktionelle Zusammenschlüsse der KPD-Mitglieder verankern zu können. Damit wurde die Bedeutung der Gewerkschaften anerkannt, gleichzeitig aber eine organisatorische Grundlage geschaffen für den Kampf gegen die sozialdemokratischen Gewerkschaftsführungen zur Agitation unter der Arbeiterschaft[48]. Diese wehrten sich gegen eine derartige Politik, was eine Reihe von Ausschlüssen und eine allgemeine Behinderung der kommunistischen Arbeit zur Folge hatte. Im Rahmen einer vorübergehenden Einheitsfrontpolitik wurden kommunistische Aktivitäten ab 1924 reduziert und Sonderorganisationen der Partei aufgelöst. 1927 setzte ein abermaliger Kurswechsel ein, der schließlich in eine Doppelstrategie einmündete: weiterhin Zusammenfassung der Kommunisten in eigenen Fraktionen inner-

---

42 Gestapo-Bericht vom 26.2.34 nebst Rundschreiben der Roten Hilfe Saar vom 25.1.34; PA AA, Pol. II: Parteien im Saargebiet Bd. 8.

43 „900 Neuaufnahmen für die Rote Hilfe Saar", *Arbeiter-Zeitung* vom 11./12.3.34.

44 Schreiben Philipp Daubs vom 24.11.34 an das ZK der KPD in Paris; PA AA. Pol. II: Parteien im Saargebiet Bd. 15.

45 Anm. 42.

46 Gestapo-Bericht vom 22.5.34 über eine Veranstaltung der Roten Hilfe Saarlouis; PA AA, Pol. II: Parteien im Saargebiet Bd. 10.

47 „Die Massen rüsten zur Herrschau nach Sulzbach", *Arbeiter-Zeitung* vom 17.8.34.

48 Rudolf Rettig: Die Gewerkschaftsarbeit der Kommunistischen Partei Deutschlands von 1918 bis 1925 unter besonderer Berücksichtigung der Auseinandersetzungen mit den freien Gewerkschaften, Phil. Diss. Hamburg 1954, S. 15 ff.

halb der Gewerkschaften mit dem Ziel kommunistischer Arbeit an der Basis und gegen die Verbandsbürokratie, zum andern Vereinigung der gewerkschaftlich nicht Organisierten in eigenen kommunistischen Gewerkschaftsverbänden[49].

Der organisatorische Aufbau der RGO zu Beginn des hier behandelten Zeitraumes war folgender. Unterste organisatorische Einheit war die Betriebsgruppe, der jeder Arbeiter, der das RGO-Programm anerkannte, ohne Vorbedingungen einer KPD-Zugehörigkeit beitreten konnte. Entsprechend gab es für erwerbslose Arbeiter Gruppen in den Stempelstellen. Die Betriebs- und Stempelstellengruppen waren in Ortsgruppen zusammengefaßt, über die sich eine weitere Verbandsstruktur auf Bezirks- und Reichsebene wölbte und die in der Mitgliedschaft in der Roten Gewerkschafts-Internationale gipfelte. Fachlich gliederte sich die RGO in vierzehn Industriegruppen. Das erklärte Ziel der RGO, in den Gewerkschaften Fraktionsarbeit zu leisten, läßt eine Mitgliedschaft in diesen als statutenmäßig zwar nicht genannte, aber faktische Voraussetzung erscheinen: „Eine der wichtigsten Aufgaben in den Industriegruppen neben der Arbeit der Betriebsgruppe ist die Organisation der Fraktionsarbeit in den reaktionären Gewerkschaften. Die Fraktion der RGO in den Gewerkschaften ist das ausführende Organ der Industriegruppe"[50]. – Neben diesen Fraktionsgruppen innerhalb der freien Gewerkschaften konnten sogenannte „rote Verbände" als eigenständige Organisationen, fachlich gegliedert nach dem Industriegruppenprinzip, gegründet werden, sofern das RGO-Reichskomitee dem zustimmte. Sie unterstanden der jeweils übergeordneten RGO-Leitung und waren gleichfalls auf Betriebsebene aufgebaut. Daß eine Mitgliedschaft in der RGO nicht zugleich mit einer solchen in den „roten Verbänden" gekoppelt war, ergibt sich aus den Zahlenverhältnissen: im Frühjahr 1932 gehörten im Reich der RGO 250000 Mitglieder – mehrheitlich organisierte Kommunisten – an, wogegen die „roten Verbände" 1931 etwa 75000 bis 80000 Angehörige hatten[51]. Wie weit die letztgenannten in der ersten Zahl mitgerechnet wurden, ist unklar. Über die Betätigung der RGO an der Saar sind wir quellenmäßig nur unvollkommen unterrichtet. Gleichwohl läßt sich hier wie im Reich die Doppelstrategie deutlich verfolgen. Trotz der Abwehrversuche der sozialdemokratisch geführten freien Gewerkschaften bildeten die Kommunisten zumindest innerhalb der wichtigsten und größten Organisationen eigene Oppositionsgruppen. So existierte beispielsweise seit 1931 innerhalb des Verbandes der Bergbauindustriearbeiter (BAV) eine eigene Oppositionsgruppe unter dem KPD-Funktionär Richard Kraushaar aus Wiebelskirchen, der dort auch stellvertretender Vorsitzender des BAV war[52]. Ähnliche Gruppen bestanden, wenngleich in geringerer Größe, auch in anderen Gewerkschaften.

Gerade im Bergbau hatten die Kommunisten die relativ größte Resonanz, einmal wegen der zahlenmäßigen Bedeutung dieses Industriezweiges an der Saar, zum anderen wohl auch wegen der relativ schwachen Stellung der freien Gewerkschaften etwa im Verhältnis zu den christlichen Konkurrenzorganisationen. In den Saargruben war die RGO 1933 durch 18 Stimmen (8,3 %) in den Arbeiterausschüssen vertreten und hatte damit ihre prozentuale Stellung von 3,3 % im Zeitraum 1930/31 mehr als verdoppeln können[53]. Auf einzelnen

49 Vgl. Steffen Lehndorff: Wie kam es zur RGO? Probleme der Gewerkschaftsentwicklung in der Weimarer Republik von 1927 bis 1929, Frankfurt am Main 1975.

50 „Die RGO – was sie ist und was sie will", Berlin 1930, S. 18.

51 Eine knappe, aber klare Übersicht über den organisatorischen Aufbau liefert Eva Jastroch: Die Gewerkschaftspolitik der KPD und die Entwicklung der Revolutionären Gewerkschafts-Opposition (RGO) unter besonderer Berücksichtigung des Einflusses der Kommunistischen Internationale (1920–1930), Staatsarbeit Gießen 1976 (unveröff. Mskr.), S. 77 ff.

52 „Auf zur Sozialistischen Freiheitsaktion an der Saar!" und „BAV-Kameraden begrüßen Einheitsappell des EVdB", Arbeiter-Zeitung vom 3. 10. 33 und 6. 7. 34; vgl. Anm. 58.

53 „Die Arbeitervertretung auf den Saargruben", Saar-Bergarbeiter-Zeitung vom 6.1.34.

Saargruben errangen die RGO-Gruppen gelegentlich sogar beträchtliche Stimmengewinne. Auf der Grube „Flammin" in Reden erhielten sie Anfang 1933 57 Stimmen, der christliche Gewerkverein 51 Stimmen; auf der Sulzbacher Grube „Mellin" bekamen die RGO-Vertreter 55, der BAV 59 und der christliche Gewerkverein wiederum 51 Stimmen[54]. Allerdings läßt sich angesichts der sonst vergleichsweise geringen Stärke der RGO-Gruppen in den freien Gewerkschaften nicht mehr ermitteln, in welchem Maße derartige Wahlergebnisse durch besondere Faktoren, etwa durch bestimmte Persönlichkeiten, begünstigt wurden. – Aktivitäten der RGO lassen sich in der Metallarbeiterschaft feststellen, für die aber zur Jahreswende 1932/33 keine Zahlenangaben vorliegen. Die ersten Statistiken, über die wir verfügen, stammen vom Januar 1934[55], aus einer Zeit also, die bereits durch die von der saarländischen Innenpolitik her bestimmte Mitgliederfluktuation in allen Parteien geprägt wurde, vor allem aber auch dadurch, daß die RGO im Mai 1933 durch die Regierungskommission des Saargebiets verboten worden war. Die also illegal fortbestehende RGO hatte im Januar 1934 2809 Mitglieder in 387 Zellen, davon 1092 (38,8 %) im Bergbau, 382 (13,6 %) in der Schwerindustrie, 406 (14,4 %) in der Fertigindustrie, 530 (18,9 %) in den staatlichen und kommunalen Verkehrsbetrieben, 84 (2,9 %) in den Kraft- und Wasserwerken und 296 (10,5 %) in den übrigen Gewerben. Halten wir diesen Zahlenrelationen die Verteilung der Erwerbstätigen an der Saar gegenüber, wonach 1927 23,9 % der Beschäftigten im Kohlenbergbau und 12 % in der Schwerindustrie tätig waren[56], so ist ein Schwerpunkt der RGO in diesen beiden Branchen durchaus unverkennbar.

Die bisher genannten Zahlen betreffen die saarländische RGO insgesamt und berücksichtigen nicht die „roten Verbände". Von ihnen sind an der Saar im Zeitraum des Abstimmungskampfes ohnehin nur drei in Erscheinung getreten; es konnte nicht ermittelt werden, seit wann sie existierten, und auch über ihre Stärke sind nur lückenhafte Angaben vorhanden. Zu nennen ist als erster der „Einheitsverband der Bergarbeiter Deutschlands" (EVBD oder auch EVdB); er stellte mit angeblich 1500 Mitgliedern[57] zweifellos den stärksten der „roten Verbände" dar. Sein Vorsitzender war Wilhelm Frisch, der außerhalb dieser seiner Funktion sonst nicht weiter hervorgetreten ist. Gelegentlich unterzeichnete die Aufrufe des EVBD Georg Podevin, der in der kommunistischen Gewerkschaftsarbeit eine wichtige, im einzelnen aber nicht immer genau bestimmbare Funktion ausgeübt zu haben scheint. Offensichtlich hat der EVBD erst Anfang 1933 versucht, seine Arbeit zu intensivieren. Sein Verbandsorgan *Der Saarkumpel* erschien erstmals in der ersten Jahreshälfte 1933[58]. Daneben existierte der „Einheitsverband für das Baugewerbe" (EVfDB), über dessen Aktivitäten nur aus vereinzelten, gewöhnlich von M. Brückner unterreichneten Aufrufen geschlossen werden kann[59]. Schließlich tauchten gelegentlich in Proklamationen noch der „Verband der Eisenbahner" auf, der angeblich 60 Mitglieder hatte, sowie der „Bezirksausschuß der roten Arbeiterausschußbewegung", die jedoch beide sonst nicht weiter in Erscheinung getreten sind[60].

---

54 „EVDB-Sieg bei Sicherheitsmännerwahl auf Grube Reden", *Volksecho* vom 29.1.33.
55 „Sammelbericht der Gewerkschaftsabteilung der Bezirksleitung Saar", LA Speyer: H 38/1427. – Zum Hintergrund dieser von der KPD erstellten Statistiken vgl. S. 117.
56 Errechnet nach Die Bevölkerung des Saargebiets nach den Ergebnissen der Volkszählung vom 19. Juli 1927, Bd. II: Die berufliche und soziale Gliederung der Bevölkerung des Saargebiets, Saarbrücken 1931, S. 8 ff.
57 Wehner, S. 71 f.
58 Ermittelt werden konnte nur Nr. 2 dieses Blattes als Beilage zur *Arbeiter-Zeitung* vom 28./29.5.33.
59 „Die Bauarbeiter für die Gewerkschaftseinheit", *Arbeiter-Zeitung* vom 12./13.8.34; Anm. 31.
60 „An die Mitglieder der freien Gewerkschaften! An die Mitglieder der christlihen Gewerkschaften!" (undatiertes, gedrucktes Flugblatt, beschlagnahmt am 17.3.33); LA Saarbrücken: Landratsakten St. Ingbert III/27-33350.

Die kommunistische Gewerkschaftsarbeit hatte an der Saar erst spät eingesetzt und bis Anfang 1933 auch keine großen Erfolge erzielen können. Stimmengewinne in einzelnen Betrieben bildeten da eine Ausnahme. Die RGO-Verbände wurden als Verhandlungspartner in Tarifgesprächen nicht anerkannt und konnten im Versicherungswesen oder mit sonstigen Sozialleistungen nicht entfernt mit den großen Gewerkschaften konkurrieren. Zudem scheint ihre Arbeit auch an der Saar die realen Bedürfnisse und Probleme der Arbeiter verfehlt zu haben. Auf einer Funktionärskonferenz am 11. Dezember 1932 übten die RGO-Vertreter Selbstkritik, indem sie eine falsche Einschätzung der bestehenden Gewerkschaften, mangelnde Oppositionsarbeit und einen ungeeigneten Aufbau ihres eigenen Verbandes sowie die unterlassene Gründung von RGO-Gruppen eingestanden[61]. In dem hier behandelten Zeitraum haben die kommunistischen Verbände keine politische Bedeutung erlangt.

Das kommunistische Vereins- und Verbandswesen hat den Einfluß und die Aktivitäten der Partei über den engeren Mitgliederstamm ausgedehnt. Da diese Organisationen auch bei formeller Überparteilichkeit de facto von Kommunisten gelenkt und geführt wurden, bedeutete dies die potentielle Erweiterung des Einflusses der Partei auf solche Personenkreise, die sonst vielleicht nicht unmittelbar für die KPD erreichbar gewesen wären. Andererseits darf die Wirksamkeit der kommunistischen Vereins- und Vebandsarbeit nicht überschätzt werden. Wer sich einer dieser Organisationen anschloß, stand gewöhnlich auch schon vorher der KPD nahe. Zudem lassen sich in Einzelfällen zahlreiche Doppel- und Dreifachmitgliedschaften von KPD-Mitgliedern beobachten. Aus einem von der St. Ingberter Polizei vermutlich im Winter 1932/33 angelegten Namensverzeichnis von einheimischen Kommunisten ergeben sich folgende Mitgliederstärken: KPD 145, RFB 36, RGO 29, KJVD 9, Proletarische Freidenker 3, Rote Hilfe 2, Rote Sportler 61. Die Summe dieser Zahlen ergibt 285; wegen der zahlreichen Mehrfachmitgliedschaften handelt es sich aber nur um etwa 200 Personen[62]. Man sieht an diesem Beispiel, daß auch die teilweise rege Aktivität der parteinahen Organisationen nicht ganz die reale Stärke der saarländischen KPD wiederspiegelte.

Zur Politik der KPD/Saar

Die saarländische KPD verstand seit ihrer Gründung ihren Kampf als doppelten, der sich gleichermaßen gegen den „französichen imperialismus", vetreten durch die Grubenverwaltung und die Regierungskommission, und gegen das einheimische deutsche Kapital richtete[63]. Diese Position wurde aus dem Blickwinkel einer Betrachtungsweise, die die Saarfrage ausschließlich als nationales Problem wertete, gelegentlich als schwankende Haltung mißverstanden. Zwar trifft es zu, daß die Kritik der Partei am Versailler Vertrag und seinen Folgen im Laufe der Völkerbundsherrschaft in ihren Nuancierungen wechselte[64]. Tatsächlich aber hat die KPD/Saar von ihrer schroffen Ablehnung des Völkerbundsregimes niemals abgelassen. Von den im Landesrat vertretenen Partien hat sie auch als einzige sich niemals zu einer wenigstens punktionellen Zusammenarbeit mit der Regierungskommission bereit gefunden, auch nicht zu einer Zeit, in der die übrigen Parteien infolge

---

61 „RGO kann so oder so", *Volksstimme* vom 4.1.33.
62 Undatiertes Verzeichnis von Mitgliedern der St. Ingberter KPD sowie Nebenorganisationen; LA Saarbrücken: Landratsakten St. Ingberg III/27-3350.
63 Vgl. Bies, S. 32 f.
64 Zenner, S. 195 ff.

entspannter außenpolitischer Verhältnisse zumindest in Einzelfragen mit dem Völkerbundsregime kooperierten.

Wird man die antifranzösische Haltung der KPD nicht als nationalistische bezeichnen können, weil sie sich ausschließlich gegen das französische Kapital richtete und dagegen eine Zusammenarbeit mit der Kommunistischen Partei Frankreichs befürwortete, so wird man auch nicht die Gemeinsamkeiten der KPD mit anderen deutschen Parteien in Einzelfragen überbewerten können. Die KPD/Saar beteiligte sich am großen Bergarbeiterstreik 1923, sie nahm teil am Kampf um ein saarländisches Parlament und unterstützte gelegentlich auch Initiativen anderer Parteien, wenn sie ihnen glaubte zustimmen zu können. Andererseits standen die Kommunisten außerhalb der von Zentrum, DSVP und SPD oft gemeinsam getragenen Politik und beteiligten sich nicht an gemeinschaftlichen Delegationen nach Genf oder anderen Aktionen. Die isolierte Stellung der KPD innerhalb des saarländischen Parteispektrums ist unbestreitbar; ebenso wird man die Ursache hierfür überwiegend im Verhalten der Partei selbst zu suchen haben; ob man dieses als Prinzipientreue oder aber starre Kompromißlosigkeit bezeichnet, ist eine Frage des Standortes[65].

Die besondere Konstellation des Saargebiets ließ den Parteien insgesamt nur begrenzten Raum zu politischer Mitwirkung. Dieser enge Raum wiederum zwang die Parteien an der Saar zu Verhaltensweisen, die dem Außenstehenden ohne Kenntnis der konkreten politischen Bedingungen oft als widerspruchsvoll erscheinen mußten. So bekämpfte die KPD/Saar seit jeher den kirchlichen Einfluß auf das Schulwesen und begrüßte daher den laizistischen Charakter der von der französischen Grubenverwaltung eingerichteten Domanialschulen, die hingegen von den anderen Parteien heftig bekämpft wurden. Als Anfang 1931 der Gemeinderat von Ludweiler beschloß, die Domanialschulen nicht mit Milch zu beliefern, waren es die Kommunisten, die hiergegen Protest erhoben und bei der Regierungskommission Beschwerde einlegten. Andererseits charakterisierte die KPD/Saar diese Schulen als pädagogisches Instrument im Interesse ausländischer Expansions- und Eroberungsbestrebungen und forderte die grundlegende Veränderung des saarländischen Schulwesens[66].

Wie auch die anderen saarländischen Parteien befanden sich die Kommunisten in einer besonderen Situation: als Teil ihrer reichsdeutschen Mutterpartei waren sie gleichwohl von der Politik im Reiche „abgenabelt", ohne unter den gegebenen verfassungsmäßigen Bedingungen eine ihren regionalen Bedürfnissen und Interessen entsprechende Politik treiben zu können. Nachdem die großen landespolitischen Kontroversen in der ersten Hälfte der 20er Jahre abgeebbt waren, gewann die saarländische Innenpolitik zunehmend provinziellen Charakter. Die Kommunalpolitik bildete daher einen der Schwerpunktbereiche kommunistischer Politik. Gerade in den Industrieorten besaß die KPD/Saar nicht selten eine relative, ab 1932 in Dudweiler sogar die absolute Mehrheit im Gemeinderat, was ihr dort auch wirksame politische Instrumente in die Hand gab. Durch ihre starke Position in Kommunalparlamenten hatte sie beispielsweise beim großen Bergarbeiterstreik Notstandsarbeiten für streikende Bergleute ausschreiben können[67].

Der saarländische Parteibezirk war zwar Teil der reichsdeutschen Mutterpartei und wurde von ihr auch unterstützt[68]. Gleichwohl hat die KPD/Saar ihren stark lokal gefärbten Charakter niemals abgelegt, der sich auch in innerparteilichen Konflikten ausdrückte. Dies zeigte sich auch in Abspaltungen von der Partei, beispielsweise im Falle der in einigen

65 Ebd., S. 200; Bies, S. 35.
66 „Die Kommunisten und die französische Grubenverwaltung" (Mskr., 1931), LA Speyer: H 38/1427. – Bies, S. 45 f.
67 Kunkel, S. 90; Bies, S. 90.
68 Bies, S. 37.

Bergarbeiterorten aktiven KPO. Hervorgegangen aus dem rechten Parteiflügel der KPD, hatte sich im Reich eine eigene Gruppierung gebildet, die sich nach ihrem Parteiausschluß 1928 ihren eigenen organisatorischen Rahmen gab[69]. Ihre Hochburgen hatte die KPO im mitteldeutschen Raum (Sachsen, Thüringen, Hessen), wo im Zeitraum 1930/31 etwa 52 % ihrer Mitglieder gelebt haben dürften. 1929 oder 1930 bildete sich auch eine Bezirksorganisation an der Saar, die zusammen mit dem Bezirk Hessen-Waldeck etwa 3 % der KPO-Angehörigen gestellt haben soll. Die Gesamtzahl der Mitglieder hat nach allerdings lückenhaften und unzuverlässigen Quellen zwischen 3 500 und 6 000 gelegen[70], was zwischen KPO und KPD ein zahlenmäßiges Verhältnis zwischen 1:20 und 1:30 bedeuten würde.

Die KPO hat an der Saar keine nennenswerte Bedeutung erlangen können und sich im Laufe des Jahres 1933 weitgehend aufgelöst. Sie ist für uns insofern von Interesse, als sie mittelbar Aussagen über die KPD/Saar gestattet. Die KPO nahm 1932 erstmals an der Landesratswahl teil, konnte aber mit 5 353 Stimmen (1,4 %) kein Mandat erringen. Auffallend bei der Verteilung der Stimmen ist das Schwergewicht der Partei in Saarbrücken-Land wo sie mit 2 196 Stimmen 41 % ihrer Wähler hatte, wogegen nur 31,6 % aller KPD-Stimmen auf diesen Kreis entfielen[71]. Innerhalb dieses Kreises wiederum hatte die KPO ihre Hochburg im Warndt-Gebiet. Zwar lag ihr Hauptsitz in Völklingen, aber ihre Aktivitäten und sehr wahrscheinlich auch ihre Mitglieder konzentrierten sich auf Ludweiler und Umgebung[72]. Der lokale Charakter der KPO wird hieran, aber auch an der Entstehungsgeschichte ihres saarländischen Ablegers erkennbar. Der kommunistische Landesratsvertreter Philipp Reinhard aus Ludweiler war wegen seines Widerstandes gegen die Beschlüsse der Komintern ausgeschlossen worden, worauf sich um ihn und seine Gesinnungsgenossen aus dem Warndt die saarländische KPO herausbildete[73]. Der lokale Charakter dieser Abspaltung aber charakterisiert großenteils die KPD/Saar insgesamt, in der innerparteiliche Konflikte auf Dörfern und Weilern nur selten ausschließlich ideologischen Charakter hatten und nicht selten von persönlichen Zügen überlagert wurden.

Obwohl das Saargebiet von der reichsdeutschen Innenpolitik getrennt war, griff die KPD/Saar dennoch Probleme auf, die sich aus der Entwicklung in Deutschland ergaben. Stellte die saarländische NSDAP selbst keine politische Potenz dar, der obendrein durch die ideologische Resistenz der Anhänger von SPD, KPD und Zentrum Grenzen gesetzt waren, so richteten sich kommunistische Demonstrationen in wachsendem Maße auch gegen die erstarkenden Rechtskräfte im Reich[74]. Auf lokaler Ebene agitierte sie vor 1933 hauptsächlich unter Erwerbslosen. Wir sind über diese Agitationsarbeit durch Flugblattsammlungen, Zeitungs- und Behördenberichte vor allem aus Kreis und Stadt St. Ingbert unterrichtet. So forderte die Partei die Kommunalverwaltungen auf, Notstandsarbeiten auszuschreiben und Erwerbslose hierzu einzustellen. Sie griff – teilweise in hektographierten kleinen Lokalblättern – Probleme aus Betrieb und Schule auf und kritisierte Miß-

---

69 Karl Hermann Tjaden: Struktur und Funktion der „KPD-Opposition" (KPO). Eine organisationssoziologische Untersuchung zur „Rechts"-Opposition im deutschen Kommunismus zur Zeit der Weimarer Republik, Meisenheim am Glan 1964.

70 Ebd., S. 113 ff., 121, 119 f.

71 Zahlenangaben und Berechnungen nach dem Bericht des Statistischen Amtes des Saargebiets; vgl. Anm. 3.

72 Schreiben des Landrats von Saarbrücken vom 22. 8. 33 an die Regierungskommission; AStadtV Saarbrücken: P-V/15b.

73 Anm. 66.

74 Beispielsweise „Mobilmachung", gedrucktes Flugblatt der KPD/Saar von Juli 1932; LA Saarbrücken: Landratsakten St. Ingbert III/25-3331; im selben Bestand befinden sich weitere Flugblätter dieser Art; – s. Anm. 60. – Vgl. Bies, S. 54 ff.

stände und Willkürakte von Lehrern, Unternehmern, Behörden[75]. Die Protestwahlen belohnten ihre Bemühungen mit einem hohen Stimmengewinn gerade von seiten der Erwerbslosen.

Andererseits bewegten sich viele Aktivitäten der KPD/Saar im luftleeren Raum. Die Partei stellte nur in wenigen Ortschaften die absolute Mehrheit oder wenigstens eine so starke Fraktion im Gemeinderat, daß sie über Einfluß auf öffentliche Institutionen verfügte. Eine Zusammenarbeit mit der Sozialdemokratie scheiterte an ihrer starren Konzeption der Einheitsfront von unten, nach der sie zwar sozialdemokratische Arbeiter durch gemeinsame Aktionen zu sich herüberzuziehen versuchte, die Parteiführungen jedoch gleichzeitig als Sozialfaschisten diffamierte und mit einer bei anderen Parteien nicht üblichen Polemik attacktierte[76]. Die von kommunistischer Seite propagierte Einheitsfront wurde durch das agressive Auftreten der Partei, durch unerfüllbare und unrealistische Maximalforderungen von ihr selbst wieder in Frage gestellt. Die KPD/Saar behinderte sich somit selbst als möglicher Bündnispartner der Gewerkschaften oder der SPD/Saar. Sie besaß nicht die Stärke in der saarländischen Innenpolitik, die ihr aufgrund ihres Mitglieder- und Wählerpotentials zugestanden hätte.

---

75 Beispielsweise „Wuchtige Hungerdemonstration vor dem Stadthaus St. Ingbert", *Arbeiter-Zeitung* vom 9./10.5.31. – *Die rote Wacht* vom Januar 1932; LA Saarbrücken: Landratsakten St. Ingbert III/26-3331. – Vgl. Bies, S. 63 und öfter.

76 Dies wird auch, wenngleich verschämt und in abgeschwächter Form, eingestanden bei Bies, S. 59, Anm. 13.

Die christliche Arbeiterbewegung an der Saar

Die Frage nach einer christlichen Arbeiterbewegung an der Saar stellt sich anders als im Falle der Sozialdemokratie und der kommunistischen Partei. Hier ist nicht an erster Stelle eine Partei zu nennen, die in enger Nähe zu bestimmten Gewerkschaften stand, sondern hier stehen die Gewerkschaften im Vordergrunde, denen allenfalls eine gewisse politische Nachbarschaft zu bestimmten politischen Parteien nachgesagt werden kann. Der Eindeutigkeit und Priorität der Gewerkschaften steht also das zumindest problematische Verhältnis des politischen Katholizismus zur Arbeiterbewegung gegenüber, weswegen wir hier das Problem in umgekehrter Reihenfolge darstellen müssen.

Die christlichen Gewerkschaften an der Saar hatten eine historisch begründete Stellung in der saarländischen Arbeiterschaft. Teils in Konkurrenz, teils in Zusammenarbeit mit katholischen Arbeitervereinen hatten sie kurz nach der Jahrhundertwende die ersten Grundlagen späterer gewerkschaftlicher Organisationsformen überhaupt gelegt. Das Zentrum konnte erst danach und zwar mit Hilfe der katholischen Arbeiterschaft gegen den Widerstand der Freikonservativen und Nationalliberalen parteipolitisches Terrain gewinnen. Nach den Umbrüchen von 1918 konnten die freien Gewerkschaften, wie wir gesehen hatten, ihre christlichen Parallelorganisationen teilweise überrunden, jedoch haben diese ein annähernd gleiches Größenverhältnis halten oder wiedererringen können. Dies bildete einen der großen Unterschiede zwischen der gewerkschaftlichen Szenerie im Reich und an der Saar. Von den elf christlichen Einzelgewerkschaften sind für uns hier zwei von Interesse: der Gewerkverein christlicher Bergarbeiter und der Christliche Metallarbeiterverband, deren Stellung naturgemäß mit den wichtigsten Industriezweigen an der Saar zusammenhingen. Die älteste politische Tradition besaß der Gewerkverein christlicher Bergarbeiter, der sich 1904 an der Saar etabliert hatte[1]. Wir hatten sein Anwachsen bereits angedeutet und aus der politischen Konstellation im Saargebiet seine Startvorteile gegenüber den freigewerkschaftlichen Parallelorganisationen herausgestellt. Dieser Vorsprung der christlichen Gewerkschaften wurde erst in der Revolution und den unmittelbar nachfolgenden Jahren eingeholt und teilweise überholt. Um 1917/18 waren der christliche Gewerkverein und der freigewerkschaftliche Bergarbeiterverband mit etwa jeweils 17 000 Mitgliedern gleich stark. Um 1920 hatte der BAV den Gewerkverein mit fast 41 000 zu knapp 29 000 erheblich überrundet, was durch einen späteren leichten Anstieg des letztgenannten und einen spürbaren Rückgang des ersten zunächst nicht ausgeglichen werden konnte[2]. Erst im Laufe der 20er Jahre brachte die unterschiedliche Mitgliederentwicklung den christlichen Gewerkverein wieder an die Spitze der saarländischen Gewerkschaften. Mit 35 000 Mitgliedern übertraf er 1928 den BAV um 10 000 und stellte daher die stärkste Arbeiterorganisation an der Saar dar[3].

Für den hier behandelten Zeitraum 1933/35 konnten für den Gewerkverein keine exakten Mitgliederzahlen ermittelt werden. Verschiedene Hinweise deuten aber darauf hin, daß

---

1 Borck, S. 44 ff.
2 Vg. Schnell, S. 25 f., 41 f.
3 Obé, S. 47.

sich bis Anfang 1933 in diesen Zahlenrelationen wenig geändert haben dürfte. Die *Jahrbücher der christlichen Gewerkschaften* berichten bis 1933 regelmäßig von einem konstanten Mitgliederstand. Bei den 1929/30 durchgeführten Betriebswahlen in den Gruben – Sicherheitsmänner für die Untertage- und Arbeiterausschußmitglieder für die Übertagebelegschaften – erhielt der Gewerkverein im Bündnis mit dem Christlichen Metallarbeiverband 19 335 Stimmen und damit 754 mehr als seine freigewerkschaftlichen Konkurrenten[4]. Ähnliche Resultate erbrachten die Wahlen in den Saargruben 1930/31: der BAV hatte 132, der Gewerkverein 130 Vertreter; rechnen wir hier die übrigen an den Wahlen beteiligten christlichen und freigewerkschaftlichen Organisationen hinzu (Metallarbeiter, Maschinisten), so ergeben sich kaum veränderte Zahlenverhältnisse. Die Betriebswahlen 1933 erbrachten dem freigewerkschaftlichen Verband einen geringfügigen Vorsprung, änderten jedoch nichts am annähernd gleichen Zahlenverhältnis der beiden Verbände[5]. Die zweite bedeutende christliche Gewerkschaft war der Christliche Metallarbeiterverband (CMV), der sich 1906 an der Saar konstituierte und dort auch den ersten Streik in der Hüttenindustrie organisierte. Er hatte ungleich größere Schwierigkeiten als der Gewerkverein, in der Öffentlichkeit wirksam zu werden und vor allem gegenüber den großen Konzernen aufzutreten. 1910 hatte der Verband nur 700 Mitglieder, erlebte aber gleichfalls infolge des revolutionären Umsturzes 1918 einen großen Aufschwung. Dennoch hat der CMV niemals eine der freigewerkschaftlichen Parallelorganisation vergleichbare Stärke erlangen können, wie es im Bergbau dem christlichen Gewerkverein gelang. Die Zahlenangaben sind hier allerdings ungenau und lassen exakte Vergleiche nicht zu. Zum einen werden für 1920 etwa 9 000 – 10 000 organisierte christliche Hüttenarbeiter (offensichtlich ohne sonstige Metallarbeiter) genannt, zum anderen für das gleiche Jahr 1 700 Metallarbeiter (also vermutlich ohne Hüttenarbeiter), für das Jahr 1927 wiederum 17 000 Hüttenarbeiter (offensichtlich unter Einschluß anderer Metallarbeiter)[6]. Auf jeden Fall war der CMV der zweitstärkste christliche Gewerkschaftverband an der Saar.

Zusammen mit den übrigen neun christlichen Gewerkschaften verfügten die konfessionellen Gewerkschaften im Jahre 1928 über 54 000 Mitglieder an der Saar. Die elf christlichen Verbände bildeten gemeinsam mit den konfessionsneutralen Berufsverbänden der Bediensteten von Verkehr, Bahn und Post und den Angestelltenverbänden (mit Ausnahme der Hirsch-Dunckerschen Gewerkvereine) den Deutschen Gewerkschaftsbund (DGB), der im Jahre 1928 an der Saar 67 000 Arbeitnehmer vereinigte[7]. Dieser Größenordnung entsprechen annähernd auch die Angaben von Karius für den gleichen Zeitraum: 60 000 für die christlichen Gewerkschaften (ohne hierbei zwischen ihnen und den konfessionsneutralen Verbänden zu differenzieren) und 80 000 für die im ADGB zusammengeschlossenen freigewerkschaftlichen Verbände. Neben und außerhalb dieser beiden Dachverbände standen etwa 8 000 in den Hirsch-Dunckerschen Organisationen zusammengeschlossene Arbeitnehmer sowie kleinere, politisch unbedeutende Arbeiterverbände wie die nationalsozialistische NSBO und als saarländisches Spezifikum auch der „Saarbund"[8]. Zahlenmäßig waren die christlichen den freigewerkschaftlichen Organisationen zweifellos unterlegen, haben jedoch durch ihre regen Aktivitäten durchaus die sozialpolitische Szenerie an der Saar maßgeblich mitbestimmt. Bei den Wahlen zu den Ausschüssen und Vorständen der saarländischen Ortskrankenkassen erhielten die christlichen Gewerkschaften 1930 107 von 278 Ausschußsitzen, 40 von 90 Vorstandssitzen und bei den Versi-

---

4 *Jahrbücher der christlichen Gewerkschaften*, Jg. 1931, S. 245.
5 „Die Arbeitervertretungen auf den Saargruben", *Saar-Bergarbeiterzeitung* vom 6.1.34.
6 Obé, S. 47; Schnell, S. 95.
7 *Jahrbücher der christlichen Gewerkschaften*, Jg. 1928, S. 154.
8 Karius, in: Kloevekorn (Hrsg.), S. 382.

cherungsamtswahlen 25 von 48 Sitzen. Beim Oberversicherungsamt, im Landesversicherungsamt und in der Landesversicherungsanstalt waren christliche und freie Gewerkschaften an der Saar in gleicher Stärke vertreten[9].

Eine eindeutige politische Zuordnung der christlichen Gewerkschaften ist zwar möglich, jedoch nicht ganz unproblematisch. Da ihre Anhänger vorwiegend aus der katholischen Arbeiterschaft kamen, war die politische Nähe zum Zentrum unübersehbar. Das galt nicht nur für die Saar, sondern generell für Deutschland, wie sich dies an folgendem Beispiel leicht ersehen läßt: in der Nationalversammlung 1919 waren 31 Deputierte zugleich Mitglieder der christlichen Gewerkschaften; von ihnen gehörten 24 dem Zentrum an, 5 der DNVP und je einer der DVP und DDP[10]. Vergleichbare Verhältnisse bestanden auch in späteren Reichstagen und in den Landtagen der einzelnen deutschen Länder. Auch die prominentesten und bedeutendsten Politiker der christlichen Gewerkschaften wie Adam Stegerwald, Heinrich Imbusch und andere gehörten dem Zentrum an, dessen linker Flügel gewissermaßen deren Domäne bildete. Dennoch lehnten gerade Vertreter der christlichen Gewerkschaften wiederholt eine zu enge Anlehnung ihrer Verbände an eine einzige Partei ab; ausdrücklich wurde es als vorteilhaft angesehen, wenn ihre Mitglieder in mehreren nicht-marxistischen Parteien wirken und zusammenarbeiten würden[11]. Man wird also zwischen dem Zentrum und den christlichen Gewerkschaften − insbesondere in der Schlußphase der Weimarer Republik − kein vergleichbar enges Verhältnis annehmen dürfen wie zwischen der Sozialdemokratie und den freien Gewerkschaften.

Grundsätzlich unterschieden sich die saarländischen Bezirksorganisationen nicht von ihren reichsdeutschen Mutterorganisationen, von denen sie sich trotz anfänglichen Pressionen der Regierungskommission niemals getrennt hatten. Von der Saar waren schon frühzeitig bedeutende Persönlichkeiten der christlichen Arbeiterbewegung hervorgegangen. Hier ist vor allem der uns bereits bekannte Bartholomäus Koßmann zu nennen, ursprünglich Bergmann, Sekretär des christlichen Gewerkvereins, vor dem Ersten Weltkrieg Zentrumsabgeordneter im Deutschen Reichstag und ab 1918 im preußischen Landtag, ab 1922 im saarländischen Landesrat und seit 1924 Mitglied der Regierungskommission des Saargebiets[12]. Der Leiter des saarländischen Bezirks der christlichen Gewerkschaften, Fritz Kuhnen, gehörte seit 1930 als Zentrumsabgeordneter dem Reichstag an und der Bergarbeitersekretär Karl Hillenbrand in gleicher Parteizugehörigkeit dem preußischen Landtag[13]. Da Saareinwohner bei Reichstags- und Landtagswahlen weder das aktive noch passive Wahlrecht ausüben durften, wurden diese Kandidaturen durch doppelte Wohnsitze und andere Maßnahmen ermöglicht, mit denen diese Bestimmungen umgangen werden konnten. Eine der markantesten und später meist umstrittenen Gestalten innerhalb der christlichen Gewerkschaften war der Bergarbeitersekretär und DGB-Funktionär Peter Kiefer, der als Zentrumsvertreter im Landesrat saß. Er war gewissermaßen Repräsentant des rechten nationalen Flügels sowohl der Gewerkschaften als auch der Zentrumspartei. An ihm wird erkennbar, daß eine Kongruenz von Arbeiterbewegung einerseits und „linker" politischer Ausrichtung andererseits keineswegs zwangsläufig vorliegen muß. Kiefer vertrat den etwas verschwommenen Gedanken einer Volksgemeinschaft, eines nationalen Sozialismus, und war seit jeher für nationalistische Parolen empfänglich gewesen. Diese politische Einstellung ließ ihn dann 1933 ohne innere Brü-

9 *Jahrbücher der christlichen Gewerkschaften,* Jg. 1931, S. 245.
10 Vgl. Ludwig Frey: Die Stellung der christlichen Gewerkschaften zu den politischen Parteien, Berlin 1931, S. 108.
11 Ebd., S. 96.
12 Ebd., S. 110; Zenner, S. 27, 84.
13 Zenner, s. 168.

che überlaufen zur Seite der braunen Machthaber, für die er als Vorkämpfer der Gleichschaltung des Saargebiets noch vor der eigentlichen Volksabstimmung wirkte[14]. – Eine parteipolitsche Ausnahme der führenden christlichen Gewerkschaftsfunktionäre an der Saar bildete der Bezirksleiter des Christlichen Metallarbeiterverbandes, Otto Pick. Als Protestant fühlte er sich im Zentrum offensichtlich nicht heimisch und gehörte zunächst der linksliberalen Deutschen Demokratischen Partei an, nach deren Zusammenschluß mit den saarländischen Nationalliberalen der DSVP. Für die DDP war Pick 1919 in die Nationalversammlung gewählt worden[15].

Ein Blick auf die christliche Arbeiterbewegung an der Saar kann, wie wir eingangs andeuteten, die Parteien nicht aussparen, obgleich gerade ihnen gegenüber eine derartige Etikettierung nicht unproblematisch ist. Denn der politische Katholizismus in Deutschland bediente sich des Typs der Volkspartei, in dem alle Bevölkerungsschichten zwar ihre gesonderten Vertretungen hatten und haben sollten, jedoch durch ein gemeinsames konfessionelles Gewölbe überdacht wurden. So wie die christlichen Gewerkschaften dazu tendierten, innerhalb mehrerer bürgerlicher Parteien und nicht nur im Zentrum zu wirken, so neigte dieses dazu, nicht nur bestimmte Klasseninteressen zu vertreten. Im Gegensatz hierzu wurde einmal der Versuch unternommen, eine konfessionelle Arbeiterpartei zu gründen, die dann vom Rheinland aus als linkskatholische Bewegung auch auf das Saargebiet übergriff. Im Jahre 1926 hatte sich im Reich die Christlich-Soziale Partei des ehemaligen Volksvereinssekretärs Vitus Heller mit einer anderen Gruppierung, der Christlich-Sozialen Volksgemeinschaft, zur Christlich-Sozialen Reichspartei zusammengeschlossen[16]. Diese Partei richtete sich vorwiegend an Bergleute; sie vertrat offen klassenkämpferische Parolen und bot sich den katholischen Arbeitern als sozialistische Alternative zum Zentrum an, dem als Volkspartei die Fähigkeit abgesprochen wurde, ohne Preisgabe grundsätzlicher Forderungen sich konzessionslos für die katholischen Arbeiter einzusetzen. Diese Vereinigung trug einige Unruhe in die rheinisch-westfälische Zentrumspartei und die katholischen Arbeitervereine. Eine dezidierte Stellungnahme der christlichen Gewerkschaften zur Vitus Heller-Bewegung scheint es nicht gegeben zu haben, jedoch liegt die Vermutung nahe, daß sie aufgrund ihrer offiziellen Überparteilichkeit und ihrer faktischen Nachbarschaft zum Zentrum die neue Bewegung mit Mißtrauen betrachtet haben. Schließlich stieß die neue Bewegung auch auf den Widerstand der katholischen Geistlichkeit. Angesichts der für 1928 anstehenden Reichstagswahl trat dann der Konflikt zwischen Zentrum und Christlich-Sozialen offen zutage. Aufgrund bischöflicher Entscheidung wurde in katholischen Arbeitervereinen ein öffentliches Eintreten für sie verboten und vor ihrem Programm ausdrücklich gewarnt[17]. Damit war dieser Bewegung im Reich der Boden für eine weitere Ausbreitung entzogen.

An der Saar konnte die Vitus Heller-Bewegung bei den Landesratswahlen 1928 unter der Bezeichnung Christlich-Soziale Partei des Saargebiets mit 9321 Stimmen immerhin etwas über 3,3 % aller gültigen Stimmen auf sich vereinigen und damit ein Landesratsmandat erringen. Auf kommunaler Ebene hatte sie ihren Stimmenanteil von 1821 (0,8 %) im Jahre 1926 auf 6728 (2,5 %) im Jahre 1929 erhöhen können. Bei den Landesratswahlen 1932 erhielt die Partei, die sich nach reichsdeutschem Vorbild in Arbeiter- und Bauernpartei/Christlich-Radikale Volksfront umbenannt hatte, nur noch knapp 6 500 (1,8 %) der

14 Ebd., S. 166.
15 Ebd., S. 171; Frey, S. 108.
16 Helga Grebing: Geschichte der deutschen Arbeiterbewegung, München 1966, S. 250.
17 Günter Plum: Gesellschaftsstruktur und politisches Bewußtsein in einer katholischen Region 1928–1933. Untersuchung am Beispiel des Regierungsbezirks Aachen, Stuttgart 1972, S. 84.

Stimmen und war damit im Landesrat nicht mehr vertreten[18]. Bei den Kommunalwahlen im Herbst 1932 scheint sie nicht mehr kandidiert zu haben. Wahrscheinlich hat sich die Partei an der Saar sehr bald darauf aufgelöst. Aus späterer Zeit sind nur noch zwei Lebenszeichen von ihr bekannt. Im Sommer 1933 setzten sich zwei Vertreter der Vitus Heller-Bewegung, die ihre saarländische Anhängerschaft in extremer Selbstüberschätzung mit 150 000 angaben, mit der bayerischen Staatsregierung in Verbindung, um von ihr Hilfe bei der Herausgabe einer kleinen Zeitschrift zu erbitten[19]. Kurz darauf wurde Vitus Heller selbst im Reich verhaftet, was einige seiner saarländischen Anhänger zu Bittschreiben an die bayerische Staatsregierung veranlaßte[20]. Danach verlieren sich die Spuren dieser Partei an der Saar. Vereinzelt tauchten später unter katholischen Gegnern des NS-Regimes frühere Mitglieder der Vitus Heller-Bewegung auf[21], jedoch trat sie als eigenständige Vereinigung nicht mehr in Erscheinung.

Die übrigen konfessionellen Parteien lassen sich kaum in dieser Eindeutigkeit als Organisationen der Arbeiterschaft ansprechen. Die *übrigen* deshalb, weil es noch weitere Versuche gab, katholische Parteien zu gründen. Noch unter französischer Militärbesetzung hatten Zentrumsanhänger 1919 den Gedanken erwogen, eine eigene, vom reichsdeutschen Zentrum unabhängige katholische Partei zu gründen, was aber auf keine breite Resonanz und vor allem auf die Ablehnung des Bischofs von Trier stieß[22]. 1932 kandidierte im Kreise Ottweiler eine christliche Gruppierung, die dort mit knapp 1 900 Stimmen immerhin einen Vertreter in den Kreistag entsenden konnte[23]; näheres konnte über sie jedoch nicht ermittelt werden. Alle diese kurzlebigen Neugründungen konnten sich nicht gegen das Zentrum als führende Volkspartei und Repräsentantin des politischen Katholizismus durchsetzen.

Es ist, wie schon angedeutet wurde, problematisch, das Zentrum als Arbeiterpartei zu bezeichnen. Von seinem konfessionellen, Klassengegensätze überschreitenden Selbstverständnis war es das eindeutig nicht und unterschied sich darin an der Saar auch nicht von seiner reichsdeutschen Mutterpartei. Dennoch wird man hier aus zwei Gründen zumindest eine gewisse politische Nähe des saarländischen Zentrums zur Arbeiterschaft betonen dürfen. Zum einen hatte diese Partei als erste wirkungsvoll die Interessen der Arbeiterschaft gegen die fast erdrückende Vorherrschaft der großen Hüttenkonzerne und der staatlichen Grubenverwaltung vertreten[24]. Zwar hatte im Jahre 1932 das Zentrum diese eindeutige Hinwendung zur Arbeiterschaft durch ihren zunehmend sich zur Volkspartei wandelnden Charakter verwässert. Gewisse proletarische Züge zumindest hinsichtlich der katholischen Arbeiterwählerschaft waren aber auch noch zwanzig Jahre nach dem ersten politischen Einbruch des Zentrums in die saarländische Parteienlandschaft unverkennbar. Der zweite Grund, aus dem man dem Zentrum zumindest einen partiellen Charakter als Arbeiterpartei zuschreiben kann, lag in der starken Stellen der christlichen Gewerkschaften begründet. Die führende Rolle von Koßmann, Kiefer, Kuhnen und Hillenbrand, die alle auch über parlamentarische Erfahrungen im Reichstag, im preußischen Landtag oder im saarländischen Landesrat und somit über die entsprechenden politischen Ver-

---

18 Bericht des Statistischen Amtes. . . ., H. 11, 1933, S. 389 ff.
19 Hschr. Vermerk auf der Rückseite eines Schreibens der Heller-Bewegung vom 17.7.33 an die bayerische Staatsregierung; BayHStA/Geh. StA: Akten des Staatsministeriums des Äußern. Saargebiet Bd. XVa: Vereine, Parteien, Sammelakt.
20 Verschiedene Schreiben vom 18. und 19.7.33 an die bayerische Staatsregierung; ebd.
21 Vgl. Theodor Balk: Hier spricht die Saar. Ein Land wird interviewt, Zürich 1934, S. 159 und öfter.
22 Zenner, s. 154 f.
23 Anm. 18.
24 Zenner, S. 27 f. – Schorr, S. 50 f.

bindungen verfügten, gaben dem Zentrum eine starke gewerkschaftliche Ausrichtung. Daneben waren im Parteivorstand und im Landesparteiausschuß Geistliche sowie Funktionäre katholischer Berufs- und Standesvereine vertreten, wogegen Handwerk, Handel und Industrie vergleichsweise unterrepräsentiert waren; sie fühlten ihre Interessen besser bei der DSVP oder den kleineren bürgerlichen Parteien aufgehoben. Zwar wird man insgesamt dem saarländischen Zentrum ohne Zögern das Attribut einer Volkspartei erteilen können, jedoch stärker als in anderen Landesverbänden wird man die zahlenmäßige Bedeutung ländlicher, kleinbürgerlicher und auch proletarischer Wählermassen unterstreichen müssen[25]. Gerade dieser Charakter des Zentrums bildete den Grund dafür, daß die beiden Arbeiterparteien SPD und KPD mit ihrem traditionellen Drittel der saarländischen Wählerschaft an die Grenzen ihrer parteipolitischen Ausdehnung hinsichtlich ihrer Wähler und wohl auch ihrer Mitglieder gelangt waren.

25 Zenner, S. 168 f.

Die Gleichschaltung von Parteien und Verbänden

Die Machtergreifung Hitlers in Deutschland veränderte auch die politische Parteienlandschaft an der Saar. Bereits die Nachricht von der Bildung einer rechten Koalitionsregierung unter Führung der NSDAP wirkte sich wenige Wochen später auf die saarländische Innenpolitik aus. Schon im Februar 1933 wurde die sozialdemokratische saarländische *Volksstimme* im Reichsgebiet verboten. Der Schlag gegen die KPD im März richtete sich mittelbar auch gegen die saarländischen Kommunisten und die Zerschlagung der Gewerkschaften im Mai 1933 berührte unmittelbar ihre saarländischen Bezirksverbände, die bei ihren reichsdeutschen Zentralen Gelder deponiert hatten. Obwohl staatsrechtlich nicht direkt vom Regimewechsel betroffen, waren damit die Existenzbedingungen von Parteien und Verbänden auch an der Saar erheblich verändert worden.

Für das Dritte Reich war die Saar-Frage von außerordentlicher Bedeutung. Aufgrund der nach dem Saar-Statut vorgesehenen Volksabstimmung 1935 bot sich hier dem NS-Regime die erste Möglichkeit, eine – allerdings vertraglich vorgesehene – Korrektur der durch den Versailler Vertrag geschaffenen Grenzen vorzunehmen, was ihm einen beträchtlichen Prestigegewinn einbringen würde[1]. Zum andern aber bestand im Saargebiet ein Territorium, das – zumindest rechtlich – dem innenpolitischen Zugriff Hitlers entzogen war; hier konnten also die Parteien und Verbände, deren Aus- bzw. Gleichschaltung das NS-Regime zu betreiben sich anschickte, noch legal weiterwirken und ihre Stimme ungehindert gegen die im Reich betriebene Politik erheben, was das von der NSDAP vertretene Bild von der Identität ihrer Bewegung mit dem deutschen Volk erheblich stören und eine ständige Quelle des Widerspruchs und Widerstandes bilden mußte. Gerade in diese Richtung zielten die ersten Aktivitäten der kleinen saarländischen NSDAP, die bereits im Februar in verschiedenen Ortschaften Zulauf erhielt; sie versuchte, die übrigen Parteien – insbesondere auch das Zentrum – der nationalen Unzuverlässigkeit zu zeihen[2]. Durch ihre Agressivität vermochte es die immer noch relativ bedeutungslose Partei allerdings nicht, die beanspruchte Identität von nationalen und Partei-Interessen glaubwürdig zu vertreten.

Hitler fand sich hinsichtlich seiner Saar-Politik in einem Dilemma dergestalt, daß über die politisch unbedeutende NSDAP/Saar die Bevölkerung kaum gewonnen werden konnte[3]. Das NS-Regime mußte an der Saar mit den dort bestehenden Parteien zusammenarbeiten; zumindest durfte es sie trotz der im Reich gegen ihre Mutterparteien betriebenen Gleichschaltungspolitik zunächst nicht provozieren. Im Auswärtigen Amt glaubte der zuständige Referent, Hermann Voigt, daß hier die Entwicklung selber langsam eine Annähe-

---

1 Grundlegend für die Frage nach der Bedeutung außenpolitischer Erfolge für das Dritte Reich s. Fritz Blaich: Grenzlandpolitik im Westen 1926–1936, Stuttgart 1978. – Hans Adolf Jacobsen: Nationalsozialistische Außenpolitik 1933–1938, Frankfurt am Main - Berlin 1968.
2 Fritz Jacoby: Die nationalsozialistische Herrschaftsübernahme an der Saar. Die innenpolitischen Probleme der Rückgliederung des Saargebiets bis 1935, Saarbrücken 1973, S. 101 f.
3 Dies gestanden später auch NS-Publikationen ein; vgl. Karl Bartz: Weltgeschichte an der Saar, Neustadt a. d. H. 1935, S. 82. – Vgl. Bies, S. 77; Kunkel, S. 37.

rung der Saarparteien an das neue Regime in Berlin anbahnen werde, so daß man erst kurz vor der Abstimmung an eine intensivere Propaganda zu denken brauche. Dabei glaubte Voigt in offensichtlicher Fehleinschätzung der Saar-Parteien wie auch des Regimes, dem er diente, daß auch die Sozialdemokratie ungeachtet des Machtwechsels in Berlin weiterhin unverändert zur Rückgliederung stehen werde[4]. Doch Hitlers Innenpolitik − der Reichstagsbrand und die immer stärkere Einschränkung der Arbeits- und Wirkungsmöglichkeiten für alle oppositionellen Kräfte − zeigten recht bald, daß auf diesem Wege ein Konsens der saarländischen Parteien mit der Reichsregierung kaum zu erlangen war. Die einzige Möglichkeit bestand darin, sie untereinander zu spalten, einige von ihnen durch Konzessionen an die saarländische NSDAP heranzuführen und sie unter dem Mantel eines nationalistischen Einheitsgedankens in den Dienst der reichsdeutschen Politik zu stellen. Wegen ihrer unversöhnlichen Gegnerschaft gegen den Nationalsozialismus schieden hierbei Kommunisten und Sozialdemokraten aus, und so blieben von den bedeutenderen Saarparteien nur noch das Zentrum und die DSVP übrig.

Die Saar-Politik Hitlers hinterließ bis zum Sommer 1933 einen etwas konzeptlosen Eindruck. Konkrete Züge scheint sie erst durch die Anregungen des Kommerzienrates Hermann Röchling von der DSVP erhalten zu haben, der sich frühzeitig auf den Machtwechsel in Berlin eingestellt hatte und seitdem einer der eifrigsten Vorkämpfer für die Rückgliederung an das nationalsozialistische Deutschland wurde. Im März wandte sich Röchling direkt an Hitler mit der Bitte um eine Unterredung, die ihm am 30. März auch gewährt wurde[5]. Röchling scheint Hitler auf das Dilemma der nationalsozialistischen Saar-Politik hingewiesen und die Bedeutung der bürgerlichen Parteien, insbesondere des Zentrums, sowie der christlichen Gewerkschaften für die saarländische Innenpolitik unterstrichen zu haben. Schließlich machte sich auch das Auswärtige Amt diesen Standpunkt zueigen. Auf seine Anregung wurden am 15. Mai 1933 die Vertreter der saarländischen Parteien, des Zentrums, der DSVP, der DNVP/Saar, der Bürgerlichen Mitte sowie der NSDAP/Saar empfangen; unter den Zentrumsvertretern befanden sich drei Sekretäre der christlichen Gewerkschaften, nachdem auf Hitlers Veranlassung die Teilnahme von Chefredakteur Johannes Hoffmann von der *Saarbrücker Landeszeitung* unterbunden worden war. Hitler betonte, daß er sich an der Saar auf zwei politische Kräfte stützen wolle, die sich untereinander verständigen sollten: die NSDAP/Saar und die christlichen Gewerkschaften; die kleineren Parteien sollten durchaus bestehen bleiben und ihren Beitrag zur Rückgliederung leisten. Eine Zusammenarbeit mit den marxistischen Parteien schloß er aus, räumte jedoch die Möglichkeit ein, die freien Gewerkschaften der Sozialdemokratie abspenstig zu machen. Es wurde beschlossen, einen Aktionsausschuß aus einem Nationalsozialisten, einem Mitglieder der christlichen Gewerkschaften und einem Verbindungsmann zur Reichsregierung zu bilden. In der anschließenden Besprechung im Auswärtigen Amt wurden in den Aktionsausschuß der christliche Gewerkschaftssekretär Peter Kiefer, Hermann Röchling und − unter Umgehung der saarländischen NSDAP-Führung − der pfälzische Gauleiter Joseph Bürckel berufen[6].

Eine besondere Bedeutung hatte die eingeschlagene Politik für die freien Gewerkschaften, die sich − nachdem am 2. Mai 1933 im Reich ihre Mutterorganisationen zerschlagen wor-

4 Aufzeichnung des VLR Voigt vom 13. 3. 33; ADAP, Serie C: 1933−1937, Bd. I/1, S. 152 f. − Jacoby, S. 103.
5 Schreiben Röchlings vom 23. 3. 33 an Hitler; Schreiben Lammers' vom 25. 3. 33 an Röchling; BA, R 43 I/253. − Vgl. Bies, S. 78.
6 Vermerk des ORR Thomsen vom 15. 3. 33 über den Empfang bei Hitler; ADAP, Serie C, Bd. I/1, S. 425 ff. − Protokoll Hermann Röchlings mit Schreiben vom 17.5.33 an Voigt; ebd., Bd. I/2, S. 451 ff. − Jacoby, S. 104 f.; Kunkel, S. 38; Bies, S. 78.

den waren – im Laufe weniger Wochen als selbständige Organisationen konstituierten. Damit sollte eine über die vom NS-Regime inzwischen kontrollierten Dachorganisationen erfolgende Gleichschaltung der saarländischen Bezirksverbände verhindert werden. Da Bestechungsangebote an die Gewerkschaftsführer und Aktionen von reichsdeutschen Kommissaren, die an die Saar geeilt waren, dies nicht erreichen konnten, besaß das NS-Regime nur ein Druckmittel in Form der Beschlagnahme ihrer Vermögensanteile am Gesamtvermögen der reichsdeutschen Dachverbände[7]. Dennoch wurde bis weit in das Jahr 1934 versucht, führende Funktionäre der freien Gewerkschaften an der Saar durch Bestechung oder Drohungen von ihren Verbänden bzw. diese von der Sozialdemokratie fortzuziehen. Wir werden auf diese insgesamt gescheiterten Versuche noch näher eingehen. Parallel dazu aber liefen andere Aktionen, um ihre Mitgliedschaft zu paralysieren und zu den christlichen Konkurrenzverbänden, die sich so willig in den Dienst der NS-Politik gestellt hatten, herüberzuziehen. Diese Taktik wurde übrigens von den christlichen Gewerkschaften selbst vertreten, die daher immer wieder ein pragmatisches Vorgehen gegenüber den freien Gewerkschaften, verbunden mit beruflichen oder materiellen Offerten an deren wichtigste Funktionäre, empfahlen[8]. Rigoroser waren da die Pläne, die verschiedene Dienststellen in Berlin ausbrüteten. Der im preußischen Innenministerium mit Saarfragen beschäftigte Assessor Heinrich Schneider unterbreitete folgenden Vorschlag: „Die gesamte Gewerkschaftsorganisation an der Saar muß kalt gestellt werden. Es ist an der Grenze in einer zur Zeit reichsdeutschen Stadt eine Gewerkschaftszentrale für die Saar einzurichten. Alle Auszahlungen müssen durch diese Stelle fließen, so daß die Gewerkschaftsbonzen an der Saar keine Mittel mehr zur Verfügung haben. Ebenso sind die Beiträge über diese Stelle zu kassieren. Der Erfolg einer solchen Maßnahme müßte ungeheuerlich sein"[9]. Eine solche Einrichtung hat es, soweit ich sehe, zwar nicht gegeben. Aber der Vorschlag zeigt die Doppelstrategie gegenüber den Gewerkschaften, die zu betreiben reichsdeutsche Stellen bereit waren.

Mit Beginn der nationalsozialistischen Saar-Politik war auch die saarländische Innenpolitik in Bewegung geraten. Die einheimische NSDAP erweiterte ihre Aktivitäten, die zunehmend Unruhen schufen und die Regierungskommission veranlaßten, in Berlin um mäßigenden Einfluß nachzusuchen[10]. Um Zusammenstößen vorzubeugen, verbot sie die kommunistischen und nationalsozialistischen Organisationen RGO und NSBO. Vor den Reichstagswahlen am 5. März 1933 hatte sie politische Versammlungen an der Saar untersagt. Schließlich erließ die Regierungskommission am 20. und 31. Mai Verordnungen, mit denen das parteipolitische Leben an der Saar geregelt werden sollte. Die erstere schuf die rechtliche Grundlage zur Kontrolle politischer Aktivitäten im Saargebiet bis zur Abstimmung. Die zweite sollte eine Gleichschaltung der saarländischen Parteien, Verbände und Vereine über ihre Mutterorganisationen verhindern und schrieb unter Abänderung des Reichsvereinigungsgesetzes von 1908 die organisatorische und rechtliche Selbständigkeit von ihren reichsdeutschen Dachverbänden für alle saarländische Parteien, Verbände und Vereine zwingend vor[11]. Damit war auch die NSDAP/Saar eine selbständige Partei geworden; ihr stellvertretender Gauleiter Alois Spaniol wurde „Landesführer" und der pfälzische Gauleiter Bürckel, dem vorher auch die saarländische Parteiorganisation unterstanden hatte, zeitweilig aus der Saar-Politik etwas zurückgedrängt. Die im Lan-

---

7 Jacoby, S. 105 ff.
8 Vermerk Peter Kiefers vom 4.11.33; LHA Koblenz: 442/8530.
9 Vermerk Schneiders vom 10.5.33; GStA: Rep. 77/Nr. 36.
10 Aufzeichnung Voigts vom 2.5.33; ADAP, Serie C, Bd. I/1, S. 366 ff. – Vgl. Jacoby, S. 87 ff.
11 Verordnungen, Erlasse, Verfügungen und Bekanntmachungen der Regierungskommission des Saargebiets... Nr. 210, 1933, S. 210 ff. – Vgl. Kunkel, S. 17; Jacoby, S. 87, 89.

desrat vertretenen Parteien wiesen die Verordnungsvorlage vom 31. Mai zurück; nur die Sozialdemokraten begrüßten sie als eine zu ihrem Schutz erlassene Maßnahme, während die kommunistische Fraktion sie aus anderen Gründen ablehnte.

Dennoch ließ sich mit derartigen Mitteln eine schleichende Gleichschaltung des Saargebiets durch die Nationalsozialisten nicht verhindern. Die bürgerlichen Parteien und die christlichen Gewerkschaften waren zur Kooperation mit dem NS-Regime bereit. Ihnen folgten Berufsverbände, Sport- und Kulturvereine und vor allem der größte Teil der saarländischen Presse. Sofern nicht die NSDAP/Saar die Initiative ergriffen hatte, wurden sie von einer Reihe von Dienststellen im Reich „betreut", gelenkt und bei Bedarf mit Geldern versorgt. Diese Dienststellen hatte es weitgehend schon vor 1933 gegeben: als Teil der preußischen und bayerischen Verwaltung und von Reichsbehörden, unterstützt von einer Reihe patriotischer Saar-Vereine[12]. Einen ersten Höhepunkt erreichte die Gleichschaltung mit der Gründung der „Deutschen Front" am 14. Juli 1933, eines zunächst lockeren Zusammenschlusses von bürgerlichen Parteien und NSDAP/Saar. Jede Partei behielt zunächst ihre Selbständigkeit, jedoch wurde eine gemeinsame Politik konzipiert. Sofern diese Parteien im Landesrat vertreten waren, bildete die „Deutsche Front" auch eine Art Fraktionsgemeinschaft, der nur noch SPD und KPD nicht angehörten. Ein Ausschuß von Vertretern der angeschlossenen Parteien, unter ihnen Spaniol, Kiefer und Röchling, sollte die reibungslose Zusammenarbeit der saarländischen Nazis mit ihren Satrapen garantieren[13].

Die unmittelbare Auswirkung dieser „nationalen Einheitsfront" war zunächst keine große. Denn das Parteienverbot im Reich und der sich abzeichnende Ausbau des totalitären Staates belasteten das Verhältnis der miteinander koalierenden bürgerlich-nazistischen Parteien. Das nächste Ziel von Hitlers Saar-Politik waren daher die christlichen Gewerkschaften, die durch Beschlagnahme ihres im Reich deponierten Vermögens und durch Untersuchungen über angebliche Unregelmäßigkeiten ihrer Funktionäre eingeschüchtert wurden. Nachdem im Oktober 1933 Fritz Kuhnen, der bisherige Vorsitzende des Gewerkvereins christlicher Bergarbeiter, durch Peter Kiefer, den eifrigsten Vorkämpfer für die Gleichschaltung der Gewerkschaften, ersetzt worden war, waren damit auch die christlichen Arbeiterorganisationen insgesamt als politische Potenz entmachtet worden. Sie gerieten 1934 vollends in Abhängigkeit vom Dritten Reich, nachdem das Auswärtige Amt ab Frühjahr 1934 ihre Aktivitäten finanzierte[14]. Auch innerhalb der „Deutschen Front" drängte die kleine, aber agressive NSDAP/Saar immer mehr die anderen Parteien zurück. Vereinzelte Ortsgruppen von DSVP und Zentrum traten geschlossen zur Nazi-Partei über und förderten den inneren Auflösungsprozeß der bürgerlichen Parteien. Zwar hat es in den meisten von ihnen Widerstände gegen eine Selbstauflösung gegeben. Nachweisbar ist dies bei der DNVP/Saar[15] und vor allem beim Zentrum, wo sich die Mehrheit des Landesvorstandes dagegen aussprach[16]. Andererseits hatte das Wirken der gleichschaltungswilligen Anhänger der „Deutschen Front" den inneren Zusammenhalt des Zentrums und der anderen bürgerlichen Parteien derart paralysiert, daß ihre Selbstauflösung nur noch eine Frage der Zeit war.

---

12 Vgl. Jacoby, S. 90 ff.
13 „Deutsche Front – Das Zentrum unter dem Hakenkreuz", *Deutsche Freiheit* vom 16./17.7.33. – Protokoll einer Besprechung mit Führern des Zentrums vom 27.7.33; LHA Koblenz: 442/8530. – Vgl. Jacoby, S. 107; Kunkel, S. 40. – Vgl. auch Sarah Wambaugh: The Saar Plebiscite. With a Collection of Official Documents, Cambridge/Mass. 1940, S. 123.
14 Jacoby, S. 107.
15 Protestschreiben des Karl Becker vom 7.9.33 an den Vorstand der DNVP/Saar; BayHStA/GStA: Akten des Staatsministeriums des Äußern. Saargebiet, Bd. XVa: Vereine, Parteien, Sammelakt.
16 Zenner, S. 289 f. – Vgl. S. 121.

Den Anfang machte am 30. September die DNVP/Saar, danach folgten neben den kleineren Parteien am 6. Oktober die DSVP und vier Tage später das Zentrum. Die aufgelösten Parteien schlossen sich in der (sogenannten zweiten) „Deutschen Front" zusammen, die wiederum in engster Liäson mit der NSDAP/Saar stand[17]. Am 19. Oktober folgte als Ergänzung dazu eine Fusionierung der christlichen Gewerkschaften, der Hirsch-Dunckerschen und der nationalen Gewerkvereine in der „Deutschen Gewerkschaftsfront", die sich wiederum korporativ der „Deutschen Front" anschloß. Zwar behielten darin die Einzelgewerkschaften formell ihre Eigenständigkeit, jedoch wurde die „Deutsche Gewerkschaftsfront" tatsächlich nach Führerprinzip organisiert und zentral von Peter Kiefer geleitet. Es folgten bald darauf ähnliche Gleichschaltungen bei Berufs-, Sport,- Kultur- und sonstigen Verbänden, so daß gegen Ende 1933 nur noch SPD, KPD und die ihnen nahestehenden Vereinigungen sowie einige frankophile Splittergruppen außerhalb der braunen Phalanx standen[18].

Die (zweite) „Deutsche Front" nahm weitgehend die Organisationsstruktur der NSDAP an und unterschied sich von dieser letztlich nur dadurch, daß ihr die Nazis selbst nicht angehörten. Ein Vertreter Spaniols wurde als dessen Strohmann zum „Führer" der Organisation ernannt. Der katholische Einfluß aus der Erbmasse des früheren Zentrums war gering und beschränkte sich nur noch auf einen Teil der Presse. Bei den Verhandlungen mit Spaniol hatten die Zentrumsvertreter noch einige Positionen zu retten versucht. So sollte die „Freiheit in der Darlegung und Verteidigung katholischer Interessen und Einrichtungen" erhalten bleiben; Angriffe auf die Kirche sollten unterbleiben. Es muß indessen als zweifelhaft erscheinen, ob die Zentrumsführer angesichts der nationalsozialistischen Kirchenpolitik im Reich wirklich Vertrauen in diese Zusagen hatten; vermutlich ging es ihnen nur darum, einen Gesichtsverlust angesichts der Selbstauflösung ihrer Partei zu verhindern[19].

Mit der neuen „Deutschen Front" waren jedoch auch die internen Gegensätze innerhalb der NSDAP-Führung nicht ausgeräumt. Durch den vorläufigen Erfolg Spaniols und seine steile Karriere – er war im Sommer 1933 von Göring zum Preußischen Staatsrat ernannt worden – war vorläufig der pfälzische Gauleiter Bürckel in den Hintergrund gedrängt worden. Aber von dort aus spann er seine Fäden, um erneut die Saar-Politik an sich zu reißen. Völlig bedeutungslos blieb innerhalb der verschiedenen Kompetenzregelungen die Ernennung Papens zum Bevollmächtigten für die Saarfragen am 14. November 1933; es war eine bloße Titulatur, die nach außen wirken sollte. Papen besaß Ländereien im saarländischen Wallerfangen und sollte als vermeintlicher Garant außenpolitischer Kontinuität vor dem Ausland die nationalsozialistische Expansionspolitik verdecken. Vielmehr setzte sich Bürckel im Winter 1933/34 bei Hitler mit seiner Gleichschaltungskonzeption durch, was ihm durch Spaniols kompromittierende Aktivitäten erleichtert wurde. Einer von Spaniols engsten Vertrauten wurde im November 1933 in eine amtliche Untersuchung verwickelt, bei der nicht nur die Umtriebe der im Saargebiet verbotenen SA zutagetraten, sondern auch dessen Mitwisserschaft um einen Attentatsversuch auf Max Braun[20]. Vor allem aber belasteten Spaniols öffentliche Auftritte aufs schwerste das Verhältnis von Kirche und NSDAP. Der saarländische Klerus war durch die Kirchenpolitik des Dritten Reiches in den benachbarten Gebieten der Pfalz und des Rheinlandes stark beunruhigt; auf eine von Göring Anfang November in Trier gehaltene Rede, die massive Beschimpfungen auf die saarländischen Katholiken enthielt, hatten führende Geistliche ein Pro-

---

17 Jacoby, S. 109 f. – Kunkel, S. 40 f.
18 Jacoby, S. 110 ff.
19 Kunkel, S. 40.
20 Jacoby, S. 114.

testschreiben nach Berlin geschickt[21]. Die grobschlächtigeren Auftritte Spaniols jedoch riefen sogar innerhalb der NS-Hierarchie und in reichsdeutschen Dienststellen Entrüstung hervor. Die NSDAP/Saar werde, so hieß es im Stimmungsbericht eines Vertrauensmannes, von „Maulhelden" geführt; dem von Spaniol eingesetzten „Führer" der „Deutschen Front" bescheinigte der Saar-Referent des Auswärtigen Amtes, daß er „. . . .unzuverlässig und zu steter Arbeit unfähig sei"[22]. Den Höhepunkt seiner politischen Fehltritte erreichte Spaniol schließlich mit einem Interview, in dem er gegenüber einem schwedischen Journalisten Hitler als neuen Christus bezeichnete und den Untergang der Kirchen binnen zehn Jahren voraussagte. Dieses Interview wurde im Dezember 1933 gegeben, im Saargebiet jedoch erst Ende Januar 1934 veröffentlicht und entfachte einen Sturm der Entrüstung, der auch die gleichgeschalteten katholischen Blätter erfaßte. Spaniols laue Richtigstellungen konnten das Ende seiner ehrgeizigen Karriere nicht abwenden. Auf Bürckels Initiative wurde ein neuer Strohmann zum „Führer" der „Deutschen Front" berufen, kurz darauf – gegen den heftigen Widerstand Spaniols und seiner engeren Gefolgschaft, aber mit Rückendeckung aus Berlin – die NSDAP/Saar aufgelöst und der „Deutschen Front" eingegliedert. Nachdem Spaniol und seine Anhänger hiergegen Protestdemonstrationen durch Saarbrücken veranstalteten und die neue politische Linie zu sabotieren suchten, wurde er schließlich ganz aus der Saar-Politik gezogen[23].

Am 26. Februar 1934 erweiterte sich der „Führerrat" der „Deutschen Front" durch Kooption dreier neuer Mitglieder, darunter zweier Geistlicher, und berief Bürckels Strohmann Jacob Pirro aus Homburg zum „Führer", Der personelle Wechsel machte auch die neue, vor allem von Bürckel und Röchling vertretene politische Konzeption deutlich. Mit der Auflösung der NSDAP/Saar war ein Störfaktor der Gleichschaltungspolitik beseitigt worden; die neue (dritte) „Deutsche Front" hatte es leichter, ungeachtet parteipolitischer Differenzen den Anspruch zu erheben, deutsche Interessen zu vertreten. Die Parole der neuen Organisation lautete „Unser Deutschland", zu dessen Wohl die Mitglieder durch ihren Beitritt sich von ihrer parteipolitischen Vergangenheit getrennt hätten. Die „Deutsche Front" nannte sich eine „deutsche Eidgenossenschaft", die zugleich „eine Front des deutschen Sozialismus gegen den westlichen Kapitalismus" bildete. „Den Begriff ‚Partei'- gibt es an der Saar nicht mehr; es gibt nur noch ein gemeinsames Sehnen: *unser Deutschland*"[24]. Auf geschickte Weise wurde mit dieser nationalistischen und pseudosozialistischen Phraseologie unterstellt, daß jedermann außerhalb der „Deutschen Front" auch außerhalb der „Volksgemeinschaft" stehe und somit als Verräter anzusehen sei. Im März 1934 folgten Kampagnen, um die Bevölkerung zum Massenbeitritt zu bewegen. Dies geschah vielfach durch Telefonanrufe und persönliche Besuche von Werbern bei noch zögernden Abstimmungsberechtigten. In Betrieben – allen voran im Röchling-Konzern – wurde die Belegschaft durch Druck zum Beitritt genötigt. Geschäftsleute folgten diesem Schritt aus Frucht vor Boykottmaßnahmen und Eltern aus Sorge vor Benachteiligungen ihrer Kinder in der Schule. Es war nicht der Verdacht von der Hand zu weisen, daß mit diesen Methoden gewaltsam eine Vor-Abstimmung und gleichzeitig eine namentliche Erfassung der beitrittsunwilligen, den nicht gleichgeschalteten Parteien angehörenden Personen durchgeführt werden sollte[25]. Im Mai 1934 konnte die Gestapo melden, daß rund

---

21 Schreiben saarländischer Geistlicher vom 13.11.33, abgedruckt bei Zenner, S. 388 f.
22 Stimmungsbericht vom 12.9.33 an das preußische Innenministerium; GStA: Rep. 77 Nr. 36. – Zitat nach Kunkel, S. 41.
23 Jacoby, S. 115 f.; 118 f.; Zenner, S. 298 ff.; Kunkel, S. 41 ff.; Bartz, S. 24, 34 ff.; Bies, S. 83.
24 Karl Mages: Die deutsche Front an der Saar, *Die Westmark* I, H. 7 (1933/34), S. 393, 392. – Kunkel, S. 43.
25 Jacoby, S. 119 ff. – Balk, S. 32 f., 35 und öfter.

92 % der saarländischen Bevölkerung der „Deutschen Front" beigetreten seien. Zwar besagte die Mitgliedschaft nicht viel, da sie für Familienangehörige auch ohne deren Wissen erworben werden konnte und viele Personen zur Tarnung oder aus Furcht vor drangsalierenden Werbern beitraten; aber dennoch stellte dies eine Art Gleichschaltung auch der Bevölkerung dar, gegen die selbst die Regierungskommission weitgehend machtlos war[26].

Die „Deutsche Front" war aufgebaut wie die NSDAP. Die Spitze bildete der „Führerrat" mit Jacob Pirro als „Führer". Irgendeine demokratische Legitimation besaßen beide nicht. Nach dem „Führerprinzip" wurden von oben nach unten Kreisleiter, Ortsgruppenleiter, Blockwarte und andere Funktionäre ernannt. Da SA und SS verboten waren, schuf die „Deutsche Front" einen sogenannten „Ordnungsdienst", der trotz Verbot uniformiert war, in größeren Ortschaften sogar Wachlokale unterhielt, nächtliche Patrouillen abhielt und Flugblatt- und Zeitungsverteiler der Gegenseite verprügelte. Angeschlossen und nach ähnlichen Prinzipien aufgebaut waren Jugend-, Frauen-, Sport- und Kulturvereine. Aufgrund ihrer Mitgliedsbeiträge und vor allem durch entsprechende Gelder aus dem Reich verfügte die „Deutsche Front" über ungeheure finanzielle Mittel, mit denen die nicht gleichgeschalteten Parteien und Verbände nicht im entferntesten konkurrieren konnten[27].

Der Gleichschaltung von Parteien, Verbänden und Vereinen folgte auch die der Presse. Darunter fielen als erstes die den inzwischen aufgelösten Parteien gehörenden oder ihnen nahestehenden Blätter, dann aber auch die „unabhängigen" Zeitungen. Dies geschah einmal dadurch, daß in Redaktionen politisch unliebsame Redakteure entlassen wurden. Sodann gerieten die saarländischen Zeitungen immer mehr in Abhängigkeit von reichsdeutschen Presseagenturen, die ihnen de facto die politische Linie ihrer Berichterstattung vorschrieben; und schließlich veranlaßten Furcht vor Anzeigen- und Käuferboykott die Redaktionen zur Selbstzensur, so daß von nationalsozialistischer Seite nur in einigen besonderen Fällen unmittelbarer Druck ausgeübt zu werden brauchte: der größte Teil der Presse hatte sich selbst gleichgeschaltet[28]. Mit Geldern der „Deutschen Front" wurden auch Hetz- und Schmierblätter herausgegeben wie die wöchentlich erscheindenden Gazetten *Der Rufer im Warndt* und *Der Deutsche Kumpel*, deren Berichterstattung wiederholt die Regierungskommission zu befristeten Verboten veranlaßte. Solche Verbote wurden einige Male auch über sozialdemokratische und kommunistische Blätter ausgesprochen, trafen diese jedoch härter, da sie viel schwieriger ihr Nichterscheinen durch andere Publikationen kompensieren konnten[29]. In einem Informationsblatt des Völkerbundes vom Ende 1934 werden 50 Tageszeitungen an der Saar aufgeführt, von denen 44 der „Deutschen Front" nahestanden und nur sechs nicht gleichgeschaltet waren: zwei sozialdemokratische und zwei frankophile Zeitungen, eine kommunistische und eine katholische[30]. Stellen wir die Auflagenziffern der saarländischen Presseorgane in Rechnung, dann sah die Situation für die wenigen Periodika außerhalb der braunen Phalanx noch ungünstiger aus, da sie einem starken Anzeigenboykott unterlagen und ihre reichsdeutschen Absatzgebiete an der Grenze verloren hatten. Vielfach verweigerten auch Kioske und Buchhandlungen

---

26 Jacoby, S. 120.
27 Kunkel, S. 45 ff. – Wambaugh, S. 123 f.
28 Jacoby, S. 128 ff.
29 Vgl. Theisen, S. 10 ff., 26. – Von derselben Verfasserin wird diese Thematik als Dissertation untersucht unter dem Arbeitstitel „Die Bemühungen der linken Opposition um Herstellung von Öffentlichkeit und Mobilisierung der saarländischen Bevölkerung im Abstimmungskampf 1934/35 im Saargebiet."
30 „La Société des Nations et le Territoire de la Sarre" vom 1. 12. 34; IISG: Saar-Kollektion Mappe 13. – Vgl. Baldauf, S. 8.

ihren Vertrieb, und Abonnenten und Käufer wurden öffentlich diskriminiert[31]. Ähnlich wirkte sich die Situation auch bei Wochenzeitschriften und anderen Publikationen aus. Dagegen vermochte es die Gegenseite, einen gewaltigen Apparat an Propaganda in Form von Großveranstaltungen in benachbarten Ortschaften des Reichsgebiets, Rundfunksendungen und Schulungskursen in Gang zu setzen, denen die andere Seite nichts gleichwertiges entgegenzusetzen hatte[32].

Neben der nationalsozialistischen Gleichschaltung eines Großteils der politischen Landschaft an der Saar lief parallel dazu eine weniger deutlich erkennbare Einvernahme der Bevölkerung, die sich stärker unter der Oberfläche abspielte. Dazu gehörte die faktische Gleichschaltung von Polizei und Beamtenschaft des Saargebiets. Gerade der öffentliche Dienst war zur Vorbereitung der nationalsozialistischen Machtübernahme besonders wichtig, da über ihn Informationen über Personen ermittelt werden und administrative Maßnahmen in der einen oder anderen Richtung ergriffen werden konnten. Überdies war auch die Beamtenschaft besonders empfänglich für Weisungen der „Deutschen Front" oder sogar reichsdeutscher, parteiamtlicher Stellen. Zum einen war die Beamtenschaft traditionsgemäß nationalkonservativ eingestellt, was ihr den Schritt zur Orientierung an den neuen Machthabern erleichterte; zum andern aber war sie erpressbar durch die Drohung, daß sie nach der Rückgliederung nicht in den Reichs- oder Landesdienst übernommen würde. In den meisten kommunalen, Kreis- oder Landesbehörden herrschte daher de facto die „Deutsche Front", deren Einfluß auch durch regelmäßige Verordnungen der Regierungskommission kaum eingedämmt wurde[33].

Die Gleichschaltung der saarländischen Behörden war vor allem in zwei Bereichen von besonderer Bedeutung für die innenpolitische Szenerie: Polizei und Justiz. Hier nahm die ungleiche Behandlung einzelner Parteien und ihrer Anhänger teilweise krasse Formen an. Polizisten und Landjäger lösten bei geringfügigen Anlässen oder unter Vorwänden Versammlungen von SPD oder KPD auf oder gestatteten sie nur unter so erschwerenden Auflagen, daß sie tatsächlich nicht stattfinden konnten. Da Stadt- und Gemeindeverwaltungen den nicht gleichgeschalteten Partien gewöhnlich öffentliche Einrichtungen wie Stadthallen und Sportplätze verweigerten, wurden gelegentlich Parteiversammlungen, als Ausflüge getarnt, ins Grüne verlegt[34]. Bei Übertretungen amtlicher Vorschriften griff die Polizei auch bei geringfügigen Anlässen hart durch und erteilte hohe Bußen, während sie vergleichbare Delikte von Anhängern der „Deutschen Front" großzügig übersah und als Bagatellfälle behandelte. In der nicht gleichgeschalteten Presse wurde immer wieder Klage über die Parteilichkeit der Beamten geführt[35]. Die Regierungskommission mußte wiederholt durch Verordnungen Strafen gegen die Verletzung der gebotenen Neutralität der Beamten und gegen diffamierende Behandlung von Personen aufgrund ihrer politischen Überzeugung oder ihrer Rasse erlassen. In Saarlouis entzog die Regierungskommission dem Bürgermeister die Befehlsgewalt über die Polizei und übertrug sie dem Landrat[36]. Jedoch blieb der Erfolg solcher Maßnahmen recht begrenzt. Die Ungleichheit in der Be-

---

31 „Freiheitskampf an der Saar", *Neuer Vorwärts* vom 27.5.34.
32 Jacoby, S. 135 ff., 140 ff.
33 Beispiele hierfür bei Kunkel, S. 48 ff.
34 Material über die amtlichen Schikanen gegen die nicht gleichgeschalteten Parteien liefern vor allem Aktenbestände kommunaler Archive; stellvertretend sei hier verwiesen auf das AStV Saarbrücken: Bestand P-V/7.
35 „Der Hitler-Terror an der Saar", und „Der Faschismus an der Saar", *Deutsche Freiheit* vom 28.10.33 und 11.11.34. – Beispiele bei Kunkel, S. 50 ff.
36 „Regierungskommission gegen Saar-Terror", „Saarregierung im Abwehrkampf", „Amtlich: der Nazi-Terror an der Saar" und „Saarlouis", *Deutsche Freiheit* vom 3.11.33, 9.1.34, 24.3.34 und 7.6.34.

handlung wirkte sich in der Justiz im sehr willkürlichen Strafmaß aus, das sich nach der Zugehörigkeit zu bestimmten Parteien richtete. Wiederholt mußte die Regierungskommission Urteile aufheben und an die nächst höhere Instanz, den Obersten Gerichtshof in Saarlouis, verweisen. Umgekehrt haben Gerichte oft Haftbefehle gegen Delinquenten aufgehoben und beschlagnahmtes Belastungsmaterial gegen die „Deutsche Front" freigegeben, was gleichfalls die Regierungskommission zum Eingreifen veranlaßte[37].

Die Gleichschaltung des Saargebiets vollzog sich jedoch auch und in starkem Maße durch ein umfassendes Agentennetz, das dem einzelnen Bürger die Allgegenwart des Hitler-Regimes suggerierte und jede Auflehnung dagegen als zwecklos oder zumindest als gefährlich erscheinen ließ. In Trier etablierte sich eine Dienststelle der Gestapo (Stapo-Stelle Trier), die alle Informationen von der Saar unmittelbar nach Berlin weiterleitete. Daneben errichteten andere Dienststellen des Reiches, Preußens, Bayerns sowie der NSDAP und ihrer Gliederungen ihre eigenen Nachrichtendienste. Der preußische Saarvertrauensmann Theodor Watermann hatte schon vor 1933 von Köln aus die Verbindung von Berlin zu saarländischen Partien und Verbänden, einschließlich Zentrum, SPD und Gewerkschaften aufrecht erhalten, was ihm eine detaillierte Sachkenntnis vermittelte und vor allem zahlreiche Informationsquellen erschloß, die er nach 1933 auch dem neuen Regime zur Verfügung stellte. Seine Berichte waren unabhängig von denen der Gestapo, wurden jedoch von dieser gewöhnlich dem Auswärtigen Amt und den entsprechenden bayerischen Saar-Dienststellen zur Verfügung gestellt. Wegen der Wachsamkeit der Regierungskommission bereiste Watermann selbst ab 1934 überhaupt nicht mehr das Saargebiet und wehrte sich auch aus ähnlichen Beweggründen gegen eine zeitweilig erwogene Verlegung seines Büros von Köln nach Trier[38].

Gerade die Wachsamkeit der Regierungskommission war es, die allzu auffälligen Agententätigkeiten gewisse Grenzen setzte. So warnte der bayerische Saarvertrauensmann Richard Binder die Staatskanzlei in München vor Aktivitäten der Gestapo an der Saar, da die zuständige Direktion des Innern in Saarbrücken gewöhnlich gut informiert sei[39]. Wohl aus ähnlich gelagerten Sorgen blockierte auch das preußische Innenministerium Pläne des Koblenzer Gauleiters Gustav Simon, der als Führer des Bundes der Saarvereine und als Rivale Bürckels sich einen eigenen Nachrichtendienst für die Saar errichten wollte; auf preußischem Gebiet oblag dies allein der Stapo-Stelle Trier[40]. Eine derartige Vorsicht war geboten, um nicht die Beziehungen des Reiches zur Völkerbundsregierung an der Saar durch allzu grobe Fehltritte übereifriger geheimdienstlicher Dilettanten zu belasten. Wiederholt berichteten die freien Zeitungen des Saargebiets über Verhaftungen von Agenten und Spitzeln, die auf saarländischem Boden gegen Gesetze verstoßen hatten und – vermutlich mit Hilfe der französischen Sûreté Nationale – dingfest gemacht werden konnten[41].

Eine wichtige Informationsquelle über interne saarländische Vorgänge war der bayerische Saarvertrauensmann Binder, dessen Dienststelle, die Bezirksaußenstelle Waldmohr/Pfalz, unmittelbar an der saarländischen Grenze lag. Von dort unterhielt er ein weites Netz persönlicher Verbindungen, über die er zahlreiche und – soweit sich dies nachprüfen läßt

---

37 „Saar-Justiz gegen Saar-Regierung", *Deutsche Freiheit* vom 10.8.34.
38 Vermerk Watermanns vom 11.5.33; LHA Koblenz: 403/16 858. – Jacoby, S. 90 f.
39 Schreiben Binders vom 23.10.33; BayHStA/Allg. StA: Staatsministerium des Innern Bd. XI: MInn 47 095.
40 Schreiben des Assessors Schneider vom 17.11.33 an Staatssekretär Grauert und Schreiben Grauerts vom 22.11.33 an Gauleiter Simon; GStA: Rep. 77 Nr. 36. – Jacoby, s. 92, 99.
41 „Geheime Spionage", „Politischer Mordplan aufgedeckt", „Deutscher Polizei-Spitzel", „Genosse Snyders' – ein Nazi-Spitzel" usw., *Deutsche Freiheit* vom 21.7.33, 26.8.33, 13.9.33.

– zuverlässige Informationen erhielt. Auch Binder hatte schon vor 1933 im Auftrage der bayerischen Pfalz-Regierung gewirkt und verfügte daher über zahlreiche Kanäle zu Einzelpersonen, Parteien, Verbänden und Firmen an der Saar[42]. Mit zunehmender Gleichschaltung verdichtete sich auch das Netz der Spitzel, das nicht vor gegenseitiger Beschnüffelung und Denunziation Halt machte. Nachweislich hat beispielsweise Röchling seine Belegschaft auf etwaige gewerkschaftliche, sozialdemokratische oder kommunistische Aktivitäten observieren lassen und die Resultate an Binder, möglicherweise auch an andere Stellen in Deutschland, weitergeleitet[43].

Die bis zur Saar-Abstimmung am 13. Januar 1935 zunehmende Atmosphäre des Mißtrauens und der gegenseitigen Bespitzelung griff tief in das Privatleben jedes Saarländers ein. In Betrieb, Schule, Gemeinde, Straße und Hausgemeinschaft, Verein und Wirtshaus wurde beobachtet und denunziert. Die Spitzelaufträge reichsdeutscher Stellen fanden freiwillige und oft eifrige Empfänger; die Gleichschaltung stieß auf aktive Mitarbeit weiter Bevölkerungskreise. Dies sei an folgendem Beispiel illustriert. Unaufgefordert sprach im Oktober 1933 beim Amt des Regierungspräsidenten in Trier ein pensionierter Forstmeister vor, der Vorsitzender des Kreiskriegerverbandes Saarlouis und zugleich der von ihm begründeten Arbeitsgemeinschaft der Vereine des Kreises Saarlouis war. Diesen Verband habe er als Tarnorganisation für die „Deutsche Front" für den Fall ins Leben gerufen, daß die Regierungskommission diese oder eine der ihr angeschlossenen Gliederungen verbieten oder behindern würde. Sollte auch diese Arbeitsgemeinschaft unter etwaige Verbote fallen, dann würde er ein bereits bestehendes Netz von Vertrauensmännern aktivieren[44]. Neben professionellen Agenten lieferte auch ein Heer von Amateur- und Gelegenheitsschnüfflern, Wichtigtuern und Geheimniskrämern Informationen, die nicht selten kaum mehr als persönlichen Klatsch enthielten und oft der Denunziation privater Gegner dienten.

Da Agentenmeldungen dieser Art über die Gestapo auch an das Auswärtige Amt und andere reichsdeutsche, preußische und bayerische Dienststellen weitergeleitet wurden und heute einen Teil der einschlägigen Archivbestände füllen, sei hier ein Exkurs über ihren Quellenwert angefügt. Das intellektuelle Niveau zahlreicher Agentenberichte zeigte sich in der falschen Orthographie französischer Namen, in widersprechenden oder ungenauen Angaben, undifferenzierter Gleichsetzung von verschiedenen Parteien und Herausstellung von teilweise politisch recht belanglosen Einzelheiten[45]. So wurden im Frühjahr 1933 stark dramatisierende Meldungen über die sich konstituierende autonomistische Saarländische Sozialistische Partei (SSP) nach Berlin geleitet, obwohl sie niemals eine nennenswerte Bedeutung erlangte; so wurde des öfteren die SSP mit der SPD verwechselt und diese wiederum mit der KPD, was kein sehr helles Licht auf das Differenzierungsvermögen der Agenten wirft. Offensichtlich fühlten sich einige von ihnen unter Erfolgszwang und lieferten eher ungeprüfte oder ungenaue und stark entstellte Nachrichten ab als gar keine. Es läßt sich beobachten, daß die Qualität der Meldungen mit zunehmender Bedeutungslosigkeit ihres Inhaltes nachläßt. Da die folgende Darstellung der Parteien und Verbände teilweise auf derartigem Quellenmaterial beruht, wurde stets versucht, durch Vergleiche mit Nachrichten verschiedener Provenienz, durch Archivalien der Parteien selbst, durch zeitgenössische Beobachtungen auswärtiger – beispielsweise fran-

---

42 Jacoby, S. 93.
43 Dankesschreiben Binders vom 24.5.33 an die Firma Röchling; LA Speyer: H 38/1431. – Vgl. Kunkel, S. 52 ff. – Weitere Beispiele bringt Balk, a.a.O., S. 35 und öfter.
44 Schreiben der Regierung Trier vom 26.1933 an Watermann; LHA Koblenz: 442/7 500.
45 Vgl. die Vorbehalte bei Jacoby, S. 100; Kunkel, S. 92.

zösischer – Stellen, durch Meldungen der nicht gleichgeschalteten Presse, Memoirenliteratur und andere Quellen ein abgerundetes Bild zu erhalten.

In einigen Fällen liegen sehr detaillierte Agentenberichte über innere Entwicklungen von Parteien vor. Offensichtlich war es reichsdeutschen Stellen gelungen, auch in die Apparate von Parteien und Verbänden ihre Vertrauensleute einzuschleusen oder aber einzelne Funktionäre durch Bestechung oder Drohung „umzudrehen". Wir werden erfolgreichen wie auch mißglückten Fällen dieser Art noch begegnen. Die Qualität dieser Meldungen zeigte sich in der Genauigkeit und Schlüssigkeit der Angaben, denen aus Quellen anderer Provenienz zumindest keine gegenteiligen Angaben widersprechen. Es muß an dieser Stelle auch darauf hingewiesen werden, daß professionelle Agenten trotz der entstellenden und verzerrenden Sichtweise ihres politischen Standortes wohl kaum Beweggründe für bewußte Fälschungen gehabt haben dürften, mit denen sie ihre eigenen Dienststellen oder gar sich selbst hintergangen haben würden. Daher darf vor allem dem Schriftverkehr der seit vielen Jahren vor 1933 mit Saarfragen vertrauten Dienststellen des Reiches, Preußens und Bayerns ein hoher Quellenwert zuerkannt werden, der jedoch in jedem Einzelfalle geprüft und gewertet werden muß. Insgesamt jedoch und jenseits aller Zweifel zeigen die recht vollständig vorhandenen Archivalien verschiedener Provenienzen, in welchem Maße bereits 1933 eine faktische nationalsozialistische Machtübernahme einsetzte. Daran wird meßbar und erkennbar, in welch eingeengtem Rahmen sich die nicht gleichgeschalteten Parteien und Verbände bewegen und wirken konnten.

SPD/Saar und freie Gewerkschaften im Abstimmungskampf

Die saarländische SPD wurde vom Amtsantritt Hitlers ebenso überrascht wie ihre reichsdeutsche Mutterpartei. Zwar war sie – zunächst – innenpolitisch vom Regimewechsel noch nicht so betroffen wie jene, reagierte aber dennoch ungleich härter und schärfer. Die „Politik der Tolerierung"[1], wie sie seit Herbst 1930 von der SPD im Reich betrieben wurde, war seit jeher auf scharfe Kritik bei ihr gestoßen. Dies war nach dem 30. Januar 1933 aus der Sicherheit des Saargebiets naturgemäß leichter als in Berlin, kollidierte aber zwangsläufig mit der vom Parteivorstand praktizierten „Theorie der Untätigkeit"[2]. Während die sozialdemokratische Presse in Deutschland sich Mäßigung auferlegte, um die bedrohte Stellung der Partei nicht zu gefährden, nahm die Saarbrücker *Volksstimme* hierauf keine Rücksicht[3]. Im Verlauf der denkwürdigen Reichstagssitzung am 23. März 1933, auf der das Ermächtigungsgesetz verabschiedet wurde, griff Hitler Otto Wels auch aufgrund der sozialdemokratischen Angriffe aus dem Saargebiet an: „Ich habe Ihre Zeitung im Saargebiet gelesen, Herr Abgeordneter, und dieses Blatt treibt nicht anderes als dauernd Landesverrat, Herr Abgeordneter, versucht dauernd dem Ausland gegenüber Deutschland zu belasten, unser Volk vor der Welt mit Lügen in eine schiefe Lage zu bringen"[4]. Aufgeschreckt durch die immer hoffnungslosere Lage und durch Hitlers offene Drohungen bedrängte der Parteivorstand die sozialdemokratischen Parteien außerhalb des Reiches, ihre Sprache zu mäßigen. Otto Wels selbst fuhr in die Schweiz, andere Parteivertreter nach Großbritannien und Skandinavien und der von Köln nach Saarbrücken geflüchtete Reichstagsabgeordnete Wilhelm Sollmann versuchte, die dortige Parteiführung zur Mäßigung zu veranlassen[5].

Die saarländische SPD nahm daraufhin trotz anderer Beurteilung der Lage Rücksicht auf die Mutterpartei und solidarisierte sich nach außen hin mit dem Parteivorstand in Berlin. Dennoch gehen aus ihren öffentlichen Bekenntnissen recht deutlich Reserviertheit und Vorbehalte gegenüber der von der sozialdemokratischen Führung im Reich betriebenen Politik hervor. So drückte die Saarbrücker *Volksstimme* ihr Befremden über den Austritt der SPD aus der SAI in folgender, recht gezwungen klingender Solidaritätsadresse aus: „Wir haben das feste Vertrauen zu unserem tapferen und unerschütterlichen Otto Wels, daß ihn nur sachliche Gründe bewegen. (. . . .) Wir erwarten vertrauensvoll seine Erklärungen, und wenn sie zunächst ausbleiben sollten, wird dennoch unser Vertrauen zur deutschen Sozialdemokratie und ihrem Führer nicht vermindert werden"[6]. Wohl um dem von Hitler

---

1 Vgl. Erich Matthias: Die Sozialdemokratische Partei Deutschlands, in: Matthias/Morsey, S. 101 ff., insbes. 103 f.
2 Matthias, in: Matthias/Morsey, S. 158 ff.
3 Zenner, S. 282 ff.
4 Zitat nach Kunkel, S. 78.
5 Hans J.L. Adolph: Otto Wels und die Politik der deutschen Sozialdemokratie 1894–1939. Eine politische Biographie, Berlin 1971, S. 267. – Matthias, in: Matthias/Morsey, S. 170. – Bies, S. 88 f.
6 „Freiheitskampf!", *Volksstimme* vom 1.4.33.

vorgebrachten Vorwurf des Landesverrats keine Nahrung zu geben, veröffentlichte die SPD/Saar kurz darauf eine Erklärung, um sich ungeachtet ihrer innenpolitischen Haltung gegen jeden Zweifel an ihrer nationalen Zuverlässigkeit zu verwahren[7]. Im Laufe der sich für die Partei abzeichnenden Entwicklung legte indessen die SPD/Saar auch immer mehr ihre Zurückhaltung ab. Im Landesrat kündigte Max Braun einen schonungslosen Kampf gegen den Nationalsozialismus an, und die *Volksstimme* kritisierte scharf das Verhalten der sozialdemokratischen Reichstagsfraktion, die am 17. Mai 1933 einer – aus taktischen Gründen sehr gemäßigt gehaltenen – Regierungserklärung Hitlers schweigend zugestimmt hatte: „Es fehlt jede Würdigung der Gegenargumente, es fehlt jeder Hinweis darauf, daß die Abstimmung unter dem Druck terroristischer Drohungen erfolgte! (. . . .) Aus der Verteidigungsschrift der Fraktionsmehrheit spricht eine verhängnisvolle große Täuschung über die europäische Situation und die Rolle des Faschismus in Deutschland"[8].

Die Entwicklungen in Berlin hatten den Konturen eines sich seit März 1933 abzeichnenden allgemeinen Parteienverbots schärfere Formen verliehen. Ende April setzten sich in der SPD Kräfte durch, die auf Bildung einer Auslandsvertretung des Parteivorstandes drängten, da sie die offizielle Parteiführung für nicht mehr handlungsfähig hielten. Nach dem von Hitler im März verfügten Presseverbot waren bereits parteieigene Gelder im Ausland deponiert worden[9]. Auf einer Sondersitzung des neu gewählten Parteivorstandes am 4. Mai wurden sechs Vorstandsmitglieder ermächtigt, eine Auslandszentrale zu bilden, wobei der offizielle Sitz der Partei zunächst Berlin bleiben sollte. Erster provisorischer Sitz der Auslandsvertretung war Saarbrücken, wo am 21. Mai 1933 die erste Sitzung des Exil-Parteivorstandes stattfand[10]; kurz darauf wurde der Sitz des Parteivorstandes nach Prag verlegt, wo die Parteiführung, die sich die Abkürzung „Sopade" zulegte, erstmals am 29. Mai zusammentrat[11]. Prag besaß die günstigere geographische Lage – die Nähe zu Berlin und zu den mitteldeutschen Industriegebieten, – und überdies konnten die deutschen Sozialdemokraten dort auf die wirksame Unterstützung der sudetendeutschen Schwesterpartei zählen.

Die Unterdrückung der SPD im Reich am 22. Juni und das allgemeine Parteienverbot am 14. Juli machten eine weitere Rücksichtnahme der saarländischen Sozialdemokraten auf die reichsdeutsche Mutterpartei unnötig[12]. Erst jetzt konnte die SPD/Saar ohne Zögern als eigenständiger Akteur die politische Bühne betreten. Sie mußte es tun, weil bereits im Mai 1933 die nationalsozialistische Saar-Politik Gestalt angenommen hatte, was die Partei vor Probleme stellt, die sie nur aus eigener Verantwortung angehen konnte. Daher blieb die Differenz zwischen ihr und dem Parteivorstand bestehen. Die Geschichte der saarländischen SPD ist zugleich zu begreifen als Trennungsprozeß von der reichsdeutschen Mutterpartei und zur Herausbildung einer eigenständigen Kraft.

---

7 „Wider die Verleumder!", *Volksstimme* vom 8.4.33. – Vgl. Kunkel, S. 79.
8 Stenographische Berichte des Landesrats, Bd. 12: Sitzung vom 19.5.33, S. 129. – „Freiheit!", *Volksstimme* vom 30.5.33.
9 Matthias, in: Matthias/Morsey, S. 181, Anm. 13.
10 Lewis J. Edinger: Sozialdemokratie und Nationalsozialismus. Der Parteivorstand der SPD im Exil von 1933–1945, Hannover – Frankfurt am Main 1960, S. 24.
11 Zu dieser Entwicklung s. Matthias, in: Matthias/Morsey, S. 183. – Schreiben des Parteivorstandes vom 3.6.33; AsD: Emigration – Sopade Mappe 6. – Zenner, S. 284. – Auf den 13. Mai wird die Saarbrücker Sitzung verlegt bei Peter Grasmann: Sozialdemokraten gegen Hitler 1933–1945, München 1976, S. 16. – Bohumil Cerny: Der Parteivorstand der SPD im tschechoslowakischen Asyl (1933–1938), *Historica* XIV (1967), S. 175–218, insbes. S. 177 f.
12 Kunkel, S. 79 f.

Die reichsdeutsche bzw. exilierte Sozialdemokratie blieb dennoch über vielfache Verbindungen auch im Saargebiet weiterhin präsent, was angesichts der bestehenden Meinungsverschiedenheiten mit der saarländischen SPD Konflikte vorprogrammierte. Diese Präsenz bestand einmal aus der Anwesenheit reichsdeutscher sozialdemokratischer Emigranten an der Saar, aus Geschäftsanteilen der SPD-Parteivorstandes an Einrichtungen der Partei sowie aus Aktivitäten von Beauftragten der Sopade im Grenzbereich, für die das Saargebiet ein geeignetes Terrain bildete. Unter den Emigranten sei hier an erster Stelle der Kölner Reichstagsabgeordnete Wilhelm Sollmann genannt, der – nachdem er bei den Wahlen am 5. März noch ein Reichstagsmandat erringen konnte – vier Tage später von einem Rollkommando der SA überfallen und im Kölner Polizeigefängnis zusammengeschlagen wurde. Ein beherzter Arzt befreite ihn und brachte ihn von Köln nach Luxemburg, von wo er sich darauf nach Saarbrücken begab und dort endgültig niederließ[13]. Sollmann, der sich einen rückdatierten Saar-Einwohnerpaß vom 12. Februar 1933 ausstellen ließ[14], war seitdem der wichtigste Repräsentant des SPD-Parteivorstandes, dem er angehörte, an der Saar. Ihm folgten kurz darauf der frühere Kölner sozialdemokratische Redakteur Georg Beyer und der Reichstagsabgeordnete und frühere preußische Ministerialrat Emil Kirschmann; im Laufe des Jahres 1933 fanden sich auch der frühere Redakteur des *Vorwärts*, Konrad Heiden, der Herausgeber der *Düsseldorfer Lokalzeitung*, Siegfried Thalheimer, sowie eine Reihe weiterer bedeutender Sozialdemokraten in Saarbrücken ein[15].

Neben diesen Emigranten, die während der Zeit des Abstimmungskampfes in der sozialdemokratischen Partei- oder Pressearbeit an der Saar tätig werden sollten, gab es noch weitere Personen, über die die Sopade – unabhängig von der saarländischen SPD – präsent war. Nachdem sie sich in Prag einigermaßen etabliert hatte, richtete die Sopade rings um die deutschen Grenzen sogenannte Grenzsekretariate ein, die mit bezahlten und hauptamtlich hierfür tätigen Mitarbeitern besetzt wurden. Aufgabe dieser Grenzsekretäre war es, über ein ausgeklügeltes Transportsystem illegale Schriften ins Innere Deutschlands zu bringen, dort noch vorhandene Parteizellen zu unterstützen, den Kontakt zu neu sich bildenden Widerstandsgruppen aufzunehmen und schließlich Informationen aus dem politischen Leben des Reiches zu sammeln und an die Sopade weiterzuleiten. Jedes Grenzsekretariat lag möglichst dicht an der deutschen Grenze und war für einen geographisch benachbarten Parteibezirk zuständig; es war mit einem zuverlässigen Funktionär besetzt, der sich in seinem Arbeitsgebiet gut auskannte. Allein sechs solcher Einrichtungen hatten ihren Sitz in der Tschechoslowakei, je zwei in Polen, Frankreich und Belgien, je eine in Luxemburg und Dänemark. Nach Angaben Edingers gab es bis März 1935 auch ein Grenzsekretariat in Saarbrücken, wobei er offen läßt, wie weit es identisch war mit dem im französischen Forbach. Als Grenzsekretär – mit Sitz in Luxemburg – wird Georg Reinbold genannt[16]. Zweifellos liegt hier eine Verwechslung vor: die vorhandenen Quellen lassen darauf schließen, daß Reinbold und seine Mitarbeiter von Forbach und Saarbrücken aus gewirkt haben und vor 1935 in Luxemburg nur eine Dependance unterhielten. Die Tätigkeit Reinbolds an der Saar, auf die wir im Zusammenhang mit der Widerstandsarbeit noch näher eingehen werden, ist lange Zeit nicht nur der Gestapo verborgen geblieben, sondern

---

13 Amtliche Bescheinigung über die Schutzhaft Sollmanns vom 9./10.3.33 sowie ärztlicher Attest von Dr. Mouton vom 18.3.33; StA Köln: Sollmann-Nachlaß, Mikrofilm-Rolle 3. – Vgl. Felix Hirsch: William Sollmann – Wanderer Between Two Worlds, *The South Atlantic Quarterly* LII (1953), S. 217.
14 Personalausweis Sollmanns; StA Köln: Sollmann-Nachlaß, Mikrofilm-Rolle 1.
15 Gestapo-Vermerk vom 19.2.34; PA AA, Pol.II: Emigranten im Saargebiet Bd. 1. – Theisen, S. 18 ff. – Vgl. Schneider, S. 482 ff.
16 Edinger, S. 47 f.; Grasmann, S. 18.

offensichtlich auch der SPD/Saar. Es gibt keinerlei Indizien dafür, daß Max Braun oder andere Mitglieder des saarländischen Parteivorstandes von der Existenz Reinbolds etwas gewußt haben. Allein Sollmann – als Emigrant, Mitglied und Vertrauensmann der Sopade – scheint den Kontakt zwischen Reinbold und Prag aufrecht erhalten und finanzielle und andere Transaktionen zwischen beiden Seiten durchgeführt zu haben[17].

Neben diesen mehr personellen Querverbindungen zwischen Prag und Saarbrücken gab es auch eine Reihe juristischer und institutioneller Bindeglieder. Dazu gehörte in erster Linie der Verlag der *Volksstimme*, deren Mehrheitsanteile sich bei der Sopade – zu Händen von Otto Wels und seinem Stellvertreter als Parteivorsitzenden Hans Vogel – lagen, während sich der Rest im Besitze der saarländischen SPD beim früheren Vorsitzenden Valentin Schäfer und dem stellvertretenden Vorsitzenden Julius Schwarz befand. Die Sopade übertrug am 30. Mai 1933 ihre Rechte dem Mitglied des SPD-Parteivorstandes Paul Hertz, der sich damals zeitweilig in Saarbrücken aufhielt[18]. Ähnlich gelagert war die Situation der Tageszeitung *Deutsche Freiheit*, die im Juni 1933 von der Sopade als Ersatz für die im Reich verbotenen sozialdemokratischen Presseorgane gegründet wurde. Sie erschien erstmals am 21. Juni 1933 im *Volksstimme-Verlag* mit einer Startauflage von 100000 Exemplaren und war dazu bestimmt, den Widerstandswillen gegen das NS-Regime in den Grenzgebieten aufrechtzuerhalten[19]. Redakteure des Blattes waren die beiden Emigranten Sollmann und Beyer, Chefradakteur der Parteivorsitzende Max Braun. Zeitweilig scheint Otto Wels daran gedacht zu haben, den inzwischen ins Pariser Exil emigrierten Rudolf Hilferding mit der Leitung des Blattes zu betrauen, wovon jedoch Sollmann abriet: Hilferding sei außerordentlich fähig und daher als Mitarbeiter des Blattes willkommen; er gelte jedoch als Vertreter einer Politik, die zur Niederlage geführt habe; die Partei solle stärkeren Anschluß an die Jugend suchen[20].

Diese Antwort Sollmanns weist auf die potentiellen Konflikte innerhalb der gesamten deutschen Sozialdemokratie hin, die in der Folgezeit linke Abspaltungen von der Exil-Partei hervorrufen sollte[21]. Die Konflikte mußten verschärft hervortreten, sofern sie deckungsgleich waren mit unterschiedlichen politischen Positionen von Sopade und SPD/Saar. Und sie mußten ständig Anlässe für Meinungsverschiedenheiten erzeugen durch die engen, politisch und rechtlich nicht immer geklärten und unübersichtlichen Querverbindungen zwischen Prag und Saarbrücken. Solange Sopade und SPD/Saar sich weitgehend einig waren über den politischen Kurs, konnten die sachlichen Differenzen leicht überbrückt werden. Im Falle entgegengesetzter Positionen jedoch mußten beispielsweise Sollmann und Beyer und andere Mitarbeiter der *Deutschen Freiheit* in einen Loyalitätskonflikt darüber geraten, *wessen* Sprachorgan ihr Blatt nun war: das der SPD/Saar und ihres Chefredakteurs Max Braun oder das der Sopade. Diese vorprogrammierten Differenzen mußten zwangsläufig ihre Weiterung erfahren, wenn sie sich mit gewissen parteiinternen Gruppenbildungen innerhalb der saarländischen Sozialdemokratie deckten. Nur aus den angedeuteten Verflechtungen einerseits und aus dem sich weiter differenzierenden Meinungsbild innerhalb der SPD/Saar andererseits lassen sich die für die Partei in der Folgezeit charakteristischen Konflikte erklären.

17 Vgl. die Korrespondenz Sollmann-Reinbold vom Herbst 1934; StA Köln: Sollmann-Nachlaß, Mikrofilm-Rolle 2. – Den vom Verfasser befragten Sozialdemokraten, die am Abstimmungskampf teilgenommen hatten, war Reinbold gänzlich unbekannt. Zur Tätigkeit Reinbolds im einzelnen S. 187 ff.
18 Erklärung Dr. Paul Hertz vom 20.2.34; IISG: Nachlaß Paul Hertz, Sollmann-Korrespondenz, Leitzordner S. 16–1 f. – Kunkel, S. 84 f.
19 Max Braun: „Wille und Ziel", *Deutsche Freiheit* vom 21.6.33. – Vgl. Zenner, S. 285.
20 Schreiben Sollmanns vom 7.7.33 an Otto Wels; AsD: Emigration – Sopade, Mappe 122.
21 Grebing, S. 223; Grasmann, S. 22.

Es ist nicht klar zu erkennen, wann in der saarländischen Sozialdemokratie erstmals der Gedanke aufkam, sich von der reichsdeutschen Mutterpartei bzw. ihrem Prager Exilvorstand organisatorisch und rechtlich zu trennen. Die Entscheidung hierfür ist wahrscheinlich etappenweise gereift und durch den Gang der Ereignisse vorgeschrieben worden. Nachdem das NS-Regime am 2. Mai die Gewerkschaften zerschlagen, ihre Häuser und Büros besetzt, ihre Vermögenswerte beschlagnahmt und nicht zuletzt zahlreiche ihrer Funktionäre verhaftet hatte, waren die freien Gewerkschaften über Nacht ohne reichsdeutsche Mutterorganisation. Noch im Laufe des Mai erklärten sämtliche freigewerkschaftlichen Bezirksorganisationen an der Saar sich für selbständig[22], was sie rechtlich abschirmte vor etwaigen Ansprüchen der im Reich als Nachfolgeorganisation eingesetzten „Deutschen Arbeitsfront“. Um den Schutz saarländischer Verbände vor einer vereinsrechtlichen Gleichschaltung zu gewährleisten, ließ die Regierunskommission des Saargebiets, wie bereits erwähnt wurde, noch im Mai 1933 eine Verordnung ausarbeiten, die ihre vereinsrechtliche Selbständigkeit zwingend vorschrieb. In den Beratungen des Landesrates war es die sozialdemokratische Fraktion, die die Verordnungsvorlage vorbehaltlos unterstützte. Die bürgerlichen Parteien hatten bereits den Weg der freiwilligen Selbstgestaltung beschritten und lehnten sie ebenso ab wie – aus anderen Gründen – die kommunistische Fraktion. Am 31. Mai trat die Verordnung in Kraft[23]. Durch diese neue Rechtslage war ein unwiderlegbares und unausweichliches Argument für die Verselbständigung auch der SPD/Saar gegeben. Diesem Schritt folgte im Juni das saarländische Reichsbanner, nachdem die reichsdeutsche Mutterorganisation im März und April 1933 in den einzelnen deutschen Ländern schrittweise verboten worden war[24]; es nannte sich um in Sozialistischer Schutzbund, da – wie es in einem Aufruf vom 17. Juni 1933 hieß – die Zeit schwarz-rot-goldener Kompromisse vorüber sei[25].

Aufgrund wachsender Meinungsverschiedenheiten zwischen Sopade und SPD/Saar einerseits und dieser und den an der Saar wirkenden Emigranten andererseits reifte daher im Kreise um Max Braun bald der Entschluß zur völligen Verselbständigung. Dabei hat der Hinweis auf die geltende Rechtslage wohl nur mehr den Charakter eines Vorwandes gehabt, dem in erster Linie auch der Wunsch zur Trennung entsprach. Möglicherweise hat Max Braun auch geglaubt, flexibler handeln und vor allem auf internationaler Bühne wirksamer auftreten zu können. In einem Einladungsschreiben an die Sopade sowie an die SAP und befreundete Parteien in den Nachbarländern wurde zu einem außerordentlichen Parteitag am 12. November 1933 in Saarbrücken eingeladen. In der Einladung an die SAP hieß es, daß die SPD/Saar im Einvernehmen mit dem Parteivorstand (Sopade) und der Sozialistischen Arbeiter-Internationale (SAI) sich als selbständige Partei organisieren und der SAI beitreten wolle[26]. Durch Otto Wels sind wir über den Ablauf der Veranstaltung unterrichtet. Auf seiner mühsamen Reise von Prag über Wien, Zürich und Straßburg nach Saarbrücken traf er mit Rudolf Hilferding sowie Friedrich Adler von SAI zusammen und erklärte ihnen seine Bereitschaft zur Verselbständigung der SPD/Saar, sofern die Interes-

---

22 Vgl. S. 72.
23 Vgl. S. 72. Stenographische Berichte des Landesrats, Bd. 12: Sitzung vom 30.5.33, S. 134 ff. – „Knox-Regierung mit Hitlerwaffen“, *Arbeiter-Zeitung* vom 1.6.33.
24 Rohe, S. 462, f.
25 „Die sozialdemokratische Opposition im Saargebiet steht!“, *Volksstimme* vom 17.6.33. – Kunkel, S. 74.
26 Schreiben Max Brauns vom 30.10.33 an die Sopade und die SAP (Abschriften); AsD: Emigration – Sopade, Mappe 29.

sen der Sopade am *Volksstimme*-Verlag und an der *Deutschen Freiheit* gesichert seien. Als Regelung schlug er vor, die jeweiligen Vermögensanteile durch 11 zu teilen und davon der Sopade und der SPD/Saar jeweils vier, der SAI drei Anteile zu überlassen, um dadurch den Saarländern die Furcht vor einer Gängelung durch den Prager Parteivorstand zu nehmen[27].

Antreibende Kraft zur Verselbständigung war zweifellos Max Braun selbst. Nach Otto Wels' Eindruck waren nicht alle Mitglieder des saarländischen Parteivorstandes über Ziele und Hintergründe dieser Politik informiert, wie er dies an Julius Schwarz beobachten konnte. Wels beschreibt sein Gespräch mit ihm folgendermaßen: „Auf der Straße wurde Schwarz plötzlich lebhaft. Mit starker Erbitterung im Ton frug er, wie es komme, daß er nicht zum Schluß der Besprechung zugezogen wurde. Ich war sprachlos. Und nun ging es los. ‚Warum der P(artei)V(orstand) die Saarländer loswerden wolle?‘, Was? Wir?‘ Mir blieb die Sprache weg. Dann erzählte er, daß Braun dem Bezirksvorstand erklärt habe, der P.V. wünsche die Trennung von der Saar, weil es im Abstimmungskampf Situationen geben könne, für die er die Verantwortung nicht übernehmen könne"[28]. Auf dem kurzen Parteitag, dessen Schilderung durch Otto Wels dessen ganze Abneigung gegen Max Braun und die ihn umgebende „intellektuelle Bohème" ausdrückte, wurde dann die formelle Selbständigkeit der SPD/Saar ausgerufen[29]. Es wird aus derartigen Vorgängen verständlich, daß Parteifreunde Max Braun persönlichen Ehrgeiz unterstellten. Tatsächlich konnte er durch eine selbständige Partei auch seine eigene Position profilieren. Wie einer seiner Mitarbeiter später gegenüber Paul Hertz von der Sopade argumentierte, sei der sozialdemokratische Kampf an der Saar untrennbar mit seiner – Brauns – Person verbunden. Eingriffe von Prag aus in das parteiinterne Geschehen an der Saar würden schwerwiegende Folgen für den Abstimmungskampf nach sich ziehen[30].

Der Name der Partei wurde auf dem Parteitag offiziell in „Sozialdemokratische Landespartei des Saargebiets" umgeändert, jedoch setzte er sich nie vollständig durch. Die Mehrheit der Mitglieder betrachtete sich weiterhin als deutsche Sozialdemokraten und hat die organisatorische Trennung gefühlsmäßig niemals nachvollzogen. Eines der erklärten Ziele der Selbständigkeit – die Aufnahme der SPD/Saar in die Konferenz und Exekutive der SAI – wurde nicht erreicht. Schon Otto Wels hatte Braun darauf hingewiesen, daß die Entscheidung der SAI über ein Aufnahmeversuch sich auch nach dem Wohlverhalten der SPD/Saar gegenüber der ehemaligen Mutterpartei richten werde. Tatsächlich ist der Beitritt zur SAI niemals erfolgt. Über die internen Entscheidungsprozesse hierüber liegen zwar keine direkten Quellen vor. Aber das Auswärtige Amt in Berlin glaubte später erfahren zu haben, daß der SPD/Saar die Aufnahme verweigert worden sei mit der Begründung, daß grundsätzlich keine neuen Parteien mehr aufgenommen würden; in Wirklichkeit sei jedoch die ablehnende Entscheidung auf Betreiben der Sopade und vor allem wegen der Person Max Brauns gefällt worden[31].

Insgesamt wurden die bestehenden Differenzen zwischen Sopade und SPD/Saar durch die Verselbständigung der letzteren nicht behoben. Vielmehr war dieser Schritt in vielfacher Beziehung ein unüberlegter, der die vorhandenen Reibungsflächen nicht beseitigte. Sollmann beklagte sich bei Paul Hertz, daß er als ein im Saargebiet lebender und wirkender Sozialdemokrat der nunmehr eigenständigen SPD/Saar angehöre, gleichzeitig aber als

---

27 Bericht Otto Wels' über seine Reise nach Saarbrücken; ebd.
28 Ebd.
29 „Europa spricht an der Saar". *Deutsche Freiheit* vom 14.11.33.
30 Vgl. Zenner, S. 297. – Schreiben Georg Denikas vom 7.2.34 an Paul Hertz; IISG: Nachlaß Paul Hertz: Korrespondenz Hertz-Denike.
31 Anm. 27. – Vermerk Voigts vom 30.7.34; PA AA, Missionsakten Paris: Saargebiet Bd. 31.

Mitglied der Sopade im Vorstand einer Partei sitze, deren Mitglied er nicht mehr sei[32]. Durch das gemeinsame Eigentum an den Verlagsrechten und durch die Mitarbeit der Emigranten an der *Deutschen Freiheit* waren weitere Konfliktstoffe gegeben. Bereits drei Monate nach Gründung des neuen Blattes muß die Fraktionsbildung innerhalb der Redaktion unerträgliche Ausmaße angenommen haben. Die einzelnen Streitpunkte sind im einzelnen zwar nicht immer erkennbar. Aber ein Beschwerdebrief Sollmanns an Hertz umreißt deutlich die Konturen des Konfliktes: Max Braun lasse das Blatt ausschließlich als Sprachrohr der SPD/Saar gelten und erkenne keinerlei Ansprüche der Gesamtpartei an. Gegen Einwände des Geschäftsführers des *Volksstimme*-Verlages, Ernst Klopfer, über die formaljuristische Unhaltbarkeit seines Verhaltens soll er mit einem „Parteiaufstand" gedroht haben. Sollmann empfahl der Sopade, durch ein an Klopfer gerichtetes Schreiben darauf hinzuweisen, daß die *Deutsche Freiheit* eine Gründung des Prager Parteivorstandes sei, vertreten durch Paul Hertz und Ernst Klopfer als Treuhänder[33]. – Der Konflikt besaß noch einen weiteren sachlichen Aspekt: die von der *Deutschen Freiheit* erwirtschafteten Gewinne mußten zusehends dazu dienen, die finanziellen Verluste der *Volksstimme* auszugleichen, was den Unmut Sollmanns und der stärker zur Gesamtpartei tendierenden Kritiker Max Brauns erregte[34].

Die in der Folgezeit ausbrechenden Streitigkeiten innerhalb der saarländischen Sozialdemokratie lassen sich nur angesichts einer nunmehr einsetzenden Flügelbildung verstehen, die zwar potentiell bereits vorhanden war, aber erst unter den Bedingungen des Abstimmungskampfes ihre volle Ausprägung erhielt. Wir hatten bereits angedeutet, daß es in der SPD/Saar eine konservative und pragmatische Tendenz gab, gewöhnlich mit starker gewerkschaftlicher Bindung[35]. Wir hatten in diesem Zusammenhang Julius Schwarz, Valentin Schäfer und einige andere genannt. Dieser Kreis stand politisch und wohl auch in Mentalität und Tradition der Sopade und vor allem Otto Wels nahe und erhielt daher eine personelle Unterstützung durch die Emigranten Beyer und Sollmann, die als Nicht-Saarländer wiederum der Sopade näherstanden als Max Braun. Eine Ausnahme bildete der emigrierte Emil Kirschmann, der sich ganz auf die Seite Max Brauns geschlagen hatte und auf dem erwähnten außerordentlichen Parteitag den bisherigen Parteisekretär Karl Mössinger ablöste[36]. Die wichtigsten Kritiker Brauns wirkten alle im *Volksstimme*-Verlag mit: Beyer und Sollmann als Redakteure, Schäfer und Schwarz als Gesellschafter und Ernst Klopfer als Geschäftsführer des Verlages. Ohne ausdrückliches Bekenntnis und innerlich wohl auch schwankend, scheinen neben Schwarz auch andere Gewerkschaftsführer diesem pragmatischen Flügel nahegestanden zu haben, was wohl in erster Linie vom ADGB-Vorsitzenden Fritz Dobisch gilt.

Der Gegenseite sind die innerparteilichen Differenzen keineswegs verborgen geblieben, und sie hat gezielt und bewußt versucht, die einzelnen Gruppierungen gegeneinander auszuspielen. Diese Bemühungen galten vor allem den Gewerkschaften, die man von seiten der „Deutschen Front" immer wieder von der Sozialdemokratie trennen wollte. Da deren Funktionäre aber zugleich führende SPD-Mitglieder waren, hätte dies eine Spaltung innerhalb der saarländischen Sozialdemokratie bedeutet[37]. Als Ansprechpartner dachte

---

32 Schreiben Sollmanns vom 3.2.34 an Hertz, Nachlaß Paul Hertz: Sollmann-Korrespondenz, Mappe 2.
33 Schreiben Sollmanns vom 28.9.33 an Hertz, ebd., Mappe 1. – Vgl. Siegmann, S. 238.
34 Undatiertes Schreiben Georg Beyers (Dezember 1933?); ebd.
35 Vgl. S. 41 f.
36 Kunkel, S. 84.
37 Protokoll einer Besprechung saarländischer Zentrumsführer am 27.7.33; LHA Koblenz: 442/8530.

man gerade an Julius Schwarz und Fritz Dobisch, von denen der erstgenannte tatsächlich eine zeitweilig recht schwankende Haltung einnahm[38]. Aufschlußreich ist eine von der Gestapo angefertigte Liste des sozialdemokratischen Parteivorstandes, auf der drei – offensichtlich als Ansprechpartner vorgesehene – Namen mit Bleistift unterstrichen sind: Julius Schwarz, Fritz Dobisch und Johann Bernarding[39]. Von Bernarding ist bekannt, daß er nach der Rückgliederung zur Gegenseite überlief; bei Schwarz und Dobisch sind offensichtlich derartige Versuche – vergeblich – unternommen worden.

In einem weiteren Falle aber war es der „Deutschen Front" gelungen, einen der Gegner Max Brauns für sich zu gewinnen und durch sein Wirken die innerparteilichen Gegensätze zu vertiefen. Es handelt sich um Ernst Klopfer, dessen Affäre hier kurz skizziert werden soll[40]. Seit September 1933 bestand in Parteikreisen der Verdacht, daß Klopfer für die „Deutsche Front" arbeite. An dieser Tatsache besteht heute kein Zweifel mehr: die Gestapo selbst bekundete im November 1933 intern ihre Absicht, mit seiner Hilfe Max Braun als Chefredakteur der *Volksstimme* auszuschalten[41], und Klopfers ganzes Verhalten während dieser Zeit und erst recht nach der Rückgliederung rechtfertigen diesen Verdacht. Das Mittel hierzu bot sich durch die finanzielle Misere des Blattes, dessen Erscheinen nach Vorstellung einiger Sozialdemokraten sogar eingestellt werden sollte. Um das Blatt als Propagandainstrument nicht zu verlieren, hatte sich jedoch Max Braun an den Internationalen Gewerkschaftsbund gewandt, dessen Generalsekretär Walter Schevenels eine einmalige Zuwendung von 350 000 ffrs und ab 1. Juli 1933 monatlich 20 000 ffrs zugesagt hatte. Da diese Zahlungen ausblieben, wandte sich Klopfer im November 1933 an Otto Wels, dessen Vertrauensmann und Bündnispartner er war, und nährte bei ihm das Mißtrauen, Max Braun habe Gelder unterschlagen. Zugleich unterbreitete er Wels den Plan, Max Braun als Chefredakteur zu entlassen. Diesen Plan wollte er zusamen mit Valentin Schäfer durchführen. Von Wels erbat er das Einverständnis zu diesem Vorhaben, das dieser ihm mit folgendem Telegramm erteilte: „Wenn Mitteilung zutrifft, einverstanden"[42]. Die Affäre fand im Januar 1934 ihre vergleichsweise triviale Auflösung dahingehend, daß Schevenels, alarmiert durch reichsdeutsche Presseberichte über Max Brauns angebliche Unterschlagungen, öffentlich und mit Bestimmtheit versicherte, die besagten monatlichen Zahlungen noch gar nicht geleistet zu haben; er habe zwar die Zusage zu diesen Zuwendungen gegeben, jedoch seien sie ohne sein Wissen von den zuständigen Dienststellen aus finanziellen Bedenken nicht ausgezahlt worden[43]. – Die Vorwürfe der Unterschlagung fanden gerade in dem Augenblick ein gewaltiges Echo in den Blättern der „Deutschen Front", als ein anderer Vorstoß Klopfers zur politischen Neutralisierung der *Volksstimme* durch Änderung ihres Namens gescheitert war. Die Einzelheiten der Intrigen interessieren hier weiter nicht. Politisch dagegen können wir folgendes festhalten. Klopfer vermochte es, die Kritiker Max Brauns für sich zu gewinnen. Er verbündete sich mit Otto Wels und den Emigranten Sollmann und Beyer sowie innerhalb der saarländischen Parteifreunde mit Valentin Schäfer und versuchte es, wenngleich vergeblich, mit Julius Schwarz. Ohne die angedeuteten Konflikte zwischen Sopade und SPD/Saar und ohne die skizzierten Frontlinien innerhalb der letztgenannten hätten die Differenzen niemals diese Weiterungen erfahren können.

---

38 Schreiben Peter Kiefers vom 4.4.33 an RR Westhoff; ebd. – Siegmann, S. 244. – Kunkel, S. 72 f.
39 Schreiben der Stapo-Stelle Trier vom 9.10.33 an den Regierungspräsidenten von Trier; LHA Koblenz: 442/8531.
40 Vgl. die ausführliche Darstellung bei Kunkel, S. 84 ff.; Jacoby, S. 123.
41 Kunkel, S. 85.
42 Ebd.
43 Ebd., S. 87 f. – Vgl. Siegmann, S. 252 f., 258.

Bereits im November 1933 scheint Max Braun die Entlassung Klopfers als Geschäftsführer des *Volksstimme*-Verlages gefordert zu haben. Jedoch erst nachdem die Intrigen Klopfers offenbar geworfen waren, besaß die saarländische Parteiführung gegenüber der Gesellschafterversammlung ein Druckmittel gegen den überführten Gestapo-Agenten. Aber offensichtlich erkannte der Prager Parteivorstand immer noch nicht, *wen* er in Saarbrücken zu halten versuchte. In einem Schreiben an Paul Hertz bermerkte Rudolf Breitscheid zehn Tage nach der öffentlichen Klarstellung durch Schevenels verharmlosend die bloß „merkwürdige Rolle Klopfers" in der Affäre[44]. Obwohl der Sopade die Rolle ihres Schützlings hätte klar werden müssen, verweigerte die im Mai 1934 in Saarbrücken tagende Gesellschaftsitzung, an der für die Sopade Otto Wels, Hans Vogel und Paul Hertz teilnahmen, die von der SPD/Saar geforderte Entlassung Klopfers. Im Gegenzug verlangten dieser und Valentin Schäfer einen Untersuchungsausschuß über die längst erledigten Unterschlagungsvorwürfe gegen Max Braun. Am selben Tage und im selben Gebäude hielt der Vorstand der SPD/Saar eine Sitzung ab, auf der heftige Vorwürfe gegen die Sopade erhoben wurden. Ein Teil der Vorstandsmitglieder drang in die Gesellschaftersitzung ein und bedrohte Wels und Sollmann mit Prügel und ging tätlich gegen Hertz vor[45]. Am 6. Mai wurde schließlich Klopfer auf unbestimmte Zeit beurlaubt und mit Wirkung vom 18. Mai endgültig entlassen; Valentin Schäfer wurde kurz darauf aus der Partei ausgeschlossen, wogegen er sich noch in einem Offenen Brief zu verteidigen suchte[46].

Der nationalsozialistische Versuch, die *Volksstimme* zu liquidieren und Max Braun auszuschalten, war damit gescheitert. Die Oppositionsgruppe gegen den Vorstand der SPD/Saar hatte sich durch ihre monatelang gemeinschaftlich mit der Sopade betriebene Protektion eines Gestapo-Agenten restlos kompromittiert und trat als eigene Gruppierung nicht mehr in Erscheinung; die führende Rolle Max Brauns wurde nicht mehr in Zweifel gezogen. Auch die Emigranten Sollmann und Beyer, die auf Seiten der Gegner Max Brauns gestanden hatten, gaben ihre offene Oppositionshaltung auf, nachdem diese zu heftigen parteiinternen Konflikten Anlaß gegeben hatte. Am 15. Februar hatten vier jugendliche Mitglieder der SAJ Sollmann eine Flasche Rizinusöl überbracht und einen Drohbrief, in dem sie ihn als Verräter bezeichneten und seine angeblich defätistische Haltung zum Arbeiteraufstand in Österreich attackierten[47]. Der Vorfall war so gravierend, daß der ADGB-Vorsitzende Fritz Dobisch sich mit einem Beschwerdebrief bei Max Braun für Sollmann verwendete[48].

Das Ende der Klopfer-Affäre zwang Sollmann und Beyer, ihren Widerstand gegen Max Braun aufzugeben. Die Sopade zog sich weitgehend aus der Saar-Politik zurück. Zwar war sie weiterhin durch Eigentumsanteile am *Volksstimme*-Verlag an Einrichtungen an der Saar gebunden. Aber in personelle oder politische Fragen hat sie seitdem nicht mehr eingegriffen.

---

44 Schreiben Breitscheids vom 18.1.34 an Hertz; AsD: Emigration – Sopade, Mappe 23.
45 Über das Datum dieses Vorfalls liegen unterschiedliche Angaben vor; Kunkel (a.a.O., S. 88) nennt den 15. März und 1. Mai 1934. – Siegmann (S. 268) vermerkt dies in seinem Tagebuch unter dem 5. Mai. Valentin Schäfer verlegt nachträglich die Sitzung auf den 15. Mai vgl. Anm. 46.
46 Klopfer wurde drei Tage nach Rückgliederung des Saargebiets, also am 3.3.1935, zum Liquidator der *Volksstimme* bestellt. – Kunkel, S. 88. – Siegmann, S. 270. – Offener Brief Valentin Schäfers, *Saarbrücker Abendblatt* vom 15.6.34.
47 Schreiben Sollmanns vom 19.2.34 an die Sopade; AsD: Emigration – Sopade, Mappe 7. – Vgl. Siegmann, S. 261.
48 Schreiben Dobischs vom 22.2.34 an Max Braun; StA Köln: Sollmann-Nachlaß, Mikrofilm-Rolle 3.

Die politische Meinungsbildung zum Machtantritt Hitlers innerhalb der saarländischen Sozialdemokratie hatte spontan eingesetzt. Kunkel erwähnt eine Episode, die in dieser Hinsicht wohl typisch war. Als die Teilnehmer eines vom ADGB in Maria Laach veranstalteten Kursus für saarländische Gewerkschaftsfunktionäre über sozialpolitische Aspekte nach der Rückgliederung von der Nachricht von Hitlers Amtsantritt überrascht wurden, war es einhellige Überzeugung der Anwesenden, sich solange einer Rückgliederung zu widersetzen, als das NS-Regime an der Macht sei[49]. Eine konkrete Stellungnahme zur Saarfrage angesichts der nationalsozialistischen Machtergreifung war insofern nicht möglich, als zunächst noch nicht abzusehen war, wie sich das neue Regime etablieren würde. Dennoch hat die SPD/Saar in ihrer Kritik zunächst offen ihren Standpunkt vorgetragen und erst auf Drängen der reichsdeutschen Mutterpartei die in Gang gesetzte Diskussion zur Saarfrage unterbrochen.

Mit dem allgemeinen Parteienverbot im Reich am 22. Juni 1933 waren Gründe für eine Rücksichtnahme auf die schwierige Lage der Mutterpartei hinfällig geworden. Wir können diesen Termin als Beginn einer politischen Eigenprofilierung der saarländischen Sozialdemokratie – insbesondere im Hinblick auf die Rückgliederungsfrage – bezeichnen. Anfang Juli konnte daher der Saar-Referent des Auswärtigen Amts feststellen, daß die saarländische Sozialdemokratie in schärfster Opposition zum NS-Staat stehe, wogegen die Gewerkschaften hier etwas gemäßigter seien[50]. Deutlich war auch die Sprache des neugegründeten Blattes *Deutsche Freiheit*: „Die Erneuerung Europas basiert auf der Vernichtung des Faschismus. Deutsch-französische Verständigung als der Grundlage europäischer Einigung und als der stärkste Garant des Weltfriedens ist auf lange Sicht und für die Dauer nur möglich zwischen einem demokratischen Frankreich und einem *demokratischen* Deutschland. Es gibt kein europäisches Problem und keine europäische Frage, die nicht durch die Machtübertragung an den Hitlerfaschismus tausendfach komplizierter gestaltet worden wäre"[51]. Nicht anders argumentierten weiterhin die *Volksstimme* und die erstmals im November 1933 erscheinende Wochenzeitschrift *Westland*, die zwar eine private Gründung des Düsseldorfer Journalisten Siegfried Thalheimer war, jedoch im Verlag der *Volksstimme* erschien und der Sozialdemokratie nahestand[52].

Die politische Lage im Reich stellte die SPD/Saar nicht nur politisch vor eine veränderte Situation, sondern auch materiell vor eine Reihe neuer Aufgaben: Hilfe für sozialdemokratische Emigranten, für die Unterstützungen gezahlt, Mahlzeiten ausgeteilt und Unterkünfte unterhalten wurden. Bereits Ende Juni 1933 rief die Partei zur öffentlichen Mithilfe für Emigranten auf; Spenden konnten in der Parteizentrale, bei der Arbeiterwohlfahrt, in der Buchhandlung der *Volksstimme* und beim BAV eingezahlt werden[53]. Ende November 1933 befanden sich nach einer Sopade Erhebung etwa 590 sozialdemokratische Emigranten an der Saar, von denen 157 laufend unterstützt wurden[54]. Die Partei nahm hierfür zwar Unterstützung von internationaler Seite an sowie Zuschüsse von der Sopade, war jedoch bereits im Frühjahr 1934 finanziell überfordert[55]. Denn mit dem fortschreitenden Abstimmungskampf erhöhten sich ihre Ausgaben, während gleichzeitig ihre Einnahmen

---

49 Kunkel, S. 77 f.
50 Vermerk Voigts vom 4.7.33; PA AA, Büro RAM, Akten btr. Saargebiet Bd. 6.
51 Anm. 19.
52 Bartz, S. 61. – Vgl. Theisen, S. 15 f., 18–20.
53 Karl Mössinger: „Flüchtlingsfürsorge", *Deutsche Freiheit* vom 27.6.33.
54 Sopade-Statistik vom 30.11.33; AsD: Emigration – Sopade, Mappe 6.
55 Vgl. S. 172 ff.

sanken. Die schwierige Lage der sozialdemokratischen Presse wurde schon angedeutet. Durch das Ausbleiben von Anzeigen reichsdeutscher Inserenten, in zunehmendem Maße auch saarländischer Firmen, sowie durch den Rückgang reichsdeutscher und saarländischer Abonnenten wurde die *Volksstimme*, die wohl auch vorher nie ein gewinnbringendes Unternehmen gewesen war, zum reinen Zuschußbetrieb. Die von Kunkel genannte Auflagenziffer von 10000 Exemplaren täglich sank recht bald auf Ziffern herab, die nach Schätzungen reichsdeutscher Stellen im Herbst 1934 bei 5000 lagen[56]. Wahrscheinlich dürfte diese Zahl bereits die obere Grenze markieren. Siegmann erwähnt für Juni 1934 eine Abonnentenzahl von 2500, und da das Blatt wegen der Repressalien der „Deutschen Front" gegenüber Zeitungskiosken und Buchhandlungen immer weniger im Straßenverkauf und Einzelhandel abgesetzt wurde, dürfte die verkaufte Auflage nicht wesentlich höher gelegen haben[57].

Entsprechend war der Rückgang der Parteimitglieder. Die in Gestapo-Vermerken ziemlich stereotyp wiederholten 4000 Parteiangehörigen – mit Nebenorganisationen etwa 6000 – deuten zwar den Rückgang der von Kunkel geschätzten 6000 SPD-Mitglieder an[58], jedoch besagen solche quantitativen Angaben ohne nähere Erläuterungen wenig. Solange nicht näher unterschieden wird zwischen nominellen Parteimitgliedern, die aber ihre Mitgliedsbeiträge nicht mehr zahlen, und solchen, die aktiv in der Partei mitwirken, sind diese Zahlen vergleichsweise wertlos. Darum spricht eine von Otto Wels überlieferte Episode vom November 1933 eine deutlichere Sprache als die von der Gestapo geführte Zahlenstatistik. Die Frage nach dem Mitgliederstand beantwortete ihm Max Braun mit 4500; von Reinbold erfuhr er jedoch, daß die Partei tatsächlich nur noch 800 zahlende Mitglieder habe; weitere 1000 zahlten nicht mehr[59]. Es dürfte wohl im Rahmen des Wahrscheinlichen liegen, die Zahl der tatsächlichen aktiven Sozialdemokraten auf durchschnittlich wenig mehr als 1000 anzusiedeln.

Neben der tatsächlichen Abwanderung der Mitglieder stand die Partei auch vor dem Problem der Paralysierungsversuche durch die „Deutsche Front". Die Klopfer-Affäre war ein spektakulärer, aber nicht der einzige Fall dieser Art. Im Dezember 1933 versuchten reichsdeutsche Stellen, den an der Saar weilenden früheren Reichsbannerführer Karl Höltermann zur Rückkehr ins Reich und zum politischen „Umfall" zu bewegen[60]. Im März 1934 warnte Dobisch in einem Rundschreiben alle Teilnehmer jenes im Januar 1933 in Maria Laach abgehaltenen Gewerkschaftskursus vor Kontaktversuchen seitens der „Deutschen Front", die einen Keil zwischen Gewerkschaftsmitglieder und Funktionäre treiben wollten[61]. Den Gipfel bildete schließlich der vom Pressesprecher der „Deutschen Front", Josef König, unternommene Versuch, sogar Max Braun durch Angebote zu kaufen, was jedoch, nachdem dieser die Affäre publik gemacht hatte, dementiert wurde[62].

Es versteht sich, daß unter den Bedingungen eines rapiden Schwundes an Mitgliedern sowie einer stark erschwerten Öffentlichkeitsarbeit ein normales Parteileben nicht möglich war. Je mehr das organisatorische Element in Mitleidenschaft gezogen wurde, desto stärker konzentrierte sich die Partei auf das einzige Ziel: den Kampf für den Status quo. Alle anderen Aufgaben in Landes- und Kommunalpolitik mußten hiergegen zurücktreten.

---

56 Kunkel, S. 73. – Reichsministerium des Innern: Sammelbericht Saar (Abschrift) vom 1.11.34; PA AA, Pol. II: Parteien im Saargebiet Bd. 13.
57 Siegmann, S. 273, 269.
58 Sammelbericht Saar; Anm. 56. – Schreiben der Gestapo vom 19.9.34 an das AA, Ebd. Bd. 12.
59 Anm. 27.
60 Vgl. S. 179.
61 Rundschreiben Fritz Dobischs vom 28.3.34; LHA Koblenz: 403/16 860.
62 Kunkel, S. 53; Bartz, S. 191; Jacoby, S. 135.

Durch ihre veränderte Arbeitsweise und Organisationsstruktur wandelte sich auch der Charakter der SPD/Saar insgesamt: sie wurde immer mehr Agitationsverband und stach damit auch äußerlich immer stärker vom traditionellen Bild einer sozialdemokratischen Partei ab. Damit gewann aber auch der Parteivorsitzende Max Braun, der zugleich der fähigste Propagandist der SPD/Saar war, eine über seine bloßen Funktionen hinausgehende Bedeutung, wie sie für sozialdemokratische Traditionen gleichfalls ungewöhnlich war. Die agitatorischen Aktivitäten der Partei, ihre Verbindungen zu ausländischen Bruderparteien und internationalen Institutionen und Organisationen forderten teilweise schnelle Entscheidungen; alle diese Umstände stärkten erheblich die Position des Parteivorsitzenden, die nach Abschluß der Klopfer-Affäre von innen und außen ohnehin nicht mehr angefochten wurde. Die Folge dieser Entwicklung war etwas, was von Max Brauns Kritikern als eine Art Personenkult verstanden wurde. Bereits im Sommer 1933 wurde er von der *Deutschen Freiheit* als „Führer der antifaschistischen Front im Saargebiet" tituliert[63]. Mit deutlicher Mißbilligung stellte Otto Wels auf dem Parteitag am 13. November fest, daß Max Braun sich vor seinen Reden als „Führer" ankündigen ließ; ähnliche Feststellungen trafen auch zeitgenössische Beobachter wie Siegmann: „... eine Partei wie früher, die über einen ansehnlichen Organisationsapparat mit Referentenstab verfügte, der überall zugleich Versammlungen abhalten und Agitation treiben konnte, das gab es nicht mehr; heute steht und fällt die sozialistische Bewegung mit Max Braun"[64]. Auch in der Emigration reifte die Einsicht, daß der Saar-Kampf untrennbar mit seiner Person verbunden sei, so daß man seine Stellung nicht erschüttern dürfte[65]. Es kann kein Zweifel darüber bestehen, daß diese agitatorische Art der Parteiführung mit ihrer Konzentration auf den demagogischen Parteivorsitzenden auf einen älteren Funktionär vom Schlage Otto Wels' abstoßend gewirkt und die rein sachlichen und politischen Differenzen noch vertieft hat.

Die Veränderung des Charakters der SPD/Saar stand in engem Zusammenhang mit der Verkümmerung ihres rein organisatorischen Lebens. Da die verbliebenen Mitglieder und Anhänger der Partei bis zur Abstimmung im Januar 1935 vor allem zur Verbreitung von Flugblättern und anderen Propagandamaterial eingesetzt oder zu Demonstrationen mobilisiert wurden, büßten Veranstaltungen anderer Art an Zahl und Bedeutung ein. Das galt naturgemäß auch für den finanziellen Bereich der Partei, in dem die Beitragskassierung immer stärker zum Erliegen kam. Wir erwähnten schon den Rückgang sozialdemokratischer Presseerzeugnisse und die damit verbundenen finanziellen Einbußen. Diesen Verlusten standen wiederum steigende Ausgaben für Propaganda, für Flüchtlingsfürsorge und andere Aufgaben gegenüber. Die Partei war also, wenn sie unter den erschwerten Bedingunge des Abstimmungskampfes weiter existieren und wirken wollte, auf fremde Gelder angewiesen. Von der Sopade war Unterstützung allenfalls für die Presse zu erhoffen, an der sie durch Vermögensanteile und Anrechte beteiligt war, sowie zeitweilig und in sehr begrenztem Maße für die Flüchtlingsfürsorge. Angesichts des gespannten Verhältnisses zwischen SPD/Saar und Sopade, von denen die letztere selbst nur über sehr begrenzte Mittel verfügte, waren daher große Summen kaum zu erwarten. In der Endphase des Abstimmungskampfes hat die SPD/Saar stark auf die Mittel des BAV zurückgegriffen, um mit ihnen die *Volksstimme* zu finanzieren. Etliche Gelder kamen auch vom Internationalen Gewerkschaftsbund (IGB) aus Amsterdam. Wir erwähnten die von Walter Schevenels zugesagte Hilfe im Zusammenhang mit der Klopfer-Affäre. Unklar ist die Frage, wieviel davon als nicht rückzahlbare Unterstützung und wieviel als Hypothekendarlehen über-

---

63 „Österreich und Saar", *Deutsche Freiheit* vom 10.8.33.
64 Otto Wels' Bericht; Anm. 27. – Siegmann, S. 275.
65 Schreiben Georg Denikes vom 7.2.34 an Paul Hertz; IISG, Nachlaß Paul Hertz: Sollmann-Korrespondenz: Hertz-Denike.

wiesen wurde; sehr wahrscheinlich wird der größte Teil der Hilfe, wenn nicht sogar ausschließlich, in der letztgenannten Form geleistet worden sein, wofür auch eine Tagebuchnotiz Siegmanns spricht[66].

Umstritten war seit jeher die Frage, ob die SPD/Saar französische Gelder erhalten habe, wie es von seiten der „Deutschen Front" in regelmäßigen Abständen behauptet wurde; gedacht war hierbei an Unterstützungsfonds der französischen Saar-Gruben und schließlich an Hilfen von Parteien, Organisationen und Privatpersonen. Kunkel hält offizielle, amtliche Subsidien für unwahrscheinlich, da nicht einzusehen sei, weswegen die Pariser Regierung damit eine Bewegung unterstützt hätte, die nicht ihrer eigenen Politik entsprach[67]. Andererseits deutete ein Brief Breitscheids an Hertz nicht näher bezeichnete französische Gelder an die SPD/Saar an; es hätte geheim bleiben müssen, schrieb er, daß finazielle Zuwendungen aus Frankreich an die Sozialdemokraten gelangt seien[68]. Es ist darüberhinaus nicht auszuschließen, daß politisch befreundete Organisationen und Privatpersonen durch Spenden ihren Beitrag zum Kampf gegen Hitler geleistet haben.

Das Hauptziel zunächst, später das ausschließliche Ziel der saarländischen Sozialdemokraten, war der Kampf gegen die Rückgliederung, was in der damaligen politischen Konstellation gleichbedeutend war mit dem Kampf um den Status quo. Soweit dieser Kampf nach dem Einheitsfrontbündnis von SPD und KPD gemeinsam getragen wurde, werden wir ihn an anderer Stelle behandeln[69]. Hier interessiert uns die Willensbildung innerhalb der Partei in bezug auf zwei wesentliche Entscheidungen: Status quo und Einheitsfront. Es wurde bereits erwähnt, daß der Gedanke an den Status quo in der saarländischen Sozialdemokratie ziemlich spontan entwickelt worden war. Nur mit Rücksicht auf die Mutterpartei im Reich und später auf die Sopade sowie zur Vermeidung des Vorwurfs nationaler Unzuverlässigkeit wurde er zunächst nicht öffentlich diskutiert. Hinzu kam eine abwartende Haltung über die Entwicklung in Deutschland, deren Richtung zunächst noch nicht abzusehen war. Noch hatte das Regime sich nicht etabliert und mancher Sozialdemokrat mochte mit einem baldigen Zusammenbruch des Nationalsozialismus gerechnet haben, durch den sich dann die Saarfrage wahrscheinlich anders gestellt haben würde. Daher bekundete die SPD/Saar noch im April 1933 auf ihrem Parteitag ihr Eintreten „für die restliche Rückgliederung des Saargebiets an Deutschland"[70]. Auch wurden in den öffentlichen Manifestationen der Partei während des ganzen Jahres 1933 keine Parolen gegen die Rückgliederung ausgegeben. Gegenstand flammender Anklagen waren der NS-Terror und die Unterdrückung von Parteien, Gewerkschaften, Kirchen und Presse im Reich. Dennoch blieb innerhalb der Parteimitglieder die Frage des Status quo, die zu Beginn des Jahres so spontan aufgewofen worden war, insofern in der Diskussion, als in zunehmendem Maße eine befristete Verlängerung der Völkerbundsherrschaft als vorläufige Alternative zur Rückkehr in ein nationalsozialistisches Deutschland erwogen wurde. Seit Oktober 1933 diskutierte die SPD/Saar die Verschiebung des Abstimmungstermins um zehn bis fünfzehn Jahre[71].

Etwa um die Jahreswende 1933/34 scheint in der Partei der Entschluß gefaßt worden zu sein, sich auch öffentlich gegen die Rückgliederung auszusprechen. Unter Federführung des sozialdemokratischen Landesratsabgeordneten Hermann Petri bildete sich ein „Aktionsausschuß der Saar-Freiheitsfront", der einen nicht näher identifizierten Empfänger-

---

66 Kunkel, S. 85. – Siegmann, S. 268.
67 Kunkel, S. 76.
68 Schreiben Breitscheids vom 18.1.34 an Hertz; AsD: Emigration – Sopade, Mappe 23.
69 Vgl. S. 202.
70 Zitat nach Kunkel, S. 79.
71 Schneider, S. 478.

kreis darüber informierte, daß die Parteiführung beim Völkerbund versuchen werden, die Festlegung eines endgültigen Abstimmungstermins zu verhindern[72]. In einem weiteren Rundschreiben an einen nicht näher bestimmten Kreis von Parteimitgliedern wurde die Stellung der SPD/Saar präzisiert und das Vorgehen ihres Parteivorsitzenden beim Völkerbund erläutet: „Wir betonen, daß wir nach wie vor Anhänger des Anschlusses an Deutschland sind, aber an ein Deutschland, das demokratisch durch Mitwirkung aller Volksgenossen regiert wird. – Dieses Deutschland existiert vorläufig nicht mehr. – Wir betonen ferner, daß wir Gegner des Anschlusses an Frankreich sind, weil das Saargebiet rein deutschsprachig ist und geschichtlich und auch wirtschaftlich zu Deutschland gehört. – Mit diesen beiden Feststellungen ist unsere Stellungnahme zum Saarproblem gegeben. – Wir fordern Aussetzung der Abstimmung bis zu dem Zeitpunkte, wo die Saarbevölkerung vollständig unbeeinflußt abstimmen kann"[73].

Damit war die Haltung der Sozialdemokratie zur Saar-Frage klar ausgedrückt, wogegen die Kommunisten noch an der irrealen Parole von einer „Roten Saar in einem Räte-Deutschland" festhielten. Charakteristisch war denn auch die Beobachtung reichsdeutscher Stellen, wonach die Kommunisten der „Deutschen Front" viel positiver gegenüberstanden als die Marxisten (= Sozialdemokraten)[74]. Die endgültige Formulierung ihrer Position fand die Partei jedoch erst, nachdem der Völkerbund Anfang Juni 1934 Termin und Modalitäten der Abstimmung festgelegt hatte. Aufgrund der vom Versailler Vertrag vorgesehenen möglichen Option für den Status quo, dessen rechtliche und politische Modifizierung jedoch offengelassen war, befürwortete die SPD/Saar die Fortsetzung der Völkerbundsregierung bei gleichzeitiger Demokratisierung dieses Zustandes durch Mitwirkung der saarländischen Bevölkerung. Verkürzt lautete die Parole „Für eine freie deutsche Saar!", die dann auch in einem öffentlichen Aufruf vom Parteivorstand und weiteren prominenten Funktionären wie dem ADGB-Vorsitzenden Dobisch und dem SAJ-Vorsitzenden Ernst Braun unterzeichnet wurde[75]. Damit war auch eine außenpolitische Stellung bezogen, der sich die Kommunisten wenige Wochen später anschlossen.

Die Annäherung der SPD/Saar an die Kommunisten hatte einen bilateralen Aspekt und einen parteiinternen, von denen uns hier zunächst nur der letztgenannte interessieren soll. In den Jahren 1933–1935 waren die Vorbehalte der KPD gegen die SPD stärker als umgekehrt, jedenfalls an der Saar. Den freien Gewerkschaften gehörten auch kommunistische Mitglieder an und an Veranstaltungen sozialdemokratischer Vereinigungen nahmen gelegentlich auch KPD-Mitglieder teil. Von seiten der SPD/Saar waren die Differenzen sachlicher und politischer, aber nicht grundsätzlicher Natur, während sie auf seiten der KPD durch die „Sozialfaschismus"-These ein schwer überwindbares Hindernis zur Zusammenarbeit beider Parteiführungen bildeten. Aus dieser grundsätzlichen Gegnerschaft gegen die Sozialdemokratie resultierten auch Entscheidungen, sich gegen solche politischen Maßnamen zu stemmen, die die Freiheit der Parteien gegen Gleichschaltungsversuche vom Reich aus erhalten wollten. So stimmte die kommunistische Landesratsfraktion zusammen mit NSDAP und bürgerlichen Parteien gegen die Verordnung der Regierungskommission zur Verselbständigung der saarländischen Parteien und Verbände. Ähnlich

---

72 Undatiertes Rundschreiben (Abschrift von Abschrift); LA Speyer: H 38/1420. – Der Hinweis auf die bevorstehende entscheidende Ratstagung des Völkerbundes in Genf läßt als Datum die erste Hälfte Januar 1934 vermuten.

73 Rundschreiben der Sozialdemokratischen Partei des Saargebiets (undatierte Abschrift); ebd. – Zur Datierung s. Anm. 72.

74 „Vertrauliche Information" vom 14.3.34, PA AA, Missionsakten Paris: Saargebiet Bd. 24.

75 „Frei sei die deutsche Saar!", *Deutsche Freiheit* vom 7.6.34. – Zur Zielsetzung Max Brauns vgl. sein Interview bei Balk, S. 164 f.

gelagert war auch die Haltung der KPD/Saar zur Frage der Rückgliederung des Saargebiets.

Die saarländische Szenerie unterschied sich darin wesentlich vom Verhältnis der Sopade zur Frage der Aktionseinheit mit Kommunisten. Bekanntlich hatte in der sozialdemokratischen Emigration ein Prozeß kritischer Selbstprüfung eingesetzt hinsichtlich des Versagens gegenüber dem aufkommenden Nationalsozialismus. Die Unterschiede im Grad und Charakter der Selbstkritik führten in Verbindung mit weiteren Faktoren auch zu Differenzierungen politischen und schließlich auch organisatorischen Charakters und förderten linke Abspaltungen wie die Gruppe „Neu Beginnen" oder die „Revolutionären Sozialisten Deutschlands[76]. Innerhalb der Sopade bestand eine starke Reserviertheit gegenüber einem völligen Bruch mit der Politik der Vergangenheit, jedoch setzte sich in der Mehrheit des Parteivorstandes die Überzeugung von der Notwendigkeit einer Neuorientierung durch. Diese Überzeugung fand ihren Niederschlag im „Prager Manifest", das zwei Tage vor dem ersten Jahrestag von Hitlers Machtergreifung, also am 28. Januar 1934, unter dem Titel „Kampf und Ziel des revolutionären Sozialismus" veröffentlicht wurde[77].

Das Manifest markierte zumindest verbal eine Abkehr von der bisherigen Politik der „Duldung des kleineren Übels" und stellte weitreichende Forderungen für die Zeit nach Hitlers Sturz: entschädigungslose Enteignung der Schwerindustrie, Vergesellschaftung der Großbanken, Trennung von Staat und Kirche, Unterdrückung jeder konterrevolutionären Agitation, Einsetzung eines Revolutionstribunals und Aburteilung der Staatsverbrecher, ihrer Mitschuldigen und Helfer. Als schwerer historischer Fehler wurde angesehen, daß die Sozialdemokratie 1918 den alten Staatsapparat fast unverändert übernommen hatte[78].

Die Hintergründe des „Prager Manifests" waren sehr komplex. Es mag durchaus zutreffen, daß damit weiteren Abspaltungstendenzen nach links vorgebeugt und eine gewisse Konzessionsbereitschaft gegenüber dem linken Flügel der sozialdemokratischen Emigration gezeigt werden sollte. Die damit unterstellte Integrationsabsicht wird daher von kommunistischer Seite als eigentliches Motiv genannt, wogegen der Sopade eine tatsächliche Neuorientierung weitgehend abgesprochen wird[79]. Andererseits enthielten die Formulierungen des Manifests Aussagen mit weitreichenden Konsequenzen: die Sopade stelle sich in den „Dienst der Förderung der revolutionären Organisation" und werde in voller Toleranz gegenüber unterschiedlichen politischen Auffassungen alle Gruppen unterstützen, die „im

---

76 Vgl. Edinger, S. 52 ff. – Grasmann, S. 22 ff. – Jutta von Freyberg: Sozialdemokraten und Kommunisten. Die Revolutionären Sozialisten Deutschlands vor dem Problem der Aktionseinheit 1934–1937, Köln 1973, S. 20 ff.

77 Das Manifest wurde in fast allen zeitgenössischen, vor allem sozialdemokratischen Blättern abgedruckt. – Vgl. Wolfgang Runge: Das Prager Manifest von 1934. Ein Beitrag zur Geschichte der SPD, Hamburg 1963, S. 18 ff.

78 Ebd., S. 21 f. – Vgl. hierzu die Vorarbeiten Stampfers vom November/Dezember 1933, in: Mit dem Gesicht nach Deutschland. Eine Dokumentation über die sozialdemokratische Emigration. Aus dem Nachlaß vom Friedrich Stampfer. Herausgegeben im Auftrage der Kommission für Geschichte des Parlamentarismus und der politischen Parteien von Erich Matthias. Bearbeitet von Werner Link, Düsseldorf 1968, S. 197 ff.

79 Vgl. Heinz Niemann: Zur Vorgeschichte und Wirkung des Prager Manifests der SPD, *Zeitschrift für Geschichtswissenschaft* XIII (1965), S. 1355–64, hier. S. 1357 f. – Wilhelm Wehling: Zum Manifest des Prager Emigrationsvorstandes der deutschen Sozialdemokratie vom Januar 1934, *Beiträge zur Geschichte der deutschen Arbeiterbewegung* VI (1964), S. 242–260, insbes. S. 247 ff. – Freyberg, S. 33 ff. – Bärbel Hebel-Kunze: SPD und Faschismus. Zur politischen und organisatorischen Entwicklung der SPD 1932–1935, Frankfurt am Main 1977, S. 157 ff.

Rahmen der Einigkeit der Arbeiterklasse" am Sturz der nationalsozialistischen Diktatur arbeiten: „Die Führung der deutschen Sozialdemokratie weiß sich deshalb frei von jeder sektenhaften Abschließung und ist sich ihrer Mission bewußt, die Arbeiterklasse in einer politischen Partei des revolutionären Sozialismus zu vereinigen". Ohne Aufgabe eines politischen Führungsanspruches wurde damit zumindest verbal die Bereitschaft zur Zusammenarbeit mit anderen linken Parteien und Gruppierungen ausgedrückt[80].

Für uns ist diese Entwicklung insofern von Interesse, als sie die Frage aufwirft, ob dadurch innerhalb der saarländischen Sozialdemokratie der Weg zum Bündnis mit der KPD/Saar geebnet wurde. Diese Frage kann eindeutig verneint werden. Die SPD/Saar war seit November 1933 eine selbständige Partei, die sich von der Sopade keinen Kurs vorschreiben ließ. Der Führungskreis um Max Braun hatte obendrein seit jeher den Kritikern des Parteivorstandes näher gestanden als diesem selbst, so daß der programmatische Linksruck im Manifest nur einen Positionswechsel kennzeichnete, den die SPD/Saar längst selbst vollzogen hatte. Wie wenig im übrigen die Richtungskämpfe in der Sopade von den saarländischen Sozialdemokraten zur Kenntnis genommen wurden, zeigte ein typischer Vorfall. Auf der Gesellschaftersitzung des *Volksstimme*-Verlages im Mai 1934 gingen die saarländischen Sozialdemokraten ausgerechnet gegen den für die Sopade teilnehmenden Paul Hertz tätlich vor, obwohl dieser in den Flügelkämpfen stärker bei den sich nach links profilierenden Gruppierungen stand.[81]

Die saarländische Sozialdemokratie nahm im Januar 1934 erste Kontakte zu den sich formierenden katholischen Widerstandsgruppen auf; sie suchte zur gleichen Zeit Verbindungen zur KPD[82]. Ihre Politik trieb sie aus eigener Verantwortlichkeit, soweit sie nicht durch die politische Lage vorgeschrieben wurde. Das gilt auch für die im Frühjahr 1934 angestrebte Einheitsfront mit der KPD/Saar. Die Sopade hat diese Entwicklung passiv beobachtet und allenfalls gelegentlich mißbilligend kommentiert[83], nie aber konstruktiv unterstützt. Um den Konflikt mit der SPD/Saar nicht zu vertiefen, hielt sie sich gewöhnlich mit öffentlicher Kritik an der Einheitsfront zurück. Erst nach der Saarabstimmung vom 13. Januar 1935 bekannte sie sich offen zu dem Standpunkt, den sie seit jeher eingenommen hatte: „Auch denen, die bisher in der Bildung einer sozialdemokratisch-kommunistischen Einheitsfront das Zaubermittel erblickt haben, das alle Proletarierherzen gewinnt und alle Kerker sprengt, mag er (der Abstimmungssieg der ‚Deutschen Front') zu denken geben"[84].

Der Kampf um die freien Gewerkschaften

Später als die Parteien stellten sich die Gewerkschaften die Frage, wie sie sich angesichts der Entwicklung im Reich zur Abstimmung stellen sollten. Zwar schloß die gewöhnlich sehr enge parteipolitische Bindung der meisten Gewerkschaftsführer an die Sozialdemo-

80 Runge, S. 27. – Vgl. Günter Plum: Volksfront, Konzentration und Mandatsfrage. Ein Beitrag zur Geschichte der SPD im Exil 1933–1939, *Vierteljahreshefte für Zeitgeschichte* 18 (1970), S. 410–42, insbes. S. 420 f.
81 Anm. 45. – Grasmann, S. 22.
82 „Saarnachrichten" Nr. 6 vom 27.2.34; BA, R 43 I/260.
83 Beispielsweise Ollenhauers Kritik an Sollmann vom 26.9.34 wegen angeblich kommunistischer Einflüsse in der *Deutschen Freiheit*; Sollmanns Antwort an Ollenhauer vom 28.9.34; AsD: Emigration – Sopade, Mappen 122 und 29.
84 „Lehren von der Saar", *Neuer Vorwärts* vom 20.1.35. – Vgl. Erich Matthias: Sozialdemokratie und Nation. Ein Beitrag zur Ideengeschichte der sozialdemokratischen Emigration in der Prager Zeit des Parteivorstandes 1933–1938, Stuttgart 1952.

kratie eine abstrakte Trennung von Partei- und Gewerkschaftinteressen aus, aber dennoch wurden vielfach politische Interessen von verbandseigenen Aufgaben überlagert, so daß sich im Einzelfalle sehr wohl Rollenkonflikte und Kontroversen über den Kurs der Gewerkschaften ergeben konnten.

Das entscheidende Ereignis für die Politisierung der saarländischen Gewerkschaften war die Zerschlagung ihrer Mutterorganisationen im Reich. Nachdem noch am 1. Mai die Gewerkschaften dort zusammen mit nationalsozialistischen Formationen hinter Hakenkreuzfahnen marschiert waren und vorher schon ADGB und Einzelgewerkschaften in vielen Einzelfragen kampflos dem neuen Regime wichtige Positionen überlassen hatten[85], war einen Tag später ihr organisatorisches und politisches Ende gekommen. Am 2. Mai 1933 wurden die Führer des ADGB verhaftet, die Gewerkschaftsbüros im gesamten Reich besetzt und die verbandseigenen Vermögen beschlagnahmt[86]. Daraufhin reagierten die saarländischen Gewerkschaftsbezirke schnell und entschieden. Am 7. Mai gab der BAV bekannt, daß er angesichts der nationalsozialistischen Gewaltakte gegen die Gewerkschaften im Reich und gerade auch gegen seinen Dachverband in Bochum sich veranlaßt sehe, als selbständige Gewerkschaft im Saargebiet zu firmieren; eine Woche später fand eine Delegiertenversammlung statt, auf der 500 Vertreter aller Zahlstellen des BAV die verbandspolitische Selbständigkeit beschlossen[87]. Bei dieser Gelegenheit übersandten die Delegierten ein Schreiben an Hindenburg, in dem gegen die Verhaftung führender Gewerkschaftsvertreter protestiert wurde[88].

Zur gleichen Zeit setzte eine ähnliche politische Frontstellung in anderen Einzelgewerkschaften des saarländischen ADGB ein. Als erste hatten noch vor den Bergarbeitern die Buchdrucker am 6. Mai die Selbständigkeit ihrer Organisation ausgerufen[89]. Ihnen folgten eine Woche später die Verkehrs- und Kommunalarbeiter, am 21. Mai der Zentralverband der Angestellten und noch im Verlaufe des Mai 1933 die übrigen freigewerkschaftlichen Organisation des Saargebiets[90]. Ziel dieser Lostrennung von den reichsdeutschen Dachverbänden und Mutterorganisationen war es, mögliche Eingriffe des NS-Regimes in die saarländischen Verbände mit Hilfe der Vereinsgesetzgebung zu unterbinden. Vor allem wollten die saarländischen Gewerkschaften dadurch ihre Ansprüche auf die zusammen mit dem Vermögen ihrer Mutterorganisationen gleichfalls beschlagnahmten Einlagen im Reich anmelden und aufrechterhalten.

Mit dieser Sezessionsentwicklung wiesen die saarländischen Verbände einen Weg, auf dem eine Gleichschaltung des gesamten öffentlichen Lebens an der Saar von Berlin aus verhindert werden konnte. Die Regierungskommission, streng bemüht, wachsendem Druck von deutscher Seite auch gegen den Widerstand einer Mehrheit der saarländischen Öffentlichkeit zu begegnen, griff diese Politik auf und machte sie durch die bereits erwähnte Verordnung zur bestimmenden Rechtsgrundlage des künftigen Vereins- und Verbandslebens an der Saar. Um ein Unterlaufen dieser Bestimmungen, etwa durch Doppelmitgliedschaften führender Funktionäre, zu verhindern, wurde im einzelnen angeordnet, daß saarländische Vereinigungen keine Zweigvereine im Reich unterhalten durften;

---

85 Edinger, S. 21. – Hans-Gerd Schumann: Nationalsozialismus und Gewerkschaftsbewegung. Die Vernichtung der deutschen Gewerkschaften und der Aufbau der „Deutschen Arbeitsfront", Hannover – Frankfurt am Main 1958.

86 Ebd., S. 24.

87 „Selbständig!", Volksstimme vom 15.5.33.

88 Schreiben des BAV vom 15.5.33 an Reichspräsidenten v. Hindenburg; BA, R 43 I/253.

89 „Selbständige Saar-Organisation der Buchdrucker", Volksstimme vom 9.5.33.

90 „Zentralverband der Angestellten im Saargebiet bleibt selbständig", Volksstimme vom 22.5.33. – Kunkel, S. 152; – Anm. 81.

daß Nicht-Saarländer nicht dem Vorstand einer politischen Vereinigung im Saargebiet angehören durften und schließlich daß Maßnahmen nicht-saarländischer Behörden und Dienststellen gegenüber Verbandsleitungen, die die rechtlichen Belange saarländischer Vereinigungen betrafen, der Genehmigung der Regierungskommission bedurften[91]. Die Selbständigkeit der Saar-Gewerkschaften hatte damit ihre rechtliche Absicherung erhalten.

Mit der neu gewonnenen Selbständigkeit rückten die saarländischen freien Gewerkschaften auch auf internationaler Ebene in Positionen, die vorher die nunmehr zerschlagenen reichsdeutschen Gewerkschaften eingenommen hatten. Noch bevor die Verselbständigung in allen Einzelfällen abgeschlossen war, erwogen internationale Dachverbände der Gewerkschaften die Aufnahme der verselbständigten saarländischen Organisationen[92]. Am 17. Mai 1933 wurde von seiten der Bergarbeiter-Internationale offiziell dem BAV-Saar die Stellvertretung für den zerschlagenen reichsdeutschen Dachverband angetragen[93]. Ähnlich erging es den anderen Einzelgewerkschaften. Aufgrund eines von ihnen gestellten Antrages wurden sie anläßlich des Internationalen Gewerkschaftskongresses am 31. Juli 1933 als selbständige Landesorganisationen in den Internationalen Gewerkschaftsbund (IGB) aufgenommen[94]. Mit dem BAV gab es hinsichtlich seines Beitritts einige Komplikationen, weil Julius Schwarz den von der Bergarbeiter-Internationale im Juni 1933 gefaßten Beschluß zur Aufnahme des BAV boykottierte. Den Grund bildete die geplante Angliederung des frankophilen „Saarbundes" an die französische CGT, wodurch diese Konkurrenzorganisation über ihren französischen Dachverband ohne Konsultation des BAV in den IGB aufgenommen worden wäre. Da der „Saarbund", so argumentierte Julius Schwarz[95], gegen den BAV arbeite und seine Mitglieder entgegen Behauptungen der CGT keineswegs ausschließlich Franzosen seien, wolle der BAV erst eine Klärung dieses Sachverhalts abwarten. Die französische Bergarbeitergewerkschaft äußerte dazu, daß man gegen eine Aufnahme des „Saarbundes" keine Bedenken gehabt habe, da er nicht gegen die freien Gewerkschaften arbeite. Über eine Aufnahme dieses Verbandes in die Fédération Internationale des Travailleurs du Sous-Sol werde französischerseits frühestens am 1. Januar 1934 entschieden[96]. Die Bergarbeiter-Internationale sagte eine endgültige Prüfung des Sachverhalts durch ihr Exekutiv-Komitee für den 18. Oktober 1933 zu[97]. Über den endgültigen Beitritt des BAV zur Internationale Minière liegen zwar keine Quellen vor, jedoch ist sehr wahrscheinlich ein solcher Schritt später vollzogen worden. Darauf deuten alle Anzeichen in der Korrespondenz zwischen beiden Verbänden. Der Fall ist für uns insofern interessant, als er erneut die von Kunkel beschriebene stark national geprägte Einstellung von Julius Schwarz[98] und vermutlich wohl auch anderer älterer Gewerkschaftsführer beleuchtet.

Mit der Verselbständigung der freien Saar-Gewerkschaften war zweifellos ein Schritt in Richtung Politisierung der Verbände vollzogen worden, dennoch setzte nunmehr eine

---

91 Vgl. Anm. 23. – Im Amtsblatt Nr. 27, S. 393, hat die Regierungskommission diese Maßnahmen gegenüber dem Völkerbundsrat eingehend gerechtfertigt. – Vgl. Kunkel, S. 18; Jacoby, S. 89.
92 So schrieb Jacques Vigne, Sekretär der Fédération Internationale des Travailleurs du Sous-Sol, schon am 9.5.33 an Achille Delattre, Sekretär der Internationale Minére: „Il serait peut-être bon également d'envisager leur affiliation à notre Internationale en tant que pays contrôlépar la Sociétédes Nations"; IISG, MIF: Corr. ref. Germany 1933–53.
93 Internationale Minière am 15.5.33 an Julius Schwarz, ebd.
94 „Gewerkschafts-Internationale arbeitet", *Deutsche Freiheit* vom 2.8.33.
95 Schreiben vom 8.9.33 an die Internationale Minière; IISG, MIF: Corr. ref. Germany 1933–53.
96 Schreiben Vigne's vom 18.9.33 an Julius Schwarz, ebd.
97 Schreiben Delattre's vom 23.9.33 an Julius Schwarz, ebd.
98 Vgl. Kunkel, S. 72 f.

Entwicklung ein, die gekennzeichnet war von einem ständigen vorsichtigen Taktieren der Gewerkschaftsführungen zwischen klarer politischer Parteinahme einerseits und sachlichen, verbandspolitischen Erwägungen andererseits. Der Schritt zur Politisierung wurde fortgesetzt durch die Herausgabe einer *Saarländischen Gewerkschaftszeitung* durch den ADGB/Saar, die wohl noch stark unter dem Eindruck der Verselbständigung der Saar-Gewerkschaften geplant und beschlossen worden war. Die erste Nummer erschien Mitte Juni 1933[99]. Anfang August 1933 wurde die Redaktion dem aus Hamburg in seine saarländische Heimat zurückgekehrten sozialdemokratischen Journalisten Paul Siegmann übertragen[100], der das Blatt von nun an bis zur Volksabstimmung am 13. Januar 1935 leitete.

Da Siegmann sich dem politischen Kurs der SPD/Saar einschloß und ihn in seiner Zeitschrift nachdrücklich vertrat, mochte auf den ersten Blick die Haltung der freien Gewerkschaften festgelegt scheinen. Dem war aber nicht so. Ungeachtet der persönlichen Haltung der meisten Funktionäre stand einer konsequenten Politisierung die Tatsache entgegen, daß nur ein Teil – insgesamt eine Minderheit – der Gewerkschaftsmitglieder zugleich auch Sozialdemokraten waren. Viele waren parteilos oder mochten sogar früher eine Partei gewählt haben, die jetzt der „Deutschen Front" angehörte. Hinzu kamen vielfältige Aufgaben, mit denen sich die Gewerkschaften im sozialen Bereich befaßten und deren Erfüllung durch eine stärkere politische Ausrichtung und Bestätigung erheblich beeinträchtigt worden wäre. Daher befanden sich nicht wenige sozialdemokratische Gewerkschaftsfunktionäre in einem Rollenkonflikt zwischen politischer Notwendigkeit und organisationsspezifischen Sachzwängen.

Einer dieser Sachzwänge ergab sich für die Gewerkschaften aus ihren Unterstützungsfonds, Sterbekassen und anderen sozialen Verpflichtungen, deren Erfüllung nach der Beschlagnahme ihrer im Reich deponierten Vermögen sehr erschwert war. Diese Schwierigkeit war übrigens von nationalsozialistischer Seite frühzeitig vorausgesehen und, wie wir gesehen hatten, als Mittel zur „finanziellen Austrocknung" der saarländischen Gewerkschaftsbewegung insgesamt in Erwägung gezogen worden[101]. Ein Konkurrenzunternehmen mit Zahlstellen an der Saargrenze ist zwar nicht eingerichtet worden, aber die Politik der „Austrocknung" verfehlte nicht ihre Wirkung. Offenbar haben die freien Gewerkschaften noch lange die Illusion gehegt, die beschlagnahmten Gelder zurückzuerhalten, und wohl deswegen sich mit politischen Stellungnahmen so schwer getan. Noch im Juli 1934 – also kurz vor dem Höhepunkt des Abstimmungskampfes – wandte sich der BAV nach Berlin an das Auswärtige Amt mit der Bitte um Freigabe der Gelder. Der Verband habe auf der Bank der Deutschen Arbeit in Bochum ein Konto über mehr als 75 000 RM geführt; da das Geld nicht der Verwaltung des ADGB unterstand, sei eine Sperrung des Vermögens unrechtmäßig. Der Bergarbeiterverband benötige das Geld, um seine sozialen Verpflichtungen erfüllen zu können[102]. Die freien Gewerkschaften des Saargebiets haben diese ihre Gelder auf den gesperrten reichsdeutschen Konten dennoch niemals zurückerhalten. Zwar beschlagnahmte die Regierungskommission als Gegenmaßnahme die im Saargebiet befindlichen Vermögensteile derjenigen Institutionen, unter deren Verwaltung die im Reich beschlagnahmten gewerkschaftlichen Vermögenswerte gestellt worden waren, jedoch wurden sie den saarländischen Gewerkschaften nur zur Verwaltung und nicht zur freien Verfügung anvertraut. Hierüber beschwerte sich Dobisch energisch, aber vergeblich beim Völkerbundsrat[103].

---

99 „An die freigewerkschaftlichen Saar-Arbeiter!", *Volksstimme* vom 16.6.33.
100 Siegmann, S. 229 ff.
101 Vgl. S. 72.
102 Schreiben vom 31.7.34; PA AA, Pol. II: Arbeitsverhältnisse im Saargebiet Bd. 14.
103 Schreiben Dobisch's vom 18.8.34 an den Völkerbundsrat (Abschrift) ebd.

Man muß sich diesen Sachverhalt vor Augen halten, um manches schwankende und zögernde Gebaren der Gewerkschaftsführer zu verstehen. Aufschlußreich sind die Notizen aus dem Siegmann-Tagebuch, die recht anschaulich den schwierigen Meinungsbildungsprozeß in den Verbandsspitzen verdeutlichen. Insgesamt machten die Gewerkschaftsführungen einen lethargischen und konzeptionslosen Eindruck, der sie – trotz des inzwischen erlassenen Verbots der *Saarländischen Gewerkschaftszeitung* im Reich – an einer aktiven Teilnahme am Abstimmungskampf hinderte[104]. Ein besonders retardierendes Element scheint hierbei die Person des BAV-Vorsitzenden Julius Schwarz gebildet zu haben. War seine Parteinahme für den Status quo, die er als stellvertretender SPD-Vorsitzender vertrat, bereits mit schweren Zweifeln belastet, so mußten diese Zweifel ihn in seiner Funktion als Gewerkschaftsführer, in der er nicht in die gleiche politische Disziplin eingebettet war wie in der Partei, noch stärker bedrücken. Ihm ging es vorrangig um die Erhaltung der gewerkschaftlichen Organisationen, Einrichtungen und Vermögen, für die er politische Forderungen zurückzustellen bereit war. Hinzu kamen die wiederholten Versuche der Gegenseite, die freien Gewerkschaften von der SPD zu trennen und dadurch die Partei selbst zu spalten, wobei Julius Schwarz und Fritz Dobisch die Ansatzpunkte dieser vergeblichen Unternehmungen waren[105]. Aus dieser Haltung wird klar, daß Julius Schwarz auch Max Brauns klare Gegnerschaft gegen die „Deutsche Front" nur zögernd nachvollzog. Als im Laufe des Oktober 1933 unter maßgeblichem Einfluß des christlichen Bergarbeitersekretärs Peter Kiefer die Gleichschaltung der christlichen Gewerkschaften und ihr Zusammenschluß in der „Deutschen Gewerkschaftsfront" betrieben wurde, scheint Julius Schwarz zumindest zeitweilig mit dem Gedanken eines Arrangements mit der Gegenseite gespielt zu haben. Anfang Oktober 1933 regte er an, mit der „Deutschen Front" über eine „Angliederung" anstelle einer „Eingliederung" der freien Gewerkschaften zu sprechen, wenn die Gegenseite mit einem entsprechenden Verhandlungsangebot an sie heranträte. Noch Anfang Februar 1934 mußten andere Gewerkschaftssekretäre mit allen nur erdenklichen Überredungskünsten Julius Schwarz davon abhalten, „anlehnungsweise" zur „Deutschen Front" überzulaufen[106].

Die bislang noch bestehenden sporadischen Verbindungen zwischen freien und christlichen Gewerkschaften wurden endgültig abgebrochen, als diese am 29. Oktober die „Deutsche Gewerkschaftsfront" proklamierten und unter Peter Kiefer korporativ der „Deutschen Front" beitraten. Darauf riefen die freien Gewerkschaften drei Tage später auf ihrer Bezirksversammlung die „Freie Gewerkschaftsfront" aus und die *Saarländische Gewerkschaftszeitung* veröffentlichte einen scharf polemischen Artikel über die freiwillige Gleichschaltung der christlichen Arbeiterbewegung an der Saar[107]. Mit der Gründung der „Freien Gewerkschaftsfront", die allerdings keine organisatorischen Neuerungen brachte und mehr deklamatorischen Wert hatte, war Anfang November 1933 eine klare politische Stellung eingenommen worden, jedoch dauerte das zaghafte Taktieren in der Frage der Saarabstimmung an. Julius Schwarz bildete darin keinen Einzelfall. Auch der ADGB-Vorsitzende Fritz Dobisch galt lange als „unsicher" und schien erst Anfang Februar 1934 auf Max Brauns Linie festgelegt worden zu sein. Dennoch empfahl er auch später noch, daß die *Saarländische Gewerkschaftszeitung* in der Rückgliederungsfrage „kurz treten (solle), weil noch nicht alle Sekretäre über die einzuschlagende Richtung fest seien"[108].

---

104 Siegmann, S. 229, 243, 240.
105 Vgl. Anm. 35; – in ähnlichem Sinne Stimungsbericht Saar (Herbst 1933); LHA Koblenz: 442/8530. – Vgl. Bies, S. 124.
106 Siegmann, S. 244, 258.
107 „Freie Gewerkschaftsfront", *Deutsche Freiheit* vom 3.11.33; Siegmann, S. 246.
108 Siegmann, S. 258, 260.

Man kann sagen, daß der Politisierungsprozeß der Gewerkschaftsführung etwa im März 1934 abgeschlossen war und die feste Allianz mit der SPD/Saar nun nicht mehr in Frage gestellt wurde. Es ist zwar nicht nachweisbar, aber doch sehr wahrscheinlich, daß auch hier die Klopfer-Affäre den letzten Anstoß gegeben hat. Bekanntlich hatte sich der Widerstand gegen Max Braun gerade in einem konservativen, gewerkschaftlich orientierten Kreis geregt, dem auch Fritz Dobisch nicht ferne gestanden hatte. Nachdem die Machenschaften Klopfers zutage getreten waren, hatte sich der gegen die Status quo-Politik skeptisch eingestellte Kreis kompromittiert. Die Gewerkschaften schwenkten nun ganz auf Parteilinie um und im Juni 1934 konnte Siegmann seinem Tagebuch anvertrauen, daß „. . . . Dobisch und andere Gewerkschaftsführer (. . .) entschiedene Anhänger Max Brauns" geworden seien[109]. Seit März 1934 gestalteten sich die Landeskonferenzen des ADGB oder der Einzelgewerkschaften zu Manifestationen für die Status quo-Politik. Auf der ADGB-Tagung am 18. März im Heim der Saarbrücker Arbeiterwohlfahrt, an der auch der IGB-Generalsekretär Walter Schevenels teilnahm, wurde ein von Fritz Dobisch eingebrachter Resolutionsentwurf gegen die Rückgliederung an das nationalsozialistische Deutschland einstimmig angenommen[110]. Vier Wochen später tagte der BAV, dessen Konferenz sich zur politischen Kundgebung gestaltete. Auch hier wurde – neben Forderungen an die französische Grubenverwaltung – eine Resolution gegen das NS-Regime in Deutschland gefaßt[111]. Es folgten Tagungen der kleineren Gewerkschaften, die ähnlich verliefen.

Im Sommer 1934 gerieten die freien Gewerkschaften immer stärker in den Sog des Abstimmungskampfes. Unterstützt mit den Mitteln des IGB, beteiligten sie sich auch publizistisch und finanziell am Kampf und haben mit ihren Mitteln zu einem nicht unbeträchtlichen Teil die SPD/Saar am Leben erhalten. Zeitweilig scheint sogar der Plan bestanden zu haben, die *Saarländische Gewerkschaftszeitung* zweimal wöchentlich erscheinen zu lassen[112]. Die Auflage wurde auf 50 000 Exemplare erhöht. Gleichzeitig entwickelten die Verbandsleitungen auch auf internationalem Parkett rege Aktivitäten. Als Vertreter der Gewerkschaften versuchten Fritz Dobisch und Richard Kirn im Juni bei der Internationalen Arbeitskonferenz in Genf auf einen verstärkten Schutz der Saarländer vor dem Druck der „Deutschen Front" hinzuwirken[113].

In die letzten Monate vor der Saarabstimmung fielen auch die Einigungsbestrebungen der freien und der kommunistischen Gewerkschaften, die schon seit dem Sommer 1934 vor der RGO immer wieder angeregt wurden. Aus der Berichterstattung der *Arbeiter-Zeitung* könnte man den Eindruck gewinnen, als seien diese Fusionen, die schließlich im November und Dezember für die Organisationen der Bauarbeiter, Eisenbahner und Bergarbeiter verwirklicht wurden, aus dem Willen der Mitgliederbasis der jeweiligen Gewerkschaften hervorgegangen[114]. Tatsächlich war dies jedoch aufgrund der sehr ungleichen Stärke der kommunistischen und freigewerkschaftlichen Verbände ein sehr einseitiger Vorgang. Der BAV beispielsweise nahm keine der vom EVDB gestellten Forderungen an. Die BAV-Satzung blieb weiter in Kraft, für die neu aufgenommenen EVDB-Mitglieder wurde hinsichtlich ihres Versicherungsschutzes eine Karenzzeit eingeräumt; sie erhielten zwar das passive und aktive Wahlrecht, jedoch nahm bis zu den nächsten ordentlichen Vorstandswahlen ein ehemaliges EVDB-Mitglied an den Vorstandssitzungen nur mit beratender Stimme

---

109 Ebd., S. 275.
110 „Saararbeiter geloben", *Deutsche Freiheit* vom 20.3.34.
111 „Bekenntnis der Saarbergleute", *Deutsche Freiheit* vom 24.4.34.
112 Siegmann, S. 283.
113 Ebd., S. 273.
114 Vgl. S. 209 f.

teil und nicht, wie von kommunistischer Seite gefordert, mit den vollen Rechten eines gewählten Gewerkschaftssekretärs[115].

Aber diese Fusionen konnten keinen Ausgleich schaffen für die Mitgliederverluste, die allen freien Gewerkschaften im Laufe des Abstimmungskampfes erlitten hatten. Zwar war die Fluktuation bei ihnen erheblich geringer als bei den Parteien, aber sie war doch unverkennbar. Für das Jahr 1933 liegen keine brauchbaren Quellen über diese Entwicklung vor, aber bereits Anfang 1934 wußte der bayerische Saar-Vertrauensmann Binder an die Pfalz-Regierung von zahlreichen Austritten aus den freien Gewerkschaften, vor allem im Grenzgürtel, zu berichten[116]. Von ganz anderer Seite wurde diese Beobachtung einen Monat später bestätigt. Otto Wels berichtete dem Parteivorstand nach Prag von einem allgemeinen Abwärtstrend der Gewerkschaften, von dem nur die Bergarbeiter ausgenommen seien[117]. Trotzdem gab es auch im BAV Erosionserscheinungen. Unter dem Druck und Einfluß der „Deutschen Front" gab es Versuche zur Abtrennung ganzer Ortsverbände vom Gesamtverband; so versuchte im Februar 1934 der frühere Gewerkschaftssekretär Rees korporativ den St. Ingberter Ortsverband herauszulösen, was aber scheiterte[118]. Ähnliches war schon vorher im Metallarbeiterverband versucht worden[119].

Die Zahlenangaben für den BAV im Jahre 1934 schwanken erheblich und fehlen ganz für die übrigen Gewerkschaften. Julius Schwarz selbst gab im Januar 1934 15 000 freigewerkschaftlich organisierte Bergarbeiter an; die Gestapo schätzte ihre Zahl einen Monat später auf 10 000[120]. Rein organisatorisch blieben die freien Gewerkschaften zwar intakt, konnten aber eine Abwanderung ihres Mitgliederbestandes nicht aufhalten. Daß sie nicht völlig ausbluteten und auf den kleinen Kernbestand der streng parteipolitisch gebundenen Mitglieder zusammenschrumpften, war wohl teilweise auf die Doppelfunktion der Gewerkschaften im sozialpolitischen Bereich zurückzuführen. Da sie sowohl politische Aufgaben als auch völlig unpolitische Sozialleistungen (Sterbekassen, Versicherungen) wahrnahmen, konnte ein gelegentlich gespaltenes Verhalten der Mitglieder nicht überraschen. So konnten viele Gewerkschaftsangehörige zugleich Mitglieder der „Deutschen Front" sein und für die Rückgliederung des Saargebiets eintreten, wie dies von reichsdeutschen Stellen beobachtet wurde. Wie der bayerische Saar-Vertrauensmann Binder meinte, hielten die Gewerkschaften viele ihrer Mitglieder nur noch mit dem Versprechen bei sich, daß das Verbandsvermögen nach der Rückgliederung an sie verteilt würde; daraus ergäben sich zahlreiche Doppelmitgliedschaften in freien Gewerkschaften und „Deutscher Front"[121]. Einen letzten großen Appell an die saarländische Arbeiterschaft richteten die Verbände auf ihrer letzten Bezirksversammlung am 16. Dezember 1934. Noch einmal rief Dobisch zur Entscheidung für den Status quo auf[122]. Am gleichen Tage hielt zum letzten Male auch der BAV seine Bezirksversammlung ab. Vorher hatte Julius Schwarz noch Schwierigkeiten

---

115 „Außerordentliche Generalversammlung des Verbandes", *Saar-Bergarbeiter-Zeitung* vom 22.12. 34.

116 Bericht vom 19.1.34; BayHStA/GehStA: Akten des Staatsministeriums des Äußeren. Saargebiet, Bd. XVa: Vereine, Parteien, Sammelekt.

117 Schreiben vom 28.2.34; AsD: Emigration – Sopade, Mappe 62.

118 Gestapo-Vermerk vom 30.5.34; PA AA, Pol. II: Arbeitsverhältnisse im Saargebiet Bd. 13. – Zur Erosion des Mitgliederbestandes vgl. S. .

119 Siegmann, S. 261.

120 Gestapo-Vermerk vom 26.2.34 (hekt.); BA, R 43 I/254. – „Die mächtige christlich-nationale Gewerkschaftsfront", *Saar-Bergarbeiter-Zeitung* vom 27.1.34.

121 Schreiben Binders vom 29.8.34 an die Bayerische Staatsregierung; PA AA, Pol. II: Arbeitsverhältnisse im Saargebiet Bd. 13. – Ähnlich Anm. 118.

122 „Freie Gewerkschaften für den Status quo", *Deutsche Freiheit* vom 18.12.34. – Vgl. Siegmann, S. 300 f.

102

bereitet, da er trotz nunmehr fast zweijährigem Abstimmungskampf wieder unsicher geworden war und vor einem großen Aufruf für den Status quo noch einmal das Votum der Bergarbeiter einholen wollte[123], – eine Episode, die die innere Zerrissenheit und Zwiespältigkeit vieler Gewerkschaftsführer deutlich illustriert. Der Kongreß am 16. Dezember 1934 war die letzte politische Manifestation der Gewerkschaften überhaupt. Sie traten in den bis zur Abstimmung verbleibenden vier Wochen nicht mehr hervor und gingen vollends auf in der Agitation für den Status quo.

---

123 Siegmann, S. 297.

Die KPD/Saar im Abstimmungskampf

Die KPD war im Reich durch den Machtantritt Hitlers und das Ausmaß der daraufhin einsetzenden Repressionsmaßnahmen überrascht worden. Zu lange hatte sie sich im Urteil über das von ihr bekämpfte bürgerliche Lager geirrt und die spezifische Eigendynamik des Nationalsozialismus innerhalb des rechten und konservativen Parteienspektrums unterschätzt[1]. Dieser Überraschungseffekt traf auch die saarländische KPD, die der Entwicklung im Reich wegen des Sonderstatus der Saar und der andersgearteten Parteienlandschaft naturgemäß ferner stand. Die gesamte kommunistische Bewegung wurde daher schwer getroffen, als Hitler innerhalb weniger Wochen im Reich den KPD-Apparat zerschlug und die Partei in den Untergrund drängte. Trotz der konspirativen Traditionen und Erfahrungen der KPD stellte sie dieser Schlag vor eine völlig neue Situation, in der sie mit einem geschwächten Mitgliederbestand und einem angeschlagenen Kaderapparat in der Illegalität teilweise von neuem beginnen mußte. Die Zahl der unmittelbar nach dem Reichstagsbrand verhafteten Mitglieder schwankt zwischen 4 000 und 10 000; gegen Ende 1933 bewegte sie sich zwischen 60 000 und 100 000. Die Mitgliederzahlen gingen innerhalb eines halben Jahres von etwa 300 000 im Januar auf 111 000 im Juli 1933 zurück. Besonders breite Breschen schlug das NS-Regime in die Führungskader der Partei. Nach Berechnungen Wilhelm Piecks aus dem Jahre 1935 waren bis dahin fast 52 % der Funktionäre verhaftet und 5,6 % ermordet worden; 10 % hatten die Partei verlassen und knapp 30 % waren emigriert[2].

Für die saarländische KPD, die als einziger Parteibezirk legal weiterexistieren konnte, wirkte sich die Entwicklung im Reich zunächst durch eine rege Fluchtbewegung an die Saar aus. Viele KPD-Funktionäre schlugen sich nach Saarbrücken durch, von wo sie dann weiter nach Paris gingen[3]. Dort sammelten sich, neben Prag, Moskau, Amsterdam, Kopenhagen und der Schweiz, die dem Zugriff der Gestapo entkommenen kommunistischen Spitzenfunktionäre. Wohl gab es zunächst noch keinen festen Sitz der Parteiführung im Ausland, was sich anfangs auch wegen ihrer regen Reisetätigkeit verbot. Bald wurde jedoch folgende Regelung getroffen, wonach Walter Ulbricht die Landesleitung in Deutschland übernahm und Wilhelm Pieck die Auslandsleitung der Partei in Paris; wahrscheinlich verließ Pieck im Juli 1933 Deutschland unmittelbar mit dem Ziel Paris, das fortan das eigentliche Parteizentrum im Ausland bildete[4].

Mit der Verlagerung des Schwergewichts der Partei ins westliche Ausland gewann das Saargebiet und mit ihm die saarländische KPD zusehends an Bedeutung. Hier ließ sich mit Hilfe einer relativ starken lokalen Parteiorganisation ein geeigneter Horchposten an

---

1 Siegfried Bahne: Die Kommunistische Partei Deutschlands, in: Matthias/Morsey, a. a. O., S. 653–739, insbes. S. 675 ff.
2 Duhnke, S. 104 f.
3 Als „klassisches" Beispiel dieses Weges in die Emigration sei hier Willi Münzenberg genannt; vgl. Gross, S. 247 ff., 253.
4 Duhnke, S. 110 f.; Stern, S. 77.

der Grenze installieren, der gleichermaßen Relaisstation und Anlaufstelle war für illegale Kontakte ins Reich. Zwar bestätigten sich Gerüchte, wonach die Partei ihren Sitz nach Dudweiler verlegen wollte, nicht[5]. Aber im Laufe des Sommers 1933 richtete die Partei einige für ihre Arbeit wichtige Stützpunkte an der Saar ein. Dazu gehörten als Verbindungsstelle der Partei die sogenannte „Durchgangsstelle" und das „Reichstechnikum"[6], auf deren Bedeutung wir noch eingehen werden. Sogar parteiinterne Fraktionskämpfe, beispielsweise um die Nachfolge des eingekerkerten Ernst Thälmann, wurden auf dem Boden des Saargebiets ausgefochten[7]. Im Sommer begann die KPD auch, über die Saar Kontakt aufzunehmen mit den Resten ihres zerschlagenen Apparates im Reich und Widerstandszentren aufzubauen und mit Material und Personal zu versorgen[8]. Mitarbeiter standen der Partei dadurch zur Verfügung, daß neben den führenden Parteifunktionären auch zahlreiche unbedeutende Parteimitglieder verängstigt an die Saar geflüchtet waren und dort, sofern sie sich an die Rote Hilfe um Unterstützung wandten, für besondere Aufgaben eingesetzt werden konnten. In den ersten Märztagen sollen 300 – 400 Kommunisten ins Saargebiet geflohen sein; einen Monat später wurde ihre Zahl auf knapp das Doppelte geschätzt[9]. Da die Rote Hilfe die Emigranten registrierte und sie mit Wohnung, Nahrung und Kleidung versorgte, kam ihr bei der Auswahl des Personals und anderen Vorbereitungen der Widerstandsarbeit eine besondere Bedeutung zu. Als Dienststelle der Roten Hilfe wurde im Sommer 1933 die Emigrantenstelle („Emi-Leitung") in Saarbrücken-Burbach eingerichtet, die allem Anschein nach von Anfang an weitgehend in den Händen auswärtiger Kommunisten lag[10]. Der saarländische Parteibezirk hat zwar weitgehend die materielle Hilfe getragen und durch Vermittlung von Unterkünften mitgewirkt, ist jedoch selbst wohl nur Hilfsorgan der reichsdeutschen Parteileitung gewesen.

In der Öffentlichkeit nahm die KPD/Saar eine zunächst überwiegend abwartende Haltung ein. Zwar polemisierte die *Arbeiter-Zeitung* gegen das NS-Regime und wies auf dessen Gewalttaten hin; die Partei veranstaltete Demonstrationen und Kampagnen gegen die Diktatur im Reich. Ihre Vorbereitungen für Widerstandsaktionen mußten naturgemäß geheim bleiben, und auch die Betreuung der Emigranten war nichts, womit die Partei öffentlich renommieren konnte. Dennoch hielt sich die KPD in den ersten sechs Monaten nach Hitlers Machtergreifung nach außen hin zurück, als würde die Entwicklung in Deutschland die saarländische Szene nur wenig berühren. In einer Parteiversammlung im Mai 1933 gab der Dudweiler KPD-Funktionär Eduard Welter die Parole aus, die Partei werde die Entwicklung noch bis Oktober 1933 beobachten, dann aber als erste den Kampf gegen Hitler an der Saar aufnehmen[11]. In der Innenpolitik änderte sich nach außen hin zunächst wenig: die KPD/Saar mäßigte nicht ihre agressive Polemik gegen die Sozialdemokratie und behielt ihren Konfrontationskurs gegen die Regierungskommission bei. Er wurde naturgemäß verschärft, als diese Ende Mai 1933 die RGO zusammen mit der NSBO verbot. Vorangegangen waren dem Verbot längere Konflikte zwischen der RGO und staatlichen Betrieben, die der Regierungskommission unterstanden. So waren Anfang März Arbeiter

---

5 Vermerk des Preußischen Innenministeriums vom 19.4.33; PA AA, Pol. II: Emigranten im Saargebiet Bd. 1.
6 Vgl. Bahne, in: Matthias/Morsey, S. 738.
7 Stern, S. 75.
8 Die Widerstandsbewegung vom Saargebiet aus bedarf einer gesonderten Darstellung; vgl. hierfür S. 182. – Wir beschränken uns hier auf eine knappe Skizzierung, soweit sie zum Verständnis des folgenden unerläßlich ist.
9 Vgl. *NSZ-Saarfront* vom 10.3.33. – Anm. 5.
10 Näheres hierzu S. 173.
11 Vermerk der Polizeiverwaltung Dudweiler vom 13.6.33; Archiv des Stadtverbandes Saarbrücken: P-V/7.

von der Eisenbahndirektion wegen ihrer RGO-Aktivitäten entlassen worden[12]. Die KPD/Saar vermutete hinter dem RGO-Verbot die Machenschaften von SPD und ADGB im Zusammenwirken mit der Regierungskommission, was sich naturgemäß weiterhin belastend auf das Verhältnis beider Parteien zueinander auswirkte[13]. Es war daher durchaus konsequent, daß die KPD/Saar die von der Regierungskommission erlassene Verordnung zur Änderung und Ergänzung des Reichsvereinsgesetzes von 1908, mit der die Selbständigkeit saarländischer Parteien und Verbände von ihren reichsdeutschen Mutterorganisationen zwingend vorgeschrieben wurde, scharf ablehnte. Bestand der Zweck dieser Verordnung darin, eine legale Gleichschaltung saarländischer Vereinigungen vom Reich aus zu verhindern, so erblickte die KPD/Saar darin eine gegen sich gerichtete Schikane[14].

Die Kontinuität der Innenpolitik der KPD/Saar konnte außenstehenden Beobachtern den irrigen Eindruck vermitteln, daß sich die saarländischen Kommunisten kaum auf die neue politische Situation im Reich, von der ja auch ihr Unterbezirk indirekt betroffen war, umgestellt hätten. Tatsächlich aber bewirkten die nunmehr akuten Problembereiche Emigration und Widerstand auch gewisse Veränderungen in der Partei selbst. Zwar lag die Betreuung der Flüchtlinge durch die hierfür eingerichtete Betreuungsstelle zumindest organisatorisch und die Planung von Widerstandsaktionen fast vollständig in den Händen reichsdeutscher KPD-Funktionäre. Aber die starke materielle Mitwirkung einheimischer Kommunisten bei der Emigrantenhilfe einerseits und die technische Mitarbeit saarländischer KPD-Mitglieder beim Transport von illegalen Schriften über die Grenze andererseits boten enge Berührungspunkte zwischen der KPD/Saar und der Exilführung ihrer Mutterpartei.

Eine Folge dieses punktuellen Zusammenwirkens von Exil-KPD und KPD/Saar in bestimmten Aufgabenbereichen war vermutlich auch die Errichtung von Eliteeinheiten des RFB. Wie bereits erwähnt wurde, stellte der Rote Frontkämpfer-Bund bei Bedarf sogenannte Stoß- oder Sturmtrupps zusammen, deren Mitglieder erhöhte Anforderungen erfüllen mußten und für besondere Aufgaben eingesetzt wurden. Diese Sondereinheiten trugen gewöhnlich die Namen berühmter Persönlichkeiten aus der Geschichte der Arbeiterbewegung. So beobachteten Landjäger im Mai 1933 in St. Ingbert die Aktivitäten des Sturmtrupps „Jean Jaurès", der sich aus Mitgliedern der lokalen KPD sowie aus Scheidt, Rohrbach und Niederwürzbach zusammensetzte. Die RFB-Einheit, die vom KPD-Funktionär Heinrich Stief geleitet wurde, war nach Eindruck der Landjägerinspektion nicht bewaffnet; ihre Arbeit bestand aus Sonderaufträgen der Partei, vorwiegend dem nächtlichen Verbreiten von Flugblättern und Plakaten[15]. Eine ähnliche Einheit gab es in Merzig, die sich Sturmtrupp „Engels" nannte. Geleitet wurde sie von dem aus dem Ruhrgebiet emigrierten Bergmann Max Bärworf, der von der Parteizentrale in Saarbrücken eigens für diese Aufgabe nach Merzig geschickt worden war. Die Gruppe war teilweise bewaffnet; sie wurde im Sommer 1933 eingesetzt für den Schriftentransport von kommunistischen Propagandamaterial über die reichsdeutsche Grenze[16]. In Sulzbach schließlich existierte der Sturmtrupp „Scheringer", der von dem Dudweiler KPD-Funktionär Crollmann geleitet wurde[17].

---

12 „Die RGO gefährdet die Betriebssicherheit auf der Eisenbahn", *Volksecho* vom 5.3.33.
13 „Knox-Regierung verbietet die RGO", *Arbeiter-Zeitung* vom 9.6.33.
14 „Knox-Regierung mit Hitlerwaffen", *Arbeiter-Zeitung* vom 1.6.33.
15 Bericht der Landjäger-Inspektion vom 4.5.33 an das Bezirksamt St. Ingbert; BayHStA, Akten des Staatsministeriums des Äußern. Saargebiet, Bd. XVa: Vereine, Parteien, Sammelakt.
16 Anklageschrift des Generalstaatsanwalts beim OLG Hamm vom 13.7.34; PA AA, Pol. Angel., spez.: Verhaftungen von Saardeutschen im Reichsgebiet Bd. 2.
17 Vermerk der Landjäger-Inspektion St. Ingbert vom 4.5.33; LA Saarbrücken: III/27-3350.

Offensichtlich erlitten RFB-Einheiten im Laufe des Jahres 1933 Verluste durch abspringende Mitglieder, so daß sich die saarländische RFB-Gauführung zu einer massiven Werbeaktion entschloß. Durch zwei undatierte Rundschreiben, die uns als Abschriften der St. Ingberter Landjäger-Inspektion erhalten sind, bekommen wir einen guten Einblick in diese Kampagne, die unter dem Namen „Herbert-Becker-Aufgebot" lief. Die beiden Schreiben enthalten Hinweise auf Einzelheiten des beginnenden Reichstagsbrandprozesses, was als Entstehungszeit mit großer Wahrscheinlichkeit den Herbst 1933 vermuten läßt. Darin wird scharf kritisiert, daß die Sturmtrups ihr Werbesoll noch längst nicht erfüllt hätten. Von den auf einer beiliegenden Statistik namentlich aufgeführten 32 Sturmtrupps an der Saar hatten zusammen 131 neue Mitglieder geworben werden sollen, jedoch wurden tatsächlich nur 31 geworben. Auch die Beitragszahlungen waren im Durchschnitt nur zu 85 %, teilweise nur zu 40 % oder 15 % und in zwölf Fällen überhaupt nicht abgerechnet worden. Leider fehlt auf der Tabelle der Hinweis auf die tatsächliche Stärke der Sturmtrupps und auf ihren Heimatort. Einige von ihnen — wie die bereits genannten — trugen Namen früherer oder zeitgenössischer Arbeiterführer (Lenin, Jogiches, Marx, Lassalle, Kalinin, Dimitroff, Trogler) oder von Betrieben und Orten mit symbolischer Bedeutung (Leuna, Wedding) oder einfach den Namen ihres Heimatortes (Püttlingen, Warndt, Groß-Rosseln); einige Sturmtrupps schließlich trugen nur Nummern[18].

Die Werbeaktion für die RFB-Einheiten machte deutlich, daß aufgrund der Entwicklung im Reich die Mitgliedschaft der KPD/Saar in Bewegung geraten war. Der psychologische Druck, der von der sich formierenden „Deutschen Front" ausging, ließ auch die KPD/Saar nicht unberührt. Innerhalb weniger Monate nach Hitlers Machtergreifung sollen rund 800 Mitglieder die Partei verlassen haben[19]. Zwar erlangte sie bei den am 2. Juli 1933 in Ludweiler abgehaltenen Nachwahlen mit 34 % noch fast ebenso viele Stimmen wie bei den ein Jahr vorher abgehaltenen Kommunalwahlen. Jedoch häuften sich immer mehr Berichte über Parteiaustritte von Kommunisten, die von der Presse der „Deutschen Front" meistens propagandistisch ausgeschlachtet wurden[20]. Die Entwicklung in Deutschland warf ihre Schatten auch auf die innere Struktur der saarländischen Parteien.

Die Politik der KPD/Saar betonte in starkem Maße Agitation und Propaganda, die jedoch vorwiegend auf die Probleme außerhalb der Saar gerichtet waren. Im Vordergrund standen 1933 Kampagnen zur Befreiung Thälmanns oder der Angeklagten im Reichstagsbrandprozeß. Diese Kampagnen waren Teil einer von Kommunisten und intellektuellen Kreisen getragenen weltweiten Protestbewegung gegen das NS-Regime. Besonderen Anteil hatten daran die Internationale Rote Hilfe und IAH, die von Paris aus auch an der Saar aktiv wurden, sowie das von Willi Münzenberg mitbegründete „Welthilfskomitee für die Opfer des deutschen Faschismus"[21]. Seit April 1933 agitierte auch die Pressestelle der Exil-KPD gegen die Verhaftung der bulgarischen Kommunisten Dimitroff, Popoff und Taneff

18 Undatiertes RFB-Rundschreiben (Abschrift) an alle Abteilungs- und Sturmtruppführer; ebd.
19 Retzlaw, S. 383. — Retzlaw bezog diese Zahl aus den Angaben des trotzkistischen Blattes *Unser Wort.*
20 Errechnet nach den Aufzeichnungen von Emil Straus; LA Saarbrücken: Privatpapiere Emil Straus Nr. 3. — „Antifaschistische Mehrheit in Ludweiler", *Saarlouiser Journal* vom 3.7.33. — Vgl. Zenner, S. 281.
21 Ernst-Gert Kalbe: Die internationale antifaschistische Solidaritätsbewegung zur Rettung Georgi Dimitroffs im Jahre 1933, *Wissenschaftliche Zeitschrift der Martin-Luther-Universität Halle-Wittenberg* IX (1960), S. 265–72, hier: S. 269. — Gross, S. 253, 261. — Claude Willard: Les réactions du PC et de la SFIO à l'arrivée de Hitler au pouvoir, in: Mélanges d'histoire sociale, offerts à Jean Maitron, Paris 1976, S. 265–274, hier S. 270 f. — Eine Sammlung von Flugblättern des Welthilfskomitees, die in Zügen über das Saargebiet ins Reich geschmuggelt werden sollten, befindet sich im LA Speyer: H 38/1426.

und ihre Anklage vor dem Reichsgericht[22]. Mit Kampagnen zur Freilassung der Angeklagten sowie zur Befreiung Thälmanns versuchte die KPD/Saar die Öffentlichkeit zu mobilisieren und zu politisieren. Unter dem Namen „Thälmann-Aufgebot" wurden Werbeaktionen für neue Mitglieder durchgeführt und Versuche unternommen, den Absatz der *Arbeiter-Zeitung* zu erhöhen.

Parallel hierzu lief in der KPD-Saar eine von diesen beiden Themen unabhängige Polemik gegen das Dritte Reich, die die Unterdrückung der Arbeiterschaft und ihrer Organisationen, den Terror gegen Andersdenkende und die verschlechterte soziale Lage behandelte. Ab Winter 1933/34 rückten auch immer häufiger Berichte über die Verfolgung der katholischen Kirche auf die ersten Seiten der *Arbeiter-Zeitung*[23]. Im Jahre 1934 schloß sich, nachdem die drei angeklagten Bulgaren im Reichstagsbrandprozeß freigesprochen worden waren und somit als Propagandathema fortfielen, in immer stärkerem Maße der Einsatz von Schriftstellern und Künstlern im Saargebiet an, der in starkem Maße von der IAH angeregt und betrieben wurde. Gelegentlich trat dabei auch der 25jährige Saarländer Fritz Nickolay auf, der 1933 zeitweilig im KZ Dachau inhaftiert und mißhandelt worden war. Diese Kampagnen verfolgten den Zweck die Mitglieder der Partei wachzurütteln und ihnen die Gefahren vor Augen zu führen, die vom Nationalsozialismus in Deutschland droht. Sie sollten zweifellos auch die Anhänger der Partei mobilisieren und dadurch dem demoralisierenden Druck entgegenwirken, der von der schleichenden Gleichschaltung des saarländischen Parteispektrums und dem wachsenden Terror ausging.

Die KPD/Saar nahm im Hinblick auf die seit Hitlers Machtergreifung eingetretene Lage insofern eine abwartende Haltung ein, als sie zu der sich schon im Frühjahr 1933 abzeichnenden Problematik des Abstimmungskampfes keinerlei Stellung bezog. Diese Feststellung muß ungeachtet des von kommunistischer Historiographie erhobenen Widerspruches hiergegen[24] unterstrichen werden. Bekanntlich betrachtete die Führung der Exil-KPD die Hitler Diktatur zunächst als kurze Episode, an deren Ende sie selbst die Macht in Deutschland übernehmen werde[25]. Aus dieser Sicht stellte sich für viele Kommunisten die Frage ihrer Einstellung zur Volksabstimmung 1935 gar nicht. Das Saargebiet würde nach ihrer Vorstellung in ein kommunistisches Deutschland zurückkehren und künftig einen Bestandteil von ihm bilden. Es soll hier nicht bestritten werden, daß in Funktionärskreisen durchaus das Problem der Rückgliederung diskutiert worden ist[26]. In der Öffentlichkeit und in der Parteipresse dagegen dominierte der Glaube an die Rückkehr eines „roten Saargebiets in ein Rätedeutschland", wie die Parole lautete, so daß andere politische Konstellationen öffentlich nicht diskutiert wurden[27].

Am 8. August 1933 veröffentlichte die *Arbeiter-Zeitung* einen langen Grundsatzartikel zur innen- und außenpolitischen Lage des Saargebiets. Darin wird diese so dargestellt, als befinde sich die Saar zwischen zwei Räubern: dem französischen Kapital einerseits und dem NS-Regime andererseits; die Vasallen des erstgenannten seien SPD und ADGB, die des zweiten die einheimischen Parteien Zentrum, Deutschnationale, die NSDAP/Saar und die Bourgeoisie allgemein. Die KPD kämpfe gleichermaßen gegen Faschismus und Separatismus; sie rufe daher die Werktätigen auf, sich nicht auf die Abstimmung 1935 zu ver-

---

22 Kalbe, S. 268. – Bies, S. 75.
23 Theisen, S. 109 f.
24 Vgl. dazu Bies, S. 69.
25 Vgl. Bahne, in: Matthias/Morsey, S. 696 ff.
26 Bies, S. 70 f.
27 Vgl. die Schilderung der Diskussion mit Kommunisten über diese Problematik bei Joseph Dunner: Zu Protokoll gegeben. Mein Leben als Deutscher und Jude, München 1971, S. 14. – Ähnlich bei Buber-Neumann, S. 391.

lassen und nur der revolutionären Praxis zu vertrauen. Der Artikel schloß mit dem Aufruf: „Es lebe die soziale und nationale Befreiung! Es lebe das rote Saargebiet in einem sozialistischen Rätedeutschland!"[28]. In der KPD/Saar wie auch in der Exil-KPD wurde der vorzeitige Sturz Hitlers als wahrscheinlichste Möglichkeit angesehen, so daß jede Empfehlung für den Status quo dem NS-Regime bescheinigt haben würde, daß es 1935 noch an der Macht sein werde[29]. Dennoch stellte dieser Standpunkt insofern eine realitätsferne Haltung dar, als die Frage der Rückgliederung für den Fall einer länger andauernden Herrschaft Hitlers frühzeitig hätte gestellt und unabhängig von Tagesereignissen als Eventualität diskutiert und beantwortet werden müssen.

Die Neuorientierung der KPD/Saar

Die Politik der KPD/Saar in den Jahren 1933 bis 1935 läßt sich in drei Phasen einteilen. Die erste dauerte von der Machtergreifung Hitlers bis etwa zur Jahreswende 1933/34 und war gekennzeichnet von der Umstellung auf die Illegalität der reichsdeutschen Mutterpartei sowie auf die neuen Fragen, die sich aus den Problemen von Emigration und Widerstand ergaben. Die zweite Phase begann etwa im Januar 1934 und leitete eine Neuorientierung der Partei ein, an deren Ende das Bekenntnis zum Status quo und zur Einheitsfront stand, die wiederum das Charakteristikum der dritten, bis zur Volksabstimmung dauernden Periode bildete.
Jeder Kurswechsel der Partei war jeweils verbunden mit personellen und organisatorischen Veränderungen innerhalb der saarländischen KPD. Das augenfälligste äußere Zeichen hierfür war eine verstärkte Aktivität in allen Bereichen, die die beispielsweise in Form von Werbekampagnen, wie sie schon für den RfB eingesetzt hatten, auch auf andere Organisationen der Partei ausdehnte. Im Dezember 1933 begann eine Kampagne zur Mitgliederwerbung für die Rote Hilfe an der Saar, die im Januar 1934 noch verstärkt wurde; sie soll bis März 1934 der Organisation angeblich 900 neue Mitglieder zugeführt haben[30]. Im Februar setzte die IAH mit größeren Veranstaltungen ein, deren Charakter und Durchführung stark das Gepräge Willi Münzenbergs tragen. Am 3. März trat in diesem Rahmen wieder der Arbeiterdichter Erich Weinert im „Stiefel" am St. Johanner Markt auf und fehlte künftig auf keiner wichtigen kommunistischen Veranstaltung[31]. Im Januar und Februar erweiterte die saarländische KPD ihre Pressearbeit mit der Herausgabe der Erstnummern der Blätter *Tribunal* für die Rote Hilfe und *Betrieb und Gewerkschaft* für die RGO[32].
Betrachtet man den weiteren Rahmen kommunistischer Aktivitäten Anfang 1934, so wird deutlich, daß sie nicht oder zumindest nicht allein aus dem saarländischen Parteibezirk hervorgingen, sondern in engem Zusammenhang standen mit der Politik der Exil-KPD und der Komintern, die sich seit Jahresbeginn stärker für die Saar zu interessieren begannen. Gustav Regler berichtet, wie er in Moskau einen Film für die Saarpropaganda drehte und einen Aufruf für die Saarbevölkerung verfaßte, der hinsichtlich seiner volkstümlichen Sprache die Zustimmung Dimitroffs fand[33]. Da dieser erst im Februar aus deutscher Haft

---

28 „Die Kommunistische Partei zur sozialen und nationalen Befreiung des werktätigen Saarvolkes!", *Arbeiter-Zeitung* vom 8.8.33; dito in: *Rundschau* Nr. 29/1933, S. 1074 f.
29 Vgl. Bies, S. 71 f.
30 Gestapo-Schreiben vom 26.2.34 nebst Rundschreiben der Roten Hilfe vom 25.1.34; PA AA, Pol. II: Parteien im Saargebiet Bd. 8. – „900 Neuaufnahmen für die Rote Hilfe Saar", *Arbeiter-Zeitung* vom 11./12.3.34.
31 Gestapo-Bericht vom 19.3.34; PA AA, Pol. II: Parteien im Saargebiet Bd. 8.
32 Beilagen der *Arbeiter-Zeitung* vom 20.1. und 6.2.34.
33 Regler: Ohr des Malchus, S. 260 f., 264.

entlassen wurde und Regler im Juni wieder an der Saar auftrat, muß sein Moskau-Aufenthalt im Frühjahr 1934 stattgefunden haben.

Für das seit Jahreswechsel gestiegene Interesse der Exil-KPD und der Komintern am saarländischen Parteibezirk spricht auch ein gewisser personeller Wechsel in ihrem Kaderapparat. Bereits im Januar 1934 tauchten Gerüchte von einer völligen Überfremdung in der Führungsspitze der KPD-Saar auf. Von dem zur Gestapo übergelaufenen Hans Podevin, der allerdings die KPD bereits im Sommer 1933 verlassen hatte, wurde mitgeteilt, daß sich die kommunistische Bezirksleitung fast vollständig in den Händen von Emigranten befinde. Der offizielle Bezirksleiter Paul Lorenz sei nur Marionette, hinter ihm stünde Wilhelm Piecks Sohn Arthur[34]. Auch Wilhelm Pieck selber wurde gelegentlich im Zusammenhang mit Aktivitäten im Saargebiet genannt[35]. Tatsächlich hatte die KPD-Führung um die Jahreswende den Hamburger KPD-Funktionär Anton Switalla als faktischen Pol-Leiter an die Saar geschickt, der hinter der offiziellen Bezirksleitung durch Paul Lorenz die eigentliche Parteiführung innehatte[36]. Offensichtlich war Switallas Arbeit so gut getarnt, daß der Gestapo sein Name und weitgehend wohl auch seine Funktion verborgen blieben. In Vermerken und Schreiben reichsdeutscher Dienststellen tauchte sein Name nirgends auf und nur amtliche Vermutungen über die Rolle der Emigranten in der saarländischen KPD-Führung weisen darauf hin, daß seine Aktivitäten nicht völlig unbemerkt blieben. In verschiedenen Blättern der „Deutschen Front" wurden gelegentlich Spekulationen angestellt über die Hintermänner von Paul Lorenz. Switalla, der wegen seiner Körpergröße bereits eine auffällig Persönlichkeit war, wurde vielfach für einen Russen oder Ungarn gehalten und scheint gelegentlich die Decknamen „Dimitroff" oder „Anton Stengerle" geführt zu haben. Wahrscheinlich ist er auch identisch mit dem von befragten Emigranten wiederholt genannten und auch in abgefangenen Schriftstücken der KPD auftauchenden „Anton"[37].

Unter der neuen Führung wurden nicht nur insgesamt die Aktivitäten der KPD verstärkt, sondern auch gewisse Kurskorrekturen hinsichtlich der Saar-Politik vorgenommen. Wir werden an anderer Stelle die Entstehung des Einheitsfrontgedankens behandeln, die gleichermaßen ein parteiinterner Prozeß war als auch der einer bilateralen Annäherung an die Sozialdemokratie. Hier interessiert uns diese Entwicklung, soweit sie sich in parteiinternen Transformationen ausdrückte und schließlich zur Bereitschaft der KPD/Saar zum Einheitsfrontbündnis mit der SPD führte. Die KPD/Saar hatte zwar im August 1933 einen Aufruf an die sozialdemokratischen Arbeiter der Saar veröffentlicht, in dem sie eine gemeinsame antifaschistische Demonstration für den 27. August vorschlug. Ebenso lud sie dazu – ungeachtet der bestehenden Gegensätze – auch die Führungen von SPD und Gewerkschaften ein[38]. Die Sozialdemokraten konnten hierauf aber nicht eingehen. Da die KPD/Saar in der Öffentlichkeit ihre agressive Polemik gegen die sozialdemokratische Par-

34 Vernehmungsprotokoll vom 20.1.34; PA AA, Pol.II: Parteien im Saargebiet Bd. 7. – Im gleichen Sinne der Gestapo-Vermerk vom 19.2.34; PA AA, Pol. II: Emigranten im Saargebiet Bd. 1. – Schreiben der Gestapo an das AA vom 19.4.34; PA AA, Pol.II: Parteien im Saargebiet Bd. 9.

35 Zenner, S. 280.

36 Duhnke, S. 161. – Herbert Wehner: Untergrundnotizen von KP zu SPD 1933–1945. Das ungekürzte Tagebuch (unveröffentlichtes Manuskript), S. 70.

37 „Ein Bündnis zwischen Himmel und Hölle", Der Rufer im Warndt vom 18.5.34. – „Aus der Hexenküche der Saarmarxisten" und „Mit dem Scheinwerfer in die Saarkommune", Der Deutsche Kumpel vom 18.5. und 8.7.34. – Vernehmungsprotokoll des Ernst Hundt vom 24.11.34; HStA Düsseldorf: Dossier Hundt. – Urteilsbegründung des OLH Kassel in der Strafsache Friedrich Nikolaus Spiess; Berlin Document Center: VGH S. 238.

38 „Arbeiter! Sozialdemokratische Proletarier!. . .", Arbeiter-Zeitung vom 12.8.33. – Abgedruckt auch bei Bies, S. 169 ff.

teiführung nicht einstellte, waren berechtigte Zweifel an der Aufrichtigkeit dieses Angebots angebracht: bisherige kommunistische Annäherungsversuche waren stets darauf ausgerichtet gewesen, die sozialdemokratischen Arbeiter in der sogenannten „Einheitsfront von unten" von ihrer Partei wegzulocken. Überdies enthielt der Aufruf gleichzeitig agressive Töne gegen die französische Politik und gegen den „Separatismus", die in einer Situation der zunehmenden nationalsozialistischen Gleichschaltung aus taktischen Gründen unangebracht waren und von der größeren Gefahr ablenkten. Die KPD/Saar hatte bereits mit ihrem Verhalten im Landesrat Ende Mai 1933 bewiesen, daß sie die vergleichsweise liberale und rechtsstaatliche Rolle der Regierungskommission als Schutzinstanz gegen nationalsozialistische Übergriffe nicht begriffen hatte, so daß ihre Attacken gegen Frankreich und gegen die Institutionen des Völkerbundes jeder realistischen Einschätzung der Lage entbehrten.

Diese Politik der KPD/Saar unter Paul Lorenz stieß auf zwei Seiten auf Widerstand. Die politische Entwicklung im benachbarten Frankreich, wo im Februar 1934 erste Kontakte zwischen Sozialisten und Kommunisten zur Abwehr einer rechtsradikalen Gefahr geknüpft wurden, sowie die etwa gleichzeitige Niederlage der Arbeiterparteien in Österreich leiteten bei manchen Kommunisten einen gewissen Differenzierungsprozeß und eine Abkehr von der „Sozialfaschismus"-Theorie ein[39]. Ein anderer Impuls kam „von unten", d.h. von den lokalen Parteiorganisationen, die ohne Rücksichtnahme auf die Politik der Parteiführung mit sozialdemokratischen Ortsvereinen zusammenarbeiteten, wenn es galt, Angriffe und Terroraktionen der „Deutschen Front" abzuwehren. Ohne Billigung der Bezirksleitung fanden sich Kommunisten schon im Herbst 1933 zu gemeinsamen Veranstaltungen oder gar lokalen Bündnissen mit Sozialdemokraten bereit. Aufschlußreich ist hierfür ein Beispiel aus Dudweiler vom Anfang Dezember 1933. Auf einer gemeinsamen Veranstaltung im Lokal Welter traten der Vorsitzende des sozialdemokratischen Ortsvereins August Savelkouls und der Dudweiler KPD-Vorsitzende August Hey auf. Dieser betonte, daß grundsätzliche Differenzen kein Hindernis für eine Einheitsfront der Dudweiler Antifaschisten bilden dürften. Zwar attackierte Hey außer Hitler auch die Regierungskommission, aber seine Ausführungen deuteten bereits eine differenziertere Haltung zur Abstimmungsfrage an. Die Kommunisten würden 1935 mit allen Mitteln dagegen kämpfen, daß Hitlers Terror an die Saar komme, „. . . .mag man uns dabei Separatisten oder Vaterlandsverräter schimpfen". Lieber wolle er in den geheiligten Flammen der proletarischen Revolution verbrennen, als auch nur eine Minute auf dem Misthaufen des Faschismus sein Dasein fristen[40]. Im Januar 1934 planten Hey und Savelkouls als Vertreter des „Antifaschistischen Komitees Dudweiler" eine weitere gemeinsame Veranstaltung[41].

Spätestens seit der Jahreswende 1933/34 wurde angesichts der fortdauernden Herrschaft Hitlers klar, daß die „Rote Saar"-Parole im Hinblick auf die für 1935 vorgesehene Volksabstimmung immer mehr an Realitätsbezug eingebüßt hatte. Paul Lorenz' Devise „Zurück zu Deutschland, und wenn's ins KZ geht"[42] stieß innerhalb der KPD/Saar zunehmend auf Unverständnis. Es häuften sich Anzeichen parteiinterner Diskussionen über diese Frage. Am 3. und 4. Februar 1934 tagte das ZK der Exil-KPD in Saarbrücken, worüber uns ein 20-seitiges Protokoll erhalten ist. An der Konferenz nahmen unter anderen Thälmanns nomineller Nachfolger Hermann Schubert sowie auch Vertreter der KPD/Saar teil. In der Erörterung der politischen Lage wurde die bisher vertretene Losung erneut bekräftigt, wonach

---

39 Vgl. Julius Braunthal: Geschichte der Internationale, 3 Bde., Hannover 1961 ff., hier Bd. 2, 442 ff.
40 Bericht des Landjägeramtes Dudweiler vom 13.12.33; AStadtV Saarbrücken: P-V/8.
41 Vermerk der Bürgermeisterei Dudweiler vom 10.1.34; ebd.
42 Kunkel, S. 90. – Bies, S. 73.

nur der Sturz des Hitler-Regimes angestrebt und mit „Separatisten" nicht paktiert werden dürfe. Eine starke Gruppe erhob jedoch Einwände gegen die Rückgliederung der Saar an ein nationalsozialistisches Deutschland. Als Kompromiß wurde daher die Parole beschlossen: nicht für Hitler-Deutschland, nicht für Frankreich, sondern für einen freien Sowjetstaat Saar[43]. Von kommunistischer Seite wird die Echtheit dieses Berichts mit der Begründung angezweifelt, daß das ZK der KPD keine derart irreale Losung ausgegeben haben könne[44]. Tatsächlich aber war diese Parole keineswegs irrealer als die „Rote Saar", so daß hieraus nicht die Echtheit des Protokolls angezweifelt werden kann. Der Disskussionsverlauf im Protokoll, das vermutlich über Spitzel an reichsdeutsche Stellen gelangte, weist keinerlei Indizien auf, die für eine Fälschung oder für eine fingierte Darstellung sprechen würden.

Das Bild, das die KPD/Saar im ersten Halbjahr 1934 bot, war ein recht schwankendes und uneinheitliches. Im Gegensatz aber zu 1933 griff sie nun einige Initiativen auf, die als Anzeichen einer realistischen Saar-Politik gewertet werden können. Bereits im März begann die KPD/Saar mit einer regen Agitation für eine sogenannte „Freiheitsaktion", die ohne ausdrückliches Einheitsfront-Angebot auch Sozialdemokraten und Katholiken ansprechen sollte. Von Stempelstellen und Kollegengruppen sollen bereits Ende März 620 Delegierte zu einem „Saar-Kongreß" gewählt, ernannt oder wie auch immer bestimmt worden sein[45]. Dieser Kongreß fand dann schließlich am 8. April im „Stiefel" am St. Johanner Markt in Saarbrücken statt, auf dem ein „Landesausschuß für Einheitsfront" gewählt wurde; die KPD berief sich ausdrücklich darauf, daß als Delegierte auch Sozialdemokraten, Katholiken und sogar einige – wohl abgesprungene – Nationalsozialisten gewonnen werden konnten. Als Parole wurde jedoch, und dies ist als deutlicher Rückschlag zu interpretieren, der „Kampf für ein freies Saargebiet in einem roten Räte-Deutschland" ausgegeben[46]. In den nächsten Wochen wiederholten sich derartige Veranstaltungen, so am 28. April in Saarlouis, wo der Dudweiler Kommunist August Hey erneut für die in parteiinternen Kreisen längst umstrittene Abstimmungslösung eintrat[47]. Eine letzte größere Folge dieser schwankenden Politik war schließlich die Entsendung einer kommunistischen Delegation zur Ratssitzung des Völkerbundes Ende Mai und Juni 1934 in Genf, die zugleich als Spiegelbild einer vorgeblich schon existierenden Einheitsfront ausgegeben werden sollte. Ihr gehörten an Richard Kraushaar (KPD), der angeblich parteilose Dreher Willi Purper von den Röchling-Werken und schließlich der als bürgerlicher Liberaler firmierende Gustav Regler, der inzwischen wieder an die Saar zurückgekehrt war[48]. Diese Delegation verfolgte mehr propagandistische Zwecke, da die KPD/Saar zu diesem Zeitpunkt bereits mit den Sozialdemokraten wegen eines Einheitsfrontbündnisses in Verhandlungen stand, das auch ein gemeinschaftliches Vorgehen auf internationaler Ebene mit einschließen sollte.

Dieses Bündnis kam erst Anfang Juli zustande, obgleich das EKKI-Plenum bereits am 7. Mai 1934 sich gegen die Rückgliederung der Saar ausgesprochen hatte. Während der mehrere Wochen währenden Kontakte zwischen beiden Parteien lief die Polemik der *Arbeiter-*

---

43 Gestapo-Vermerk vom 1.3.34 und Protokoll der ZK-Sitzung vom 3. und 4.2.34; PA AA, Pol. II: Parteien im Saargebiet Bd. 7. – Vgl. Kunkel, S. 92.

44 Bies, S. 96 f.

45 „Bisher 620 Delegierte zum Saar-Kongreß", *Arbeiter-Zeitung* vom 28.3.34.

46 Gestapo-Bericht vom 9.4.34; PA AA, Pol. II: Parteien im Saargebiet Bd. 9. – „Kommunismus befreit die Saar", *Arbeiter-Zeitung* vom 14.4.34.

47 Gestapo-Bericht vom 30. 5. 34; PA AA, Pol. II: Parteien im Saargebiet Bd. 10.

48 Gestapo-Bericht vom 25.6.34; ebd. – Schreiben der Botschaft Paris an das AA vom 6.6.34; PA AA, Missionsakten Paris: Saargebiet Bd. 29. – Bies, S. 107.

Zeitung gegen die SPD weiter. Ein Rückblick auf die Politik der KPD/Saar zeigt daher außerordentlich viele Schwankungen und Kurswechsel, innere Widersprüche und manches unverständliche Verhalten, das nur mit inneren heftigen Uneinigkeiten über den Kurs erklärt werden kann. Rückblickend kann man erkennen, daß es innerhalb der saarländischen KPD als auch der Exil-KPD zu Meinungsverschiedenheiten gekommen war über den künftigen Kurs der Partei. Paul Lorenz erkante nicht die neue Konstellation. Er war zum Hindernis geworden und mußte verschwinden. Mitte Juni 1934 wurde er aufgrund eines ZK-Beschlusses abgesetzt und durch den bisherigen Org-Leiter Fritz Pfordt ersetzt. Anlaß der Absetzung war ein öffentliches Lob Röchlings für Lorenz' Parole „Zurück zu Deutschland, und wenn's ins KZ geht"[49]. Der Weg für eine neue Politik war trotz der von Lorenz und seinen Anhängern weiterhin eingenommenen Obstruktionshaltung frei geworden.

Die Wahl von Fritz Pfordt ist wohl dadurch zu erklären, daß er den Weisungen der Parteiführung keinen Widerspruch entgegenstellte. Bislang war er innerhalb der KPD/Saar nicht weiter aufgefallen und hatte sich auch als Org-Leiter nicht weiter profiliert. Ihm kam wohl zustatten, daß er in Moskau die Lenin-Schule besucht hatte und im übrigen ein williges Werkzeug der Exil-KPD war. Auf der ZK-Sitzung Anfang Februar hatte ein Saarländer namens „Fritz" die Leitung gehabt, der wahrscheinlich mit Pfordt identisch war[50]. Diese personelle Entscheidung deutete aber gerade durch die Farblosigkeit und mangelnde Eigenständigkeit Pfordts zugleich an, daß die Exil-KPD hinter den Kulissen als eigentliche treibende Kraft die Zügel ihres saarländischen Parteibezirks führte bzw. an sich zu reißen gewillt war. Die bisherige Rolle Switallas und der anderen KPD-Funktionäre hatte nur mehr der Kontrolle und Kontaktaufnahme mit der KPD/Saar gedient, soweit dies für die punktuelle Zusammenarbeit in den Bereichen Emigrantenbetreuung und Widerstand unumgänglich gewesen war. Nunmehr sollte hinter den saarländischen Marionetten die Exil-KPD ihren saarländischen Bezirk vollends in den Griff nehmen.

Ende Juni 1934 kam Herbert Wehner, der als KPD-Funktionär den Decknamen Kurt Funk führte, in Saarbrücken mit der Anweisung an, als Beauftragter des Zentralkomitees die saarländischen Kommunisten auf den Status quo-Kurs zu bringen, die Parteiarbeit auf den Abstimmungskampf zu konzentrieren und die stockenden Verhandlungen mit den Sozialdemokraten erfolgreich zum Abschluß zu führen[51]. Tatsächlich hat Wehner in der folgenden Zeit bis zur Abstimmung im Januar 1935 eine führende Rolle in der KPD/Saar eingenommen. Von kommunistischer Seite wird Wehners Bedeutung beim Zustandekommen der Einheitsfront bestritten: er sei erst an die Saar gekommen, als die Entwicklung in diese Richtung bereits weit vorangeschritten war, wogegen das eigentliche Verdienst Walter Ulbricht gebühre[52]. Tatsache ist jedoch, daß Wehner zu einem Zeitpunkt an der Saar auftauchte, als die schon seit längerem geführten Gespräche zwischen KPD/Saar und SPD/Saar noch zu keinem konkreten Ergebnis geführt hatten, und daß noch etwa zwei Wochen nach seiner Ankunft Lorenz den Parteivorsitz führte, der Status quo-Kurs noch nicht offiziell festgelegt und die Einheitsfront noch nicht begründet war. Ungeachtet der Priorität der neuen politischen Konzeption steht Wehners Beitrag zum Zustandekommen der Vereinbarungen außer Zweifel.

---

49 Wehner, S. 70; Kunkel, S. 92; – Retzlaw (a.a.O., S. 382) verlegt diesen Vorgang irrtümlich in den September 1933. – Bies, S. 73.

50 Vgl. Anm. 43.

51 Wehner, S. 70. – Alfred Freudenhammer & Karlheinz Vater: Herbert Wehner. Ein Leben mit der Deutschen Frage, München 1978, S. 50 ff. – Als konspirativer Agentenroman wird Wehners saarländische Episode behandelt bei Hans Frederik: Gezeichnet vom Zwielicht seiner Zeit, München 1969, S. 110 ff.

52 Bies, S. 115 f.

Da Nicht-Saarländer offiziell keine Funktionen in Verbänden an der Saar ausüben durften, verbarg sich Wehner weitgehend hinter dem Strohmann Fritz Pfordt, so daß sein Aufenthalt nur wenigen Eingeweihten bekannt wurde[53]. Tatsächlich ist, sofern man die Akten reichsdeutscher Stellen hier als Maßstab nimmt, Wehners Aufenthalt an der Saar nirgends bemerkt worden. Erst in einem späteren Verhör eines in der Kriegszeit festgenommenen Kommunisten tauchte der Name Kurt Funk auf, den jener in der Zwischenzeit in Schweden gesehen und aus dessen Zeit an der Saar wiedererkannt habe[54]. Auch die Presse der „Deutschen Front", die aufmerksam die Tätigkeit von Emigranten beobachtete und ausschlachtete und der vorher auch das Wirken des Anton Switalla nicht völlig entgangen war, berichtete nichts, was auf Wehners Anwesenheit hätte schließen lassen können.

Eine dringende Aufgabe Wehners bestand darin, die passive Resistenz des Parteiapparats zu überwinden und die Aktivitäten der KPD zu beleben. Dazu gehörte auch eine wirkungsvollere Pressearbeit. Bereits im Februar 1934 hatte die *Arbeiter-Zeitung* teilweise ihr provinzielles Gepräge abgelegt und in erkennbarem Maße ein höheres publizistisches Niveau erreicht. Möglicherweise hatten bereits zu dieser Zeit geschulte Journalisten die engere Redaktionsarbeit übernommen, jedoch begann erst nach Gründung der Einheitsfront eine inhaltlich und formal verbesserte Agitation. Durch Agenten erfuhren reichsdeutsche Stellen, daß der kommunistische Spitzenfunktionär Lex Ende in der *Arbeiter-Zeitung* tätig war[55]. Nachträglich ermittelten sie, daß auch Alexander Abusch im Jahre 1934 in Saarbrücken gewirkt und unter dem Pseudonym „Oskar" bzw. Oskar Reinhardt die Leitartikel der *Arbeiter-Zeitung* verfaßt habe[56]. Nach Wehners Angaben übernahmen Abusch und andere reichsdeutsche Funktionäre, zu denen später noch Hans Knoth, der frühere Herausgeber der *Roten Fahne* stieß, de facto die Redaktion der *Arbeiter-Zeitung*, während Lex Ende und andere in der *Deutschen Volkszeitung* und anderen kommunistischen Presseerzeugnissen mitwirkten[57].

Da die Regierungskommission die politische Aktivität von Emigranten untersagt hatte, war die Zahl fähiger KPD-Funktionäre, die legal als Saarländer in Erscheinung treten durften, recht gering. Die KPD rief daher saarländische Funktionäre, die zu dieser Zeit illegal im Reich oder aber in der Emigration wirkten, an die Saar zurück. Zu ihnen gehörte auch Erich Honecker, der zeitweilig in Holland und im Ruhrgebiet für den Widerstand tätig war. Wahrscheinlich im Mai 1934 kehrte er nach Saarbrücken zurück und arbeitete seitdem in der Bezirksleitung der KPD und als Vorsitzender des KJVD-Bezirks[58]. Schließlich kam auch der einzige Saarländer unter den kommunistischen Spitzenfunktionären an die Saar zurück: Paul Lorenz' Vorgänger als Pol-Leiter, Philipp Daub. Seit dem Frühjahr 1933 hatte er im Untergrund für die Partei im Widerstand gearbeitet; im August 1934 kehrte er in seine Heimat zurück[59]. Er nahm dort vor allem organisatorische Aufgaben in Angriff. Unklar ist, ob er die durch Fritz Pfordts Wechsel zum Pol-Leiter vakant gewordene Funktion des Org-Leiters zumindest de facto übernahm.

---

53 Wehner, S. 73; Freudenhammer/Vater, S. 52.
54 Protokoll der Vernehmung von Jacob Welter vom 11.11.43; HStA Düsseldorf, Akten der Geheimen Staatspolizei, Leitstelle Düsseldorf; Akte Jacob Welter.
55 Schreiben der Stapo-Stelle Düsseldorf vom 31.7.34 an die Außenstelle Essen; ebd., Akte: Lex Ende alias Bräuer.
56 Schreiben der Stapo-Stelle Düsseldorf vom 17.8.37 an die Außenstelle Essen; ebd., Akte: Alexander Abusch.
57 Wehner, S. 73; Theisen, S. 17, 36; Bies, S. 105; Schneider, S. 479 f.
58 Protokoll der Vernehmung der Käthe Westenburger vom 30.8.40 und des Johann Jennes vom selben Tage; HStA Düsseldorf: Akte Jacob Welter. – Vgl. Lippmann, S. 35, 243.
59 Vermerk vom 10.9.34; LHA Koblenz: 403/16861. – Balk, S. 161; Wehner, S. 73; Weber 2, S. 93.

Im übrigen ging die Führung der KPD seit Mitte 1934 fast vollständig an Emigranten über, wobei Saarländer weitgehend die Funktion von Strohmännern wahrnahmen. Im Juni 1934 kam Erich Gentsch nach Saarbrücken; er war vorher in Berlin in der Gewerkschaftsarbeit tätig gewesen und hatte dort den der RGO zugehörenden „Einheitsverband der Metallarbeiter Deutschlands" (EVMD) geleitet. Zunächst wußte die Partei an der Saar keine Verwendung für ihn, setzte ihn jedoch nach zwei Monaten in der Gewerkschaftsarbeit unter den saarländischen Metallarbeitern ein[60]. Wehner erwähnt noch ein weiters Dutzend führender reichsdeutscher Spitzenfunktionäre, die an die Saar kamen und die „Überfremdung" des einheimischen Parteiapparats vollendeten[61]. Bislang hatten Emigranten nur in solchen Stellungen Einfluß ausgeübt, die ausschließlich oder überwiegend zum Wirkungsbereich der Exil-KPD gehörten und nicht der saarländischen Parteiorganisation oblagen: Emigrantenbetreuung und Widerstandsarbeit. Erinnert sei an Max Bärwolf als Führer des Merziger „Sturmtrupps Engels" sowie andere Ortsfremde, die in den Flüchtlingslagern Mitarbeiter für größere Schmuggelaktionen rekrutierten. Der Emigrant Emil Göckler leitete das Heim der Roten Hilfe in Wiebelskirchen und ein Berliner Funktionär namens „Paul" war verantwortlich für die kommunistischen Flüchtlinge in Völklingen[62]. Ebenfalls der Leiter des Sulzbacher Emigrantenheimes war ein Reichsdeutscher, Emil Kreutzburg, der zugleich die für Widerstandsaktionen rekrutierten Insassen im erforderlichen Handwerk und im Waffengebrauch ausbildete[63].

Ab Sommer 1934 wurde der saarländische Parteiapparat auch in den Ortsverbänden weitgehend mit reichsdeutschen Kommunisten durchsetzt. Nach Wehners Angaben war es bei seiner Ankunft in Saarbrücken vordringliche Aufgabe gewesen, die relativ schwache Organisation, von der sich wiederum Kreise um Paul Lorenz in einer Haltung passiven Widerstandes befanden, durch willige und fähige Mitarbeiter aus der etwa 600 Parteimitglieder umfassenden Emigration zu stärken[64]. Das bedeutete naturgemäß eine erhöhte Kontrolle der Parteiorganisation durch die Exil-KPD, wodurch die saarländische KPD einen Teil ihrer lokalen Eigenständigkeit, die sie vor allem auf kommunaler Ebene hatte behaupten können, einbüßte. So waren die Pol-Leiter von Sulzbach und Bischmisheim zwei Düsseldorfer Kommunisten, Heinrich Holländer und Walter Brix, und auch der Agitprop-Leiter von Bischmisheim, Gerhard Moser, war aus dem Reich an die Saar geflüchtet[65]. Im letzten halben Jahr war die KPD/Saar gänzlich zum Instrument ihrer exilierten Mutterpartei geworden. Daß das ZK der KPD im August 1934 formell die von den saarländischen Kommunisten eingeschlagene Politik der Einheitsfront billigte[66], hatte daher nur noch deklamatorischen Wert; die Exil-KPD selbst hatte diesen Weg gewählt und den saarländischen Parteiapparat in diese Richtung gedrängt.

60 Protokoll der Vernehmung des Erich Gentsch vom 30. 5. 43; HStA Düsseldorf: Akte Erich Gentsch.
61 Wehner, S. 73; Duhnke, S. 161.
62 Urteilsbegründung des OLG Kassel vom 11.8.41 gegen Friedrich Nikolaus Spiess; Berlin Document Center, VGH S. 238.
63 Aktenabschrift der Gestapo vom 10.12.34; HStA Düsseldorf, Akte Emil Kreuzburg.
64 Wehner, S. 70, 73.
65 Protokoll der Vernehmung von Hubert Küpper vom 20.6.42; HStA Düsseldorf, Akte Hubert Küpper.
66 Otto Winzer: Zwölf Jahre Kampf gegen Faschismus und Krieg. Ein Beitrag zur Geschichte der Kommunistischen Partei Deutschlands 1933 bis 1945, Düsseldorf 1955, S. 70.

Um eine Übersicht über die Stärke der KPD/Saar zu gewinnen, beauftragte ihre Führungsspitze im Herbst 1934 Philipp Daub mit einer genauen Untersuchung über die Mitgliederzahlen in Partei und Verbänden sowie über die bisherige Tätigkeit des Apparates. Bemerkenswerterweise erhielt der saarländische Parteibezirk seit März 1934 einen starken Zulauf, der über mehr als ein halbes Jahr andauerte. Wir sind darüber durch parteiinterne Statistiken für das ZK der KPD informiert, die durch eingeschleuste Agenten an reichsdeutsche Stellen weitergeleitet wurden und uns daher als Abschriften erhalten geblieben sind. Hinweise darauf, daß es sich bei den für das Frühjahr 1934 gegebenen Zahlen um Spielmaterial oder Fälschungen handeln könnte, gibt es nicht. Die Größenordnungen der Angaben bewegen sich mit Ausnahme derjenigen Statistiken, die später von Philipp Daub selbst als Fälschung erkannt und korrigiert wurden, in dem von der KPD selbst angegebenen Rahmen; die Reihenfolge der Unterbezirke, geordnet nach der Mitgliederstärke, entspricht weitgehend dem von der KPD aufgestellten Plan zur Mitgliederwerbung[67]. Die erste Aufstellung über den Mitgliederzuwachs bezieht sich auf den Zeitraum von Ende März bis Ende April 1934, in dem die KPD sich von 6898 auf 7070 Mitglieder vergrößert haben soll. Schlüsselt man die Zugänge (ohne Abzug der Abgänge) geographisch auf, so liegen die Hochburgen der Partei in Saarbrücken und den sogenannten Bezirksvororten, Bischmisheim, Dillingen, Illingen und Neunkirchen über dem saarländischen Gesamtdurchschnitt von 5,2 %; nur Sulzbach liegt mit 4,8 % geringfügig unter dem Landesdurchschnitt. Offensichtlich hat die KPD-Saar in ihren Hochburgen einen Teil ihrer bis Ende 1933 abgewanderten Mitglieder wieder zurückgewinnen können, wobei die Abgänge desselben Zeitraumes weit unter den Zugängen liegen. Dagegen sind in den Unterbezirken, in denen die Partei aufgrund ihrer Diaspora-Stellung nie sehr stark war, besonders hohe Abgangsquoten festzustellen, die weit über dem Landesdurchschnitt von 2,4 % liegen: Bettingen 11,8 %, St. Wendel 17 % und Merzig 28,1 %; St. Wendel und Merzig hatten darüber hinaus keine Zugänge zu verzeichnen[68].
Für die nächsten Monate können wir eine derartige Analyse nicht vornehmen. Für den Mai liegt kein Zahlenmaterial vor, für den Juni nur eine nicht näher aufgeschlüsselte Zahl von 8117 KPD-Mitgliedern[69]. Für die folgenden Monate wird ein allmählicher Anstieg auf 10326 Mitglieder bis September 1934 angegeben[70]. Parallel hierzu existieren entsprechende Tabellen über das Anwachsen der RGO an der Saar seit Januar 1934. Danach soll die RGO von 2809 Mitgliedern im Januar mit einer Unterbrechung im März kontinuierlich auf 4827 Mitglieder im September angestiegen sein, entsprechend die Zahl der Betriebszellen von 387 auf 486 sowie die Zahl der Beiträge, der Versammlungen und ihrer Teilnehmer[71]. Auffallend ist hier die für die RGO nicht ungewöhnliche starke Fluktuation innerhalb einzelner Betriebszellen[72], deren Mitgliederzahl bei den Röchlingwerken von 31 im März auf 132 im April angestiegen und schließlich auf 464 im September geklettert

---

67 „Mobilmachung zum Sturmaufgebot der Revolutionären Freiheitshelden", *Arbeiter-Zeitung* vom 10./11.9.33.
68 Gestapo-Bericht vom 29. 5. 34; PA AA, Pol. II: Parteien im Saargebiet Bd. 10.
69 Gestapo-Vermerk vom 10.9.34; Ebd. Bd. 12.
70 Schreiben der Gestapo an das AA vom 19.9.34 und Gestapo-Bericht 9.10.34; ebd. – Gestapo-Vermerke vom 10.10.34 und vom 2.11.34 und Sammelbericht Saar des MDI vom 1.11.34, ebd. Bd. 13.
71 Gestapo-Vermerk vom 1.12.34; ebd. Bd. 14. – „Sammelbericht der Gewerkschaftsabteilung der Bezirksleitung Saar"; LA Speyer: H 38/1427.
72 Vgl. hierzu Bahne, in: Matthias/Morsey, S. 665.

sein soll. Allerdings ergibt eine Nachprüfung der Statistiken, daß die für April und Mai angegebenen Einzelangaben falsch addiert und die Summen mit 192 bzw. 100 zu hoch angegeben sind. Dies läßt Zweifel an der Korrektheit der Zählungen aufkommen sowie an der Frage, wie großzügig die Mitgliedschaft in der RGO gerechnet wurde. Wenn wir die Mitgliederentwicklung mit der Höhe der Beitragszahlungen vergleichen, so stellen wir fest, daß die im Januar auf jedes RGO-Mitglied entfallenden monatlichen 3,2 ffrs. bis September kontinuierlich auf 2,6 ffrs. sanken, was zweierlei Schlüsse erlaubt: entweder sank mit steigender Mitgliederzahl die Zahlungsmoral, was auch auf eine nachlassende Disziplin und Lockerung des Verbandes schließen läßt, oder aber die Mitgliedschaft wurde immer großzüger gehandhabt und berücksichtigte auch vorübergehende Mitläufer oder bloße „Karteileichen".

Die Ungereimtheiten der Statistiken lösen sich teilweise auf durch mehrere Berichte, die Philipp Daub für das ZK der KPD in Paris über seine Untersuchungen verfaßte. Die Durchsicht der Unterlagen von vier Unterbezirken habe ihm horrende Zustände im Parteiapparat vor Augen geführt. Er werde alle Fehler und Verbrechen aufdecken und die Berechtigung des Abganges von Paul Lorenz darlegen. Eine Untersuchung des Organisationsstandes vor Juli 1934 sei wegen der herrschenden Schlampigkeit nicht mehr möglich; er werde aber kraft der ihm erteilten Vollmacht eine schonungslose Säuberung durchführen[73]. In seinem nächsten Schreiben teilte er mit, daß nach seinen Ermittlungen „Max" die Org-Abteilung angewiesen habe, alle Zahlen zur Mitgliederentwicklung und Beitragslage um 20 bis 25 % zu erhöhen. Als Grund habe er Anton Switalla angegeben, es sei erforderlich, auf diese Weise Zuschüsse für den saarländischen Parteiapparat und für den Abstimmungskampf zu erzielen; aufgrund der fehlenden Unterlagen könnten die Mitgliederzahlen aber erst ab Juli 1934 korrekt ermittelt werden, wonach sich für das zweite Halbjahr 1934 folgende Entwicklung ergäbe[74]:

	Juli	August	September	Oktober	November
KPD	7 584	7 705	7 934	7 097	7 024
RGO	3 046	3 427	3 301	keine Angaben	3 129

Da Daub für das erste Halbjahr 1934 keine korrigierten Zahlen vorlegen konnte, bleiben wir über den Zeitpunkt, von dem an die Fälschungen vorgenommen wurden, im Dunkeln. Die Tatsache aber, daß die RGO-Mitgliederzahlen für April und Mai falsch addiert worden waren und daß in den KPD-Mitgliederstatistiken das sprunghafte Ansteigen der Zahlen erst für Juni erkennbar ist (Angaben für Mai fehlen), läßt es zumindest als nicht ausgeschlossen erscheinen, daß die Fälschungen erst im Frühjahr 1934 vorgenommen wurden. Verbinden wir diese Annahme mit den von Daub unterstellten Fälschungsmotiven, so bietet sich als Hypothese die Vermutung an, daß die KPD/Saar in dem Augenblick die Zahlen fälschte, in dem sie begann, in den Abstimmungskampf einzugreifen, um auf diese Weise der Mutterpartei oder der Komintern Mittel für die Parteiarbeit zu entlocken. Andererseits beklagte Daub, daß diese Hilfsgelder wiederum nicht ihrer Bestimmung zugeführt

---

73 Schreiben Philipp Daubs vom 8.11.34 (Abschrift); PA AA, Pol. II: Parteien im Saargebiet Bd. 14.
74 Schreiben Philipp Daubs vom 13.11.34 (Abschrift), Ebd. – Die Angaben für November entstammen der in Anm. 76 genannten Quelle. Daubs Briefe vom 8. und 13.11.34 wurden später von der „Deutschen Front" veröffentlicht in *Der Rufer im Warndt* vom 29.12.34.
Aufgrund von Quellen gleicher oder verwandter Provenienz bringt auch Bies (a.a.O., S. 104) die im folgenden aufgeführten Zahlen.

wurden, sondern als Beweis für die hervorragende Arbeit der Partei und ihre korrekte Beitragsmoral wieder abgeführt wurden, obwohl die KPD/Saar mit einer 65-prozentigen Beitragskassierung ohnehin eines der besten Ergebnisse der KPD erzielt habe. Es drängt sich also der Eindruck auf, daß die Manipulationen mit den Statistiken mehr dem Profilierungsbedürfnis irgendwelcher Funktionäre entgegenkam als den Notwendigkeiten der Parteiarbeit. – Unabhängig hiervon ist die Tatsache des zeitweiligen Zulaufs zur KPD auch von anderer Seite beobachtet worden[75] und dürfte selbst außer Zweifel stehen. Diese Entwicklung wird uns noch im Zusammenhang mit der Erosion der gesamten Status quo-Bewegung beschäftigen müssen.

In seinem dritten Bericht an das ZK in Paris bestätigte Daub nochmals die Fehler und Unregelmäßigkeiten der KPD/Saar, für die jedoch nicht die Pol-Leiter der einzelnen Unterbezirke verantwortlich seien, sondern jener „Max"[76]. Hinter diesem Namen, der vollständig „Max Richter" lautete, verbarg sich Hermann Schubert. Nach einer Vereinbarung mit Thälmann sollte Schubert nach dessen Verhaftung den Parteivorsitz übernehmen. In den Machtkämpfen um die umstrittene Parteiführung gelang es Schubert, zeitweise eine ZK-Mehrheit für sich zu gewinnen. Ab Ende 1933 wurde Schubert in der Emigration und vor allem auch an der Saar aktiv[77]. Die wichtige ZK-Sitzung vom 3. und 4. Februar in Saarbrücken wurde von ihm („Richter") geleitet. Wenn wir die fragmentarischen Quellen richtig interpretieren, dann hat Schubert – vermutlich mit Hilfe von Paul Lorenz – den saarländischen Parteiapparat an sich reißen wollen, um sich dadurch im einzigen noch legalen und intakten Parteibezirk eine Hausmacht für innerparteiliche Machtkämpfe zu schaffen; die gefälschten Zahlen und Beitragsrechnungen könnten hierbei als vorgeschobene Erfolgsbilanz gegenüber der Komintern gedient haben. Schubert wurde 1935 nicht wieder ins ZK gewählt; er wurde für die Fehler der KPD in der Vergangenheit verantwortlich gemacht und fiel 1938 wahrscheinlich den Stalinschen Säuberungen zum Opfer[78]. Die saarländische Episode scheint die erste Stufe zu seiner Entmachtung gewesen zu sein. Ob Daub die im zweiten Bericht angekündigte Säuberung durchgeführt hat, ist nicht bekannt, aber angesichts der bis zur Volksabstimmung am 13. Januar 1935 verbleibenden knappen zwei Monate, in denen jedes Parteimitglied dringend gebraucht wurde, zweifelhaft. Die Affäre um die gefälschten Statistiken ist für uns jedoch eine interessante Illustration dafür, in welchem Maße die KPD/Saar auch finanziell ihre Eigenständigkeit an die Mutterpartei abgetreten hatte.

Wehner erwähnt in seinen Erinnerungen, daß im Kreise um Paul Lorenz weiterhin ein gewisser passiver Widerstand gegen die im Sommer 1934 neu eingeschlagene Politik geleistet wurde, so daß die Parteiführung sich nur auf einen Teil der saarländischen Funktionäre verlassen konnte. Wehner erwähnt hier Heinrich Sommer, August und Johann Hey, Walter Brückner, das Ehepaar Hermann und andere[79]. Man wird hier noch ergänzend hinzufügen müssen den BAV-Funktionär Richard Kraushaar, den RFB-Funktionär Karl Merkel und einige andere, die im wesentlichen die saarländischen Funktionäre stellten und auf die sich die auswärtige Parteiführung verließ. Dennoch scheint innerhalb der saarländischen KPD weiterhin bei einigen Mitgliedern Reserviertheit gegen den neuen Kurs bestanden zu haben. Der Widerstand richtete sich einmal gegen den Status quo-Gedanken, der ja zugleich eine Absage an die bislang vertretene nationalistische Parole von der Rückkehr zum Reich bedeutete; ein Beispiel hierfür bot Paul Lorenz selbst, der nach Verkündung des Abstimmungsergebnisses im Januar 1935 ein Reuebekenntnis über seinen „zeit-

75 Vermerk Voigts vom 3.9.34; PA AA, Pol.: Parteien im Saargebiet Bd. 11.
76 Schreiben Daubs vom 24.11.34 (Abschrift); ebd. Bd. 15.
77 Duhnke, S. 113; Weber 2, S. 292; Bies, S. 115.
78 Weber 2, S. 292.
79 Wehner, S. 70, 74. – Vgl. Carola Stern: Ulbricht. Eine politische Biographie, Köln-Berlin, S. 75.

weiligen Landesverrat" abgelegt haben soll[80]. Zum andern aber scheint es auch im Parteivolk Verwirrung gegeben zu haben wegen der bislang verschmähten Einheitsfront mit den
bis dahin heftig bekämpften Sozialdemokraten. Kennzeichnend hierfür ist ein Schreiben
der KPD-Bezirksleitung, das offentsichtlich das Parteivolk beruhigen und den bloß vorübergehenden Charakter der Aktionseinheit mit den Sozialdemokraten herausstellen sollte[81].

Dennoch dehnte die KPD ihre Einheitsfrontpolitik auch auf andere Bereiche aus. Wenn
wir von den taktischen Angeboten auf der Grundlage der Einheitsfront „von unten" absehen, so bestanden derartige Offerten an die Sozialdemokratie bereits März 1934 von seiten des RFB. Zumindest regte der Rotfrontkämpferbund im Februar Massenselbstschutz-
organisationen mit proletarischen Mitgliedern des SSB an, bei denen die Führung keineswegs immer beim RFB liegen sollte[82]. Obgleich der einschränkende Hinweis auf die
„proletarischen Mitglieder" noch den Gedanken der Einheitsfront „von unten" anklingen
läßt, so wurde damit doch erstmals eine sozialdemokratische Organisation ohne versteckte Vorbedingungen direkt angesprochen. Aus der Notwendigkeit eines Widerstandes gegen den Terror der „Deutschen Front" fanden beide Organisationen relativ kurz
nach Abschluß des offiziellen Einheitsfrontbündnisses zu einer engeren Kooperation zusammen.

Wesentlich später setzte die KPD/Saar ihre Jungendarbeit in den Dienst des Abstimmungskampfes. Wie es scheint, hatte die Jugendarbeit während der längeren Abwesenheit
Honeckers weitgehend geruht. Sie belebte sich erst im Herbst 1934. Anzeichen hierfür war
die Herausgabe der neuen Montatszeitschrift *Freie Jugend*, die erstmals im Oktober 1934 in
Saarbrücken erschien[83]. Das Blatt ging indessen kaum auf saarländische Fragen ein. Seine
Redaktion wurde noch im November 1934 von der Nauwieser Straße 48 in Saarbrücken
nach Zürich verlegt. Die Verbandsarbeit des KJVD, die im Spätherbst 1934 vor allem von
Honecker betrieben wurde, sprach indessen weniger die Einheitsfront als vielmehr die katholische Jugend an, die es in eine noch breiter gefaßte Volksfront einzubeziehen galt.
Stärker waren die Bemühungen der kleinen kommunistischen Gewerkschaftsverbände
um eine Annäherung und schließlich Vereinigung mit den freien Gewerkschaften. Die
zaghaften Angebote der kleinen kommunistischen Gewerkschaften standen nicht isoliert
in der politischen Landschaft, sondern waren Ausfluß und Bestandteil eines Kurswechsels
der Komintern. In den Monaten Mai und Juli 1934 bereitete sich ein Umschwung in der
bisherigen Gewerkschaftspolitik vor; nicht mehr die Forderung nach „unabhängigen Klas-
sengewerkschaften" unter kommunistischer Führung wurde erhoben, sondern die Parole
der „Gewerkschaftseinheit" und des Zusammenschlusses mit den freien Gewerkschaften,
der sogar einen bedingslosen Übergang der „roten Verbände" zu den reformistischen
Organisationen nicht ausschloß. Ende August 1934 forderte die Reichsleitung der RGO
die im Reich noch vorhandenen Gewerkschaftsgruppen zur Auflösung auf und zur Bildung neuer Massenorganisationen[84]. Die drei an der Saar wirkenden Einheitsverbände
richteten bereits im Juni und Juli Appelle zur Vereinigung an ihre freigewerkschaftlichen
Parallelorganisationen, mit denen sie sich im Laufe des Herbstes 1934 auch tatsächlich zusammenschlossen. Eine nennenswerte Bedeutung hat diese Entwicklung indessen für die
Partei oder für den Abstimmungskampf nicht mehr erlangen können.

---

80 Kunkel, S. 91.
81 Schreiben des Generalbevollmächtigten vom 2.8.34 an den Bayerischen Ministerpräsidenten;
   BayHStA/GehStA: Akten des Staatsministeriums des Äußern, für Wirtschaft und Arbeit. Saargebiet Bd. XVb: Vereine, Parteien, Kommunistische Partei Deutschlands im Saargebiet.
82 „RFB-Kameraden, herhören!", *Arbeiter-Zeitung* vom 22.3.34.
83 Kopien der Nrn. 2 und 3 vom November und Dezember 1934 und Nr. 1 vom Februar 1935 im
   Besitz des Verfassers.
84 Bahne, in: Matthias/Morsey, S. 707.

Christliche Gruppen im Abstimmungskampf

Mit der Auflösung des Saar-Zentrums wurde zwar die stärkste Partei gleichgeschaltet. Aber der politische Katholizismus war damit nicht völlig beseitigt worden. Er artikulierte sich auf zwei zunächst voneinander unabhängigen Ebenen, deren personelle und politische Querverbindungen sich im Laufe des Jahres 1934 verdichteten und schließlich im November zu einer neuen Partei führten. Die eine Komponente dieser Entwicklung waren Kreise des gleichgeschalteten Zentrums, die sich mit der Auflösung ihrer Partei und dem von der „Deutschen Front" gesteuerten nationalsozialistischen Kurs nicht abfinden wollten. Die anderen waren die christlichen Gewerkschaften, von deren Vertretern einige durch die nationalsozialistische Gewerkschaftspolitik zum Bruch mit der gleichgeschalteten „Deutschen Gewerkschaftsfront" bewogen wurde. Ein Bindeglied zwischen beiden Ebenen stellten einige Emigranten dar, Zentrumspolitiker und Vertreter der im Reich aufgelösten christlichen Gewerkschaften.

Wenn wir von einer christlichen Bewegung gegen den Nationalsozialismus sprechen, so müssen wir folgende Einschränkungen voranschicken. Zunächst beschränkte sich diese Bewegung fast auschließlich auf das katholische Saargebiet; von protestantischer Seite sind allenfalls Einzelpersonen dazugestoßen[1]. Zum anderen handelte es sich nur um eine Minderheit in der Anhängerschaft des früheren Zentrums, deren größerer Teil sich jedoch aus der Gleichschaltung nicht löste. Schließlich wurde die Bewegung auch nur teilweise von der katholischen Arbeiterschaft getragen: wesentlichen Anteil hatten an ihr bürgerliche Kreise aus dem früheren Zentrum, andererseits war es nur eine Minderheit aus der christlichen Gewerkschaftsbewegung, die sich dem Nationalsozialismus widersetzte.

Gleichwohl wird man den christlichen Widerstand gegen die schleichende Machtergreifung des Dritten Reiches an der Saar als Einheit sehen müssen. Zwar fand diese Entwicklung erst sechs Wochen vor der Abstimmung ihre endgültige organisatorische Form, aber in ihr vereinigten sich alle zunächst getrennt sich artikulierenden Widerstände gegen das Hitler-Regime. Die Katholische Opposition war daher zunächst spontaner Natur, nicht von einer Zentrale hervorgerufen oder, wie die „Deutsche Front" argwöhnte, vom Ausland ferngesteuert.

Die katholischen Widerstände gegen die Gleichschaltung gingen zurück auf die distanzierte Haltung, die das Zentrum gegenüber der Machtergreifung Hitlers eingenommen hatte. Dies gilt gleichermaßen für das Reich wie für das Saargebiet. Aber diese Haltung blieb ziellos und schwankend, wie es die Partei vor allem seit dem Sturz Brünings insgesamt gekennzeichnet hatte: einerseits voller Mitrauen gegenüber einer Entwicklung, an der sie nicht aktiv mitwirkte, andererseits durchaus aufgeschlossen für den Gedanken einer „nationalen Erneuerung", der offen autoritäre und antidemokratische Elemente enthielt[2]. Parallel

---

1 Kunkel, S. 113.
2 Vgl. Rudolf Morsey: Der Untergang des politischen Katholizismus. Die Zentrumspartei zwischen christlichem Selbstverständnis und „Nationaler Erhebung" 1932/33, Stuttgart – Zürich 1977. – Hier handelt es sich um eine überarbeitete und erweiterte Fassung von Morseys Beitrag zu dem von Matthias/Morsey herausgegebenen Sammelband „Das Ende der Parteien". Im folgenden zitieren wir diese überarbeitete Fassung.

zu den Bemühungen der Partei, sich für die letzten – zumindest dem Scheine nach – freien Wahlen zu stellen, richtete auch die saarländische Parteiorganisation heftige Angriffe auf die neue Reichsregierung in Berlin. Als Papen anläßlich der Trauerfeierlichkeiten für die Opfer des Neunkirchener Hüttenunglücks, bei dem 80 Arbeiter ums Leben gekommen waren, am 14. Februar 1933 einen Empfang für die saarländische Presse gab, blieben die Vertreter der SPD und des Zentrums ostentativ fern. Papen vermutete als Urheber dieses Affronts den Chefredakteur der *Saarbrücker Landeszeitung*, Johannes Hoffmann; aber die führenden saarländischen Zentrumspolitiker stellten sich vor ihren Parteifreund und wiesen Papens Kritik als Teil einer Hetzkampagne gegen das Zentrum im Reich zurück[3].

Die von der Reichsregierung betriebene Politik gegenüber den saarländischen bürgerlichen Parteien, deren Grundzüge teilweise von Hermann Röchling entworfen worden waren, bestand nun gleichermaßen in einer Annäherung an ihre führenden Repräsentanten und zugleich in der Ausschaltung solcher Personen, von denen ein fortgesetzter Widerstand gegen die neue Politik zu erwarten war. So wurde von Berlin aus nach Saarbrücken signalisiert, daß Hitler den saarländischen Zentrumsvorsitzenden Franz Steegmann nicht empfangen könne. Die Partei beugte sich diesem Verlangen und ernannte als Ersatzmann für den von Röchling angeregten Empfang am 15. April Johannes Hoffmann. Obwohl Hoffmann im März 1933 eine Haltung eingenommen hatte, die auf eine zumindest partielle Kooperationsbereitschaft mit dem neuen Regime in Berlin schließen ließ, wurde ihm einen Tag vorher eröffnet, daß der „Führer" ihn wegen beleidigender Äußerungen in der *Saarbrücker Landeszeitung* ebenfalls nicht empfangen könne. Die saarländische Delegation leistete hiergegen keinerlei Widerstand und beugte sich ohne Protest[4].

Dieses Verhalten deutete symbolhaft die Kapitulation des saarländischen Zentrums an, wie sie auch schon vor der reichsdeutschen Mutterpartei vorexerziert worden war. Zwar überlebte die saarländische Parteiorganisation die des Reiches. Es besteht kein Zweifel daran, daß die am 14. Juli geschlossene (erste) „Deutsche Front" als beginnende freiwillige Gleichschaltung in der zehn Tage vorher erfolgten Selbstauflösung der Mutterpartei ihr Vorbild hatte[5]. Die parteiinternen Konflikte, die sich im reichsdeutschen Zentrum über die einzuschlagende Politik entzündet hatten, wiederholten sich nunmehr in dem fortbestehenden saarländischen Parteibezirk. Innerhalb der Partei setzte eine immer stärkere Polarisierung ein. Auf der einen Seite stand Peter Kiefer, als Sekretär des christlichen Gewerkvereins mit einer ungleich größeren Hausmacht versehen als sein Widerpart Johannes Hoffmann, dessen *Saarbrücker Landeszeitung* durch parteiinterne und äußere Einflüsse immer mehr in ihrer Bewegungsfreiheit eingeschränkt wurde. Zwischen beiden Flügeln bewegten sich die zahlreichen Unentschlossenen, die schließlich mehrheitlich den Weg des geringsten Widerstandes einschlugen und sich für Kiefer entschieden. Vor allem gelang es diesem, mit Hilfe seines gewerkschaftlichen Einflusses die politische Geschlossenheit des Parteiapparates zu paralysieren. Auf der Tagung des Landesparteiausschusses am 28. September 1933 wurde Kiefers Antrag auf Selbstauflösung der Partei zwar noch mit 52:33 Stimmen abgelehnt; aber als Reaktion auf diese Abstimmung löste sich bereits einen Tag später der Kreisverband Merzig selbst auf[6].

Offensichtlich als Kompromißkandidat ersetzte der Saarbrücker Pfarrer Franz Bungarten den bisherigen Zentrumsvorsitzenden Steegmann, der dem Kiefer-Flügel auf dem Wege der Gleichschaltung wohl zu unbequem war. Bungarten selbst war zwar ein sehr national

---

3 Jacoby, S. 28.
4 Kunkel, S. 103; Jacoby, S. 104.
5 Vgl. Morsey, S. 196 ff.
6 Zenner, S. 289 f.

denkender Mann, aber auch ein streitbarer Verfechter des politischen Katholizismus[7], der die Entmachtung seiner Partei kaum mit Zustimmung beobachtet haben dürfte. Andererseits stieß er innerhalb der nächsten Tage auf zahlreiche parteiinterne Widerstände, so daß er sich mit zwei weiteren Zentrumsvertretern zu einem Gespräch mit der NSDAP/Saar über die Selbstauflösung der Partei gezwungen sah. Bungarten handelte einige recht vage Zusicherungen aus hinsichtlich der Freiheit der katholischen Presse, des persönlichen Schutzes von Zentrumspolitikern vor Diffamierungen und Repressalien und des gebührenden Einflusses von Zentrumspolitikern in der (zweiten) „Deutschen Front"[8]. Am 13. Oktober 1933 gab der Zentrumsvorstand die Selbstauflösung der saarländischen Parteiorganisation und ihre Eingliederung in die „Deutsche Front" bekannt. Widerstand aus dem Parteivolk gegen dieses eigenmächtige Vorgehen ist nicht bekannt. Um dem rechtzeitig vorzubeugen, wurde vorsorglich ein für den 8. Oktober angesetzter Parteitag – angeblich wegen einer gleichzeitig stattfindenden katholischen Jugendkundgebung – abgesagt: er hat niemals stattgefunden[9].

Die Selbstauflösung des saarländischen Zentrums wird man vor dem Hintergrund der Ausschaltung des politischen Katholizismus im Reich sehen müssen, bei dem die diplomatische Zusammenarbeit zwischen Berlin und dem Vatikan eine nicht unwesentliche Rolle gespielt hat. So wie das Reichskonkordat dem NS-Regime die Ausschaltung des Zentrums im Reich erleichterte[10], so hat Hitler auch mit Hilfe der Kirchenhierarchie den politischen Katholizismus an der Saar auszuschalten versucht. Bekanntlich hatte Papen die „Aktionsgemeinschaft Katholischer Deutscher" gegründet, um mit Hilfe dieser Vereinigung einen Teil des katholischen Kirchenvolkes mit dem neuen Regime auszusöhnen. Diese AKD entfaltete im Herbst 1933 auf Anregung Papens, der am 14. November zum Saarbevollmächtigten der Reichsregierung ernannt wurde, rege Aktivitäten an der Saar, die wiederum von den zuständigen Bischöfen von Trier und Speyer ausdrücklich bebilligt wurden[11]. Wenn man auch nicht der These von Bies zustimmen kann, wonach die Mehrheit des saarländischen Klerus hinter der „Deutschen Front" stand[12], so bleibt doch festzustellen: die Ausschaltung des politischen Katholizismus an der Saar und die Selbstauflösung des Zentrums erfolgten mit Zustimmung und Billigung der Kirchenführung. Man wird diese Tatsache sich vergegenwärtigen müssen, um die Schwierigkeiten zu begreifen, vor denen die gegen den Nationalsozialismus sich neu formierenden katholischen Gruppierungen standen.

Das Wiedererwachen des politischen Katholizismus

Bereits zum Zeitpunkt der Selbstauflösung des Zentrums sollen einige Mitglieder beschlossen haben, eine neue katholische Partei zu gründen. Treibende Kraft dieser Entwicklung wurde Johannes Hoffmann. Angesichts kirchenfeindlicher Auswüchse vor allem

---

7 Das bezeugt die Streitschrift von Franz Bungarten: Ich darf nicht schweigen. Meine Ausweisung aus dem Saargebiet, Köln 1951. – Diese Schrift bezieht sich auf die französische Besatzungspolitik nach 1945, läßt jedoch durch Anspielungen auf die Zeit vor 1935 recht deutlich Bungartens politische Haltung erkennen.
8 Protokoll der Vereinbarungen s. Zenner, S. 384 ff.; Kunkel, S. 106.
9 „Brennendes Saarland", *Deutsche Freiheit* vom 5.10.33; „Das Saar-Zentrum ist tot", *Saarlouiser Journal* vom 13.10.33. – Kunkel, S. 107; Zenner, S. 290.
10 Vgl. Morsey, S. 196 ff. – Vgl. Leonore Siegele-Wenschkewitz: Nationalsozialismus und Kirchen. Religionspolitik von Partei und Staat bis 1935, Düsseldorf 1974, S. 110 f.
11 Siegele-Wenschkewitz, S. 154. – Guenter Lewy: Die katholische Kirche und das Dritte Reich, München 1965, S. 203 ff., 206.
12 Bies, S. 119.

unterer Parteichargen der NSDAP im Dritten Reich hatte er am 11. November 1933 in Merzig eine Unterredung mit dem Trierer Bischof Franz Bornewasser, zu dessen Diözese der größte Teil des Saargebiets gehörte. Angesprochen auf die Stellung der Katholiken zum bevorstehenden Abstimmungskampf, konnte der Bischof keine überzeugenden Garantien für die Freiheit der Kirche nach der Rückgliederung geben. Damit waren für Hoffmann wohl die letzten Zweifel an seiner Haltung zur Abstimmungsfrage ausgeräumt[13]. Wie es scheint, hat Hoffmann von vornherein an die Gründung einer neuen Partei gedacht, zu deren publizistischer Vorbereitung er zunächst eine eigene katholische Tageszeitung plante. Bis Anfang Februar 1934 verstand er es, die Leitung der ehemals zentrumsnahen *Saarbrücker Landeszeitung* zu behalten, bis er auf reichsdeutschen Druck hin die Redaktion verlassen mußte. Zu diesem Zeitpunkt hatte er bereits wichtige politische Kontakte geknüpft. Wie die deutsche Gesandtschaft in Brüssel erfuhr, war für den 19. oder 20. Januar in Saarbrücken oder Luxemburg eine gemeinsame Konferenz von Sozialdemokraten und saarländischen Katholiken vorgesehen, auf der über die Möglichkeit eines unabhängigen Saarstaates diskutiert werden sollte; außerdem hätten die Katholiken den Gedanken erwogen, beim Vatikan wegen eines eigenen saarländischen – also von reichsdeutschen Pressionen unabhängigen – Bischofs anzufragen[14].

Die Nachricht war zutreffend. Durch das Gedächtnisprotokoll eines Teilnehmers, das als Abschrift in die Hände der bayerischen Behörden fiel, läßt sich der Verlauf der Konferenz nachvollziehen[15]. Offensichtlich war sie durch die saarländische „Katholische Aktion" langfristig vorbereitet worden, denn sie fiel ausgerechnet auf ein Wochenende, an dem der Völkerbund über die Saarfrage verhandelte, so daß viele prominente Saarländer nicht anwesend waren. Während der Konferenz wurden mehrere Ferngespräche nach Genf geführt. Auch die Organisation war offensichtlich gut vorbereitet worden. Die Teilnehmer wurden mit Autos von ihren Quartieren abgeholt und zu dem offenbar vorher geheim gehaltenen Tagungsort gefahren; am 19. Januar lag dieser in Saarbrücken, am nächsten Tag in einem Landjugendheim bei Luxemburg. Teilnehmer waren Vertreter der christlichen Gewerkschaften und katholischer Verbände sowie Geistliche in Zivilkleidung. Außerdem waren fünf Vertreter der SPD Saar anwesend, unter ihnen Lieser, Schulte und Dr. Lehmann, sowie Beobachter aus Deutschland, Frankreich (der Abgeordnete André-Fribourg), Luxemburg, Belgien, England und der Schweiz. Insgesamt waren es etwa 30 Teilnehmer, von denen die auswärtigen Decknamen trugen. Johannes Hoffmann wird im Bericht nicht erwähnt.

Ein Vertreter der saarländischen Katholiken wies auf den nationalsozialistischen Terror hin, der eine freie Abstimmung 1935 unmöglich machen werde. Zur Zeit griffen zwei Überzeugungen um sich, entweder für den Status quo zu plädieren oder aber für die Verschiebung der Abstimmung. Das saarländische Zentrum habe sich vorschnell und ohne jeden Kampf gleichschalten lassen, so daß sich in der Zwischenzeit die Stimmen für eine neue saarländische Partei mehrten. Hierfür seien bereits wichtige Vorbereitungen getroffen worden; die bereits bestehende Parteileitung habe beschlossen, eine eigene Tageszeitung und Wochenzeitschrift zu gründen. Durch den päpstlichen Prälaten Monsignore Testa habe der Gedanke einer Trennung des Saargebiets von der Trierer Diözese Unterstützung erfahren. Als Bündnispartner kämen allenfalls SPD und KPD in Frage; man schlage daher eine gemischte Kommission vor, die Richtlinien für ein gemeinsames Vorgehen ausarbeiten solle.

---

13 Vgl. Johannes Hoffmann: Das Ziel war Europa. Der Weg der Saar 1945 bis 1955, München – Wien 1963, S. 34.

14 Telegramm des Gesandten Bräuer vom 15.1.34 an das AA; R 43 I/254.

15 „Konferenz der Katholischen Aktion des Saargebiets am 19. Januar in Saarbrücken, Fortsetzung am 20. Januar in einem Landhause bei Luxemburg"; LA Speyer: H 38/1423.

Für die Sozialdemokratie antwortete Lieser, daß eine derartige Kommission nicht erforderlich sei, da bereits interne Abmachungen existierten. Eine offene Koalition komme wegen ideologischer Unterschiede ohnehin nicht in Betracht. Die SPD werde sich für eine Verschiebung der Abstimmung einsetzen und, sofern dies erfolglos sein werde, für einen autonomen Saarstaat unter Völkerbundsgarantie eintreten. Abschließend wies Lieser auf die Gefahr hin, die vom Anwachsen frankophiler Gruppen drohte, indem ihre Anhänger für den Anschluß an Frankreich votierten, dadurch aber dem Status quo potentielle Stimmen entziehen und indirekt der „Deutschen Front" entgegenarbeiten würden. Hier müßte die neue katholische Partei aufklärend wirken.

Am zweiten Konferenztag in Luxemburg besprachen die Teilnehmer die Ergebnisse der in Genf gerade gefallenen Beschlüsse über die Vorbereitung der Saar-Abstimmung. Sodann wurde vereinbart, einen gemeinsamen, paritätisch besetzten Aktionsausschuß zu bilden, der dann einen gemeinsamen Vorsitzenden wähle. Dieser Ausschuß sollte die Aufgabe erhalten, alle gemeinsamen Probleme und Maßnahmen – Kundgebungen, Interventionen beim Völkerbund oder bei der Regierungskommission – zu prüfen und zu beschließen. Jede Partei sollte sich einen eigenen Nachrichtendienst schaffen und dabei mit der anderen Seite eng zusammenarbeiten; beide Parteien sollten sich einen Schutzbund schaffen bzw. ausbauen und auch hierbei eng zusammenarbeiten. Auf die frankophilen Kreise sollte darauf eingewirkt werden, sich der Status quo-Bewegung anzuschließen. Bis zur Gründung der katholischen Tageszeitung sollte *Westland* für die katholischen Belange eintreten. Die neue christliche Partei werde weitgehend geheim arbeiten, um wirtschaftliche Benachteiligungen für ihre Mitglieder zu vermeiden; sie werde spätestens im April 1934 an die Öffentlichkeit treten, wenn ihre Organisation festgefügt sei.

Folgt man den Aussagen des Berichts, so müssen die Vorbereitungen für die neue katholische Partei bereits um die Jahreswende 1933/34 außerordentlich weit vorangeschritten sein. Es ist daher unklar, warum sie nicht spätestens im Frühjahr 1934 gegründet wurde, sondern erst Ende November. An finanziellen Schwierigkeiten kann es nicht gelegen haben, da die Gründung der neuen Zeitung problemlos vonstatten ging. Wie es scheint, hat die katholische Bewegung im Frühjahr einige Rückschläge erlitten. Anfang März notierte Voigt, daß die Gefahr einer Zeitungsgründung noch nicht abgewendet sei; insgeheim wurde sogar versucht, Hoffmann dadurch von seinem Vorhaben abzuhalten, daß man ihm von Berlin aus Geld und eine gut dotierte Stelle im auswärtigen Dienst versprach[16]. Ende Februar verrichtete Otto Wels an den Parteivorstand nach Prag, daß die Hoffnungen auf einen Umschwung der Katholiken verfrüht gewesen seien[17]. Auch auf seiten der „Deutschen Front" vermutete man im März 1934 die bevorstehende Gründung einer neuen katholischen Partei[18]. Es erfolgte jedoch nichts und einen Monat später verkündete das Auswärtige Amt, daß Nachrichten über die Gründung einer neuen katholischen Partei falsch seien[19].

Dieser Informationsstand spiegelte annähernd richtig auch den tatsächlichen Gang der Entwicklung wider. Die Tageszeitung wurde gegründet, die Partei ließ auf sich warten. Im Frühjahr 1934 hatte Johannes Hoffmann genügend Gelder beisammen, um eine Gesellschaft mit beschränkter Haftung zu begründen. Gesellschafter waren zwei katholische Geistliche, von denen jeder Anteile von 50000 ffrs. einbrachte. Die *Neue Saar-Post*, dies

---

16 Vermerk Voigts vom 3.3.34; BA, R 43 I/254. – Kunkel, S. 53, 109.
17 Schreiben Otto Wels' vom 28.4.34; AsD: Emigration – Sopade, Mappe 62.
18 Bartz, S. 60.
19 Schreiben des AA vom 11.4.34 an die Botschaft in Rom; PA AA, Pol. II: Parteien im Saargebiet Bd. 8. – In seinen Erinnerungen schreibt Hoffmann (a.a.O., S. 34), daß er erst im Sommer zur Gründung der neuen Partei geschritten sei.

war dann der Name von Gesellschaft und Zeitung, war kein Erwerbsbetrieb[20]. Am 6. Mai 1934 erschien die erste Ausgabe des Blattes unter der Herausgeberschaft und Chefredaktion von Johannes Hoffmann. Von seiten der „Deutschen Front" wurde sofort und seitdem wiederholt der Vorwurf erhoben, daß sie ein „Franzosenblatt" sei und aufgrund französischer Gelder erscheinen könne[21]. Diesen Vorwurf hat die *Neue Saar-Post* stets zurückgewiesen und noch nach dem Kriege betonte Hoffmann mit Nachdruck: „Zu keiner Zeit gab es eine finanzielle Unterstützung durch französische Dienststellen oder französische Privatpersonen. Meine Geldgeber waren ausschließlich Saarländer, die den Nationalsozialismus ebenso ablehnten wie meine Freunde und ich"[22].

Politisch war das neue Blatt konservativ und klerikal eingestellt. Gemeinsamkeiten mit anderen politischen Kräften außerhalb der „Deutschen Front" bestanden nur in der Ablehnung der Hitler-Diktatur, aber in programmatischen und ideologischen Fragen gingen ihre Wege weit auseinander. Das wird deutlich in der Sympathie der *Neuen Saar-Post* für das Dollfuß-Regime in Wien, das erst drei Monate vorher Sozialdemokraten und Kommunisten blutig unterdrückt hatte. Österreich sei das erste Land, das sich nach dem Vorbild der Enzyklika „Quadragesimo Anno" berufsständisch gegliedert habe. „Österreichs große Sendung ist es, aller Welt zu beweisen, daß die Prinzipien des Katholizismus, die die politische und soziale Ordnung im Staate bestimmten, keine Utopie, sondern durchaus realisierbar sind: ja daß sie den *einzig zielsicheren Ausweg* aus dem politischen, kulturellen und wirtschaftlichen Labyrinth der Gegenwart darstellen"[23].

Die im Winter vorbereitete neue Partei trat nicht, wie von einigen Seiten erwartet wurde, gleichzeitig mit dem neuen Blatt in Erscheinung. Dennoch war die Reaktion auf die *Neue Saar-Post* außerordentlich stark. Gemeinhin wurde auf Seiten der nicht-gleichgeschalteten Parteien und Gruppierungen ihr Erscheinen als vermeintliche Auflösungserscheinung der „Deutschen Front" begrüßt; allein die KPD attackierte sie als bloße Handlangerin von Völkerbundsinteressen[24], mäßigte jedoch merklich ihre Sprache im Sommer 1934. Das neue Blatt erreichte bald eine Auflage von 8 500, die es – als einzige nicht gleichgeschaltete Tageszeitung – im Herbst noch geringfügig steigern konnte[25]. Blieb die katholische Partei auch noch aus, so kristallisierte sich doch um die neue Zeitung ein Personenkreis, der als Kern einer politischen Bewegung verstanden werden mußte und der mit Hilfe des Blattes maßgeblich zur Politisierung der katholischen Saarbevölkerung beigetragen hat.

Die Opposition in der christlichen Gewerkschaftsbewegung

Die christlichen Gewerkschaften an der Saar behaupteten, wie wir gesehen hatten, ihre stärkste Stellung in der Bergarbeiterschaft, wo sie zahlenmäßig den freien Gewerkschaften

---

20 Protokoll des Notars Kohler vom 10.4.34 zur Gründung der *Neuen Saar-Post* GmbH; LA Speyer: H 38/1426; mit entgegengesetzter Bewertung, jedoch übereinstimmend in den Fakten, wird die Gründungsgeschichte dargestellt bei Bartz, S. 75 ff.

21 Am massivsten wurde dies unmittelbar vor der Abstimmung wiederholt: „Streng vertraulich!", *Deutsche Freiheit* vom 3.1.35. – Die Version von den französischen Geldgebern wiederholt auch Zenner, S. 306; Bartz, S. 76.

22 Johannes Hoffmann: Journalistische Erfahrungen im Kampf gegen den Nationalsozialismus. Vortrag vor den Studenten des Instituts für Zeitungswissenschaften der Ludwig-Maximilians-Universität München am 18. November 1965 (Mskr.), S. 15; StadtA Saarbrücken. – Vgl. Kunkel, S. 108.

23 „Das neue Österreich", *Neue Saar-Post* vom 14.5.34.

24 „‚Saar-Post' für Völkerbundsfaschisierung", *Arbeiter-Zeitung* vom 8.4.34.

25 Rundschreiben des AA vom 25.9.34; PA AA, Missionsakten Paris: Saargebiet Bd. 32. – Sammelbericht Saar vom 1.11.34; PA AA, Pol. II: Parteien im Saargebiet Bd. 13.

ebenbürtig, zeitweilig sogar überlegen waren. Da sie der Zentrumspartei sehr nahe standen und durch personelle, politische und organisatorische Verbindungen dieser fest verbunden waren, wies ihre Entwicklung gewisse Parallelen auf. Dies gilt für den Prozeß der freiwilligen Gleichschaltung, aber auch für den der politischen Trennung von der „Deutschen Front" im Laufe des Jahres 1934. Die Entwicklung der christlichen Gewerkschaften hat wesentlich zur Mobilisierung der katholischen Saarländer beigetragen.

Insgesamt waren die christlichen Gewerkschaftsführungen konservativ und national eingestellt und blickten nicht mit der gleichen Skepsis und Sorge wie ihre freigewerkschaftlichen Parallelorganisationen auf die Entwicklung im Reich. Vielmehr sandte Otto Pick, der Vorsitzende und Organisationsleiter des saarländischen Christlichen Metallarbeiterverbandes (CMV) Anfang April 1933 eine Solidaritätsadresse an Hitler, in der er für seinen Verband die „nationale Erhebung" im Reiche begrüßte[26]. Allerdings regten sich intern Widerstände, als Hitler am 2. Mai 1933 die Gewerkschaften im Reich zerschlug bzw. sie in der „Deutschen Arbeitsfront" aufgehen ließ[27]. Zwar gehörte der Vorsitzende des Gewerkvereins christlicher Bergarbeiter an der Saar, Fritz Kuhnen, noch jener saarländischen Delegation an, die Hitler am 15. Mai empfing[28], aber gerade über Kuhnen erfuhr das Auswärtige Amt, daß gegen ihn und einen weiteren Gewerkschaftssekretär ein staatsanwaltschaftliches Verfahren eingeleitet worden sei; der genaue Hintergrund sei nicht bekannt, aber möglicherweise stecke dahinter eine Aktion der „Deutschen Arbeitsfront"; innerhalb der christlichen Gewerkschaften bestünden große Vorbehalte gegen ihn, so daß man ihn aus seinen Ämtern entfernen möchte[29]. Über die Einzelheiten des Streits liegen zwar keine genauen Informationen vor, aber da Kuhnen später als einer der energischsten Kritiker der gewerkschaftlichen Gleichschaltung im Reich auftrat und als Reichstagsabgeordneter des Zentrums wohl auch die entsprechende politische Übersicht über die Entwicklung in Deutschland besaß, dürfte der hier angedeutete Konflikt mit großer Wahrscheinlichkeit in diesem Zusammenhange stehen.

Für diese Interpretation spricht ein Fall, der einige Ähnlichkeiten mit demjenigen Kuhnens aufweist. Nach der Zerschlagung der Gewerkschaften im Reich bzw. ihrer Gleichschaltung war Heinrich Imbusch, Vorsitzender des Deutschen Gewerkschaftsbundes und des Gewerkvereins christlicher Bergarbeiter Deutschlands, an die Saar emigriert. Zwar betätigte er sich zunächst nicht politisch, wurde jedoch im Sommer 1933 mit anderen christlichen Gewerkschaftsführern und Zentrumspolitikern aus der „Deutschen Arbeitsfront" ausgestoßen, was bei den Bergarbeitern an der Saar Empörung hervorrief. Das NS-Regime beobachtete Imbusch trotz seiner politischen Inaktivität mit äußerstem Mißtrauen, war doch seine bloße Anwesenheit an der Saar ein Indiz dafür, daß er im heimatlichen Essen nicht frei leben und wirken konnte; außerdem war er ein potentielles Hindernis bei der Gleichschaltung der christlichen Gewerkschaften an der Saar[30]. In einem Vermerk meinte daher auch der Saar-Referent des Auswärtigen Amtes, Voigt, es wäre besser, wenn Imbusch von dort verschwände[31]. Dieser Überzeugung schloß sich auch die Gestapo an, obgleich mit der Gründung der „Deutschen Gewerkschaftsfront" die Gleichschaltung formell abgeschlossen war. Dennoch scheint sich das NS-Regime der christlichen Gewerkschaften im Saargebiet nicht sicher gewesen zu sein, wie folgende Bemerkung deutlich

26 Schreiben Otto Picks/CMV vom 5.4.33 an Hitler; BA, R 43 I/253.
27 Schumann, S. 72.
28 Vermerk Voigts vom 16.5.33; ADAP, Serie C, Bd. I, 2, Dok. Nr. 240, S. 435 ff.
29 Vermerk Voigts vom 25.7.33; PA AA, Pol. II: Parteien im Saargebiet Bd. 11.
30 Exposé Peter Kiefers über Heinrich Imbusch für Goebbels, übersandt mit Schreiben vom 4.11.33 an Westhoff; LHA Koblenz: 442/8530.
31 Vermerk Voigts vom 21.9.33; PA AA, Pol. II: Arbeitsverhältnisse im Saargebiet Bd. 12.

macht: „Wie hier berichtet worden ist, hindert Imbusch die ganze Entwicklung der Gewerkschaftsbewegung im Saargebiet in nationalsozialistisch-deutschem Sinne, so daß von allen Seiten die dringende Entfernung des Imbusch aus dem Saargebiet gewünscht wird"[32]. Die potentielle Gefahr unterstrich auch Kiefer und regte an, Imbusch eine gut dotierte Stelle anzubieten und Garantien für seine persönliche Sicherheit zu geben: „Da wir eine Hochstimmung für das Dritte Reich zeugen wollen, würde es im Hinblick auf den Abstimmungskampf sehr wertvoll sein, wenn eine gewisse Versöhnungspolitik Platz greifen könnte, etwa derart, daß man innerhalb der Deutschen Arbeitsfront bewährte ehemalige Führer der christlich-nationalen Gewerkschaften mit irgendeiner Funktion betrauen wollte"[33].

Tatsächlich erfuhr die Reichsregierung über ihre im Saargebiet wirkenden Agenten von schweren Verstimmungen innerhalb der christlichen Bergarbeiterschaft. Zwar habe sie angeblich Hitlers Machtergreifung sowie den 1. Mai als „Tag der nationalen Arbeit" begrüßt, aber die Besetzung der freigewerkschaftlichen Büros im Reich, die Verhaftung ihrer Funktionäre, die Beschlagnahme der gewerkschaftseigenen Vermögen sowie Nachrichten über ihre bevorstehende Gleichschaltung hätten allgemeine Empörung ausgelöst. Erst der Kondordatsabschluß, die Status quo-Propaganda des „Saarbundes" und die feste Haltung der christlichen Gewerkschaftsführung hätten wieder zur Beruhigung geführt[34].

Diese Einschätzung der Lage täuschte, da die Frage der beschlagten Vermögen einen Streitpunkt offen ließ, er auch gleichschaltungswillige Funktionäre nicht gleichgültig lassen konnte. Die DAF weigerte sich, die ihr anvertrauten Gelder – im Falle der christlichen Bergarbeiter des Saargebiets betrugen die Einlagen in reichsdeutschen Banken 2 Millionen RM – zurückzuzahlen. Das Auswärtige Amt drängte jedoch darauf mit Rücksicht auf den Schaden, den eine derartige starre Haltung bei der saarländischen Arbeiterschaft anrichten würde. Denn die christlichen Gewerkschaften an der Saar hatten einen Teil der Sozialleistungen aus Geldknappheit einstellen müssen. Da eine Einigung mit der DAF nicht zustande kam, sprang schließlich das Auswärtige Amt selbst mit Geldern für die „Deutsche Gewerkschaftsfront" ein[35].

Bereits im Januar 1934 – etwa parallel zu den Vorbereitungen der Gruppe um Johannes Hoffmann zur Gründung einer neuen Partei – begannen sich einige der christlichen Gewerkschaftsfunktionäre von ihrer gleichgeschalteten Dachorganisation zu lösen. Überliefert sind Äußerungen in dieser Richtung von Fritz Kuhnen und vom Sekretär des Christlichen Metallarbeiterverbandes, Otto Pick[36]. Gedanken an eine Trennung oder Herauslösung der gleichgeschalteten christlichen Gewerkschaften nahmen Gestalt an. Wie weit Kuhnen dabei bereits konkret versuchte, den Gewerkverein christlicher Bergarbeiter zu spalten, wie er es ankündigte, läßt sich nicht mehr ermitteln. Wohl aber hat Heinrich Imbusch den Versuch unternommen, als früherer Vorsitzender des Gewerkvereins im

---

32 Schreiben des Gestapa/Berlin vom 15.11.33 an die Gestapo-Leitstelle Düsseldorf; HStA Düsseldorf: Akten der Gestapo-Leistelle Düsseldorf, Dossier Imbusch sen.
33 Anm. 30.
34 Undatierter Stimmungsbericht (vermutlich Spätsommer 1933); LHA Koblenz: 442/8538. – Vgl. „Umschwung an der Saar", *Deutsche Freiheit* vom 28.6.34.
35 Schreiben der Bayer. Vertretung beim Reich vom 23.10.33 an die Staatskanzlei in München; BayHStA/Allg.StA: Akten des Staatsministeriums für Unterricht und Kultus. Verhältnisse im besetzten Gebiet, hier: Das Saargebiet Bd. IV, MK 15573. – Weitere Materialien zur Frage der Gewerkschaftsgelder in: PA AA, Pol. II: Arbeitsverhältnisse im Saargebiet Bd. 12. – Vgl. Jacoby, S. 126.
36 Siegmann, S. 256. – Von kommunistischer Seite wurde dies als bloßes scheinradikales Manöver zugunsten der „Deutschen Front" bezeichnet; vgl. „Hitlerfaschist Pick verrät christliche Metallarbeiter", *Arbeiter-Zeitung* vom 30.1.34.

Reich den saarländischen Gewerkverein in den Griff zu bekommen und gleichzeitig aus der Umklammerung der „Deutschen Front" zu lösen. Soweit sich die Entwicklung nachvollziehen läßt, war für den 10. Februar 1934 eine Sitzung des Gewerkvereins vorgesehen, auf der Satzungsänderungen, Vermögenstransaktionen und möglicherweise auch personelle Änderungen beschlossen werden sollten. Letzteres bezieht sich auf Kuhnen, der in der Folgezeit nicht mehr als Sekretär des Gewerkvereins in Erscheinung getreten ist. Heinrich Imbusch indessen versuchte, bereits die Vorstandssitzung des Gewerkvereins zu verhindern. In einem Protestschreiben betonte er, daß er auf der letzten ordentlichen Generalversammlung im Reich zum Vorsitzenden gewählt worden sei, so daß alle Beschlüsse der Vorstandssitzung ungültig seien[37]. Der Protest Imbuschs blieb ohne Wirkung und mußte es bleiben, da sich in diesem Falle die von der Regierungskommission verordnete Trennung saarländischer Organisationen von ihren reichsdeutschen Mutterverbänden zugunsten der „Deutschen Front" auswirkte. Auch Informationen, denen zufolge die Regierungskommission Imbusch als amtlichen Gewerkschaftskommissar einsetzen wollte, bestätigten sich nicht, obwohl dies zeitweilig erwogen worden war[38]. Der Versuch Kuhnens und Imbuschs, den Gewerkverein christlicher Bergarbeiter aus der „Deutschen Gewerkschaftsfront" zu lösen, mißlang. Zwar verblieben sie formell Mitglieder bis zu ihrem endgültigen Ausschluß im Dezember 1934, haben sich aber gegen Kiefers Einfluß nicht durchsetzen können.

Obwohl sich in mehreren christlichen Gewerkschaften Unzufriedenheit mit der Gleichschaltung ausbreitete, ist schließlich nur eine von ihnen aus der „Deutschen Gewerkschaftsfront" ausgeschert. Mit seiner Kritik am Kurs Kiefers hatte Pick niemals zurückgehalten, jedoch war dies von Zeitgenossen vielfach als Opportunismus ausgelegt worden[39]. In der ersten Hälfte des Jahres 1934 verdichteten sich jedoch die Widerstände innerhalb des Christlichen Metallarbeiterverbandes immer mehr, was vermutlich vor dem Hintergrunde von Johannes Hoffmanns Bemühungen um eine Wiederbelebung des politischen Katholizismus zu sehen ist. Reichsdeutsche Beobachter mißverstanden die Entwicklung zunächst als persönlichen Zwist zwischen Pick und Kiefer; jener sei verärgert, daß die „Deutsche Gewerkschaftsfront" die Selbständigkeit seines Verbandes eingeschränkt habe, was ihn veranlaßt habe, sich bei der Regierungskommission um noch schärfere rechtliche Absicherungen der Selbständigkeit saarländischer Verbände zu bemühen[40]. Freilich dauerte es, bis der schwelende Konflikt zwischen dem CMV und der „Deutschen Gewerkschaftsfront" endgültig ausbrach. Ende April 1934 hatte Robert Ley als Führer der „Deutschen Arbeitsfront" die Unvereinbarkeit der Mitgliedschaft in der DAF und in konfessionellen Arbeiter- und Gesellenvereinen verfügt, was sogar in der inzwischen gleichgeschalteten *Saarbrücker Landeszeitung* auf Kritik stieß[41]. Der Bruch des CMV mit der „Deutschen Gewerkschaftsfront" erfolgte jedoch auf internationaler Bühne. Anfang Juni 1934 fand in Montreux die 6. Tagung des Internationalen Bundes Christlicher Gewerkschaften statt, auf der die deutschen Organisationen nicht mehr vertreten waren. Wohl aber nahm für den CMV Otto Pick teil, begleitet von Heinrich Imbusch als Pressevertreter. Dieses Forum nutzten beide für heftige Angriffe auf das Dritte Reich. Otto Pick bat die befreundeten

---

37 Heinrich Imbusch an den Vorstand des Gewerkvereins der christlichen Bergarbeiter/Saar (Abschrift ohne Datumsangabe); PA AA, Pol. II: Arbeitsverhältnisse im Saargebiet Bd. 12.
38 Schreiben des bayerischen Ministerpräsidenten vom 11.2.34 an Vizekanzler v. Papen; ebd. – Schreiben Welschs vom 16.2.34 an den Regierungspräsidenten von Trier; LHA Koblenz: 442/8530.
39 Vgl. die Charakterisierung Picks bei Siegmann, S. 248.
40 Schreiben Welschs vom 16.2.34 an den Regierungspräsidenten von Trier; LHA Koblenz: 422/8530.
41 *Saarbrücker Landeszeitung* vom 3.5.34.

Organisationen des Auslandes um Hilfe für die deutschen Gewerkschaften und forderte die Rückgabe der beschlagnahmten Gewerkschaftsgelder sowie den Fortbestand selbständiger Organisationen an der Saar[42].

Dieser Auftritt erregte im Ausland, im Reich und an der Saar ungeheures Aufsehen. Erstmals hatten sich Vertreter gleichgeschalteter Verbände auf internationaler Bühne gegen das Dritte Reich ausgesprochen. Dieses Verhalten wurde kurz darauf auf der Vertrauensmännerkonferenz des CMV, die am 17. Juni 1933 im Volkshaus in Saarbrücken-Burbach stattfand, von den 600 Delegierten gebilligt. Pick und der Gewerkschaftssekretär Mockenhaupt richteten abermals schwere Angriffe gegen das Hitler-Regime und gegen Kiefer und wiederholten unter lebhafter Zustimmung der Teilnehmer ihre bereits im November des Vorjahres vorgebrachten Forderungen. Auf einer zwei Wochen später abgehaltenen Veranstaltung des CMV in Ensheim sprachen die 400 – 500 Teilnehmer Pick ausdrücklich ihr Vertrauen aus. Auf diesem Verbandstreffen präzisierte Pick auch seinen Widerstand gegen das NS-Regime: „Wenn die Obrigkeit etwas verlangt, was gegen das Christentum ist, so müssen wir uns dagegen wenden". Der Bruch mit der „Deutschen Front" war vollzogen und irreparabel geworden[43].

Die „Deutsche Front" reagierte auf diese Entwicklung sehr empfindlich. Pick, so argwöhnte das Preußische Innenministerium, bewege sich auf die „separatistische Linie" zu, wahrscheinlich stehe er, obgleich Protestant, in Verbindung mit der *Neuen Saar-Post*; auch Enflüsterungen Imbuschs und Sollmanns wurden vermutet. In Einvernehmen mit Kiefer nahm der an der Saar weilende Generalsekretär des früheren freiheitlichen nationalen Gewerkschaftsringes der Angestellten- und Arbeiterverbände, Ernst Lemmer, die Gelegenheit wahr, Pick wegen seiner Äußerungen in Montreux zur Rede zu stellen und ihn zum Verbleiben in der „Deutschen Gewerkschaftsfront" zu überreden[44]. Aber Lemmer hatte hier kein Glück. Gleichwohl wurden derartige Versuche in der Folgezeit auch noch bei anderen Gewerkschaftsfunktionären unternommen. Unzutreffend ist es, daß Pick und die christlichen Metallarbeiter irgendwelchen „Einflüsterungen" von anderer Seite erlegen waren. Pick war Protestant und hatte nicht dem saarländischen Zentrum, sondern der DSVP angehört, so daß Verbindungslinien zum Kreis um Johannes Hoffmann zumindest nicht maßgebend gewesen sein dürften; im Vordergrunde standen zweifellos gewerkschaftspolitische Anliegen, deren Unterstützung durch die *Neue Saar-Post* naturgemäß dankbar aufgegriffen wurde. Die Gewerkschaft stand mehrheitlich hinter ihrem Vorsitzenden und hielt, wie die energische Zurückweisung von Auslassungen Robert Ley's durch den Homburger CMV zeigt[45], mit ihrem Standpunkt auch in der Öffentlichkeit nicht zurück.

Da der CMV nunmehr weder mit Überredungen und Versprechungen noch mit Drohungen zurückzugewinnen war, griff die „Deutsche Gewerkschaftsfront" zu anderen Methoden, um eine allgemeine Lostrennung der übrigen ihr angeschlossenen Gewerkschaften zu verhindern. Angesichts einer zunehmenden Politisierung der saarländischen katholischen Geistlichkeit konnte das Beispiel der zweitgrößten christlichen Gewerkschaft durchaus ansteckend wirken. Einer der notorischen und zu Diffamierung ihrer Gegner üblichen

---

42 „Der Kongreß von Montreux" und „Christliche Gewerkschaften zu den großen Tagesproblemen", *Neue Saar-Post* vom 2. und 4.6.34.

43 V-Mann-Bericht vom 18.6.34; BayHStA/Geh.StA: Akten des Staatsministeriums des Äußern. Saargebiet Bd. XVa: Vereine, Parteien, Sammelakt. – „Spaltung der christlichen Saar-Gewerkschaften", *Deutsche Freiheit* vom 24./25.6.34; „Die Christen in Spaltung", *Saarbergarbeiterzeitung* vom 7.7.34; vgl. Siegmann, S. 276.

44 Vermerk des Preuß. Innenministeriums vom 29.6. und Vermerk Brauns von Stumm vom 21.6.34; PA AA, Pol. II: Arbeitsverhältnisse im Saargebiet Bd. 13. – Vgl. Jacoby, S. 126.

45 *Volksstimme* vom 28.6.34.

Vorwürfe war der der Unterschlagung, womit man vor allem Pick treffen wollte. Gewisse Gerüchte dieser Art waren schon im Frühjahr 1933 aufgetaucht. Die Verbandsleitung des CMV habe Gelder aus dem Reich ins Saargebiet verschoben, hieß es[46]. Noch vor Picks Trennung von der „Deutschen Gewerkschaftsfront" war auch bei Personen, die ihm keineswegs feindlich gegenüberstanden, der Verdacht verbreitet, er habe sich mit diesen Geldern nicht ganz korrekt verhalten[47]. Einem späteren Gutachten zufolge soll er in Straßburg ein Konto mit 230 000 ffrs angelegt haben[48]. Für uns ist allein von Interesse, daß der Vorwurf von Unterschlagungen fortan zum Anlaß und Vorwand diente, Pick von der Verbandsleitung des CMV zu verdrängen.

Zunächst versuchte es die „Deutsche Front" mit Gewalt. Am 10. September 1934 stürmte ein Rollkommando die Büroräume des CMV, um Pick an der Amtsführung zu hindern und gewissermaßen durch einen verbandsinternen Putsch zu entmachten; erst mehrere Polizeieinsätze konnten die Randalierer vertreiben[49]. Einen Tag später erwirkten zwei CMV-Mitglieder, die mit der „Deutschen Front" sympathisierten, eine einstweilige Verfügung, aufgrund derer Pick die weitere Verbandsführung bis zur nächsten Generalversammlung des CMV verboten wurde[50]. Pick legte hiergegen Berufung ein und wurde am 10. Oktober von der Zivilkammer des Landgerichts Saarbrücken bis zu den von der Regierungskommission anberaumten Vorstandswahlen in seinem Amte bestätigt[51]. Die Regierungskommission hatte am 23. September einen Dreierausschuß eingesetzt, der auf dem Verordnungswege Vorstandswahlen anordnete. Bereits Ende September zeichnete sich bei der Mehrheit der bis dahin benannten Delegierten der Unterbezirke Völklingen, Neunkirchen, Dillingen und St. Ingbert eine Mehrheit für Pick ab[52]. Die bevorstehende Machtprobe wurde von der Verbandsführung des CMV sorgfältig vorbereitet. Bereits kurz nach dem Überfall auf das CMV-Büro fanden statutenmäßig einwandfreie Sitzungen der einzelnen lokalen Organisationen statt, die für die bisherige Verbandsführung mobil gemacht wurden. Organisatorische Hilfe leistete hier – auf Veranlassung Herbert Wehners – die KPD. Im Verlag der *Arbeiter-Zeitung* wurden die erforderlichen Flugblätter gedruckt und dort, wo Störungen durch den „Ordnungsdienst" der „Deutschen Front" drohten, stellten Vertreter des Roten Frontkämpferbundes den Saalschutz[53]. Es ist eine Ironie, daß die Kommunisten noch acht Monate vorher Pick als „Hitlerfaschisten" und „Kapitalsöldling" geschmäht hatten; nun waren sie seine zuverlässigsten Verbündeten gegen die „Deutsche Front" geworden.

Auf Anordnung der Regierungskommission fand am 14. und 15. Oktober die besagte außerordentliche Generalversammlung des Christlichen Metallarbeiterverbandes statt,

---

46 „Was ist Saar-Separatismus?", *Saarlouiser Journal* vom 30.5.33.
47 Vgl. Siegmann, S. 288.
48 Schreiben des Oberstaatsanwalts Saarbrücken vom 16.3.37 an das Reichsinnenministerium; LA Saarbrücken: Akten des Generalstaatsanwalts Neustadt/W., Abt. I, Nr. 133.
49 „Christliches Gewerkschaftsbüro besetzt", *Deutsche Freiheit* vom 12.9.34. – „Faschistische Kommissare in Christlichen metallarbeiterverband", *Arbeiter-Zeitung* vom 12.9.34.
50 Anm. 48.
51 Schreiben Barths vom 13.10.34 an den bayerischen Ministerpräsidenten; BayHStA/Geh.StA: Akten des Staatsministeriums des Äußern. Saargebiet Bd. XVa: Vereine, Parteien, Sammelakt. – „Der Fall Pick", *Saarlouiser Journal* vom 11.10.34.
52 „Die Wahrheit bricht sich Bahn", *Saarlouiser Journal* vom 25.9.34.
53 Eines dieser Flugblätter, datiert vom 5.10.34 und unterzeichnet von „antifaschistischen Metallarbeitern", befindet sich im LA Speyer: H 38/1426. – Vgl. „Fraulauterner Massenselbstschutz schützt Christliche Metallarbeiter gegen Faschisten", *Arbeiter-Zeitung* vom 15.9.34. – Einen ähnlichen Vorfall meldete das Landjägeramt Friedrichsthal mit Bericht vom 27.9.34; AStadtV Saarbrücken: P-V/11. – „Die Saar darf nicht zur Beute Hitlers werden", *Rundschau* Nr. 52 vom 27.8.34. – Wehner, S. 75.

auf der dann Vorstandswahlen abgehalten werden sollten. Otto Pick wurde mit überwältigender Mehrheit als Vorsitzender bestätigt. Vertreten waren 380 von 387 stimmberechtigten Delegierten, wobei 242 für Pick, 135 gegen ihn votierten und drei ungültige oder unentschiedene Stimmzettel abgegeben wurden. Interessant ist eine Aufschlüsselung der Stimmen für Pick nach Unterbezirken: Saarbrücken 2:102, Neunkirchen 36:17, Völklingen 39:10, St. Ingbert 64:4, Dillingen 42:2 und Homburg 57:1[54]. Wir können hier eine umgekehrte Tendenz wie bei den freien Gewerkschaften beobachten, wo die industrialisierten Gebiete um Saarbrücken, Saarlouis, Neunkirchen und Völklingen Hochburgen von SPD, KPD und freien Gewerkschaften blieben, während in den abgelegenen Ortschaften mit ländlichem Charakter die Erosion ihres Mitgliederbestandes eingesetzt hatte. Aber gerade diese Gebiete waren vorher Hochburgen des Zentrums und damit gewöhnlich auch der christlichen Gewerkschaften gewesen, so daß ihre Mitglieder gegenüber Zersetzungsversuchen der „Deutschen Front" resistenter waren.

Die verbandsinternen Gegner Picks erkannten dessen klaren Wahlsieg nicht an; noch zweieinhalb Jahre später charakterisierte die Staatsanwaltschaft die CMV-Generalversammlung folgendermaßen: „. . . bei dieser Gelegenheit verstand es der Anzeiger Pick, sich zum Vorsitzenden wählen zu lassen". Eine einstweilige Verfügung gegen die Vorstandswahlen wurde abgewiesen, dagegen erwirkte Pick eine solche gegen zwei seiner Gegner, die sich als gerichtlich bestellte Leiter des CMV bezeichneten[55]. Bis zum Ende des Abstimmungskampfes blieb Pick in seinem Amte. Anfang November wurde er formell aus der „Deutschen Gewerkschaftsfront" ausgestoßen, obwohl er ihr ohnehin nicht mehr angehört hatte; einen Monat später wurden Imbusch und Kuhnen aus dem Gewerkverein ausgestoßen[56]. Bis zum Schluß versuchte jedoch die „Deutsche Front" prominente christliche Gewerkschaftsführer, die sich meistens Hoffmanns neuer Partei anschlossen, mit Drohungen oder Versprechungen ins andere Lager zu ziehen. Bei Imbusch gab man diese Versuche bald als zwecklos auf; Kuhnen wurde jedoch dreimal kontaktiert und führte schließlich in Koßmanns Wohnung ein längeres Gespräch mit dem früheren preußischen Staatssekretär Grieser; Kuhnen verlangte kategorisch mit einem prominenten Vertreter Berlins zu sprechen, was ihm jedoch verweigert wurde; er blieb bis zum Schluß der Status quo-Bewegung treu[57]. Bei Heinrich Imbusch griff die „Deutsche Front" zu anderen Methoden: auf ihn wurde am 30. Dezember ein Attentat verübt, das ihn schwer verletzte[58].

Pick und der CMV spürten auch weiterhin die Widerstände der „Deutschen Front". Etwa ein Drittel der Funktionäre und einige Mitglieder spalteten sich vom CMV ab und gründeten den „Deutschen Verband der Metallarbeiter Saar". Die Saarbrücker Stadtsparkasse verweigerte den Mitgliedern des CMV die Auszahlung von gewerkschaftlichen Konten mit der Begründung, sie wisse nicht, wer darüber verfügungsberechtigt sei. Darauf ordnete die Regierungskommission die Auszahlung an, was jedoch von der Sparkasse ignoriert wurde. Als sie gerichtlich hierzu am 19. Dezember gezwungen wurde, weigerte sich der

---

54 Mitteilung des DNB vom 14.10.34 und undatierter Bericht (Durchschrift); PA AA, Pol. II: Arbeitsverhältnisse im Saargebiet Bd. 14. – Vgl. „Mehrheit für Pick", *Volksstimme* vom 16.10.34; „Otto Pick schlägt Dr. Ley", *Saarlouiser Journal* vom 15.10.34; „Der politische Fall Pick", *Neue Saar-Post* vom 15.10.34. – Vgl. Wehner, S. 75.

55 Anm. 48.

56 „Pick aus DFG ausgeschlossen", *Arbeiter-Zeitung* vom 4./5.11.34. – „Schluß mit Kuhnen und Imbusch", *Saarbrücker Zeitung* vom 10.12.34. – Die Feststellung Jacobys (a.a.O., S. 126), wonach Pick schließlich die Verbandsleitung niederlegte, trifft nicht zu.

57 Schreiben Binders vom 24.12.34; LA Speyer: H 38/1424. – Vgl. Fritz Kuhnen: „Warum Status quo?", *Neue Saar-Post* vom 3.1.35.

58 „Banditentum der Deutschen Front'", *Volksstimme* vom 1./2.1.35.

Gerichtsvollzieher, in Aktion zu treten, weil er erst vom Saarbrücker Oberbürgermeister hierzu autorisiert werden müsse, während dieser gleichzeitig Berufung gegen den Gerichtsbeschluß einlegte. Der Ausgang der Affäre ist nicht bekannt; es ist aber zu vermuten, daß die christlichen Metallarbeiter nicht mehr an ihre Gelder gekommen sind. Am 17. Januar 1935 – vier Tage nach der Volksabstimmung – wurde Otto Pick vom Landgericht Saarbrücken die weitere Geschäftsführung des CMV untersagt[59].

Der „Deutsche Volksbund für christlich-soziale Gemeinschaft"

Spät – zu spät – wurde Ende November 1934 die seit fast einem Jahr überfällige neue christliche Partei gegründet. Ursprünglich als Trägerin der *Neuen Saar-Post* vorgesehen, wurde die Zeitung schließlich Wegbereiterin der Partei. Aber in der Partei fanden noch andere Kräfte zusammen, die sich parallel auf verschiedenen Ebenen entwickelt und schließlich in ihr eine Synthese gefunden hatten. Neben den christlichen Gewerkschaften ist hier vor allem die Mobilisierung der saarländischen katholischen Geistlichkeit zu nennen, die – allen Hindernissen zum Trotz – die Unruhe im politischen Katholizismus verbreitet und indirekt maßgeblich zur Parteigründung beigetragen hat.

Die Planungen zur Gründung einer neuen Partei, die Sitzungen der „Katholischen Aktion" in Saarbrücken und Luxemburg, wurden bereits erwähnt. Damals muß schon ein fester Plan zur Organisation bestanden haben. Siegmann notierte am 30. Januar 1934 in sein Tagebuch: „Heute morgen soll in der Eisenbahnstraße die Geschäftsstelle des neugegründeten ‚Katholischen Volksbundes', einer neuen Zentrumspartei, eröffnet werden . . .", und bestätigte einen Tag später: „Heute wird der ‚Katholische Volksbund' geboren (. . .)"[60]. Es ist aus den Quellen nicht ersichtlich, welche Hindernisse der tatsächlichen Gründung acht Monate lang im Wege gestanden haben. Sowohl aus dem Bericht über die Geheimsitzung der „Katholischen Aktion" als auch aus Siegmanns Notizen geht hervor, daß der päpstliche Prälat Testa, der zu dieser Zeit das Saargebiet visitierte, den Bestrebungen der katholischen Opposition und ihrem Wunsche nach einem eigenen saarländischen Bischof wohlwollend gegenübergestanden habe[61]. Vermutlich haben politische Entwicklungen auf höherer Ebene die Anfang 1934 fällige Neuorganisation des politischen Katholizismus an der Saar behindert. Soweit erkennbar, ist speziell diese Frage nirgends erforscht und beantwortet worden, so daß hier nur vage Vermutungen angestellt werden können. Es ist nicht auszuschließen, daß von der Reichsregierung über diplomatische Kanäle auf den Vatikan und auf innenpolitischem Wege auf die beiden Bischöfe von Trier und Speyer dahingehend Druck ausgeübt wurde, daß die Sondierungen des saarländischen Klerus und des Kreises um Johannes Hoffmann hinhaltend behandelt wurden.

Die Neuformierung des politischen Katholizismus wurde gerade auch von der saarländischen Geistlichkeit getragen. Nur widerwillig hatte der letzte (Interims-) Vorsitzende des Saar-Zentrums, Pfarrer Bungarten, die Selbstauflösung seiner Partei vorgenommen. Im September 1933 hatten sich etwa 100 saarländische Geistliche unter Führung des Saarbrücker Dechanten Johannes Schlich an Hitler gewandt wegen der Benachteiligung und Mißhandlung katholischer Beamter und der Unterdrückung katholischer Vereinigungen und Zeitschriften. Auf eine im November 1933 von Göring in Trier gehaltene kirchenfeindliche Rede reagierten sechzehn saarländische Geistliche, unter ihnen Schlich und

---

59 „Der Kampf gegen den CMV", *Grenzland* vom 30.12.34. – „Brief aus dem Saargebiet", *Rundschau* Nr. 4 vom 24.1.35.
60 Siegmann, S. 256, 257.
61 Anm. 7; Siegmann, S. 256.

Bungarten, mit einem abermaligen Protestschreiben an Hitler[62]. Schließlich führte das bereits erwähnte Interview des saarländischen NSDAP-Landesleiters Spaniol, in dem dieser Hitler als neuen Christus bezeichnet hatte, zur vollständigen Abkühlung des Verhältnisses zwischen Klerus und NS-Partei[63].

Nach der amtlichen Statistik wirkten am Stichtag der Volkszählung im Juli 1927 an der Saar 322 Geistliche (Dechanten, Superintendenten, Pfarrer, Kapläne, Vikare, Rabbiner), von denen die 87 als Verheiratete, Verwitwete oder Geschiedene bezeichneten eindeutig als Nicht-Katholiken zu erkennen sind. Wenn wir davon ausgehen, daß im Zeitraum bis zum Abstimmungskampf sich nichts grundlegendes an dieser Größenordnung geändert hat, dürfen in einer zu fast 73 % katholischen Bevölkerung im Jahre 1934 etwa 230 amtierende katholische Geistliche angenommen werden[64]. Diese Größenordnung ist für uns von Interesse, um die politische Entwicklung des Klerus an der Saar im Jahre 1934 in vollem Maße zu begreifen.

Die Gestapo hat vor allem während des Sommers 1934 die Entwicklung innerhalb des saarländischen Katholizismus sehr sorgfältig beobachtet und jede politische Regung registriert. Am 17. Juni 1934 kritisierte Pfarrer Bungarten auf dem katholischen Gesellentag in Homburg scharf die Kirchenverfolgungen im Reich[65]. Kurz darauf erfuhr das preußische Innenministerium von etwa acht Geistlichen, die eng mit „Separatisten" zusammenarbeiteten[66]. Noch eindeutiger war die Parteinahme des Klerus für die *Neue Saar-Post*, die von einem großen Teile als sein Sprachrohr angesehen wurde; an der feierlichen Einweihung des Betriebes der *Neuen Saar-Post* nahmen dreißig saarländische Geistliche teil[67].

Eine neue Steigerung erfuhr die Politisierung der Geistlichkeit durch den sogenannten „Röhm-Putsch", in dessen Verlauf in Berlin auch zwei prominente Vertreter katholischer Verbände ermordet wurden: der Berliner Leiter der „Katholischen Aktion", Erich Klausener, und der Führer der „Deutschen Jugendkraft", Adalbert Probst. Die Folge war eine ungeheure Erregung innerhalb des saarländischen Kirchenvolkes. Die *Neue Saar-Post* und sogar die gleichgeschaltete *Saarbrücker Landeszeitung* forderten Hitler in offenen Briefen auf, zu den Morden Stellung zu nehmen[68]. Auf einem Kreistreffen der „Deutschen Jugendkraft" in Saarlouis wurde für den ermordeten Probst Halbmast mit Trauerflor geflaggt. Die Agentenberichte der Gestapo registrierten eine schwere Verstimmung in der katholischen Bevölkerung[69]. Eine Protestkundgebung der katholischen Jugend wurde für den 29. Juli einberufen. Etwa 50 000 Jugendliche demonstrierten mit Trauerflor im Saarbrücker Stadion auf dem Kieselhumes. Als Redner war Pfarrer Bungarten vorgesehen, der sich zu einem der schärfsten katholischen Kritiker des Nationalsozialismus entwickelt hatte. Zu seinem Auftritt kam es jedoch nicht. Das persönliche Erscheinen des Trierer Bischofs Bornewasser änderte plötzlich das Programm und auch den Charakter der Veranstaltung. Zwar kritisierte Dechant Schlich zuvor scharf die Kirchenverfolgung im Dritten Reich. Aber der anschließend sprechende Bornewasser nahm der Demonstration die poli-

---

62 Abgedruckt bei Zenner, S. 383 f. und 388 f.; Original im BA, R 43·I/253. – Vgl. Jacoby, S. 114.
63 „Hitler als neuer Christus", *Deutsche Freiheit* vom 31.1.34. – Zur Affäre vgl. Jacoby, S. 115 ff.
64 Die Bevölkerung des Saargebiets . . ., Bd. II: Berufszählung. Die berufliche und soziale Gliederung der Bevölkerung des Saargebiets, Saarbrücken 1931, S. 322.
65 „Saar-Katholiken gegen das ‚dritte Reich'", *Deutsche Freiheit* vom 19.6.34.
66 Schreiben des Preußischen Innenministerium vom 21.6.34 an Binder; LA Speyer: H 38/1431.
67 Siegmann, S. 276.
68 Kunkel, S. 109; Zenner, S. 311. – „Die Katholiken an der Saar nicht beteiligt", *Deutsche Freiheit* vom 17.7.34. – Die *Neue Saar-Post* wiederholte ihren offenen Brief noch mehrfach; vgl. „Sehr geehrter Herr Reichskanzler!", *Neue Saar-Post* vom 15.9.34.
69 „Katholische Saar-Jugend", *Deutsche Freiheit* vom 17.7.34. – Gestapo-Bericht vom 23.8.34; PA AA, Pol. II: Parteien im Saargebiet Bd. 11.

tische Spitze, entschärfte den Protest und lenkte ihn sogar in eine entgegengesetzte Richtung; er distanzierte sich indirekt, aber deutlich von der *Neuen Saar-Post* und forderte die Saarländer auf, sich für die Rückgliederung ihrer Heimat einzusetzen. – Den Hintergrund dieses Auftritts bildete ein Arrangement zwischen dem Bischof und Gauleiter Bürckel, in dem ersterer gegen kirchenpolitische Konzessionen die für den Nationalsozialismus bedenkliche Atmosphäre im saarländischen Kirchenvolk zumindest kurzfristig entschärfte[70].

Die Unruhe hielt jedoch an. Mit Mißtrauen beobachtete die Gestapo die starke Verbreiterung der *Neuen Saar-Post*, die mit 9000 Exemplaren als einziges der wenigen nicht gleichgeschalteten Blätter eine Auflagensteigerung verzeichnen konnte und in geringem Umfange durch Schmuggeltransporte sogar in der benachbarten Pfalz Verbreitung fand[71]. Charakteristisch für die Atmosphäre ist der Agentenbericht über einen Bewohner aus Bous, der zwar der „Deutschen Front" angehörte, aber als eifriger Kirchgänger auf seiten der *Neuen Saar-Post* und hinter dem Ortspfarrer stand, der wiederum heftige Kritik am Dritten Reich zu äußern pflegte[72]. Auf einer Kundgebung der Marianischen Kongregation in Bierbach warnte der Bezirksjugendsprecher dieser Vereinigung vor dem braunen Neuheidentum und verwies auf die Unterdrückung der Kirche im Reich[73]. Im August 1934 kam es zu Kontakten zwischen Geistlichen und der Einheitsfront. Auf einer Veranstaltung der KPD in Saarlouis verkündete der Ensdorfer Parteisekretär, daß ein Geistlicher ihm seine Bereitschaft erklärt habe, sich zusammen mit zwölf Amtsbrüdern öffentlich zum Status quo zu bekennen; angeblich seien 120 Geistliche des Saargebiets bereit, bei der Arbeit der Einheitsfront mitzuwirken. Der V-Mann empfahl zwar Vorsicht gegenüber solchen Angaben, konnte indessen eine wachsende Politisierung der Geistlichkeit nicht verhehlen. Es finden sich verstreut in verschiedenen Archivbeständen weitere Agentenberichte über Geistliche, die das Dritte Reich attackierten, sich zur *Neuen Saar-Post* bekannten oder Sühneandachten für die Opfer des 30. Juni veranstaltet hatten[74].

Das markanteste Beispiel für die Annäherung des saarländischen Klerus an die Arbeiterparteien bildete der Auftritt eines Pfarrers auf der großen Sulzbacher Demonstration am 26. August. Für die meist sozialdemokratischen und kommunistischen Zuhörer trat völlig überraschend ein Mann in schwarzer Soutane ans Mikrophon. Er hasse den Irrtum, so verkündete er, aber er liebe die Irrenden, weswegen er sich unter einen ihm aus Glaubensgründen fernstehenden Personenkreis begeben habe. Und nun klagte er vor den Zehntausenden von Demonstranten das Dritte Reich an, die Kirchenverfolgungen und die Morde anläßlich des „Röhm-Putsches". Seine Ansprache gipfelte in der Aufforderung, auf der Saar-Abstimmung am 13. Januar 1935 mit *nein* zu stimmen. Der Auftritt des namentlich nicht vorgestellten Priesters erzeugte eine unerwartete Wirkung und verbreitete innerhalb der Status quo-Bewegung eine zuversichtliche Stimmung[75].

---

70 „Der Trierer Bischof gibt Saar-Katholiken die Abstimmung frei", *Deutsche Freiheit* vom 31.7.34; – „Tag der katholischen Jugend", *Saarlouiser Journal* vom 30.7.34. – Vgl. Kunkel, S. 109; Bartz, S. 93.

71 Schreiben der Gendarmerie Winnweiler vom 1.9.34 an das Bezirksamt Rockenhausen; LA Speyer: H 38/1426. – Vgl. Bartz, S. 77.

72 Schreiben der Bezirksamtsaußenstelle Waldmohr vom 20.8.34 an die Polizeidirektion Kaiserslautern; LA Speyer: H 38/1431.

73 Vermerk des Landjägeramtes Bierbach vom 17.8.34; LA Saarbrücken: 3318a-III/22.

74 Gestapo-Bericht vom 29.8.34; PA AA, Pol. II: Parteien im Saargebiet Bd. 11. – Agentenberichte vom 8.8.34 und undatiert; LHA Koblenz: 404/16861. – Vgl. Bies, S. 120.

75 „Der Sulzbacher Freiheitstag", *Deutsche Freiheit* vom 28.8.34; „Kundgebung der Einheitsfront in Sulzbach", *Neue Saar-Post* vom 27.8.34. – Vgl. Wehner, S. 75, Bartz, S. 107.

Der Geistliche war Pater Hugolinus Dörr, die ihm nachgesagte Sympathie für die autonomistische SWV führte bei der „Deutschen Front" zu einer Einstufung als „frankophil"[76]. Entscheidender war jedoch die Tatsache, daß zu diesem Zeitpunkt keine andere Partei existierte, in der Geistliche eine politische Heimat hätten finden können. KPD und SPD schieden aus weltanschaulichen Gründen aus, die politischen Splittergruppen waren unbedeutend oder zu unseriös. Tatsächlich haben viele Kleriker zu diesem Zeitpunkt das Vorhandensein einer katholischen Partei stark vermißt. Siegmann überliefert den Ausspruch eines Geistlichen: „Wenn die katholische Führung noch lange zögert, trete ich mit einigen Konfratres geschlossen und in aller Öffentlichkeit der ‚Freiheitsfront' bei"[77]. Hugolinus Dörr, von dem wahrscheinlich auch dieses Zitat stammte, beteiligte sich tatsächlich an mehreren Aktionen der Einheitsfront. Nicht nur trat er auf Veranstaltungen auf, sondern er begleitete auch Max Braun und Fritz Pfordt nach Paris, wo am 27. Oktober 1934 im Hotel *Lutetia* der „Untersuchungsausschuß über den nationalsozialistischen Terror an der Saar" tagte[78]. Dörr ließ sich auch nicht durch Ermahnungen seiner bischöflichen Oberhirten von seinem Engagement abbringen. Als diese ihm verboten, über politische Fragen zu sprechen, kleidete er seine öffentlichen Brandreden auf Veranstaltungen der Einheitsfront ein in theologische Attacken gegen das Neuheidentum und die Immoralität des Nationalsozialismus[79]. Auch andere Geistliche schlossen sich diesem Beispiel an. Auf einer Kundgebung der Einheitsfront im Saarbrücker Haus der Arbeiterwohlfahrt, bei der stark politisch gefärbten Christkönigsfeier der katholischen Jugend in der Saarbrücker St. Michaelskirche sowie bei anderen Anlässen traten gleichfalls mehrere katholische Geistliche auf[80].

Vertreter der saarländischen katholischen Geistlichkeit waren auch an der Vorbereitung des „Volksbundes" beteiligt. Den ganzen Spätsommer und Herbst über fanden Konferenzen und Beratungen über die politische Entwicklung statt, an der Pfarrer maßgeblichen Anteil hatten. So trafen sich im August 1934 im St. Canisius-Saal der Saarbrücker St. Michaelskirche etwa 80 Geistliche und 40 weitere Teilnehmer zu einer Veranstaltung, auf der dann Johannes Hoffman als Hauptredner auftrat[81]. Das bedeutet, daß mehr als ein Drittel aller katholischen Geistlichen des Saargebiets anwesend war. Dazu kamen in immer stärkerem Maße auch Vertreter der Christlichen Gewerkschaften. Hatten Imbusch und Johannes Hoffmann schon früher enge Kontakte unterhalten, so stießen jetzt Gewerkschaftsfunktionäre vor allem vom CMV hinzu. Die beiden Strömungen des katholischen Widerstandes, verschiedenen Quellen entsprungen, hatten zueinander gefunden.

Am 30. Oktober wurde zunächst auf lokaler Ebene ein „Deutscher Volksverein für christliche und soziale Kultur an der Saar" gegründet. Ort der Handlung, an der etwa dreißig Personen teilnahmen, war das katholische Vereinshaus in St. Ingbert, Veranstalter ein Vertreter der *Neuen Saar-Post*, Hauptredner Fritz Kuhnen[82]. Es ist nicht ganz ersichtlich, weswegen die Gründung zunächst nur auf lokaler Ebene erfolgte. Die eigentliche Gründung fand

---

76 Dies nicht nur bei der „Deutschen Front", sondern auch in Kreisen der Einheitsfront; vgl. Wehner, S. 74.

77 Siegmann, S. 290.

78 Bericht der Botschaft Paris vom 30.10.34 an das AA; PA AA, Pol. II: Missionsakten Paris. Saargebiet Bd. 32. – „Eine Saarkundgebung in Paris", *Deutsche Freiheit* vom 30.10.34.

79 Vermerk des Stadtpolizeiamtes St. Ingbert vom 19.11.34 über eine Veranstaltung der Einheitsfront vom selben Tage; LA Saarbrücken: 3318c-III/22.

80 Vermerk des Landjägeramtes St. Ingbert vom 20.10.33; ebd., 3318a-III/22 – „Große Freiheitskundgebung" und „Katholische Jugend gegen den ‚Führer'", *Deutsche Freiheit* 23./24.9. und 30.10.34.

81 Gestapo-Bericht vom 28.8.34; PA AA, Pol. II: Parteien im Saargebiet Bd. 11. – Schneider S. 493; Barth, S. 158.

82 Vermerk des Stadtpolizeiamtes St. Ingbert vom 4.11.34; ebd. Bd. 13.

schließlich am 30. November im Festsaal der Saarbrücker „Wartburg" statt. Den Saal hatte die Regierungskommission beschlagnahmen lassen, da die Stadtverwaltung ihn hatte verweigern wollen. Nach einem Bericht der Gestapo-Leitstelle Trier waren nur 270 Personen anwesend, darunter 35–40 Geistliche, von denen zehn namentlich aufgeführt werden. Diese Zahl ist falsch; wie übereinstimmend andere Agentenberichte sowie zeitgenössische Pressemeldungen bezeugten, nahmen an der Veranstaltung 1800–2000 Personen teil, unter ihnen etwa 70 Geistliche sowie prominente Vertreter der christlichen Gewerkschaften wie Imbusch, Pick und Kuhnen[83]. Geleitet wurde die Veranstaltung vom Geschäftsführer der neuen Partei, Dr. Thinnes; ihr endgültiger Name lautete nunmehr „Deutscher Volksbund für christlich-soziale Gemeinschaft an der Saar", gewöhnlich abgekürzt als „Christlich-sozialer Volksbund". Die Parole der neuen Partei lautete: „Für Christus und Deutschland – gegen Nationalsozialismus und Neuheidentum"; ihr Programm trug deutliche Spuren der christlichen Gewerkschaften; obwohl die meisten ihrer Anhänger Katholiken waren, verstand sie sich als überkonfessionelle Partei.

Der „Volksbund" war eine authentisch saarländische Bewegung, die von Kreisen der christlichen Gewerkschaften, des saarländischen Klerus und des katholischen Bürgertums getragen wurde. Von Imbusch abgesehen, spielten in ihr Emigranten keine Rolle. Versuche exilierter Zentrumspolitiker wie des Prinzen Hubertus zu Löwenstein, mit Hilfe eigener Publikationsorgane an der Saar aktiv zu werden, scheiterten aus verschiedenen Gründen[84]. Getragen wurde die Bewegung also von einem beträchtlichen Teil des saarländischen Katholizismus, für dessen Haltung Hoffmann internationale und kirchliche Rückendeckung suchte. Im September hatte er sich im Namen von 200 saarländischen Katholiken mit einer Denkschrift an den Völkerbund gewandt und das Programm der katholischen Opposition dargelegt. Im November wurde er zur Audienz beim Papst empfangen und hatte eine Unterredung mit dem Kardinalstaatssekretär Eugenio Pacelli, die aber wegen der darin betonten Neutralität der Kirche ergebnislos verlief. Dennoch gab sich Hoffmann in der Folgezeit zuversichtlich darüber, daß die vorgebliche vatikanische Neutralität den politischen Katholizismus an der Saar wenn nicht begünstigen, so doch auch nicht gerade behindern werde.

Hoffmann sollte sich täuschen. Bereits im Sommer hatte sich der Widerstand der Bischöfe von Trier und Speyer gegen die neue politische Bewegung bemerkbar gemacht. Erwähnt wurde bereits der Auftritt Bornewassers auf dem Kieselhumes. Nach Angaben des Deutschen Nachrichtenbüros wurde Pater Hugolinus Dörr von seinen Oberen gemaßregelt[85]. Die distanzierte Haltung der beiden Bischöfe zur *Neuen Saar-Post*, disziplinarische Maßnahmen gegen Priester, die von der Kanzel aus das Dritte Reich kritisiert hatten, die zustimmende Haltung der Bischöfe zu nationaler Propaganda – alles dies stellte eine unzweideutige Begünstigung der „Deutschen Front" dar. Dabei schreckten die Bischöfe nicht vor massiven psychologischen Repressalien zurück. So forderte der Bischof von Speyer seine Geistlichen auf, *sub fide sacerdotali* zu bekennen, ob sie sich von ihrem Ober-

83 Schreiben Binders vom 11.12.34 an die Bayerische Staatskanzlei; BayHStA/Geh.StA: Akten des Staatsministeriums des Äußern. – Gestapo-Berichte vom 7. und 9.12.34; PA AA, Pol. II: Parteien im Saargebiet Bd. 14. – „Die christliche Saarfront steht", *Neue Saar-Post* vom 1.12.34; – Christenkreuz gegen Hakenkreuz an der Saar", *Saarlouiser Journal* vom 2.12.34; – „Erhebung der Saarkatholiken", *Deutsche Freiheit* vom 2./3.12.34. – Vgl. Kunkel, S. 112; Zenner, S. 309.

84 Seine Zeitschrift *Das Reich* wurde von der Regierungskommission untersagt; vgl. Hubertus Prinz zu Löwenstein: Botschafter ohne Auftrag. Lebensbericht, Düsseldorf 1972, S. 113. – Schneider, S. 476.

85 „Pater Dörr gemaßregelt", *Deutsche Freiheit* vom 15.9.34. – Zu ähnlichen Vorgängen vgl. „Der braune Terror", ebd. vom 18.10.34.

hirten bedrängt oder genötigt fühlten, wobei eine Fehlanzeige oder Nichtbeantwortung dieser Frage nicht zugelassen war[86].

Gleichzeitig wurde auch die deutsche Diplomatie in Rom aktiv. Am selben Tage wie Hoffmann wurde auch eine Abordnung aus Deutschland empfangen, die auf das ungleiche Bündnis zwischen Geistlichen einerseits und den Parteien der Einheitsfront andererseits aufmerksam machte. Der Vatikan nahm durch seinen Vertreter an der Saar weiterhin eine der Form nach neutrale Haltung ein. Aber am 12. November erließen die beiden Bischöfe den „Erlaß zur Saarfrage", in dem allen Geistlichen politische Auftritte an der Saar untersagt wurden. Auf der Kanzel sollten Empfehlungen für Bücher, Zeitungen und Zeitschriften unterbleiben. Zwar richtete sich dieser neutral formulierte Erlaß auch gegen zwei für die „Deutsche Front" agierende Priester, war aber, wie die folgenden Sätze andeuten, ausschließlich gegen die Mobilisierung des katholischen Widerstandes an der Saar gerichtet: „Unsere Anweisung berührt nicht die sittliche Pflicht der Liebe zum angestammten Volkstum und die Treue zum Vaterland. Diese Liebe und Treue sind vielmehr nach katholischer Lehre sittliche Tugenden"[87].

Der „Volksbund" erlitt einen schweren Schlag, als wenige Tage nach seiner Gründung ein bischöfliches Verdikt die Mitgliedschaft von Geistlichen in der neuen Partei und die Teilnahme an ihren Veranstaltungen untersagte. Am 5. Dezember mißbilligte Bornewasser in einem Schreiben an die Dechanten des Saargebiets die Teilnahme von Geistlichen an der Gründungsversammlung des „Volksbundes" und dessen Eintreten für „. . . den sehr fragwürdigen Status quo"[88]. Damit war eine tragende Säule des katholischen Widerstandes gegen den Nationalsozialismus an der Saar herausgebrochen. Die letzten Wochen vor der Volksabstimmung mußte der „Volksbund" ohne Unterstützung des Klerus durchstehen. Der „Volksbund" hat genau sechs Wochen und zwei Tage bestanden, also eine Zeitspanne, die für die Entwicklung einer festen Organisation und einer geregelten politischen Arbeit zu kurz war. Da diese Partei zunächst und vorrangig für die Abstimmung gegründet worden war, kam es ihr hierauf auch nicht an, sondern vielmehr auf die propagandistische Breitenwirkung. Insgesamt dürfte sie kaum über einige Dutzend eingeschriebener Mitglieder hinausgekommen sein, was dem „Volksbund" von gegnerischer Seite den Spitznamen „Bund ohne Volk" eintrug[89]. Wesentlicher war seine Resonanz in der Öffentlichkeit, die sich in Teilnehmerzahlen bei Kundgebungen und Demonstrationen ausdrückte. Zwar wird man unter ihnen auch eine beträchtliche Zahl von sympathisierenden Mitgliedern der Einheitsfront sowie Neugierige annehmen dürfen;; dennoch blieb die neue Partei nicht ohne öffentliche Wirkung. Bereits zehn Tage nach ihrer Gründung, am 9. Dezember, nahmen 2500 Menschen an einer Kundgebung im Saarbrücker „Johannishof" teil. Es folgten ähnliche Veranstaltungen am 19., 21., 22. und 30. Dezember – abermals in Saarbrücken, in Wemmetsweiler, Dudweiler, Blieskastel und St. Ingbert, teilweise unter schweren Belästigungen durch die „Deutsche Front". In Blieskastel gingen braune Schläger mit Stuhlbeinen auf die Teilnehmer los, wobei durch plötzliche Schüsse Heinrich Imbusch und zwei weitere Personen verletzt wurden[90]. An allen Kundgebungen des „Volksbundes" haben zusammengerechnet zwischen 5000 und 6000 Personen teilgenommen.

---

86 „Katholische Kirche und Saargebiet", *Deutsche Freiheit* vom 5.10.34.
87 „Katholische Priester im Saargebiet", *Deutsche Freiheit* vom 17.11.34. – Vgl. Kunkel, S. 111; Schneider, S. 493; Bartz, S. 161 ff. – Vgl. Hans Müller: Katholische Kirche und Nationalsozialismus, München 1963, S. 299.
88 Zitat nach Kunkel, S. 112 f.
89 Bartz, S. 164.
90 „Einigkeit und Recht und Freiheit", *Deutsche Freiheit* vom 11.12.34; „Der Deutsche Volksbund marschiert", *Neue Saar-Post* vom 10.12.34; „Christus ist unser Führer", *Deutsche Freiheit* vom 21.12.34; „Banditentum der ‚Deutschen Front'", *Deutsche Freiheit* vom 1.1.35. – Polizei-Bericht

Wie nicht anders zu erwarten war, wurden der „Volksbund" von der „Deutschen Front" als französisch finanzierte Partei im Solde der Grubenvewaltung und die *Neue Saar-Post* als Franzosenblatt bezeichnet[91]. Diese Propaganda war schon gewohnter Bestandteil des politischen Alltags an der Saar und dürfte demnach kaum Aufsehen erregt haben. Dagegen wurde der „Volksbund" hart getroffen durch die weitere Politik der katholischen Kirche. Nach den schon erwähnten Erlassen erfolgte kurz darauf eine öffentliche und förmliche Erklärung des deutschen Episkopats zur Abstimmung, in der die Gläubigen zum Gebet für ein für Deutschland günstiges Abstimmungsergebnis aufgefordert wurden. Nicht unterzeichnet war diese Erklärung von den beiden Bischöfen von Trier und Speyer, um auf diese Weise den Schein ihrer Neutralität in der Abstimmungsfrage aufrecht zu erhalten. Am 6. Januar 1935 erklärten sich die saarländischen Dechanten – vermutlich auf Druck ihrer beiden Oberhirten, aber wohl gegen ihren eigenen Willen – für die Rückgliederung des Saargebiets[92]. Diese Entwicklung in den letzten Wochen vor der Abstimmung dürfte dem „Volksbund" die Kraft genommen haben. Der Weg zu den katholischen Massen war ihm damit versperrt worden, der Widerstandswille des sich neu formierenden politischen Katholizismus gegen das Dritte Reich in sich zusammengebrochen. Die Zahl der katholischen Stimmen für den Status quo darf als außerordentlich gering angesetzt werden.

Die Entwicklung des „Volksbundes" stellte eine Regeneration des politischen Katholizismus dar, der sich mit der freiwilligen Selbstauflösung des Zentrums auch selbst entmachtet hatte. Diese Entwicklung nahm für die „Deutsche Front" insofern bedenkliche Züge an, als mit der Mobilisierung von christlichen Gewerkschaften und Geistlichkeit durchaus der Boden für eine Massenbewegung gegeben war, die die Gesamtbevölkerung insgesamt politisieren konnte. Es besteht kein Zweifel daran, daß dies bei einer früheren Gründung des „Volksbundes" und einer zumindest neutralen Haltung der beiden Bischöfe von Trier und Speyer in großen Maße auch gelungen wäre. Wenn wir in Rechnung stellen, daß an den vorbereitenden Gründungsversammlungen der neuen Partei durchschnittlich 70–80 Geistliche – also rund ein Drittel des saarländischen Klerus – teilgenommen haben und nach anderen Informationen etwa 120 Klerikern – also der Hälfte – Sympathien für die neue Partei nachgesagt wurden, läßt sich das potentielle Ausmaß einer neuerstandenen katholischen Volkspartei mit starker Verankerung in der christlichen Gewerkschaftsbewegung in groben Umrissen erkennen. Im Gegensatz aber zur Mehrheit der saarländischen Geistlichen glaubte die deutsche Kirchenführung in Übereinstimmung mit dem Vatikan, aus vermeintlich übergeordneten Rücksichten, wenn auch nicht ohne Bedenken, die Entstehung einer autonomistischen katholischen Volkspartei verhindern und dadurch der Rückgliederung des Saargebiets den Weg ebnen zu müssen[93].

vom 30.12.34; PA AA, Pol. II: Parteien Bd. 15. – Bericht des Polizeiamtes St. Ingbert vom 21.12.34; LA Saarbrücken: 3318c-III/22.
91 „Streng vertraulich!", *Deutsche Front* vom 3.1.35; „Lügner – Verleumder – Feiglinge", *Neue Saar-Post* vom 7.12.34. – Bartz, S. 169 ff., 176.
92 Vgl. „Als unsere Bischöfe noch frei reden durften", *Neue Saar-Post* vom 6.1.35. – Jacoby, S. 143 f.
93 Hierzu Lewy, S. 203–222.

Frankophile, linke und rechte Splittergruppen im Abstimmungskampf

Die Machtergreifung Hitlers und die bald darauf einsetzende Gleichschaltungspolitik an der Saar hatten eine „Flurbereinigung" der politischen Landschaft zur Folge, in deren Verlauf die bürgerlichen Parteien und Verbände etappenweise ihre Eigenständigkeit preisgaben und schließlich in der von Nationalsozialisten geführten oder wesentlich mitbestimmten „Deutschen Front" aufgingen. Dieser Gleichschaltungsprozeß gab jedoch auch einer gegenläufigen Entwicklung Auftrieb durch die Mobilisierung von Gruppen, die entweder in Vergessenheit und Bedeutungslosigkeit versunken waren oder aber sich infolge eines oppositionellen Widerstandes gegen den zunehmenden Einfluß des NS-Regimes neu formierten.

Im folgenden werden einige Parteien und Verbände untersucht, die von ihrer poltitischen Ausrichtung und Programmatik sonst keinerlei Gemeinsamkeit vorweisen konnten. Die linken Splittergruppen ließen sich zwar ideologisch irgendwo zwischen SPD und KPD ansiedeln und waren – zumindest ihrem Selbstverständnis nach – Teil der Arbeiterbewegung. Die rechten Splittergruppen rekrutierten sich aus enttäuschten ehemaligen Nationalsozialisten, die teilweise dem Strasser-Flügel der NSDAP nahestanden und sich als „nationale Sozialrevolutionäre" fühlten. Jenseits dieses Links-Rechts-Schemas standen schließlich solche Parteien, die uns bereits als frankophile Gruppen begegnet waren und die sich aus unterschiedlichen Motiven für eine autonome oder gar selbständige Saar einsetzten oder den Anschluß an Frankreich befürworteten. Wir finden unter ihnen wiederum ausgesprochen „linke" Parteien, was Programmatik und proletarisches Gepräge betrifft, aber auch bürgerliche, mittelständische Vereinigungen. Die einzige Gemeinsamkeit aller dieser Gruppen war indessen die Gegnerschaft gegen Hitler und der Widerstand gegen die Rückgliederung an ein nationalsozialistisches Deutschland. Diese Gemeinsamkeit hat teilweise zu engen persönlichen und organisatorischen Querverbindungen zwischen den einzelnen Gruppen geführt, so daß es durchaus gerechtfertigt ist, sie in einem Zusammenhang zu behandeln.

Schließlich sei hier noch ein weiterer Aspekt der autonomistischen und separatistischen Organisationen beleuchtet, der für die Zeit des Abstimmungskampfes charakteristisch war: ihre Funktion als Sammelbecken und Anlaufstelle für linke und recht Splittergruppen. Der Gedanke eines selbständigen Saargebiets konnte in sehr unterschiedlichen ideologischen Mutterböden wurzeln und bot daher Berührungspunkte mit sehr verschiedenartigen Organisationen. Wir finden in frankophilen Parteien Spuren trotzkistischer und anarchosyndikalischer Gruppen ebenso wie von abgesprungenen oppositionellen Nationalsozialisten um Otto Strasser. Von beiden Seiten wurde versucht, über einen saarländischen Separatismus Anschluß an größere Volksmassen zu finden, und über frankophile Organisationen liefen gewöhnlich auch sporadische Querverbindungen zwischen den beiden Extremen. Gewiß, eine zahlenmäßige und politische Bedeutung kam weder den linken noch den rechten Splittergruppen zu. Aber auch ihre Aktivitäten beleuchten die Subkultur politischer Randgruppen, die mit all ihren teilweise wirren Zielen und irrealen Hoffnungen für die Atmosphäre des Abstimmungskampfes kennzeichnend waren. Da einige von ihnen sich zudem später an der Einheitsfront beteiligten oder ihr nahestanden, sollten sie an dieser Stelle nicht übergangen werden.

Die frankophilen Gruppen – „Saarbund" und „Bedsab" – hatten 1923/24 den Höhepunkt ihrer Bedeutung überschritten. Bei den Landesratswahlen 1924 hatte ihr politisches Organ, die Saarländische Arbeitsgemeinschaft, mit 2,7 % kein einziges Landesratsmandat erringen können. In den nachfolgenden Jahren verschwand die Saarländische Arbeitsgemeinschaft ganz von der politischen Bühne und verlor der „Saarbund" unter den Bergleuten völlig an Bedeutung. Um 1929/30 erlebten diese Organisationen eine gewisse Renaissance, was wohl nicht ganz ohne Zusammenhang mit der 1928 gegründeten Association française de la Sarre zu sehen ist. 1931 wurde ein neues Blatt herausgegeben, die *Saarchronik*, die zugleich als offizielles Organ des „Saarbundes" diente. Da dieser etwa 500 Mitglieder hatte, dürfte die Auflage nur wenig darüber gelegen haben[1]. 1932 stellte sich bei den Kommunalwahlen auch eine neue Partei vor – die Unabhängige Arbeiter- und Bürgerpartei. Diese kandidierte ausschließlich auf Gemeinderatsebene und nur im Kreise Saarbrücken-Land. Nach ihren Statuten bekannte sie sich zum Schutz der im Saarstatut den Saarländern garantierten Rechte, wobei ein ausdrückliches Bekenntnis zu Frankreich nicht gefordert wurde. Jedoch wurde der versteckte frankophile Charakter dieser Partei daran erkennbar, daß der „Saarbund", die *Saarchronik* sowie lothringische Blätter sie unterstützten. Dennoch erhielt diese Partei mit 2312 Stimmen nur 3,24 % im Kreis Saarbrücken-Land und insgesamt 12 von 4300 Gemeinderatsmandaten[2]. Die Zahl der frankophilen, autonomistischen und separatistischen Wähler war also recht bedeutungslos. Im Laufe des Sommers 1933 verschwand auch die Unabhängige Arbeiter- und Bürgerpartei völlig und scheint – nach einer Erhebung des Landrats von Saarbrücken-Land – nur noch in den Gemeinden Ludweiler, Fürstenhausen und Gersweiler existiert zu haben[3]. Trotz gewisser Bemühungen der Association française de la Sarre war die gesamte frankophile Szenerie wiederum im Einschlafen begriffen und wurde erst im Abstimmungskampf als Gegenstand politischer Propaganda künstlich wieder hochgespielt[4]. Die zahlenmäßig unbedeutenden frankophilen, autonomistischen und separatistischen Gruppierungen bildeten für die NSDAP/Saar und später für die „Deutsche Front" den Popanz einer zu dieser Zeit längst erschlafften französischen Annexionspolitik, mit dessen propagandistischer Diffamierung alle Status quo-Gruppen zu Verrätern im Solde Frankreichs gestempelt werden sollten. Die Entwicklung in Deutschland im Frühjahr 1933 hat die frankophilen Parteien zwar eingeengt und bedroht, sie zugleich jedoch neu belebt und das sich uniformierende Parteienspektrum an der Saar durch Neugründungen von Parteien erweitert. Ihre wechselvolle und zum Teil recht farbige Geschichte spiegelt zugleich anschaulich die unterschiedlichen Strömungen wider, die in ihnen zum Ausdruck kamen.

---

1 Baldauf, S. 34 f., 44 ff. – Dagegen dürfte die von Baldauf angegebene Auflagenziffer von 2 000 – 3 000 erheblich zu hoch gegriffen sein.

2 Statuten der UAB in Gersweiler-Ottenhausen vom 28.5.33; Archiv des Stadtverbandes Saarbrücken, P-V/15b. – Vgl. Bericht des Statistischen Amtes des Saargebiets H. 11, 1933, S. 392, wo die UAB nicht einmal als eigene Liste geführt wird. – Vgl. Kurt Hüttebräucker: Der französische Aufmarsch zur Volksabstimmung, in: Grabowsky/Sante, a.a.O., S. 222–248, insbes. S. 229 f.

3 Schreiben des Landrats von Saarbrücken vom 22.8.33 an die Regierungskommission; Archiv des Stadtverbandes Saarbrücken P-V/15b.

4 Vgl. Kunkel, S. 69 f.

Die Saarländische Sozialistische Partei (SSP)

Mit Überraschung und Erstaunen wurde im Mai 1933 weithin die Gründung der SSP zur Kenntnis genommen; diese Partei war neu und konnte mit den gewohnten parteipolitischen Kennzeichnungen kaum angemessen umschrieben werden: es handelte sich nach eigenem Selbstverständnis um eine autonomistische Linkspartei[5]. Neu war an ihr, daß sie als Konkurrenz neben die beiden Arbeiterparteien SPD und KPD trat und sich als erste Organisation für ein selbständiges Saargebiet aussprach. Nach Behauptungen reichsdeutscher Stellen soll die Initiative zur Parteigründung von der französischen Grubenverwaltung ausgegangen sein, die Anfang April 1933 Redner geworben und mit der Aufgabe betraut habe, in Versammlungen der SPD und der KPD gegen die jeweiligen Parteiführungen aufzutreten und für die Autonomie des Saargebiets bzw. seinen Anschluß an Frankreich einzutreten[6]. Die SSP ist den ihr von verschiedenen Seiten nachgesagten Ruf einer Partei in französischem Solde nie losgeworden, obgleich dieses Urteil, wie wir sehen werden, nur in eingeschränktem Maße gelten kann.

Als Gründungsakt wird eine Versammlung in der Saarbrücker Gastwirtschaft „Manger" Anfang Mai 1933 überliefert. Die Parteistatuten tragen das symbolische Datum des 1. Mai; mehrere Gestapo-Berichte verlegen den offiziellen organisatorischen Zusammenschluß auf einen der ersten Maitage und überliefern für den 7. und 11. Mai bereits erste Sitzungen des Parteivorstandes[7]. An der Spitze der Partei stand ein dreiköpfiges Parteipräsidium, assistiert von einem vierköpfigen Beirat, zu dessen Beratungen die Vorsitzenden der Kreisvorstände hinzugezogen wurden. Primär verstand sich die SSP als proletarische Klassenpartei und als Wegbereiterin zur Wiederherstellung einer einheitlichen und geschlossenen Arbeiterbewegung. „Die SSP vertritt die Auffassung, daß die Partei nicht Selbstzweck sein darf. Sie steht auf dem Standpunkt, die Parteiorganisation als Mittel zum Zweck zu betrachten, um die arbeitende Klasse zu einen. Sie ist bereit, ihren Bestand in dem Augenblick zu opfern, in welchem ein Zusammenschluß der arbeitenden Klasse mit den bestehenden Organisationen der SPD und KPD auf einer gemeinsamen Kampfbasis möglich ist (. . .)"[8]. Gegen die beiden Arbeiterparteien wurden auf den ersten Parteiversammlungen schwere Angriffe gerichtet und in einer offiziellen Verlautbarung der SPD eine Politik der Anpassung an den Kapitalismus, der KPD ein unentschlossenes Lavieren zwischen bloßer Taktik und Ohnmacht vorgeworfen[9].

Programm und Ideologie der SSP verraten durchaus eine gewisse Eigenständigkeit der Konzeption, die kaum mit französischen Expansions- und Wirtschaftsinteressen in Einklang gebracht werden kann. „Die SSP erstrebt die Beseitigung der kapitalistischen Gesellschaftsform", heißt es in § 1 der Parteistatuten, „und die Errichtung der sozialistischen Planwirtschaft. Sie steht auf dem Boden des Marxismus und erstrebt die Eroberung der po-

---

5 Die SSP ist bislang nur wenig untersucht worden, am ausführlichsten noch bei Zenner, S. 315 ff. – Der neuartige Charakter der Partei, der sie außerhalb parteipolitischer Traditionslinien ansiedelt, hat ihr offenbar wenig Interesse abgewinnen können.
6 Vermerk vom 8.5.33; BayHStA/Allg. StA: Akten des Staatsministeriums des Innern, MInn 47 094.
7 Gestapo-Bericht vom 20.5.33; PA AA, Pol. II: Parteien im Saargebiet Bd. 4. – Die kommunistische *Arbeiter–Zeitung* berichtete von der Gründung in ihrer Ausgabe vom 6. Mai.
8 Bericht des Bezirksamts Zweibrücken vom 27.5.33; PA AA, Pol.: Parteien im Saargebiet Bd. 4; dort auch die Statuten als Anlage.
9 Bericht von Heinrich Welsch vom 27.5.33 an den Regierungspräsidenten von Trier; LAH Koblenz: Akten des Regierungspräsidenten Trier 442/8531. – Undatiertes „Programm" der SSP; PA AA, Pol. II: Parteien im Saargebiet Bd. 5.

litischen Macht auf dem Boden des revolutionären Klassenkampfes"[10]. In einer späteren Erklärung forderte sie außer einem umfassenden Sozialprogramm die Verstaatlichung der (französischen) Saargruben und eine „demokratische, klassenlose Gesellschaft" nach dem Vorbilde der Sowjetunion, die sie stets vor Kritik in Schutz nehmen wollte[11].

Inhalt und Diktion dieser Verlautbarungen lassen eine wohlwollende Berücksichtigung französischer Interessen durchaus nicht erkennen. Das gilt auch für die außenpolitischen Stellungnahmen der Partei zur Saar-Frage. In ihren Statuten trat sie nicht für eine Angliederung an Frankreich ein, sondern forderte als nächste Etappe im Klassenkampf die politische Selbständigkeit des Saargebiets als geeigneten Schutzwall gegen ein Vordringen des Nationalsozialismus, und verkündete in der oben zitierten Erklärung, sie könne weder eine Unterwerfung unter den deutschen Faschismus, noch unter den französischen Imperialismus empfehlen; für die Volksabstimmung 1935 lehne sie den Anschluß an Deutschland oder an Frankreich ab, solange beide Länder kapitalistisch seien[12].

Ein vollständiges Bild von der Partei erhalten wir erst durch einen Blick auf die Anhängerschaft und vor allem ihre Gründer und führenden Funktionäre. Was Programm und Verlautbarungen nicht zum Ausdruck bringen, zeigt der politische Werdegang ihrer wichtigsten Vertreter. Die SSP war zweifelsfrei eine Arbeiterpartei, indessen doch ein Sammelbecken für Außenseiter und Einzelgänger, die in anderen Linksparteien keine Heimat fanden oder sich mit ihnen überworfen hatten. Das gilt vor allem für den Gründer und ersten Vorsitzenden der SSP, Max Waltz (1889–1964). Von Beruf Techniker, war er vor dem Ersten Weltkrieg an die Saar gekommen und dort zur SPD gestoßen. Nach dem Kriege wechselte er zur USPD und 1921 zur KPD über, deren Bezirksleiter er vorübergehend wurde. 1922 war er aufgrund interner Streitigkeiten – offiziell wegen „Bestechung durch die Saarregierung" – ausgeschlossen worden. Von der SPD, an die er später wiederholt Aufnahmeanträge gestellt hatte, war er stets abgewiesen worden. Insgesamt war Max Waltz eine charakterlich wie politisch recht umstrittene Persönlichkeit, die bei den meisten saarländischen Parteien auf Reserve stieß[13]. Neben der SSP wurde Waltz auch in anderen Organisationen aktiv, was ihm in der Partei wohl eine zusätzliche Rückenstärkung gab. So leitete er die „Gesellschaft der Freunde der Sowjetunion" und die „Liga für Menschenrechte" die sich auf sein Betreiben am 6. Mai mit der „Saarländischen Friedensliga" zusammenschloß[14]. Eine kommunistische Vegangenheit konnten auch andere führende SSP-Vertreter vorweisen. Der Maler Karl Schneider, Vorstandsmitglied der Partei, hatte 1922 zeitweilig als Lokalredakteur der *Arbeiter-Zeitung* gewirkt, war 1926 zur SPD gegangen, um schließlich in der SSP eine neue politische Heimat zu finden. Der spätere Landesleiter der geplanten, aber nie verwirklichten Parteimiliz, Salm, hatte einmal dem Rotfrontkämpferbund angehört; im Sommer 1933 stieß, von der KPD kommend, Hans Podevin zur SSP, um im Dezember seine politische Wanderschaft in Richtung „Deutsche Front" fortzusetzen[15].

10 S. Anm. 7.
11 Undatierte „Erklärung der SSP zur Frage des Saargebiets", PA AA, Pol. II: Partein im Saargebiet Bd. 5.
12 Ebd.
13 Der Saar-Referent des AA, Hermann Voigt, urteilte über ihn: „Da Waltz eine ganz übel beleumdete Persönlichkeit ist, kann es keinem Zweifel unterliegen, daß die SSP von den Franzosen moralisch und finanziell gefördert wird"; vgl. Vermerk vom 13.7.33; PA AA, Pol. II: Parteien im Saargebiet Bd. 4. – Ähnlich argumentierte von entgegengesetzter Seite die *Arbeiter-Zeitung*; auch die Urteile anderer Parteien und Verbände waren kaum freundlicher.
14 Undatierte Aktennotiz, PA AA, Pol. II: Emigranten im Saargebiet Bd. 4. – Vgl. Bers, S. 17, 136; – Zenner, S. 315. – „Saarländische Friedensliga für Menschenrechte", *Volksstimme* vom 9.5.33. – Grimm, S. 97 ff.
15 Bers, S. 133 f. – Anm. 7. – V-Mann-Bericht vom 16.9.33; PA AA, Pol. II: Parteien im Saargebiet Bd. 5. – Gestapo-Schreiben vom 9.2.34 an Voigt/AA, ebd. Bd. 7.

Die SSP erhielt noch von einer anderen Seite Zulauf: vom „Saarbund". Wahrscheinlich wird man diesen sogar als das eigentliche Mitgliederreservoir der neuen Partei bezeichnen können. Zahlenmäßig mit etwas über 500 Mitgliedern von 70 000 Bergleuten war er von gänzlich untergeordneter Bedeutung. Bei den Wahlen der Sicherheitsmänner (Arbeitervertreter) auf den Gruben erhielt er von über 40 000 abgegebenen Stimmen knapp 70 und gewann 1933 gerade eines von 218 Mandaten[16]. In der Öffentlichkeit spielte der „Saarbund" keine Rolle mehr; seine Mitglieder hatten – übrigens schon vor Beginn des Abstimmungskampfes – unter Schikanen und Übergriffen der anderen Gewerkschaften zu leiden. Sie wurden gelegentlich tätlich angegriffen, Plakate ihres Verbandes wurden beschädigt, und es wurden Flugblätter verteilt, in denen zu Aktionen gegen den Verband aufgerufen wurde[17]. Dadurch und durch die Protektion der französischen Grubenverwaltung führte der „Saarbund" ein isoliertes Eigenleben innerhalb der Bergarbeiterschaft. Er bot sich gewissermaßen der SSP an als Zugang zu den Bergleuten und sah seinerseits wohl in der neuen Partei die Möglichkeit, die verbandspolitische Isolierung zu durchbrechen. Der Erste Sekretär des „Saarbundes", Karl Krämer, trat der SSP bei und gelangte 1934 in ihren Vorstand. Wie es scheint, hat die SSP den „Saarbund" als die ihr zugehörige Gewerkschaft betrachtet und wohl ein ähnliches Verhältnis angestrebt, wie es zwischen der SPD und den freien Gewerkschaften und zwischen dem Zentrum und den christlichen Gewerkschaften bestand. Offensichtlich hat es von seiten der SSP auch Bestrebungen gegeben, einen Zusammenschluß des „Saarbundes" mit der gemeinhin als frankophil bezeichneten „Vereinigung der Elsaß-Lothringer" herbeizuführen – vermutlich unter dem Patronat der Partei[18].

Der SSP schlossen sich auch Emigranten an, die das politische Kolorit der Parteimitglieder um einige Nuancierungen bereicherten. An erster Stelle ist hier der Sozialrevolutionär Carl Minster (1873–1942) zu nennen, der zu den Gründungsmitgliedern der Partei gehörte. Minster stammte aus dem pfälzischen Edenkoben, wanderte 1896 in die Vereinigten Staaten aus, kehrte 1912 als amerikanischer Staatsbürger nach Deutschland zurück, wo er der SPD beitrat. Während des Ersten Weltkrieges schloß er sich dem „Spartakus" an und trat 1919, nachdem ihn die Revolution aus dem Gefängnis befreit hatte, der von der jungen KPD abgespaltenen Kommunistischen Arbeiterpartei (KAPD) bei. Zeitweilig scheint er darauf in der USPD mitgewirkt zu haben, um sich 1923/24 der pfälzischen Separatistenbewegung anzuschließen. Schließlich wirkte er ab Herbst 1931 als Journalist im Ruhrgebiet und in Berlin für die SAP, die sich im Reich am 3. März 1933 auflöste und ihren Mitgliedern den Beitritt zur SPD empfahl. Pläne zur illegalen Fortsetzung seiner politischpublizistischen Arbeit scheiterten, so daß er Ende Mai endgültig aus Essen verschwand. Möglicherweise hat die Aussicht auf ein neues politisches Betätigungsfeld im Rahmen der Anfang Mai 1933 gegründeten SSP seinen Entschluß zur Emigration beeinflußt. Minster nahm im Herbst 1933 eine Redakteurstelle in dem als frankophil bekannten Blatt *Saarlouiser Journal* an, was ihm auch eine publizistische Breitenwirkung ermöglichte[19].

Schließlich stießen zur SSP noch politische Einzelgänger aus anderen Richtungen. Gewisse lose Beziehungen anarchistischer Gruppierungen zu einigen ihrer Vertreter lassen sich ebenso nachweisen wie eine zeitweilige Gastrolle trotzkistischer Emigranten. Hier ist der

---

16 Baldauf, S. 34. – „Die Arbeitervertretung auf den Saargruben", *Saar-Bergarbeiter-Zeitung* vom 6.1.34.
17 Schreiben der Regierungskommission vom 11.2.33 an den Landrat von Saarbrücken; Stadt A. Saarbrücken: Akten der Bürgermeisterei Dudweiler Nr. 713.
18 Anm. 9.
19 Vgl. Kurt Koszyk: Das abenteuerliche Leben des sozialrevolutionären Agitators Carl Minster (1873–1942), *Archiv für Sozialgeschichte* V (1965), S. 193– 226, insbes. S. 217. – Theisen, S. 25.

alte „Spartakus"-Kämpfer Karl Retzlaw zu nennen, der im Sommer 1933 nach Saarbrük-
ken kam und sich dort der von Max Waltz geleiteten „Liga für Menschenrechte" anschloß[20]. Der SSP ist Retzlaw offensichtlich nicht beigetreten; er scheint aber durch die
engen Kontakte zu Max Waltz der Partei zeitweilig nahegestanden zu haben. Seine Funktion als Stellvertretender Vorsitzender der „Liga" verband er mit Aktivitäten für illegale
trotzkistische Gruppen im Reich[21]. Auch bei anderen Gelegenheiten traten innerhalb der
SSP Vertreter oder Sympathisanten des Trotzkismus auf.

Publizistische Schützenhilfe erhielt die SSP von einigen Zeitungen, die zwar nicht dem
proletarischen Selbstverständnis der Partei entsprachen, aber über das autonomistische
Element des „Saarbundes" einige Berührungspunkte vorwiesen. Dies gilt für das Wo-
chenblatt *(Saar)-Chronik* und das *Saarlouiser Journal*, deren Redakteur Dr. Eugen Feien
wiederum der SSP nahestand[22]. Die sogenannte frankophile Presse an der Saar war indessen nicht partei- oder organisationsgebunden und wirkte auch als Sprachrohr anderer autonomistischer Gruppen. Das gilt auch für den im Juli 1933 gegründeten *General-Anzeiger*,
in dessen Redaktion ebenfalls Feien und später auch Carl Minster mitwirkten.

Das Echo auf die Gründung der SSP war auf fast allen Seiten ein negatives. Von den bürgerlichen, später in der „Deutschen Front" vereinigten Parteien abgelehnt, von der
NSDAP als „Verräter" und „Franzosensöldlinge" geschmäht, war das Urteil auf der Linken
kaum besser. Daß die umstrittene Persönlichkeit des Max Waltz hierzu manches beigetragen hat, darf als unerheblich gelten. Wichtiger war wohl die Furcht vor einer Konkurrenz,
in der sich Unzufriedene und Abtrünnige aus den eigenen Reihen sammelten. Die KPD
bezeichnete die neue Partei als pseudomarxistisch und separatistisch; das saarländische
Proletariat sei Teil des deutschen Proletariats und müsse sich ausschließlich hinter der
KPD zusammenschließen[23]. Die sozialdemokratische Presse ignorierte die SSP völlig und
die freien Gewerkschaften verurteilten sie lange Zeit wegen ihres Eintretens für den Status
quo: „Der Verband der Bergbauindustriearbeiter und seine Mitglieder lehnen die Ziele
des Herrn Waltz und seiner Partei ab, indem daß sie an ihrer bisherigen Einstellung zurück zum großen Reich des großen Wirtschaftsverbandes festhalten"[24].

Das Aufsehen, das die SSP erregte, lag wahrscheinlich darin begründet, daß sie als erste
Partei angesichts der Entwicklungen in Deutschland eine von allen anderen Parteien sich
unterscheidende Alternative für die Saarabstimmung im Jahre 1935 propagierte. In der
SPD wurde, wie wir gesehen hatten, zwar intern über die Möglichkeit des Status quo diskutiert, aber offiziell noch keine Entscheidung darüber getroffen. In den freien Gewerkschaften dauerten die Diskussionen über die Option noch bis in die zweite Jahreshälfte 1934 an.
Die KPD konnte sich erst im Sommer 1934 für den Status quo entschließen. Die SSP propagierte also als erste einen möglichen neuen Weg zum Kampf gegen die Hitler-Diktatur,
der – da er den bisherigen Verlautbarungen aller übrigen Parteien widersprach – schnell in
den Ruf des Separatismus geraten mußte.

Das Etikett „frankophil" kennzeichnete trotz der Querverbindungen zum „Saarbund" nur
unzureichend den Charakter der SSP, deren Programm ein autonomistisches und keineswegs ein profranzösisches war. Dennoch war eine politische Nachbarschaft zu bestimmten frankophilen Gruppen und Persönlichkeiten unbestreitbar, so daß eine derartige
Kennzeichnung der SSP doch zumindest ihre partielle Berechtigung hatte. Die engen personellen Verbindungen zum „Saarbund" führten weiter zur französischen CGT und zu

20 Retzlaw, S. 373 ff.
21 Ebd., S. 374, 378.
22 Zur „frankophilen" Presse s. Theisen, S. 24 ff.
23 „Seperatismus im neuen Gewande", *Arbeiter-Zeitung* vom 6. 5. 33.
24 „Ein neuer ‚Retter' des Saargebiets", *Saar-Bergarbeiter-Zeitung* vom 3. 6. 33.

verschiedenen Organisationen in Lothringen. Daneben spielten persönliche Beziehungen zu Kreisen lothringischer Politiker eine wichtige Rolle, von denen allem Anschein nach gewisse Zuwendungen an die Partei geleitet wurden. Eine Vermittlerrolle bei derartigen Transaktionen scheinen der Deputierte Doeble und sein Landsmann AbbéRitz aus Metz gespielt zu haben. Daß fremde Gelder die Gründung der sonst völlig mittellosen SSP möglich machten, erhellt schließlich aus zwei Tatsachen. Zunächst verlegte die Partei einen ihrer Arbeitsschwerpunkte auf die Betreuung der Emigranten, also auf ein kostspieliges Aufgabengebiet, das ihr keine materiellen Gegenleistungen und kaum nennenswerte politische Vorteile eingebracht haben dürfte. Einem Agentenbericht zufolge hatte Max Waltz auf einer Vorstandssitzung seiner Partei die Bedeutung dieses Aufgabenbereiches erläutert und dabei an angebliche Abmachungen mit französischen Regierungsstellen erinnert[25]. Welchen offiziellen Charakter diese Kontakte nach Frankreich trugen, ist nicht klar. Es darf aufgrund von Indizien, auf die wir weiter unten eingehen werden, bezweifelt werden, daß die französische Regierung hinter derartigen Verbindungen stand. Wahrscheinlicher ist, daß Vereinigungen wie die unermüdliche Association française de la Sarre in der veränderten Situation nach Hitlers Machtergreifung erneut Morgenluft witterten und von französischen Rechtskreisen in größerem Maße Gelder für chauvinistische Propaganda erhielten[26]. Auf einer erweiterten Vorstandssitzung seiner Partei am 15. Juni konnte jedenfalls Waltz seinen Parteifreunden mitteilen, daß es gelungen sei, Kapitalgeber für eine Kommanditgesellschaft mit 100000 ffrs. Einlage – vermutlich für die Herausgabe einer Parteizeitung – zu gewinnen. Von Abbé Ritz seien ihm hierfür 150 000 ffrs., von anderer Seite 600 000 ffrs. bis Jahresende, insgesamt also rund 140 000 RM, zugesagt worden. Um die finanziellen Belange der Partei geheim zu halten, wurde die Regelung getroffen, daß die Parteikasse nur von Max Waltz selbst und dem Vorstandsmitglied Karl Schneider geführt wurde[27].

Auf derselben Vorstandsitzung konnte Waltz bereits die Gründung einiger Ortsgruppen seiner Partei bekanntgeben: Wallerfangen, Gersweiler, Fenne, Püttlingen, Wiebelskirchen, Merzig, Bettingen und Nalbach. Die Ortschaften verweisen auf das geographische Schwergewicht der Partei in den Kreisen Saarlouis, Saarbrücken-Land und Merzig. Obgleich es der SSP trotz der französischen Gelder vorerst noch nicht gelang, ein eigenes Presseorgan zu gründen – dies gelang erst im Januar 1934, – scheint sie durch rege Propagandaarbeit noch einigen Zulauf gehabt zu haben. Von den 246 Mitgliedern, die als „Gründergeneration" im Mai 1933 überliefert werden[28], stieg sie auf 1 000 Mitglieder im August und 1 300 im Oktober 1933[29]. Stellt man die etwa 7 000 Mitglieder der KPD und 5 000 der SPD in Rechnung, so war die SSP zunächst doch mehr als eine linke Sekte.

Der Partei kam eine gewisse Stimmung in der Öffentlichkeit zugute, die im Status quo-Gedanken eine erste Reaktionsform auf die Entwicklung der NS-Diktatur fand. Erinnert sei nochmals an das Wiederaufleben des „Saarbundes" und an die Gründung des *General-Anzeigers*; naturgemäß haben auch Aktivitäten entsprechender französischer Organisationen dieser Stimmung ihren materiellen Resonanzboden verschafft. Folglich konzentrierte sich die Propaganda der SSP auf diesen Punkt, wogegen Forderungen aus dem proletarisch-klassenkämpferischen Repertoire ihres Programms nur selten erwähnt wurden. Ein-

---

25 V-Mann-Bericht (Abschrift) vom 27.5.33; PA AA, Pol. II: Parteien im Saargebiet Bd. 4.
26 Schneider, S. 478. – Vgl. S. 152.
27 Anm. 13.
28 Anm. 25.
29 Protokoll der Vernehmung des Hans Podevin vom 20.1.34, ebd. Bd. 7. – Ähnliche Zahlenangaben machte der zur Gestapo- übergelaufene ehemalige SSP-Wachmann August Fröhlich; vgl. Gestapo-Bericht vom 30.11.33, ebd. Bd. 6.

stimmig sprach sich der SSP-Delegiertentag am 1. Oktober 1933 für den Status quo aus; kein einziger der 43 im Saarbrücker Haus der Arbeiterwohlfahrt versammelten Vertreter nahm eine entgegensetzte Position ein. Niemand befürwortete den Anschluß an Frankreich. Begründet wurde die Status quo-Haltung auch mit der drohenden Stillegung der Saar-Gruben, wenn sie wirtschaftspolitisch von ihrem lothringischen Hinterland getrennt würden. Die Frage der Option würde allerdings gegenstandslos, hieß es, wenn die Arbeiterschaft bis 1935 Hitler gestürzt haben würde. Interessant ist die Tatsache, daß als Kronzeuge für den Status quo-Gedanken Trotzki zitiert wurde, dessen Brief an einen saarländischen Freund auf dem Delegiertentag verlesen wurde: „Die Haltung der offiziellen Partei [KPD] wie der KPO in der Saarfrage scheint mir die Feigheit des Scheinradikalismus zu sein, eine ganz und gar nicht seltene Gattung der Feigheit. Selbstverständlich müssen wir für das Sowjetsaarland eintreten, d.h. Propaganda machen im Sinne der Eroberung der Macht. Der Termin dieser Eroberung ist aber nirgends fixiert und der Termin des Volksentscheides ist im Versailler Vertrag ganz genau angegeben. Das bedeutet, daß die Partei, die für das Sowjetsaarland kämpft, den Arbeitern die Antwort auf die Frage schuldig bleibt: wie sie im Jahre 1935 abstimmen sollen. . .“[30].

Im Herbst 1933 ergriff eine tiefe interne Krise die SSP und führte beinahe zu ihrer völligen Selbstauflösung. Bereits im Spätsommer 1933 war Kritik an Max Waltz' Parteivorsitz laut geworden und erhielt neue Nahrung durch eine Agentenaffäre, bei der sich dieser ungeschickt benommen hatte. Der niederländische Gestapo-Agent Joseph Snyders hatte vergeblich versucht, sich bei der SPD einzuschleichen und in der Saarbrücker Parteizentrale angestellt zu werden[31]. Da ihm dies mißlang, wiederholte er seinen Versuch bei der SSP und wurde tatsächlich mit Büroarbeiten beschäftigt. Obgleich Waltz die Absichten Snyders' durchschaut haben will, betraute er den Agenten mit der Ausstellung von Parteibüchern für neue Mitglieder. Dieser Vorfall gab auf der Vorstandssitzung vom 15. September 1933 Anlaß zu heftiger Kritik von seiten des Vorstandsmitglieds Lachaise. Zur Überwachung der Parteispitze wurde ein dreiköpfiger Aktionsausschuß eingesetzt[32].

Dieser Teilentmachtung folgte einen Monat später ein weiterer Skandal, der schließlich zum Ausschluß des Parteivorsitzenden führte. Am 24. Oktober weilte eine Delegation von Saarländern, unter ihnen Waltz, in Paris und wurde vom Außenminister Joseph Paul-Boncour empfangen, dem etliche Klagen und Wünsche vorgetragen wurden. Zeitweilig anwesend waren auch die Abgeordneten André-Fribourg und Doeble, die als Vertreter nationalistischer Organisationen wirkten und möglicherweise diese Reise veranlaßt hatten. Die übrigen fünf Delegationsteilnehmer waren, soweit bekannt, dem „Saarbund" zuzuordnen[33]. Die lückenhaften Quellen lassen eine Deutung dieses Besuchs nicht zu. In Saarbrücken soll es nach Rückkehr der Delegation zu Schlägereien zwischen Lachaise und Waltz über die Frage der außenpolitischen Orientierung der Partei gekommen sein; Lachaise soll Waltz dessen Status quo-Programm verübelt und seinerseits den Anschluß an Frankreich befürwortet haben[34].

Die Fakten lassen indessen eher eine umgekehrte Interpretation zu; in der nun einsetzenden Erosionsphase der SSP spalteten sich gerade solche Gruppen ab, die stärker an Frankreich orientiert waren, und gründeten – teilweise mit französischer Unterstützung – neue Parteien und Verbände, auf die wir später eingehen werden. Auch sprechen die Namen ei-

30 „Delegiertentag der SSP", *Saarlouiser Journal* vom 3.10.33.
31 „Genosse Snyders' – ein Nazi-Spitzel", *Deutsche Freiheit* vom 13.9.33.
32 V-Mann-Bericht (Abschrift) vom 16.9.33; PA AA, Pol. II: Parteien im Saargebiet Bd. 5.
33 Bericht des AA vom 21.11.33 an die Botschaft Paris; PA AA, Missionsakten Paris: Saargebiet Bd. 24.
34 „Separatisten zum Befehlsempfang bei Boncour", *Arbeiter-Zeitung* vom 26.10.33.

niger der Mitglieder jener Delegation dafür, daß Waltz eine stärker profranzösische Richtung vertrat. Wie weit er dabei einen politischen Kurswechsel anstrebte oder wie weit hier finanzielle und nicht zuletzt persönliche Motive entscheidend waren, ist nicht mehr festzustellen. Auf einem Parteitag der SSP in Merchweiler in den letzten Oktobertagen, an der 14 Ortsgruppen mit über 100 Teilnehmern vertreten waren, wurde Max Waltz aus der Partei ausgeschlossen. Als Gründe werden in den Agentenberichten finanzielle Unregelmäßigkeiten und Gaunereien genannt; nach Angaben der *Arbeiter-Zeitung* waren Spitzeldienste für die NSDAP maßgebend und die Tatsache, daß „. . .Waltz die SSP zu einer sozialdemokratischen Arbeiterpartei machen will"[35]. Waltz fungierte weiter als Vorsitzender der kleinen, aber rührigen „Liga für Menschenrechte" und trat auch später noch als Gründer politischer Parteien und Organisationen in Erscheinung. – Die internen Querelen erschütterten indessen die SSP aufs tiefste und brachten die Partei an den Rand ihrer Auflösung. Die französische Grubenverwaltung ließ durch ihre Beamten die der SSP zur Verfügung gestellten Räumlichkeiten inspizieren und warf die Partei heraus. Ohne Finanzen, ohne parteieigene Einrichtungen und mit Streitigkeiten im Vorstand schien die SSP am Ende zu sein. Ein Beobachter gab ihr Anfang November noch eine Lebensdauer von höchstens zwei Monaten. Auch fehlte ihr jede Möglichkeit der öffentlichen Propaganda; da sie kein eigenes Blatt besaß, war sie abhängig von der wohlwollenden Berichterstattung des *General-Anzeigers* und des *Saarlouiser Journals*, die jedoch zur Empörung der Partei mit keinem Wort den Merchweiler Delegiertentag erwähnten[36].

Anfang November 1933 wurde als neue autonomistische Partei die „Saar-Wirtschafts-Vereinigung" (SWV) gegründet, zu der eine beträchtliche Zahl von SSP-Mitgliedern überlief; kurz darauf folgten andere frankophile Parteigründungen. Die Mitgliederzahl der SSP sank rapide. Von den ursprünglich 16 Ortsgruppen blieben nur noch die in Ottweiler, Neunkirchen, Merchweiler und Dudweiler aktiv, während die Ortsgruppen Püttlingen, Clarenthal und Saarlouis geschlossen zur SWV überliefen. Nach Angaben ehemaliger SSP-Mitglieder, die sich im Laufe des Winters 1933/34 den reichsdeutschen Behörden stellten, soll die Mitgliederzahl der Partei auf 500 – 600, ja sogar auf 100 gesunken sein[37]. Auch Carl Minster verließ die Partei und schloß sich der SWV an. Wahrscheinlich war für ihn maßgebend, daß er dort größere politische Agitationsmöglichkeiten hatte. Die SSP aber brauchte etwa drei Monate, um sich regenerieren und in der ersten Jahreshälfte 1934 einen Teil ihrer Mitglieder zurückgewinnen zu können.

Die entscheidende Persönlichkeit des neuen dreiköpfigen Vorstandes war zunächst Gustav Pistorius, der offensichtlich auch eine wichtige Rolle bei der Ausbootung von Max Waltz gespielt hatte. Im September 1933 war er in den Beirat des Parteivorstandes gewählt worden und hatte dort Gustav Gonder abgelöst[38], der seinerseits später die Partei verließ und eine eigene Organisation gründete. Im Herbst oder Winter 1933/34 stießen dann zum Vorstand der „Saarbund"-Sekretär Karl Krämer sowie Wilhelm Kramer, der den Parteivorsitz übernahm. Zwar hatten Carl Minster und auch der Journalist Eugen Feien der SSP den Rücken gekehrt, jedoch nicht völlig mit ihr gebrochen und traten gelegentlich noch als Redner auf ihren Veranstaltungen auf. Überhaupt gab es trotz der Konkurrenz von seiten der SWV innerhalb der frankophilen Szenerie manche politischen und persönlichen Querverbindungen. Für alle autonomistischen Gruppen kam dem *Saarlouiser Journal* und

---

35 V-Mann-Berichte vom 28. und 30.10.33.; PA AA, Pol. II: Parteien im Saargebiet Bd. 6 – „Durcheinander in der SSP", *Arbeiter-Zeitung* vom 29./30.11.33.
36 V-Mann-Bericht vom 3.11.33; LHA Koblenz: 442/8533.
37 Anm. 29.
38 Rundschreiben Voigts vom 8.9.33; BayHStA/GehHStA: Akten des Staatsministeriums des Äußern. Saargebiet Bd. XVa: Vereine, Parteien, Sammelakt.

dem *General-Anzeiger*, in denen Feien und Minster als Redakteure arbeiteten, die Funktion eines Sprachrohres und Kommunikationsmittels zu. Beide Blätter berichteten über die Aktivitäten von SSP und SWV und veröffentlichten auch deren Vorankündigungen für Veranstaltungen; sie sind daher vielfach die einzige Quelle für die Aktivitäten der beiden Parteien. Am 20. Januar 1934 schließlich erschien die erste Nummer der *Saar-Fackel* als Zentralorgan der SSP, herausgegeben vom Parteivorsitzenden Wilhelm Kramer[39].

Wie weit die SSP unter dem neuen Parteivorstand noch französische Gelder erhielt, ist ungewiß. Behauptet wurde dies von der „Deutschen Front" und den von ihr herausgegebenen Propagandaorganen immer wieder[40]. Angeblich soll der französische Abbé Ritz der SSP-Führung erneut beträchtliche finanzielle Mittel angeboten haben für den Fall einer pro-französischen Orientierung der Partei[41]. Offensichtlich söhnte sich die SSP auch wieder mit der Grubenverwaltung aus. Ihre Veranstaltungen fanden nämlich größtenteils in Räumlichkeiten statt, die den Gruben gehörten oder auf ihrem Gelände lagen. Pistorius wohnte in einer grubeneigenen Bergmannswohnung in Jägersfreude, wohin im Februar auch der SSP-Vorsitzende Wilhelm Kramer seinen Wohnsitz verlegte, so daß dieser Ort fortan das Zentrum der Partei bildete[42].

Den Plan einer eigenen Parteimiliz scheint die SSP nicht wieder aufgegriffen zu haben. Noch unter dem Vorsitz von Max Waltz hatte die Partei im September 1933 Vorbereitungen für eine bewaffnete und uniformierte Miliz getroffen, die dem Kommando des früheren RFB-Funktionärs Salm unterstellt werden sollte; als Bezeichnung waren „Stoßtrupp ‚Freie Saar'" oder „Saarländische Sturmabteilungen" (SSA) vorgesehen[43]. Die Schneiderrechnungen für die Uniformen soll Waltz – abgefangenen und photokopierten Briefen zufolge – direkt an den französischen Abgeordneten Doeble zur Bezahlung weitergeleitet haben[44]. Die parteiinterne Krise verhinderte jedoch den Aufbau dieser Einheiten. Ein später gefaßter Beschluß zur Gründung der Miliz[45], ist, wie es scheint, niemals ausgeführt worden.

Die Entwicklung der Partei im Jahre 1934 verlief nicht so spektakulär wie im Vorjahre und weist keine vergleichbaren Krisen auf. Andererseits verlor sie auch stark an öffentlichem Interesse. Vor allem im Frühjahr 1934 entfaltete sie noch eine gewisse Aktivität, wie dies den Inseraten des *Saarlouiser Journals* zu entnehmen ist. Ihnen zufolge gab es wieder Ortsgruppen in Saarbrücken, Neunkirchen, Altenkessel und St. Ingbert; in einigen Orten auch Jugend-, Frauen- und Theatergruppen. Als Redner traten gewöhnlich Kramer und Pisto-

---

39 Von diesem Blatt konnte der Verfasser nur eine einzige – die erste – Nummer ausfindig machen im LA Speyer: Akten des Bezirksamts Kusel H 38/1426. – Dies ist insofern bedauerlich, als die unvollständige Berichterstattung anderer Blätter und die als Quelle teilweise recht fragwürdigen Agentenberichte kaum Einblick gewähren in das Innenleben der Partei. – Zur Gründung des Blattes vgl. „Neues Schmierblatt der Saar-Separatisten", *Arbeiter-Zeitung* vom 2.2.34.

40 „Die SSP wendet sich an das interessierte Frankreich", *NSZ-Saarfront* vom 6.1.34; darin Abdruck eines angeblichen Schreibens von Pistorius und Kramer an die Grubenverwaltung mit der Bitte um materielle Unterstützung.

41 Rundschreiben Voigts vom 15.1.34 an die Missionen; PA AA, Missionsakten Paris: Saargebiet Bd. 25.

42 „General-Anzeiger – SSP – Emigranten", *NSZ Saarfront* vom 26.2.34.

43 Anm. 32. – Undatierter V-Mann-Bericht (Oktober 1933?); LA Speyer, Akten des Bezirksamts Kusel 442/8533.

44 Die Kopien der Rechnungen und Briefe befinden sich im PA AA, Pol. II: Parteien im Saargebiet Bd. 8.

45 V-Mann-Bericht vom 23.1.34, ebd. Bd. 6.

rius auf, als Gäste gelegentlich auch Carl Minster und Eugen Feien[46]. Sogar ihr Mitgliederbestand scheint im Sommer 1934 gewachsen zu sein. Für August 1934 schätzte die Gestapo die Mitgliederzahl auf 1700, für Oktober 1934 sogar auf über 2000[47], – eine Zahl, die sich freilich jeder Nachprüfung entzieht.

Von der „Deutschen Front" nach wie vor als „Verräterpartei" und „Franzosensöldlinge" beschimpft, hielt auch die Polemik der KPD/Saar wie auch die völlig abweisende Haltung der SPD/Saar an[48]. Das Verhältnis zu den beiden Linksparteien besserte sich nur wenig. Nach Gründung der Einheitsfront ergaben sich zwar einige Kontakte und in einigen kleineren Gemeinden wurde die SSP als Bündnispartner mit aufgenommen. Auf Veranstaltungen traten dann auch ihre Vertreter zusammen mit Sozialdemokraten und Kommunisten auf. Auf landespolitischer Ebene wurde die SSP jedoch vollkommen ignoriert. Auf einem Flugblatt, das offensichtlich zur großen Sulzbacher Demonstration im August 1934 verteilt wurde, beschwerte sich die Partei, daß ihr am 7. Juli schriftlich unterbreitetes Angebot einer Einheitsfront mit Sozialdemokraten und Kommunisten nach sieben Wochen immer noch nicht beantwortet worden sei[49]. Soweit bekannt, ist auch weiterhin keine Antwort auf dieses Angebot gegeben worden. Die etwa halbjährige Phase der Einheitsfront und die dramatische Schlußphase des Abstimmungskampfes mit ihrer starken Polarisierung hat das öffentliche Interesse für die kleineren Parteien stark zurücktreten lassen und ihnen die Möglichkeit einer weiteren Eigenprofilierung genommen.

Die SWV und andere autonomistische Gruppierungen

Im Herbst 1933 regten sich auch wieder die Aktivitäten der Association française de la Sarre. In Rundschreiben an die Präfekten der drei Deutschland benachbarten Grenzdepartements unterbreitete sie Vorschläge darüber, wie man durch Propaganda die Elsässer für die Saarfrage mobilisieren und zur Unterstützung der frankophilen, vor allem aber der in Frankreich ansässigen Saarländer gewinnen könne[50]. Die Association veranlaßte zu dieser Zeit die Gründung einer „Union franco-sarroise", deren stellvertretender Vorsitzender der junge Saarlouiser Rechtsanwalt Edgar Hector wurde; dieser wiederum war ein Sohn des Saarlouiser Arztes Jacob Hector, der aufgrund seiner profranzösischen Haltung 1920 zum Mitglied der Regierungskommission ernannt worden war[51]. Vermutlich nicht ohne Zusammenhang mit diesen Aktivitäten der Association française de la Sarre stand die Spaltung der SSP und die geradezu termingerechte Gründung einer neuen Partei, der Saar-Wirtschaftsvereinigung (SWV). Sie wurde am 21. Oktober 1933 in Saarlouis von Jacob Hector ins Leben gerufen. Zu den Gründungsmitgliedern gehörten auch Pater Hugolinus Dörr und Carl Minster. Sie vereinigte – im Gegensatz zur stärker proletarischen SSP – autonomistische Kreise aus dem Mittelstand, deren wirtschaftliche Existenz von den Saar-

---

46 Artikel und Inserate des *Saarlouiser Journals* vom 4., 5., 12. und 29. Mai sowie vom 3. und 11. Juni 1934. In der zweiten Jahreshälfte sind kaum noch Hinweise auf Aktivitäten der Partei zu finden. – Minster hatte die Partei zwar verlassen, war ihr als Vortragsredner jedoch ohne Unterbrechung treu geblieben; vgl. Vermerk des Landjägeramtes Dudweiler vom 31.12.33; A: Stadt V. Saarbrücken P-V/8. – Vermerk des Landjägeramtes Brebach vom 17.6.34; ebd. P-V/10.
47 Gestapo-Schreiben vom 19.9.34 an das AA und Bericht vom 9.10.34; PA AA, Pol. II: Parteien im Saargebiet Bd. 12. – Sammelbericht Saar vom 1.11.34, ebd. Bd. 13.
48 Vgl. den undatierten Bericht über die SSP-Veranstaltung am 17.3.34 in Brebach sowie das bei dieser Gelegenheit verbreitete undatierte und anonyme Anti-SSP-Flugblatt, LA Speyer; H 38/1428. – „Separatistische Agentur des französischen Imperialismus," *Arbeiter-Zeitung* vom 20.1.34.
49 Undatiertes gedrucktes Flugblatt; A Stadt V. Saarbrücken: P-V/11.
50 Rundschreiben vom 24.10.33; A:D Strasbourg: D 286/382.
51 Schneider, S. 488 f. – Vgl. S. 18.

gruben oder von der saarländischen Zoll- und Währungsunion abhängig war. Dazu mochten wohl auch französischstämmige oder frankophile Personen gehören, die ihre Interessen durch die proletarische, sich selbst marxistisch verstehende SSP nicht oder unzureichend vertreten glaubten. Vermutlich hatte sie ihr potentielles Mitgliederreservoir bei den Anhängern und Mitgliedern ihrer Vorläuferinnen – der Saarländischen Arbeitsgemeinschaft und der Unabhängigen Arbeiter- und Bürgerpartei – sowie bei den Lesern der als frankophil geltenden Presse[52]. Wie groß die Abhängigkeit der SWV von französischen Geldgebern war und wie eigenständig sie spezifisch saarländische Belange vertrat, ist nur schwer abzuschätzen. Die ihr von der „Deutschen Front" nachgesagte französische Fernsteuerung mag stark übertrieben sein. Andererseits deuten die Verbindungslinien ihres Gründers Jacob Hector über dessen Sohn Edgar zur Association française de la Sarre auf sehr enge Kontakte mit Frankreich. So hatte auch der stellvertretende SWV-Vorsitzende Dr. Otto Marx jener Delegation von Saarländern angehört, die am 24. Oktober – drei Tage nach der Parteigründung – bei Außenminister Paul-Boncour antichambriert hatte[53]. Wie bereits erwähnt, gelang es Hector, einige prominente Mitglieder der SSP zu sich herüberzuziehen. Dazu gehörte der Sozialrevolutionär Carl Minster, dem Hector eine Redakteursstelle vermittelte[54]. Ebenso erging es dem Redakteur Dr. Eugen Feien. Obgleich sie mit der SSP nicht völlig brachen, glaubten sie wahrscheinlich, in der finanzstärkeren SWV besser wirken zu können als in der krisengeschüttelten SSP. Hector gewann schließlich noch einen weiteren Flüchtling für seine Partei, den er als Agitator und Redner für die SWV einsetzte und als Redakteur an den beiden Blättern beschäftigte: der Journalist Hans Hoffmann hatte früher in Köln der SPD angehört, sich aber von ihr enttäuscht abgewendet und war nach Saarlouis gekommen[55]. Die Presse der „Deutschen Front" liebte es, besonders die Emigranten in den Reihen ihrer Gegner zu attackieren und bezeichnete Hoffmann und Minster als von Hector gekaufte Subjekte[56]. Tatsache ist vielmehr, daß die materielle Notlage viele Emigranten dazu zwang, ihre Überzeugungen zugunsten eines oft demütigenden politischen Standortwechsels aufzugeben.

Über die Mitgliederentwicklung liegen nur spärliche und widersprüchliche Angaben vor. Hector selbst bezifferte die Angehörigen der SWV etwas anmaßend mit 10 000. Das Auswärtige Amt schätzte Ende 1933 die Mitgliederzahl auf etwa 1000, im darauffolgenden März 1934 auf 980, darunter 180 naturalisierte Franzosen[57]. Nach einem V-Mann-Bericht, vermutlich vom Frühjahr 1934, war die SWV in Bezirke eingeteilt, an deren Spitze ein Bezirksleiter stand. Der im Bericht erwähnte Bezirk gliederte sich in die Ortsgruppen Püttlingen, Hostenbach, Schaffhausen, Wadgassen, Bous, Differten und Überherrn, die alle je eine Geschäftsstelle erhalten sollten. Die Mitgliederstärken der einzelnen Ortsgruppen lag zwischen fünf und vierzig[58]. Aktivitäten der SWV werden auch aus Wehrden, Dillingen, Pachten und anderen Ortschaften, vor allem des Kreises Saarlouis, sowie aus Völklingen überliefert.

Die SWV sprach sich gegen die Rückgliederung der Saar an Deutschland aus: „Nein, niemals Rückgliederung an dieses Hitler-Deutschland! Aber auch kein Anschluß an Frankreich! (. . . .) Was wir fordern, ist ein völlig freies und demokratisches Saargebiet mit einer demokratischen Verfassung". Ein freier Saarstaat könnte zwischen Deutschland und

---

52 Vgl. Zenner, S. 314 f. – Schneider, S. 488.
53 Anm. 33.
54 Anm. 36. – Vgl. Koszyk, s. 217.
55 V-Mann-Bericht vom 21.6.34; LHA Koblenz: 403/16 860.
56 „Teilnehmer antwortet nicht", *Der Deutsche Kumpel* vom 8.7.34.
57 Rundschreiben Voigts vom 23.1.34; PA AA, Pol II: Parteien im Saargebiet Bd. 6. – Rundschreiben des AA vom 18.4.34 an die deutschen Missionen, ebd. Bd. 8.
58 Undatierter Bericht, LHA Koblenz: 403/16 859.

Frankreich vermitteln, war die offizielle Parole. Daneben führte sie auch wirtschaftliche Argumente an, wie dies ein offener Brief Hectors deutlich machte: „Die SWV kämpft ehrlich für ein freies, unabhängiges Saargebiet (gleich dem Großherzogtum Luxemburg), in dem eine demokratische Verfassung eingeführt wird und alle Rechte in der Hand des Volkes liegen. (. . . .) Sie kämpft für ein Verbleiben des Saargebiets in dem jetzigen Wirtschafts- und Zollgebiet, damit die Hüttenwerke ihre Erze aus dem benachbarten Lothringen beziehen können und damit die Gruben und die gesamte Industrie ihre Absatzgebiete behalten"[59]. Die Partei wie auch andere ähnlich orientierte Gruppen, die sich noch im Sommer und Herbst 1934 bildeten, standen in loser Verbindung mit Organisationen in Elsaß-Lothringen. Zumindest bei einigen von ihnen standen Pläne im Vordergrunde, aus dem Saargebiet, dem Großherzogtum Luxemburg, dem von Frankreich abgetrennten Elsaß-Lothringen und schließlich der Schweiz eine größere Einheit und den Kern eines künftigen Pan-Europa zu bilden[60].

In den ersten fünf Monaten des Jahres 1934 entfaltete die SWV eine lebhafte politische Aktivität. Sie protestierte beim Völkerbund gegen die Beeinträchtigung der freien Meinungsäußerung durch die „Deutsche Front"[61] und veranstaltete in Dillingen, Hostenbach, Saarlouis und anderen Ortschaften Demonstrationen. Aber bereits ein halbes Jahr nach ihrer Gründung geriet auch die SWV in eine parteiinterne Krise, in deren Verlauf Hector und sein Stellvertreter Marx ihre Parteiämter niederlegen wollten[62]. Zwar wurde der Streit, wie es scheint, vorübergehend beigelegt, brach aber bald wieder aus. Wegen innerer Differenzen wurde der Propagandaleiter der SWV, Hans Hoffmann, Anfang Juni 1934 aus der Partei ausgeschlossen[63]. Als Gründe wurden Beleidigungen genannt und Hectors Weigerung, seinem Propagandaleiter einen Anwalt zu stellen. Hoffmann selbst gab einem Agenten der „Deutschen Front" an, daß der Streit auf seine Weigerung zurückzuführen sei, die ihm nahegelegte französische Staatsbürgerschaft anzunehmen[64]. Zwar trat Hoffmann mit einigen Getreuen kurz darauf wieder in die SWV ein, wurde aber Anfang Juli endgültig ausgeschlossen; ebenso verließ der stellvertretende SWV-Vorsitzende Otto Marx die Partei und mit ihm ein Teil seiner Anhänger[65].

Die SWV scheint daraufhin einen Aderlaß ihrer Mitglieder erlebt zu haben. Wie weit dieser auf die internen Streitigkeiten zurückzuführen ist, kann aufgrund der lückenhaften Quellenlage nicht übersehen werden. Die „Deutsche Front" behauptete schon im Mai, daß die Partei nur noch über 200 – 300 Mitglieder verfüge[66]. Im Oktober 1934 vermerkte die Gestapo, daß die SWV-Ortsgruppe Völkingen von ehemals 400 auf 32 Mitglieder geschrumpft sei[67]. Wie für die SSP gilt auch für die SWV die Feststellung, daß die Einheitsfront und die

---

59 „Frei sei die Saar!", *Saarlouiser Journal* vom 14.7.33. – „Um was geht es?", *Frei Saar* vom Juni 1934. – „Nur nicht zurückgegliedert", *Saarlouiser Journal* vom 18.6.34.

60 Die SPD-Saar bezeichnete in einem Rundschreiben vom Frühjahr 1934 diese Pläne als utopisch, empfahl aber für diese Bewegung Interesse und Aufmerksamkeit; undatierte Abschrift eines Rundschreibens der SPD; LA Speyer: H 38/1420.

61 Schreiben der SWV (Abschrift) vom 5.1.34 an den Völkerbund; PA AA, Pol. II: Parteien im Saargebiet Bd. 6.

62 Abschrift des AA vom 17.3.34 an die Botschaft Paris; PAAAA, Missionsakten Paris: Saargebiet Bd. 27.

63 V-Mann-Bericht vom 5.6.34; LHA Koblenz: Akten des Oberpräsidiums Rheinland 403/ 16 860.

64 V-Mann-Bericht vom 21.6.34, ebd.

65 V-Mann-Bericht vom 4.7.34, ebd. – Vgl. „Teilnehmer antwortet nicht", *Der Deutsche Kumpel* vom 25.5.34.

66 „Abbé Ritz ist SWV-müde", *Der Deutsche Kumpel* vom 25.5.34.

67 Gestapo-Vermerk vom 13.10.34; PA AA, Pol. II: Parteien im Saargebiet Bd. 13. – Von dem erstmals im Juni 1934 erschienen Parteiblatt *Frei Saar* konnte nur die erste Nummer ausfindig gemacht werden, so daß wenig über die innere Parteigeschichte berichtet werden kann.

Polarisierung in der Schlußphase das Profil der Partei überlagerten. In lokalem Rahmen schloß sie sich mit anderen Parteien zu Schutzbündnissen zusammen, was sich – nachdem ihre Geschäftsstelle in Saarlouis durch Anhänger der „Deutschen Front" demoliert worden war[68] – als lebensnotwendig erwies. Ähnlich wie die SSP stark überschätzt, spielte sie bis zur Volksabstimmung weniger eine politische Rolle als die eines Buhmannes der Gegenseite. Die lückenhaften Quellen gestatten kein vollständiges Urteil über die inneren Konflikte der Partei; eine Reihe von Indizien aber deutet daraufhin, daß ihnen weit mehr als persönlich Meinungsverschiedenheiten oder Fehlleistungen zugrunde lagen. Offensichtlich ging ein Teil der Differenzen darauf zurück, daß die Partei materiell stark von französischen Stellen unterstützt wurde, jedoch nicht immer mit ihren Eigeninteressen deren Erwartungen entsprach, was mit gewisser Wahrscheinlichkeit zu Fraktionsbildungen führte. Der Vorwurf der Finanzierung durch die Franzosen wurde von der „Deutschen Front" regelmäßig erhoben, dürfte indessen auch nicht ganz unbegründet gewesen sein. Erinnert sei an die Hilfen der Grubenverwaltung durch Überlassung von Räumlichkeiten für die SSP. Während des Krieges wurden Dokumente erbeutet, aus denen finanzielle Zuwendungen für das *Saarlouiser Journal* und den *General-Anzeiger* hervorgingen[69]. Im Frühjahr 1934 erfuhren deutsche Stellen von französischen Zuwendungen an die SWV, die es ihr sogar gestatteten, in einigen Ortschaften ihren Mitgliedern kleine Geldgeschenke zu machen; als Hintermann tauchte dabei immer wieder der französische Abbé Ritz aus Metz auf[70]. Und in der Tat ist es kaum erklärlich, wie eine kleine Partei mit geringer Anhängerschaft ohne fremde Hilfe derartige Aktivitäten hätte entwickeln können.

Zusammenfassend sei hier folgende Hypothese aufgestellt. Sowohl die SSP als auch die SWV vertraten einen eigenständigen saarländischen Regionalismus, den aber bestimmte französische Kreise mit Hilfe von Zuwendungen in ihrem Sinne zu beeinflussen suchten. Die dadurch vorprogrammierten parteiinternen Konflikte führten zu Abspaltungen und Neugründungen. So entstand die SWV teilweise aus abgesprungenen SSP-Leuten, aus deren Anhängerschaft sich wiederum neue Gruppen bildeten, auf die wir kurz eingehen wollen. Anfang November 1933 – kurz nach der internen Krise der SSP – konstituierte sich die bereits erwähnte Union franco-sarroise. Ihr Initiator war Robert Herly (Jean Revire) von der Association française de la Sarre mit der die neue Vereinigung auch dieselbe Pariser Adresse teilte (58 rue Taitbout). Stellvertretender Vorsitzender wurde Edgar Hector aus Saarlouis, der wie sein Vater 1930 französischer Staatsbürger geworden war. Aufgabe dieser Vereinigung war es, die in Frankreich lebenden Saarländer zu registrieren und in profranzösischem Sinne zu beeinflussen. Sehr deutlich bekannte Edgar Hector seine politische Position: es gebe eine französische Minderheit im Saargebiet, die Frankreich nicht gestatte, auch nur einen Fußbreit französischen Bodens an der Saar preiszugeben. – Unter der Bezeichnung Franko-saarländische Vereinigung gründete die neue Organisation eine Sektion im lothringischen Diedenhofen (Thionville, 7 rue Général Pau), und am 17. November eine in Forbach[71]. Sehr großen Einfluß scheint diese Tochter der Association française de la Sarre nicht erlangt zu haben. Von offizieller französischer Seite wurde die Union franco-sarroise nicht unterstützt. In Paris hielt man es für besser, wenn die in Frankreich lebenden Saarländer sich nur in einer einzigen Vereinigung – der Association française de la Sarre – zusammen-

---

68 „Ein politisches Büro wird gestürmt", *Deutsche Freiheit* vom 6.6.34.
69 Koszyk, S. 217 f.
70 Undatierter Bericht (Frühjahr 1934); LHA Koblenz: Akten des Oberpräsidiums Rheinland 403/16 859. – Rundschreiben des AA vom 18.4.34; PA AA, Pol. II: Parteien im Saargebiet Bd. 8.
71 Bericht des AA vom 20.11.33 an die Botschaft Paris; PA AA, Missionsakten Paris: Saargebiet Bd. 24. – „Franko-saarländische Vereinigung", *Saarlouiser Journal* vom 8.11.33. – Schreiben des Commissariat de Police/Forbach vom 18.11.33 an den Préfet de la Moselle; A.D. Strasbourg: AL 98/688. – Schneider, S. 488 f. – Herly, in: Hirsch: Saar von Genf, S. 94.

schlössen, statt sich in teilweise obskuren Tarnorganisationen zu zersplittern. Irgendeine Bedeutung hat die Union franco-sarroise auch in Frankreich selbst nicht erlangt und an der Saar nach Schätzung reichsdeutscher Setellen nicht mehr als 50 Mitglieder gewinnen können[72].

Offensichtlich im Zusammenhang mit der Krise der SWV im Mai 1934 entstanden zur gleichen Zeit weitere frankophile Vereinigungen, deren wechselnde Bezeichnungen die Übersicht erschweren. Eine Anfang Mai 1934 gegründete Franko-Saarländische Volkspartei, die ihre Aufrufe mit „vive la France!" unterzeichnete, war möglicherweise identisch mit dem aus Mitgliedern des „Saarbundes", der SWV und der Vereinigung der Elsaß-Lothringer gebildeten Front franco-sarrois, der wiederum heftig jeden autonomistischen Kurs attackierte und den Anschluß an Frankreich forderte. Mit ihren geschätzten 90 Mitgliedern hat diese Organisation keinerlei Bedeutung erlangen können[73]. – Im Mai 1934 regten sich auch wieder Kreise des „Saarbundes" und gründeten in einigen Dörfern des Warndt eine eigene Miliz, die „Saarsturmstaffeln" (SSS), die ihre Ausrüstung und teilweise sogar die Besoldung iher etwa zwei Dutzend Angehörigen mit französischen Geldern finanzieren konnte. Geleitet wurde sie vom Steiger Wilhelm (Guillaume) Dahm, der auch jener denkwürdigen Delegation bei Paul-Boncour angehört hatte[74]. Diese Gruppe konnte nicht einmal in ihrer engeren dörflichen Heimat irgendeine politische Resonanz erzielen. – Im Spätsommer 1934 gründete Gustav Gonder, der ein Jahr vorher noch in der SSP gewirkt hatte, eine „Vereinigung der Saarländer", über die jedoch keine weiteren Informationen vorliegen. Ende Oktober 1934 spaltete sich von der ohnehin stark geschrumpften SWV ein „Saarländischer Bürgerblock" (SBB) mit angeblich 200 Mitgliedern ab. Mehr eine Kuriosität blieb daneben der autonomistische Fußballclub in Altenkessel bei Püttlingen, der sich nach der damaligen saarländischen Landesfahne „Blau-Weiß-Schwarz" nannte, und für dessen 48 Mitglieder der französische Grubendivisionär de Gaulle die Sporttrikots gestiftet haben soll[75].

Wurden nun alle diese Grüppchen und Sekten von Frankreich unterstützt? Mit Blick auf die Regierung in Paris kann diese Frage wohl ziemlich eindeutig verneint werden. Wiederholt wiesen die Präfekten Kooperationsangebote derartiger Organisationen zurück und versuchten, jedem Verdacht entgegenzuwirken, als stünde die Regierung hinter den frankophilen Umtrieben. Aus diesem Grunde erklärte das französische Außenministerium auch eine vom Deputierten Doeble im lothringischen Spichern geplante Demonstration von frankophilen Saarländern für bedenklich und unerwünscht, weil dies von deutscher Seite als offizielle Parteinahme Frankreichs mißverstanden werden könnte[76]. Ob und wie stark die Association française de la Sarre von regierungsamtlichen Stellen unterstützt wurde, ist unbekannt. Jedoch dürfte eine finanzielle Förderung kaum von Bedeutung gewesen und eine offizielle politische Unterstützung wohl ganz unterblieben sein. Eher wird man hinter der frankophilen Szenerie französische Rechtskreise vermuten dürfen. Im

72 Schreiben des Außenministeriums vom 31.12.33 an das Innenministerium (Abschrift); A.D. Strasbourg: AL 98/409. – Bericht vom 30.5.34; LHA Koblenz: 403/16 860.

73 Gestapo-Bericht vom 15.5.34 und undatierter Bericht; PA AA, Pol. II: Parteien im Saargebiet Bd. 9. – Schreiben des Préfet de la Moselle vom 28.5.34; AD Strasbourg: Al 98/408.

74 Gestapo-Bericht vom 7.5.34; PA AA, Pol. II: Parteien im Saargebiet Bd. 9. – Vgl. „Der Saarbund bildet eine Terrorgruppe", Der Rufer im Warndt vom 28.4.34.

75 Gestapo-Bericht vom 20.9.34; ebd. Bd. 12. – Vgl. Gustav Gonder: Eine Chance für drei; o.O., o.J. (Broschüre); LHA Koblenz: 403/16 861. – Sammelbericht Saar vom 1.11.34; PA AA, Pol. II: Parteien im Saargebiet Bd. 13. – Gestapo-Vermerk vom 16.10.34; ebd.

76 Schreiben des Contrôleur Général vom 2.6.34 an den Préfet du Bas-Rhin; A.D. Strasbourg: D 286/383. – Schreiben des Außenministeriums vom 19.9.34 an den Directeur Général des Services d'Alsace et de Lorraine; ebd. AL 98/407.

Abstimmungskampf war sie aufgrund der geringen Zahl ihrer Anhänger und ihres allgemein umstrittenen Charakters ohne Bedeutung. Der Einheitsfront gehörten die Gruppen nicht an, was nicht die Teilnahme einzelner ihrer Akteure an größeren Veranstaltungen ausschloß. Wieviele profranzösische Saarländer schließlich auf Bitten der saarländischen Sozialdemokraten für den Status quo statt für Frankreich votierten, um die Stimmen der Hitler-Gegner nicht zu zersplittern, läßt sich nicht abschätzen. Die rund 2 100 am 13. Januar 1935 für Frankreich abgegebenen Stimmzettel machten gerade 0,4% aus und dürften wohl einigermaßen vollständig das Wählerpotential der gesamten frankophilen Szenerie widerspiegeln.

Linke Splittergruppen an der Saar

Die Querverbindungen zwischen frankophilen, autonomistischen und linken Splittergruppen waren in der Regel mehr persönlicher als ideologischer oder organisatorischer Natur. Beispiel hierfür war der SSP-Gründer Max Waltz, der in Personalunion die „Gesellschaft der Freunde der Sowjetunion", die „Liga für Menschenrechte" sowie die „Saarländische Friedensliga" leitete, von denen sich die beiden letztgenannten im Mai 1933 zusammenschlossen. Wie weit diese kleinen, aber teilweise recht aktiven Organisationen regionale Ableger ihrer reichsdeutschen oder vielleicht auch französischen Vorbilder waren, geht aus den Quellen nicht hervor. Ebenso wenig gibt es Indizien für einen Zusammenhang der saarländischen „Liga für Menschenrechte" und der nunmehr im Pariser Exil wirkenden gleichnahmigen reichsdeutschen Vereinigung. Die Umstände des Wirkens aller dieser Organisationen in der Zeit des Abstimmungskampfes sprechen eher für die Annahme einer weitgehenden Eigenständigkeit. Politisch stellte die saarländische „Liga für Menschenrechte" ein Sammelbecken für sehr unterschiedliche Richtungen dar. Wir finden hier Max Waltz als Vorsitzenden und seinen Anhang aus der SSP, daneben aber einen Trotzkisten wie Karl Retzlaw, Emigranten unterschiedlicher politischer Couleur, darunter auch Vertreter rheinischer und pfälzischer Separatistenbewegungen[77]. Insgesamt trat die „Liga" als karitative Organisation auf, deren Wirken uns noch in anderem Zusammenhang interessieren wird. Politisch war sie mehr ein Vehikel, das Vertreter anderer politischer Gruppierungen für sich zu nutzen versuchten. Wie es scheint, hat Max Waltz gerade derartige Versuche heftig bekämpft. Ein Agentenbericht vom November 1933 teilt Ausschlüsse von Retzlaw sowie von kommunistischen Mitgliedern mit. Eine genaue Übersicht über diese Vorgänge kann aufgrund der Quellen nicht gewonnen werden. Retzlaw selbst erwähnt diesen Vorfall nicht und behauptet, 1934 stellvertretender Vorsitzender der „Liga" geworden zu sein. Zutreffend ist der Hinweis auf Streitigkeiten mit Kommunisten, die mit heftigen Attacken und persönlichen Angriffen nicht sparten[78].
Die Polarisierung der politischen Landschaft an der Saar seit Sommer 1934 scheint außer den frankophilen Gruppen auch der „Liga" Schwierigkeiten bereitet zu haben, sich zu profilieren und ihre Daseinsberechtigung verständlich zu machen. Zwar wurde ihre Emigran-

---

77 Vgl. Anm. 14. – Dem von Bers überlieferten Jahre 1930 als Beginn von Waltz' Vorsitz in der „Liga" steht ein V-Mann-Bericht vom 20.5.33 gegenüber, wonach er dieses Amt erst Anfang Mai 1933 angetreten habe; PA AA, Pol. II: Parteien im Saargebiet Bd. 4. – Retzlaw, S. 378 f., 373. – Zur Geschichte der Liga – allerdings nur bis 1927 und folglich ohne Aufschlüsse über diese Zusammenhänge – vgl. Otto Lehmann-Russbüldt: Der Kampf der deutschen Liga für Menschenrechte, vormals Bund neues Vaterland, für den Weltfrieden, 1914–1927, Berlin 1927.
78 Anm. 36. – Retzlaw, S. 380. – Vgl. „Max Waltz steht jenseits der Barrikade", *Arbeiter-Zeitung* vom 19.4.34.

tenbetreuung dankbar von den meist mittellosen Flüchtlingen angenommen, aber als politische Stimme ging sie weitgehend unter. Wie es scheint, hat seit dem Sommer 1934 auch bei ihr eine Mitgliedererosion eingesetzt. Hatte sie – laut V-Mann-Berichten – im Oktober 1933 etwa 60 Mitglieder, so scheinen sich neun Monate später alle Ortsgruppen mit Ausnahme Saarbrückens aufgelöst zu haben. – Aus dem letzten halben Jahr vor der Saar-Abstimmung sind irgendwelche Aktivitäten nicht überliefert. Max Waltz selbst hat im Frühjahr 1934 noch einmal durch eine neue Parteigründung politisch aktiv zu werden versucht. Anfang April 1934 gründete er die „Sozialistische Aktion. Einheitsfront der Kopf- und Handarbeiter des Saargebiets" mit etwa 25 Mitgliedern, die sich offensichtlich als Avantgarde der sich anbahnenden Einheitsfront verstand, indessen kaum beachtet wurde[80].

Aktivitäten von Trotzkisten sind vor allem durch Retzlaw belegt. Nach eigenen Angaben legte er sich den Decknamen „Karl Erde" zu, um unter dieser Tarnung trotzkistisches Propagandamaterial von Frankreich ins Reich zu schleusen und andere Aufgaben zu erfüllen. Unter diesem Namen sowie unter einigen anderen, die er in seinen Erinnerungen nicht erwähnt, ist er auch von der Gestapo registriert und beobachtet worden[81]. Wie es scheint, hat Retzlaw sich als konspirativer Einzelkämpfer verstanden und keine Versuche unternommen, eine organisatorische Basis für weiterführende politische Projekte und Pläne zu schaffen. Offensichtlich unabhängig hiervon erfolgte dann im Juni 1934 eine neue Parteigründung. Am 1. Juni 1934 meldete Hans Eggersdorfer, bis dahin Mitglied der kommunistischen Stadtratsfraktion in Saarbrücken, bei der Regierungskommission die Partei „Internationale Kommunisten des Saargebiets" an, die sich gegen die Rückgliederung aussprach; in einem weiteren Bericht wird diese Gruppe als „trotzkistisch" bezeichnet[82]. Wie weit diese Charakterisierung zutrifft, entzieht sich jeder Nachprüfung; zu erwähnen ist hier, daß einige Emigranten und ehemalige Mitglieder der inzwischen aufgelösten SAP sich im Exil als „Internationale Kommunisten Deutschlands" (IKD) organisierten[83], so daß möglicherweise ein Ableger im Saargebiet gegründet wurde.

Schließlich deutet ein von bayerischen Behörden in der Pfalz abgefangenes und als Abschrift erhaltenes Schreiben auf die Existenz noch weiterer Gruppierungen. Ein sich als Albert de Jensen vorstellender deutscher Emigrant in Amsterdam wendet sich an die Kameraden der „Gruppe er Internationalisten" an der Saar und bittet um Mithilfe für illegale Widerstandsarbeit gegen das NS-Regime. Er ersucht um Auskunft und Hilfe beim Versand eines als *Arbeiter-Kurier* bezeichneten Blattes vom Saargebiet aus nach Deutschland, wobei als bestehende Kontaktstelle eine Adresse in Ludwigshafen genannt wird. Außerdem werden die saarländischen Genossen gefragt, ob sie Marken der FIS („Förderation Internationale Solidarität") – einer Art „Rote Hilfe" der IAA – verkaufen könnten[84]. Wir stoßen hier auf das recht unübersichtliche Feld von Aktivitäten anarchistischer und anarchosyndikalistischer Gruppen, deren wechselnde Bezeichnungen und Neuorganisationen

79 Anm. 35. – V-Mann-Bericht vom 12.7.34; LA Speyer: Akten des Bezirksamts Kusel H 38/1431.
80 V-Mann-Bericht vom 20.4.34 und Gestapo-Bericht vom 27.4.34; PA AA Pol. II: Parteien im Saargebiet Bd. 9.
81 Retzlaw lebte damals unter seinem ursprünglichen Namen Karl Gröhl; außerdem vermutete ihn die Gestapo hinter den Decknamen Friedberg, Bauer, Karl Block, Julius Hirth, Karl und Friedrich; vgl. Schreiben der Gestapo vom 19.4.34 an das AA; ebd. – Retzlaw, S. 374; vgl. Siegmann, S. 259.
82 Gestapo-Berichte vom 23.6. und 23.7.34, ebd. Bd. 10 bzw. 11.
83 Vgl. Ursula Langkau-Alex: Volksfront für Deutschland, Bd. 1: Vorgeschichte und Gründung des „Ausschußes zur Vorbereitung einer deutschen Volksfront", 1933–1936, Frankfurt am Main 1977, S. 73 f.
84 Abschrift vom 4.1.33 |sic!|; LA Speyer: H 38/1427.

etwas verwirrend sind. Im Juli 1934 beschlagnahmte die bayerische Gendarmerie ein verdächtiges Päckchen, das von einem Ludwigshafener Absender an einen Bergmann im pfälzischen Sanddorf adressiert war. Zwischen Toilettenseifen versteckt, befanden sich darin zwei Briefe in Esperanto, ein Exemplar der anarchistischen Zeitschrift *Fanal* sowie ein in deutscher Sprache verfaßter Brief, der als einziges dieser Fundstücke in Abschrift noch erhalten ist. Eine Verhaftung und Hausdurchsuchung bei Empfänger und Absender (Jacob Scherer) förderte noch weiteres Schriftgut zutage sowie Hinweise dafür, daß es für eine Adresse im saarländischen Homburg bestimmt war. In dem Brief wird angedeutet, daß Gruppen der weitgehend zerschlagenen FAUD (vermutlich „Freie Arbeiter Union Deutschlands") sich geteilt hätten in solche Mitglieder, die den Kampf wiederaufnehmen wollten, und andere, die resigniert hätten. Der Absender rechnet sich zu den erstgenannten. Durch einen Vertrauensmann an der Saar habe er davon erfahren, daß sich die IAA an Pistorius wegen der Zusammenarbeit mit einem gewissen Augustin (vermutlich der Anarchosyndikalist Augustin Souchy) und der Herausgabe einer Zeitschrift gewandt habe. Der Absender Jacob Scherer empfiehlt jedoch als Gewährsmann nicht jenen Pistorius, sondern einen gwissen Fritz Oberndörfer aus Homburg/Saar[85].

Die FAUD war eine 1919 gegründete anarchistische Vereinigung, die zeitweilig mit Erich Mühsam und seiner Zeitschrift *Fanal* in engem Kontakt gestanden hatte. Einer ihrer führenden Intellektuellen war Augustin Souchy. Die Höhepunkte ihres Wirkens lagen in den frühen 20er Jahren[86]. Von der Saar sind nur wenige Aktivitäten der FAUD bekannt. Um 1930 existierten nach Angaben ihrer Mitglieder nur lose Ortsgruppen in St. Ingbert, Saarbrücken, Dudweiler, Ottweiler und Stennweiler. Die vom Tagelöhner Conrad Adam geführte St. Ingberter Gruppe scheint mit einem knappen Dutzend Mitglieder die größte oder jedenfalls aktivste gewesen zu sein. Ihr wurde ein in der Nacht zum 2. Mai 1930 verübter Bombenanschlag zur Last gelegt, der aber keinerlei Schaden angerichtet hatte. Da die Urheberschaft der Anarchosyndikalisten nicht nachweisbar war, versuchte die Polizei der FAUD mit anderen Mitteln zu begegnen. Ihr wurde vorgehalten, sie habe sich ohne die vereinsrechtlich vorgeschriebene Registrierung betätigt, – ein Vorwurf, der gegenüber Anarchosyndikalisten nicht einer unfreiwilligen Komik entbehrt. Conrad Adam erklärte hierauf, daß die FAUD an der Saar überhaupt keinen überregionalen Verband habe und er selbst aus der St. Ingberter Gruppe ausgetreten sei[87].

Die Machtergreifung Hitlers beendete im Reich weitgehend das legale oder halblegale Wirken dieser Gruppen, die trotz ihrer politischen Bedeutungslosigkeit besonders harten Verfolgungen durch das Nazi-Regime ausgesetzt waren. Die hier angeführten Schriftstücke zeigen, daß innerhalb Deutschlands und innerhalb der Emigration Versuche unternommen wurden, anarchosyndikalistische Aktivitäten – teilweise mit neuen Gruppen und Organisationsformen – fortzusetzen. Darauf deutet das Schreiben an die „Gruppe der Internationalisten" an der Saar. Mehr Aufschluß über die darin enthaltenen recht dunklen

---

85 Schreiben der Gendarmeriestation Bruchhof/Pfalz vom 28.7.33 nebst Anlage an das Bezirksamt Zweibrücken; ebd.

86 Vgl. Ulrich Linse: Die Transformation der Gesellschaft durch die anarchistische Weltanschauung, *Archiv für Sozialgeschichte* XI (1971), S. 289-372, insbes. S. 356 ff. – Hans Manfred Bock: Geschichte des „linken Radikalismus" in Deutschland. Ein Versuch, Frankfurt am Main 1976, S. 148 ff. – Zur Frühgeschichte vgl. Hans Manfred Bock: Syndikalismus und Linkskommunismus von 1918–1923. Zur Geschichte und Soziologie der Freien Arbeiter-Union (Syndikalisten), der Allgemeinenen Arbeiter-Union Deutschlands und der Kommunistischen Arbeiter-Partei Deutschlands und der Kommunistischen Arbeiter-Partei Deutschlands, Meisenheim am Glan 1969.

87 Ausschreiben des Stadtpolizeiamtes St. Ingbert vom 5.5.30; Vernehmungsprotokoll des Franz Schlager vom 2.5.30 und Schreiben der Bürgermeisterei St. Ingbert vom 5.5.30 an den Oberamtsanwalt; LA Saarbrücken: 3334/b. – Daselbst weiteres Material zur FAUD.

Andeutungen gibt ein im Frühjahr 1934 abgefangenes, von Augustin Souchy an Conrad Adam in St. Ingbert gerichtetes und als Abschrift erhaltenes Schreiben, mit dem im Original noch ein – nicht mehr vorhandener – Aufruf verschickt wurde. Dieser sei, so Souchy, von einer FAUD-Emigrantengruppe in Paris in Gemeinschaft mit der CGT SR entworfen worden, womit vermutlich eine linke Gewerkschaftsgrupe (SR = „Socialistes" oder „Syndicalistes révolutionaires"?) gemeint war. Man habe sich für den Namen „Syndikalistische Arbeiterunion" (SAU) entschieden und andere Vorschläge wie FAUD, FAK oder Gilde-f-B verworfen. Wie weit Kramer und Pistorius für eine Zusammenarbeit in Frage kämen, sei unklar[88].

Ein Vergleich beider Schreiben deutet an, daß offensichtlich eine abgespaltene oder sich neu formierende FAUD-Gruppe im Saargebiet oder über es unter verändertem Namen wieder neue Aktivitäten entwickeln wollte. In beiden Schreiben wird Pistorius genannt, im zweiten auch der SSP-Vorsitzende Karl Kramer, was zumindest auf gewisse Beziehungen zwischen der SSP und anarchosyndikalistischen Emigranten hinweist. Die Quellenlage gibt darüberhinaus keinerlei Einblick in tatsächliche Aktivitäten von Anarcho-Kreisen an der Saar; da kein Exemplar ihrer Flugblätter und Zeitschriften ermittelt werden konnte, ist auch nicht bekannt, wie sie zu konkreten Problemen der Saarpolitik standen. Aus dem Protokoll der Vernehmung eines verhafteten Anarchosyndikalisten aus dem Jahre 1940 geht hervor, daß sie 1934 gegen die Einheitsfront und gegen den Status quo eingetreten waren; gleichwohl hatte sich der Vernommene an Demonstrationen gegen die Rückgliederung beteiligt[89]. Insgesamt kam den linken Splittergruppen, vor allem Trozkisten, Anarchosyndikalisten und anderen, im Saargebiet keine politische Bedeutung zu. Sie stellten innerhalb der politischen Subkultur, wie sie die Emigrantenszenerie in einer Atmosphäre von Hoffnungen und Befürchtungen, Illusionen und Enttäuschungen hervorbrachte, Randfiguren dar, die sich für Akteure der Geschichte hielten und dennoch bloß Getriebene und Gejagte blieben.

Rechte Splittergruppen an der Saar

Abschließend soll hier noch auf solche Gruppen hingewiesen werden, die politisch nirgendwo richtig eingeordnet werden können. Weder Arbeiterparteien noch links orientiert, sollten sie trotzdem nicht völlig übergangen werden. Als Gegner des Hitler-Regimes und der Rückgliederung haben sie das politische Spektrum an der Saar um einige ideologische Nuancierungen bereichert. Zumindest aufgrund dieser Gemeinsamkeit mit den übrigen hier behandelten Parteien und Gruppierungen und den daraus sich ergebenden Querverbindungen während des Abstimmungskampfes läßt sich eine kurze Skizzierung rechtsgerichteter Hitler-Gegner rechtfertigen.

Bekanntlich hatten die rechtsradikalen Parteien an der Saar nur ein recht geringes Mitglieder- und Wählerpotential. Die NSDAP hatte bei den Landesratswahlen von 1932 nur 6,7 % der Stimmen erhalten; die Deutschnationalen konnten mit 1,6 % nicht mehr in den Landesrat einziehen[90]. Wir können davon ausgehen, daß die überwältigende Mehrheit dieses

---

88 Schreiben von Augustin Souchy vom 28.3.34 (Abschrift) an Conrad Adam in St. Ingbert; PA AA, Missionsakten Paris: Saargebiet Bd. 23. – Keinerlei Aufschlüsse hierüber geben die Memoiren von Augustin Souchy: „Vorsicht: Anarchist!" Ein Leben für die Freiheit. Politische Erinnerungen, Darmstadt – Neuwied 1977. Eine Anfrage des Verfassers bei Souchy vom 25.4.77 blieb ohne Antwort.

89 Vernehmungsprotokoll betr. Wilhelm Winkelmann vom 8.8.40; HStA Düsseldorf: Akten der Gestapo-Leitstelle Düsseldorf.

90 Zahlen nach dem Bericht des Statistischen Amtes des Saargebiets, H. 11, Saarbrücken 1933, S. 388 ff. – Vgl. Zenner, S. 205.

Mitglieder- und Wählerpotentials sowie dasjenige verwandter Gruppen sich der „Deutschen Front" anschloß. Dennoch ist es dieser nicht gelungen, alle Rechtsgruppierungen aufzusaugen; ebenso führten auch politische Entwicklungen dazu, daß Teile der Anhängerschaft sich von der „Deutschen Front" wieder trennten. So sind sowohl aus der DNVP als auch aus dem „Stahlhelm" an der Saar partei- bzw. verbandsinterne Widerstände gegen eine Gleichschaltung und ein Aufgehen in der „Deutschen Front" überliefert, die noch bis zum Sommer 1934 spürbar waren[91].

Die Frage der Rückgliederung spielte bei diesen Gruppen keine oder nur eine untergeordnete Rolle. Dies war jedoch anders bei einigen anderen Organisationen, die sich Ende 1933 zu formieren begonnen. Bei unzufriedenen ehemaligen NSDAP-Anhängern gab es Bestrebungen zur Neugründung einer „Deutschen Partei", die sich gegen die Rückgliederung und für eine Verständigung mit Frankreich einsetzen sollte. Eine Partei dieses Namens ist zwar schließlich doch nicht gegründet worden, aber diese Nachricht deutete Entwicklungen an, die Voigt kurz darauf bestätigt fand: ein Redakteur der *Saarbrücker Zeitung* habe – offensichtlich unterstützt von ehemaligen Nationalsozialisten und Kreisen des „Stahlhelm" – die Möglichkeit der Gründung einer neuen, nicht gleichgeschalteten Zeitung sondiert[92]. Der Redakteur, um den es sich hier handelte, war Dr. Joseph Völklein, der wiederum mit Otto Strasser und seinem Kreise in Verbindung stand. Im Januar 1934 versuchte Strasser, seine Aktivitäten auch auf das Saargebiet auszudehnen. Das erste Anzeichen hierfür war der anonyme Artikel „Von einem Naziführer-Emigranten" in der sozialdemokratischen *Deutschen Freiheit*. Darin führte ein abgesprungener NSDAP-Funktionär aus, daß Hitler den Kampf gegen den Bolschewismus im Reich verhindere, so daß er nur noch vom Saargebiet aus geführt werden könne[93]. Die Redaktion distanzierte sich zwar von der ungebetenen Unterstützung aus einer ideologisch unerwarteten Ecke, stellte aber dem Verfasser des Blatt für eine Artikelserie zur Verfügung, die mit kompromittierenden Einzelheiten parteiinterner Vorgänge die NS-Herrschaft decouvrieren sollte. Der Verfasser war der Düsseldorfer Rechtsanwalt Arnold Vahsen, der kurz vorher an die Saar geflüchtet war. Im Februar erfuhr die Gestapo von häufigen Reisen Strassers von Prag nach Saarbrücken, wo er mit Völklein und Vahsen die Herausgabe der *Schwarzen Fahne* und die Gründung der Organisation „Schwarzer Ring" vorbereitete. Das Blatt sollte bei der *Arbeiter-Zeitung* gedruckt werden; angeblich soll der Kreis auch Kontakte zur SSP aufgenommen haben[94]. Diese Informationen erwiesen sich als falsch; vermutlich lag hier eine in Agentenberichten gelegentlich auftauchende Verwechslung von SSP und SPD zugrunde, denn die *Schwarze Fahne* erschien erstmals am 9. März 1934 im Verlag der *Volksstimme*. Ihre Auflage bewegte sich zunächst um 4 000, um jedoch immer weiter zurück- und schließlich im Spätsommer 1934 vollkommen einzugehen[95].

Etwas länger lebte die von Strassers Anhängern ins Leben gerufene Organisation, die unter verschiedenen Namen auftrat: „Schwarzer Ring", „Schwarze Front" oder „Opposition der NS-Arbeiterpartei des Saargebiets". Neben den beiden genannten Funktionären wirkte in

---

91 Schreiben des Karl Becker vom 7.9.33 an den Vorsitzenden der DNVP-Saar, Spring; BayHStA/ GehStA: Staatsministerium des Äußern. Saargebiet Bd. XVa: Vereine, Parteien, Sammelakt. – Vgl. Zenner, S. 288; Jacoby, S. 113 f.

92 Schreiben der Gestapo vom 6.12.33 an das AA und Vermerk Voigts vom 10.12.33; PA AA, Pol. II: Parteien im Saargebiet Bd. 6.

93 „Von einem Naziführer-Emigranten", *Deutsche Freiheit* vom 30.1.34.

94 Gestapo-Berichte vom 3.2. und 5.2.34 sowie Schreiben Binders vom 10.2.34 an Voigt; PA AA, Pol. II: Parteien im Saargebiet Bd. 6. – Gestapo-Vermerk vom 15.2.34; BA, R 43 I/254. – Vgl. Theisen, S. 22.

95 Gestapo-Vermerk vom 13.1.34; BA, R 43 I/254. – Rundschreiben Voigts vom 25.9.34; PA AA, Missionsakten Paris: Saargebiet Bd. 22.

ihr vor allem der Saarbrücker Kellner Paul Kuzia. In der Organisation, die reichsdeutsche Stellen im Juli 1934 auf etwa 250 Mitglieder einschätzten, waren Emigranten stark vertreten[96]. Im April 1934 wandte sich Paul Kuzia für die NSDAP-Opposition mit einem Beschwerdebrief an den Völkerbund; er drückte darin seine Enttäuschung aus darüber, daß Hitler nach mehr als einem Jahr immer noch nicht den „nationalen Sozialismus" verwirklicht habe; das Programm der Partei sei bindend, nicht die Person Hitlers. Kuzia sprach sich überdies für den Status quo aus und beschwerte sich über den NS-Terror an der Saar, der eine freie und geheime Abstimmung unmöglich mache[97].

Offensichtlich hatte Strasser das Saargebiet in weitreichende Pläne einbezogen. Wie sozialdemokratische Emigranten erfuhren, hatte Strasser in Paris Kontakt aufgenommen mit dem früheren sozialdemokratischen Berliner Polizeipräsidenten Albert Grzesinsky, mit Willy Münzenberg sowie mit französischen Stellen. Angeblich regte er an, durch etwa 200 seiner Anhänger einen Putsch zu inszenieren und eine „Freie Saar" zu proklamieren; diese Aktion sollte Deutschland zum Eingreifen provozieren, was dann vermutlich Frankreich und den Völkerbund mobilisiert haben würde. Die kontaktierten französischen Stellen sollen jedoch abgewinkt und den vorgeschlagenen Putsch als nicht im Interesse ihrer Politik liegend bezeichnet haben, worauf das geplante Abenteuer unterblieb[98]. Die Frage muß offen bleiben, welche Querverbindungen zwischen diesen Plänen möglicherweise mit Entwicklungen innerhalb der NS-Bewegung im Reich bestanden und welche weiteren Zusammenhänge mit der Ausschaltung innerparteilicher Oppositionsgruppen im sogenannten Röhm-Putsch . An der Saar selbst verloren derartige Gruppierungen rasch an Bedeutung. Nach Kenntnis der bayerischen Polizei umfaßte die Saarbrücker Ortsgrupe der „Schwarzen Front" im November 1934 nur noch 30 Mitglieder[99].

Gegen Ende November 1934 scheint sich noch eine weitere rechte Oppositionsgruppe gegen das Hitler-Regime an der Saar gebildet zu haben. Nach Ermittlungen der bayerischen Polizei nannte sie sich „Nationalsozialistische Deutsche Freiheitsbewegung" und wurde von dem früheren NS-Reichspropagandaleiter Hermann Friedrich geleitet. Diese Organisation soll erst seit dem 30. November 1934 in Saarbrücken eine eigene Geschäftsstelle unterhalten und in Äußerlichkeiten stark die NSDAP imitiert haben. Ihr Organ war die *Treudeutsche Saar-Wacht*, an der ein gewisser Dr. Hermann Wirsing mitwirkte. Hier handelt es sich offensichtlich um die von Wehner erwähnte Sammlungsbewegung unzufriedener SA-Männer, deren Organisation und Propagandaarbeit teilweise von der KPD getragen wurde – offensichtlich als Mittel zur Verwirrung der „Deutschen Front"[100]. Irgendeine nennenswerte Rolle hat diese Gruppe ebenso wenig spielen können wie die Strasser-Bewegung. Für sie gab es in der Bevölkerung kein Potential, aus dem sie eine größere Anhängerschaft hätten gewinnen können. Von den hier skizzierten Splittergruppen bildeten gerade die rechten die schwächsten, die – jedenfalls nach dem sogenannten Röhm-Putsch – allenfalls als Randgruppe unter den Randgruppen galten. Sie verdienen aber insofern Interesse, als sie die Breite des politischen Spektrums anzeigen, in dem die Gegner des NS-Regimes angesiedelt waren.

96 Gestapo-Bericht vom 27.7. und 23.8.34; PA AA, Pol. II: Parteien im Saargebiet Bd. 11.
97 Schreiben der NSDAP-O vom 10.4.34 an den Völkerbund, ebd. Bd. 9.
98 Nicht unterzeichneter Vermerk vom 29.6.34; AsD: Emigration – Sopade, Mappe 208. – Diesen Putschplan erwähnt auch der offene Brief eines gewissen Franke-Griecksch vom 14.11.34 (ebd.), in dem dieser sich von Strasser abwendet und seine bevorstehende Rückkehr nach Deutschland begründet. – Eine knappe Übersicht über Strassers Aktivitäten, jedoch ohne Behandlung der saarländischen Episoden, gibt Wolfgang Abendroth: Das Problem der Widerstandtätigkeit der „Schwarzen Front", *Vierteljahreshefte für Zeitgeschichte* 8 (1960), S. 181–87.
99 Vermerk der bayerischen Politischen Polizei vom 29.11.34; LA Speyer: H 38/1323.
100 Schreiben der Polizeidirektion Ludwigshafen vom 14.12.34 an den Bayerischen Saarbevollmächtigten; LA Speyer H 38/1420. – Theisen, S. 22. – Wehner, S. 76.

Die Erosion des linken Parteienspektrums

Die Zeit des Abstimmungskampfes im Saargebiet war, wie wir gesehen hatten, durch eine besondere Parteienkonstellation ausgezeichnet, die mit der politischen Landschaft vor 1932 kaum vergleichbar war. Aber auch die Entwicklung des innenpolitischen Kräfteverhältnisses nach dem Januar 1933 war ein dynamischer Prozeß, den man als schleichende Machtergreifung der „Deutschen Front" und kontinuierliche Erosion des Mitgliederbestandes von SPD, KPD, freien Gewerkschaften und nicht gleichgeschalteten Splittergruppen bezeichnen kann. Kurzlebige publizistische Erfolge der SPD/Saar, Demonstrationen der Einheitsfront, der zeitweilig spektakuläre Zulauf zum „Christlich-Sozialen Volksbund" haben die tatsächliche Entwicklung im Saargebiet vorübergehend überlagert und verdeckt. Die „Beschlagnahme" der Saarbevölkerung durch die „Deutsche Front", die ideologische Gleichschaltung in Berufsverbänden, Vereinen und zahlreichen anderen Bereichen des öffentlichen Lebens sowie die zunehmende Isolierung der Arbeiterparteien ließen aufmerksamen Beobachtern den Ausgang der Volksabstimmung nicht fraglich erscheinen. Prognosen seit dem Sommer 1934 haben denn auch das Abstimmungsergebnis ziemlich zutreffend vorausgesagt.

Man wird diesen ständigen Erosionsprozeß als Hintergrund sehen müssen, vor dem sich die Aktivitäten der Einheitsfront und ihrer Parteien sowie der Kampf um den Status quo abspielten. Es war ein ungleicher Kampf mit ungleichen Mitteln, der von den Mitgliedern der daran beteiligten Parteien ein hohes und oft nur schwer aufzubringendes Maß an Opferbereitschaft und Standfestigkeit abverlangte[1]. Die nicht gleichgeschalteten Parteien und Gruppierungen waren einem organisatorischen und vor allem psychologischen Verschleiß ausgesetzt, der im Apparat und in der Mitgliederschaft seine Spuren hinterließ. Wenn wir von einem stärkeren Zulauf zu der bisher bedeutungslosen NSDAP/Saar einmal absehen, blieb das saarländische Parteiensystem bis etwa zum Sommer 1933 intakt. Zwar gab es schon frühzeitig spektakuläre Übertritte bürgerlicher, sozialdemokratischer oder kommunistischer Funktionäre zur Nazi-Partei, aber das Wahlverhalten, soweit dies nachgeprüft werden kann, wies noch keine nennenswerte Abweichungen zu früher auf. Wegen einiger Unregelmäßigkeiten bei den Kommunalwahlen im November 1932 hatte die Regierungskommission in einigen Gemeinden des Warndt für den 2. Juli 1933 Nachwahlen ausschreiben lassen. In Ludweiler erhielt die KPD mit 841 von 2465 Stimmen 34,1 % (1932: 34,2 %) die SPD konnte mit 77 Stimmen (3,1 %) ihr früheres, traditionell schlechtes Ergebnis von 2,7 % sogar geringfügig steigern; in den Gemeinden Naßweiler und Karlsbrunn lagen die Ergebnisse ähnlich[2]. Wenn wir einmal von der unerwartet hohen Zahl der NSDAP-Stimmen (31,9 %) absehen, hatte sich hier das Parteiensystem zumindest am linken Rande des politischen Spektrums als stabil erwiesen. Allerdings mehrten sich bereits im Mai 1933 Berichte von Übertritten sozialdemokratischer und kommunistischer Parteimitglieder aus

---

1 Kunkel, S. 74; Bies, S. 129 ff.
2 Vermerk vom 8. 7. 33; LHA Koblenz: 403/16 858. – "Antifaschistische Mehrheit in Ludweiler", *Saarlouiser Journal* vom 3. 7. 33.

anderen Ortschaften zur NSDAP. Die Landjägerabteilung in St. Ingbert erfuhr sogar von der geplanten Selbstauflösung der Gersheimer KPD-Organisation[3].

Soweit die Quellen eine detaillierte Aussage zulassen, fiel der Beginn des hier untersuchten Erosionsprozesses weitgehend zusammen mit der Gründung der zweiten „Deutschen Front" und der Auflösung der bürgerlichen Parteien im Herbst 1933. Im November 1933 erreichte die SPD ihren Tiefstand in der Mitgliederabwanderung und erholte sich erst wieder im Februar und März des folgenden Jahres[4]. In diese Zeit fallen auch die ersten spektakulären „Überläufe" von SPD- bzw. KPD-Mitgliedern zur „Deutschen Front". Meist machten Parteimitglieder hierbei den Anfang, die irgendwie am Rande ihrer Organisation standen, nicht oder wenig integriert waren, sich von der Partei politisch oder persönlich getäuscht fühlten oder sich mit führenden Funktionären überworfen hatten. Derartige Vorgänge ereigneten sich merkwürdigerweise besonders häufig im Warndt-Gebiet (Gemeinde Ludweiler), wo seit jeher eine besonders starke Fluktuation der Parteien wie auch politische Eigenbröteleien verbreitet waren. Anfang November 1933 nahm der Oberpräsident der preußischen Rheinprovinz in Koblenz Kontakt auf zu den Kommunisten Philipp Reinhard, Ernst Becker und Karl Ulrich, alle drei in Ludweiler wohnhaft. Reinhard und Becker, beide der KPO angehörend, äußerten den Wunsch, das „neue Deutschland" kennenzulernen. Dem Auswärtigen Amt wurde nahegelegt, auch dem KPD-Mitglied Ulrich eine viertägige Informationsreise zu ermöglichen[5]. Offensichtlich gelang es deutschen Stellen, die drei Kommunisten zum Übertritt zur „Deutschen Front" zu bewegen. Zuvor wurden sie jedoch aus ihren eigenen Parteien wegen Korruption und Verrats ausgeschlossen, so daß man deutscherseits erwog, Überläufer künftig unerkannt in ihrer alten Parti weiterwirken zu lassen, um so die Gegenseite von innen her zu zersetzen[6]. Als Begründung für ihren Schritt gaben die drei an, daß ihre Parteien dem französischen Imperialismus in die Hände arbeiten wollten. Nach ihrem Übertritt gründeten sie das kleine nationalsozialistische Hetzblatt Der Rufer im Warndt, das von der „Deutschen Front" unterstützt wurde[7]. Bald darauf ging mit gleicher Begründung der Völklinger Gemeinderatsvertreter Jacob Richner von der KPD zur „Deutschen Front"[8]. Es folgten kurz darauf weitere ähnliche Fälle. Im Gemeinderat von Ludweiler distanzierten sich die KPD-Abgeordneten Pupp, Otten und Renollet sowie Vertreter der KPO von ihren Parteien und betonten ihren „nationalen Standpunkt"[9].

Damit wurde eine Entwicklung eingeleitet, die erst mit der Abstimmung 1935 zum Ende kam: der Fahnenwechsel der kommunistischen und sozialdemokratischen Abgeordneten auf Gemeinderatsebene. Bei den Gemeinderatswahlen im November 1932 hatte die SPD 257, die KPD 497 Mandate erringen können[10]. Auf dieser Ebene setzte nun die Erosion des Funktionärsbestandes beider Parteien ein. Die oben genannten Überläufer hatten nicht einmal den Anfang gemacht. Schon im Herbst 1933 hatten sich drei von sechs kommunistischen Mitgliedern des Dillinger Gemeinderats von ihrer Partei getrennt und waren teilweise

---

3 Vermerk der Landjägerabteilung St. Ingbert vom 9. und 10. 5. 33; LA Saarbrücken: 3318a-III/22. – Daselbst weitere Berichte vom Mai 1933 über diese Entwicklung.
4 Vgl. S. 91.
5 Schreiben Watermanns ans Auswärtige Amt vom 3. 11. 33; PA AA, Pol. II: Parteien im Saargebiet, Bd. 6.
6 Bericht Watermanns vom 24. 11. 33, ebda; vgl. Jacoby, S. 125.
7 Kunkel, S. 46.
8 *Saarbrücker Abendblatt*, 30. 11. 33.
9 „Nationalbolschewisten an der Saar", *Deutsche Freiheit* vom 15. 12. 33.
10 Bericht des Statistischen Amtes..., a. a. O., 1933, S. 392.

der „Deutschen Front" beigetreten[11]. In einer Zusammenstellung für das Auswärtige Amt werden bis Februar 1934 Übertritte in 39 Gemeinden vermerkt, von denen 19 Gemeinden namentlich aufgeführt werden[12]. Davon fielen sechs Übertritte auf Sozialdemokraten, dreizehn auf die KPD; zwei weitere Übertritte in Erfweiler werden nicht nach Parteien spezifiziert, für Lebach werden nur „mehrere" registriert. Rechnen wir alle diese Parteiwechsel, die in der Zusammenstellung nicht berücksichtigt wurden, mit den erwähnten 39 Gemeinden, in denen derartige Vorgänge erfolgt waren, zusammen, so müssen mindestens 53 sozialdemokratische und kommunistische Gemeinderatsmitglieder ihre Parteien verlassen haben. Wir können also vermuten, daß bis Februar 1934 mindestens 7 % aller sozialdemokratischen und kommunistischen Komunalpolitiker zur „Deutschen Front" gingen; da es sich bei dieser Berechnung um die untere Grenze handelt, wird eine wesentlich höhere Schätzung angesetzt werden dürfen. Diese Zahlen müssen überdies vor der Multiplikatorenstellung dieses Personenkreises gesehen werden und dürfen auf eine wesentlich größere Fluktuation im Fußvolk der Parteien schließen lassen. Von ähnlichen Entwicklungen auf Kreistagsebene und schon gar im Landesrat berichten die Quellen und die zeitgenössische Presse nicht, was sie sicherlich getan haben würden, wenn es vorgekommen wäre. Aus dieser Tatsache läßt sich der − nicht unerwartete − Schluß ziehen, daß die Konsistenz des Funktionärskaders auf lokaler Ebene geringer war als in der Führungsspitze. Nach den − allerdings mit Vorsicht aufzunehmenden − Angaben des braunen Hetzblattes *Der Rufer im Warndt* war die Zahl der Beitragszahler in Sulzbach um 135 %, in Bettingen um 160 % und im Unterbezirk Homburg um 200 % gesunken; bei den Sozialdemokraten sei ein völliger Rückgang zu verzeichnen-. Die Erosion der Parteien war an der Basis unverkennbar. Entsprechend desolat war der Mitgliederbestand vor allem in solchen Gegenden, in denen SPD und KPD ohnehin nicht sehr stark gewesen waren. Ein Gestapo-Bericht im März 1934 erwähnt nur noch 7 SPD- und 25 KPD-Mitglieder in Merzig-Stadt. Beide Parteien hätten ihre Aktivitäten fast völlig eingestellt[14]. Wenn wir die an anderer Stelle bereits untersuchte Mitgliederfluktuation der SPD[15] in Rechnung stellen, so können wir feststellen, daß die Partei mit dem Stillstand ihrer Mitgliederflucht im Februar/März 1934 ihren endgültigen Stand erreicht hat. Der für die Endphase des Abstimmungskampfes belegte Anstieg auf 3 000−4 000 Mitglieder bedeutete wahrscheinlich den Rückgewinn verlorener Anhänger, jedoch keinen Zugewinn gegenüber der Zeit vor 1933. Parallel zum Schrumpfungsprozeß der SPD lief der der freien Gewerkschaften, unter ihnen vor allem des Verbandes der Bergbauindustriearbeiter. Freilich lag hier die Situation insofern etwas anders, als der politische Charakter der Gewerkschaften weniger eindeutig war und die Mitgliedschaft in ihnen nicht unbedingt eine bestimmte politische Überzeugung ausdrückte. Im Sommer 1933 schätzte das Auswärtige Amt die Mitgliederzahl des Bergarbeiterverbandes auf 15000 bis 20000[16]. Die Gründung der „Deutschen Gewerkschaftsfront" im November 1934 und die Schwierigkeiten, die den freien Gewerkschaften durch die Beschlagnahme ihres Vermögens im Reichsgebiet entstanden waren, scheinen sich auch auf den Mitgliederbestand ausgewirkt zu haben. Wie der bayerische Saarvertrauensmann Richard Binder der bayerischen Pfalz-Regierung mitteilte, seien vor allem im „Saargrenzgürtel" zahlreiche Austritte aus den freien Gewerkschaften zu verzeichnen. Allerdings empfahl Binder, die Gewerkschaften nicht in ihren Aktivitäten zu behindern, solange ihre Veranstaltungen

---

11 Abschrift eines Briefes vom 14. 10. 33; PA AA, Pol. II: Parteien im Saargebiet Bd. 5.
12 Schreiben Fritz Hellwigs vom 17. 2. 34 an Voigt; ebd. Bd. 7.
13 „Die Flucht vor dem Separatismus", *Der Rufer im Warndt* vom 31. 3. 34.
14 Gestapo-Bericht vom 14. 3. 34, ebda., Bd. 8.
15 Siehe oben.
16 Vermerk vom 4. 7. 33; PA AA, Büro RAM: Akten betr. Saargebiet. Bd. 6.

nur wirtschaftlichen oder sozialen Charakter trügen[17]. Von einer schleichenden „Aushöhlung" der Gewerkschaften, die im Januar 1934 etwa 220 zahlende Mitglieder verloren hatten, berichtete auch die bayerische Staatsregierung an Papen[18]. Zur gleichen Zeit gab die Gestapo die Stärke des Bergbauindustriearbeiterverbandes mit etwa 10 000 an, die zwar großenteils „nationalgesinnt" seien, jedoch durch den Druck ihrer Funktionäre zum Verbleib im Verband gezwungen würden[19]. Diese Zahl würde eine Verminderung der Mitgliederzahl um 33–55 % gegenüber dem Sommer 1933 bedeuten. Das Gerücht vom angeblichen Druck der Funktionäre auf die Mitglieder tauchte in Agentenberichten immer wieder auf. Angeblich soll es sogar zahlreiche Doppelmitgliedschaften in der „Deutschen Front" und den freien Gewerkschaften gegeben haben, wobei letztere ihre Mitglieder nur mit dem Versprechen zu halten wüßten, daß nach der Rückgliederung das Vermögen des Verbandes an die Mitglieder verteilt würde[20]. Leider liegen uns weitere Zahlenangaben über den Mitgliederrückgang in den Einzelgewerkschaften nicht vor. Wohl können wir die Verminderung der Auflage der Gewerkschaftszeitungen verfolgen, aus der aber nur sehr vage Rückschlüsse auf die Mitgliederwanderung möglich sind. Im Mai 1934 schätzte die Gestapo die Auflagen der *Saarländischen Gewerkschaftszeitung* und der *Saarbergarbeiterzeitung* auf je 15 000[21]. Eine spätere Aufstellung Voigts über die „deutschfeindliche Presse" bestätigt diese Zahl für das zweite Blatt, schätzt die Auflage des ersteren jedoch auf 14 500 ein. Bis September 1934 sank die Auflage beider Blätter auf 11 000 bzw. 11 200[22]. Zumindest tendenziell läßt sich hier eine gewissen Auszehrung bei den Gewerkschaften erkennen.

Für die KPD liegen für die Zeit vor dem März 1934 keine Angaben über ihre Mitgliederstärke vor. Die für das ZK der KPD in Paris erstellten Statistiken beziehen sich auf die Monate März bis Oktober 1934 mit Unterbrechung des Mai. Wenige Anhaltspunkte bietet hier auch die Auflagenhöhe der *Arbeiter-Zeitung*, die sich ziemlich konstant zwischen 4 000 und 5 000 bewegte. Auch die Mitgliederentwicklung der SSP kann nur begrenzt für einen Vergleich herangezogen werden, da sie von parteiinternen Skandalen und anderen Ereignissen geprägt wurde, die nicht unbedingt der allgemeinen Tendenz der Saarbevölkerung entsprachen. Wohl aber können wir die Zunahme der Gegenseite als komplementäre Erscheinung in Betracht ziehen und daran indirekt die wachsende Isolierung der nicht gleichgeschalteten Parteien und Verbände des Saargebiets erkennen. Der bereits erwähnte Gestapo-Bericht über Merzig[23] erwähnt für die NSDAP bis zu ihrer Auflösung im März 1934 600 Mitglieder. Wenn wir hiergegen halten, daß die NSDAP bei den Landratswahlen im März 1932 469 Stimmen und bei den Gemeinderatswahlen im November des gleichen Jahres gar nur 30 Stimmen erhielt[24], können wir den Wandel der politischen Situation im Bereich der Parteienlandschaft deutlich erkennen.

Nach mehreren für die Partei kompromittierenden Skandalen und heftiger Gegenwehr ihres Landesleisters Spaniol wurde bakanntlich die NSDAP/Saar Anfang März 1934 aufgelöst und der „Deutschen Front" eingegliedert. Kurz darauf begannen massive Werbekampagnen für den Betritt, zum Teil mit recht handfesten Methoden: Telefonanrufe, per-

17 Schreiben Binders vom 19. 1. 34, BayHStA, GehStA, Akten des Staatsministeriums des Äußern. Saargebiet, Bd. XVa: Vereine, Parteien, Sammelakt.
18 Schreiben vom 11. 2. 34, PA AA, Pol. II: Arbeitsverhältnisse im Saargebiet, Bd. 12.
19 Hektographiertes Gestapo-Rundschreiben vom 26. 2. 34, BA R 43 I/254.
20 Bericht Binders an die Bayerische Regierung vom 29. 8. 34, PA AA, Pol. II: Arbeitsverhältnisse im Saargebiet, Bd. 14.
21 Gestapo-Vermerk vom 30. 5. 34, ebda., Bd. 13.
22 Rundschreiben Voigts vom 25. 9. 34, PA AA, Missionsakten Paris: Saargebiet, Bd. 32.
23 Anm. 14.
24 Anm. 10.

sönliche Besuche, Werbegespräche und schriftliche Aufforderungen. Die Regierungskommission argwöhnte wohl zu Recht, daß hiermit das Abstimmungsverhalten der Saarländer festgelegt oder zumindest erkundet werden sollte, so daß die „Deutsche Front" auf persönliche Werbung schließlich verzichtete[25]. Gleichwohl konnte sie durch ihre Aktivitäten binnen kurzer Zeit beträchtliche Erfolge erzielen. Im April 1934 stellte ein Mitarbeiter des Gauleiters Bürckel eine Liste über den Zulauf zur „Deutschen Front" in sechs verschiedenen Bürgermeistereien des Keises Saarbrücken-Land zusammen, untergliedert teilweise nach Ortsteilen. Mit einer Ausnahme waren in sämtlichen aufgeführten Ortschaften mehr als 70 % der Abstimmungsberechtigten in der „Deutschen Front", in sieben von zwanzig Ortschaften sogar 90 % und mehr[26]. In einem Gestapo-Vermerk hieß es vier Wochen später, daß im Landkreis Saarlouis 50 560 von 87 198 (also rund 58%) der Abstimmungsberechtigten eine Erklärung für die „Deutsche Front" abgegeben hätten; ähnliche Verhältnisse herrschten im übrigen Saargebiet. Nur im Kreise Saarbrücken-Land konnten in vereinzelten Ortschaften bloß 60–65 % für die „Deutsche Front" gewonnen werden[27]. Dabei lag diese Prozentzahl in bestimmten Berufsgruppen mit potenzierender Wirkung besonders hoch, beispielsweise bei den Landjägern, von denen nach Gestapo-Angaben im Mai 1934 rund 90 % der „Deutsche Front" angehörten[28]. Zwar darf nicht grundsätzlich aus jedem Beitritt auf eine Parteinahme für das Dritte Reich geschlossen werden. Teilweise gaben die Saarländer nur nach außen hin dem Druck nach, der über die Betriebsleitungen, Kollegen oder Nachbarn auf sie ausgeübt wurde. Da der Beitritt kollektiv und familienweise vollzogen werden konnte, meldeten nicht selten Ehefrauen ihre Männer ohne deren Wissen bei der „Deutschen Front" an[29]. Wie Emil Kirschmann an die Sopade nach Prag berichtete, hätten sich auch viele Sozialdemokraten dem äußeren Druck gebeugt und seien der „Deutschen Front" beigetreten, um Belästigungen zu entgehen, setzten jedoch auf eine geheime Abstimmung[30]. Dennoch hat die ideologische Vereinnahmung der Saarbevölkerung durchaus ihre Wirkung auf das spätere Abstimmungsverhalten nicht verfehlt.

Die Werbeaktionen der „Deutsche Front" verfolgten nicht nur die Absicht, die Bevölkerung zu einer Art informeller „Vorabstimmung" und damit zur öffentlichen Preisgabe ihrer politischen Überzeugung zu zwingen, sondern auch ihre parteipolitische „Erfassung" noch vor der Rückgliederung vorwegzunehmen. Darum wurde ganz offen die „Deutsche Front" als Vorläuferin der nach der Rückgliederung neu zu begründenden NSDAP bezeichnet. Um den Mitgliedern das Gefühl der Auserwähltheit zu vermitteln, wurde am 13. April 1934 eine zweite Mitgliedskarte ausgestellt, jedoch bis zur Aushändigung nach der Rückgliederung des Saargebiets einbehalten. Dadurch sollte zugleich eine Kontrolle über die Zuverlässigkeit der Mitglieder erreicht werden. Am 20. April schließlich verkündete die „Deutsche Front" eine unbefristete Aufnahmesperre, offensichtlich weil sie sich der Mehrheit der Saarländer sicher glaubte[31].

Diese Aufnahmesperre, die schließlich bis zum 20. Oktober andauerte, führte zu sehr merkwürdigen Verschiebungen innerhalb der Parteienfluktuation. Wie wir einem der zitierten Briefe Philipp Daubs entnehmen können, war der Zulauf der KPD besonders stark in katholischen Gegenden[32]. Da die Statistik des betreffenden Monats aus parteiinternen Gründen, wie wir gesehen hatten, „frisiert" worden war, während in den späteren Korrek

25 Jacoby, S. 119.
26 Übersicht Barths für den Bayerischen Ministerpräsidenten vom 21. 4. 34; vgl. Anm. 17.
27 Gestapo-Vermerk vom 18. 5. 34, PA AA, Pol. II: Parteien im Saargebiet, Bd. 10.
28 Gestapo-Vermerk vom 15. 5. 34, ebda., Bd. 9.
29 Hierfür Beispiele bei Balk, S. 31. ff.
30 Bericht Kirchmanns („Stift") vom 7. 4. 34 an die Sopade; AsD: Emigration-Sopade, Mappe 62.
31 Jacoby, S. 120.
32 Mitgliederstatistik der KPD vom August 1934, PA AA, Pol. II: Parteien im Saargebiet, Bd. 13.

turen derart detaillierte Aufschlüsselungen fehlen, können wir diesem interessanten Hinweis nicht nachgehen. Aber wir finden eine Bestätigung dafür, daß der Zulauf zur KPD aus einem gewöhlich parteifernen Bevölkerungsmilieu stammte: nach Aufhebung der Aufnahmesperre der „Deutschen Front" setzte eine ruckartige Abwanderung von KPD-Mitgliedern ein, – ein Verhalten, das auf eine recht lose Bindung zur Partei deutet und eher auf eine relativ periphere Mitgliederschaft schließen läßt als auf eine traditionelle Stammwählerschaft. Nachdem sich die KPD von März bis September im Monat um durchschnittlich 200 Neuzugänge auf 7 900 Mitglieder erweitert hatte, ging ihre Zahl im Oktober auf 7 100 zurück. Den Zusammenhang zwischen dieser Entwicklung und der Aufnahmesperre der „Deutschen Front" unterstrich auch Philipp Daub und nannte sie als erste Ursache[33]. Die Abwanderung brach hingegen plötzlich ab, als die „Deutsche Front" nach etwa drei Wochen eine erneute Mitgliedersperre verkündete[34]. Eine Bestätigung dieser Entwicklung gab auch ein V-Mann des Reichsinnenministeriums. Die Auswärtsentwicklung der KPD sei durch die Übertritte zur „Deutschen Front" zum Stillstand gekommen. Nach Aufhebung ihrer Mitgliedersperre seien in den ersten Tagen bis zu 3 % der Abstimmungsberechtigten neu eingetreten[35]. Der bayerische Saarvertrauensmann Binder berichtete Anfang November 1934 nach München, daß innerhalb der letzten Tage in Völklingen 130, Püttlingen 183, Ludweiler 300 und Dudweiler sogar 400 (fast 5 % der Abstimmungsberechtigten des Ortes) der „Deutschen Front" neu beigetreten seien[36].

Die im zweiten Halbjahr 1934 einsetzende Mobilisierung der saarländischen Bevölkerung konnte nicht darüber hinwegtäuschen, daß das nicht gleichgeschaltete Parteienspektrum einem kontinuierlichen Erosionsprozeß unterlag, der durch Entwicklungen von vorübergehender Auswirkung nur scheinbar aufgehalten wurde. Wir verfügen zwar über keine Zahlenangaben hinsichtlich der SPD, die uns über eine der KPD ähnliche Abwanderung im Oktober und November 1934 Zeugnis gibt. Aber aus einigen Andeutungen in Philipp Daubs Briefen geht hervor, das Max Braun sich zwar nicht in die Karten schauen ließ, jedoch für die letzten Monate einen Rückgang zugegeben habe. Ähnlich stand es um die Gewerkschaften. „Durch Max Braun erfahren wir, daß die rückläufige Bewegung in den sozialfaschistischen Gewerkschaften eine noch viel größere sei"[37].

Dieser Prozeß läßt sich schließlich auch in einem anderen Bereich beobachten: im Auflagenrückgang der nicht gleichgeschalteten Zeitungen. Hierbei müssen wir allerdings zusätzlich drei Gesichtspunkte beachten. Erstens beruhen die folgenden Angaben auf recht groben Schätzungen, die nicht zwischen gedruckter und verkaufter Auflage unterscheiden. Überdies muß die wirtschaftliche Lage der Zeitungen aufgrund von Anzeigenboykott und Behinderung des Vertriebs in Rechnung gestellt werden. Zum dritten aber bedeutete eine Abbestellung von Abbonnements oder der eingestellte Kauf von Exemplaren der *Volksstimme,* der *Arbeiter-Zeitung* oder anderer Blätter nicht immer eine Abkehr der Leser von ihrer Partei, sondern erfolgte oft aus Angst vor Repressalien durch die „Deutsche Front". Anderseits sprechen die Zahlen doch eine so deutliche Sprache, daß man zumindest teilweise darin Indizien für einen Erosionsprozeß der betreffenden Parteien sehen darf. Nach Schätzung reichsdeutscher Stellen war die *Volksstimme* in einem nicht näher bezeichneten Zeitraum von 24 000 auf 18 000 im Herbst 1933 gesunken. Die Zahlen für andere Blätter werden für Herbst 1933 angegeben: *Arbeiter-Zeitung* (4000), *Ge-*

33 Schreiben Philipp Daubs (Abschrift) vom 8. 11. 34, ebda., Bd. 14.
34 Schreiben Philipp Daubs (Abschrift) vom 24. 11. 34, ebda., Bd. 15.
35 „Sammelbericht Saar" vom 1. 11. 34, ebda, Bd. 13.
36 Bericht Binders vom 1. 11. 34 an die Bayerische Staatskanzlei, ebda., Bd. 13.
37 Anm. 33 und 34.

neralanzeiger (10000) und *Saarlouiser Journal* (20000)[38]. Nach einer späteren Vergleichs-übersicht des Saarreferenten Voigt vom Auswärtigen Amt[39] ging die *Volksstimme* auf 4000 im Mai und 3 800 im September 1934 zurück. Ein späterer „Sammelbericht Saar" vom 1. November beziffert sie dagegen auf 5 000[40]. Die *Deutsche Freiheit*, die im Juni 1933 mit ei-ner Startauflage von 100000 begann, bezifferte Voigt im Mai 1934 auf 54 000, im Septem-ber darauf auf 16 200. Die beiden fankophilen Blätter *Saarlouiser Journal* und *Generalanzei-ger* waren nach Voigt auf 6 000 bzw. 7 000 im Mai und 5 800 im September gesunken. Nach Angaben des „Sammelberichts Saar" lagen die Auflagen dieser Blätter im Oktober bei 2 500 bzw. 7 000 Exemplaren. Nur die *Neue Saar-Post* scheint ihre Auflagenzahl von 8 500 bis 9 000 gehalten und sogar erhöht haben. Eine weitere Ausnahme in dieser allgemeinen rückläufigen Entwicklung scheint die kommunistische *Arbeiter-Zeitung* gebildet zu haben, indem sie von 4 000 Exemplaren im Herbst 1933 im Laufe eines Jahres auf 5 000 kletterte. Da hier die Auflage erheblich geringer war als die Zahl der Parteimitglieder und das Blatt außerhalb der KPD-Anhängerschaft wohl kaum gelesen wurde, war es auch geringeren Schwankungen unterworfen. Die erstmals im März 1934 mit einer Auflage von 4 000 Exemplaren herausgegebene *Schwarze Fahne* war im Laufe des Sommers eingegangen. Be-merkenswert blieb allein der Aufstieg der vom sozialdemokratischen Emigranten Siegfried Thalheimer herausgegebenen Wochenzeitschrift *Westland*, deren Auflage im Sommer und Herbst 1934 von 7 800 nach übereinstimmenden Angaben der oben zitierten Quellen auf 13 300 kletterte. Sie stellte schließlich die einzige publizistische Gefahr für die „Deutsche Front" dar, so daß Goebbels dieses Blatt über einen Trick in seine Hand zu bekommen suchte. Der Eigentümer Thalheimer durchschaute die ihm gemachten, verdächtig günsti-gen Kaufangebote und ging sogar auf eines ein, um jedoch mit dem gleichen Redaktions-stab das neue Blatt *Grenzland* herauszugeben, das dann bis zu Rückgliederung erschien[41]. Aus dem Rückblick der Jahreswende 1934/35 läßt sich die Erosion der Gegner des Natio-nalsozialismus folgendermaßen beschreiben: sie setzte ein im Sommer 1933 und erreichte im Winter 1933/34 einen vorläufigen Höhepunkt. Wie es scheint, setzte im Frühjahr und Sommer 1934 eine rückläufige Entwicklung ein, aufgrund derer SPD und KPD einen Teil ihrer abgefallenen Mitglieder zurückgewannen und dabei sogar neuen Zulauf aus einem für sie atypischen Milieu erhielten. In die Sommermonate 1934 fiel auch der erneute Mit-gliederanstieg der SSP sowie die Bildung der christlich-sozialen Bewegung, die ihre organi-satorische Form jedoch erst im November erhielt. Im Herbst 1934 setzte jedoch ein erneu-ter Erosionsprozeß ein. Die frankophilen Gruppen lösten sich weitgehend auf, durch die bischöflichen Verlautbarungen wurde der Zulauf zur christlich-sozialen Bewegung unter-brochen oder gar rückgängig gemacht und die gesamte Front der Status quo-Bewegung auf einen kleinen personellen Kern zurückgeworfen, der dann bis zur Abstimmung am 13. Ja-nuar durchhielt. Die Mobilisierung der Saarbevölkerung stellte nicht automatisch eine Politisierung dar und konnte nicht einmal den Stand der Arbeiterparteien nach den Wah-len von 1932 halten. Entgegen den optimistischen Voraussagen der Einheitsfront hin-sichtlich einer Mehrheit oder zumindest einer politisch ins Gewicht fallenden Stimmen-zahl für den Status quo vermutete ein V-Mann des Reichsinnenministeriums Anfang No-vember etwa 90% der abstimmungsberechtigten Saarländer bei der „Deutschen Front", 10 % bei der Status quo-Bewegung[42], ein Zahlenverhältnis, das dem Abstimmungsergeb-nis auch recht nahe kam.

---

38 Gestapo-Vermerk vom 6. 11. 33, BA 58/1250. – Vgl. Siegmann, S. 244.
39 Anm. 22.
40 Anm. 35.
41 „Der Fall Westland"; IfZ, Mappe ED 201/4.
42 Anm. 35.

Über den Terror als Ursache dieses Erosionsprozesses besteht keinerlei Zweifel. Allerdings wird man die größere Wirkung hierbei weniger auf spektakuläre Vorfälle wie Straßenschlachten, Schlägereien und Überfälle zurückführen dürfen. Eine langfristig stärker zermürbende Wirkung hatte zweifellos die Atmosphäre des Mißtrauens und der Angst sowie die Spannungen, die monatelang das Leben der Saarländer bis weit in die Privatsphäre hinein bestimmten[43]. Freundschaften brachen auseinander, nachbarschaftliche Beziehungen wurden abgebrochen, der Riß ging oft quer durch die Familien. Niemand wußte, wer wen bespitzelte und wem man noch trauen konnte. Das Agentennetz der „Deutschen Front" war dicht und erstreckte sich sogar auf Schulkinder, wenn es galt, Belastungsmaterial gegen politisch unliebsame Lehrer zu sammeln. Nicht alle Gegner des Nationalsozialismus haben diesem schleichenden Terror standhalten können, obwohl sie in offenen Auseinandersetzungen sehr wohl ihren Standpunkt verteidigt hatten. Charakteristisch hierfür ist eine Meldung der St. Ingberter Polizei vom Parteiaustritt des dortigen langjährigen SPD-Parteikassierers Josef Fettig und anderer Sozialdemokraten am 15. Dezember 1934 – also vier Wochen vor der Abstimmung, weil, wie es hieß, „sie die Sache satt hätten"[44].

---

43 Vgl. Siegmann, S. 270, 295 und öfter.
44 Vermerk des Stadtpolizeiamtes St. Ingbert vom 16. 12. 34; LA Saarbrücken: 3318 c-III/22.

Die deutsche Emigration an der Saar

Das Saargebiet war, wie es die *Deutsche Freiheit* einmal ausdrückte, eine „freie deutsche Insel"[1], die sich noch hielt, während der größere Teil Deutschlands bereits von braunen Fluten überschwemmt wurde. Rein völkerrechtlich ließ sich derartiges auch von der Freien Stadt Danzig sagen; aber dort bildeten die Nationalsozialistischen die stärkste innenpolitische Kraft, die den Senat stellte und als verlängerter Arm Berlins den Stadtstaat beherrschte. Die andersgeartete Konstruktion des Saar-Statuts gab dagegen durch die Stellung der Regierungskommission des Völkerbundes die Gewähr für politische Freiräume, die auch durch die „Deutsche Front" nicht völlig eingenommen werden konnten.
Als „freie deutsche Insel" war das Saargebiet bereits wenige Wochen nacht Hitlers Machtantritt und seitdem für die folgenden zwei Jahre Zufluchtsort für deutsche Flüchtlinge oder wenigstens kurzfristige Station auf dem Wege in ein ferneres Exil. Für zwei Jahre also nahm das Saargebiet eine zentrale Stellung ein in den Etappen von Emigrantenschicksalen, so wie umgekehrt Emigranten in diesem Zeitraum wesentlich in irgendeiner Weise das innenpolitische Leben an der Saar prägten. Wir ersparen uns die weitgehend müßige Differnzierung der Begriffe „Emigrant", „Flüchtling" und „Exulant", da der gemeinsame politische Charakter des damit gekennzeichneten Schicksals unzweideutig ist[2]. Den Anlaß bot die Machtergreifung des Nationalsozialismus, wobei die weiteren Motive vielfältig sein konnten: politische Gegnerschaft, rassisch diskriminierte Herkunft, religiöse oder weltanschauliche Überzeugung.
Unmittelbar nach Hitlers Ernennung zum Reichskanzler setzte noch keine größere Emigrationswelle ein, da viele Gegner des NS-Regimes vorerst die braune Herrschaft für eine Episode von kurzer Dauer hielten. Erst der Reichstagsbrand und die darauf einsetzende Verfolgung von Antifaschisten bewirkte größere Fluchtbewegungen, die meist über die nächstgelegenen Grenzen in die Tschechoslowakei, in die Niederlande, nach Frankreich, in die Schweiz und nach Österreich und vor allem auch in das Saargebiet führten. Obwohl die Situation für Kommunisten bereits Anfang März lebensgefährlich geworden war, emigrierten viele von ihnen erst, nachdem sie von ihrer inzwischen illegalen Parteiführung die Genehmigung hierzu erhalten hatten. Innerhalb der Sozialdemokratie standen der Emigrationsbereitschaft anfangs noch weitverbreitete legalistische Bedenken entgegen; jedoch setzte ein Flüchtlingsstrom größeren Außmaßes ein, nachdem die Partei am 22. Juni 1933 im Reich verboten worden war. Als am 14. Juli 1933 schließlich das Einparteiensystem endgültig errichtet war, folgten den kommunistischen, sozialdemokratischen und

---

1 „Saargebiet als freie deutsche Insel", *Deutsche Freiheit* vom 23. 6. 33.
2 Zur Diskussion um den Begriff vgl. Helmut Müssener: Die deutschsprachige Emigration in Schweden nach 1933. Ihre Geschichte und kulturelle Leistung, Stockholm 1971. – Werner Röder: Die deutschen sozialistischen Exilgruppen in Großbritannien 1940–1945, Hannover 1968. – Matthias Wegner: Exil und Literatur. Deutsche Schriftsteller im Ausland 1933–1945, Frankfurt am Main – Bonn 1967. – Vgl. Langkau-Alex, S. 35.

sonstigen linken Emigranten auch in geringerer Zahl Flüchtlinge aus dem bürgerlichen Lager: Liberale, Konservative, Christen[3].

Als erstes flohen naturgemäß die am meisten gefährdeten Personen, worunter in erster Linie Politiker gehörten. Als Beispiel hierfür sei Wilhelm Sollmann genannt, der Anfang März in Köln in „Schutzhaft" genommen, dabei schwer mißhandelt worden war und am 11. März über Luxemburg ins Saargebiet flüchtete[4]. Andere Kreise mochten sich in den ersten Monaten von Hitlers Herrschaft über dessen baldiges Ende trösten und täuschen, so daß der eigentliche Exodus erst später – parallel zum Ausbau des Polizei-Staates – einsetzte. Gleichwohl können wir den März 1933 als Beginn einer Emigration größeren Ausmaßes betrachten. Aufgrund von Agentenberichten glaubten preußische Stellen zu wissen, daß bis Mitte März 1933 152 politische Flüchtlinge aus dem Reich an die Saar gegangen seien, von denen sich 133 in Saarbrücken selbst aufhielten[5]. Noch innerhalb eines Monats März scheint sich diese Zahl verdoppelt zu haben. Ende März ist von 300 „Gästen" im Saargebiet die Rede, die einen Paß mit Lichtbild erhalten hätten. Allein in Wiebelskirchen würden etwa 100 Personen von der KPD betreut[6]

Zahl und Ausmaß der Emigration

Genaue Zahlenangaben über die Emigration an der Saar sind nicht möglich, da viele Flüchtlinge sich nicht bei den amtlichen Stellen meldeten und sich illegal bei Verwandten oder Freunden aufhielten oder aber nur vorübergehend auf dem Wege nach Frankreich dort weilten, teilweise zurückkehrten und jeweils das Saargebiet für kurzfristige Aufenthalte nutzten. Die Zahlen beruhen daher weitgehend auf Schätzungen verschiedener Stellen, die entsprechend hohe Abweichungen und Toleranzquoten aufweisen. Im April 1933 schätzte das preußische Innenministerium die Zahl der Emigranten auf weniger als 700 und im Mai 1933 ging ein Agentenbericht von etwa 600 jüdischen Emigranten aus, die teilweise ins Ausland weitergereist seien, sowie einigen Sozialdemokraten und Kommunisten, – eine Größenordnung, die nach amtlichen reichsdeutschen Schätzungen noch im Oktober Gültigkeit hatte[7]. Diese Zahl scheint in der Folgezeit ruckartig angestiegen zu sein. Nach Erhebung der Sopade hielten sich am 30. November 1933 an der Saar 1 164 Emigranten auf, unter ihnen 869 Angehörige der SPD und parteinaher Organisationen; für die anderen Arbeierparteien werden 75 Emigranten angenommen, was zweifellos zu niedrig gegriffen ist[8]. Allein die Zahl der Kommunisten dürfte die der Sozialdemokraten um ein Beträchtliches überwogen haben. Andererseits ist zu vermuten, daß wegen des belastenden Verhältnisses zwischen beiden Parteien zu diesem Zeitpunkt für Vertreter der SPD kaum Möglichkeiten bestanden haben, innerhalb der kommunistischen Emigranten statistische Erhebungen vorzunehmen.

---

3 Hans-Albert Walter: Deutsche Exil-Literatur 1933–1950, Bd. 1, Darmstadt-Neuwied 1972, S. 214 ff., 228 ff., 239 ff.
4 Erklärung Dr. Moutons vom 18. 3. 33.; StadtA Köln: Sollmann-Nachlaß Rolle 3.
5 Polizei-Vermerk vom 20. 3. 33; LHA Koblenz: 403/16 857.
6 Bericht vom 31. 3. 33; ebd. – Die NSZ Saarfront vom 10. 3. 33 verbreitete die Zahl von 300–400, von denen in Wiebelskirchen 120, in Neunkirchen 150 untergebracht seien.
7 Vermerk des Preußischen Ministeriums des Innern vom 19. 4. 33 und V-Mann-Bericht vom 20. 5. 33 (Abschrift); PA AA; Pol. II: Emigranten im Saargebiet Bd. 1. – Von etwa 700 Emigranten an der Saar berichtete St. S. von Bülow an St. S. Lammers am 23. 10. 33; BA, R 43 I/253.
8 Tabelle nach der Sopade-Erhebung vom 30. 11. 33; AsD: Emigration-Sopade, Mappe 6. – Fragebogen B der Sopade-Erhebung vom 30. 11. 33; ebd., Mappe 76.

Bis zum Jahresende 1933 haben nach übereinstimmenden Schätzungen zwischen 59 000 und 65 000 Personen aus politischen Gründen Deutschland verlassen, wovon knapp die Hälfte sich nach Frankreich begab. Die Zahl von rund 30 000 deutschen Emigranten jenseits des Rheins dürfte für die Zeit vor der Saar-Abstimmung als die von zeitgenössischen Beobachtern wie von späteren Historikern weithin akzeptierte Einschätzung darstellen[9]. Sie wird weitgehend bestätigt durch zeitgenössische Nachforschungen der Gestapo. Im März 1934 schätzte sie die Zahl der über das Saargebiet emigrierten Personen, die von dort in der Regel nach Frankreich weiterzogen, auf 37 000, von denen wiederum 5000 bis 6 000 sich dort vorübergehend niedergelassen hätten; schon vorher hatte ein Gestapo-Vermerk die – wahrscheinlich stark übertriebene – Zahl von 7 000 Emigranten an der Saar angenommen. Der Widerspruch zu den vorher angesetzten niedrigen Zahlen und den um das Zehnfache höheren ergibt sich wohl daraus, daß bei jenen weitgehend die jüdische Emigration unterschlagen wurde, weil möglicherweise die rassischen Gründe als weniger „politisch" galten denn die parteipolitische Zugehörigkeit. Wahrscheinlich wird die Zahl der Flüchtlinge an der Saar bereits im Herbst 1933 mehrere Tausend umfaßt haben, bis sie schließlich im Frühjahr 1934 den im zitierten Vermerk angegebenen Stand erreicht haben dürfte. Die amtlich registrierten reichsdeutschen Emigranten an der Saar, von denen Namenslisten vor allem aus Ortschaften der Kreise Saarbrücken-Land und St. Ingbert erhalten sind, geben nur einen Teil der tatsächlichen Flüchtlingszahlen wieder, da viele aus berechtigter Frucht vor Bespitzelung oder weiterer Verfolgung sich bei den Ortsbehörden nicht meldeten[10].

Gegen Ende des Jahres 1933 wurde das Verhältnis zwischen politisch und weltanschaulich Verfolgten einerseits und aus rassischen Gründen emigrierten Flüchtlingen auf 1:5 geschätzte, was sich bis 1935 leicht zugunsten der ersten Gruppe verschob. Darunter wurden maximal 6000 Sozialdemokraten, 8000 Kommunisten sowie 5000 Pazifisten, Demokraten, Katholiken und Oppositionelle verschiedener Richtungen gerechnet gegenüber 65 000 jüdischen Emigranten[11]. Wie weit diese statistische Aufgliederung auf die Emigration an der Saar in gleichen Relationen übertragen werden kann, ist ungewiß. Erwähnt wurden die 587 emigierten Sozialdemokraten sowie 282 Angehörigen befreundeter oder parteinaher Organisationen (freie Gewerkschaften, Reichsbanner usw.) im Herbst 1933. Dieser Größenordnung entspricht auch die von Kirschmann im Frühjahr 1934 dem Hohen Komissar für Flüchtlingswesen mitgeteilten Zahl von 597 durch die parteieigene Flüchtlingshilfe unterstützten Emigranten[12]. Sollte das oben genannte Zahlenverhältnis zwischen SPD- und KPD-Emigranten auch für das Saargebiet gelten, wird man von etwa 800 reichsdeutschen Kommunisten an der Saar ausgehen können. Leider gibt es hierfür keine näheren Anhaltspunkte, sondern nur gelegentliche Indizien für eine größere Zahl

---

9 Norman Bentwich: Refugees from Germany, April 1933 to December 1935, London 1936, S. 33, geht von 30 000 in Frankreich aus; Bentwich war Direktor des Hohen Kommissars des Völkerbundes für Flüchtlinge aus Deutschland. – Der französische Delegierte bei derselben Dienststelle, Henri Bérenger, sprach von einer gleich hohen Zahl. In ähnlichen Größenordnungen bewegten sich die Schätzungen aufgrund späterer Untersuchungen; vgl. hierzug die Zusammenstellung bei Langkau-Alex, S. 40. – Röder, S. 15 f.
10 Gestapo-Vermerk vom 20. 12. 33 und 17. 3. 34; PA AA, Pol. II: Emigranten im Saargebiet Bd. 1. – Vgl. vor allem die Bestände des LA Saarbrücken: 600 F-II/13; – sowie des AStV Saarbrücken: P-A/17.
11 Langkau-Alex, S. 41; daselbst weitere Verweise. – Zur Emigration aus rassischen Gründen vgl. Röder, S. 253 ff.; Müssener, S. 61 ff.
12 Schreiben Kirschmanns vom 24. 3. 34 an den Hohen Komissar/Lausanne; AsD: Emigration : Sopade, Mappe 61.

von Kommunisten: erinnert sei hier an die im März 1933 angeblichen 300 bis 400 an die Saar geflohenen KPD-Mitglieder[13]. Aus anderen Berichten, aus den Protokollen von Vernehmungen später verhafteter Emigranten lassen sich Rückschlüsse ziehen auf die Anwesenheit größerer Zahlen von Kommunisten in Notunterkünften und Emigrantenlagern. Das Saargebiet bot sich den deutschen Emigranten aus sehr naheliegenden Gründen als erstes Refugium an. Zum einen war es relativ leicht erreichbar. Zwar wurden bereits im Juni 1933 die Grenzen zum Reich schärfer überwacht, jedoch gelang die Flucht oder die getarnte „legale" Ausreise mit gefälschten Papieren nahzu während der ganzen Zeit des Abstimmungskampfes. Vereinzelt kamen Flüchtlinge nur durch sehr erfinderische Wege und Mittel, beispielsweise getarnt als Pilger. Bekanntlich wurde im Sommer 1933 der Heilige Rock in Trier ausgestellt, zu dem auch Gruppen aus dem Saargebiet zogen. Aus propagandistischen Gründen wurden die Pilger von den Grenzbehörden nicht kontrolliert[14]. Zum Teil gelangten Emigranten über Belgien, Luxemburg oder Frankreich an die Saar.

Zur sozialen Lage der Emigranten

Die meisten Emigranten hatten sehr plötzlich aufbrechen müssen und waren daher völlig mittellos. Sie wandten sich daher gewöhnlich an öffentliche Stellen und baten um Unterstützung für Unterkunft und Lebensmittel. Dabei mußten sie recht schnell die Erfahrung machen, daß sie den lokalen Behörden unerwünscht waren. Vor allem auf unterer Ebene waren Polizei- und ander Dienststellen an der Saar gleichgeschaltet und bis dorthin reichte auch nicht der mäßigende Einfluß der international besetzten Behördenspitzen. Das Gefühl der Abhängigkeit, des Gejagtwerdens, des Mißtrauens und der Aussichtslosigkeit, vereinzelt durchdrungen von der Absicht, den vorher im Reich geführten Kampf gegen Hitler an der Saar fortzuführen, all dies vermittelte eine für diese Zeit typische Atmosphäre[15]. Sofern Emigranten über eigene Mittel verfügten, mieteten sie sich in Wohnhäusern, seltener in Gasthäusern oder Pensionen ein. Bei geringen Mitteln suchten sie sich „Schlafstellen", d. h. Räumlichkeiten, die sie nur zum Nächtigen benutzen durften und am Morgen zu verlassen hatten; derartige Plätze wurden damals in größerer Zahl in Inseraten angeboten[16]. Tagsüber mußten sich die Betreffenden andernorts aufhalten. Reichten die Mittel auch für eine Schlafstelle nicht, waren sie auf öffentliche oder karitative Hilfe angewiesen, die von den Gemeinden, Parteien oder gemeinnützigen Organisationen gewährt wurde.

Unter anderem bestanden folgende von öffentlichen Stellen, Parteien oder privaten Trägern betriebene Emigrantenlager: Saarbrücken (Ulanenkaserne), Neunkirchen, Wiebelskirchen, Sulzbach (Schlafhaus „Mellin") und die von der Grubenverwaltung der „Liga für Menschenrechte" überlassenen Baracken der Von-der-Heydt-Grube bei Saarbrücken. Die Zahlenangaben über die einquartierten Emigranten sind recht unvollständig. Für das Sulzbacher Schlafhaus „Mellin" werden durchschnittlich 60 bis 70 Personen genannt[17]. Etwa 60 fanden Unterkunft in der Von-der-Heydt-Grube, auf die wir noch gesondert ein-

---

13 Anm. 6.
14 Nachweisbar ist ein solcher Fall beim Emigranten Hans Küpper; vgl. Vernehmungsprotokoll vom 20. 6. 42; HStA Düsseldorf: Akten der Gestapo-Leitstelle Düsseldorf, Dossier Küpper.
15 Vgl. Retzlaw, s. 377. – Recht plastische Eindrücke von dieser Atmosphäre vermitteln die Memoiren von Buber-Neumann, S. 391 ff., und Dunner, S. 12 ff.
16 Retzlaw, S. 373. – Die Härte des Emigrantenschicksals wurde auch von der Gegenseite eingestanden; vgl. Bartz, S. 60.
17 Anklageschrift der Generalstaatsanwaltschaft Kassel vom 4. 12. 41 gegen Anton Amrhein; Berlin Document Center: VGH A 57.

gehen werden. Für das Volkshaus Neunkirchen liegen keine Zahlen vor. Für das Wiebelskirchener Massenquartier werden im März 1933 etwa 120 Insassen genannt, was möglicherweise in dieser Höhe nur für den genannten Zeitpunkt galt[18]. Daneben wurden auch kleinere private Emigrantenlager geschaffen zur vorläufigen Unterbringung von gerade angekommenen Flüchtlingen für die ersten Tage oder Wochen ihres Aufenthaltes an der Saar, bis sich weitere und bessere Quartiermöglichkeiten fanden. Vor allem die KPD/Saar war hier sehr aktiv und vermittelte über die „Emi-Leitung" in Saarbrücken-Burbach Unterkünfte. Überliefert ist ein Polizei-Vermerk aus Dudweiler, wo in der Gastwirtschaft Philipp Hey zeitweilig 35 Personen und in Privatquartieren weitere fünfzehn übernachteten[19]. Die Polizei beobachtete dies stets mit großem Mißtrauen, wobei hygienische Bedenken hinsichtlich der unzureichenden sanitären Anlagen meist nur Vorwände bildeten. Der wahre Grund lag wohl im Mißtrauen gegenüber der Tatsache, daß Emigranten, die häufiger ihre Quartiere wechselten, meist unangemeldet blieben und von der weitgehend gleichgeschalteten Polizei- und Landjägerverwaltung schlechter beobachtet werden konnten.

Einen wesentlichen Teil der Unterstützung gaben die Parteien sowie private Organisationen. Schon im Juli 1933 rief die *Deutsche Freiheit* zur Unterstützung ihrer „Flüchtlingsfürsorge" durch Spenden auf, die bei der SPD, bei der *Arbeiterwohlfahrt*, im Verlag der *Volksstimme* oder in der Geschäftsstraße des BAV eingezahlt werden konnten[20]. Dem darf entnommen werden, daß die Hilfe von der Partei und den ihr nahestehenden Organisationen gemeinsam getragen wurde. Begonnen hatte die sozialdemokratische Flüchtlingshilfe im März 1933, was die Partei und die ihr nahestehenden Organisationen materiell erheblich belastete, so daß fremde Hilfe in Anspruch genommen werden mußte. Diese kam überwiegend aus dem von der SAI in Zürich verwalteten Matteotti-Fonds, dazu kamen Zuschüsse der Arbeiterwohlfahrt und parteinaher Organisationen. Von März bis November 1933 brachte die SPD/Saar über 46 000 ffrs (d. h. über 7 600 RM) auf, wovon 25 000 ffrs aus dem Matteotti-Fonds stammten. Wegen der großen Belastung bat die SPD/Saar daher die Sopade in Prag um eine finazielle Unterstützung der Flüchtlingsbetreuung, sonst müßte sie ihr Heim mit 43 Insassen schließen[21]. Die Sopade lehnte eine derartige Hilfe aus ihren Mitteln ab und verwies auf weitere Unterstützung aus dem Matteotti-Fonds[22].

Wie stark von auswärts weitere Hilfe kam, ist nicht mehr ersichtlich[23]. Im April 1934 wandte sich die SPD/Saar nochmals dringend an die SAI. Die saarländische Partei habe bei knapp 3 000 Mitgliedern in nunmehr über einem Jahre mehr als 60 000 ffrs aus eigenen Mitteln in die Flüchtlingsfürsorge gestreckt. Gegenwärtig kämen aber viele Emigranten aus Paris, wie sie keine Aufenthaltsgenehmigung erhalten oder sonst keine Existenzmittel gefunden hätten, an die Saar zurück[24]. Ebenso wandte sich Kirschmann an den Hohen Kommissar des Völkerbundes für Flüchtlinge aus Deutschland, der im Oktober 1933 eingesetzt

---

18 Anm. 6.
19 Vermerk der Polizei-Verwaltung Dudweiler vom 29. 1. 34; StA Saarbrücken: Akten der Bürgermeisterei Dudweiler Nr. 712.
20 Karl Mössinger: „Flüchtlingsfürsorge", *Deutsche Freiheit* vom 26. 6. 33.
21 Karl Mössinger am 28. 11. 33 an die Sopade/Prag; AsD: Emigration – Sopade, Mappe 76. – In einem früheren Schreiben vom 22. 6. 33 hatte Mössinger der Sopade von 39 Heiminsassen geschrieben und zugleich die Praxis der Flüchtlingshilfe beschrieben; ebd., Mappe 125.
22 Schreiben der Sopade vom 6. 12. 33 an Karl Mössinger; ebd., Mappe 76.
23 Eine Sammlung für die Emigration veranstaltete im November das französische Matteotti-Komitee unter dem Patronat des IGB, der CGT und der SFIO; vgl. „Comité Matteotti Français", *Deutsche Freiheit* vom 19./20. 11. 33.
24 Schreiben Emil Kirschmanns vom 4. 4. 34 an Friedrich Adler/Zürich; AsD: Emigration – Sopade, Mappe 61.

worden war[25], und verwies auf die großen Schwierigkeiten an der Saar. Wegen der herrschenden Arbeitslosigkeit könnten nur wenige Emigranten an offene Stellen vermittelt werden, wobei die Arbeitserlaubnis nur erteilt würde, wenn ein Saarländer mit der geforderten Qualifikation nicht gefunden werden könne. Das größte Problem aber sah Kirschmann in der Paßfrage. Die von der Regierungskommission ausgestellten Papiere bänden die Emigranten auf den kleinen saarländischen Raum, der sie nur mangelhaft unterstützen könne, so daß eine international anerkannte Regelung erforderlich sei, die dem angesprochenen Personenkreis mehr Freizügigkeit gewähre[26]. Wie weit die sozialdemokratische Hilfe weiter gewährt wurde, geht aus den Akten nicht hervor. Angesichts der Tatsache, daß die letzte, halbjährige Phase der Einheitsfront alle materiellen und personellen Mittel der Partei in Anspruch nahm, ist zumindest eine starke Reduzierung der Hilfe wahrscheinlich.

Hinweise auf kommunistische Hilfsmaßnahmen für Emigranten sind meistens indirekter Natur, da die Partei wohl aus Vorsicht vor dem verbreiteten Spitzelsystem und mit Rücksicht auf die enge Verbindung von Emigration und Widerstandsarbeit in der *Arbeiter-Zeitung* und in anderen Organen darüber nichts veröffentlichte. Bei diesen Hinweisen handelt es sich teilweise um Beobachtungen einheimischer Behörden oder aber von Agenten, die im Dienste reichsdeutscher Stellen standen, was den Charakter der meist in abträglicher Absicht verfaßten Berichte erklärt; zum anderen Teil liegen die Vernehmungsprotokolle später verhafteter Kommunisten vor, deren Aussagen aber aufgrund des inzwischen verstrichenen, oft mehrjährigen Zeitraums oder aber aus Gründen der Tarnung manche Verdrehung erfahren haben mögen. Übereinstimmend ist in fast allen Akten jedoch die Beschreibung der organisatorischen Hilfe der KPD/Saar für die Emigranten, die zu diesem Zwecke in Saarbrücken-Burbach die sogenannte „Emi-Leitung" oder „Emi-Hilfe" eingerichtet hatte. Der früheste Zeitpunkt ihrer Erwähnung bzw. ihrer Inanspruchnahme ist für den August 1933 nachweisbar[27]. Die „Emi-Leitung" nahm die Personalien der Bittsteller auf und, sofern noch vorhanden, ihre Papiere in Gewahrsam. Gleichzeitig wurden Recherchen über die Richtigkeit der Angaben durchgeführt und Überlegungen angestellt über die mögliche politische oder sonstige Verwendbarkeit des Emigranten. Gewöhnlich wurde die Gefügigkeit der Bittsteller schon dadurch erreicht, daß sie mit strenger Stimme gefragt wurden, ob die Partei ihnen denn die Erlaubnis zur Emigration erteilt habe[28]. Als erstes wies die „Emi-Leitung", die eine Einrichtung der Roten Hilfe war, den Petenten einen Platz in einem der Massenquartiere zu, von denen das Notquartier in der Dudweiler Gastwirtschat Philipp Hey bereits erwähnt wurde. Dort blieben sie dann, bis ihnen private Unterkünfte vermittelt werden konnten oder sie von der Partei besondere Aufträge zur Widerstandsarbeit im Reich oder an bestimmten Orten des Saargebiets erhielten. Abgesehen von solchen Fällen, wurde den Emigranten keinerlei finanzielle Zuwendung erteilt; sämtliche Hilfen beschränkten sich auf Sach- oder Dienstleistungen. Die Privatquartiere wurden überwiegend von Mitgliedern und Anhängern der Partei gestellt, die hier eine außerordentlich hohe Opferbereitschaft zeigten. Die einheimischen Familien zogen in ihren ohnehin meist ärmlichen kleinen Wohnungen zusammen, um Raum für nächtliche Matratzenlager zu schaffen. Auch die Verpflegung wurde teilweise

---

25 Hierzu vgl. Herbert E. Tutas: Nationalsozialismus und Exil. Die Politik des Dritten Reiches gegenüber der deutschen politischen Emigration 1933–1939, München-Wien 1975, S. 205 ff., 210.
26 Anm. 11.
27 Urteilsbegründung im Falle Walter Kaiser vom 28. 4. 41- HStA. Düsseldorf: Akten der Gestapo-Leitstelle Düsseldorf, Dossier Walter Kaiser.
28 Plastisch beschrieben ist diese Situation bei Glaser, S. 173.

von den privaten Gastgebern mit ihrem meist sehr beschränkten Haushaltsgeld bestritten. In größeren Ortschaften organisierten die Rote Hilfe und die IAH Massenspeisungen und Kleidersammlungen. Man wird gerade im Hinblick auf die KPD/Saar sagen können, daß ihre Mitglieder einen besonders großen Teil der Emigrantenfürsorge getragen haben[29]. – Unklar ist, wie weit sich die Emigrantenhilfe der KPD/Saar nur auf Kommunisten erstreckte. Es sind Fälle bekannt, in denen die Rote Hilfe oder die „Emi-Leitung" nicht-kommunistische Bittsteller an kommunale Wohlfahrtsbehörden verwiesen[30].

Trotz der Hilfe von Parteien und Verbänden für die Emigranten war ihre materielle Lage außerordentlich hart: Notunterkünfte in Massenlagern und mangelhafte Ernährung durch provisorische Notküchen, dazu die Ungewißheit über die Zukunft, Angst vor Verfolgung und Bespitzelung und schließlich die Ziel- und Ratlosigkeit machten den Aufenthalt im Saargebiet bedrückend. Eine gewisse Erleichterung war für viele die Gründung von Restaurationsbetrieben, die gegen geringes Geld vor allem Emigranten, aber auch einheimischen Arbeitslosen, ein preiswertes Mittagessen boten. Derartige Gaststätten entwickelten sich bald zu Treffpunkten unter den Emigranten und nahmen dabei eine wichtige Funktion als Kommunikationszentrum an. Hier ist an erster Stelle das von der früheren sozialdemokratischen Reichstagsabgeordneten Marie Juchacz in der Saarbrücker Bahnhofstraße eröffnete Café zu nennen, in dem man beliebig lange sitzen, Zeitung lesen, mit politischen Freunden oder Schicksalsgenossen diskutieren konnte; es wurde – neben dem Restaurationsbetrieb im Haus der Arbeiterwohlfahrt – der bekannteste und beliebteste Treffpunkt der Emigranten und einheimischen Gegner des NS-Regimes[31].

Vor allem eine Organisation war es, die sich besonders intensiv um die Betreuung der Emigranten kümmerte: die von Max Waltz geführte „Liga für Menschenrechte". Nach Schätzung reichsdeutscher Stellen hatte sie etwa 60 Mitglieder[32]. Sie erlangte eine bei ihrer geringen Größe unerwartete Bedeutung dadurch, daß sie das bereits erwähnte Emigrantenheim unterhielt und Mahlzeiten an Flüchtlinge austeilte. Das Heim lag in den leerstehenden Baracken und Schlafhäusern der bei Saarbrücken liegenden Von-der-Heydt-Grube und wurde von der französischen Bergwerksverwaltung für die symbolische Monatsmiete von 1 ffr vermietet; die Mitglieder der „Liga" richteten die weitgehend verwahrlosten Räumlichkeiten wieder her und konnten schließlich zwei große Schlafsäle mit etwa je 30 Betten zur Verfügung stellen[33]. Eröffnet wurde das Heim bereits im Frühjahr 1933; nach Retzlaws Angaben erhielten die Mitglieder keine Erlaubnis für öffentliche Sammlungen, er läßt aber offen, aus welchen Mitteln die Mahlzeiten bezahlt wurden; aus Kleiderspenden des Auslandes und von der Saar wurden die Neuankömmlinge teilweise mit neuen Kleidungsstücken versorgt. Nach einer V-Mann-Aufstellung hat die „Liga" in der Zeit vom 20. April bis 15. Mai 1933 unentgeltlich 380 Frühstücke, 861 Mittag- und 434 Abendessen ausgeteilt, was die Organisation schließlich in arge Schulden brachte[34]. Schließlich

---

29 Anm. 19. – Vermerk der Polizei-Verwaltung Dudweiler vom 8. 8. 33 und Schreiben der Landjägerabteilung Riegelsberg vom 17. 10. 33 an den Landrat von Saarbrücken; AStV Saarbrücken: P-A/10 bzw. P-A/11. – Zur Situation von „Einquatierten" s. Lore Wolf: Ein Leben ist viel zuwenig, Frankfurt am Main 1974, S. 56 f. – Vgl. auch die Erzählung von Gustav Regler: Im Kreuzfeuer. Ein Saar-Roman, Paris 1934, S. 111 ff.
30 Vermerk der Polizeiverwaltung Ludweiler vom 29. 6. 33; AStV Saarbrücken: P-A/10.
31 Vgl. die Beschreibungen bei Buber-Neumann, S. 394; Dunner, S. 14; Retzlaw, S. 373.
32 Vermerk vom 28. 10. 33; PA AA, Pol. II: Parteien im Saargebiet Bd. 6.
33 Vernehmungsprotokoll von Ernst Hundt vom 24. 11. 34; HStA Düsseldorf: Akten der Gestapo-Leitstelle Düsseldorf, Dossier Ernst Hundt. – Nach Retzlaw (a. a. O., S. 378 f.) betrug die Jahresmiete einen Franken.
34 Anm. 10.

beschloß die „Liga" Anfang März 1934 die Auflösung des Heimes und die Beschränkung ihrer Tätigkeit auf eine bloße Beratungsstelle für neuankommende Emigranten; jedoch scheinen sich doch neue Mittel gefunden zu haben: nach Retzlaws Angaben blieb das Heim bis zur Abstimmung geöffnet[35].

Leiter der „Liga" war Max Waltz; solange er auch zugleich Vorsitzender der SSP war, stand auch die Heimleitung dieser Partei nahe. Zwar nahm die Von-der-Heydt-Grube jeden Flüchtling auf, unabhängig von Partei oder Herkunft. Aber der Kreis um Max Waltz und die „Liga" waren doch ein Sammelbecken von Vertretern sehr unterschiedlicher politischer Splittergruppen. Retzlaw, der Heimleiter wurde, war Trotzkist; Propagandaleiter wurde der aus der Vitus Heller-Bewegung stammende Hermann Müsgen aus Düsseldorf, der sich an der Saar frankophilen Gruppen angeschlossen zu haben scheint[36].

Die „Liga" veranstaltete in der Grube, aber auch in Saarbrücken selbst, eine Reihe von Propaganda-Abenden. Überliefert ist der Agentenbericht über eine derartige Veranstaltung in der Saarbrücker Gaststätte „Chevalier" (Kanalstraße 6); die Teilnehmerzahl soll etwa 150 betragen haben, der Abend wurde – wie oft in vergleichbaren Fällen – mit Rezitationen abgeschlossen[37]. Nach Retzlaw fanden derartige Vorträge wöchentlich auch auf der Grube statt; wenn wir den Vernehmungsprotokollen später vernommener Emigranten glauben dürfen, war die Teilnahme hieran nicht immer ganz freiwillig. Wiederholt sollen Insassen hierzu gezwungen worden sein. Nach Retzlaws Darstellung wurden Schwindler und Landstreicher nach einer Nacht ausgewiesen; angeblich wurden die Dauerinsassen auch dazu angehalten, in Gruppen zu zwei oder drei Mann in Saarbrücken – trotz Sammelverbots (?) – Geld zu beschaffen[38].

Gelegentlich kam es auch zu Konflikten zwischen der „Liga" und der KPD. Zeitweilig brachten die Kommunisten ihre Gesinnungsgenossen im Heim unter, entweder weil unter den saarländischen Parteifreunden keine Unterkünfte mehr aufgetrieben werden konnten oder weil sich die Räumlichkeiten der mitten im Walde gelegenen Baracken für besonders unbeobachtete Zusammenkünfte eigneten. Zeitweilig sollen 45 der rund 60 Insassen KPD-Mitglieder gewesen sein, was einen Konflikt mit der Heimleitung fast unvermeidlich machte. Wie es scheint, versuchte die KPD das Heim fest in ihre Hand zu bekommen und schreckte dabei auch nicht vor Denunziationen und Verleumdungen des trotzkistischen Heimleiters zurück[39]. Nach kommunistischer Darstellung graulten Max Waltz und „Karl Erde" (Retzlaw) einige Insassen wegen deren politischer Versammlungen und angeblicher Trinkgelage heraus[40]. Gelegentlich tauchten Gerüchte auf, daß die KPD auf dem Gelände der Grube Waffen deponiert habe und paramilitärische Übungen abhalte[41]. Die KPD scheint auch in den Emigrantenheimen und Notlagern, die nicht von ihr geleitet wurden, eine Art Kontroll- und Führungsposition angestrebt zu haben. Die Von-der-Heydt-Grube bildete darin keine Ausnahme. Im Sulzbacher Schlaufhaus „Mellin" war der Kommunist Emil Kreuzburg zugleich Heimleiter und Koch und organisierte von dort aus Transporte

---

35 Gestapo Vermerk vom 10. 4. 34; PA AA, Pol. II: Parteien im Saargebiet Bd. 2. – Retzlaw, S. 380.

36 Schreiben der Gestapo-Stelle Trier vom 23. 2. 35 an die Gestapo-Leitstelle Düsseldorf; HStA Düsseldorf: Dossier Hermann Müsgen.

37 Gestapo-Bericht vom 17. 3. 34; PA AA, Pol. II: Parteien im Saargebiet Bd. 8.

38 Anm. 33. – Retzlaw, S. 379.

39 Anm. 33. – Retzlaw, S. 380.

40 „Max Walz steht jenseits der Barrikade", *Arbeiter-Zeitung* vom 19. 4. 34.

41 Vernehmungsprotokoll Arno Leichsenring (undatiert, vermutlich Herbst 1934); PA AA, Pol. II: Emigranten im Saargebiet Bd. 3. – Vgl. S. 184 f.

von kommunistischen Schriftgut ins Reich[42]. Zwischen den jeweiligen kommunistischen Zellen der einzelnen Emigrantenheime scheinen enge Verbindungen bestanden zu haben.

Zur politischen Lage der Emigranten

Deutsche Emigranten befanden sich nicht nur in größter materieller Not, sondern auch weiterhin in politischer Gefahr. Die Verfolgung hatte mit dem Überschreiten der Reichsgrenze nicht aufgehört. Bereits am 4. Mai 1933 wurde durch zentrale Anweisung der Gestapo die listenmäßige „Erfassung" der emigrierten Regime-Gegner angeordnet. Diese Listen sollten alle Personalangaben sowie Einzelheiten zur politischen Betätigung und zum aktuellen Aufenthaltsort enthalten. Damit wollte die Gestapo zugleich Belastungsmaterial sammeln für den Fall, daß sie ihrer habhaft würde. In solchen Fällen wurden sie als „Reichsfeinde" verhaftet und gewöhnlich in eines der hierfür eingerichteten Konzentrationslager (Dachau, Esterwegen, Sachsenburg und Moringen) eingeliefert[43]. Am 14. Juli 1933 wurde zudem das Gesetz über die Aberkennung der deutschen Staatsangehörigkeit erlassen, mit dem die für das NS-Regime charakteristische Praxis der „Ausbürgerung" von Emigranten einsetzte; dadurch verschlechterte sich deren Lage erheblich und schränkte vor allem ihre Bewegungsfreiheit ein[44].

Außerhalb des Reichsgebietes wurde ein umfassendes Spitzelsystem aufgebaut, durch das die von der Gestapo angelegten schwarzen Listen zusammengestellt, ergänzt, erweitert und korrigiert werden sollten. Beteiligt waren hierbei auch die auswärtigen deutschen Missionen – Botschaften, Gesandtschaften und Konsulate, – die den Auftrag erhielten, die in ihrem Wirkungsbereich lebenden Emigranten zu observieren, Spitzel auf sie anzusetzen und, wenn möglich, ihnen die Pässe abzunehmen. Innerhalb der ins Ausland geflüchteten Deutschen befanden sich daher zahlreiche, zum Teil gepresste Agenten der Gestapo, die durch derartige Handlangerdienste für das Nazi-Regime sich ihre Rückkehr nach Deutschland oder aber irgendwelche Vergünstigungen erkauften. Die Atmosphäre innerhalb der Emigration war daher von Mißtrauen geprägt und von der Furcht vor gegenseitiger Beschnüffelung und Verrat[45]. An der Saar konnte die Gestapo auf einen starken freiwilligen Mitarbeiterstab aus den Reihen der „Deutschen Front" zurückgreifen, setzte jedoch auch Agenten ein, die sich als Emigranten tarnten. Einige solcher Fälle wurden in der saarländischen Presse veröffentlicht. Am 17. Juli 1933 verhaftete die französische Polizei den 27jährigen Heinrich Müller aus Dortmund, der mit dem Auftrag an die Saar gekommen war, um sich als vermeintlicher Sozialdemokrat in Emigrantenkreise einzuschleichen und Entführungen und sogar Morde vorzubereiten; er wurde nach seiner Festnahme in Metz im September von einem französischen Gericht zu zwei Jahren Haft und 1 000 ffrs Geldstrafe verurteilt[46]. Ähnliche Vorfälle ereigneten sich des öfteren[47]. Die Regierungskommission hat

---

42 Schreiben der Gestapo-Leitstelle Düsseldorf vom 18. 2. 38 an das Konsulat in Bordeaux; HStA Düsseldorf: Akten der Gestapo-Leitstelle Düsseldorf, Dossier Kreuzburg.
43 Hans Georg Lehmann: In Acht und Bann. Politische Emigration, NS-Ausbürgerung und Wiedergutmachung am Beispiele Willy Brandts, München 1976, S. 40 f.
44 Ebd., S. 50 ff.
45 Kurt R. Grossmann: Emigration. Die Geschichte der Hitler-Flüchtlinge 1933–1945, Frankfurt am Main 1969, S. 72 ff. – Lehmann, S. 5. – Tutas, S. 60, 82, 97.
46 „Politischer Mordplan aufgedeckt", „Gekaufter Mord-Spitzel verhaftet" und „Nazi-Spitzel H. Müller verurteilt", Deutsche Freiheit vom 22. 7., 3. 8. und 17. 9. 33.
47 „Deutscher Polizei-Spitzel" und „ ‚Genosse Snyders' – ein Nazi-Spitzel", Deutsche Freiheit vom 26. 8. und 13. 9. 33. – Von einem Attentatsversuch gegen sich weiß auch Hubertus Prinz zu Löwenstein zu berichten; vgl. Löwenstein, S. 114.

wiederholt versucht, durch Verordnungen die Emigranten vor Repressalien, Erpressung oder Bespitzelung zu schützen – vermutlich mit nur geringem Erfolg.

Die Flüchtlinge mußten sich offiziell innerhalb von acht Tagen nach ihrer Ankunft bei den Behörden melden, worauf ihnen von der Direktion des Innern ein besonderer Ausweis ausgestellt wurde. Bei nachweislich falschen Angaben wurde ihnen dieser Ausweis wieder entzogen. Um eine kriminelle Einwanderung zu verhindern, wurden von den Heimatorten Auskünfte aus dem Vorstrafenregister eingeholt und Fingerabdrücke genommen. Umgekehrt durften die saarländischen Kommunalbehörden bei Strafen bis zu fünf Jahren Zuchthaus keinerlei Informationen über Flüchtlinge an die Heimatbehörden weiterleiten[48]. Der Emigrantenpaß bot zwar eine gewisse Rechtssicherheit im Hinblick auf Ausweisungen, berechtigte aber nicht zur Ausübung eines Berufes; da viele Flüchtlinge nicht ohne Grund den saarländischen Polizeidienststellen mißtrauten und vorsichtshalber die behördliche Anmeldung unterließen, erstreckte sich der Rechtsschutz des Passes nur auf einen Teil der an der Saar weilenden deutschen Emigranten.

Die Politik des Reiches richtete sich in erster Linie gegen prominente Politiker an der Saar, wozu Sollmann, Kirschmann, Thalheimer, Imbusch und andere gehörten. Unter ihnen überwogen Sozialdemokraten, da führende Kommunisten sich gewöhnlich getarnt im Saargebiet aufhielten. Insbesondere agitierte das NS-Regime gegen die Einstellung von Emigranten in der Administration der Regierungskommission. Konkret handelte es sich hierbei um die geflüchteten sozialdemokratischen Politiker August Heinrich Lauriolle, Gustav Lehnert, Hertwig Machts, Heinrich Ritzel sowie den früheren Zentrumspolitiker Heinrich Danzebrink, die – zum Teil schon 1933 – als sogenannte Emigrantenkommissare in der Direktion des Innern eingestellt wurden. In dieser Funktion waren sie Angehörige der Politischen Polizei und aufgrund ihrer beruflichen und politischen Kenntnisse der „Deutschen Front" ein Dorn im Auge: Lauriolle, Lehnert und Machts kamen aus der Polizeiverwaltung und Danzebrink war Regierungsrat in Münster gewesen[49]. Die Einstellung dieser Personen wurde daher von der Gestapo mit äußerstem Mißtrauen zur Kenntnis genommen[50] und führte kurz darauf zu einem förmlichen Protest des Reichsaußenministers beim Präsidenten der Regierungskommission[51].

Vor allem Person und Funktion Machts' bildeten für das NS-Regime einen Stein des Anstoßes, weil er als saarländischer Polizeioffizier ein wesentliches Hindernis bei der Gleichschaltung von Polizei und Verwaltung bildete. Da der Protest der Reichsregierung nichts fruchtete, versuchte sie mit anderen Methoden Machts auszuschalten. Mit Hilfe der überwiegend der „Deutschen Front" angehörenden Polizisten sollte Präsident Knox unter Druck gesetzt werden. Am 19. April 1934 versammelten sich im Saarbrücker Kolping-Haus 60 Angehörige der „Vereinigung der Polizeibeamten Saarbrückens" und forderten die Regierungskommission in ultimativer Form auf, Machts zu entlassen. Die Regierungskommission blieb unbeirrt, enthob zwei Vorstandsmitglieder der Vereinigung des Dienstes, suspendierte weitere Beamte von ihren Ämtern und verfügte schließlich die Auflösung der Vereinigung[52]. Machts blieb im Amte und ging umso schärfer gegen Beamte vor, denen eine Kollaboration mit der „Deutschen Front" oder gar mit reichsdeutschen Stellen nachgewiesen werden konnte. Schließlich wurde im Juli 1934 ein Attentat gegen Machts

48 „Eine neue Emigranten-Verordnung", *Deutsche Freiheit* vom 18./19. 2. 34.
49 Vgl. Tutas, S. 248 f.
50 Gestapo-Vermerk vom 15. 1. 34; PA AA, Pol. II: Emigranten im Saargebiet Bd. 1.
51 Schreiben v. Neuraths vom 27. 2. 34 an Sir Geoffrey Knox; ebd. – Tutas, S. 249.
52 „Polizeirevolte im Saargebiet" und „Saar-Regierung gegen Polizei-Rebellen", *Deutsche Freiheit* vom 24. 4. und 28. 4. 34. – Vgl. Tutas, S. 252 f. – Schneider, S. 495 f.

verübt, wobei der Attentäter ihn jedoch verfehlte, hingegen Machts zurückschoß und ihn verwundete[53].

Je näher der Abstimmungstermin rückte, desto heftiger agitierte die Reichsregierung. Schließlich regte Gauleiter Bürckel beim Auswärtigen Amt an, es möge darauf einwirken, daß nicht-abstimmungsberechtigten Deutschen, die aus politischen Gründen ihre Heimat verlassen hätten, der Aufenthalt an der Saar generell verboten werde[54]. Jedoch wurde nichts in dieser Richtung erreicht. Unverändert aber blieb die ständige Diffamierung der Emigranten, die vom Frühjahr 1933 an bis zur Rückgliederung die Atmosphäre im Saargebiet vergiftete. Bereits im März 1933 wurden in amtlichen Schriftstücken die politischen Flüchtlinge an der Saar als „Verbrechergesocke" tituliert[55]. Regelmäßig wurden gegen sie bestimmte Vorwürfe wiederholt: Feigheit und Schwäche, Treulosigkeit gegenüber dem Vaterland, Deutschfeindlichkeit und Verrat sowie Verbrechen oder schlechtes Gewissen[56]. Unter den politischen Bedingungen des Saargebiets nahm eine daran orientierte Propaganda besondere Formen an. Im braunen Schmierblatt *NSZ Saarfront* sowie in den geistig verwandten Wochenblättern *Der Rufer im Warndt* und *Der Deutsche Kumpel,* die ab Februar bzw. Mai 1934 mit Geldern der „Deutschen Front" herausgegeben wurden, wiederholten sich Begriffe wie „Emigrantenplage", „Emigrantenwirtschaft" sowie Sätze wie „Emigranten als Schmuggler, Betrüger, Diebe, Totschläger und Mörder"[57]. Dazu kamen ständige kleine Schikanen gegen Flüchtlinge. In Brebach stellte beispielsweise die nationalsozialistische Gemeinderatsfraktion den Antrag, daß Personen, die Flüchtlinge bei sich aufnehmen, keine kommunalen Unterstützungen mehr erhalten sollten. Die Regierungskommission reagierte entschlossen, als sie verfügte, daß derartige Anträge grundsätzlich nicht behandelt werden dürften[58]. Auch hat die Regierunskommission wiederholt Blätter der „Deutschen Front" für mehrere Tage verboten, weil sie Verordnungen über das Verbot diskriminierender Berichterstattung mitachtet hatten[59].

In mehreren Fällen wurde von reichsdeutscher Seite der Versuch unternommen, prominente Gegner des Nationalsozialismus durch Versprechungen und Geldzuwendungen zu korrumpieren. wir hatten derartige Angebote an Otto Pick, Fritz Kuhnen und Johannes Hoffmann bereits erwähnt. Davon waren aber auch Emigranten betroffen. Aufgrund der extremen materiellen Notlage, der die meisten Emigranten ausgesetzt waren, waren solche Versuche in wenigstens einem Falle erfolgreich. Im Juni 1934 suchte der in den Akten als X 9 bezeichnete Agent den Redakteur Hans Hoffmann vom *Saarlouiser Journal* in seiner Lisdorfer Wohnung auf. Hoffmann hatte sich gerade mit Hector und der SWV überworfen und stand daher vor dem Nichts. Der Agent X 9 konnte ihn überreden, sich wieder mit der SWV auszusöhnen und für monatliche Zuwendungen zwischen 100 und 200 RM Informationen aus der frankophilen Szenerie an reichsdeutsche Stellen zu übermitteln[60].

---

53 „Hochpolitisches Attentat", Deutsche Freiheit vom 25. 7. 34.
54 Schreiben Bürckels vom 3. 11. 34 an das AA; PA AA, Pol. II: Emigranten im Saargebiet, Bd. 3.
55 Vermerk vom 26. 3. 33 (Abschrift, Verfasser nicht erkennbar); LHA Koblenz: 403/16 857.
56 Lehmann, S. 46.
57 „Die Emigrantenplage im Saargebiet" und „Schluß mit der Emigrantenwirtschaft", *NSZ Saarfront* vom 13./14. 1. und 25. 1. 34; „Separatisten sehen dich an", *Der Deutsche Kumpel* vom 18. 5. 34 usw. – „Die Hetzte gegen die Emigranten", *Die Wahrheit* Nr. 5. Oktober 1934; ein Exemplar dieses hektographierten Blattes befindet sich im LHA Koblenz: ZSg 2–228.
58 Schreiben der Regierungskommission vom 5. 7. 33 an den Landrat von Saarlouis; LHA Koblenz: 403/16858.
59 „Zeitungsverbote an der Saar", *Deutsche Freiheit* vom 8. 11. 34.
60 V-Mann-Bericht vom 21. 6. 34 und Vermerk 5. 9. 34; LHA Koblenz: 403/16 860 bzw. 403/16 861.

Ernst Lemmer!!

In einem anderen Falle mißlang ein derartiger Versuch. Ende 1933 hatte der frühere Reichsbannerführer Karl Höltermann sich bei der *Saarbrücker Zeitung* über deren ihm abträgliche Berichterstattung beschwert und die Veröffentlichung einer Gegendarstellung gefordert. Die Redaktion setzte sich mit Berlin in Verbindung und erhielt die Ermächtigung, Höltermann die Möglichkeit seiner Rückkehr in Aussicht zu stellen, wenn er in einer Erklärung auch ausdrücklich „von dem Treiben der Emigranten abrücke". Höltermann ging zunächst darauf ein, uns so fand in den Räumen der *Saarbrücker Zeitung* am 23. Dezember 1933 ein Gespräch mit einem Vertreter des preußischen Innenministeriums statt, zu dem außer einem Vertreter der Redaktion auch der frühere DDP-Reichstagsabgeordnete Ernst Lemmer als alter Freund Höltermanns hinzugezogen wurde. In diesem Gespräch gab Höltermann seinem Wunsche nach Rückkehr Ausdruck. Von reichsdeutscher Seite wurde ihm dies zugebilligt; als Gegenleistung sollte er in einer öffentlichen Erklärung von den Emigranten abrücken, sich für die deutsche Einheit und die Rückkehr des Saargebiets aussprechen. Höltermann sagte mit Vorbehalten zu und versprach, sich mit einer derartigen Erklärung an die deutsche Botschaft in London zu wenden. Zum Abschluß war er bereit, „mit einem Glase Wein auf eine glückhafte Politik des Volkskanzlers Adolf Hitler zu trinken!"[61]. Die zugesagte Erklärung, die Anfang Januar 1934 in London hinterlegt werden sollte, blieb jedoch aus und Ernst Lemmers Bemühungen blieben wie auch knapp ein Jahr später bei Otto Pick erfolglos. Höltermann blieb in der Emigration und mußte nach der Rückgliederung des Saargebietes wie viele seiner Schicksalsgenossen weiterfliehen.

Das Dritte Reich hat den an der Saar aktiven Emigranten nicht verziehen und sie auch noch jahrelang nach der Rückgliederung verfolgt. Sollmann, Kirschmann, Thalheimer, Vahsen sowie die fünf sogenannten Emigrantenkommissare Danzebrink, Lauriolle, Lehnert, Machts und Ritzel wurden 1936 formell „ausgebürgert"[62]. Die fünf letztgenannten stritten sich noch Jahre mit der Völkerbundsverwaltung um eine Pensionierung. Das NS-Regime hatte sie von der Übernahme der Pensionsfonds ausdrücklich ausgenommen. Die Regierungskommission hatte bei ihrer Anstellung den Fehler begangen, nicht die Pensionsverpflichtungen zu übernehmen. Der Völkerbund erkannte diesen Formfehler an und bot als Abfindung 5 000 sfrs, die von Lehnert und Lauriolle aus Geldnot angenommen, von den anderen dreien aber, die auf Erfüllung der Sozialpflichten bestanden, abgelehnt wurden[63]. Obgleich sich führende Politiker für sie einsetzten, blieben ihre Ansprüche unerfüllt. Drei der fünf wurden später von der Gestapo gefaßt. Ritzel klagte noch im Sommer 1945 um die Pensionsrechte. Das letzte Schreiben in dieser Angelegenheit weist darauf hin, daß in wenigen Wochen der Völkerbund aufgelöst werde und bis dahin eine Erledigung der Angelegenheit nicht mehr zu erwarten sei[64].

Auch dies war charakteristisch für die Situation der Emigranten an der Saar, deren Odyssee im Jahr 1935 weiterging und nicht selten in den Strudeln des Zweiten Weltkrieges tödlich endete. Die kurze Zeit an der Saar stellte nur das Präludium zu weiteren Schicksalsschlägen dar.

---

61 Vermerk vom 6. 1. 34 über die Besprechung mit Höltermann; GehPrStA: Rep. 90 P Nr. 67, Bd. 1. Daselbst weitere Akten in dieser Angelegenheit.
62 Jacoby, S. 181.
63 Schreiben Heinrich Ritzels vom 23. 12. 36 an Hans Vogel und Beschwerdeschrit des Rechtsanwalts Dr. Ernst Brand vom 5. 1. 37 an den Völkerbundsrat; AsD: Emigration – Sopade, Mappe 102.
64 Schreiben Heinrich Ritzels vom 16. 7. 45 an Hans Vogel; ebd.

Politischer Widerstand an der Saar

Emigration und Widerstand sind Begriffe, die im Zusammenhang mit Hitlers Machtergreifung auf engste zusammengehören. Beide sind Folgen derselben politischen Entwicklung; beide betreffen zumindest teilweise denselben Personenkreis. Zur Emigration gezwungen waren einmal deutsche Staatsbürger aufgrund ihrer Abstammung ungeachtet ihrer politischen Einstellung aufgrund der durch das NS-Regime veranlaßten rassistischen Diskriminierung; zur politischen Emigration im engeren Sinne gehörten aber die Angehörigen derjenigen Parteien, die seit jeher in schärfster Gegnerschaft zur NS-Bewegung gestanden hatten. Diese Feststellung gilt für den hier behandelten Zeitraum von 1933 bis 1935 fast uneingeschränkt und bedarf nur geringfügiger Ergänzungen[1]; denn die Kreise, die beispielsweise in den späten 30er Jahren oder während des Krieges aktiv das Nazi-Regime bekämpften, waren zu dieser Zeit noch nicht organisiert. Der hier angesprochene Zusammenhang von Emigration und Widerstand gilt vor allem für die Parteien der Linken, für KPD, SPD und die zwischen ihnen angesiedelten Organisationen, in geringerem Maße für konfessionelle und andere Gruppierungen.

Der Zusammenhang vom Emigration und Widerstand macht klar, daß dieser nicht erst am 30. Januar 1933 einsetzte, sondern vielmehr als Fortsetzung des Kampfes gegen die NS-Bewegung und ihre Satrapen aus der Zeit vor Hitlers Machtantritt zu verstehen ist. Widerstand gab es von seiten der genannten Parteien und Gruppierungen seit jeher, nur mußte er nach der Machtergreifung in zunehmendem Maße die für die Illegalität erforderlichen konspirativen Formen annehmen[2]. Der Zusammenhang von Emigration und Widerstand war besonders im Saargebiet deutlich, das gleichermaßen als bevorzugtes Refugium für zahlreiche deutsche Flüchtlinge und als Zentrale und Relaisstation für antifaschistische Aktivitäten diente. Während im Innern Deutschlands manche oppositionellen Gruppen recht autonom und ohne engeren Kontakt mit Gleichgesinnten im Exil arbeiten mußten, so stellten an der Saar vor allem Emigranten die Hauptakteure des Widerstandes, deren Parteiführungen im Laufe des Jahres 1933 ihren Sitz ins Ausland hatten verlegen müssen.

Widerstand gegen das gerade an die Macht gelangte Regime gab es ständig und ohne Unterbrechung, wenngleich anfangs in organisatorisch und technisch unvollkommenen Formen und mit – im wertfreien Sinne – noch recht primitiven Mitteln. Erst die Erfahrung der Illegalität und die Kenntnis der Methoden des Gegners bstimmten in einem monatelangen Lernprozeß Art, Form und Ausmaß des Kampfes gegen die braune Diktatur.

---

1 Vgl. hierzu die Überlegungen von Werner Röder: Emigration und innerdeutscher Widerstand. Zum Problem der politischen Legitimation des Exils, in: Widerstand, Verfolgung und Emigration 1933–1945. Referate auf der Tagung des Forschungsinstituts de Friedrich-Ebert-Stiftung vom 25. bis 30. 9. 1966 in Bergneustadt (hekt.), Bad Godesberg 1967, S. 119–42.

2 Wolfgang Abendroth: Der Widerstand der Arbeiterbewegung, in: Deutscher Widerstand. 1933–1945. Aspekte der Forschung und der Darstellung im Schulbuch. Eine Berichterstattung, herausgegeben von Edgar Weick im Auftrage des Studienkreises zur Erforschung und Vermittlung und deutschen Widerstandes, Heidelberg 1967, S. 76–96, hier S. 76.

Für die KPD stellte sich dieser Zeitpunkt spätestens Anfang März 1933, nachdem ihr Vorsitzender Ernst Thälmann verhaftet und darauf die Partei verboten worden war. Innerhalb weniger Wochen hatte das neue Regime im Februar und März zwischen 4000 und 10000 vorwiegend führende und mittlere Parteikader verhaftet[3]. Die KPD konnte nur noch im Untergrund weiterwirken. Es versteht sich, daß Fragen des politischen und persönlichen Überlebens zunächst im Vordergrunde standen und daß erst nach einem gewissen Abstand theoretische und praktische Konsequenzen aus der Entwicklung gezogen werden konnten. Später noch setzte diese Situation für die Sozialdemokratie ein. Zwar gab es bereits im Frühjahr 1933 lokale Ansätze zur Fortführung des Kampfes gegen den Nationalsozialismus unter den Bedingungen einer sich anbahnenden Illegalität, aber die Illusion des Parteivorstandes, durch loyales Verhalten den legalen Fortbestand der SPD einhandeln zu können, stellte ein politisches Hindernis für eine auf die Illegalität abgestimmte Widerstandsarbeit dar. Erst das Verbot der Partei und die Verhaftung von über 3000 Sozialdemokraten[4] ließen innerparteiliche Kontroversen über Fragen eines sich außergesetzlicher Mittel bedienenden Kampfes gegen Hitler als überholt verstummen.

Der Begriff Widerstand kann in Zielsetzung, Inhalt und Mitteln eine Vielzahl von Methoden und Techniken beinhalten, deren gemeinsame strategische Absicht allein darin besteht, das herrschende Regime zu stürzen oder durch besonderen Schaden für den Sturz vorbereiten: Irreführung seiner Institutionen, Sabotageakte, Beschädigung seines Herrschaftsapparates, Gewaltanwendung gegen seine Vertreter, aber auch und besonders Propagandaarbeit, Decouvrierung im internatonalen Bereich, Unterstützung Unzufriedener oder aber einfach das politische Überleben oppositioneller Gruppen in der Illegalität, meist in Form kleiner konspirativer Zellen, um auf den Tag eines möglichen Regimewechsels organisatorisch vorbereitet zu sein.

Die Situation im Saargebiet bestimmte weitgehend den Charakter der Widerstandsarbeit. An der Saar durften die im Reich verbotenen Parteien legal weiterexistieren, so daß ihr Überleben trotz zunehmender Bedrängnisse durch die „Deutsche Front" zumindest für die Zeit des Völkerbundsregimes nicht in Frage stand. Dennoch bewegten sich ihre Tätigkeiten weitgehend in der Grauzone einer Halblegalität, die eine Tarnung auch gegenüber der Regierungskommission erforderlich machte. Waffenschmuggel beispielsweise konnte auch für die Direktion des Innern Anlaß sein, Grenzgänger festzunehmen. Hinzu kam das Verbot politischer Betätigung für Emigranten, die wahrscheinlich den größeren, in jedem Falle aber den wichtigeren Teil der Widerstandskämpfer stellten. Dennoch bot das Saargebiet ein recht günstiges Terrain für antifaschistische Aktivitäten, weil hier wenigstens die Vorbereitungen für Aktionen getroffen werden konnten.

Da die Saar selbst noch nicht zum Machtbereich des Dritten Reiches gehörte, konnten von hier aus vergleichsweise gefahrlos verbotene Schriften an Anhänger oder aber auch enttäuschte Mitläufer des NS-Regimes versandt werden. So ermittelte die Gestapo beispielsweise im Sommer 1934 rund 300 Anschriften reichsdeutscher Offiziere, die vom Saargebiet aus kommunistisches Propagandamaterial erhalten hatten[5]. Andere Aktionen richteten sich wieder an eine unbestimmte Öffentlichkeit. Im November 1933 hatte die pfälzische Polizei in den aus dem Saargebiet kommenden Eisenbahnzügen Flugblätter in Postkartengröße gegen Hitlers Wahlplebiszit vom 12. November 1933 verteilt gefunden[6]. Ihre wichtigste Funktion im Widerstand erhielt die Saar jedoch als Etappe für die Widerstandsgruppen im Reich, die von hier aus mit Material versorgt wurden, ihre Anlaufstellen

---

3 Duhnke, S. 104 f.
4 Matthias/Link: Mit dem Gesicht..., S. 28.
5 Gestapo-Vermerk vom 8. 8. 34; IfZ: MA 645, S. 890 416–22.
6 Schreiben der Polizeidirektion Kaiserslautern vom 10. 11. 33 an Binder; LA Speyer: H 38/1426.

und nicht selten ihre Leitungsorgane hatten, an die sie wiederum Informationen aus Deutschland vermittelten, und die schließlich für bedrohte und gefährdete Widerstandskämpfer ein erstes Fluchtziel bildeten[7].

Die Geographie des Saargebiets war im wesentlichen maßgebend dafür, daß außer den angrenzenden pfälzische.ı und rheinischen Gebieten vor allem zwei größere Widerstandszentren von der Saar aus betreut wurden: einmal das Industriegebiet von Mannheim/Ludwigshafen und zum anderen Frankfurt am Main. Daneben liefen auch Verbindungslinien über Trier und Koblenz zum Niederrhein und zum Ruhrgebiet sowie über die Pfalz ins Badische; diese Gebiete wurden jedoch auch von Belgien und den Niederlanden bzw. vom Elsaß aus betreut. Wir werden uns im folgenden auf die Bedeutung des Saargebiets für den Widerstand in Frankfurt am Main, Mannheim sowie in den angrenzenden ländlichen Gebieten der Pfalz und der preußischen Rheinprovinz konzentrieren.

Der Widerstand gegen das NS-Regime wurde von vielen der verbotenen und verfolgten Parteien getragen, jedoch lassen Organisation und Ausmaß der Aktionen so eindeutige Schwerpunkte erkennen, daß sich eine Priorität in der Behandlung hier zwingend aufdrängt. Nach einer Schätzung der Gestapo aus dem Jahre 1937 waren 70 % aller bislang abgefangenen illegal kursierenden oder eingeschmuggelten Schriften kommunistischen Ursprungs[8]. Für die Zeit vor der Rückgliederung des Saargebiets liegen Statistiken dieser Art nicht vor, jedoch ist der quantitative Vorrang des von der (Exil-) KPD verbreiteten Materials unbestreitbar. Dies gilt, wie wir sehen werden, für das von der Saar aus eingeschmuggelte Schriftgut, soweit dies aus den Beobachtungen reichsdeutscher Stellen hervorgeht; dies gilt aber auch für die Gruppen, die derartiges Material in den jeweiligen Zielorten verbreiteten[9]. Erst mit Abstand an zweiter Stelle stand der sozialdemokratische Widerstand, gefolgt von den kleineren, aber aktiven linken Zwischengruppen SAP, „Neu Beginnen", ISK sowie konfessionellen und sonstigen anderen Organisationen. Die hier angedeutete Rangfolge wird im Zusammenhang mit den vorhandenen Quellen den Gang der Untersuchung bestimmen.

Zur Organisation des Widerstandes

Die Widerstandsarbeit der KPD vom Saargebiet aus scheint sporadisch bereits wenige Wochen nach dem Verbot der Parteien im Reich eingesetzt haben. Ein Schreiben der pfälzischen politischen Polizei an die bayerische Staatskanzlei erwähnt hier den Fall des saarländischen KPD- und RGO-Funktionärs Heinrich Ohlmann, der im Auftrag seiner Partei die zerschlagene KPD in der Pfalz wieder aufbauen helfen sollte; Ohlmann wurde jedoch bereits am 21. April verhaftet und kurz darauf in eines der neu eingerichteten Konzentrationslager eingeliefert[10]. Im Juli und August 1933 fiel den Grenzbehörden ein zunehmender Schmuggel mit Schriften auf, der auf neue organisatorische Formen des Wi-

---

7 Als Beispiel hierfür vgl. Wolf, S. 46 f. — Unter Leitung von Hermann Weber wird gegenwärtig folgendes Projekt zur Geschichte des Widerstandes vom Westen aus unter Einbeziehung des Saargebietes erarbeitet: Jan Foitzik/Manfred Geis/Beatrix Herlemann: Sozialistisches Exil 1933—1940. Die Anleitung des Widerstandes aus Frankreich, Belgien, Luxemburg und den Niederlanden. — Die ersten Veröffentlichungen sind für 1980 vorgesehen.

8 Günther Weisenborn: Der lautlose Aufstand. Bericht über die Widerstandsbewegung des deutschen Volkes 1933—1945, (4. Aufl.) Frankfurt am Main 1974, S. 177.

9 Heinz Gittig: Illegale antifaschistische Tarnschriften 1933 bis 1945, Leipzig 1972, S. 55. — Barbara Mausbach-Bromberger: Der Widerstand der Arbeiterbewegung in Frankfurt am Main 1933—1945, Phil. Diss. Marburg 1976 (hekt.), S. 217.

10 Schreiben der Politischen Polizei vom 4. 9. 33 an die Bayerische Staatskanzlei; BayHStA/ GehStA: Akten des Staatsministeriums des Äußern. Saargebiet, Bd. XVa.

derstandes und eine erfolgreich abgeschlossene Umstellung der Partei auf die Illegalität schließen ließ. In der Tat hatte die KPD nach den Erfahrungen der ersten Monate der NS-Herrschaft ihre Organisation neu aufgebaut. Neben der im Untergrund weiter existierenden „Landesleitung", die dem Pol-Büro unterstand, gab es weiterhin Bezirke und Unterbezirke sowie Betriebszellen, die sich je nach Bedarf noch weiter untergliederten. Der illegale und konspirative Charakter der Widerstandsarbeit machte eine weitgehende Dezentralisierung notwendig. Daneben richteten die ins Ausland geflüchteten Mitglieder das Pol-Büro in Paris ein Sekretariat als zentrale Stelle der Exil-KPD ein[11]. Die Auslandsleitung in Paris wiederum richtete sogenannte „Grenzstellen" ein, die unmittelbar dem Pol-Büro unterstanden und von grenznahen Orten aus kommunistische Aktivitäten in den ihnen zugewiesenen, meist benachbarten Gebieten des Reiches „anleiteten" und unterstützten. Bis zur Rückgliederung des Saargebiets arbeitete – nach Duhnke – eine derartige „Grenzstelle" in Saarlouis, danach im lothringischen Forbach; zuständig war sie für die Pfalz und angrenzende Gebiete. Wahrscheinlich wird man Saarlouis hier nur neben anderen saarländischen Orten nennen dürfen, da gleichzeitig auch Saarbrücken, Neunkirchen, Wiebelskirchen und vor allem Dudweiler wichtige Zentralen der kommunistischen Widerstandsarbeit bildeten[12].

Insgesamt war die „Geographie des Widerstandes" großräumig angelegt; aus Gründen der Tarnung wechselten die Orte, von denen aus Aktionen ausgingen. Das Saargebiet war teilweise nur Durchgangsgebiet von Schriften- oder Flugblatttransporten ins Reich, die im Ausland geplant und vorbereitet wurden, beispielsweise in Luxemburg oder Frankreich. Eine besondere Bedeutung kam hier dem Elsaß zu, das aus verkehrstechnischen und politischen Gründen ein wichtiger Umschlagplatz für illegale politische Literatur war. Einmal bestanden gute Bahnverbindungen nach Süden in die Schweiz und nach Norden ins Saargebiet sowie nach Westen nach Paris, wo die KPD ihr Exil-Zentrum hatte; außerdem wurde das Asylrecht von französischer Seite am großzügigsten gehandhabt und setzte daher derartigen Aktivitäten die geringsten Beschränkungen. Ein Teil der Untergrundliteratur, die über das Saargebiet ins Reich geschmuggelt wurde, hatte ihren Umschlagplatz in Straßburg, wohin sie von Paris aus gebracht worden war. So beobachtete die französische Polizei sorgfältig den Kommunisten Otto Gentner, der in Straßburg nach außen hin eine Filiale des der KPD nahestehenden Verlages *Editions du Carrefour* leitete, in dieser Stellung jedoch die Verbreitung antifaschistischer Literatur besorgte[13].

Für die Widerstandsarbeit der KPD an der Saar gilt die Feststellung, daß Organisation und wahrscheinlich auch Finanzierung fast ausschließlich von der im Exil befindlichen Parteiführung getragen wurden, wogegen die KPD/Saar nur zur Durchführung kleinerer Aufgaben herangezogen wurde. Auch zum Schriftenschmuggel über die saarländische Grenze ins Reich, vor allem mit Eisenbahnzügen, wurden vielfach keine Saarländer eingesetzt, sondern qualifizierte Kader aus anderen Gegenden Deutschlands, wogegen Einheimische vorwiegend dort Verwendung fanden, wo besonders Ortskenntnisse erforderlich waren oder wo Fremde aufgrund ihres Dialekts und Verhaltens Argwohn und Verdacht erregt hätten. Daneben wurden in zunehmendem Maße Emigranten für Kurierdienste oder als Teilnehmer an größeren Schmuggelaktionen geworben, wobei Rekrutierung und Instruktion durch Funktionäre der Exil-KPD erfolgte.

Im Laufe des Jahres 1933 scheint die Kommunistische Partei ihre Aktivitäten auch durch bestimmte Institutionen intensiviert zu haben. Dazu gehörte das sogenannte „Reichs-

---

11 Duhnke, S. 111.
12 Ebd., S. 113, 193. – Gittig, S. 59.
13 Schreiben des Commissaire Divisionnaire de Police Spéciale vom 12. 1. 35 an den Préfet du Bas-Rhin; Archives Départementales: D 286/383.

technikum", das für die materielle und technische Betreuung von Widerstandszentren im Reich zuständig war[14]. Wurden Broschüren und Bücher meistens aus Frankreich über das Saargebiet nach Deutschland geschmuggelt, so scheinen Flugblätter überwiegend in versteckten saarländischen Kellerdruckereien hergestellt worden zu sein. Als einen der Hauptakteure betrachtete die Gestapo einen gewissen Wilhelm Kox, der als „Reichstechniker" das Inland mit Schriftenmaterial versorgte[15]. Eines der Zentren der Herstellung und Lagerung von Flugblättern lag in Schiffweiler. Eine Hausdurchsuchung im Herbst 1934 durch saarländische Landjäger förderte beim KPD-Mitglied Wilhelm Müller einen Vervielfältigungsapparat sowie einen Zentner Schriftenmaterial zutage. Der an der Vervielfältigung maßgeblich beteiligte Emigrant, der von der „Emi-Leitung" mit dieser Tätigkeit beauftragt worden war, wurde später von der Gestapo gefaßt und erhielt hierfür eine mehr als dreijährige Zuchthausstrafe[16].

Am 27. November 1933 richtete die KPD in Saarbrücken eine neue Institution ein, um Agenten auf ihre Tätigkeit im Reich vorzubereiten; die Arbeitsgebiete der darin ausgebildeten Funktionäre lagen meistens in der Pfalz, Hessen und Nordbaden, seltener in anderen Teilen Deutschlands. An diese „Schule", deren Wirken nach außen hin sorgfältig getarnt wurde, konnte man von der Partei nur delegiert werden. Wir sind hierüber durch einen Vermerk und ein Protokoll der Vernehmung des verhafteten kommunistischen Emigranten Fritz Schmidt aus Frankfurt am Main unterrichtet. Nach seinen Aussagen wurde er nach seiner Ankunft in Saarbrücken an die neue Parteischule verwiesen, die wenige Tage später ihre Arbeit aufnahm. Er mußte eine mündliche Aufnahmeprüfung ablegen und dabei vor einem russischen Prüfer darlegen, welche Lehren man aus der Pariser Kommune ziehen könne. Nach bestandener Prüfung erhielt er einen gefälschten Paß auf den Namen Ludwig Wollbold. Den Aussagen Schmidts zufolge sollte jeder reichsdeutsche Parteibezirk zwei besonders vertrauensvolle Mitglieder an die Saarbrücker Parteischule delegieren; er selbst war als Kurier vorgesehen für den Parteibezirk Königsberg. Als er am Sylvestertag 1933 zu einem Privatbesuch nach Frankfurt am Main fuhr, wurde er von der Gestapo verhaftet[17].

Die Saarbrücker Parteischule gliederte sich in drei Abteilungen: Strategie und Taktik, Kurierdienste sowie Waffentechnik. Der theoretische Unterricht fand im Hause der Arbeiterwohlfahrt statt. Im Verlauf ihrer Ausbildung erhielten die Kursteilnehmer gefälschte Papiere und den Auftrag, reichsdeutsche Parteibezirke mit Instruktionen, Propagandamaterial und wohl vereinzelt auch mit Waffen zu versorgen[18]. Die praktische Ausbildung soll zumindest teilweise auf dem Gelände der Von-der-Heydt-Grube bei Saarbrücken stattgefunden haben. Nach den Aussagen des im Herbst 1934 verhafteten Arno Leichsenring, der sich vor seiner Rückkehr nach Deutschland als Insasse im Emigrantenlager der Grube aufgehalten hatte, sollen Kommunisten an verschiedenen MG-Modellen von einem Sergeanten aus Metz waffentechnisch ausgebildet worden sein[19]. Von kommunistischer Seite wurde diese von der „Deutschen Front" begierig aufgegriffene Nachricht sofort demen-

---

14 Matthias in: Mattias/Morsey, S. 738; Schneider, S. 484 f.; Zenner, S. 280.
15 Fahndungsbogen Wilhelm Kox (Mai 1935?); HStA Düsseldorf: Akten der Gestapo-Leitstelle Düsseldorf, Dossier Kox.
16 Vermerk des RSHA vom 11. 10. und Urteilsbegründung des OLG Hamm vom 28. 4. 41; ebd., Dossier Walter Kaiser.
17 Urteilsbegründung im Prozeß gegen Fritz Schmidt vom 11. 5. 34; Berlin D. C.: VGH Sch 178.
18 Ebd. — Vermerk vom 22. 1. 34; PA AA, Pol. II: Parteien im Saargebiet Bd. 14.
19 Undatiertes Vernehmungsprotokoll des Arno Leichsenring; PA AA, Pol. II: Emigranten im Saargebiet Bd. 3.
20 „Wer ist Arno Leichsenring?", *Arbeiter-Zeitung* vom 18./19. 11. 34.

tiert[20]. Eine Nachprüfung dieser entgegengesetzten Aussagen ist heute nicht mehr möglich. Berücksichtigt werden muß hier die Tatsache, daß mehrere sonstige Angaben Leichsenrings über das Lager in der Von-der-Heydt-Grube nachweislich falsch sind, was seine Glaubwürdigkeit insgesamt anzweifeln läßt, sowie daß Retzlaw, der nach eigenen Angaben dort leitend gewirkt hat, keinerlei Aktivitäten dieser Art erwähnt.

Offensichtlich setzte mit der Einrichtung der Parteischule eine stärkere „Professionalisierung" des Widerstandes ein, was das Schwergewicht der Aktivitäten noch stärker auf die Exil-KPD und ihre Funktionäre an der Saar verlegte. Laut Protokoll jener denkwürdigen ZK-Sitzung vom 3. und 4. Februar 1934 in Saarbrücken hatte „Franz" gefordert, daß der sogenannte I-Apparat (illegale Parteiapparat), der bislang nur wenige Verluste erlitten habe, seine Tätigkeit vom Saargebiet aus verstärken müsse, da hier ausreichend Kuriere verfügbar seien; außerdem müsse man eine besondere Stelle schaffen, die auf sicherem Wege das Schriftmaterial nach Deutschland schaffe[21].

Mit der Intensivierung und Professionalisierung des Widerstandes setzte naturgemäß eine Überfremdung auch der Durchführung von derartigen Aktivitäten ein, d. h. der verstärkte Einsatz von Emigranten und die nachlassende Beteiligung von Saarländern. Der oben zitierte Vermerk vom 22. November 1934 stellt fest, daß außer Emigranten *gelegentlich* auch Saarländer beim Transport von Flugblättern beobachtet würden[22]. Schon im Herbst 1933 hatte die pfälzische Polizei festgestellt, daß Einheimische nur noch selten an Schmuggelaktionen beteiligt seien, vielmehr träten überwiegend Franzosen und Rheinländer (also vermutlich Emigranten) in Erscheinung[23]. Die Rekrutierung von einfachen Kurieren durch die KPD erfolgte gewöhnlich nach dem gleichen Schema. Kommunistische Emigranten wurden zu irgendwelchen Aufgaben für die Partei überredet, sobald sie sich beim „Emi-Komitee" in Saarbrücken-Burbach meldeten. Sie erhielten zwar Notlager oder wurden bei Parteifreunden einquartiert, jedoch wurde ihnen die Hilfe entzogen, wenn sie sich weigerten, Aufträge anzunehmen[24]. Daneben gab es aber auch saarländische Kommunisten, die – teilweise sogar hauptberuflich – in der Widerstandsarbeit tätig waren. Bereits im Frühjahr 1933 fiel der pfälzischen Gendarmerie auf, daß der KPD-Funktionär Albert Witzack aus St. Wendel einen lebhaften Schmuggel mit kommunistischem Schriftgut über die Grenze betrieb[25]. Witzack sowie sein Parteifreund Karl Brandt aus Merzig sind später noch von reichsdeutschen Stellen argwöhnisch beobachtet und weiterhin als Akteure eines regen illegalen Schriftentransportes angesehen worden[26].

Die Zielgebiete der kommunistischen Aktivitäten an der Saar wurden bereits genannt: Frankfurt am Main, Mannheim/Ludwigshafen und Nordbaden sowie die angrenzenden ländlichen Gebiete der Pfalz und des Rheinlandes. Reichsdeutsche Stellen beobachteten besonders scharf solche Personen, die in regelmäßigen Abständen zwischen Ortschaften im Reich und im Saargebiet hin und her pendelten. So fiel den pfälzischen Grenzbehörden eine in Saarbrücken als „Emigrantengretel" bekannte Frau namens Gretel Finks auf, die des öfteren Gepäckstücke zwischen dem Saargebiet und Karlsruhe transportierte und ihre mutmaßlichen Aufträge aus dem dortigen Spielhaus „Barberina" erhielt, wo wieder-

---

21 Vermerk vom 1. 3. 34; PA AA, Pol. II: Parteien im Saargebiet, Bd. 7.
22 Anm. 18.
23 Undatierter „Bericht über die Vorgänge an der Saar-Pfalz-Grenze"; BayHStA/Geh.StA: Akten des Staatsministeriums des Äußeren Bd XVc: Abwehr, Vereine, Propaganda, Presse. – Verschiedene Indizien verweisen darauf, daß dieser Bericht im Spätherbst 1933 abgefaßt wurde.
24 Vgl. Urteilsbegründung des OLG für Fritz Schmidt; Anm. 18. – Urteilsbegründung des OLG Kassel vom 11.8.41 für Friedrich Nikolaus Spiess; ebd. VGH S 238. – Anm. 21. – Protokoll der Vernehmung des Willi Hammer vom 10. 3. 34; LA Speyer: H 38/B 4255. – Glaser, S. 173.
25 Vermerk der Gendarmerie-Station Niederkirchen vom 3. 6. 33; LA Speyer: H 38/1399.
26 Anm. 18.

um eine „Verschwörerzentrale" vermutet wurde[27]. Aus den Akten geht nicht hervor, ob sich dieser Verdacht bestätigte. Auf Umwegen wurden kommunistische Schriften von der Saar auch nach Württemberg gebracht[28]. Intensiver jedoch waren, wie erwähnt, die Verbindungen zwischen dem Saargebiet und den Industrierevieren im Rhein-Main- und im Rhein-Neckar-Gebiet. Die kommunistischen Widerstandsgruppen in Mannheim erhielten einen großen Teil ihrer Materialien von der Saar, die sie dann in den Werkshallen der BASF und in anderen Großbetrieben verteilen. Daneben wurden von den Widerstandszellen mit einfachen Mitteln auch selbst hergestellte Broschüren, meist Betriebszeitungen, verbreitet[29]. Das zahlenmäßige Verhältnis von „importiertem" Schriftgut und Eigeneditionen läßt sich heute nicht mehr feststellen.

Die andere überwiegend von der Saar aus unterstützte Widerstandszelle lag in Frankfurt am Main und den an den entsprechenden Verbindungslinien liegenden Orten. Der Frankfurter kommunistische Widerstand erhielt Anweisungen und Materialsendungen überwiegend aus Saarbrücken. Diese Arbeitsteilung setzte eine gut entwickelte politische Infrastruktur des Empfängergebietes voraus. Gerade hier stellten sich vielfach die größten Probleme für Widerstandsgruppen. Die in konspirativen Techniken erfahrenen Parteikader waren oft verhaftet worden oder emigriert, so daß man auf ungeschulte einfache Parteimitglieder zurückgreifen mußte, die wiederum in der ortsansässigen Bevölkerung weitgehend als Kommunisten bekannt waren. Die Annahme von illegalem Schriftgut und seine Verbreitung in einem Ort boten daher gewöhnlich die Schwachstellen für den organisierten Widerstand und folglich auch die Ansatzpunkte für die Gestapo zur Aushebung der Parteizellen. Dies wird deutlich am Fall des Frankfurter RGO-Funktionärs Karl Fehler, der im März 1934 aus Saarbrücken mit dem Vertrieb illegaler Literatur beauftragt wurde. Seine Mitarbeiter waren durchweg ungeschulte Parteifreunde aus der lokalen Umgebung. Offensichtlich fühlt sich Fehler recht bald beobachtet, so daß er nach Saarbrücken die Bitte übermittelte, keine weiteren Schriften mehr zu schicken. Dessen ungeachtet ließ die KPD weitere Sendungen an eine bestimmte Anlaufstelle bringen, die von der Gestapo observiert wurde. Etwa sechs Wochen nach Beginn dieser Aktivitäten wurden Fehler und zwei seiner Parteifreunde verhaftet, angeklagt und zu längeren Haftstrafen verurteilt. Fehler wurde nach Verbüßung seiner Strafe ins KZ Sachsenhausen eingeliefert und dort ermordet[30].

Neben Fernlinien unterhielt die KPD auch ein „Nahverkehrsnetz" für die Pfalz. Die bayerisch-pfälzische Polizei vermutete eine Kurierlinie vom Elsaß nach Pirmasens, eine weitere vom saarländischen Erbach bei Homburg ins pfälzische Kusel, wobei dann Kaiserslautern ein regionales Zentrum bildete, in dem die Linien zusammenliefen[31]. Eine andere Kurierlinie ging über Waldmohr, Vogelbach, Landstuhl, Bärenloch nach Kaiserslautern, wo ein Beauftragter des KPD-Unterbezirks das Material in Empfang nahm und an einen mit der Bahn abreisenden Vertreter der Bezirksleitung weitergab[32]. Von Kaiserslautern aus wurden zentral die umliegenden Ortschaften versorgt, wobei an jedem Mittwoch das

27 Aktennotiz vom 22. 11. 34; LA Speyer: H 38/1431.
28 Gittig, S. 56.
29 Fritz Salm: Im Schatten des Henkers. Vom Arbeiterwiderstand in Mannheim gegen faschistische Diktatur und Krieg, Frankfurt am Ymain 1973, S. 74 f. – Max Oppenheimer: Der Fall Vorbote. Zeugnisse des Mannheimer Widerstandes, Frankfurt am Main 1969, S. 20. – Erich Matthias: Der sozialistische Widerstand in Mannheim, in: Oppenheimer, S. 229–34, hier S. 232.
30 Urteilsbegründung des OLG Kassel gegen Karl Fehler, Willi Laun und Hugo Bollmann; Berlin D. C.: VGH F 25. – Mausbach-Bromberger, S. 46, 248.
31 Mschr. Zusatz zu einem Vermerk des Hauptzollamtes Kaiserslautern vom 8. 9. 33; Anm. 23.
32 Schreiben der Bezirksaußenstelle Waldmohr vom 14. 8. 33 an die Gendarmerien; LA Speyer: H 38/1427.

Material ausgegeben wurde. Zwischen fünf und sieben Kurierlinien konnte die Polizei hierbei beobachten, ihren Verlauf, ihre Treffpunkte und Termine[33]. Ein anderes Verteilernetz auf reichsdeutschem Gebiet hatte seine Zentrale in dem zu Oldenburg gehörenden Gebiet Birkenfeld, in das nach Vermutung der Gestapo Flugblätter und Propagandaschriften aus dem saarländischen Tholey transportiert wurden[34].

Gewisse Gemeinsamkeiten mit der KPD in der Organisation wies auch der sozialdemokratische Widerstand auf. Entsprechend den kommunistischen „Grenzstellen" richtete der nach Prag emigrierte Parteivorstand „Grenzsekretariate" ein, die mit hauptamtlich wirkenden Funktionären besetzt wurden. Jeder Grenzsekretär – ihre Gesamtzahl lag durchschnittlich bei fünfzehn – hatte vom Ausland aus ein benachbartes Gebiet in Deutschland zu betreuen, d. h. illegale Schriften an ihre Bestimmungsorte zu schleusen und von dort wiederum Informationen aus dem Inland zu sammeln und an die Sopade in Prag weiterzuleiten. Zu diesem Zweck wurden von den im Exil erscheinenden Parteipublikationen *Neuer Vorwärts* und bald darauf auch von der *Sozialistischen Aktion* Miniaturausgaben im Kleinformat und auf Dünndruckpapier herausgegeben[35]. Die Grenzsekretäre stützten sich wiederum auf freiwillige Mitarbeiter und vor allem auf die illegalen Parteizellen im Reich.

Wie im Falle der kommunistischen Widerstandsarbeit wurden die Vorbereitungen von Schriftentransporten aus Gründen der Tarnung großräumig getroffen. Das Saargebiet war für die Westgrenze Deutschlands teils nur Durchgangsgebiet teils Relaisstation und Materiallager teils Refugium für bedrohte und gefährdete Widerstandskämpfer. Im Saargebiet selbst und in unmittelbarer Nachbarschaft hatten zwei Grenzsekretariate ihren Sitz: eines in Luxemburg für Baden, Teile Württembergs und Hessens mit gewissen Nebenstützpunkten im Elsaß sowie eines in verschiedenen Orten an der Saar für die Rheinpfalz, Frankfurt am Main und Mannheim. Der Posten des Grenzsekretärs im Saargebiet wurde mit dem früheren badischen SPD-Vorsitzenden und Landtagsabgeordneten Georg Reinbold besetzt, der sich zur Tarnung den Decknamen „Schwarz" zulegte[36]. Zuerst verlegte Reinbold den Hauptsitz seiner Aktivitäten nach Straßburg, wo er als Vertriebsstelle für illegale sozialdemokratische Literatur eine Buchhandlung, die *Librairie populaire*, betrieb, von der aus er weitere fünf Stützpunkte entlang der Rheingrenze und an der Saar mit Material versorgte. Bis Ende September 1933 hatte Reinbold etwa 500 freiwillige Mitarbeiter in Baden gewonnen, davon 200 in Mannheim[37]. Im April 1934 verlängerten ihm die französischen Behörden nicht mehr die Aufenthaltsgenehmigung, so daß er sein Grenzsekretariat ins Saargebiet verlegte. Wahrscheinlich wechselte er hier zwischen mehreren Orten, um möglichst wenige Spuren seiner Tätigkeit zu hinterlassen. Überliefert sind Saarbrücken, das lothringische Forbach sowie das an der Grenze zu Saargemünd gelegene saarländische Hannweiler[38]. Von hier aus wirkte Reinbold weiterhin für den Widerstand in Baden. So versorgte er vor allem Mannheimer Gruppen unter Jacob Ott mit Material. Bekannt sind auch Reinbolds Verbindungen nach Frankfurt am Main[39]. Ende 1933 verhafte-

---

33 „Kurierlinien" (undatierte Abschrift); ebd.
34 Schreiben der Gestapo vom 28. 3. 34 an das AA; PA AA, Pol. II: Parteien im Saargebiet Bd. 8.
35 Edinger, S. 45, 47.
36 Ebd., S. 48.
37 Schreiben des Commissaire Divisionnaire de Police Spéciale vom 11. 3. 35 an den Préfet du Bas-Rhin; Archives Départementale: D 286/383. – Klaus-Dieter Gall: Die Situation der Mannheimer SPD in den letzten Jahren der Weimarer Republik und der sozialdemokratische Widerstand gegen den Nationalsozialismus, Staatsarbeit Mannheim 1978 (unveröffentlicht), S. 56 ff.
38 Edinger, S. 48; Matthias/Link: Mit dem Gesicht..., S. 79, Fn.
39 Salm, S. 150; Gall, S. 61 f.; Oppenheimer, S. 151; Mausbach-Bromberger, S. 101 ff.

te die deutsche Polizei in Wörth und Berg, zwei Dörfern im pfälzisch-badisch-elsässischen Grenzgebiet, mehrere Arbeiter, deren Widerstandsarbeit sie mit Reinbolds Aktivitäten in Verbindung brachte[40]. Ende 1935 wurden in Karlsruhe elf Arbeiter angeklagt, denen die Verbreitung sozialdemokratischer Blätter und die mutmaßliche Zusammenarbeit mit Reinbold zur Last gelegt wurde[41].

Sowohl im Falle der KPD als auch der SPD ging der Widerstand gegen das Dritte Reich von der im Exil befindlichen Mutterpartei aus, nicht von den jeweiligen saarländischen Untergliederungen. Aber in dieser Gemeinsamkeit zeigt sich auch der Unterschied beider Parteien in der Organisation ihrer Aktionen und der Beteiligung der Saarländer. Während die KPD aufgrund ihres zentralistischen Aufbaues in hohem Maße die Mithilfe ihrer saarländischen Tochterpartei beanspruchen konnte, war dies im Falle der Sozialdemokratie wesentlich problematischer. Wir haben bereits die schweren internen Konflikte zwischen Sopade und SPD/Saar behandelt: die unterschiedliche Bewertung der politischen Lage und die organisatorische Trennung im November 1933. Ein derart belastetes Verhältnis verbot eine engere Zusammenarbeit in einem solch brisanten Bereich wie dem der Widerstandsarbeit. Wie es scheint, hat Reinbold fast völlig den Kontakt zur SPD/Saar gemieden. Aufschlußreich ist hierzu ein Brief, den er unmittelbar nach der Saarabstimmung und bereits im Hinblick auf seinen notwendig gewordenen Aufbruch schrieb: „Vorerst sitze ich noch in meiner Wohnung. Würde ich es auf Heldentum anlegen, dann könnte ich schließlich auch noch in der Wohnung riskieren, bis zur Rückgliederung am 1. März, dank der vorsichtigen Tarnung, mit der ich an die Saar gezogen bin. (...) Meine Mitarbeiter sind auch noch da, da sie sich wegen ihrern Grenzarbeit ebenfalls gut getarnt hatten und so nicht in den Saarkampf verwickelt wurden, so daß sie jetzt nicht flüchten müssen"[42].

Wie weit die Parteiführung um Max Braun um Reinbolds Aktivitäten gewußt hat, ist ungewiß. Den vom Verfasser befragten sozialdemokratischen Parteifunktionären war dieser Name ebenso wie der Deckname „Schwarz" gänzlich unbekannt. Nachweisbar ist allein, daß Wilhelm Sollmann um Reinbolds Anwesenheit und möglicherweise auch um seine Tätigkeit gewußt hat. Die noch erhaltenen Korrespondenzen des Sollmann-Nachlasses enthalten vom Oktober 1934 Briefe, in denen finanzielle Transaktionen erörtert werden[43]. Wie weit dies im Zusammenhang mit Reinbolds Tätigkeit gestanden hat, ist nicht mehr nachprüfbar, läßt jedoch eine Kenntnis Sollmanns darum als wahrscheinlich ansehen. Aber offensichtlich haben beide Parteiorganisationen, Sopade wie SPD/Saar, in Planung und Finanzierung der Widerstandsarbeit keine engeren Kontakte unterhalten. Auch der Parteivorstand hat in der Widerstandsarbeit wohl keinerlei Kontakte zur SPD/Saar aufgenommen. Am 2. und 3. Juli 1934 fand im saarländischen Neunkirchen eine sozialdemokratische Konferenz über Widerstandsfragen statt und am 11. August tagten im grenznahen Saargemünd Vertreter der Sopade, unter ihnen Wels und Ollenhauer, um mit Grenzsekretären und Vertretern sozialdemokratischer Widerstandskreise aus dem Reich über weitere Aktivitäten zu beraten[44]. Der Zweck dieser beiden Veranstaltungen gebot naturgemäß strengste Geheimhaltung. Es ist aus den Quellen nicht zu ersehen, ob der Vorstand der SPD/Saar hierüber informiert war; das Verhältnis der beiden Parteien zueinander läßt eine negative Antwort hierauf als die wahrscheinlichere vermuten.

---

40 Schreiben des Commissaire Spéciale de Lauterbourg vom 4. 12. 33 an den Contrôleur Général de Strasbourg; AD Strasbourg: D 286/383.
41 „Vorbereitung zum Hochverrat", *Mannheimer Tageblatt* vom 10. 12. 35.
42 Die Berichte Reinbolds an die Sopade in Prag befinden sich im AsD: Emigration – Sopade, Mappen 90–94. – Hier Bericht vom 17. 1. 35, ebd., Mappe 90.
43 Schriftwechsel Sollmanns; StA Köln: Sollmann-Nachlaß (Mikrofilm), Rolle 3.
44 Mausbach-Bromberger, S. 102 f.

Zahlenmäßig von untergeordneter Bedeutung waren die Widerstandsaktionen der KPO, der SAP, des ISK, der Anarcho-Syndikalisten und schließlich christlicher Kreise. Gleichwohl verdienen sie es, hier genannt zu werden. Von der KPO ist bekannt, daß sie von der Saar aus Material an ihre im Untergrund wirkenden Parteifreunde in Frankfurt am Main schickte[45]. Die Verbindungen der FAUD-Anhänger aus dem Raum Mannheim/Ludwigshafen zu ihren Gesinnungsfreunden in St. Ingbert sowie ihr etwas dilettantischer Schriftenschmuggel wurden bereits erwähnt[46]. Auch Retzlaw erwähnt kleinere getarnte Briefaktionen, mit denen er die Verbindungen zu Trotzkisten im Reich aufrecht erhielt[47]. Schließlich müssen hier katholische Versuche erwähnt werden, die *Neue Saar-Post* über die Grenze in die Pfalz zu bringen und in christlichen Oppositionskreisen zu verbreiten[48].

Techniken des Widerstandes

Wegen der strengen Bewachung durch die deutschen Polizeibehörden mußten alle im Widerstand mitwirkenden Gruppierungen besondere Techniken der Tarnung entwickeln. Hierzu gehörte es beispielsweise, den Propagandaschriften eine äußere Form zu geben, die ihren Inhalt nicht zu erkennen gab. Bevorzugt wurden deutsche Klassikerausgaben in der Art der Reclam-Hefte, religiöse Traktate oder Reklamebroschüren. Für die Jahre 1933 bis 1935 führt Gittig 206 Titel derartiger, überwiegend von der KPD hergestellter Tarnschriften auf; bis 1944 stieg diese Zahl auf 585 nachweisbare Titel[49]. Auch von sozialdemokratischer Seite wurden derartige Techniken angewandt. Die Reklameschrift „Die Kunst sich zu rasieren" wechselte mitten im Text und ohne äußeren Bruch das Thema und brachte die Sopade-Schrift „Revolution gegen Hitler"[50]. Ein beträchtlicher Teil dieser Schriften wurde über das Saargebiet geschmuggelt, teilweise – wie sehr wahrscheinlich das kommunistische „Mondamin-Kochbuch" – sogar dort gedruckt[51]. Durch Beschlagnahme derartiger Schriftsendungen sind uns einige Exemplare dieser politischen Untergrundliteratur erhalten geblieben, so die Schrift: „Brüder Grimm: Sechs Märchen" (Hyperion-Verlag, München), in der Verlautbarungen der Komintern enthalten waren. Ähnlich gestaltet waren der fromme Traktat „Im Zeichen des Kreuzes" oder Reklameschriften für Rasierseife oder Radioapparate („Bahnbrechende Neuheit")[52].

Die Frage des Schriftentransports bot neben ihrer Verbreitung im Zielgebiet stets eine besondere Schwierigkeit. Die Exil-Parteien mußten sich hier weitgehend solcher Methoden bedienen, wie sie auch der kommerzielle Schmuggel anwendet. Da durch Fußgänger oder Radfahrer nur sehr begrenzte Mengen an Schriften transportiert werden konnten, boten sich für größere Sendungen Verkehrsmittel an, die an den Grenzen nur oberflächlich untersucht werden konnten. Von der Gestapo wurde die bayerische Pfalz-Regierung über einige dieser Schmuggelmethoden aufgeklärt: „Es ist mitgeteilt worden, daß täglich unzählige Pakete der *Deutschen Freiheit* nach Deutschland eingeschmuggelt werden. Die

---

45 Ebd., S. 66.
46 Siehe oben.
47 Retzlaw, S. 374.
48 Schreiben der Gendarmerie Winnweiler vom 1. 9. 34 an das Bezirksamt Rockenhausen; LA Speyer: H 38/1426.
49 Gittig, S. 111 ff.
50 Edinger, S. 46 f.
51 Gittig, S. 47.
52 Schreiben (Absender auf Durchschrift nicht erkennbar) vom 15. 5. 34 an die bayerische Politische Polizei; LA Speyer: H 38/1431. Gestapo-Vermerk vom 8. 7. 33; BA, R 58/1249.

Pakete sollen besonders per Schiff über Straßburg, mit Autos (in doppelten Böden), in Bier-, Fleisch- und Kühlwagen, in den Eis- oder Kühlbehältern oder unter den Waggons, vor allem in Tholey, Theley, St. Wendel und Homburg über die Grenze befördert werden"[53].

Bevorzugtes Transportmittel für das Einschleusen illegaler Schriften war die Eisenbahn. Der Charakter der Widerstandsarbeit wurde daher wesentlich von der Verkehrsgeographie des Saargebiets mitbestimmt. Einmal galt es, wie wir gezeigt hatten, von den im Ausland oder im Saargebiet befindlichen Parteizentralen Verbindungen zu den im Reich verbliebenen oder neu gebildeten illegalen Organisationen aufrechtzuerhalten oder wiederherzustellen und Verteilernetze für politische Propagandaliteratur aufzubauen. Demgemäß kam den vom Saargebiet ins Reich führenden Eisenbahnstrecken als Hauptverbindungslinien eine zentrale Bedeutung zu. Zunächst konnten in Personenzügen relativ leicht Flugblätter in kleinen Mengen versteckt werden, wobei der eigentliche Kurier oder Transporteur, sofern es ihn überhaupt gab, in einem anderen Abteil saß[54]. Allerdings waren die „Schmuggelkapazitäten" der Personenzüge begrenzt. Nach Ermittlungen der bayerisch-pfälzischen Polizei, vermutlich vom Sommer oder Herbst 1933, wurden für größere Flugblattsendungen Güterzüge bevorzugt. Oft wurde das Material in der Ladung, im Wagenunterbau oder anderen verborgenen Stellen der Waggons versteckt, die während der kurzen Haltezeiten der Züge an der Reichsgrenze vom Zoll, von der Grenz- oder Bahnpolizei oder der Gendarmerie nur flüchtig durchsucht werden konnten[55].

Durch drei bedeutende Eisenbahnlinien war das Saargebiet mit wichtigen industriellen Ballungsräumen des Reiches verbunden, in denen wiederum starke Traditionen der Arbeiterbewegung bestanden. Eine Linie führte von Saarbrücken über Homburg/Saar und Kaiserslautern ins pfälzisch-nordbadische Industriegebiet (Ludwigshafen, Mannheim) mit Abzweigungen nach Karlsruhe. Eine zweite Linie führte über St. Wendel, Idar-Oberstein und Bad Kreuznach bis Bingen, von wo aus Verbindungen zum Rheinland, vor allem aber über Mainz nach Frankfurt bestanden. Die dritte Linie schließlich führte über Trier und Koblenz ins Rheinland und ins Ruhrgebiet. Die hier aufgeführten Gebiete konnten also relativ verkehrsgünstig vom Saargebiet erreicht werden, das wiederum gute Verbindungen mit den Emigrantenzentren Paris und Straßburg besaß.

Bahnlinien waren Kurierlinien. Reisende konnten unter allerlei Tarnungen chiffrierte Texte mit sich führen oder auswendig gelernte Mitteilungen und Parolen weiterleiten. Wegen der strengen Überwachung und Beobachtung wurden jedoch besondere Vorsichtsmaßregeln getroffen. Gepäckstücke wurden an einem Bahnhof deponiert, von einer anderen Person abgeholt und weitertransportiert. Nach anderen Beobachtungen wurden für Kurierdienste sogar Kinder eingesetzt, die auf keiner Fahndungsliste standen und somit von den Grenzkontrollorganen offensichtlich wenig beachtet wurden. Bevorzugt eingesetzt wurden hierbei Mädchen im Alter von etwa zwölf Jahren; ein Gestapo-Vermerk hielt fest, daß gerade durch Kinder Material bis ins Ruhrgebiet geschleust worden sei[56]. Aufgabe der Kuriere war es, die Verbindungen zwischen den exilierten Parteileitungen und den illegalen Parteizellen aufrecht zuerhalten, Instruktionen und Anweisungen sowie Informationen nach beiden Seiten hin zu geben. Auch sie mußten, sofern sie schriftlich niedergelegt waren, in chiffrierter oder sonstwie getarnter Form übermittelt werden. Offensichtlich ging man – wie reichsdeutsche Dienststellen zu beobachten glaubten – bei der KPD

---

53 Schreiben der Pfalz-Regierung vom 9. 11. 33 an die Bezirksaußenstelle Waldmohr; LA Speyer: H 38/1426.
54 Beispiele für einen derartigen Flugblattschmuggel in Zügen beschreibt Gustav Regler in seinem Saar-Roman „Im Kreuzfeuer", S. 138 f.
55 Anm. 23. – Vgl. Mausbach-Bromberger, S. 92.
56 Aktennotiz vom 22. 11. 34; LA Speyer: H 38/1431.

immer mehr dazu über, ihren Kurieren keinerlei Material mitzugeben, das sie in irgendeiner Weise hätte kompromittieren können, und sich auf mündliche Instruktionen zu beschränken[57].

Zahlenmäßig von untergeordneter Bedeutung waren Versuche, vom Saargebiet aus deutsche Widerstandszellen mit technischem Material zu versorgen, wozu auch Waffen und Sprengstoff gehörten. Vereinzelt sind deutschen Stellen getarnte Sendungen dieser Art in die Hände gefallen. Handelte es sich im Februar 1933 angeblich noch um 3 000 Pistolen, die vor dem Zugriff der neuen Machthaber versteckt und über Homburg an die Saar geschmuggelt wurden[58], so erfuhr die bayerisch-pfälzische Gendarmerie Waldmohr kurz darauf von größeren Aktionen vom Sprengstoffschmuggel von Frankreich über die Saar ins Reich[59]. Gefaßt wurden derartige Transporte nicht, vermutlich weil die Organisationen hier – im Gegensatz zu bloßen Flugblatttransporten – besondere Vorsicht walten ließen. Wohl aber konnten teilweise die Namen der Beteiligten ermittelt werden. Am 17. August 1934 soll eine Gruppe aus sechs namentlich bekannten Männern bei Namborn die pfälzische Grenze überschritten und eine größere Menge Waffen transportiert haben, die auf reichsdeutscher Seite dann in zwei Etappen in Empfang genommen und weitergebracht worden seien[60].

Neben Kurierdiensten oder versteckten Schriftentransporten in Eisenbahnzügen wurden für die Versorgung der angrenzenden Gebiete der Pfalz und des Rheinlandes kleinere Fußgänger- und Radfahrerkolonnen eingesetzt, die über Feld- und Waldwege in Rucksäcken Flugblätter und Broschüren über die Grenze brachten. Während die KPD für die eigentlichen Kurierdienste ausgebildete und geschulte Funktionäre einsetzte, griff sie hier auf Einheimische zurück. Denn wegen der geringen Transportkapazitäten waren derartige Schmuggelkarawanen recht personalintensive Aktionen, sofern eine einigermaßen beachtenswerte Menge von Schriftgut über die Grenze gebracht werden sollte. Das heißt aber, daß ein relativ großer Personenkreis daran beteiligt war, dessen Aktivitäten gerade in kleinen Ortschaften auffallen mußten. Aus Gründen der Ortskenntnis und des landmannschaftlichen Dialekts konnten aber nur Saarländer oder Pfälzer zu derartigen Aktionen herangezogen werden, da Sachsen oder Ostpreußen sich wohl kaum als ortsansässige Anwohner tarnen konnten. Somit kam für derartige Aktionen vorwiegend der Kreis von Kommunisten aus grenznahen Dörfern in Frage, einfache Mitglieder also ohne subversive oder konspirative Schulung, die ohne längere Abwesenheit von ihrer Arbeitsstelle nächtliche Transporte durchführen konnten. An dieser Stelle – und nur hier – berührten sich die Aktivitäten der fernen KPD-Zentrale in Paris und des einfachen saarländischen Parteivolkes, während sonst die Einwirkungen der Parteiführung auf den saarländischen Parteiapparat allenfalls bis zur mittleren Funktionärsebene reichten.

Bei den Sozialdemokraten griff auch Reinbold für derartige Transporte auf ortskundige einheimische Parteifreunde zurück, deren Aktivitäten jedoch vor der SPD/Saar sehr wahrscheinlich geheimgehalten wurden. Nach Vermutungen der pfälzischen Polizei lag eine Verteilerzentrale für sozialdemokratisches Schriftgut, vor allem für den *Neuen Vorwärts*, in Saarbrücken; es wurde von dort an Unterzentralen weitergeleitet. Eine davon lag in Schwarzenbach bei Homburg, von wo aus das Material mit Rucksäcken über Blieskastel nach Webenheim und von dort über die Grenze gebracht wurde[61]. Die Durchführung sol-

57 Schreiben der Gestapo-Stelle Aachen vom 4. 9. 34 an das Gestapa/Berlin; PrGehStA: Rep. 90 P Nr. 77, Bd. 1.
58 Vermerk der Gendarmerie vom 17. 3. 33; LA Speyer: H 38/1399.
60 Vermerk der Polizeidirektion Ludwigshafen vom 29. 10. 34; LA Speyer: H 38/1427.
61 Schreiben der Pfalz-Regierung an die Bayerische Staatskanzlei vom 15. 11. 33; BayHStA/GehStA: Akten des Staatsministeriums des Äußern Bd. XVc.

cher Transporte läßt sich an den Prozeßakten verhafteter Widerstandskämpfer verfolgen.

Gewöhnlich wurden größere Mengen des Transportgutes von der Zentrale in ein grenznahes Dorf gebracht und dort bei zuverlässigen Parteifreunden deponiert. Von dort brachten dann Transportgruppen in anderer personeller Zusammensetzung mit Rucksäcken, zu Fuß oder mit Fahrrädern das Schmuggelgut über die Grenze zu vereinbarten Treffpunkten, wo es dann von reichsdeutschen Gruppen abgeholt und weitergebracht wurde. Den größeren Teil der Schmuggler stellten ortskundige Einheimische, Saarländer oder Pfälzer, allerdings haben bei der KPD in zunehmendem Maße Emigranten in derartigen Aktionen Führungspositionen eingenommen, was in der Regel auch verbunden war mit der immer häufigeren Ausrüstung derartiger Gruppen mit Waffen. Ein solcher Schmuggeltransport scheiterte im Dezember 1933 bei den damals pfälzischen Dörfern Oberkirchen und Pfeffelbach (bei Kusel). Auf der saarländischen Seite hatte der St. Wendeler KPD-Funktionär Albert Witzack das Material besorgt und die Gruppe zusammengestellt. Im Schwarzerdener Wald wurde die Gruppe gestellt und widerstandslos festgenommen. In ihrem Gepäck befanden sich außer dem eigentlichen Transportgut von Druckschriften auch Eierhandgranaten sowie eine Pistole[62].

Der im Sommer und Frühherbst 1933 einsetzende Schmuggel mit Flugschriften führte naturgemäß auf reichsdeutscher Seite zu Gegenmaßnahmen, die aber wegen des Länderpartikularismus zunächst noch recht uneinheitlich waren. An der saarländisch-preußischen Grenze zur Mosel hin hatte die preußische Polizei bald nach der Machtergreifung die Staatspolizei-Stelle (Stapo-Stelle) in Trier eingerichtet, die zentralpolizeiliche, nachrichtendienstliche und zollamtliche Aufgaben wahrnahm und dem Geheimen Staatspolizeiamt (Gestapa) in Berlin unterstellt war. In der bayerischen Pfalz waren die Kompetenzen verteilt und erschwerten dadurch eine zentrale Überwachung der Grenzen. In einer Besprechung Ende August 1933 in Kaiserslautern regten die zuständigen pfälzischen Dienststellen eine ähnliche Zentralisierung der Kompetenzen an[63]. Was die Personenkontrolle in den grenzüberschreitenden Zügen betraf, so hatte die SA ohnehin schon im Juni die Grenzbahnhöfe besetzt, um mit verstärktem Personal die Reisenden gründlicher kontrollieren zu können[64]. Trotzdem hat der Transport von verbotener politischer Literatur niemals aufgehört. Wie die Gestapo im März 1934 eingestand, ging der Transport von politischer Literatur ins Reich weiter: „Trotz verschärfter Überwachung der Grenze ist es der KPD immer noch möglich, Greuelpropagandaschriften ins Reich zu schmuggeln»[65].

Die Bewachung der überwiegend dicht bewaldeten Grenzregion bot nur ein unvollkommenes Mittel zur Verhinderung der Schriftenpropaganda. Von reichsdeutscher Seite wurden daher noch andere Methoden angewendet, worunter auch Verrat und die Unterwanderung der Widerstandsgruppen gehörte. In den vorhandenen Quellen sind mehrere Fälle aktenkundig geworden, in denen die Grenzpolizei die Akteure aufgrund von Verrat festnehmen konnte. Am 29. Juli brachte der Merziger Arbeiter Heinrich Fischer vier Pakete mit 2 000 Exemplaren der *Roten Fahne* über die Grenze nach Rimlingen und deponierte sie bei seinem Parteifreund Johannes Minninger, von wo sie dann weiter ins Landesinnere gebracht werden sollten. Minninger war selbst KPD-Mitglied, hatte die Partei jedoch Anfang 1933 verlassen und war zur SA übergetreten. Dieser Übertritt war jedoch auf Anordnung

---

62 Urteil des OLG Hamm vom 11. 1. 34; PA AA, Pol. II: Verhaftungen von Saardeutschen im Reichsgebiet Bd. 2.
63 Schreiben des Hauptzollamtes Kaiserslautern vom 8. 9. 33 an die Polizeidirektion daselbst; Anm. 24.
64 „SA besetzt Saargrenze", *Deutsche Freiheit* vom 27. 6. 33.
65 Anm. 34.

des zuständigen SA-Führers geheim geblieben, damit Minninger in der KPD weiter unentdeckt für die NSDAP arbeiten könnte. In der Nacht zum 2. August brachte Fischer zusammen mit Minninger eine neue Sendung über die Grenze, wurde jedoch – nachdem Minninger die Aktion verraten hatte – verhaftet[66].

Wenige Tage später wiederholte sich ein derartiger Vorfall, bei dem gleichfalls wieder Minninger eine recht undurchsichtige Rolle spielte. Nachdem ein Transport von Rucksäcken mit Flugschriften vorbereitet worden war, drängte Minninger den Merziger KPD-Vorsitzenden Brandt, von dem offensichtlich die Organisation ausging, zur Entsendung von Männern. Brandt beauftragte hierzug Angehörige der RFB-Sondereinheit „Sturmtrupp Engels", die von dem eigens zu dessen Leitung entsandten Emigranten Max Bärwolf angeführt wurde. Bärwolf und weitere zwei der insgesamt vier Männer waren mit Pistolen bewaffnet. An der Grenze wurden sie von dem offensichtlich vorher informierten deutschen Zoll gestellt, eröffneten jedoch das Feuer, bis sie von den Zollbeamten überwältigt wurden[67]. Wie es scheint, war Minninger keine Einzelerscheinung. Nach dem autobiographischen Roman von Georg Glaser wurde kurz vor der Rückgliederung von der KPD ein Fememord an einer ihrem abtrünnigen Mitglieder verübt, das mehrere Genossen an die Gestapo verraten hatte. Die Darstellung des Falles weist manche Parallelen mit Minninger auf[68].

Durch Agenten erfuhr die Gestapo auch von einem größeren Schriftentransport bei Mettlach Anfang Dezember 1934, dem in Kürze ein weiterer Transport folgen sollte. Teilnehmer waren in diesem Falle ausschließlich kommunistischee Emigranten aus dem Sulzbacher „Schlafhaus Mellin". Die Parteileitung zahlte dem Anführer der Gruppe, Hans Gerhard, 700 ffrs für Fahrtkosten und Verpflegung und überließ, wie es scheint, die Organisation vollkommen den ortsfremden Emigranten. Wie es aus den Akten hervorgeht, verlief hier die Übergabe des Materials an reichsdeutsche Gesinnungsgenossen reibungslos. Nicht bekannt ist der Ausgang der durch Verrat bekannt gewordenen, geplanten zweiten Aktion derselben Gruppe[69].

Eine Übersicht über die aktenkundig festgehaltenen Fälle von Schriftentransport vermitteln den Eindruck, daß die KPD recht wahllos Personen für die Widerstandsarbeit rekrutiert hat, Emigranten und Einheimische, die im allgemeinen für ihre Aufgabe wenig vorbereitet waren. Eine „Ausbildung" in konspirativen Handwerk erhielten nur die relativ wenigen Absolventen der Saarbrücker Parteischule bzw. einige der emigrierten Spitzenfunktionäre. Die „Professionalisierung" der Widerstandsarbeit bezog sich nur auf ihren verstärkten Einsatz, während die Kleinarbeit von ungeschultem Personal weiterhin nebenher geleistet wurde. Dementsprechend hoch waren auch die Verluste durch Verhaftungen. In einigen Fällen wurde die gesamte Rucksack-Karawane festgenommen, so im Falle der oben erwähnten acht Männer aus Oberkirchen und Pfeffelbach, die schließlich zu Gefängnis- bzw. Zuchthausstrafen zwischen 17 und 29 Monaten verurteilt wurden[70]. Im Urteil gegen Bärwolf wurden wegen des Waffengebrauchs ungewöhnlich hohe Strafen erteilt; Bärwolf selbst erhielt zwölf Jahre Zuchthaus, seine drei Begleiter je sieben Jahre[71].

---

66 Urteil des OLG Hamm vom 24. 3. 34; PA AA, Pol. II: Verhaftungen von Saardeutschen im Reichsgebiet Bd. 2. – Gittig, S. 57.
67 Anklageschrift des Generalstaatsanwalts beim OLG Hamm vom 13. 7. 34 und Urteil des OLG Hamm vom 16. 10. 34 gegen Bärwolf u. a.; ebd.
68 Glaser, S. 235 ff.
69 Aktennotiz des Preußischen Gestapa/Berlin vom 1. 12. 34; HStA Düsseldorf: Akten der Gestapo-Leitstelle Düsseldorf, Dossier Emil Kreuzburg.
70 Anm. 62.
71 Anm. 66 und 67.

Die Gestapo registrierte die wirkliche oder vermeintliche Mitarbeit am Widerstand sorg-fältig, so daß sie noch Jahre später als Belastungsmaterial gegen die im besetzten Frankreich festgenommenen Emigranten verwendet werden konnte. Entsprechend der zunehmenden Brutalität des NS-Regimes steigerten sich die Strafen. So erhielt der Kommunist Walter Kaiser 1941 für die bloße Mitwirkung bei der Herstellung und Verbreitung von Flugblättern wegen „Vorbereitung eines hochverräterischen Unternehmens" zwei Jahre und drei Monate Zuchthaus[72]. Aufgrund der noch erhaltenen Quellen lassen sich mindestens 30 Personen namentlich feststellen, die für ihre Widerstandsarbeit im Saargebiet aus festgenommen und zu Haftstrafen verurteilt bzw. ohne Prozeß in ein Konzentrationslager eingeliefert wurden. In weiteren 35 Fällen protestierte die Regierungskommission des Völkerbundes in Berlin gegen die Verhaftung von Saarländern im Reich; die Gründe der Festnahme sind zwar nicht mehr mit Sicherheit zu ermitteln, stehen aber mit großer Wahrscheinlichkeit in Verbindung mit dem politischen Widerstand gegen das NS-Regime[73]. Insgesamt dürfte sowohl das Ausmaß des Widerstandes als auch die Zahl das Opfer, die er in der fraglichen Zeit gefordert hat, erheblich höher liegen. Sie sind der Namenlosigkeit anheimgefallen, obgleich sie menschliche Schiksale und Tragödien darstellen, für die das NS-Regime in diesen und in abertausenden von anderen Fällen verantwortlich zeichnete.

---

72 Urteil des OLG Hamm vom 28. 4. 41; Anm. 16.
73 Anm. 18, 32 und 37; die umfangreichste Materialsammlung hierzu befindet sich im PA AA, Pol. II: Verhaftungen von Saardeutschen im Reichsgebiet Bde. 1 und 2.

Gründung und Geschichte der Einheitsfront

Etwa ein halbes Jahr lang, vom Ende Juni 1934 bis zur Volksabstimmung am 13. Januar 1935, bestand im Saargebiet eine Einheitsfront aus Sozialdemokraten und Kommunisten. Da es dieses Bündnis in der Weimarer Republik niemals gegeben hatte und auch später in der Pariser Emigration über fragmentarische Ansätze nicht hinausgelangte, kommt der kurzlebigen saarländischen Einheitsfront eine die Grenzen des Saargebietes überschreitende Bedeutung zu. Wegen des weiteren Kontextes dieser Problematik ist es daher erforderlich, in kurzen Umrissen die Vorgeschichte des Einheitsfrontgedankens zu skizzieren[1]. Der Gedanke eines punktuellen Zusammengehens von SPD und KPD in Fragen beiderseitigen Interesses war nach der Spaltung der Arbeiterbewegung in Deutschland erstmals zur Reichspräsidentenwahl 1932 akut geworden. Zu diesem Zeitpunkt traten beide Parteien noch als politisch handelnde Größen auf, was zumindest theoretisch eine späte Möglichkeit enthielt, gemeinsam eine wirksame Barriere gegen die sich anbahnende NS-Diktatur zu errichten[2]. Da sich nach damaliger Auffassung der KPD von den zwei faschistischen Zwillingsbrüdern – der nationalen Variante in Form der NSDAP und der sozialen als SPD – ein Zusammengehen mit dem „Sozialfaschismus" verbot und der Wahlkampf somit zugleich als Stoß gegen die SPD als vermeintliches Haupthindernis einer Revolution gedacht war, stellte die KPD mit Ernst Thälmann einen eigenen Kandidaten für das Amt des Reichspräsidenten auf[3]. Von sozialdemokratischer Seite war an einen eigenen Kandidaten nicht ernsthaft gedacht worden, so daß sich – nach Bildung der Harzburger Front – aus Furcht vor einer unmittelbar bevorstehenden Machtergreifung die Mobilisierung des demokratisch-republikanischen Parteienpotentials als Weg des geringsten Übels eine Unterstützung der Hindenburg-Kandidatur anbot.

Die Chance eines begrenzten Zusammengehens beider Arbeiterparteien, sofern es damals von irgendeiner Seite ernsthaft erwogen worden sein sollte, war vertan worden. Einzig von den politisch und ideologisch zwischen beiden Parteien angesiedelten „Zwischengruppen" wie dem ISK, der SAP, der KPD-Opposition sowie Schriftstellervereinigungen, intellektuellen Zirkeln und Zeitschriften wurde der Gedanke diskutiert. Generell vertraten diese Zwischengruppen die Auffassung, daß ein enges Zusammengehen beider Parteien notwendig gewesen wäre, wobei gelegentlich an herausragende Persönlichkeiten als Kompromißkandidaten gedacht wurde[4]. Ein Erfolg war diesen Bemühungen bekanntlich nicht beschieden.

Unter den besonderen Bedingungen des Saargebiets während des Abstimmungskampfes sollte indessen der Einheitsfrontgedanke schließlich Realität werden, wenngleich nur für ein halbes Jahr und letztlich ohne politischen Erfolg. Aber als Modellfall hat sie zweifel-

---

1 Eine allgemeine Übersicht über den Einheits- bzw. Volksfrontgedanken in Deutschland, allerdings ohne Berücksichtigung der saarländischen Episode 1934/35, gibt Peter Brandt: Einheitsfront und Volksfront in Deutschland, *Prokla* H. 26, 6. Jg. (1976), S. 35–74.
2 Vgl. Langkau-Alex, S. 21 ff.
3 Ebd., S. 23 f.
4 Ebd., S. 23, 32.

los die Diskussionen vor allem im Kreise der Pariser Emigranten beflügelt und damit eine Ausstrahlung über diesen engen Zeitraum hinaus gehabt. Daß sie im Laufe des rund zweijährigen Abstimmungskampfes erst so spät zustande kam, lag – neben ideologischen und parteipraktischen Gründen, auf die wir noch eingehen werden – in der Diskrepanz von Notwendigkeit und Voraussetzungen einer Einheitsfront der Arbeiterparteien. Die Notwendigkeit war gegeben, als sich die bürgerlichen Parteien zur Fraktionsgemeinschaft der „Deutschen Front" zusammenschlossen und später – zunächst ohne, dann mit der NSDAP/Saar – in der gleichnamigen Organisation aufgingen. Durch diese Gleichschaltung fast des gesamten bürgerlichen Parteienspektrums und die zunehmende Terrorisierung des öffentlichen Lebens ergab sich ab Sommer 1933 in wachsendem Maße die Notwendigkeit einer Zusammenarbeit beider Parteien zumindest in Einzelfragen. Aber die Voraussetzung, nämlich der Konsensus wenigstens in Detailfragen, war zunächst nicht gegeben.

Das Problem der Einheitsfront an der Saar

Abgesehen von der Sozialfaschismus-Theorie der KPD, die im übrigen in vielen Ländern zwischen den Arbeiterparteien diskutiert wurde, zeigten sich die wichtigsten Unterschiede zwischen SPD/Saar und KPD/Saar in zwei landespolitischen Fragen: Im Verhältnis zur Völkerbundsregierung und in der Frage des Status quo. Was das erstgenannte Problem betrifft, so hat die SPD/Saar nach der Machtübernahme Hitlers die Völkerbundsregierung nicht nur als das kleinere Übel betrachtet, sondern vielmehr als Garanten einer – verglichen mit reichsdeutschen Verhältnissen – rechtsstaatlichen Ordnung angesehen. Die KPD/Saar bezeichnete noch bis weit in das Jahr 1934 hinein das Völkerbundsregime als Handlanger des französischen Imperialismus und forderte die saarländischen Arbeiter auf, mit ihr gleichermaßen gegen den „blutbesudelten Hitler-Faschismus" wie gegen die „Völkerbundsfaschisierung" zu kämpfen[5]. Aus dieser Haltung heraus bekämpfte die Partei sogar die bereits erwähnten Maßnahmen der Regierungskommission, die zum Schutze der saarländischen Parteien und Verbände gegen administrative und personalpolitische Eingriffe des Dritten Reiches erlassen wurden. Mit der Behauptung, daß der Verordnungsentwurf der Regierungskommission zur Änderung des Reichsvereinsgesetzes sich ausschließlich gegen die Kommunisten richte und die Gegenseite begünstige, lehnte ihn August Hey für die kommunistische Landesratsfraktion ab; nur die Arbeiter selbst könnten ihre Gewerkschaften vor „faschistischen Brandstiftern" schützen. Der Völkerbundsregierung als Komplicen Hitlers im Kampf gegen das revolutionäre Proletariat an der Saar werde es nicht gelingen, die kommunistische Bewegung auszurotten[6].
In der zweiten Frage bestanden bis zur Gründung der Einheitsfront gleichfalls schwerwiegende Differenzen. Die saarländische Sozialdemokratie hatte immer wieder auch über die Möglichkeit diskutiert, daß Hitler zum Zeitpunkt der Abstimmung noch an der Macht sein und somit die Saarländer vor eine bis dahin unerwartete Entscheidung stellen werde. Je mehr sich der Eindruck verstärkte, daß die nationalsozialistische Herrschaft nicht nur vorübergehender Natur sein werde, desto häufiger wurden Wege besprochen, wie eine Rückgliederung an ein von Hitler regiertes Deutschland verhindert werden könne: sei es über eine Verschiebung der Abstimmung, sei es durch ein Votum für die befristete Verlängerung des Status quo. In der saarländischen KPD wurden derartige Fragen zwar in Funktionärskreisen und inoffiziell sehr wahrscheinlich auch bei Mitgliedern und Anhängern

---

5   „Die Volksbetrüger Röchling und Braun in Genf", *Arbeiter-Zeitung* vom 17.1.34.
6   Stenographische Berichte des Landesrats vom 30.5.33, S. 134 ff.

der Partei diskutiert. Die offizielle Position der KPD/Saar jedoch, wie sie in der *Arbeiter-Zeitung* und in öffentlichen Verlautbarungen stets ohne die hier erforderlichen Vorbehalte hinsichtlich der politischen Vorraussetzungen verkündet wurde, beharrte bis zum Frühsommer 1934 auf der Parole vom „roten Saargebiet in einem Räte-Deutschland".

Angesichts dieser entgegengesetzten Standpunkte waren die Voraussetzungen für eine Einheitsfront nicht gegeben. Solange sich die Gemeinsamkeiten beider Parteien auf die bloße Gegnerschaft zum Nationalsozialismus beschränkten, war die Basis für eine konkrete Zusammenarbeit in Detailfragen zu schmal. So waren die angeführten Gegensätze entscheidend für die Bündnisproblematik, d. h. für die Frage, ob und wie weit frankophile und autonomistische Gruppen in eine antifaschistische Front einbezogen werden sollten. So bildete aber auch die unterschiedliche innenpolitische Haltung der Parteien zur Regierungskommission ein wesentliches Hindernis für eine sinnvolle Zusammenarbeit. Beharrte die KPD/Saar weiterhin auf dem Konfrontationskurs gegen das ungeliebte Völkerbundsregime, so bemühte sich die SPD/Saar um ein loyales Verhältnis in der Erkenntnis, daß in so wichtigen Fragen wie der Emigrantenbetreuung ein Konflikt mit den Behörden die Arbeit der Partei unnötig erschweren würde. Angesichts dieser gravierenden innenpolitischen Unterschiede war ein Bündnis der beiden Arbeiterparteien kaum möglich.

Propagandistisch ist die Einheitsfront von der KPD/Saar immer wieder vorgeschlagen worden. Für den 27. August 1933 unterbreitete die *Arbeiter-Zeitung* das bereits erwähnte Angebot einer gemeinsamen Veranstaltung, auf der dann kommunistische und sozialdemokratische Arbeiter ein geschlossenes Vorgehen in folgenden Fragen geloben sollten: (1) Kampf um ausreichende Löhne, (2) Bildung eines Massenselbstschutzes gegen „Blutfaschismus und Separatismus", (3) Eintreten für volle proletarische Versammlungs- und Demonstrationsfreiheit, (4) Kampf gegen Kriegsbetreibereien und (5) für die Freilassung antifaschistischer Freiheitskämpfer im Reich und an der Saar[7]. Dieses Angebot enthielt jedoch über diese Punkte hinaus keinerlei Hinweise auf eine mögliche gemeinsame Politik, mit der die genannten Ziele erreicht werden sollten. Da die *Arbeiter-Zeitung* die SPD-Führung angriff und beispielsweise Max Braun als „Volksbetrüger" und „Saar-Agenten des französischen Imperialismus" diffamierte[8], waren derartige Angebote wenig glaubwürdig. Die KPD/Saar rief die sozialdemokratischen Arbeiter zwar wiederholt zur Einheitsfront auf, attackierte aber gleichzeitig ihre Parteiführung, weil diese sie sabotiere. Diese Taktik entsprach der von der KPD früher im Reich praktizierten Politik der „Einheitsfront von unten"; sie beruhte auf der Konzeption eines Zusammengehens mit sozialdemokratischen und christlichen Arbeitern bei gleichzeitigem Kampf gegen ihre Parteiführungen[9].

An der Parteibasis der KPD/Saar stieß die von der Bezirksleitung betriebene Politik auf immer weniger Verständnis. Angesichts der gemeinsamen Bedrohung durch die „Deutsche Front" kam es vielfach zu einer Annäherung der beiden Arbeiterparteien, als die Parteiführungen in Saarbrücken noch in scharfem Gegensatz zueinander standen. „Draußen im Lande bahnte sich, ohne das Zutun der Führung, die Einheitsfront an; sie entstand einfach aus gemeinsamen Aktionen. Hier waren Sozialisten und Kommunisten unmittelbar

---

7 „Arbeiter! Sozialdemokratische Proletarier! ...", *Arbeiter-Zeitung* vom 12.8.33; abgedruckt bei Bies, S. 169 ff.

8 Anm. 5.

9 „Wir reichen dir die Bruderhand, SPdS-Arbeiter!", „Die Kommunisten an die sozialdemokratischen Saar-Arbeiter", „Kampfeseinheit der Saar-Arbeiter marschiert" und „Max Braun schweigt – und sabotiert" *Arbeiter-Zeitung* vom 27.1., 17. und 15.2. und 10.3.34. – Vgl. Schneider, S. 479.

10 Kunkel, S. 91.

von den Nationalsozialisten bedroht. Wo Plakate geklebt, Flugblätter verteilt, Versammlungen geschützt werden mußten, hatten sie den gleichen Gegner, dort nützte trockene Broschürenweisheit nichts, dort kam es auf praktische Solidarität an. Der eine half dem anderen und schützte ihn vor dem gemeinsamen Feind"[10]. An anderer Stelle wurde schon das von den Ortsvorsitzenden von SPD und KPD, Savelkouls und August Hey, im Dezember 1933 gegründete „Antifaschistische Komitee Dudweiler" erwähnt. Bereits im Oktober 1933 hatten die beiden Dillinger Parteivorsitzenden Franz Glauben (SPD) und Ambrosius Thomaser (KPD) eine „Antifaschistische Front" gegründet, an der sich insgesamt 40 Personen, unter ihnen auch Angehörige der Vitus Heller-Bewegung beteiligten[11].

Innerhalb der KPD-Basis stieß auch die „Rote Saar"-Parole, die immer stärker den Charakter einer doktrinären und weltfremden Phrase angenommen hatte, auf wachsende Skepsis. Nicht nur hatt sich Hitlers Herrschaft in erkennbarem Maße konsolidiert, was den Hoffnungen auf einen Regimwechsel jede reale Grundlage nahm, sondern im Januar 1934 hatte der Völkerbundsrat auch die ersten Vorentscheidungen für die Volksabstimmung 1935 getroffen. Die „Rote Saar"-Parole empfahl also eine Entscheidung, die im Versailler Vertrag als mögliches Abstimmungsvotum nicht vorgesehen war. Die Absurdität dieser Situation hat Koestler, der sich Ende 1934 für die KPD vorübergehend an der Saar aufhielt, in einem Charakteristischen Gespräch zwischen zwei Kommunisten überliefert: „Aber, Genosse, es *gibt* kein Sowjet-Deutschland – heißt das, wir sollen für Hitler stimmen?' – ‚Das Zentalkomitee hat gesagt, ihr sollt für eine Rote Saar in Sowjet-Deutschland stimmen".' – ‚Aber, Genosse, wäre es nicht am besten, bis es ein Sowjet-Deutschland gibt, für den Status quo zu stimmen?' – ‚Wenn ihr für den Status quo stimmt, verbündet ihr euch mit den sozialfaschistischen-Agenten des französischen Imperialismus.' – ‚Würdest du uns bitte sagen, Genosse, für wen wir nun in Teufels Namen stimmen sollen?' – ‚Du stellst die Frage auf zu mechanische Art, Genosse. Wie ich dir schon sagte, ist die einzige korrekte revolutionäre Politik, für eine Rote Saar in Sowjet-Deutschland zu kämpfen' "[12].

Im Februar 1934 häuften sich Nachrichten von einem bevorstehenden Kurswechsel der KPD in der Saar-Frage. Am 6. Januar beriet eine Versammlung von KP-Funktionären über die Abstimmungsparole, kam aber zu keinem abschließenden Ergebnis. Jedoch drangen persönliche Äußerungen einiger Teilnehmer an die Öffentlichkeit, wonach sich die Partei wahrscheinlich für den Status quo entscheiden werde[13]. Einen Wandel des Standpunktes deuteten auch Äußerungen des KPD-Funktionärs Heinrich Detgen an, die er gegenüber einem Beamten der Regierungskommission gemacht hatte. Die KPD sei nicht für den Anschluß an Frankreich, sie sei gegen die Rückgliederung an Deutschland, aber auch nicht für den Status quo; wahrscheinlich werde die Partei ihren Mitgliedern die Wahl freistellen, aber vermutlich werde es die politische Entwicklung erst gar nicht zu einer Abstimmung kommen lassen[14]. Diese Anzeichen des Wechsels einer festgefahrenen und perspektivlosen politischen Position kündeten auch die Möglichkeiten einer Annäherung zwischen beiden saarländischen Arbeiterparteien an.

In den Monaten Februar bis Mai 1934 wiederholte die KPD/Saar des öfteren ihr Einheitsfrontangebot, betrieb jedoch zugleich eine Politik der Konfrontation, die der Sozialdemo-

---

11 Bericht vom 14.10.33; LHA Koblenz: 442/8532.
12 Arthur Koestler: Die Geheimschrift. Bericht eines Lebens. 1932 bis 1942, Wien-München-Basel 1955, S. 248. – Vgl. Dunner, S. 14. – Noch am 1.2.34 schloß die „Kampferklärung der Saarkommunisten" in der *Rundschau* mit den Worten: „Vorwärts mit dem Sowjetproletariat, dem Proletariat aller Länder, den Arbeitern Deutschlands und Frankreichs, einem roten Saargebiet in einem Rätedeutschland entgegen!".
13 Schreiben Binders vom 2.3.34 an die Pfalz-Regierung; LA Speyer: H 38/1427.
14 Schreiben Binders vom 17.2.34 an den Bayerischen Ministerpräsidenten; ebd.

kratie die Annahme erschwerte. Bemerkenswert war daher ein kommunistischer Aufruf zur Zusammenarbeit von RFB und SSB im sogenannten Massenselbstschutz (MSS), bei dem weder die „Einheitsfront von unten" noch ein Führungsanspruch für die Rotfrontkämpfer angemeldet wurde[15]. Auf ihrem großen Kongreß, den die KPD/Saar am 8. April in der Saarbrücker Gastwirtschaft „Stiefel" am St. Johanner Markt veranstaltete, wurde ein „Landesausschuß für Einheitsfront" gegründet, dem der damalige Bezirksleiter Paul Lorenz, der spätere Bezirksleiter Fritz Pfordt, der RFB-Funktionär Karl Merkel und andere bekannte KPD-Mitglieder angehörten. Hinsichtlich des Status quo wurde allerdings noch einmal die Parole „Für ein freies Saargebiet in einem roten Räte-Deutschland" ausgegeben. Ausdrücklich aber verkündete der Parteikongreß, daß auch Angehörige anderer Parteien als Delegierte entsandt worden seien[16].

Ungeachtet der nach wie vor bestehenden Gegensätze zwischen den Parteiführungen wurde der Gedanke der Einheitsfront innerhalb des gesamten nicht gleichgeschalteten Parteienspektrums diskutiert. Teilweise versuchten Splittergruppen, hier eine Vorreiterrolle zu übernehmen. Bedeutungslos blieb die im April 1934 von Max Waltz proklamierte „Sozialistische Einheitsfront", die nur 25 Mitglieder – vermutlich aus dem Umfeld der „Liga für Menschenrechte" – vereinigte[17]. Dafür war bereits im März in Wehrden eine Allianz aus KPD, SSP und „Saarbund" geschlossen worden[18]. Außer den bereits genannten lokalen Einheitsfrontbündnissen von SPD und KPD erfuhren reichsdeutsche Stellen von einer in vielen Orten einsetzenden Zusammenarbeit der Kommunistischen mit SSP- und SWV-Gruppen. Nach einem Agentenbericht stellte der RFB auch bei SWV-Versammlungen den Saalschutz und die Geschäftsführer der SWV-Geschäftsstellen setzten sich fast ausschließlich aus KPD- oder SSP-Leuten zusammen. In Hüttersdorf sei dies beispielsweise ein Kommunist, in Püttlingen ein Sozialdemokrat [sic!][19]. Überraschend ist, daß ausgerechnet Vertreter von Arbeiterparteien sich derart stark in der überwiegend mittelständisch orientierten SWV engagierten. Die Vermutung liegt nahe, daß die SWV einerseits solche lokalen Parteigruppierungen mit ihren französischen Geldern unterstützte, die sich gegen die Rückgliederung wandten, und daß andererseits die Status quo-Gruppierungen über die Mitarbeit ihrer Mitglieder in SWV-Geschäftsstellen ohne Einbuße ihrer parteipolitischen Identität über dringend benötigte Gelder verfügen konnten. Dennoch kamen in einigen Orten derartige Zusammenschlüsse aufgrund parteipolitischer und wohl auch persönlicher Differenzen nicht zustande. Auf einer Konferenz, an der am 11. Juni in Merschweiler 17 Kommunisten, drei Sozialdemokraten und 12 Vertreter der SSP teilnahmen, scheiterte die Gründung einer Einheitsfront noch an recht handfesten Meinungsverschiedenheiten[20].

15 „RFB-Kameraden herhören!", *Arbeiter-Zeitung* vom 22. 3. 34.
16 Gestapo-Bericht vom 9. 4. 34; PA AA, Pol. II: Parteien im Saargebiet Bd. 9.
17 Abschrift eines V-Mann-Berichts vom 20. 4. 34; ebd. – In einem anderen Bericht (vom 27. 4. 34; ebd.) wird dieser Zusammenschluß als „Sozialistische Aktion. Einheitsfront der Hand- und Kopfarbeiter" bezeichnet.
18 Abschrift eine V-Mann-Berichts vom 20. 4. 34; ebd.
19 Gestapo-Bericht vom 6. 6. 34; ebd. – Dieser Bericht ergänzt weitgehend den in Anm. 17 zitierten Bericht vom 27. 4. 34.
20 Gestapo-Bericht vom 17. 7. 34; ebd.

Als größtes Hindernis zu einer engeren Zusammenarbeit der beiden saarländischen Arbeiterparteien hatten sich die Unterschiede in den großen Fragen der Landespolitik erwiesen: der Status quo als geringstes Übel unter den zur Abstimmung stehenden Alternativen und im Zusammenhang hiermit das taktische Verhältnis zur Regierungskommission und zum Völkerbund. Die Einheitsfront konnte daher erst zustande kommen, nachdem die KPD/Saar ihre realitätsferne „Rote Saar"-Parole sowie die Sozialfaschismus-Theorie aufgegeben hatte. Es war nicht so, wie Bies behauptet[21], daß die KPD/Saar Max Braun drängte, seinen „unfruchtbaren antikommunistischen Standpunkt" zu verlassen; vielmehr paßten sich die Kommunisten unter allerlei ideologischen Selbstzweifeln einer politischen Position an, die die SPD/Saar vorausschauend schon einige Monate vorher eingenommen und verkündet hatte. Wir erwähnten die Reaktion sozialdemokratischer Funktionäre auf Hitlers Ernennung zum Reichskanzler, in der spontan der Status quo als Alternative zur Rückgliederung an ein nationalsozialistisches Deutschland diskutiert wurde[22]. Seit Oktober 1933 forderte die SPD/Saar eine Verschiebung des Abstimmungstermins um fünf bis zehn Jahre und unterbreitete am 6. Januar 1934 dem Völkerbund eine entsprechende Petition[23]. Als diese Bemühungen erfolglos blieben, gab die Parteiführung ihren Mitgliedern bekannt, sie werde sich weiterhin für eine Verschiebung des Abstimmungstermins einsetzen, jedoch gleichzeitig mit dem Votum für den Status quo an die Öffentlichkeit treten[24]. Damit hatte die SPD/Saar ihre für den Abstimmungskampf endgültige Position eingenommen, der sich ein halbes Jahr später nach entsprechenden ideologischen Rückzugsgefechten die KPD/Saar anschloß.

Der Wandel der Politik der saarländischen Kommunisten erhielt, wie wir gezeigt hatten, Impulse von „unten", d. h. von lokalen Einheitsfront-Bündnissen, und von „oben", d. h. durch gewisse Kurskorrekturen der Exil-KPD und der Komintern. Schon auf der XIII. Tagung des Exekutivkomitees der Komintern Anfang Dezember 1933 in Moskau wurde die Losung verbreitet, an der Saar gegen den Anschluß an das Dritte Reich zu kämpfen[25]. Jedoch wurde kein konkreter Hinweis darauf gegeben, wie dieses Votum bei der Abstimmung 1935 aussehen solle. Im Februar 1934 setzte in der Komintern ein Differenzierungsprozeß im Verhältnis zu anderen Parteien der Arbeiterbewegung und damit auch zu den Sozialdemokraten ein. Treibende Kraft war hierbei der im Februar 1934 aus deutscher Haft entlassene Georgi Dimitroff, von dem bekannt war, daß er dem Einheitsfrontgedanken nahe stand[26]. Impulse erhielt diese Neuorientierung auch durch die Vorgänge in Österreich, wo der Widerstand der Arbeiterparteien gegen das Dollfuß-Regime im Februar 1934 blutig unterdrückt worden war, und in Frankreich, wo die Abwehr rechtsradikaler Umtriebe zu vorsichtigen Kontaken zwischen Sozialisten und Kommunisten geführt hatte[27]. Im April kam es bei wohlwollender Duldung durch Moskau in Österreich zu lokalen Bündnissen zwischen Kommunisten und Vertretern anderer linken Gruppierungen[28], was den neuen politischen Kurs der Komintern offenkundig machte und ähnlichen For-

---

21 Bies, S. 109.
22 Kunkel, S. 77.
23 Schneider, S. 478; Zenner, S. 296.
24 Undatiertes Rundschreiben der SPD/Saar (Anfang Januar 1934?); LA Speyer: H 38/1420.
25 Bies, S. 96.
26 Vgl. Jürg Wegmüller: Das Experiment der Volksfront. Untersuchungen zur Taktik der Kommunistischen Internationale der Jahre 1934 bis 1938, Bern-Frankfurt am Main 1972, S. 55 ff.
27 Vgl. Braunthal 2, 442 ff.
28 Wegmüller, S. 57 f.

men der Zusammenarbeit als Vorbild dienen konnte. Im Mai schließlich räumte das Plenum des Exekutiv-Komitees der Komintern auch das wichtigste politische Hindernis für eine Einheitsfront an der Saar aus dem Wege, indem es die „Rote Saar"-Parole durch eine Stellungnahme gegen die Rückgliederung und im Hinblick auf die gegebenen Umstände für den Status quo ersetzte: „Der Kampf, vor allem der KP Deutschlands, um ein selbständiges Saarland und gegen den Anschluß an das Dritte Reich, der Kampf gegen die Rückgliederung ist somit ein Teil des Klassenkampfes"[29]. Im Laufe des Juni wiederholte die *Arbeiter-Zeitung* des öfteren die Status quo-Parole und begründete ihre Entscheidung damit, daß unter den gegebenen Umständen der Fortbestand des Völkerbundregimes die relativ günstigste Position für den Kampf gegen Hitler und die größte Möglichkeit für die Entfaltung des Klassenkampfes biete[30].

Obwohl die Weichen für eine Einheitsfront an der Saar somit bereits im Mai gestellt waren, sollte es bis zu ihrem Zustandekommen noch bis Mitte Juni bzw. Anfang Juli dauern. Es trifft nicht zu, wie Bies schreibt[31], daß die SPD/Saar Kontakte ihrer Ortsgruppen zur KPD/Saar blockiert und sich erst im Juni zu gemeinsamen Gesprächen bereit gefunden habe. Derartige Kontakte zwischen beiden Parteiführungen gab es bereits seit Januar 1934. So erwähnte die SPD-Führung in ihrem Rundschreiben an die Funktionäre vom Januar 1934, daß sie mit den Kommunisten in Verhandlungen eingetreten sei, um für ein freies Saargebiet im Sinne des Status quo einzutreten; die Verhandlungen seien bis dahin günstig verlaufen[32]. Die regelmäßigen Aufrufe der KPD/Saar an die Sozialdemokraten und ihre Aufforderungen zu gemeinsamen Gesprächen hatten also rein theoretischen Charakter und dienten nur der Propaganda. Nachrichten von Verhandlungen zwischen Max Braun und Vertretern der KPD/Saar drangen auch im Mai an die Öffentlichkeit und förderten Spekulationen über eine bevorstehende Einigung beider Parteien[33].

Tatsächlich hatten immer wieder Gespräche stattgefunden, die jedoch aus verschiedenen Gründen zu keinem Erfolg geführt hatten. Zunächst gab es in beiden Parteien Widerstände; bei der SPD/Saar stand der Kreis um Julius Schwarz einem Zusammengehen mit Kommunisten skeptisch gegenüber und wurde darin von der Sopade bestärkt. Dennoch dürften diese Widerstände keine wirklichen Hindernisse gebildet haben, da Max Braun und seine Anhänger diese Skepsis nicht teilten. Dagegen wurde die KPD/Saar auf mehrfache Weise in ihrer Entscheidungsfreiheit blockiert. Zunächst einmal war sie kaum bündnisfähig, solange sie die „Rote Saar"-Parole aufrecht erhielt und von der Komintern noch kein grünes Licht für eine Einheitsfront („von oben") erhalten hatte. Teilweise aber hat die KPD/Saar die Verhandlungen mit der SPD/Saar verzögert: einmal aus taktischen Gründen[34], zum anderen aber auch, weil ein derartiger Kurswechsel gewisse Rückzugsgefechte erforderte, um das Gesicht der Partei zu wahren[35]. Schließlich müssen auch die Widerstände des Kreises um den Bezirksvorsitzenden Lorenz erwähnt werden, die erst mit dessen Absetzung gänzlich aus dem Wege geräumt waren.

Vor diesem Hintergrund sind auch die in der Presse veröffentlichten Verlautbarungen beider Parteien einerseits und der lange Zeitraum bis zu endgültigen Einigung zu verstehen. Dies erklärt auch die widerspruchsvolle Haltung der KPD/Saar, für die Gustav Regler am

---

29 Zitat nach Kunkel, S. 92.
30 Ebd. – Bies, S. 108.
31 Bies, S. 110 ff.
32 Vgl. Anm. 3.
33 Schreiben der Paß-Dienststelle Bruchhof/Pfalz vom 31.5.34 an das Bezirksamt Zweibrücken; LA Speyer: H 91/B 3782. – Derartige Informationen drangen sogar bis zur Gegenseite; vgl. Bartz, S. 78 f.
34 Vgl. Bies, S. 109.
35 Vgl. Kunkel, S. 93.

6. Juni im „Stiefel" am St. Johanner Markt in Saarbrücken erstmals und offiziell die Status quo-Parole verkündete, während sie gleichzeitig die Sozialdemokraten wegen deren Status quo-Haltung der Vorspanndienste für imperialistische Kriegsziele bezichtigte[36]. Um die vorhandenen Tendenzen zur Einheitsfront auf der Grundlage der Status quo-Politik in der KPD/Saar zum Durchbruch kommen zu lassen, appellierte die *Deutsche Freiheit* Anfang Juni an die Kommunisten, den Worten endlich auch Taten folgen zu lassen: „Neben der Sozialdemokratie und den sonstigen Organisationen der Freiheit sind es die Kommunisten, die heute als erste auf den Plan treten. Eine Proklamation der Kommunistischen Partei schafft Klarheit über ihr saarpolitisches Ziel. Die Kommunistische Partei Deutschlands ist fest mit uns entschlossen, das Arbeitsvolk an der Saar dem deutschen Sklavenregime nicht preiszugeben. Die Kommunisten begründen ihren Entschluß mit anderen Worten als wir, und ihre Agitation wird sich in anderen Bahnen bewegen. Das ist selbstverständlich und ist leicht zu ertragen. – Eines aber tut not: Zusammenraffen aller sozialistischen und kommunistischen Kräfte auf das nächste gemeinsame Ziel: die Niederlage des gemeinsamen Todfeindes an der Saar (. . .) In dem Willen die faschistische Front zu schlagen, ist volle Einigkeit da. Sie muß in einem Waffenstillstand zwischen Sozialdemokraten und Kommunisten, auf das Saarziel begrenzt, zum Ausdruck kommen. Beide Parteien stehen vor verantwortlichen Entschließungen. Man muß sie zusammenführen. Alle Antifaschisten des Saargebiets müssen diejenigen in beiden Lagern zur Vernunft zwingen, die etwa nicht begreifen, was die Stunde geschlagen hat"[37].

Noch während im Hintergrunde die Parteispitzen Verhandlungen führten, wurden im Laufe des Juni 1934 in zahlreichen Ortschaften lokale Einheitsfrontbündnisse geschlossen, so in Landsweiler, Ottweiler, Saarbrücken-Burbach und Saarlouis[38]. Die Entwicklung an der Basis war den jeweiligen Parteiführungen vorausgeeilt. Ein Ereignis zeigte besonders deutlich, wie stark die Einheitsfront bereits Realität geworden war. Am 25. Juni wurden die von einem internationalen Sportfest in Löwen zurückkehrenden Arbeitersportler von einer Menschenmenge in Saarbrücken empfangen, die sich spontan zu einem gewaltigen Demontrationszug formierte. Nach Angaben der *Deutschen Freiheit* marschierten mindestens 10 000 Menschen durch die Straßen und neben dem Ruf „Nieder mit Hitler!" erklang erstmals laut die Parole „Einheitsfront!"[39].

Der offizielle Briefwechsel zwischen beiden Parteiführungen besiegelte einige Tage später nur noch formal, was auf der Straße längst entschieden und beschlossen worden war. Am 29. Juni richtete die KPD ein Schreiben an die SPD und schlug unter ausdrücklichem Hinweis auf die bereits bestehenden lokalen Bündnisse und auf die große Sportler-Demontration ein Gespräch über folgende fünf Punkte vor[40]:

1. Sofortige gemeinsame Kampfmaßnahmen zur Befreiung Thälmanns und aller eingekerkerten Antifaschisten;
2. Organisierung eines Massenselbstschutzes gegen den Terror der „Deutschen Front";
3. Kampf gegen jede administrative Einschränkung der Aktivitäten beider Parteien;
4. gemeinsame Mobilisierung der Arbeiter zur Verbesserung ihrer Lebensbedingungen;
5. Bildung von gemeinsamen Kampfkomitees gegen den Anschluß an Deutschland und für den Status quo.

---

36 „Die Freiheitsaktion im Angriff", *Arbeiter-Zeitung* vom 7.6.34. – Aktennotiz vom 25.6.34; PA AA, Pol. II: Parteien im Saargebiet Bd. 10. – Kunkel, S. 92.
37 „Sturmtag: 13. Januar 1935!", *Deutsche Freiheit* vom 3./4.6.34.
38 Vgl. *Arbeiter-Zeitung* vom 7., 21, 23. und 26.6.34 – Bies, S. 109, 111.
39 „Freiheitszug durch Saarbrücken", *Deutsche Freiheit* vom 27.6.34; „Einheitsfront-Demonstration in Saarbrücken", *Arbeiter-Zeitung* vom 27.6.34; vgl. Kunkel, S. 95.
40 „Sozialistische Akitonseinheit an der Saar?" *Deutsche Freiheit* vom 1./2.7.34. – Bies, S. 111.

Bereits am 1. Juli – unmittelbar unter den Nachwirkungen des sogenannten Röhmputsches – fand in Saarbrücken-Burbach die erste offizielle Einheitsfrontkundgebung statt, auf der Max Braun und der neue kommunistische Bezirksleiter Fritz Pfordt erstmals gemeinsam auftraten[41]. Am 2. Juli einigten sich beide Parteiführungen formell, im wesentlichen auf der Grundlage der genannten Programmpunkte, und veröffentlichten kurz darauf die erste gemeinsame Proklamation an das Saar-Volk[42].

Die Einheitsfront war somit offiziell begründet worden. Soweit die Entwicklung in den kleinen Ortschaften nicht den Parteiführungen vorausgeeilt war, wurden in zahlreichen Gemeinden Einheitsfrontkommitees gegründet, denen sich je nach lokalen Gegebenheiten auch Vertreter der SSP und frankophiler Organisationen sowie christlicher Gruppierungen anschlossen[43]. Die bisherigen Sammlungsbewegungen um die einzelnen Parteien hatten zur Einheitsfront zusammengefunden. Dieser Begriff bezeichnete in der Folgezeit das Parteienbündnis von SPD und KPD und wurde auch dort verwendet, wo SSP, SWV und andere Gruppen sich anschlossen. Vorher war für die sozialdemokratisch geführte Sammlungsbewegung der Begriff „Freiheitsfront" gebraucht worden, während sich die von der KPD gelenkte Bewegung gelegentlich „Massenselbstschutz" nannte. Im Laufe der letzten Phase des Abstimmungskampfes geriet jedoch diese Nomenklatur durcheinander[44]. Im allgemeinen setzte sich der Begriff „Einheitsfront" durch und verdrängte weitgehend die vorher verwendeten Bezeichnungen wie „Antifaschistische Front", die seitdem nur noch sporadisch auftauchten[45]. Der Begriff „Volksfront" spielte hier noch keine Rolle und wurde erst Ende 1934 in theoretischen Überlegungen der KPD/Saar gebraucht.

Die Einheitsfront war eine lose Parteienkoalition, keine feste Organisation. Anfangs ausgegebene Mitgliedskarten hatten keinerlei Bedeutung und wurden bald nicht mehr ausgeteilt. Die Führungsorgane der Einheitsfront setzten sich aus den Vorständen der beteiligten Parteien und Gruppen zusammen[46], deren organisatorische Unabhängigkeit und programmatische Eigenständigkeit im übrigen nicht angetastet wurden. Dies drückte auch der gemeinsame Aufruf an das Saar-Volk aus: „Die Sozialdemokratische Partei und die Kommunistische Partei erklären, daß sie ungeachtet ihres Willens, die Aktonseinheit der sozialdemokratischen und kommunistischen Arbeiter herzustellen, ihre prinzipielle Auffassung über das Ziel und die Taktik der sozialistischen Arbeiterbewegung und ihre organisatorische Selbständigkeit aufrechterhalten"[47]. Das Verhältnis der Parteien blieb auch während des halbjährigen Bündnisses nicht ohne gelegentliche Spannungen. Offensichtlich

---

41 „Einheitsfront an der Saar", *Deutsche Freiheit* vom 3.7.34.
42 „Einheitsfraktionen der KP und SP beschlossen" und „An das Saarvolk!", *Arbeiter-Zeitung* vom 3. und 4.7.34. – „Einheitsfront an der Saar" und „Einheitsfront", *Deutsche Freiheit* vom 3. und 4.7.34.
43 So wird von einem aus SPD, KPD und SSP bestehenden Einheitskomitee aus Bischmisheim berichtet; vgl. „Ausländische Polizei hindert unseren Kampf", *Arbeiter-Zeitung* vom 29.9.34.
44 Kunkel, S. 93 f.
45 So beispielsweise im gemeinsamen Aufruf Max Brauns und Fritz Pfordts zur Sulzbacher Kundgebung am 28.8.34, abgedruckt bei Kunkel, S. 143 f.
46 Wie es scheint, haben sich die kleineren Gruppierungen wie SSP, SWV usw. nur auf lokaler Ebene an Führungsaufgaben beteiligt. In gemeinsamen Aufrufen der Parteispitzen tauchen sie niemals auf. Die sich als Trotzkisten verstehenden „Internationalen Kommunisten" riefen im Juli zu einer eigenen Einheitsfront mit SPD und KPD auf, scheinen sich also – trotz Trotzkis Eintreten für den Status quo-Gedanken – an der bereits gegründeten Einheitsfront nicht beteiligt zu haben. – Vgl. Gestapo-Bericht vom 23.7.34; PA AA, Pol. II: Parteien im Saargebiet Bd. 11. – Vgl. Retzlaw, S. 383.
47 „Antifaschistische Front an der Saar", *Deutsche Freiheit* vom 5.7.34. – Der Text ist auszugsweise abgedruckt bei Kunkel, S. 143.

stieß der Kurswechsel der KPD bei einzelnen Mitgliedern auf Widerstand. In einem von reichsdeutschen Stellen abgefangenen Instruktionsschreiben der Partei wurden Mitglieder davor gewarnt, sich von „Radikalinskis" beunruhigen zu lassen: das Bündnis mit Sozialdemokraten und „Separatisten" sei nur auf Zeit abgeschlossen; die Kommunisten dürften sich durch die SPD nicht provozieren lassen[48]. Vereinzelt scheinen auch KPD-Mitglieder den Wechsel von der „Roten Saar"-Parole zum Status quo nicht nachvollzogen zu haben, so daß die Partei hier beschwichtigen mußte. In ihrem hektographierten Blättchen *Rote Grenzwacht* wurde verkündet, der Status quo sei nur eine Etappe auf dem Wege zur roten Saar in einem Räte-Deutschland; er sei nichts Endgültiges und solle keinen neuen Pufferstaat wie Luxemburg begründen. Auch der Status quo bedeutete Kaptitalismus und Ausbeutung, bei dem aber den Arbeitern nicht der Kopf abgeschlagen würde[49]. Umgekehrt wurde die saarländische SPD gelegentlich von der Sopade in Prag kritisch wegen ihrer vermeintlich zu weitgehenden Anpassung an die KPD[50], während die KPD/Saar wiederum ihre jetzt zwar gemäßigte, aber grundsätzliche Kritik an der Sozialdemokratie und insbesondere an der Sopade nicht einstellte[51].

Die Einheitsfront scheint auch nicht überall begründet worden zu sein, möglicherweise weil einer der potentiellen Bündnispartner zu schwach oder infolge nachwirkender politischer und damit verbunden meist auch persönlicher Differenzen nicht bereit war. So war die SPD beispielsweise nicht an der Gründung einer „antifaschistischen Einheitstruppe" beteiligt, die am 11. September 1934 zwischen Vertretern der KPD, SWV und SSP in Roden begründet wurde[52]. Andererseits fanden teilweise gemeinsame Veranstaltungen parteinaher Organisationen von KPD und SPD statt, beispielsweise Anfang Oktober in St. Ingbert eine Versammlung sozialdemokratischer und kommunistischer Frauen, auf der sogar die Gründung eines Einheitsverbandes diskutiert wurde[53]. Dazu ist es allerdings nicht gekommen, wie auch die Einheitsfront niemals als Vereinigung der daran beteiligten Parteien gedacht war. Es war daher eine müßige Feststellung der Gestapo, daß SPD und KPD nicht verschmolzen werden sollten[54].

Zur Organisation und Struktur der Einheitsfront

Die Einheitsfront entwickelte nur in sehr unvollkommenem Maße einen festen organisatorischen Rahmen, der niemals alle Gliederungen oder Arbeitsbereiche der beteiligten Parteien umfaßte. Als mehr oder minder feste Institution kann man nur den engen Kontakt der Saarbrücker Parteiführungen bezeichnen, der sich in der Regel auf lokaler Ebene wiederholte. Hier kam jedoch, wie schon erwähnt, die Beteiligung der kleinen Splitter-

---

48 Schreiben „Müllers" an Luise Münz/Saarbrücken vom Juli 1934 (Poststempel 15.7.34); PA AA, Pol. II: Parteien im Saargebiet Bd. 12. In den Besitz einer Abschrift dieses Schreibens gelangte auch der bayerische Saar-Vertrauensmann Binder, der sie am 2.8.34 an die Staatskanzlei nach München weiterleitete; BayHStA/GehStA: Akten des Staatsministeriums des Äußeren, für Wirtschaft und Arbeit. Saargebiet Bd. XVb: Vereine, Parteien, Kommunistische Partei Deutschlands im Saargebiet.

49 *Rote Grenzwacht* Nr. 6 (Juli 1934); ein Exemplar dieses hektographierten Blattes befindet sich im Archiv des Stadtverbandes Saarbrücken: P-A/13.

50 Schreiben Erich Ollenhauers vom 26.9.34 an Wilhelm Sollmann; AsD: Emigration – Sopade, Mappe 122.

51 „Hitler verhandelt mit SPD-Führern" und „Die ‚anständige' Opposition der *Deutschen Freiheit*", *Arbeiter-Zeitung* vom 11.8. und 30.10.34.

52 Gestapo-Bericht vom 12.10.34; PA AA, Pol. II: Parteien im Saargebiet Bd. 13.

53 Vermerk Himmlers vom 25.11.34; ebd. Bd. 14.

54 Vermerk Reinhard Heydrichs vom 29.11.34; ebd.

gruppen wie SSP und SWV hinzu. Aber gerade die lokalen Kampfkomitees veriierten stark voneinander; ihre Zusammensetzung hing weitgehend ab von personellen und anderen Faktoren. Wie es scheint, haben SPD und KPD allein *eine* feste Institution geschaffen, die „Geschäftsstelle für Abstimmungsfragen". Sie trat sonst in der Öffentlichkeit nicht weiter in Erscheinung und war nicht viel mehr als ein von beiden Parteien in der Saarbrücker Hohenzollernstraße 45 geführtes Büro, das vor allem Funktionäre und Parteimitglieder mit Informationen und Instruktionen versorgen sollte. Nur ein einziges internes Rundschreiben, das zwischen dem 8. und 12. November 1934 fünf Funktionärsversammlungen an verschiedenen Orten des Saargebiets einberief, gibt Zeugnis von der Aktivität dieser Einrichtung[55].

Eine andere Institution, die zumindest in Ansätzen festere organisatorische Gestalt annahm, war der gemeinsame Massenselbstschutz (MSS). Dieser Name hatte ursprünglich eine rein kommunistische Aktionsgemeinschaft bezeichnet, die zum Schutz gegen nationalsozialistische Übergriffe, für Agitations- und Propagandaarbeit und andere Aktivitäten Mitglieder der KPD, des RFB und anderer parteinaher Organisationen vereinigte[56]. Insgesamt trug er wohl mehr einen spontanen und sporadischen Charakter, jedenfalls ist er regelmäßig nicht in Erscheinung getreten. In der ersten Hälfte des Jahres 1934 scheint die KPD ihre Konzeption vom Massenselbstschutz als Instrument einer Annäherung an nicht-kommunistische Teile der Arbeiterschaft eingesetzt zu haben. Wie weit schon vorher auch Nicht-Kommunisten dem Massenselbstschutz angehört haben, ist nicht bekannt, dürfte aber als wahrscheinlich gelten, zumal ja auch beim Rotfrontkämpferbund, bei der Roten Hilfe und anderen parteinahen Organisationen eine Parteimitgliedschaft nicht vorausgesetzt wurde.

Durch den zunehmenden Terror der „Deutschen Front" setzte vor allem in proletarischen Wohngegenden ein Zulauf zum Massenselbstschutz ein. Wenn allerdings die *Arbeiter-Zeitung* einen Bericht veröffentlichte, daß in einer kleinen Ortschaft wie Griesborn-Schwalbach sich über 100 Arbeiter dem dortigen Massenselbstschutz angeschlossen hätten, dann dürfte es sich entweder um eine starke Übertreibung handeln oder um eine bloß lockere und spontane Ansammlung, die sich zu bestimmten Anlässen bildete und danach wieder auflöste. Erst im Laufe des Sommers 1934 scheinen sich – zumindest in einigen Ortschaften – festere organisatorische Strukturen gebildet zu haben. In Saarlouis beschlossen beispielsweise am 25. Juni 1934 SPD und KPD, RFB und SSB einen gemeinsamen Massenselbstschutz[58], der durch die Teilnahme der beiden Wehrverbände einen festen Kern erhielt.

Wie es scheint, bildete sich der „überparteiliche Massenselbstschutz" zunächst auf lokaler Ebene und erhielt erst im Nachhinein seinen organisatorischen Überbau. Zum Teil erfolgte dies geheim und unter irgendwelchen Tarnungen. Aufschlußreich ist ein Agentenbericht über die Gründungsversammlung einer MSS-Zelle in der Saarbrücker Ulanenkaserne[59], in er sich damals Notquartiere für bedürftige Arbeiterfamilien befanden. Am 11. Juli 1934 wurde von 35 interessierten Versammlungsteilnehmern der Massenselbstschutz unter dem Decknamen „Gesangverein Gemütlichkeit" gegründet. Wegen der häufigen nationalsozialistischen Angriffe vorzugsweise auf derartige Quartiere, wollte der Massenselbstschutz bei der Regierungskommission die Genehmigung zum Waffentragen erwir-

---

55 Rundschreiben der Geschäftsstelle für Abstimmungsfragen vom 5.11.34; ebd.
56 Kunkel, S. 93.
57 „Proletarischer Massenselbstschutz in Griesborn-Schwalbach", *Arbeiter-Zeitung* vom 27.3.34.
58 „Einheitlicher Massenselbstschutz in Saarlouis", *Arbeiter-Zeitung* vom 26.6.34.
59 In der Saarbrücker Ulanenkaserne, Mainzer Straße 134, befinden sich heute die Peter Wust-Hochschule sowie die Bereitschaftspolizei.

ken. Auf dem Dach des Kasernentraktes sollte eine Alarmanlage eingerichtet werden in Form eines Topfes, der vom Treppenhaus mittels eines Drahtes geräuschvoll in Bewegung gesetzt werden konnte[60].

Bereits im Spätsommer 1934 konnte der Massenselbstschutz erfolgreich einige Überfälle des „Ordnungsdienstes" der „Deutschen Front" abwehren. Auch in der 70'er Kaserne in Alt-Saarbrücken[61], in der sich gleichfalls Notunterkünfte befanden, hatte sich ein offenbar recht gut organisierter MSS formiert, zumal gerade dieser Wohntrakt besonders oft von braunen Rollkommandos belästigt wurde. Am Abend des 22. August 1934 beobachteten Bewohner der 70'er Kaserne verdächtige Personen, die offensichtlich die örtlichen Verhältnisse auskundschaften wollten. Gegen ein Uhr nachts rückten dann tatsächlich nationalsozialistische Schlägertrupps an, wurden jedoch von dem schnell mobilisierten Massenselbstschutz vertrieben[62]. Wenige Wochen später wiederholte sich dieser Vorfall. Mitte September planten Nazis erneut einen Überfall auf die 70'er Kaserne. Einige der in den Notunterkünften untergebrachten Arbeiter hatten zeitweilig der „Deutschen Front" angehört, waren aber wieder abgesprungen und daher in besonderem Maße den Schikanen des „Ordnungsdienstes" ausgesetzt. In der Nacht vom 16. zum 17. September marschierten von der Moltkestraße aus Schlägerkolonnen auf die 70'er Kaserne zu, wo aber in kürzester Zeit der Massenselbstschutz mobilisiert wurde und den Angriff vereitelte[63].

Leider enthalten die Quellen keine Angaben über die Größe der MSS-Einsatzgruppen einerseits und der angreifenden Gruppen der Gegenseite andererseits, so daß offenbleibt, wie stark möglicherweise harmlose Zwischenfälle in der *Arbeiter-Zeitung* zur Straßenschlacht aufgebauscht wurden. Jedoch scheint der Massenselbstschutz durchaus eine abschreckende Wirkung ausgeübt zu haben. So wurde er auch als Saalschutz für Veranstaltungen des christlichen Metallarbeiterverbandes und anderer, dem Status quo zuneigender Gruppen eingesetzt[64]. Ein Bericht der Polizeiverwaltung Dudweiler, in dessen Besitz reichsdeutsche Stellen gelangten, schätzte den dortigen Massenselbstschutz auf 20–30 Mann ein, der – aus ihrer Sicht – Straßenpassanten durch Kontrollen belästigte und die Bewohner durch nächtliches Randalieren beunruhigte[65].

Eine umfassende Organisation hat der Massenselbstschutz erst im Herbst 1934 aufzubauen versucht. Ein undatiertes Flugblatt – dem Inhalt nach wohl vom Oktober 1934 – gab hierzu nähere Instruktionen: „Massenselbstschutz bedeutet Schutz des Eigenheimes! Bedeutet Schutz des einzelnen auf sein Leben! Massenselbstschutz ist Selbstverteidigung!" Er sollte daher alle bedrohten Arbeiter – auch Katholiken – erfassen. Die Organisationsform müsse den örtlichen Gegebenheiten angepaßt sein: in Mietskasernen seien dies Häuserschutzkameradschaften, in lockeren Siedlungsformen Straßenschutzkameradschaften, auf Werksgeländen auch Betriebskameradschaften. Grundsätzlich sollten die MSS-Formationen den Angreifern an Ortskenntnissen überlegen sein und strategisch wichtige Punkte beherrschen. Aufgabe des Massenselbstschutzes sei es, Demonstrationen,

---

60 Bericht vom 13.7.34; LHA Koblenz: 403/16 861.
61 Die 70'er Kaserne wurde im Kriege teilweise schwer zerstört. Die unbeschädigten Gebäudeteile, die nach dem Kriege weiterhin als Notquartiere dienten, wurden 1977/78 vollständig abgerissen.
62 „Nazis flüchten vor Massenselbstschutz", *Arbeiter-Zeitung* vom 25.8.34.
63 „Nazi-Überfall abgewehrt", *Deutsche Freiheit* vom 20.9.34.
64 „Frauläuterner Massenselbstschutz schützt christliche Metallarbeiter gegen Faschisten", *Arbeiter-Zeitung* vom 15.9.34; vgl. Wehner, S. 75. – Von einem weiteren zurückgeschlagenen Überfall wird noch aus Bischmisheim berichtet: „MSS durchkreuzt braune Terrorprovokation". *Arbeiter-Zeitung* vom 1.12.34.
65 Gestapo-Bericht vom 2.11.34; PA AA, Pol. II: Parteien im Saargebiet Bd. 13.

Versammlungen und Plakatkleber zu schützen und Überfälle der „Deutschen Front" abzuwehren, die erfahrungsgemäß mit überlegener Zahl und zu bestimmten nächtlichen Stunden – meist zwischen 24 und 4 Uhr angriffen. Als Waffen empfahl das Flugblatt alle nur
erdenklichen Mittel, darunter Blumentöpfe, Zaunlatten und kochendes Wasser[66].
Dennoch besaß der Massenselbstschutz auch Schußwaffen, was allein durch die Mitwirkung von Rotfrontkämpferbund und SSB gegeben war. Die Gestapo will sogar von einem
Rundschreiben des MSS an alle Mitglieder erfahren haben, in dem wegen drohender Hausdurchsuchungen durch die Landjäger das Versteck der Waffen angeordnet worden sei[67].
Nach Angaben eines Berichts der Landeskriminalpolizei Saarbrücken, in dessen Besitz die
Gestapo-Stelle Trier gelangte, wurde der MSS vom Rotfrontkämpferbund und vom SSB
gemeinsam gebildet. An der Spitze stand der Saarbrücker SSB-Vorsitzende und Vorsitzende des saarländischen Werkmeisterverbandes, Heinich Wacker (SPD), ihm zur Seite die
beiden RFB- bzw. SSB-Führer Karl Merkel und Wilhelm Kaupp. Die kleinste Einheit war
diesem Bericht zufolge die Zelle, – jeweils nach örtlichen Gegebenheiten auf Straßen-
oder Betriebsebene. Jede Zelle besaß einen Läufer, der bei Bedarf die anderen Mitglieder
benachrichtigen konnte. Mehrere Zellen bildeten die Gruppe, die wiederum einen Nach-
richtengänger zur Information der Zellen besaß. Die Gruppen einer Gemeinde bildeten
wiederum die Ortsgruppe, deren Leitung einem vierköpfigen Komitee unterstand, bestehend aus den Vorsitzenden der lokalen Parteiorganisationen von SPD und KPD und den
technischen Leitern von RFB und SSB. Mehrere Ortskomitees bildeten schließlich ein Be-
zirkskomitee, das von einem achtköpfigen Gremium in ähnlicher Zusammensetzung geleitet wurde, über diesen schließlich stand das Gaukomitee für das ganze Saargebiet. Als
Aktivitäten des Massenselbstschutzes führt der Bericht die schon genannten Schutzfunk-
tionen für Demonstrationen und Versammlungen, Plakatkleber und Flugblattverteiler an,
Abwehr von Angriffen der „Deutschen Front" sowie Ausbildung in Wehrsport und Klein-
kaliberschießen auf dem früheren Reichsbannerschießstand in Sulzbach. Zwar seien vor
allem die Kommunisten im Massenselbstschutz sehr aktiv, aber eine Gefahr – so die Saarbrücker Kriminalpolizei – bilde er nicht[68].
Am Realitätsgehalt dieses Berichts dürfen indessen einige Zweifel angemeldet werden.
Vermutlich stellte der darin skizzierte organisatorische Aufbau eher eine Zielvorstellung
dar. Jedenfalls ist der Massenselbstschutz als eine derart geschlossene Organisation prak-
tisch niemals in Erscheinung getreten. Dort wo er tatsächlich Aktionen durchführte, handelte es sich meistens um Formationen des SSB und RFB, erweitert vielleicht um nicht-
organisierte Anhänger der Einheitsfront und gelegentlich auch mehr spontan hinzu-
stoßende Gruppen aus anderen politischen Richtungen. Insgesamt wird vor allem die
kommunistische Berichterstattung hierüber als propagandistisch überzogen gewertet werden dürfen.

Von der Einheitsfront zur Volksfront

Die Einheitsfront war ein Schutzbündnis gegen die Übergriffe der „Deutschen Front" und
zugleich eine Agitationsgemeinschaft. Ihre Aktivitäten waren anfangs ausschließlich auf
den 13. Januar 1935 ausgerichtet und verfolgten als nächstliegendes Ziel die Verhinderung
der nationalsozialistischen Machtübernahme an der Saar bzw. die Rückgliederung an das
Dritte Reich. Weiterreichende Zielsetzungen hat die Einheitsfront auf seiten der SPD/

---

66 „Warum Massenselbstschutz?" (Abschrift eines undatierten Flugblattes); ebd. Bd. 13.
67 Gestapo-Vermerk vom 5.12.34; ebd.
68 Vermerk der Stapo-Stelle Trier vom 30.11.34; ebd.

Saar zunächst nicht verfolgt. Anders bei den Kommunisten, deren Politik Teil einer neuen Strategie war. die Komintern distanzierte sich im Juli 1934 von der Sozialfaschismus-Theorie, die als ideologisches Hindernis die Zusammenarbeit mit Sozialdemokraten behindert oder wenigstens belastet hatte, und eine starke Minderheit in der Führung der Exil-KPD versuchte, mit Rückendeckung aus Moskau die Einheitsfront-Politik weiterzuentwickeln[69]. Innerhalb des Reichsgebiets nahmen kommunistische und sozialdemokratische Widerstandsgruppen Kontakte auf und schlossen lokale Bündnisse; als ein Beispiel für viele sei hier Frankfurt am Main genannt[70].

Außerhalb der Einheitsfront bemühte sich die KPD/Saar vor allem um die katholische Bevölkerung des Saargebiets. Eine Durchsicht der *Arbeiter-Zeitung* vermittelt den Eindruck, als habe die KPD/Saar seit jeher sich besonders der Unterdrückung der katholischen Kirche im Reich und der Verfolgung von Priestern angenommen. Wir erinnern daran, daß beim Mitgliederzuwachs der KPD im Sommer 1934 der größte Zulauf aus katholischen Gegenden kam. Die Erregung katholischer Kreise über die Ermordung Klauseners und Probsts im Verlauf des sogenannten „Röhm-Putsches", die wachsende Leserzahl der *Neuen Saar-Post* und schließlich die im Sommer 1934 immer kritischer werdende Einstellung des saarländischen Klerus zum Dritten Reich bilden den Hintergrund dieser Entwicklung. In einem wahrscheinlich im Sommer 1934 verbreiteten Flugblatt versprach die Partei, daß sie niemals Kirchen schänden und Priester ermorden werde; jeder Katholik könne auch als Kirchenmitglied der KPD beitreten[71]. Mit Pater Hugolinus Dörr war erstmals ein Geistlicher auf einer Veranstaltung der Einheitsfront aufgetreten; alle Anzeichen deuteten auf eine erfolgreiche Propaganda der KPD/Saar in der katholischen Bevölkerung[72].

Den Ansatzpunkt zu dieser Arbeit bildeten vor allem Jugendliche. An einem Treffen der katholischen Jugend in Furschweiler befanden sich unter den etwa 700 Teilnehmern auch etliche Jung-Kommunisten, die Flugblätter verteilten[73]. Die Jugendarbeit unter Nicht-Kommunisten sollte in der Schlußphase des Abstimmungskampfes die Hauptaufgabe des saarländischen KJVD-Vorsitzenden Erich Honecker werden. In einem von reichsdeutschen Stellen abgefangenen und als Abschrift erhaltenen Schreiben an einen niederländischen Briefpartner berichtete Honecker[74] von der Absicht des KJVD, innerhalb der katholischen Jugend Zellen zu gründen; in Bexbach sei dies schon gelungen, in Körperich, Außen, St. Ingbert, Hassel und St. Wendel stehe dies kurz bevor. Außerdem sei eine Jugendzeitschrift geplant, die von einem gemischten Redaktionsstab herausgegeben werden sollte; ihm würden zwei saaländische Jung-Katholiken, ein Vitus Heller-Vertreter und ein Kommunist angehören; in einem weiteren zehnköpfigen Mitarbeiterstab seien noch zwei

69 Georgi Dimitroff: „Der Kampf um die Einheitsfront", Beilage zur *Arbeiter-Zeitung* vom 18./19.11.34. – Vgl. Siegfried Bahne: Die KPD und das Ende von Weimar. Das Scheitern einer Politik 1932 – 1935, Frankfurt am Main – New York 1976, S. 63 f.
70 Mausbach-Bromberger, S. 82. – Vgl. Luise Kraushaar/Gerhard Nitzsche: Einrichtungsbestrebungen sozialdemokratischer Mitglieder nach Errichtung der faschistischen Diktatur, *Beiträge zur Geschichte der deutschen Arbeiterbewegung* IX (1967), S. 1046–61, hier S. 1030.
71 Undatiertes gedrucktes Flugblatt „Katholiken!"; AStV Saarbrücken: B-A/13.
72 Bies, S. 121.
73 „Jung-Kommunisten und Jung-Katholiken", *Arbeiter-Zeitung* vom 17.7.34.
74 Abschrift eines Schreibens „Erichs" vom 13.10.34 an Hendriks/Amsterdam; PA AA, Pol.II: Parteien im Saargebiet Bd. 14.– Abgesehen vom Vornamen Erich geht die Urheberschaft Honeckers aus den wesentlichen Inhalten des Schreibens hervor: der Verfasser ist nach eigenen Andeutungen als Jung-Kommunist führend in der Jugendarbeit tätig. Überdies spricht auch die niederländische Adresse des Empfängers für Honecker, der vor seiner Rückkehr an die Saar im Sommer 1934 in der Widerstandsarbeit im Ruhrgebiet tätig war und dabei von Amsterdam aus gelenkt wurde. – Vgl. Lippmann, S. 36; Bies, S. 127.

Kapläne, ein DJK-Gruppenführer sowie katholische und kommunistische Jungarbeiter vertreten. Für den 9. Dezember sei ein Kongreß der „Jungfront für den Status quo" geplant, mit dem man auch in der HJ und im BdM Jugenliche auf die andere Seite zu ziehen gedenke.

Mit der versuchten Annäherung an die Katholiken stellten die Kommunisten auch sofort das Freidenkerwesen ein, wie dies der „Antifa-Kongreß" in Roden schon im September 1934 beschlossen hatte[75]. Offensichtlich dachte die KPD an eine langfristige Allianz und nicht nur an ein zeitlich eng begrenztes Parteienbündnis, als sie auf mehreren Ebenen die Einheit mit anderen Organisationen und Bevölkerungsgruppen suchte. Den – aus propagandistischen Gründen wohl überhöhten – Endgültigkeitscharakter dieses breiten Volksfrontbündnisses drücken auch Honeckers Worte aus, die er auf dem in seinem Brief angekündigten Saarjugendkongreß ausrief: „Die Saarjugend wird ein Sturmtrupp sein im Kampf gegen den Faschismus, der schlimmsten Geißel der Jugend und der Menschheit, und sie wird sich in diesem Kampf unbeschadet noch bestehender Differenzen die Hände reichen und für immer schließen"[76].

Schon seit dem Sommer 1934 hatten die „roten Verbände" der RGO an der Saar starke Propaganda für die Gewerkschaftseinheit betrieben und dabei versucht, in einzelnen Betrieben auch freigewerkschaftlich organisierte Arbeiter hierfür zu gewinnen[77]. Die Gewerkschaftsführungen reagierten wegen der völligen Bedeutungslosigkeit der Verbände lange Zeit auf derartige Angebote nicht. Schließlich fanden sie sich bereit, den drängenden Bitten der RGO nachzugeben und die bisherigen RGO-Mitglieder in ihre Organisationen aufzunehmen. Am 21. November schloß sich der EfdB dem Bau- und Holzarbeiter-Verband an, eine Woche später folgten die kommunistischen Eisenbahner, im Dezember schließlich die Bergarbeiter[78]. Wenn in damaliger Zeit die *Arbeiter-Zeitung* und später kommunistische Historiker diese Zusammenschlüsse als Sieg der „schöpferischen, wahrhaft marxistisch-leninistischen Politik" bezeichnen und sie so darstellen, als hätten die Gewerkschaftsführungen sie aufgrund des starken Druckes von unten nicht aufhalten können[79], so liegt dem eine arge Selbstüberschätzung zugrunde. Tatsächlich haben sich die freien Gewerkschaften bereit gefunden, die wenigen Mitglieder der „roten Verbände" aufzunehmen, ohne auf eine einzige der von ihnen gestellten Forderungen oder Bedingungen einzugehen. Die Namen und Statuten sowie der überwiegend sozialdemokratische Charakter der Gewerkschaften änderten sich nicht. Der BAV räumte einem Vertreter des EVDB allenfalls die Teilnahme an Vorstandssitzungen ein; er erkannte die Wählbarkeit ehemaliger EVDB-Mitglieder an und akzeptierte die Gleichstellung der bisherigen Mitgliedszeiten[80]. Er verweigerte jedoch die Aufnahme eines EVDB-Vertreters als vollberechtigtes Vorstandsmitglied und lehnte auch andere Forderungen ab. Der Begriff „Gewerkschaftseinheit" verschleiert, daß der „rote Verband" völlig im BAV aufging und die-

75 Anm. 52.
76 Der ursprünglich für den 9. Dezember geplante Kongreß fand schließlich am 16. Dezember statt; vgl. „Saarjugend im Einheitskampf", *Arbeiter-Zeitung* vom 18.12.34. – Bies, S. 134.
77 „BAV-Kameraden begrüßen Einheits-Appell des EVDB", „Primstaler Kumpels für die Gewerkschaftseinheit, für Status-quo", „Die Bauarbeiter für die Gewerkschaftseinheit", *Arbeiter-Zeitung* vom 6.7., 28. und 12./13.8.34. – Bies, S. 124.
78 „Gewerkschaftseinheit" und „Saar-Eisenbahner schaffen Gewerkschaftseinheit", *Arbeiter-Zeitung* vom 23. und 30.11.34.
79 Horst Bednareck: Gewerkschafter im Kampf gegen die Todfeinde der Arbeiterklasse und des deutschen Volkes. Zur Geschichte der deutschen Gewerkschaftsbewegung von 1933 bis 1945, Berlin 1966, S. 54. – Bies, S. 125.
80 „Außerordentliche Generalversammlung des Verbandes", *Saar-Bergarbeiter-Zeitung* vom 22.12.34.

sen in keiner Weise umgeprägt hat. Eine praktische Bedeutung hat diese Vereinigung in den verbleibenden vier Wochen bis zum Abstimmungstermin ohnehin nicht mehr gewinnen können.

Ende November hatte Philipp Daub in einem grundlegenden Aufsatz die Umrisse einer geplanten Volksfront skizziert. Die Einheitsfront müsse sich durch die Einbeziehung aller werktätigen Saarländer, vor allem aus dem Mittelstand und dem Kleinbauerntum, zur Volksfront ausweiten. Der Aufsatz rief auf zur Gründung von Mittelstands-, Bauern- und katholischen Arbeiterkomitees, die sich dem Kampfe der Kommunisten anschließen sollten[81]. Hier wurde begrifflich unterschieden zwischen Einheitsfront als Allianz der verschiedenen Arbeiterparteien und Volksfront als Sammlungsbewegung unter Einschluß eines breiten bürgerlichen und bäuerlichen Spektrums. Gegen Jahresende versuchte die KPD/Saar, ihre Aktivitäten auch auf die ländliche Bevölkerung auszudehnen. Aber in der kurzen Zeitspanne bis zum Abstimmungstag am 13. Januar 1935 war diesen Bemühungen kein Erfolg beschieden. Sie bildeten jedoch eines der ersten Beispiele praktischer Einheitsbzw. Volksfront-Politik, wie sie von der Komintern bis 1938 betrieben wurde. Die etwa halbjährige Episode der saarländischen Einheitsfront behielt über die Zeit ihres Bestehens hinaus insofern noch eine gewisse Aktualität, als sie in den Volksfront-Diskussionen der deutschen Emigration und nach dem Kriege von der KPD/SED als erstes deutsches Experiment dieser Art betrachtet und als Vorbild hingestellt worden ist[82].

---

81 Philipp Daub: „Die große Front", *Arbeiter-Zeitung* vom 28.11.34.
82 Wegmüller, S. 71 ff. – Frank Moraw: Die Parole der „Einheit" und die Sozialdemokratie. Zur parteiorganisatorischen und gesellschaftspolitischen Orientierung der SPD in der Periode der Illegalität und in der ersten Phase der Nachkriegszeit 1933 – 1948, Bonn-Bad Godesberg 1973. – Arnnold Sywottek: Deutsche Volksdemokratie. Studien zur politischen Konzeption der KPD 1935 – 1946, Düsseldorf 1971.

Der Kampf um den Status quo

Nach dem Kurswechsel der KPD in der Saarfrage hatten sich mit Ausnahme einiger frankophiler Sekten alle nicht gleichgeschalteten Parteien für den Status quo als einzig realistische Alternative zur Rückgliederung an ein nationalsozialistisches Deutschland entschieden. Nach Gründung der Einheitsfront war dieses Ziel Bindeglied aller Gegner der „Deutschen Front" und des Nationalsozialismus geworden. Zwar nahmen nicht alle Parteien am Bündnis der beiden großen Arbeiterparteien teil oder schlossen sich ihm nur auf lokaler Ebene an, bildeten aber doch im verbleibenden halben Jahr bis zur Abstimmung politische Bundgenossen. Erstes Ziel dieser neuen innenpolitischen Kräftekonstellation war es daher, den Status quo-Gedanken zwei Adressaten nahezubringen: einmal der saarländischen Bevölkerung, deren Mehrheit am 13. Januar 1935 über die Zukunft des Landes abstimmen sollte; zum andern dem Völkerbundsrat und den in ihm einflußreichen auswärtigen Regierungen, denen nach Maßgabe des Votums der Saarländer die endgültige Entscheidung oblag.

Agitation und Propaganda der Einheitsfront

Ein wichtiges Medium der Status quo-Parteien war die Presse, auf die wir im Zusammenhang mit der Gleichschaltung des Saargebiets bereits kurz eingegangen waren[1]. Der Wirkung der Presse waren jedoch enge Grenzen gesetzt. Bekanntlich kamen auf sechs Blätter der SPD, KPD und anderer Gruppierungen 44 Tageszeitungen der „Deutschen Front", wobei das Auflagenverhältnis und ein Vergleich der materiellen Ausstattung noch ungünstiger ausfielen. Aus diesem Grunde wirkten sich Zeitungsverbote, die die Regierungskommission auf dem Verordnungswege wegen Beleidigung oder wegen Verstoßes gegen bestehende Gesetze verhängte, für die wenigen unabhängigen Blätter härter aus als für die Gegenseite. Zwar wurden die *Arbeiter-Zeitung* und die *Deutsche Freiheit* jeweils dreimal und die *Volksstimme* einmal für einen Zeitraum von fünf bis vierzehn Tagen verboten. Dies war wenig im Vergleich zu den häufigen Erscheinungsverboten für die Blätter der „Deutschen Front" der jedoch genügend andere Periodika als Ersatz zur Verfügung standen[2].
Um poltitisch wirken zu können, waren die nicht gleichgeschalteten Parteien und Verbände noch auf andere Mittel der Agitation angewiesen. Eine gewisse Rolle spielten Flugblätter und Broschüren, deren quantitative Bedeutung mit der Nähe des Abstimmungstermins zunahm. Ohne Erfolg blieben dagegen Versuche, die Rundfunksender der Nachbar-

---

1 Die hier wiederholt zitierte Staatsarbeit von Ursula Theisen wird gegenwärtig ausgeweitet zu einer Dissertation mit dem Arbeitstitel „Die Bemühungen der linken Opposition um Herstellung von Öffentlichkeit und Mobilisierung der saarländischen Bevölkerung". Zur Vermeidung von Themenüberschneidungen wird die Bedeutung der Presse, der Flugblätter, Kundgebungen usw. nur soweit behandelt, als es zum Verständnis der Thematik unbedingt erforderlich ist.
2 Theisen, S. 26.

staaten in den Abstimmunskampf einzubeziehen. Eine von der SSP im Herbst 1933 an Radio Luxemburg herangetragene Bitte, eine ihrer Kundgebungen zu übertragen, wurde vom Sender unter Hinweis auf seine Neutralität angewiesen. Angeblich soll die SSP auch beim Straßburger Rundfunk keinen Erfolg gehabt haben[3]. Im späteren Verlauf des Abstimmungskampfes hat Radio Straßburg zwar aufmerksam die Entwicklung im benachbarten Saargebiet verfolgt, jedoch ist von einem unmittelbaren propagandistischen Eingreifen des Senders für eine der saarländischen Parteien nichts bekannt.

Die wichtigste Maßnahme zur Herstellung von Öffentlichkeit waren daher Demonstrationen, Kundgebungen und öffentliche Veranstaltungen. Von sozialdemokratischer Seite unter Einschluß der parteinahen Verbände sowie Sport- und Kulturvereine wurden die ersten größeren, politisch ausgerichteten Veranstaltungen im Sommer 1933 durchgeführt. Wenn wir von den Arbeitersportfesten einmal absehen, die im Zeitraum des Abstimmungskampfes ohnehin stark politischen Charakter trugen, so begannen beide Arbeiterparteien am 27. August 1933 mit ihren großen Kundgebungen, die SPD in Neunkirchen mit 15 000, die KPD in Saarbrücken mit angeblich 25 000 Teilnehmern[4]. Bis zur Gründung der Einheitsfront Anfang Juli 1934 führte die SPD bzw. die sozialdemokratisch geführte Freiheitsfront etwa 15 Kundgebungen durch, davon sieben in Saarbrücken. Die Auswahl der Orte wurde von verschiedenen Faktoren bestimmt. Zunächst war das Saargebiet derart klein, daß in der Regel auch mit damaligen Verkehrsmitteln Anreise und Rückkehr von Saarbrücken an einem Tag mühelos bewältigt werden konnte, was naturgemäß der Hauptstadt einen besonderen Stellenwert verlieh. Bei der Auswahl der übrigen Orte kam die Stärke der lokalen Parteiorganisation als oft entscheidendes Moment hinzu, was daher die Landkreise Saarbrücken-Land, Ottweiler und St. Ingbert begünstigte. Andererseits waren auch die räumlichen Bedingungen maßgebend. Da mit der Gleichschaltung die Gemeinden immer häufiger dazu übergingen, den Sozialdemokraten, Kommunisten und frankophilen Vereinigungen die Benutzung kommunaler Einrichtungen wie Sportplätze, Stadthallen usw. zu verweigern, mußten diese ihre Kundgebungen entweder in eigenen Räumlichkeiten abhalten oder die französische Grubenverwaltung um die Benutzungserlaubnis bergwerkseigener Einrichtungen bitten. Beispiel für den ersten Fall waren der große Saal im Haus der Arbeiterwohlfahrt in der Saarbrücker Hohenzollernstraße; für den zweiten Fall sei das Bergmannsheim in Ensdorf (Kreis Saarlouis) genannt, wo trotz der untergeordneten Bedeutung des Ortes im genannten Zeitraum drei größere Veranstaltungen, dazu noch mehrere von frankophilen Vereinigungen, abgehalten wurden.

Die saarländische KPD setzte im allgemeinen mit größeren Kundgebungen und ähnlichen Veranstaltungen etwas später ein. Bis zur Gründung der Einheitsfront waren es etwa zehn, darunter vier in Saarbrücken. Sehr viel häufiger handelte es sich hierbei um geschlossene Veranstaltungen etwa Kongresse oder Konferenzen, oder um solche, zu denen zwar interessierte Nicht-Kommunisten Zutritt hatten, die aber doch einen stark parteiinternen Charakter trugen. Das wird auch daran erkennbar, daß sie sehr häufig in Gastwirtschaften stattfanden, von denen der „Stiefel" am St. Johanner Markt in Saarbrücken an erster Stelle zu nennen ist. Bevorzugte Orte waren überdies Saarlouis, Neunkirchen, Dudweiler und Völklingen. Um derartige Parteiveranstaltungen zu behindern, wurden Parteien von der Polizei nicht selten schikanierende Auflagen erteilt. Die Tatsache, daß nicht alle Anwesenden eine schriftliche Einladung vorweisen konnten, diente als Vorwand, um Versammlungen aufzulösen[5]. Um Belästigungen dieser Art auszuweichen, tarnte die

---

3 Schreiben der deutschen Gesandtschaft in Luxemburg vom 6.10.33 an den Regierungspräsidenten in Trier; LHA Koblenz: 442/8533.
4 „Die freie Saar marschiert", *Deutsche Freiheit* vom 29.8.33.
5 Vermerk der Polizeiverwaltung Dudweiler vom 13.6.33; AStV Saarbrücken: P-V/17.

KPD/Saar ihre lokalen Veranstaltungen gelegentlich als Ausflüge und verlegte sie, wenn die Witterung es gestattete, in Feld- und Waldgebiete[6]. Sehr unterschiedlich sind die Angaben über Teilnehmerzahlen, die jeweils nach der Quelle erheblich abweichen. Die Zeitungen der Status quo-Parteien neigten dazu, die Zahlen aus propagandistischen Gründen wesentlich höher anzugeben, die der „Deutschen Front", sie herunterzuspielen. Letzteres scheint auch für die Agentenberichte der Gestapo zu gelten. Als Beispiel für die Diskrepanzen der Zahlenangaben sei die Berichterstattung über die SPD-Versammlung im Ensdorfer Bergmannsheim am 21. Januar 1934 zu nennen, wo laut Gestapo 600, dagegen nach Angaben der *Deutschen Freiheit* 1 500 Personen teilnahmen[7].

Der Ablauf der Veranstaltungen war meist recht ähnlich. Bei der SPD oder der Freiheitsfront marschierte gewöhnlich in schwarzgrünen Uniformen der SSB auf, nicht selten mit Marschmusik. Es folgten Ansprachen, meist von lokalen Parteifunktionären; häufig tauchen hier die Namen Karl Etienne, Richard Kirn, Walter Sender, Hermann Petri und Wilhelm Kaupp auf. Den Höhepunkt der Veranstaltung bildete dann in der Regel eine flammende Rede Max Brauns, dessen rhetorisches, teilweise auch demagogisches Talent von vielen bezeugt wird[8]. Gerade der Zuschnitt der Veranstaltungen auf seine Person, die ihn umgebende Leibgarde und die Art seines Auftretens waren Gegenstand wiederholter Attacken der „Deutschen Front" und haben wohl auch innerparteilichen Kritikern mißfallen. Die Kommunisten konnten in dieser Zeit einen vergleichbaren Redner nicht vorweisen; gewöhnlich wurden die Ansprachen von lokalen Parteifunktionären gehalten, unter denen die Namen August Hey, Heinrich Detgen, Hans Pink, Karl Merkel und Richard Kraushaar am häufigsten auftauchen. Relativ spät, erst im Frühjahr 1934, begann die KPD mit der Vorführung von freigelassenen kommunistischen KZ-Opfern, worunter vor allem der KJVD-Funktionär Fritz Nickolay zu nennen ist. In dieselbe Zeit fallen auch Auftritte des Schriftstellers Erich Weinert, dessen Arbeiterlieder künftig zahlreiche Veranstaltungen der Roten Hilfe, der Internationalen Arbeiterhilfe oder der KPD selbst begleiteten[9]. Der stark veränderte Charakter der kommunistischen Agitprop-Arbeit legt die Vermutung nahe, daß hier routinierte auswärtige Propagandisten am Werk waren. – Recht unbedeutend waren dagegen die Kundgebungen von SSP, SWV und anderen Gruppierungen. Meist hielten sie ihre Veranstaltungen in Gastwirtschaften ab, zu denen dann zwar auch eine interessierte Öffentlichkeit Zutritt hatte, die aber doch wohl nur von der engeren Anhängerschaft besucht wurden. Regionale Schwerpunkte bildeten hier die Landkreise Saarlouis und Merzig, vorzugsweise Saarlouis-Stadt, Dillingen, Merzig-Stadt, Fischbach-Camphausen, Ensdorf sowie im Kreise Saarbrücken-Land Püttlingen. Die Teilnehmerzahl wird in den Agentenberichten meistens zwischen 150 und 400 angegeben.

Die Gründung der Einheitsfront gab der gesamten Status quo-Bewegung einen starken Auftrieb. Parteien, die vorher gegeneinander gekämpft hatten, traten nun gemeinsam auf und unterstützten einander. Da der Status quo die gemeinsame Plattform für alle nicht gleichgeschalteten Parteien und Gruppierungen bildete, gewannen die meisten Demon-

---

6 Vermerk des Landjägeramtes Neuweiler vom 11.7.33; ebd.
7 Schreiben der Stapo-Stelle Trier vom 29.1.34 an das Gestapa Berlin; PA AA, Pol. II: Parteien im Saargebiet Bd. 7. – „Überfüllte Freiheitskundgebungen an der Saar", *Deutsche Freiheit* vom 23.1.34.
8 Vgl. Kunkel, S. 72 f.
9 Gestapo-Bericht vom 19.3.34; PA AA, Pol. II: Parteien im Saargebiet Bd. 8. – Ähnlich verliefen spätere Veranstaltungen, über die im selben Bestand, Bde. 9 ff., zahlreiche Agentenberichte erhalten sind. Dagegen ist die Berichterstattung der *Arbeiter-Zeitung* über den Ablauf derartiger Veranstaltungen vergleichsweise dürftig. – Vgl. Erich Weinert erzählt, Berlin DDR 1955, S. 55 ff.

strationen der zweiten Jahreshälfte 1934 überparteilichen Charakter: außer Sozialdemokraten und Kommunisten nahmen an ihnen auch Angehörige der frankophilen und anderen Splittergruppen sowie in zunehmendem Maße auch Katholiken teil. Der bereits erwähnte Marsch der Volksmassen durch Saabrücken anläßlich der Rückkehr der Arbeitersportler aus Löwen am 25. Juni 1934 bildete den spontanen Auftrakt zu der nun einsetzenden Serie von Großveranstaltungen. Bereits am 1. und am 4. Juli 1934 fanden in Saarbrücken die ersten offiziell von beiden Parteiführungen gemeinsam durchgeführten Kundgebungen statt, auf denen die Vorsitzenden Max Braun und Fritz Pfordt Ansprachen hielten. Innerhalb des Juli folgten Kundgebungen der Einheitsfront in Neunkirchen, Saarlouis, Außen und Dudweiler.

Insgesamt kann man den Monat Juli als Beginn einer allgemeinen Mobilisierung bezeichnen, die dann mit geringen Schwankungen bis zum Abstimmungstermin anhielt. Neben der Gründung der Einheitsfront, durch die vorher durch gegenseitige Polemik gebundene Kräfte freigesetzt wurden, wirkten die Ereignisse des sogenannten „Röhm-Putsches" stimulierend; dazu kam die wachsende Unruhe der katholischen Bevölkerung. Zwischen Anfang Juli 1934 und dem 13. Januar 1935 lassen sich mindestens 56 Demonstrationen und Kundgebungen der Einheitsfront in fast allen größeren Ortschaften des Saargebiets nachweisen. Nicht mitgerechnet sind hierbei die Veranstaltungen der einzelnen Parteien, der Gewerkschaften und in der Endphase auch des „Volksbundes". Die Teilnehmerzahlen variieren in den Berichten erheblich. Je nach Ort und Termin lag die geringste Zahl bei 30 Personen; die höchsten Angaben schwanken – wohl mit starken Übertreibungen – zwischen 100000 und 150000. Angesichts der teilweise geringen Zuverlässigkeit der Quellen und ihrer propagandistisch über- bzw. untertriebenen Angaben läßt sich der Mobilisierungsgrad der Saarbevölkerung kaum exakt wiedergeben. Er dürfte aber erheblich gewesen sein, zumal er noch durch eine Flut von Broschüren, Flugblättern und parteiinternen Versammlungen sowie entsprechenden Aktionen der Gegenseite angeheizt wurde.

Unter den vier oder fünf großen Kundgebungen der Einheitsfront im Verlauf des Abstimmunskampfes verdient besonders die von Sulzbach am 26. August 1934 eine besondere Würdigung. Gedacht als Gegenkundgebung zu der von der „Deutschen Front" auf dem Ehrenbreitstein bei Koblenz organisierten Veranstaltung, übertraf Anteilnahme und Wirkung dieser massiven Manifestation alle Erwartungen. Wochen vorher waren bereits Aufrufe, in den Zeitungen der Arbeiterparteien veröffentlicht worden[10]. In ihnen wurde die drohende Diktatur angesprochen, auf die Einschränkung der Freiheiten und sozialen Rechte von Arbeitern und Angestellten hingewiesen, vor allem aber auf die Kirchenverfolgungen im Dritten Reich. Die Veranstaltung fand auf dem Sulzbacher Schießstand des SSB statt, der mit Fahnen und Spruchbändern sowie mit weißen Kreuzen für die Opfer des 30. Juni 1934 ausgeschmückt war. Der Platz konnte die Menschenmassen nicht fassen, so daß viele sich auf den angrenzenden Wald verteilten. Über die Teilnehmerzahlen liegen wiederum sehr unterschiedliche Zahlen vor; die *Arbeiter-Zeitung* berichtete von 100000, die *Deutsche Freiheit* etwas vorsichtiger von „zehntausenden", das Auswärtige Amt in Berlin spielte die Zahl auf 25000 – 28000 herunter, von denen man aber die mit sieben Sonderzügen herangereisten Lothringer abrechnen müsse. Vertreter der „Deutschen Front" wie Peter Kiefer und Hermann Röchling schätzten ihre Zahl auf 25000 bis 30000, unter ihnen etwa 20000 Abstimmungsberechtigte. Die Sulzbacher Polizei gab

---

10 Der Aufruf vom 20.7.34 ist abgedruckt bei Kunkel, S. 143 f. – Ähnliche Aufrufe folgten in den vorangehenden Wochen mit großer Regelmäßigkeit; vgl. „Die Massen rüsten zur Heerschau in Sulzbach", *Arbeiter-Zeitung* vom 17.8.34.

am selben Tage bloß 12 000 Teilnehmer an[11]. Nach den Ansprachen des Sulzbacher SPD-Vorsitzenden Richard Kirn und nach Fritz Pfordt begründete Max Braun die Parole für den Status quo und entwickelte konkrete Vorstellungen über einen modifizierten Status quo, den er sich als autonomen Saar-Staat unter Völkerbundshoheit vorstellte[12]. Als vierter Redner trat dann – überraschend für die meisten Anwesenden – Pater Hugolinus Dörr ans Rednerpult. Der propagandistische Erfolg der Sulzbacher Kundgebung wurde für Monate von keiner anderen Großveranstaltung mehr erreicht und erst am 6. Januar 1935 von der großen Demonstration auf dem Kieselhumes bei Saarbrücken übertroffen[13].

Neben den Veranstaltungen der Einheitsfront wurden parallel dazu noch Kongresse, Konferenzen und Tagungen der einzelnen Parteien und der freien Gewerkschaften abgehalten, die inhaltlich gleichfalls stark vom Abstimmungstag geprägt waren. Neben den bereits behandelten Kungebungen des „Volksbundes" und der in der Schlußphase kaum noch in Erscheinung tretenden frankophilen Gruppierungen sind hier vor allem kommunistische Veranstaltungen zu nennen. Von sozialdemokratischer Seite ist über eigenständige Aktivitäten außerhalb der Einheitsfront nichts zu berichten, dagegen haben die KPD und vor allem ihre nachgeordneten Organisationen KJVD, Rote Hilfe, IAH und verschiedene Initiativkomitees in beachtlichem Umfang eigene Agitationsarbeit geleistet. Die KPD war es auch, die in der Schlußphase des Kampfes die phantasiereichsten Kampfmethoden durch den Einsatz von Künstlern, Schriftstellern und Publizisten entwickelte. Dies fiel ihr mit dem zunehmenden Einfluß des ZK der Exil-KPD umso leichter, als diese unschwer einige ihrer nach Paris emigrierten Anhänger unter den deutschen Intellektuellen zum Einsatz im Saargebiet animieren konnte.

Vergleichbares war auf sozialdemokratischer Seite nicht möglich, einmal wegen des Konfliktes mit der Sopade, von der hier kaum eine Hilfestellung zu erwarten war, zum andern weil es sozialdemokratische Schriftsteller mit einer derart engen Parteibindung wie bei den Kommunisten nicht gab. Erwähnenswert ist hier allenfalls ein überparteilicher Aufruf für den Status quo, den 26 nach Paris emigrierte deutsche Schriftsteller, Publizisten und Künstler unterzeichneten: Heinrich Mann, Lion Feuchtwanger, Leonhard Frank, Alfred Kerr, Johannes R. Becker, Oskar Maria Graf, Georg Bernhard, Ernst Toller, Anna Seghers, Theodor Plievier, Gustav Regler, Erich Weinert, John Heartfield, Alfred Kantorowicz und andere[14].

Es ist der Nachwelt wenig bekannt, daß der Abstimmungskampf sich auch literarisch niederschlug und eine Reihe zeitgenössischer Schriften hervorbrachte sowie Anlaß zu literarischen und musikalischen Propaganda-Veranstaltungen gegeben hat. Den Beginn machte die Ankündigung einer Tournee Hanns Eislers mit Arbeiterliedern im Januar 1934[15]. Ab Februar 1934 trat regelmäßig Erich Weinert, der Dichter des „Roten Wedding", auf KPD-Veranstaltungen mit Arbeiterliedern auf; seine Darbietungen begleiteten fast ununterbrochen die kommunistische Agitation bis zum Ende des Abstimmungskampfes[16]. Bert Brecht dichtete hierfür eigens das Saarlied „Von der Maas bis an die Memel, da läuft ein Stachel-

11 „Hundertausend Antifaschisten marschieren", *Arbeiter-Zeitung* vom 27.8.34; „Der Sulzbacher Freiheitstag", *Deutsche Freiheit* vom 28.8.34; – Vermerk Voigts vom 3.9.34; PA AA, Pol. II: Parteien im Saargebiet Bd. 11. – Vermerk der Polizei-Kommission Sulzbach vom 26.8.34; AStV Saarbrücken: P-V/11. – Balk, S. 160.
12 Vgl. Kunkel, S. 97.
13 Wehner, S. 74.
14 „Ruf für den Status quo", *Deutsche Freiheit* vom 22.9.34.
15 „Hanns Eisler kommt ins Saargebiet", *Arbeiter-Zeitung* vom 11.1.34; ob die angekündigte Tournee jemals stattgefunden hat, geht aus den Quellen nicht hervor.
16 Die Auftritte Erich Weinerts werden ausführlich in der *Arbeiter-Zeitung* beschrieben, gelegentlich auch in Agentenberichten. – Vgl. Theisen, S. 32 ff; Bies, S. 105. – Vgl. Anm. 9.

draht"[17]. Besonders erwähnt werden muß aber der Schriftsteller Gustav Regler, der bereits ab Frühjahr 1933 eine aktive Rolle in der Propaganda-Arbeit der KPD im Saargebiet spielte. Als Saarländer – er war 1898 in Merzig geboren und entstammte einer dort ansässigen Buchhändlerfamilie – kannte er die sozialen und poltitischen Verhältnisse am Ort und vor allem die Mentalität der Saarländer. Bereits am 13. März 1933 meldete er seinen Wohnsitz in seiner Vaterstadt an[18]. Angeblich im Auftrag des ZK der KPD schrieb er den Saar-Roman „Im Kreuzfeuer", der 1934 im Verlag *Editions du Carrefour* in Paris erschien. Das Buch beschreibt recht anschaulich die Atmosphäre im Saargebiet in der Zeit vom Januar bis August 1933, schildert Emigrantenschicksale und Aktivitäten der Parteien und gipfelt schließlich darin, daß sich auch katholische Arbeiter zu politisieren beginnen und Sozialdemokraten voller Enttäuschung über ihre eigene Parteiführung zur Einheitsfront („von unten") mit Kommunisten stoßen. Als das Buch erschien, waren allerdings viele politische Positionen nicht mehr aktuell. Die KPD hatte die Parole vom „roten Saargebiet in einem Rätedeutschland" aufgegeben und sich zum Status quo durchgerungen; die Einheitsfront zwischen den Arbeiterparteien bestand und war offiziell von beiden Parteiführungen vereinbart worden. Aber insgesamt vermittelt dieser „Saar-Roman" (wie es im Untertitel heißt) ein anschauliches und gut gezeichnetes Bild der poltitischen Probleme aus der Sicht der saarländischen Arbeiterschaft.

Zeitweilig hielt sich Regler in Moskau auf und bereitete Propaganda-Material für den Saarkampf vor: einen Aufruf an die Saarbevölkerung, an dem Wilhelm Pieck die volkstümliche Sprache verspottete, die jedoch von Dimitroff verteidigt wurde[19]. Für den Abstimmunskampf drehte Regler im Auftrag der Komintern auch einen Propagandafilm über die Sowjetunion, der allerdings ein etwas eigenartiges Schicksal erlebte. Zunächst wollte Bela Kun den Film ganz verbieten, jedoch konnte er schließlich doch noch im Saargebiet vorgeführt werden. Nach der ersten Vorführung wurde er indessen auf Betreiben saarländischer Kommunisten zurückgezogen[20]. Ab Juni 1934 wirkte Regler wieder bis zum Abstimmungstermin als Propagandist für die KPD im Saargebiet.

Im Dezember 1934 schickte das ZK der KPD auch Arthur Koestler nach Saarbrücken, um eine humoristische Zeitschrift für die Abstimmung vorzubereiten. Nomineller Herausgeber war der „Schutzverband Deutscher Schriftsteller" (SDS) unter der Verantwortung Gustav Reglers. *Die Saar-Ente* erschien im Dezember 1934 mit satirischen Kommentaren und Glossen zum Abstimmungskampf und zur „Deutschen Front". Die erste Nummer war jedoch auch die letzte; ob ihr Einstellen durch die Parteiführung wegen des allzu satirischen Tones erfolgte, wie Koestler vermutet, ist fraglich. Wahrscheinlicher ist, daß sie nach Bekanntwerden des Abstimmungsergebnisses ihren eigentlichen Daseinszweck verloren hatte[21].

Ob derartige literarische Mittel in einer stark proletarischen und agrarischen Bevölkerung die richtige Sprache fanden, muß mit Skepsis beurteilt werden. Stärker wirkten wohl die großen Demonstrationen, deren größte eine Woche vor dem Abstimmungstermin, am 6. Januar, in dem Saarbrücker Stadion auf dem Kieselhumes stattfand. Den Termin und Ort hatte die Einheitsfront bereits im Spätsommer 1934 eingeplant. Aus allen Gegenden des Saargebiets waren Demonstranten trotz winterlicher Witterung nach Saarbrücken gekom-

---

17 *Deutsche Freiheit* vom 17.11.34; Theisen, S. 33.
18 Gestapo-Vermerk vom 10.8.34; PA AA, Pol. II: Parteien im Saargebiet Bd. 11.
19 Regler: Ohr des Maluchs, S. 264. – Regler nennt keinen Zeitpunkt für seinen Aufenthalt in Moskau; die Begegnung mit Dimitroff (nach dessen Freilassung im Februar 1934) und Reglers erstes öffentliches Auftreten im Saargebiet im Juni 1934 spricht für das Frühjahr 1934.
20 Regler: Malchus, S. 260 f., 291, 304.
21 Koestler, S. 283, 286. – Theisen, S. 36.

men. Gegen 2 Uhr nachmittags begannen sich die Demonstrationszüge von der Stadt auf den Kieselhumes zu bewegen, gegen 4 Uhr sollen sich bereits 100 000 im Stadion versammelt haben; insgesamt sprach die *Deutsche Freiheit* später von 150 000 Teilnehmern[22]. Diese Zahl war propagandistischen Gründen erheblich zu hoch gegriffen und entsprach wohl eher einem Wunschdenken als realistischer Zählung. Für diese Vermutung spricht auch, daß die Zahl 150000 in teilweise vorher vorbereiteten Flugblättern mit den Ansprachen der Redner genannt wird[23]. Wahrscheinlicher ist die Zahl von 40 000 Teilnehmern, die unter den Veranstaltungen kursierte[24]. Trotz Sabotageakten der „Deutschen Front" – zeitweilig fielen die Lautsprecher aus – war die Kundgebung auf dem Kieselhumes eine machtvolle und eindrucksvolle Manifestation. Als Hauptredner traten wiederum Max Braun und Fritz Pfordt auf, darüber hinaus für die KPD Karl Merkel und August Hey, für die SPD Wilhelm Kaupp. Aufgrund bischöflichen Verbot sprach kein Geistlicher, aber von seiten der katholischen Status quo-Bewegung ließ der durch Attentat verletzte Heinrich Imbusch seine solidarischen Grüße ausrichten[25]. In ihren Reden riefen die Hauptredner noch einmal für den Status quo auf; Braun skizzierte seine Konzeption eines freien Saarstaats unter der Obhut des Völkerbundes, Pfordt griff die „Deutsche Front" an, indem er die engen Bindungen des Röchling-Konzerns an Frankreich hervorhob und die einstmals profranzösische Haltung vieler jetziger Mitglieder der „Deutschen Front" anprangerte[26].

Insgesamt stand der ganze Propagandafeldzug der Einheitsfront und vorher der einzelnen Parteien unter einem ungünstigen Stern. Es galt, die jahrelang vor 1933 einmütig vertretene Parole vor der Rückkehr zu Deutschland zu widerrufen und an ihre Stelle den Status quo-Gedanken zu setzen, der in seiner poltitischen und rechtlichen Perspektive zu ungewiß und konturenlos blieb, um dem nationalistischen Krakeel der „Deutschen Front" ein Gegengewicht zu bieten. Bezeichnenderweise hat letztere kaum wirklich politische Kundgebungen veranstaltet, sondern vorwiegend Aufmärsche mit Fahnen, Volkstänzen und Bierausschank. Die „Deutsche Front" versuchte zu *entpolitisieren* und differenziertere Gedankengänge, wonach eine Ablehnung des Hitler-Regimes nicht gegen Deutschland gerichtet war, zu übertönen.

Für eine freie deutsche Saar

Die SPD/Saar hatte bekanntlich im Januar 1934 ihre endgültige Position in der Saarfrage bezogen. Ein Jahr lang hatte sie intern über die möglichen Alternativen – Verschiebung der Abstimmung oder Status quo – diskutiert und in Denkschriften an den Völkerbund auf die innenpolitische Entwicklung an der Saar hingewiesen[27]. Fest stand nur eines: die Rückgliederung an ein nationalsozialistisch regiertes Deutschland zu verhindern. Laut Agentenberichten soll Max Braun Ende 1933 für den Fall einer Abstimmung mit 40 bis 45 % der Stimmen gegen eine Rückgliederung gerechnet haben, was Spekulationen über eine vorübergehende Verselbständigung der Saar Nahrung gab[28]. Aber erst nachdem der

---

22 „Das Freiheitsheer der 150 000", *Deutsche Freiheit* vom 8.1.35.
23 „150 000 marschieren", *Status quo* (undatiertes illustriertes Extrablatt der *Volksstimme*); IISG: Saar-Kollektion, Mappe 9.
24 Mitteilung Kunkels vom 31.5.77.
25 Anm. 9.
26 Die für die Presse hektographierten Reden Max Brauns und Fritz Pfordts befinden sich in Mappe 9 des IISG.
27 Zenner, S. 287; Schneider, S. 478.
28 Gestapo-Bericht vom 18.12.33; PA AA, Pol. II: Parteien im Saargebiet Bd. 6.

Völkerbundsrat im Januar die ersten Vorbereitungen für die Volksabstimmung traf, wurde parteiintern der Status quo als einzige realistische Altenative zur Rückgliederung bestimmt. Dennoch dauerte es vor allem mit Rücksicht auf die saarländische Öffentlichkeit noch fast ein halbes Jahr, bis die Partei erstmals am 6. Juni 1934 offiziell ihr Votum für den Status quo verkündete: „Die Freiheitsfront des Saargebiets stimmt nicht für Frankreich. Die deutsche Freiheitsfront stimmt auch nicht für Hitlerdeutschland. Die Freiheitsfront des Saargebiets stimmt für eine freie deutsche Saar". Einen Tag später erschien ein ähnlich abgefaßter Aufruf, der Unterschriften des gesamten Parteivorstandes trug[29]. Am 15. Juni verabschiedete eine Landeskonferenz der Freiheitsfront die Status quo-Parole, die dann einen Monat später in abgeschwächter Form von den freien Gewerkschaften übernommen wurde[30].

Als erste hatten im Jahre 1933 die frankophilen Splittergruppen sich für den Status quo ausgesprochen. Im ersten Halbjahr 1934 folgten dann die SPD/Saar sowie katholische Kreise um die *Neue Saar-Post.* Dieser Entwicklung schlossen sich im Sommer 1934 auch die Kommunisten an, was die Gründung der Einheitsfront ermöglichte. Damit hatten sich alle politisch relevanten Kräfte außerhalb der „Deutschen Front" aus teilweise sehr unterschiedlichen Montiven für dasselbe Votum entschieden. Für die Kommunisten stand im Vordergrunde, daß ein selbständiges Saargebiet unter Völkerbundsverwaltung die relativ günstigsten Voraussetzungen für den fortgesetzten Klassenkampf bot[31]. Für saarländische Katholiken ging es vornehmlich darum, die Glaubens- und Gewissensfreiheit in einem kleinen Stück deutschen Landes vor dem Zugriff der braunen Diktatur zu bewahren. In den frankophilen Kreisen stand gleichfalls der Gedanke an die Erhaltung rechtsstaatlicher Verhältnisse im Vordergrunde, wobei für die mittelständisch orientierte SWV auch die starke wirtschaftliche Ausrichtung saarländischer Industrien nach Frankreich maßgebend war. Bei den Sozialdemokraten ging es aber nicht nur darum, die deutsche Saar vor der nationalsozialistischen Herrschaft zu bewahren. Es ging auch um das Ziel, durch eine Abstimmungsniederlage der „Deutschen Front" das Ansehen Hitlers derart zu schädigen, daß die darauf einsetzende Ernüchterung seiner Mitläufer und möglicherweise auch der Reichswehr zum erhofften Sturz des Regimes beitragen werde. Derartige Gedankengänge wurden in dieser Deutlichkeit zwar nicht veröffentlicht, aber in Parteikreisen diskutiert und andeutungsweise auch in der *Deutschen Freiheit* skizziert: „Eine Niederlage Hitlers an der Saar müßte ein hinreißendes Signal für die Unterdrückten in Deutschland werden, müßte das nationale Prestige des deutschen Diktators vernichten, wenn er es am 13. Januar noch besitzen sollte"[32].

Die von der Einheitsfront und den befreundeten Gruppen gemeinsam betriebene Politik für den Status quo versuchte, alle nur denkbaren Mittel für dieses Ziel einzusetzen. Da vom Völkerbundsrat Anfang Juni 1934 der 13. Januar 1935 definitiv als Abstimmungstermin festgesetzt worden war, schieden Bemühungen um eine Verschiebung des Plebiszits zwar aus. Aber die Einheitsfront scheint zeitweilig mit dem Gedanken gespielt zu haben, daß angesichts der ungleichen Mittel im Abstimmungkampf eine spätere Annullierung des Ergebnisses gefordert werden könne. Aus diesem Grunde galt es, die Welt auf den Terror der „Deutschen Front" aufmerksam zu machen, der eine unbeeinflußte und freie Abstimmung ausschloß. Durch seine internationalen Kontakte gelang es auch Max Braun, das Interesse der Weltöffentlichkeit auf die Saar zu lenken. Im September 1934 bildete

---

29 „Parole der Freiheitsfront" und „Frei sie die deutsche Saar", *Deutsche Freiheit* vom 6. und 7.6.34.
30 Kunkel, s. 89. – „Zu Hitler niemals!, *Deutsche Freiheit* vom 17.7.34.
31 Kunkel, S. 92.
32 „Signale der sozialistischen Erhebung", *Deutsche Freiheit* vom 6.7.34.

sich ein „Untersuchungsausschuß über den nationalsozialistischen Terror an der Saar", der sich aus dem Briten Lord Marley, dem früheren ungarischen Außenminister Graf M. Karolyi, dem schwedischen Senator Branting und dem amerikanischen Rechtsanwalt William O. Thompson bestand. Am 22. September veröffentlichte dieser Ausschuß nach einer Reise durch das Saargebiet ein Kommuniqué, in dem die Existenz organisierten Terrors bestätigt und zugleich die Befürchtung geäußert wurde, daß unter diesen Umständen die Abstimmung nicht frei sein werde. Gleichzeitig forderte der Ausschuß, daß bei einer Mehrheit für den Status quo die Möglichkeit einer späteren zweiten Abstimmung eingeräumt werde[33]. Einen Monat später trat der Ausschuß im Pariser Hotel „Lutetia" mit Max Braun, Fritz Pfordt und einem Geistlichen erneut zusammen und bekräftigte seine Forderungen[34]. Einen weiteren vom Ausschuß vorbereiteten öffentlichen Auftritt erlebten Braun und Pfordt auch in London[35]. Außer von den nach Frankreich emigrierten deutschen Schriftstellern, deren Aufruf bereits erwähnt wurde, erhielt die Einheitsfront auch von anderen Gruppen, Organisationen und Einzelpersönlichkeiten Unterstützung. Sogar Mitglieder der Association française de la Sarre mäßigten ihre Sprache, um die Einheitsfront nicht zu belasten. So verkündete der Abgeordnete André-Froborg im Juli 1934, daß Frankreich die Saar nicht annektieren und nur die Freiheit der Abstimmung garantieren wolle. Durch die französischen Sozialisten und Kommunisten, durch die Sozialistische Internationale und den Internationalen Gewerschaftsbund sowie nationale Gewerkschaftsverbände in vielen Ländern erhielt die Einheitsfront moralische und teilweise auch materielle Unterstützung[36].

Bereits auf der großen Sulzbacher Kundgebung hatten Max Braun und die anderen Redner ihre Forderungen nach dem Status quo präzisiert: Selbstbestimmung des Saarvolkes unter der Völkerbundsverfassung, Mitwirkung der Saarländer an den Regierungsgeschäften, unparteiische Rechtsprechung, Freiheit des Glaubens und des Vereinswesens sowie die Möglichkeit einer zweiten Abstimmung bei veränderten politischen Verhältnissen in Deutschland[37]. Diese Nahziele enthielten jedoch nur vage Angaben darüber, wie der Status quo ausgestaltet werden sollte. Vor allem mußte sichergestellt werden, daß die Entscheidung für den Verbleib der Saar unter dem Völkerbundsregime keinen definitiven Charakter besaß und nicht eine Rückkehr an Deutschland versperrte, sobald dort demokratische Verhältnisse eingekehrt sein würden. Der Völkerbundsrat wurde daher von den Parteien der Einheitsfront und ihnen nahestehenden Kräften im Ausland wiederholt zur Abgabe einer Erklärung in diesem Sinne aufgefordert[38]. Aber die entscheidenden Mächte, Großbritannien und Frankreich, hatten an einer derartigen Lösung der Saarfrage kein Interesse. Die erhoffte Erklärung blieb aus. Die Frage selbst blieb juristisch umstritten. Aus propagandistischen Gründen und wohl nicht ganz ohne Wunschdenken proklamierte die Einheitsfront, daß der Völkerbund nach einer deutschen Abstimmungsniederlage als Souverän frei über die Saar verfügen und daher auch jederzeit eine zweite Abstimmung ansetzen könne[39]. Offen blieb auch die Frage, wie der Völkerbund bei einem Ergebnis entscheiden sollte, das kein

33 „Saar-Naziterror wird festgestellt" *Deutsche Freiheit* vom 25.9.34. – „Weltbekannte Juristen über den braunen Terror an der Saar", *Rundschau* Nr. 55 vom 18.10.34. – Vgl. Bies, S. 132.
34 Bericht der deutschen Botschaft Paris vom 30.10.34 an das AA; PA AA, Missionsakten Paris: Saargebiet Bd. 32. – „Eine Saarkundgebung in Paris", *Deutsche Freiheit* vom 30.10.34.
35 „Gewaltige Saarkundgebung in London", *Deutsche Freiheit* vom 8.11.34.
36 „Nicht Ewigkeit" und „Saar-Kundgebung der Internationale", *Deutsche Freiheit* vom 5.7. und 7.8.34. – Schneider, S. 483, 498.
37 „Der Sulzbacher Freiheitstag", *Deutsche Freiheit* vom 28.8.34; „Hunderttausende Antifaschisten marschieren", *Arbeiter-Zeitung* vom 27.8.34.
38 „Saar und Kriegsgefahr", *Neuer Vorwärts* vom 28.10.34.
39 „Die Saarregelung, England und Frankreich", *Neuer Vorwärts* vom 16.12.34.

eindeutiges Votum der saarländischen Bevölkerung erkennen ließ oder aber sie in zwei annähernd gleich große Lager spaltete. Insgesamt hat die außen- und innenpolitische Unbestimmtheit des Status quo sich abträglich auf die Überzeugungskraft der Einheitsfront ausgewirkt.

Das Votum für den Status quo selbst barg eine Reihe von Problemen, die vielen Saarländern eine vorbehaltlose Zustimmung erschwerte und dringend der Klärung bedurfte. Zunächst widersprach dieses Votum dem vor 1933 von allen saarländischen Parteien einmütig bekundeten Bekenntnis zur Rückgliederung an Deutschland und verletzte auch tief eingewurzelte nationale Gefühle. Zum andern stellte der Status quo nach der Konstruktion des Saar-Statuts des Versailler Vertrages einen Zustand dar, den gleichfalls alle Parteien als undemokratisch abgelehnt hatten. Die Regierungskommission wurde von einer landfremden Institution eingesetzt und besaß keinerlei demokratische Legitimation durch das Votum des Saar-Volkes. Das gleiche galt für die weitreichenden Sonderrechte der staatlichen französischen Grubenverwaltung. Die Selbstverwaltung der saarländischen Bevölkerung beschränkte sich auf die kommunale Ebene, während das Repräsentationsorgan des Landesrates ein Pseudo-Parlament war, dem die wichtigsten parlamentarischen Funktionen – Budgetrecht, Gesetzgebung und Kontrolle der Exekutive – vorenthalten waren. Eine Forderung nach Beibehaltung des Status quo konnte also nur verbunden sein mit einer inhaltlichen Umgestaltung dieses für die Saarländer unbefriedigenden Zustandes. Schließlich kam noch hinzu, daß die Formulierungen des Versailler Vertrages die mögliche Status quo-Entscheidung inhaltlich völlig unbestimmt ließen: Weder wurden die Möglichkeiten einer späteren zweiten Abstimmung noch andere Modalitäten einer Lösung der Saar-Frage erwähnt.

Die zunehmende Hektik des Abstimmungskampfes sowie sachliche Differenzen führten dazu, daß die Einzeitsfront erst relativ spät sich auf konkrete Ziele für den Fall der Abstimmungssieges einigte. Erst Mitte Dezember 1934 veröffentlichten die Zeitungen der Einheitsfront einen Katalog von Forderungen, die hier in verkürzter Form wiedergegeben werden[40]:

1. Erhaltung des deutschen Charakters des Saargebiets in Sprache und Kultur auch für die Zeit des Status quo;
2. uneingeschränkte Versammlung-, Presse-, Koalitions- und Streikfreiheit;
3. Freiheit der religiösen und weltanschaulichen Bekenntnisse;
4. Säuberung der Justiz, der Polizei, des Landjägerkorps, des Schulwesens und der öffentlichen Verwaltung von nationalsozialistischen Agenten;
5. Erhöhung der Reallöhne, der kleinen Gehälter, Sozialbezüge, sozialen Unterstützungen; Verbesserung des Arbeitsrechts durch die Einführung von Betriebsräten und Mitbestimmung; Ausbau der Sozialversicherung;
6 Verbot des militarisierten Arbeitsdienstes; Arbeitsbeschaffungsmaßnahmen zu tariflichen Bedingungen; Sicherstellung der Berufsausbildung für die Jugend;
7. staatliche Selbstverwaltung derjenigen Saargruben, deren Rückgabe französischerseits bereits zugesagt wurde; Verbot ihrer Auslieferung an das Privatkapital; Wirtschaftsprogramme für Mittelstand und Landwirtschaft;
8. Beibehaltung der stabilen Währung und Schutz vor Inflationsverlusten;
9. Erhöhung der Steuerprogression;
10. Neuorganisation des Bildungswesens einschließlich wissenschaftlicher und künstlerischer Fortbildung; Begründung eines saarländischen Hochschulwesens; unentgeltlicher Zugang von Kindern der Werktätigen zu allen Bildungsanstalten.

---

40 „Programm der Einheitsfront nach dem Siege", *Deutsche Freiheit* vom 16.12.34. – „Unser Programm nach dem Siege!", *Arbeiter-Zeitung* vom 15.12.34; abgedruckt bei Bies, S. 199 ff.

Die Abstimmungsniederlage der Einheitsfront und die Rückgliederung der Saar machten derartige Pläne vollends zunichte. Schon vorher war ihnen durch die französische Politik, die den Wünschen des Dritten Reiches weitgehend entgegenkam, der Boden entzogen worden. Der Gedanke an einen quasi-autonomen Saar-Staat als Vermittler zwischen Deutschland und Frankreich blieb jedoch bei vielen ehemaligen Anhängern des Status quo lebendig, die 1935 mit diesem Ziel gescheitert waren. Die Saarländer, die von 1945 bis 1955 für die saarländische Innenpolitik maßgebend werden sollten, waren größtenteils zurückgekehrte Emigranten, die wegen der Volksabstimmung ihre Heimat hatten verlassen müssen. Johannes Hoffmann als Ministerpräsident des Saargebiets, Max Brauns Bruder Heinz Braun als Justiz- und Richard Kirn als zeitweiliger Arbeits- und Sozialminister setzten sich für das Europa-Statut der Saar ein. Andere saarländische Emigranten traten für eine französische Annexion der Saar ein, so Jacob Hectors Sohn Edgar Hector, der als Innenminister und zugleich als führender Funktionär des „Mouvement pour le rattachement de la Sarre" wirkte. Dieser von Frankreich gelenkten und finanzierten Organisation gehörten gleichfalls Personen an, die einst in der Einheitsfront aktiv mitgekämpft hatten: Walter Sender und Thomas Blanc von der SPD/Saar und Fritz Pfordt, der inzwischen der KPD den Rücken gekehrt hatte[41]. In der zweiten Saar-Abstimmun scheiterte auch der Versuch der Europäisierung der Saar. Trotz äußerlichen Prallelen zur Völkerbundszeit stand das Saar-Problem nach 1945 unter anderen Bedingungen. Die angeführten Beispiele illustrieren jedoch, wie stark der Status quo-Gedanke noch nach zwanzig Jahren mit ihren teilweise einschneidenden Veränderungen in maßgebenden politischen Kreisen an der Saar nachgewirkt hat.

---

41 Hierzu Schneider, S. 520 ff. – Vgl. auch Per Fischer: Die Saar zwischen Deutschland und Frankreich. Politische Entwicklung von 1945 – 1959, Frankfurt am Main 1959, S. 61 ff., 65, 151. – Jacques Freymond: Die Saar 1945 – 1955, München 1961. – Robert H. Schmidt: Saarpolitik 1945 – 1957, 3 Bde., Berlin 1959 ff.

Die Volksabstimmung am 13. Januar 1935

Nach §§ 34 – 40 des Saarstatuts sollte die Bevölkerung des Saargebiets fünfzehn Jahre nach Inkrafttreten des Versailler Vertrages, also nicht vor dem 10. Januar 1935, gemeinde- oder bezirksweise darüber abstimmen, ob ihre Heimat mit Deutschland oder mit Frankreich vereinigt werden oder weiterhin unter dem bestehenden Zustand unter dem Völkerbundsregime verbleiben sollte. Da wir die drei Alternativen im Zusammenhang mit dem Kampf um den Status quo behandelt haben, interessieren uns hier vor allem die personellen und technischen Bestimmungen. Von besonderer Bedeutung für Verlauf und Ergebnis der Abstimmung war der Kreis der hierzu berechtigten Personen. Stimmberechtigt war nach dem Saarstatut jede am Tage der Abstimmung über zwanzig Jahre alte Person, die am 28. Juni 1919, dem Tage der Unterzeichnung des Versailler Vertrages, im Saargebiet gewohnt hatte.

Hinsichtlich des Alters war der Kreis der Abstimmungsberechtigten durch die Unbestimmtheit des Abstimmungstages offen; durch eine Verschiebung dieses Termins konnte sich die Zahl der jüngeren Personen, die inzwischen das geforderte Alter erreicht hatten, erhöhen, wie umgekehrt sich die Zahl älterer Abstimmungsberechtigter verringern konnte. Schwieriger war die Bestimmung das Personenkreises aufgrund der zweiten geforderten Voraussetzung. Zunächst bestand allgemeine Übereinstimmung darüber, daß der Abstimmungsberechtigte nicht gebürtiger Saarländer sein mußte, sodann war seine Staatsangehörigkeit unerheblich. Er konnte beispielsweise am 28. Juni 1919 französischer Staatsbürger gewesen sein oder später diese Staatsangehörigkeit erworben haben[1]. Umgekehrt verlieh die Eigenschaft als Saareinwohner, die nach diesem Stichtage erworben wurde, ohne Erfüllung der beiden genannten Voraussetzungen nicht das Recht zur Abstimmung. Es konnte also vorkommen, daß ein von der Saar Gebürtiger, der 1919 seinen Wohnsitz woanders hatte und später in seine Heimat zurückkehrte, kein Abstimmungsrecht besaß, während ein Zugewanderter, der jedoch am Stichtag vorübergehend seinen Wohnsitz an der Saar hatte, sehr wohl darauf Anspruch hatte. Rechtlich gesehen war der Kreis der Abstimmungsberechtigten nicht identisch mit der Zahl der Saareinwohner, mochten sie in der Mehrheit auch personengleich sein. Diese Frage war insofern von Bedeutung, als etwa 40 000 Abstimmungsberechtigte im Reich und mehrere tausend in Frankreich und Luxemburg lebten, nicht wenige in anderen Ländern und sogar in Übersee. Dies ist aber noch in anderem Zusammenhang von Bedeutung: aufgrund der rechtlichen und teilweise auch personellen Nicht-Identität von Abstimmungsberechtigten und Saareinwohnern lassen sich nur sehr vage Vergleiche zwischen den Landesratswahlen und der Volksabstimmung ziehen.

Strittig war die Frage, was unter „Wohnsitz" zu verstehen war. Wohl bestand Einigkeit darüber, daß jemand, der am Stichtage seinen Wohnsitz an der Saar hatte, aber zu diesem

---

1 Unter den Schriften zur rechtlichen Seite der Abstimmung vor allem Curt Groten: Die Volksabstimmung im Saargebiet. Eine völkerrechtliche Studie in allgemeinverständlicher Bearbeitung, Berlin 1934, S. 5 ff.

Zeitpunkt selbst dort nicht weilte, abstimmungsberechtigt war; für Kinder galt dies, sofern dies auf ihre Eltern oder Erziehungsberechtigten zutraf. Jedoch galt dies nicht für Personen, die sich am Stichtage an der Saar aufhielten, ohne dabei den Willen zu einer ständigen Niederlassung zu haben: beispielsweise Handelsreisende, dort stationierte Soldaten, Touristen usw. Als in der Regel überzeugender Nachweis für die Abstimmungsberechtigung galt das Einwohnermelderegister, das aber durch andere Beweismittel ersetzt werden konnte, sofern jemand nachweislich sich an der Saar niedergelassen hatte, ohne die polizeiliche Anmeldung vollzogen zu haben. Darüber hinaus gab es zahlreiche Grenzfälle, über die sich eine stattliche Zahl juristischer Dissertationen, Abhandlungen und Traktate ausließ. In der Praxis wurden die Bestimmungen später vergleichsweise großzügig ausgelegt[2].

Zuständig für die Abstimmung war ausschließlich der Völkerbundsrat, dem nach dem Saarstatut die Leitung und Durchführung zugewiesen war. Die Regierungskommission des Saargebiets hatte rechtlich mit der Abstimmung nichts zu tun und konnte unmittelbar dabei nicht mitwirken. Diese Regelung galt mit Rücksicht darauf, daß in der Regierungskommission ein Franzose und innerhalb der Verwaltung zahlreiche weitere französische Beamte tätig waren, was wegen des Fehlens entsprechender reichsdeutscher Vertreter den Vorwurf der Parteilichkeit begünstigt hätte. Daher war es auf Anregung des chinesischen Mitgliedes des Völkerbundsrates ein neutraler Schweizer, der bereits im Winter 1922/23 erste Vorbereitungen für die für 1935 vorgesehene Volksabstimmung traf und die Sammlung von Urkunden aller Art veranlaßte, aus denen die Abstimmungsberechtigung nachgewiesen werden konnte[3].

Vorbereitung und Verlauf der Abstimmung

Knapp ein Jahr vor dem frühest möglichen Abstimmungstermin, am 20. Januar 1934, setzte der Völkerbundsrat ein aus drei Diplomaten bestehendes Komitee ein, dem als Vorsitzender der Italiener Baron Pompeo Aloisi, der Argentinier José Maria Cantilo und der spanische Historiker Salvador de Madariaga angehörten; der letztgenannte schied aber nach wenigen Wochen wieder aus und wurde durch seinen Landsmann Julio López Oliván ersetzt. Dieses Komitee hatte die Aufgabe, die juristischen und poltitischen Voraussetzungen der Saarabstimmung zu klären[4].

Von deutscher Seite hatte man wohl zeitweilig gehofft, durch eine vorzeitige Annäherung an Frankreich die Saarabstimmung, die ja de facto auch ein Plebiszit über das Hitler-Regime bedeutete, überflüssig zu machen. Dies gelang zwar nicht, aber Ende Mai 1934 signalisierte der französische Außenminister Louis Barthou, daß er ein überzeugter Anhänger der deutsch-französischen Verständigung sei. Von deutscher Seite wurde daraufhin gleichfalls eine flexible Haltung eingenommen. Nacheinander stimmte die Reichsregierung einer Reihe von Regelungen zu, die das Dreierkomitee dem Völkerbundsrat als Vorschlag unterbreitete. Hierzu gehörte zunächst ein *nach der Rückgliederung* einzusetzendes Abstimmungsgericht, welches mit internationaler Besetzung die aus dem Abstimmungskampf sich ergebenden Streitfragen klären und entscheiden sollte[5]. Am 31. Mai formulierte der

2 Ebd., S. 11 ff. – Georges Passe: Le Plébiscite de la Sarre, Paris 1935, S. 104 ff.
3 Groten: Volksabstimmung, S. 23 ff., 32.
4 Wir beschränken uns hier auf die Darstellung solcher Details, die für Verlauf und Ergebnis der Abstimmung von Bedeutung waren: knappe Übersichten hierzu liefern Jacoby, S. 150 f., Kunkel, S. 20 ff., Passe, S. 90 ff.
5 Vgl. ADAP, Serie C, Bd. I/2, Dok. 474 und 475, S. 838 ff., 840 f.

Völkerbundsrat eine Reihe von Forderungen zur Saar-Abstimmung, zu denen er die deutsche und französische Zustimmung erbat. Es handelte sich hier um eine deutsche und französische Garantieerklärung für die vom Völkerbund getroffenen Entscheidungen zur Saar-Abstimmung und ihren rechtlichen Konsequenzen sowie um technische Einzelheiten: Einsetzung einer Abstimmungskommission und des Abstimmungsgerichts, Fragen der öffentlichen Ordnung an der Saar sowie der Finanzierung des Plebiszits. Um möglichst bald einen festen Abstimmungstermin zu erzielen, stimmte die Reichsregierung bereits am nächsten Tage diesen Regelungen zu. Am 4. Juni verpflichteten sich Deutschland und Frankreich in einer gleichlautend vereinbarten Garantie-Erklärung, sich mittelbaren oder unmittelbaren Druckes zu enthalten, der die Freiheit und Aufrichtigkeit der Stimmenabgabe beeinträchtigen könnte[6]. Am selben Tage verkündete der Völkerbundsrat den ersten Sonntag nach Ablauf der fünfzehnjährigen Frist, den 13. Januar 1935, zum Abstimmungstermin.

Das Dreierkomitee berief eine dreiköpfige Abstimmungskommission, die sich aus einem Schweden, einem Niederländer und einem Schweizer zusammensetzte und der eine Amerikanerin als Sachverständige beigeordnet wurde. Aufgabe dieser Kommission war es, die technischen Fragen der vom Dreierkomitee angeordneten politischen Richtlinien zu lösen[7]. Parallel dazu liefen enge diplomatische Kontakte, die auch die deutsch-französischen Hindernisse einer Rückgliederung der Saar aus dem Wege räumten. Im November 1934 fanden unter den Auspizien des Dreierkomitees in Rom Verhandlungen über den Rückkauf der Saargruben durch das Deutsche Reich statt. Damit war auf diplomatischer Bühne sichtbar geworden, daß über eine bevorstehende Rückgliederung der Saar bei allen Beteiligten kein Zweifel mehr herrschte. Am 4. Dezember einigten sich Deutschland und Frankreich auf einen Kaufpreis für die Gruben sowie über Modalitäten des Rückkaufs der im Saargebiet umlaufenden Frankenwährung[8]. Damit wurde aber auch die internationale Isolierung der Status quo-Bewegung deutlich, was ihre psychologische Wirkung in der saarländischen Öffentlichkeit nicht verfehlt haben dürfte.

Am 1. Juli 1934 hatte die vom Dreierkomitee gebildete Abstimmungskommission ihr Amt angetreten, um die rein organisatorischen Vorbereitungen zu treffen. Nach § 34 des Saarstatuts sollte die Stimmenabgabe entweder nach Bezirken oder nach Gemeinden erfolgen; das bedeutete für den ehemals preußischen Teil der Saar Landkreis oder Gemeinde, für den ehemals bayerischen Teil Amtsbezirk oder Bürgermeisterei. Nach Überzeugung des Dreierkomitees war jedoch eine Abstimmung nach den sieben Landkreisen (bzw. Bezirken) des Saargebiets und der kreisfreien Stadt Saarbrücken zu undifferenziert, eine Abstimmung nach den 285 Gemeinden und Bürgermeistereien wiederum zu eng, so daß schließlich 83 Abstimmungsbezirke gebildet wurden, die wiederum weitgehend kommunale Grenzziehungen berücksichtigten[9]. In jedem der 83 Abstimmungsbezirke wurde unter dem Vorsitz eines neutralen ausländischen Vorsitzenden ein Gemeindeausschuß gebildet, der wiederum einem übergeordneten Kreisausschuß unterstand. Da die deutschen Beisitzer auf Anfrage der Abstimmungskommission von den Landräten vorgeschlagen wurden, war es kaum verwunderlich, daß in ihnen die „Deutsche Front" stark vertreten war, was von der Status quo-Bewegung als einseitige Parteinahme für die Gegenseite interpretiert wurde[10].

---

6 Ebd., Dok. 477 und 481, S. 848 f., 851 f. – Zu den Sicherheitsgarantien vgl. Jacoby, S. 172 ff., Passe, S. 135 ff.
7 Vgl. Passe, S. 83 ff., Wambaugh, S. 186 ff.
8 ADAP, Serie C, Bd. II/2, Dok. 373, S. 666 ff. – Vgl. Kunkel, S. 115.
9 Groten: Volksabstimmung, S. 28 f. – Passe, S. 102 f., 83 ff.
10 Passe, S. 88 ff. – Wambaugh, S. 186 ff.

Diese Ausschüsse hatten die Abstimmungsberechtigung der einzelnen Personen zu prüfen. Auf Ersuchen der Abstimmungskommission wurde am 7. Juli 1934 die am 4. Juni 1934 vom Völkerbundsrat beschlossene Wahlordnung verkündet; sie erhielt damit Gesetzeskraft. Danach wurden die Abstimmungsberechtigten von Amts wegen bis zum 25. Juli in Abstimmungslisten eingetragen; sofern dies unterlassen worden war, konnten sie sich auf Antrag bis zum 23. September 1934 eintragen lassen. Drei Tage später mußten in allen Ortschaften die vollständigen Listen ausgehändigt werden. Gegen jeden Abstimmungsberechtigten konnte binnen dreißig Tagen Einspruch erhoben werden, der – wie auch im Falle abgelehnter Anträge – von einem hierzu in Saarbrücken eingerichteten und mit Ausländern besetzten Gericht bis zum 9. November 1934 entschieden wurde; Einsprüche gegen diese Entscheidungen wurden dann von einem Abstimmungsobergericht bis zum 9. Dezember in letzter Instanz definitiv entschieden. Von seiten der Einheitsfront wurde im Herbst 1934 versucht, durch zahlreiche Einsprüche die Terminplanung der Abstimmungskommission durcheinander zu bringen und dadurch die Abstimmung selbst hinauszuzögern. Das Abstimmungsobergericht hat diese Einsprüche dann ziemlich pauschal entschieden. Hierbei mag manche Ungenauigkeit und Unregelmäßigkeit vorgekommen sein, die aber für das Abstimmungsresultat wohl von untergeordneter Bedeutung gewesen ist[11].

Die nicht an der Saar lebenden Abstimmungsberechtigten konnten schriftlich ihre Eintragung in die Listen beantragen. Dies war insofern für sie leicht, als jede der am Abstimmungskampf beteiligten Seiten Stimmen zu werben trachtete und Ratsuchenden aktiv zur Seite stand. Sofern es sich um Saarländer handelte, die im Reiche wohnte, bemühten sich amtliche deutsche Stellen darum, sie listenmäßig zu erfassen und auf ihre „nationale Pflicht" nachdrücklichst hinzuweisen. Nach zeitgenössischen Schätzungen hatte man etwa 47 000 abstimmungsberechtigte Saarländer im Reich listenmäßig erfaßt und für das Plebiszit mobilisiert[12]. Diese Erfassung reichte bereits zurück in die Weimarer Zeit und wurde nach Hitlers Machtergreifung besonders intensiv betrieben. Auf Anordnung des Reichsinnenministeriums wurden ab Mai 1934 durch die Landräte der dem Saargebiet benachbarten Landkreise Listen von abstimmungsberechtigten Saarländern angefertigt und diese selbst aufgefordert, sich in ihrer füreren Heimat eintragen zu lassen. Charakteristisch war hier die Mitteilung des Landrates von Prüm an die Bezirksregierung von Trier, wonach alle in seinem Kreis lebenden Saarländer dieser Weisung gefolgt seien – mit Ausnahme eines Bibelforscherpaares, dessen Beeinflussung in dieser Richtung aber zwecklos sei[13]. Schwieriger war es, die in Elsaß-Lothringen lebenden Saarländer zu erfassen. Bis März 1933 hatten die beiden Gewerkschaftsdachverbände an der Saar eine Kartothek von etwa 2 300 in Lothringen lebenden abstimmungsberechtigten Saarländern geführt und den preußischen oder reichsdeutschen Dienststellen zur Verfügung gestellt[14]. Nach der innenpolitischen Spaltung der saarländischen Öffentlichkeit dürften von seiten der freien Gewerkschaften wohl keine Hinweise und Andressen mehr weitergeleitet worden sein. Im Sommer 1934 plante man von reichsdeutscher Seite, über die „Deutsche Front" solche Saarländer anzusprechen, die Verwandte in Elsaß-Lothringen hatten[15]. – Listen über die

---

11 Passe, S. 90 ff. – Kunkel, S. 22.
12 „47 000 Abstimmungsberechtigte aus dem Reich", *Deutsche Freiheit* vom 18./19. 11. 34.
13 Schreiben des Regierungspräsidenten von Trier vom 14. 5. 34 an Regierungsrat Westhoff; – Schreiben des Landrats vom Prüm vom 25. 8. 34 an den Regierungspräsidenten von Trier; LHA Koblenz: 442/8538. – Unter diesem Bestand befinden sich derartige Listen für Baumholder, Bernkastel-Cues, Bittburg, Daun, Prüm, Saarburg, Trier und Wittlich.
14 Vermerk vom 8. 3. 33; LHA Koblenz: 442/7500.
15 Vermerk vom 11. 7. 34; LHA Koblenz: 442/8538.

in Frankreich lebenden abstimmungsberechtigten Saarländer hatte übrigens auch die Association française de la Sarre zusammengestellt und den Präfekten der Grenzdepartements zur Verfügung gestellt, wenngleich in weitaus geringerem Maße[16]. Alle am Abstimmungskampf beteiligten Seiten richteten für diesen Personenkreis sowie für hilfesuchende Saarländer innerhalb und außerhalb des Saargebiets Beratungsstellen ein: die „Deutsche Front" und die Einheitsfront jeweils in Saarbrücken und die frankophilen Gruppen ein „Bureau Plébiscitaire" in Metz[17].

Die Abstimmungskommission hat sich in den eigentlichen innersaarländischen Abstimmungskampf politisch nicht eingemischt, obwohl sie das Recht und die Pflicht hatte, Maßnahmen für eine freie, geheime und unbeeinflußte Stimmenabgabe zu ergreifen. Am 12. November 1934 stellte sie zwar fest, daß Terror ausgeübt werde, beließ es jedoch bei der bloßen Drohung, in Zukunft dagegen vorgehen zu wollen[18]. Die Last der öffentlichen Ordnung oblag der politisch und technisch überforderten Regierungskommission, deren Verordnungen zwar den Status quo-Parteien städtische Versammlungssäle sicherstellten, aber den Straßenterror kaum eindämmen konnten. Um die Abstimmung selbst unter Bedingungen stattfinden zu lassen, die einen ordnungsmäßigen Ablauf einigermaßen garantieren würden, war bereits im Frühjahr 1934 von französischer Seite eine internationale Polizeitruppe als Ordnungsmacht während des Abstimmungstages und für einen gewissen Zeitraum vorher und nachher angeregt worden. Dieser Vorschlag wurde später vom Dreierkomitee aufgegriffen. Die deutsche Regierung stimmte dem nach anfänglichem Widerstand schließlich zu. Im Dezember 1934 wurde schließlich ein aus 3 300 Soldaten bestehendes Kontingent als sogenannte Abstimmungspolizei zusammengestellt; unter ihnen befanden sich 1 500 Briten, 1 300 Italiener und je 250 Niederländer und Schweden. Zwischen dem 20. und 23. Dezember besetzten die Truppen das Saargebiet[19]. Gleichzeitig erließ die Regierungskommission strenge Bestimmungen zur Einreise und zur Aufenthaltsberechtigung an der Saar. Letztere wurden nur ausnahmsweise erteilt und bedurften einer besonderen Genehmigung für die Zeit vom 27. Dezember bis zum 26 Januar; die Einreise wurde in diesem Zeitraum fast ausschließlich auswärtigen Abstimmungsberechtigten gestattet. In der Nacht zum 28. Dezember wurden die saarländischen Grenzen geschlossen und waren nur noch mit Sonderausweisen der Regierungskommission passierbar[20]. In dieser Zeit wurden auch die Abstimmungslokale und ihre personelle Besetzung bestimmt. Den Vorsitz in den rund 940 Lokalen führten vom Völkerbund ernannte und vereidigte Personen aus neutralen Ländern, überwiegend aus Skandinavien, der Schweiz, Großbritannien und den Benelux-Ländern[21]. Insgesamt dürften mit der Polizeitruppe etwa 4 500 – 5 000 Ausländer in amtlicher Funktion des Völkerbundes zur Abstimmung im Saargebiet geweilt haben. – Im Zuge einer aus taktischen Gründen gezeigten Konzessionsbereitschaft versuchte auch die Reichsregierung alles zu verhindern, was den Einspruch oder die Kritik der Abstimmungskommission hätte hervorrufen können. So wurden in einer 40 km breiten Zone längs der saarländischen Grenze Aufmärsche und

---

16 Rundschreiben der Associjation francaise de la Sarre vom 24. 10. 33 (nebst Liste über 150 Adressen); Archives départementales de Strasbourg: D 286/382. – Weitere Listen befinden sich ebenda im Bestand AL 98/409.
17 Wambaugh, S. 201.
18 Kunkel, S. 21.
19 Wambaugh, S. 168, 283 f.; vgl. Bartz, S. 172.
20 „Strenge Einreisevorschriften für das Saargebiet" und „Saargrenze geschlossen", *Deutsche Freiheit* vom 20. und 30./21. 12. 34.
21 Rundschreiben der Abstimmungskommission vom 12. 12. 34; IISG: Saar-Kollektie, Materialien des Barons Mackay und der Adama van Scheltema-Kleefstra, Mappe 3.

Uniformen von SA und SS verboten[22]. Nicht untersagt wurden dagegen die Aktivitäten der „Deutschen Front", die sich mit zunehmender Nähe zum 13. Januar immer mehr steigerten und das Bild auf den Straßen bestimmten.

Die Regierungskommission hatte für die Zeit vom 20. Dezember 1934 bis zum Plebiszit das Hissen von Flaggen verboten. Damit wollte man verhindern, daß der von der „Deutschen Front" ausgeübte Flaggenzwang die Status quo-Anhänger exponieren und einschüchtern würde. Noch am Vorabend der Volksabstimmung hatten aber Klebekolonnen beider Seiten im Schneetreiben die Mauern und Wände der Städte mit Plakaten zugedeckt. Am 13. Januar selbst herrschte Ruhe. Organisatorisch verlief die Abstimmung reibungslos. Aus dem Reich kamen am Vorabend 57 Sonderzüge an die Saar. Die „Deutsche Front" hatte einen umfangreichen Zubringerdienst für ältere und kranke Menschen vorbereitet, durch den diese von zahllosen Rot-Kreuz-Schwestern und freiwilligen Helferinnen bis in die Wahlzellen gebracht wurden. Auf den Straßen defilierte der Ordnungsdienst der „Deutschen Front" und bildete vor den Abstimmungslokalen Spalier, um die Status quo-Anhänger einzuschüchtern. In den Lokalen selbst waren Uniformen, Plaketten oder sonstige Zeichen und Äußerungen, aus denen die politische Überzeugung hervorging, streng verboten. Um nicht den Stimmenverlust übereifriger Mitglieder zu riskieren, hatte die „Deutsche Front" ihren Anhängern eingeschärft, den Hitler-Gruß oder andere politische Äußerungen zu unterlassen. Vor vielen Lokalen hingen Plakate wie „Nicht grüßen! Maul halten!" oder „Schweigend kommen! Schweigend stimmen! Schweigend gehen!"[23] Abends um 20 Uhr wurden die Lokale geschlossen und die versiegelten Wahlurnen von Militärwagen der Abstimmungspolizei nach Saarbrücken gebracht.

Das Abstimmungsergebnis

Seit Monaten hatte es zahlreiche Spekulationen über das Abstimmungsergebnis gegeben. Lange vor dem 13. Januar waren Journalisten aus aller Welt an die Saar gekommen, um sich an der Nachrichtenbörse zu betätigen. Naturgemäß waren die Prognosen der am Abstimmungskampf beteiligten Seiten stark von Wunschdenken getragen oder aber sie sollten eine propagandistische Suggestivkraft ausüben, indem sie die eigenen Erfolgschancen überhöhten. Von seiten der „Deutschen Front" wurden 97 % für die Rückgliederung vorausgesagt, während die Einheitsfront zeitweilig 60 % für den Status quo prophezeite. Nahezu sämtliche Prognosen – auch neutraler Beobachter – verfehlten das Abstimmungsergebnis erheblich. Meinungsumfragen wie bei zeitgenössischen Wahlkämpfen gab es an der Saar nicht; da die Voraussetzungen für ein unbefangenes Bekenntnis zur eigenen Position in der herrschenden Atmosphäre des Terrors nicht gegeben waren, hätten derartige Umfragen auch kaum verwertbare Ergebnisse gebracht.

Besonders schwierig ist es, die Prognosen der Beteiligten selbst abzuschätzen, da hier Wunschdenken und Propagandaeffekt vielfach wirkliche Lagebeurteilungen verfärbten. Von Max Braun glaubte die Gestapo im Dezember 1933 erfahren zu haben, daß er im privaten Kreise mit 40 – 45 % für den Status quo rechnete. In der Öffentlichkeit vertrat er jedoch andere Prognosen: 60 % für den Status quo, unter ihnen 30 – 35 % Anhänger der Einheitsfront, 20 – 25 % Katholiken und etwa 5 % frankophile und autonomistische Grup-

---

22 „An SA und SS des Saargebiets!" *Saarbrücker Zeitung* vom 3. 11. 34.
23 Merkblatt des Verkehrsvereins Saarbrücken; IISG: Saar-Kollektie, Mappe 15. – „Der Terror regiert die Stunde", *Deutsche Freiheit* vom 13./14. 1. 35. – Kunkel, S. 117 f. – Szliska II, S. 13 f. – Berndt, S. 83.

pen[24]. Mögen die letztgenannten Zahlen auch nur vor dem Hintergrund des Propaganda-
krieges verstanden wrden, so scheint die erstgenannte Prognose im Kreise um Max Braun
tatsächlich weitgehend für realistisch angesehen worden zu sein. Die frühere Reichstagsabgeordnete Johanna Kirchner, die seit Oktober 1934 in der SPD-Zentrale arbeitete, bekannte nachträglich, daß man dort mit 40 % für den Status quo gerechnet habe. Neben diesen geradezu euphorischen Fehlschätzungen mögen die Funktionäre der Status quo-Parteien, wie Kunkel andeutet, durchaus von tiefen Zweifeln am Ausgang der Abstimmung
geplagt worden sein[25]. Die Atmosphäre in der Schlußphase des Abstimmungskampfes
ließ auch außenstehende, wenngleich innerlich beteiligte Beobachter die Lage falsch beur-
teilen. Der im Pariser Exil lebende SPD-Politiker Viktor Schiff rechnete drei Wochen vor
der Abstimmung mit einem knappen Sieg der Status quo-Bewegung. Rudolf Breitscheid
urteilte skeptischer, sah aber 20 – 25 % für den Status quo als gesichert an[26]. Diese letztgenannten Zahlen, etwa der Spielraum zwischen 20 und 30 % gegen die Rückgliederung, war
unter deutschen Emigranten, ausländischen Journalisten, bei den Saarländern selbst und
nicht zuletzt in Kreisen des Nazi-Regimes die am häufigsten geäußerte Prognose[27].
Die Größenordnung dieser Schätzungen ist wohl auf eine sehr plausible Weise zu erklären. SPD und KPD hatten bei den Landesratswahlen 1932 zusammen 32,7 % der Stimmen
errungen. Rechnet man die Stimmen der linken Splittergruppen – KPD, SAP, Arbeiter-
und Bauernpartei (Vitus Heller-Bewegung) – hinzu, so gelangt man auf 38,6 %. Stellt man
dazu noch den Zulauf frankophiler und autonomistischer Gruppen in Rechnung sowie
unzufriedene Katholiken um Johannes Hoffmann, so mögen manche Beobachter auf eine
über 40 % liegende Zahl spekuliert haben. Das tatsächliche Ergebnis kam daher für alle
Seiten völlig unerwartet. Bereits in den ersten Stunden der Auszählung, die am 14. Januar
um 17 Uhr öffentlich in der Saarbrücker Wartburg-Halle begann, überraschte die außerordentliche Stimmenzahl für die Rückgliederung an Deutschland[28]. Am 15. Januar vormit-
tags verkündete dann die Abstimmungskommission das endgültige Ergebnis:

Abstimmungsberechtigte	539541
abgegebene Stimmen	528105
für die Vereinigung mit Deutschland	477119 (90,8 %)
für die Vereinigung mit Frankreich	2124 (0,4 %)
für den Status quo	46613 (8,8 %)
ungültige Stimmzettel	905
weiße Stimmzettel	1292.

Das Ergebnis überraschte in jeder Beziehung, vor allem im Hinblick auf das schlechte Abschneiden der Status quo-Stimmen. Es würde auch nicht dadurch relativiert werden, wenn

24 Gestapo-Bericht vom 18. 12. 33; PA AA, Pol. II: Parteien im Saargebiet Bd. 7. – „Der Sulzbacher
    Freiheitstag" und „Pirro und der unbequeme französische Journalist", *Deutsche Freiheit* vom 28. 8.
    und 15. 11. 34.
25 Schreiben Johanna Kirchners vom 1. 3. 35 an Martin Plettl; DGB-Archiv: Nachlaß Martin Plettl.
    – Kunkel, S. 116.
26 Scheiben Viktor Schiffs vom 24. 12. 34 an Friedrich Stampfer; AsD: Stampfer-Nachlaß, Mappe
    14. – Schreiben Rudolf Breitscheids vom 19. 1. 35 an Stampfer; ebd., Mappe 4.
27 „Kann Hitler an der Saar geschlagen werden?", „Berlin zwischen Furcht und Hoffnung" und
    „Über die Aussichten des 13. Januar", *Deutsche Freiheit* vom 3. 11. 34, 28. 12. 34 und 13./14. 1. 35.
    – Emil Stahl: Bericht über die Lage in Berlin; AsD: Emigration-Sopade, Mappe, S. 129. – Balk,
    S. 34 ff.
28 Helmut Hirsch: The Saar Plebiscite of 1935, *The South Atlantic Quarterly* 45 (1946), S. 13–30; vgl.
    hierzu auch die Gesamtdarstellung bei Wambaugh, S. 295 ff.

man – völlig hypothetisch – die rund 12 000 Abstimmungsberechtigten, die nicht zur Urne gingen, sowie die ungültigen und die weißen und die für Frankreich abgegebenen Stimmzettel zusammen als gemeinsames Votum gegen die Rückgliederung addieren würde; auch diese Summe ergäbe bloß 11,6 % der Stimmen. Das Abstimmungsergebnis war bei einer Beteiligung von 97 % eindeutig. Die Status quo-Bewegung erreichte nicht viel mehr als ein Drittel der Stimmen, die 1932 bei erheblich geringerer Wahlbeteiligung für SPD und KPD zusammen abgegeben worden waren. An ihrer vernichtenden Niederlage war nicht zu zweifeln.

Eine Analyse des Abstimmungsergebnisses, wie wir es in skizzenhafter Form an den Landesratswahlen 1932 vorgenommen hatten, ist nicht möglich. Wohl kennen wir die Resultate in den einzelnen 83 Stimmbezirken, deren Grenzen großenteils mit denen der Gemeinden und Bürgermeistereien identisch waren[29]. Dennoch sind die Voraussetzungen für eine derartige Analyse nicht gegeben. Wir hatten schon darauf hingewiesen, daß die Wähler von 1932 juristisch und teilweise auch personell mit den Abstimmenden nicht identisch waren. Rund 55 000 nicht im Saargebiet wohnhafte, abstimmungsberechtigte Personen waren zum 13. Januar an die Saar gekommen, davon etwa 47 000 aus dem Reich, die übrigen meistens aus Frankreich (Lothringen), aber auch aus anderen Ländern. Die meisten dieser Personen dürften dort abgestimmt haben, wo sie am 28. Juni 1919 ihren Wohnsitz gehabt hatten. Etwa 80 000 Saarländer gaben ihre Stimme jedoch in Stimmbezirken ab, die nicht ihrem tatsächlichen Wohnsitz entsprachen[30]. Das statistische Material über Sozialstruktur und Konfession, das wir für die Wahlen von 1932 auswerten konnten, ist daher für die Analyse des Abstimmungsergebnisses von sehr begrenztem Wert. Dennoch wollen wir einige Bemerkungen zur regionalen Verteilung der einzelnen Voten anfügen. Die höchste Zahl, die Status quo-Bewegung überhaupt erhielt, lag bei 16,6 % in dem von knapp 400 Seelen bewohnten Nest Wörschweiler, gefolgt von Reinheim mit 13,5 % (beide im Kreise St. Ingbert). Relativ „gut" schnitt sie ab in einigen Hochburgen der saarländischen Arbeiterbewegung: Saarbrücken-Stadt (12,3 %), Dudweiler (12,8 %), Ludweiler (11 %), Sulzbach (10,7 %), Neunkirchen (11,5 %), Ottweiler (11 %), Wiebelskirchen (11,4 %), Wallerfangen (13 %) und Saarlouis (10,4 %). Ihre niedrigsten Ergebnisse erreichte sie in einigen kleinen Dörfern der Kreise St. Ingbert und Homburg: Mimbach (0,9 %) und Rubenheim (1,7 %). Bemerkenswert ist das überdurchschnittliche Stimmenresultat der Status quo-Bewegung in Homburg-Stadt (12,2 %), wo die SPD bei den Landesratswahlen stark verloren und die NSDAP gewonnen hatte. Das Gesamtresultat vermittelt den Eindruck, daß nicht das Vorhandensein der NS-Partei die große Stimmenzahl für die Rückgliederung bewirkt hat, sondern die Gleichschaltung der ländlichen katholischen Wählermassen. Offensichtlich hat sich die Taktik der Verschmelzung des Zentrums und der anderen Parteien zur „Deutschen Front" für das Nazi-Regime ausgezahlt. In den ländlichen und katholischen Gemeinden mit geringer Industriearbeiterschaft sind die höchsten Zahlen für die Rückgliederung zu verzeichnen.

Nicht abzuschätzen ist die Zahl der frankophilen und autonomistischen Stimmen, die für den Status quo abgegeben wurden. Da 2 124 Personen für die Vereinigung mit Frankreich stimmten und andererseits die frankophilen Gruppen als höchstes jemals bei Wahlen erreichtes Resultat gerade 6 600 Stimmen auf sich vereinigen konnten, dürfte diese Zahl als bedeutungslos zu veranschlagen sein. Den höchsten Stimmenanteil erreichten die für

---

29 Das amtliche Ergebnis nach Stimmbezirken ist veröffentlicht in *Völkerbund. Zeitschrift der Deutschen Gesellschaft für Völkerbundsfragen* Nr. 117 vom 22. 1. 35. – Vgl. die bei Zenner am Schluß angegebene Karte mit Stimmbezirken und Ergebnisse.

30 Hirsch: Saar Plebiscite, S. 18.

Frankreich Votierenden naturgemäß im Kreise Saarlouis (0,8 %) und dorthin wiederum in der Gemeinde Oberesch (2,7 %). Das Abstimmungsergebnis war auch für Frankreich ein recht eindeutiges und blamierte seine jahrzehntelang betriebene, in die Form nationalistischer Missions- und Bekehrungsversuche eingekleidete Expansionspolitik. Schließlich stellt sich auch die – nicht zu beantwortende – Frage nach dem Anteil katholischer Stimmen auf seiten der Status quo-Bewegung. Sie sind kaum abzuschätzen, dürften jedoch als gering anzusetzen sein; das Verhalten der katholischen Bevölkerung, die früher das Zentrum gewählt hatte, die Erklärung der Bischöfe vor der Abstimmung – alles dies läßt auf eine zahlenmäßig geringe Anhängerschaft des Volksbundes um Johannes Hoffmann schließen.

Das Ergebnis war für die Anhänger der Einheitsfront derart überraschend, daß recht bald der Verdacht aufkam, die Abstimmung sei nicht korrekt durchgeführt worden. Hitler sei, so schrieb Max Braun wenig später, auch an der Saar durch eine Art Reichstagsbrand an die Macht gekommen, d. h. durch massiven Wahlbetrug[31]. Auch Robert Herly (Jean Revire) von der Association française de la Sarre äußerte einen derartigen Verdacht mit dem Hinweis darauf, daß die „Deutsche Front" das Ergebnis bereits eine Stunde nach Beginn der Auszählung gewußt habe[32]. Solche Verdächtigungen können heute nicht mehr überprüft werden. Die Möglichkeit von Wahlfälschungen mag in Einzelfällen vielleicht bestanden haben, dürfte jedoch ein kaum nennenswertes Ausmaß angenommen haben. Die Stimmenabgabe und -auszählung erfolgte unter der strengen Aufsicht der ausländischen Mitglieder der Abstimmungskommission des Völkerbundes, deren Tätigkeit irgendwelchen Manipulationen wohl keinen großen Raum ließ. Nach einer zweiten Kontrollzählung wurden die Stimmzettel in versiegelten Kisten nach Genf geschafft und dort vernichtet. Eher dürfte dieser Verdacht als Reaktion auf das als unfaßbar empfundene Resultat verstanden werden.

Die Frage nach den Ursachen des Abstimmungsergebnisses berührt eine sehr vielschichtige Problematik, die kaum monokausal zu erklären sein dürfte. Wenn wir bei den unmittelbaren Bedingungen des Abstimmungskampfes beginnen, so muß zunächst die Ungleichheit der Mittel auffallen, mit denen beide Seiten kämpften. Am Vorabend des Abstimmungstermins überschlug die „Deutsche Front" ihren aufgebrachten Propagandaaufwand: über 1 500 Versammlungen, über 1 500 kulturelle Veranstaltungen, über 1 000 Giebelwerbungen, über 5 Millionen Briefverschlußmarken mit NS-Parolen, über 80 000 Plakate, abgesehen von den Berichten reichsdeutscher Rundfunksender und der gleichgeschalteten saarländischen Presse[33]. Dagegen konnte die materiell sehr begrenzte Einheitsfront kaum einen Bruchteil dieses Aufwandes aufbringen. „Es war ein allzu ungleicher Kampf", schrieb die *Deutsche Freiheit* hierzu. „Der mächtigsten Diktatur Mitteleuropas mit Millionen und Millionen Propagandafonds und dem größten politischen Reklameapparat der Welt, stand eine Gruppe der Arbeiterbewegung gegenüber, die zu den schwächsten Deutschlands gehört"[34].

Vor allem aber der langjährige Terror hatte vielen, die dem NS-Regime feindlich gegenübergestanden hatten, den Widerstandswillen gebrochen. Kurz vor der Abstimmung tauchten – möglicherweise lancierte – Gerüchte auf, wonach die Gestapo nachträglich das Abstimmungsverhalten des einzelnen ermitteln könnte; es bestanden also Zweifel an der Geheimhaltung durch die Abstimmungskommission. Diese Befürchtung war in dieser

---

31 Schreiben Max Brauns vom 24. 2. 35 an Martin Plettl; DGB-Archiv: Nachlaß Plettl.
32 Hirsch: Saar Plebiscite, S. 17.
33 Szliska II, S. 7.
34 Zitat nach Kunkel, S. 118.

Form zwar unbegründet, aber in einem anderen Zusammenhang nicht völlig ungerechtfertigt. In kleineren Ortschaften waren Anhänger und Mitglieder von SPD und KPD ortsbekannt, so daß aus dem Abstimmungsergebnis einer 400-Seelen-Gemeinde unschwer die Herkunft der Status quo-Stimmen erraten werden konnte. Die Spaliere des „Ordnungsdienstes" der „Deutschen Front" vor den Abstimmungslokalen dürften derartige Sorgen noch bestärkt haben. Das gilt auch für sein Auftreten auf der Straße in den letzten Wochen vor dem 13. Januar. Die beiden Demontrationen am 6. Januar – die der Einheitsfront auf dem Kieselhumes, die der „Deutschen Front" auf dem Wackenberg – waren die letzten großen Veranstaltungen gewesen. Danach ließ die Regierungskommission die Zügel schleifen und überließ die Straße vollständig dem „Ordnungsdienst"[35]. Die Soldaten der Abstimmungspolizei griffen nicht ein und machten teilweise aus ihrer Abneigung gegen die „Roten" keinen Hehl. „Von der Kapitulation der Polizei vor der braunen Front während der ersten (verbotenen) Kundgebung bei dem Empfang der Deutsch-Amerikaner ab bis zur Übergabe der Polizeibefugnisse an den national-sozialistischen Ordnungsdienst am Abstimmungstage, geschah wirklich alles, um bei der Bevölkerung den Eindruck zu erwecken, daß die Nationalsozialisten schon zu einer regierenden Gewalt geworden und daß ihre Gegner schutzlos dem Terror ausgeliefert seien"[36].

Als wesentliche Ursache für das schlechte Abschneiden der Rückgliederungsgegner wird man auch die gesamte politische Konstellation in Europa ansehen müssen. Vor allem Frankreich zeigte Hitler gegenüber eine Konzessionsbereitschaft in der Saarfrage, die es dem demokratischen Deutschland vorenthalten hatte. Wer das diplomatische Geschehen in Europa im Jahre 1934 beobachtete, konnte darüber keinen Zweifel mehr hegen, daß die Rückgabe der Saar an Deutschland allgemein nicht nur erwartet, sondern auch gutgeheißen wurde. Die Status quo-Bewegung fand bei keiner einzigen auswärtigen Regierung irgendwelche Unterstützung. Nicht einmal Regierungen von Ländern, die sich – wie die Sowjetunion oder die Tschechoslowakei – aus ideologischen, geo- und ethnographischen Gründen vom NS-Regime bedroht fühlten, erhoben Widerspruch[37]. Maßgebend hat hier auch die Kirche die öffentliche Meinung beeinflußt, indem sie eindeutig für die Rückgliederung der Saar eintrat. Die Gegner des NS-Regimes an der Saar waren in jeder Beziehung vollkommen isoliert.

Schließlich aber – und dies dürfte im weiteren Zusammenhang das wichtigste Motiv sein – entsprach die Rückgliederung der mehr als ein Jahrzehnt von *allen* Parteien gleichermaßen geforderten Lösung der Saarfrage. Die Verfechter des Status quo mußten in der Öffentlichkeit gemeinhin als Verräter der bis dahin gemeinsam vertretenen nationalen Sache erscheinen. Die Unsicherheit über die Möglichkeit einer zweiten Abstimmung und die wenig konkreten Perspektiven eines modifizierten Völkerbundregimes mit demokratischer Regierungsbeteiligung der Bevölkerung waren ein schwaches Argument gegen eine bislang von allen Parteien gemeinsam getragenen Grundhaltung. „Das war wohl vor allem die alles niederwerfende, alles niederwalzende Gewalt des Nationalgefühls", urteilte der *Neue Vorwärts*[38]. Hier wirkte sich die jahrzehntelange Ausbeutung der Saar durch Frankreich, sein Expansionsstreben und seine Verletzung nationaler Empfindlichkeiten zugunsten des Dritten Reiches aus. Belastend für den Status quo-Gedanken war auch die unbeliebte Herrschaft der demokratisch nicht legitimierten, absolutistischen Regierungskom-

---

35 Schreiben Johanna Kirschners vom 1. 3. 35 (Anm. 25). – Dunner, S. 15; Kunkel, S. 117. – Hannes Wink– „Die Niederlage an der Saar", *Neuer Vorwärts* vom 27. 1. 35.
36 „Nicht erfüllt!", *Deutsche Freiheit* vom 16. 1. 35. – Vgl. Hirsch: Saar Plebiscite, S. 16.
37 Kunkel, S. 115.
38 „Lehren von der Saar", *Neuer Vorwärts* vom 16. 1. 35; Kunkel S. 119.

mission, die es in fünfzehn Jahren nicht vermocht und wohl auch niemals ernsthaft versucht hatte, das Vertrauen der saarländischen Bevölkerung zu gewinnen[39].

Der Abstimmungssieg der „Deutschen Front" ist von Zeitgenossen wie auch von der Nachwelt als Niederlage des *anderen*, des demokratischen Deutschland gegenüber der Hitler-Diktatur gewertet worden. Die Tatsache selbst ist unbestreitbar, umstritten ist jedoch die Wertung. Es trifft zu, wie Kunkel dies ausführt, daß jeder Saarländer die politische Entwicklung im Reich erkennen *konnte*, sofern er sie erkennen *wollte*: politische und religiöse Freiheiten wurden unterdrückt, Menschen wegen ihrer Überzeugung oder ihrer Abstammung verfolgt und ermordet, Krieg und Eroberung propagandistisch und technisch vorbereitet[40]. Zweifellos haben die Saarländer sich für die deutsche Diktatur entschieden und – in einer sich mittelbar und sehr allgemein stellenden Alternative – gegen Demokratie und Freiheit. Schärfer noch hat Karl Jaspers geurteilt mit der zugespitzten These, daß die Saarländer lieber dem deutschen Nationalstaat unabhängig von der Frage seiner Regierungsform angehören wollten, statt den Wunsch auszudrücken, „. . . . daß sie der Freiheit wegen lieber einem freien Frankreich als Staat angehören wollten (um im Bereich dieser Freiheit ihre nationale Kultur zu pflegen), als teilzunehmen an dem Gang des deutschen Verderbens"[41]. Indessen müssen hiergegen doch schwerwiegende Einwände erhoben werden. Die Saarländer hatten Frankreich – zumindest in der ersten Phase des Völkerbundsregimes – eben nicht als Hort der Freiheit erlebt, sondern als imperialistische Großmacht, unter deren Einfluß die Pflege der eigenen Kultur sehr erschwert wurde. Zudem trug das Votum der Saarländer nur teilweise den Charakter einer individuellen Entscheidung, vielmehr unterlag es massenpsychologischen Verhaltenszwängen, die in ihrer Vielschichtigkeit nicht auf eine derart vereinfachte Alternative verkürzt werden können[42]. Das Dritte Reich konnte die politische Konstellation und die Kraft nationalistischer Gefühle zu seinen Gunsten in die Waagschale werfen, wogegen die Einheitsfront nichts Vergleichbares aufbieten konnte.

Dennoch bleibt die Tatsache bestehen: 90 % der abstimmungsberechtigten Saarländer haben sich für den Weg entschieden, der schließlich ins Verderben führte. Der 13. Januar 1935 war ein Sieg Hitlers, obwohl dieser Tag nach Vorstellung der Einheitsfront den Anfang seines Sturzes hätte bilden sollen. Die am 1. März 1935 erfolgte Rückgliederung des Saargebiets an Deutschland war der erste große Erfolg von Hitlers Revisionspolitik – zudem ein durchaus im Rahmen des Versailler Vertrages errungener Erfolg, wenn wir von der faktischen Gleichschaltung der Saar als Verletzung der Abstimmungsbedingungen einmal absehen[43]. Mit geradezu prophetischer Klarsicht stellte der IGB-Vorsitzende Walter Citrine vier Tage nach der Abstimmung fest, daß die Saar nur die erste Etappe eines vorgezeichneten Weges sei; in drei Jahren würden die nächsten Ziele heißen: Eupen-Malmedy, Österreich, Danzig, Korridor, Oberschlesien, Memelland, deutsche Kolonien. Unbestreitbar war Hitlers außenpolitische Stellung gestärkt worden, was ihm die Fortsetzung seiner Expansionspolitik erleichterte[44].

Der Erfolg des NS-Regimes an der Saar hatte aber auch innenpolitische Folgen, indem es zugleich Resignation und Niedergeschlagenheit bei seinen innenpolitischen Gegnern

---

39 Ernst Bayer: „Die Saarabstimmung der Reichstagsbrandstifter", *Rundschau* Nr. 4 vom 24. 1. 35.
40 Kunkel, S. 10 ff.
41 Karl Jaspers: Hoffnung und Sorge. Schriften zur deutschen Politik, München 1965, S. 232.
42 Vgl. die Replik gegen Jaspers bei Zenner, S. 317.
43 Vgl. Karl Dietrich Bracher: Die deutsche Diktatur. Entstehung, Struktur, Folgen des Nationalsozialismus, Köln-Opladen 1969, S. 321.
44 Protokoll der gemeinsamen IGB- und SAI-Sitzung vom 17. 1. 35; PA AA, Pol. II: Parteien im Saargebiet Bd. 15. – Vgl. Hans-Adolf Jacobsen: Nationalsozialistische Außenpolitik 1933–1938, Frankfurt am Main – Berlin 1968, S. 419.

hervorrief.Aus den Inlandsberichten des sozialdemokratischen Widerstandes läßt sich dies recht anschaulich belegen. In der Pfalz, berichtete Reinbold, habe das Abstimmungsergebnis Verwirrung ausgelöst; viele Sozialdemokraten vermuteten einen massiven Betrug bei der Stimmenauszählung[45]. Im Rheinland habe sich unter Sozialdemokraten große Enttäuschung ausgebreitet, insbesondere hinsichtlich des Verhaltens der katholischen Bevölkerungsmehrheit an der Saar[46]. Enttäuschung wurde auch aus den Reihen der Berliner Sozialdemokraten gemeldet, die mit mindestens 30 % für den Status quo gerechnet hatten[47]. Aus Bayern, Sachsen und Thüringen kamen Berichte über ein tiefes Entsetzen über das Abstimmungsergebnis, das in einigen Widerstandsgruppen zu völliger Inaktivität geführt habe. Teilweise habe das Ergebnis die Sozialdemokraten an der Möglichkeit eines wirksamen Widerstandes überhaupt zweifeln lassen; einzelne Personen, die vorher dem NS-Regime gegenüber sehr skeptisch gestanden hatten, seien jetzt regimekonform geworden[48]. Sogar im Ausland glaubten sozialdemokratische Parteien, aufgrund der Saarabstimmung eine erhöhte Aktivität faschistischer Kräfte feststellen zu können. So seien sie, schrieb die Parteiführung der rumänischen Sozialdemokratie, im Abflauen begriffen gewesen, hätten aber wieder erheblich zugenommen. „Dies ist wohl auch dem Resultat der Saar-Abstimmung zuzuschreiben, die ganz offenkundig aufrüttelnd auf alle nationalistischen Bewegungen gewirkt hat"[49].

---

45 „Bericht aus der Pfalz" vom 23. 1. 35; AsD: Emigration-Sopade, Mappe 90.
46 Gustav Ferl: Bericht Nr. 32 vom 18. 1. 35; ebd., Mappe 37.
47 Emil Stahl: Bericht über die Lage in Berlin vom 9. 2. 35; ebd., Mappe 129.
48 Monatsbericht Alfred Käsebergs vom 21. 1. 35 über das Erzgebirge und Sachsen; – Berichte Waldemar von Knoeringens vom Januar–März 1935; – Bericht des Grenzsekretariats Karlsbad vom Februar 1935; AsD: Emigration-Sopade, Mappen 59, 64 und 98.
49 Bericht des Partidul Social-Democrat Din Romania vom 4. 3. 35; ebd. Mappe 211.

Die Rückgliederung des Saargebiets

Die Verkündung des Abstimmungsergebnisses bewirkte die sofortige Auflösung der Status quo-Bewegung. Nachdem der weitere Kampf sinnlos geworden war, brach auch der Zusammenhalt der Parteien in sich zusammen. Die gesamte Bewegung löste sich in Parteien auf und diese wiederung in Einzelpersonen, von denen jede hektisch die persönlichen Kosequenzen aus der Niederlage zog. Alle gemeinsam bildeten zwar eine Art Schicksalsgemeinschaft, die aber in der nunmehr einsetzenden Panik keinen gemeinsamen politischen Willen mehr artikulierte.

Charakteristisch für diese Atmosphäre war die letzte Kundgebung am 15. Januar im Haus der Arbeiterwohlfahrt. Gegen 10.30 Uhr versammelten sich etwa 500 Teilnehmer, um gemeinsam aus dem Radio die Übertragung des Abstimmungsergebnisses abzuhören. Das Ergebnis brachte die gesamte Konzeption der Veranstaltung durcheinander; zwar wurden noch Ansprachen von Ernst Braun, Fritz Pfordt und Max Braun gehalten. Aber als Max Braun die Kundgebung durch Absingen von „Wohlan wer Recht und Freiheit achtet" abschließen wollte, hatte bereits die Hälfte der Teilnehmer den Saal verlassen[1]. Die Einheitsfront hatte sich von selbst aufgelöst.

Ebenso schlagartig setzte auch der Terror der „Deutschen Front" wieder ein, nachdem er in den Tagen während und nach der Abstimmung etwas nachgelassen hatte. In Püttlingen wurde nach Bekanntgabe des Abstimmungsergebnisses das Volkshaus beschädigt, wobei das Landjägeramt ausgerechnet die Einheitsfront als Anstifter bezeichnete[2]. Charakteristisch für die gesamte Atmosphäre sind die Schilderungen des geflüchteten sozialdemokratischen Widerstandskämpfers Jacob Ott aus Mannheim über die Situation in Neunkirchen. Unmittelbar unter dem Eindruck der Ereignisse abgefaßt, berichtet sein Brief plastischer als alle übrigen Quellen die Atmosphäre der Angst und der Unruhe, die besonders die kleineren Ortschaften des Saargebiets beherrschte: „Das Resultat der Saarabstimmung hat bei den Anhängern der Einheitsfront zu einer Panikstimmung geführt, die unvergleichlich größer ist als die Stimmung der Genossen nach dem 5. März [1933] im Dritten Reich. Während noch einige Minuten vor Bekanntgabe des Resultats zuversichtlich über den Erfolg diskutiert wurde, waren nachdem aber auch alle Hoffnungen zerschlagen. Ja, nicht nur das, eine wahre Angstpsychose überfiel die Leute und nur wenige, die in diesem Moment den Kopf hoch hielten. In Neunkirchen hatte man die Anhänger der Einheitsfront zu einer Kundgebung für 10 Uhr morgens zusammengerufen. Ein großer Teil, der diesem Rufe Folge leistete. Es waren jedoch meistens Genossen, die aktiv im Kampfe standen und deren Angehörige, die mit Recht bei einem zweifelhaften Ausgang der Dinge um ihre Sicherheit fürchteten. Denn kaum war das Ergebnis bekannt, setzte der ohnedies schon schlimme Terror der Nazis verstärkt ein. Einige Minuten nach der Bekanntgabe

---

1 Gestapo-Bericht vom 28. 1. 35; PA AA, Pol. II: Parteien im Saargebiet, BD. 15. – Vgl. die Beschreibung bei Glaser, S. 254.
2 Vermerk des Landjägeramts Püttlingen vom 17. 1. 35; Archiv des Standverbandes Saarbrücken: P-A/17.

mußte unter dem Druck der Bevölkerung, organisiert durch die Nazis, die Buchhandlung der Partei, die sich unmittelbar bei dem Volkshaus befindet, geräumt werden. Das Volkshaus konnte man kaum mehr verlassen, ohne angepöbelt zu werden. Die Nazis standen davor und photographierten Leute, die aus- und eingingen. Den ganzen Tag über versammelten sich Gruppen vor dem Hause, die eine drohende Haltung einnahmen und ihre Sprechchöre riefen. Alle diese Dinge steigerten sich natürlich gegen Abend, als der Fackelzug der deutschen Front marschierte. Viele Genossen aus den Nachbarorten trafen im Volkshaus ein, weil sie sich vor dem Terror der Nazis schützen mußten. Andere verbrachten die Nacht im Walde, weil man sie in der Wohnung bedrohte. So kamen im Volkshaus Neunkirchen am Mittwoch morgens 5 Uhr eine Anzahl Frauen an, kleine Kinder auf dem Arm, und suchten Schutz. Sie waren aus Niederbexbach. Man hatte ihnen die Fensterscheiben der Wohnung zertrümmert und brennende Fackeln in die Wohnung geworfen. Das Volkshaus glich einem Flüchtlingsasyl. Die Polizei machte auch nicht die geringste Geste, um diesen Leuten etwa Schutz zu gewähren. Im Gegenteil, wurden diese Übergriffe wohlwollend geduldet. Man sah größere Abteilungen der Polizei im Fackelzug der deutschen Front mitmarschieren. Beamte, die an die Straßen postiert waren, erhoben während des Vorbeimarsches die Hand zum Hitlergruß. Man hatte den Eindruck, als sei die Rückgliederung schon offiziell vollzogen"[3].

Es versteht sich, daß eine politische Arbeit der Saarparteien nicht mehr möglich war. Wer sich exponierte, lief Gefahr, Opfer irgendwelcher Terroranschläge der „Deutschen Front" zu werden. Noch am 15. Januar ließ die Regierungskommission des Saargebiets den Parteileitungen mitteilen, daß sie für die persönliche Sicherheit der Spitzenfunktionäre nicht mehr garantieren könne[4]. Die Folge war eine plötzliche Fluchtbewegung der prominenten saarländischen Politiker über die französische Grenze. Max Brauns Ehefrau soll — nach Gestapo-Meldungen — bereits am 14. Januar, also vor Bekanntgabe des Abstimmungsergebnisses nach Forbach geflohen sein, ihr Mann sowie Johannes Hoffmann wurden am 15. Januar dort erwartet. Die Emigrantenbereitschaft der Saarbrücker Ulanenkaserne — also vermutlich der Massenselbstschutz — soll entwaffnet worden sein, dafür seien im Theaterkaffee und im „Stiefel" am St. Johanner Markt an Emigranten und einheimische Kommunisten je 10 Schuß Munition ausgegeben worden[5].

Max Braun scheint das Saargebiet tatsächlich am 15. oder 16. Januar verlassen zu haben, denn am 17. nahm er an einer Sitzung des IGB und der SAI in Paris teil. Er ist nie wieder zurückgekehrt. Die meisten prominenten Emigranten sammelten sich zunächst in Forbach, während die weniger bekannten recht bald durch Vermittlung des Völkerbundes nach Südfrankreich weitergeleitet wurden. Vermutlich konnten erstere von Forbach aus leichter die Angelegenheiten der Partei regeln, wichtige Papiere und wertvolles Parteieigentum in Sicherheit bringen. Ein Gestapo-Bericht vom 4. Februar 1935 zählt als Insassen des Emigrantenlagers auf: Max Braun und die Mitarbeiter der *Volksstimme* sowie die Sozialdemokraten Julius Schwarz und Hermann Petri, unter den Kommunisten Fritz Pfordt und die Redakteure der *Arbeiter-Zeitung* sowie von anderen Gruppen Johannes Hoffmann, Dr. Hector und Pater Hugolinus Dörr[6]. Fritz Pfordt scheint vorübergehend nach kurzem Paris-Aufenthalt ins Saargebiet zurückgekehrt und seine Partei auf die bevorstehende Rückgliederung vorbereitet zu haben, wie die Gestapo argwöhnte[7]. Julius Schwarz ist schließ-

---

3 Undatierter Bericht Jacob Ott's, AsD: Emigration-Sopade, Mappe 90.
4 Kunkel, S. 118, 155. – Vgl. auch Franz Felten: Die Herrschaft des Nationalsozialismus, in: 1 000 Jahre Dudweiler 977–1977, Dudweiler 1977, S. 437.
5 Gestapo-Bericht vom 15. 1. 34, PA AA, Pol. II: Parteien im Saargebiet, Bd. 15.
6 Gestapo-Bericht vom 4. 2. 35, PA AA, Pol. II: Emigranten im Saargebiet, Bd. 4.
7 Gestapo-Vermerk vom 27. 1. 35; PA AA, Pol. II: Parteien im Saargebiet, Bd. 15.

lich nicht emigriert. In einem Schreiben an die Bergarbeiter-Internationale gab er mit der Begründung, daß nach der Rückgliederung am 1. März 1935 für gewerkschaftliche Arbeit keine Möglichkeit mehr bestehen werde, seinen Rücktritt bekannt und gab seinen Sitz in ihrem Vorstand zurück; er selbst wolle im Saargebiet bleiben und bat, ihm künftig keine Materialien mehr zu schicken[8]. Für diesen Mut mußte Schwarz später schwer büßen und während des Krieges mehrere Jahre im KZ „Goldene Bremm" bei Saarbrücken zubringen[9]. Auch verschiedene Geistliche, die sich politisch exponiert hatten, blieben zurück, so etwa Pfarrer Bungarten, der aber im April 1936 aus dem Saarland ausgewiesen wurde. Sein Amtsbruder Dechant Johannes Schlich floh Ende 1935 nach Luxemburg[10].

In letzter Minute mußte sich die SPD/Saar noch um den Verkauf oder Abtransport des *Volksstimme*-Eigentums kümmern. Der Saarbrücker Grenzsekretär der Sopade, Georg Reinbold, berichtete darüber ausführlich nach Prag. Zunächst hatte er, wie er mitteilte, unmittelbar nach Bekanntgabe des Abstimmungsergebnisses alles politische Material seiner Tätigkeit auf französischen Boden gebracht. Nun ging es um das Verlagseigentum. „Wegen Sicherstellung der Maschinen waren wir mit Sollmann zusammen gestern in Straßburg. (...) Die zweite Rate in der Höhe von 6 500 Frs. habe ich nicht mehr ausbezahlt. Hertz vertrat die gleiche Ansicht. Dagegen werde ich die Gehälter nochmals zahlen müssen. Sonst drücke ich mich um alle Verbindlichkeiten herum. Ausgegeben hab ich bis jetzt nur die Reisespesen von Sollmann und mir für die Reise nach Straßburg mit je 40 Franken und 1 800, die als Spesen für die Sicherstellung der Maschinen der Volksstimme in Straßburg bezahlt werden mußten"[11]. Die Bemühungen um Rettung des Parteieigentums waren weitgehend erfolgreich. Bis Ende Februar konnten die meisten Inventarien von Partei und *Volksstimme*-Verlag verkauft oder nach Frankreich gebracht werden. Übrig blieben allein die Rotationsmaschinen und natürlich Immobilien[12]. Am 3. März, also zwei Tage nach der Rückgliederung, wurde der im Mai 1934 entlassene Ernst Klopfer zum Liquidator des verbliebenen Vermögens bestellt[13]. Am 21. März fand in Saarbrücken die Versteigerung der Grundstücke statt. Die Rotationsmaschine der Druckerei fiel in die Hände der Gestapo, die paradoxerweise auch Erbe der verbliebenen Büroeinrichtungen wurde und sich ausgerechnet im Haus der Arbeiterwohlfahrt in der Saarbrücker Brauerstraße einrichtete[14].

Am 17. Januar beschloß der Völkerbundsrat die Rückgabe des Saargebiets an das Deutsche Reich zum 1. März 1935. Die politisch Gefährdeten und insbesondere die prominenten Vertreter der Einheitsfront bemühten sich fieberhaft darum, in den noch verbleibenden Wochen alles Notwendige zu regeln, sei es für Parteien und Verbände, sei es für sich persönlich. Hinzu kamen die Probleme einer neuen Emigrantenwelle mit allen ihren sozialen und persönlichen Problemen. Vermutlich hat auch die KPD versucht, möglichst viel von ihrem Vermögen zu retten. Während fast alle politischen Aktivitäten der anderen Parteien eingestellt wurden, scheint sie nach dem Eindruck der Agentenberichte sich als erste wieder gefaßt und wieder politisch aktiv geworden zu sein[15]. Der Kleinkrieg zwischen den Fronten ging jedoch weiter, mit dem Unterschied freilich, daß die eine Seite in Auflösung begriffen war, so daß es sich hier nur um eine Teibjagd der „Deutschen Front" auf ihre

8 Schreiben Julius Schwarz' vom 19. 2. 35 an die Bergarbeiter-Internationale, IISG, Corr. re. Germany 1933–53.
9 Kunkel, S. 157 (Anm. 42).
10 Jacoby, S. 196 f.
11 Schreiben vom 17. 1. 35 an die Sopade, AsD: Emigration-Sopade, Mappe 90.
12 Schreiben Max Hoffmanns vom 25. 2. 35 an die Sopade, ebda., Mappe 55.
13 Kunkel, S. 88.
14 Schreiben Max Hoffmanns vom 25.2.35 an Sigmund Crummenerl, AsD: Emigration-Sopade, Mappe 55.
15 Anm. 7.

Gegner handeln konnte. Dennoch gab es noch gelegentliche Schießereien. Am 19. Januar wurde nachts der Ortsgruppenleiter der „Deutschen Front" in Dudweiler von fünf unbekannten Personen angeschossen, erlitt aber nur einige Prellungen[16]. Offensichtlich ist es auch noch zu privaten Abrechnungen und politischen Fememorden gekommen. Georg Glaser beschreibt in seinem autobiographisch gefärbten Roman eine Menschenjagd, kurz vor der Rückgliederung, bei der KPD-Kämpfer am Saarbrücker Hauptbahnhof einen abtrünnigen Parteifreund, der verschiedene alte Genossen an die Gestapo veraten hatte, abfangen, auf einem Hinterhof zusammenschlagen und dann ermorden[17]. Da Glaser nur verschlüsselte Namen gibt, ist unklar um wen es sich bei Opfer und Tätern handelt.

Am 28. Februar 1935 übergab Präsident Knox die Regierungskräfte dem Vorsitzenden der Abstimmungskommission, Baron Aloisi, der sie am nächsten Tage den Vertretern der Reichsregierung überantwortete. Bereits am Vorabend der Rückgliederung waren Saarbrücken und alle größeren Ortschaften mit Fahnen, Girlanden und Lichtern dekoriert worden. Die ganze Nacht hindurch marschierten Kolonnen der „Deutschen Front", begleitet von Spielmannszügen, durch die Straßen. Vereinzelt tauchten bereits deutsche Polizei- oder SA-Uniformen auf. Französische und saarländische Trikoloren wurden abgerissen, Firmenschilder der „Mines Domaniales Françaises" entfernt. Am nächsten Tag trafen dann Reichsinnenminister Frick und verschiedene Parteigrößen ein, um die Herrschaftsübernahme an der Saar mit großem Pomp zu feiern; wenige Tage später erschien dann Hitler selbst.   Gleichzeitig ging jedoch der Terror der „Deutschen Front", der kurz nach dem Abstimmungstage seinen Höhepunkt erlebt hatte, weiter. Herrschte in Saarbrücken mit Rücksicht auf das internationale öffentliche Interesse zunächst Ruhe, so waren in den kleineren Ortschaften die nicht emigrierten Rückgliederungsgegner Schikanen und Schmähungen ausgesetzt. Noch glimpflich behandelt wurde ein früherer Status quo-Anhänger in Friedrichsthal, den eine aufgebrachte Menge aus seiner Wohnung auf die Straße zerrte. Er wurde mit einem demütigenden Plakat umgehängt und mußte sich mehrfach dafür entschuldigen, daß er 1933 eine Hakenkreuzfahne eingeholt und angezündet hatte. In anderen Fällen wurden ehemalige Mitglieder der Einheitsfront mißhandelt, ihre Wohnungen verwüstet[19].

Administrativ und wirtschaftlich ging die Rückgliederung schnell vonstatten. Entgegen den Erwartungen der Landesregierungen von Preußen und Bayern wurde die Saar nicht wieder aufgeteilt und der Rheinprovinz bzw. der Pfalz zugeschlagen, sondern blieb unter dem Namen „Saarland" als eigene Gebietskörperschaft bestehen. Gauleiter Josef Bürckel war bereits im Dezember 1934 zum Reichskommissar für die Rückgliederung des Saarlandes ernannt worden. Er bereitete auch die Übernahme der Verwaltung vor. Die einheimische Beamtenschaft wurde zunächst weitgehend übernommen; erst in späteren Jahren erfolgten größere personelle Änderungen[20]. Die „Deutsche Front" und die saarländischen Gewerkschaften wurden aufgelöst und der NSDAP bzw. der DAF einverleibt. Relativ schnell vollzog sich auch die wirtschaftliche Integration der Saar. Die Frankenwährung wurde durch die Reichsmark ersetzt. Mit Spenden der Bevölkerung, die mit großer Propa-

16 Schreiben des Reichssicherheitsdienstes vom 22. 1. 35 an Gauleiter Bürckel, PA AA, Pol. II: Parteien im Saargebiet, Bd. 15.
17 Glaser, S. 235 ff.
18 Eine Beschreibung der Rückgliederung – aus NS-Sicht! – gibt Alfred-Ingemar Berndt: Meilensteine des Dritten Reiches. Erlebnisschilderungen großer Tage, München 1938, S. 90 ff.
19 Vermerk der Bürgermeisterei Friedrichsthal vom 8. 3. 35; Archiv des Stadtverbandes Saarbrücken: P-A/17.
20 Jacoby, S. 160–171.

ganda eingeholt wurden, erfolgte der Rückkauf der Saargruben von Frankreich[21]. Vor allem aber hatte die Reichsregierung frühzeitig Vorbereitungen getroffen, um das Saargebiet nach der Rückgliederung auch politisch in den Griff zu bekommen. Bereits im November 1934 teile Himmler dem Reichsaußenminister v. Neurath seine Vorbereitungen mit. Schon vor der Abstimmung wollte er einen Mitarbeiterstab zusammenstellen, um nach der Rückgliederung des Saargebiets eine Zentralpolizeistelle etablieren und die saarländische Polizei in die Hand nehmen zu können[22]. Allerdings hatte sich das Deutsche Reich aufgrund der Übergabebedingungen des Völkerbundsrates zur Einhaltung formeller Schutzbestimmungen für die Bewohner des Saargebiets verpflichtet, wodurch polizeistaatlichen Methoden zunächst gewisse Grenzen gesetzt waren. Bis zum 29. Februar 1936 galt in allen strittigen Fragen die Autorität eines vom Völkerbund eingerichteten Obersten Abstimmungsgerichtshofes in Saarbrücken, der die Einhaltung der Bestimmungen überwachte und Saarländern die Möglichkeit einer Klage gegen das Deutsche Reich wegen Verstoßes gegen die Bestimmungen bot[23]. Zentraler Bestandteil dieser Bestimmungen war der Schutz aller Saarländer vor Strafverfolgung oder Benachteiligung aufgrund ihrer Zugehörigkeit und Mitarbeit in einer Status quo-Partei sowie aus Gründen ihrer Rasse, politischen Überzeugung oder Religion. In einem Rundschreiben ermahnte das Reichsinnenministerium alle Reichsbehörden zur Respektierung der Rechte der Saarländer[24]. Tatsächlich sind auch einige diskriminierende Maßnahmen der Rassengesetzgebung in der fraglichen Zeit im Saarland nicht in Kraft getreten. Dieser Schutz wurde teilweise auch auf saarländische Emigranten übertragen, die nach der Rückgliederung aus dem Exil ins Deutsche Reich zurückkehrten. In einem Erlaß vom 9. Februar 1935 hatte Reichsinnenminister Frick die Überführung aller zurückkehrenden Emigranten in ein KZ angeordnet. Hiergegen opponierte paradoxerweise die Gestapo, die nur „besondere Hetzer" inhaftieren und die unter die deutsche Garantiezusagen fallenden abstimmungsberechtigten Emigranten schonen wollte. „Sollten sich diese Personen dagegen in anderer Weise staatsfeindlich betätigt haben – Mitarbeit am illegalen Aufbau der KPD, SPD und sonstigen staatsfeindlichen Organisationen, Verrichtung von Kuriertätigkeit – so dürfte ihrer Überführung in ein Konzentrationslager auf Grund des Erlasses des Herrn Reichs- und Preußischen Ministers des Innern vom 9. 2. 35 die Garantieerklärung vom 4. 6. 34 nicht entgegenstehen"[25]. Nach einer längeren Ressortabstimmung wurden schließlich folgende Personenkreise von möglichen Maßnahmen der Gestapo ausgenommen: (1) saarabstimmungsberechtigte Personen und (2) nicht abstimmungsberechtigte Personen, die jedoch am Stichtag des 13. Januar 1935 mindestens drei Monate ihren Wohnsitz im Saargebiet gehabt hatten; jedoch entfiel nach Heydrichs ausdrücklicher Weisung der Schutz in Fällen illegaler Tätigkeit im Reich[26]. Gewöhnlich betrafen die Rekurse, die später von Saarländern beim Obersten Abstimmungsgerichtshof eingereicht wurden, Geldforderungen, Schadensersatzansprüche, Straf-, Zivil- und Disziplinarsachen sowie Rentenansprüche, also Streitfragen, die zwar in weiterem Zusammenhang mit dem Abstimmungskampf

21 Jacques Maupas: La Sarre et son rattachement à l'Allemagne, Paris 1936 – Bernhard Seibt: Die Rückgliederung der saarländischen Schwerindustrie, Diss. München 1941. – Albert Zimmermann: La Réadaption économique de la Sarre à l'Allemagne (Travaux de la Faculté de Droit et des Sciences Politiques de Strasbourg, 2ème série), Paris 1937.
22 Vemerk v. Neuraths vom 3. 11. 34, PA AA, Büro RAM: Akten betr. Saargebiet, Bd. 6.
23 Jacoby, S. 172 ff.
24 Rundschreiben Reichsministers Frick vom 23. 3. 35, PA AA, Pol. II: Akten betr. Abstimmung im Saargebiet, adh. III: Durchführung des Garantieabkommens – Abstimmungsgericht, Bd. 1.
25 Vermerk Heydrichs vom 3. 4. 35, PA AA, Pol.II: Emigranten im Saargebiet, Bd. 4.
26 Runderlaß Heydrichs vom 27. 5. 35 an die Stapo-Stellen, ebda.

standen, jedoch nicht unmittelbar (partei-) politischen Charakter trugen[27]. Dies war jedoch der Fall bei der Verhaftung saarländischer Kommunisten im Laufe des Sommers 1935 durch die Gestapo, bei denen der Oberste Abstimmungsgerichtshof tatsächlich die Freilassung der Verhafteten erwirkt hat[28]. In einer Eingabe an den Völkerbund vom 21. September 1935 monierten Max Braun und andere Emigranten die Verhaftung von mehreren Kommunisten sowie acht katholischen Geistlichen[29]. In einem Gestapo-Vermerk hierzu wurde den Kommunisten Mitarbeit am illegalen Wiederaufbau der KPD im Reich (in der Zeit vor der Rückgliederung) vorgeworfen. Hinsichtlich der Geistlichen wurde ihre Zahl in der Emigranteneingabe abgestritten und nur die von den Reichsbehörden durchgesetzte Versetzung eines Pfarrers in Woll zugegeben[30].

Die lückenhafte Quellenlage gestattet uns zwar keinen tieferen Einblick in die Parteienszenerie nach der Rückgliederung, gibt aber doch ausreichende Indizien für ein Fortwirken der offiziell verbotenen Parteien. Bereits am Tage der Abstimmung erfuhr der bayerische Saarvertrauensmann Binder von angeblichen kommunistischen Absichten zum Aufbau eines neuen Parteiapparates bis ins Rheinland hinein, zu dem dann Propagandaschriften über die damals noch bestehende saarländische Grenze geschafft werden sollten[31]. Der Berichterstatter äußerte zwar Skepsis zur Person seiner Informanten. Jedoch kurz darauf erfuhr er aus der gleichen Quelle von Vorbereitungen sozialdemokratischer Emigranten, jenseits der Grenze in Forbach Widerstandsarbeit zu organisieren und in einer ehemaligen Badeanstalt eine Zeitschrift zu drucken. In Jägersburg selbst, hieß es, werde unter zurückbleibenden Sozialdemokraten die Frage diskutiert, in welchem Lokal man sich weiterhin treffen werde[32]. Vermutlich haben die Parteien auch in anderen Ortschaften nun mehr als bloße Stammtischgemeinschaften überlebt.

Die Lage der Arbeiter verschlechterte sich recht bald. Die Reichsregierung nutzte vor allem die Umstellung der Währung, um Lohnkürzungen vorzunehmen. Die Arbeitszeiten wurden verlängert und Zuschläge für Überstunden gestrichen. Hinzu kamen zahlreiche mehr oder minder erzwungenen Spenden für irgendwelche von der NSDAP oder ihren Gliederungen veranstaltete Sammelaktionen. Viele irregeleitete Arbeiter, die sich der „Deutschen Front" angeschlossen hatten, erkannten recht bald ihre Fehlentscheidung und gaben ihrer Enttäuschung auch deutlichen Ausdruck. Am 12. April 1935 legten etwa 100 Arbeiter des Elektrowalzwerks und 30 Arbeiter vom Kaltwalzwerk des Völklinger Röchling-Konzerns die Arbeit nieder, weil sie bei der letzten Lohnauszahlung 6 Pfennige Stundenlohn zu wenig erhalten hatten. Erst als die Betriebsleitung eine befriedigende Lösung ihrer Forderungen versprach, nahmen sie die Arbeit wieder auf[33]. Sogar in relativ kleinen Betrieben, in denen Streikaktionen ungleich schwieriger waren, brachen

27 Vgl. Jacoby, S. 174.
28 Zur juristischen Bedeutung dieser Fälle s. ebda., S. 176 f.
29 Requête an den Völkerbundsrat (hekt.), PA AA, Pol. II: Emigranten im Saargebiet, Bd. 5.
30 Gestapo-Vermerk vom 7. 10. 35 (Abschrift), ebda.
31 Schreiben der Grenzpolizei Waldmohr vom 13. 1. 35 an die Bezirksamtsaußenstelle daselbst; BayHStA, Geh. StA, Akten des Staatsministeriums des Äußern, für Wirtschaft und Arbeit. Saargebiet, Bd. XVb: Vereine, Parteien. Kommunistische Partei Deutschlands im Saargebiet.
32 Schreiben der Gendarmerie-Station Waldmohr vom 16. 2. 35 an die Bezirksamtsaußenstelle daselbst, ebda.
33 Vermerk des Landjägeramtes Völklingen vom 12. 4. 35; Archiv des Standverbandes Saarbrücken: S/17. – Vgl. Gerhard Bungert/Klaus-Michael Mallmann: „Beamte und Profitler – grüßen mit Heil Hitler". Gewerkschaftlicher Kampf an der Saar unter dem Nationalsozialismus, Teil 1, *Arbeitnehmer*. Zeitschrift der Arbeitskammer des Saarlandes, H. 1, 25. Jg., S. 42–46, hier, S. 43.

Arbeitskämpfe aus. In der Firma Stahlskelettbau in Klein-Blittersdorf erzwangen im Juli 1936 15 Arbeiter die Rücknahme neuer höherer Akkordsätze[34].

Obwohl die wichtigsten und aktivsten Vertreter der Arbeiterparteien und der Gewerkschaften emigriert waren, blieb die Arbeiterschaft an der Saar unruhig und erschwerte dem NS-Regime erheblich die völlige Gleichschaltung. Funktionäre der NSDAP, der DAF oder anderer Instanzen wurden bei Auftritten in Betrieben nicht selten ausgepfiffen; die Wände von Grubenschächten sowie Kohlewagen und sonstige Betriebseinrichtungen wurden mit Anti-Hitler-Parolen bemalt. Vor allem ließen die Arbeitskämpfe nicht nach. Das Saargebiet blieb bis etwa 1937 eine der streikfreudigsten Regionen in Deutschland. Im Camphausen legten im August 1935 Bergleute die Arbeit nieder wegen der Herabsetzung des Schichtlohnes von 6,35 auf 5,07 RM – in diesem Falle ohne Erfolg. Dagegen setzten sich die Bergleute der Grube Frankenholz durch, die die Wiedereinstellung von sechs strafversetzten sogenannten Rädelsführern ertrotzten. Auf der Sulzbacher Grube „Mellin" streikte die Belegschaft im Februar 1936 für zwei Stunden, um gegen zu hohe Abzüge zu protestieren. Am 23. Juli 1936 legten 350 Notstandsarbeiter des Ensdorfer Militärflughafens die Arbeit nieder, weil ihre Löhne noch unterhalb der Erwerbslosenunterstützung lagen[35]. Wo offener Widerstand nicht möglich war, drückten sich die Arbeiter durch passiven Widerstand aus: verlangsamtes Arbeitstempo, Beschädigung von Betriebsinventar, Fernbleiben von mehr oder minder obligatorischen politischen Veranstaltungen. Die von emigrierten Sozialdemokraten in Mülhausen herausgegebene *Freiheitskorrespondenz,* die wiederum über gute Informationskanäle zum Saarland verfügte und über Deckadressen von saarländischen Arbeitern mit Nachrichten aus dem Alltag versorgt wurde, dokumentiert eindrucksvoll die zunächst nicht nachlassende Resistenz gegen den vollständigen Ausbau des totalitären Staates[36].

Die Frage nach dem Fortbestehen eines organisierten politischen Widerstandes muß mit folgenden maßgeblichen Einschränkungen bejaht werden. Ein großer und vor allem der aktivere Teil der Status quo-Anhänger war emigriert. Die an der Saar Verbliebenen hatten sich im Abstimmungskampf oft derart exponiert, daß sie der Gestapo namentlich weitgehend bekannt waren. Sofern sie nicht in den Jahren 1935 bis 1937 zwangsweise ins Innere Deutschlands versetzt wurden, standen sie unter strenger Beobachtung. Unter dem Schutz des Obersten Abstimmungsgerichtshofs und um den Preis politischer Abstinenz wurden sie zwar vorerst meist unbehelligt gelassen, konnten sich unter der Überwachung der Gestapo jedoch nicht ohne große Gefahren politisch betätigen. Widerstand war also nur in begrenztem Maße möglich: einmal von wenig beachteten Einzelpersonen, zum anderen von neu sich formierenden Gruppen und drittens schließlich von französischem Boden aus über die Grenze. Alle drei Varianten der Widerstandsarbeit lassen sich nachweisen bzw. deuten sich durch unzweifelhafte Indizien an. Inhaltlich bestand der Widerstand großenteils aus der Verbreitung von Flugblättern und Untergrundzeitschriften, in denen das NS-Regime angegriffen und vor allem die Diskrepanz zwischen den einst von der „Deutschen Front" gemachten Versprechen und der davon doch stark abweichenden Wirklichkeit aufmerksam gemacht wurde. Aus der Aufmachung und dem Informationsstand der Flugblätter und Zeitschriften lassen sich Rückschlüsse ziehen auf kleine, aktive Zellen, die die Herstellung und Verbreitung betrieben. Jedoch gibt es, bis auf Einzelfälle, keine Hinweise auf größere organisatorische Zusammenschlüsse.

---

34 Vermerke des Amtsbürgermeisters von Klein-Blittersdorf vom 26. und 27. 7. 36; Archiv des Stadtverbandes Saarbrücken: S/17.

35 Bungert/Mallmann, S. 43 f.

36 Eine weitgehend vollständige Sammlung der *Freiheitskorrespondenz* befindet sich im AsD: Emigration-Sopade, Mappe 43; vgl. auch die Berichte Reinbolds aus den Jahren 1935–37; ebd., Mappen 92–94.

Beispiel für eine derartige Widerstandsarbeit war ein handflächengroßes gedrucktes Blättchen, das unter der Überschrift „Deutsch die Saar! Ein Jahr daheim!" eine fingierte, parodistisch aufgemachte Rede Peter Kiefers enthielt, die seine vor der Rückgliederung gemachten Zusagen der politischen Realität gegenüberstellte[37]. Im Frühjahr 1936 tauchte auch erstmals das hektographierte Untergrundblättchen *Der Saararbeiter* auf, von dem mindestens sieben Nummern erschienen sind[38]. Die einzelnen Exemplare waren durchweg undatiert und wechselten auch Aufmachung und Untertitel. In Nr. 1 wird als Druckort und Herausgeber „Odaf Saarbrücken" genannt, wobei „Odaf" vermutlich „Organisation der Antifaschisten" bedeutet. Aus Andeutungen in späteren Exemplaren geht hervor, daß die beiden ersten Nummern im April bzw. Mai 1936 erschienen waren. In der ersten Ausgabe wird Bezug genommen auf die Verhaftung Pfarrer Bungartens am 31. März 1936, in der zweiten ein Vergleich gezogen zwischen der nationalsozialistischen Maifeier und dem 1. Mai der Arbeiterbewegung. Fast jede Nummer brachte einen synoptischen Überblick über Löhne, Gehälter und Sozialentwicklung vor und nach der Rückgliederung des Saargebiets. In Nr. 7 wird vor Denunzianten gewarnt und die Benachteiligung ehemaliger Status quo-Kämpfer durch amtliche Stellen oder Arbeitgeber kritisiert. Vorfälle dieses Charakters hatte es bereits kurz nach der Rückgliederung gegeben. In einem undatierten Bericht „Die Situation im Saargebiet", den sozialdemokratische Emigranten in Forbach vermutlich um die Jahreswende 1935/36 zusammenstellten, werden mehrere ähnlich gelagerte Fälle berichtet (z. .B. Entlassung ehemaliger Einheitsfrontmitglieder), die die Meldungen des *Saararbeiters* bestätigen und ergänzen[39]. Die Kritik an der „Deutschen Arbeitsfront" und die Forderung nach Wiederherstellung der alten, inzwischen verbotenen Gewerkschaften sowie die Diktion der Texte lassen ebenso wie ihre Archivierung und Sammlung durch eine niederländische Sozialdemokratin nach einer Reise ins Saargebiet deutlich ihre Herkunft aus sozialdemokratischen Kreisen erkennen. Gelegentliche Hinweise auf die politischen Verhältnisse in Frankreich und seine Volksfrontregierung weisen aber darauf hin, daß die aus der Zeit des Abstimmungskampfes stammende Tradition der Einheitsfront des Saargebiets noch lebendig war.

Aktiv arbeiteten vor allem auch die verbliebenen Kommunisten weiter, obwohl sie von der Gestapo besonders streng überwacht wurden. Als einzige der nicht gleichgeschalteten Tageszeitungen erschien die *Arbeiter-Zeitung* nach der Abstimmung weiter und wurde schließlich mit primitiven Vervielfältigungsmethoden heimlich gedruckt, bis sie nach der Rückgliederung ihr Erscheinen einstellen mußte[40]. Es gibt Anzeichen dafür, daß die KPD/Saar sich auf die Zeit nach dem 1. März 1935 systematisch vorbereitet hat. Zwar waren auch ihre aktivsten Mitglieder emigriert, aber sehr schnell scheinen sich irgendwelche neue Zellen gebildet zu haben. Im Herbst 1935 berichtete das Reichsjustizministerium von 60 bis 80 verhafteten Saarländern, von denen die meisten der KPD angehörten. Dem ehemaligen kommunistischen Saarbrücker Stadtverordneten Max Weber sowie den KPD-Mitgliedern Karl Bode, Karolina Heß, Maria Lörsch, Walter Brückner und Eduard Welter wurde fortgesetzte illegale Tätigkeit vorgeworfen. Sie hätten ihre Wohnungen für konspirative Versammlungen zur Verfügung gestellt oder als Kuriere zu französischen Kommu-

---

37 IISG, Saar-Kollektie, Mappe 18. – Dieses Flugblatt und die im folgenden zitierten Exemplare im genannten Bestand entstammen größtenteils einer Sammlung, die die Angehörige des Amsterdamer Instituts, Adama van Scheltema, nach mehreren Reisen ins Saargebiet zusammengestellt hat.
38 Ebd., Mappe 17. Erhalten sind die Nummern 1–7 mit Ausnahme von Nr. 4. Es ist nicht bekannt, ob später noch weitere Nummern erschienen sind.
39 „Die Situation im Saargebiet. Ächtung und wirtschaftliche Schädigung", AsD: Emigration-Sopade, Mappe 61.
40 Bies, S. 137 f.

nisten gearbeitet[41]. In diesen Fällen kam die Rechtschutzgarantie des Obersten Abstimmungsgerichtshofes den Angeklagten zustatten. Sie wurden freigelassen und später nicht mehr behelligt, sofern sie nicht wie Eduard Welter ohnehin emigrierten[42]. Aber die Widerstandsarbeit gegen das NS-Regime ging weiter; parallel dazu liefen wiederholte Verhaftungswellen der Gestapo.

Von seiten der SPD wurde versucht, auch von außen Widerstandsarbeit zu leisten, indem man Flugblätter unter den in den lothringischen Gruben arbeitenden saarländischen Bergleuten verteilte. Den Hintergrund hierzu bildete folgender Sachverhalt. Bis zum Frühjahr 1937 waren die Grenzgänger an keinerlei Vorschriften über den Umtausch ihres in französischer Währung gezahlten Lohnes gebunden, bis sie verpflichtet wurden, zwei Drittel ihres Lohnes zum amtlich festgesetzten Kurs auf deutschem Boden umzutauschen. Dies bedeutete für die Bergleute einen Verlust von 35–40 % des umgetauschten Geldes, so daß diese Maßnahme einige Unruhe hervorrief. Zahlreiche Grenzgänger verstießen gegen diese neue Vorschrift, erhielten dafür jedoch Strafen bis zu drei Monaten Gefängnis und 100 Mark Geldbuße. Durch den wachsenden Widerstand der Bergleute wurde ihnen schließlich ein Zahlungsausgleich sowie eine Reihe sozialpolitischer Vergünstigungen zugestanden; die Strafbefehle wurden in den meisten Fällen zurückgezogen[43]. Die in Forbach lebenden Sozialdemokraten nutzten diese Vorgänge aus für politische Propaganda. In Zusammenarbeit mit dem IGB, der offenbar dabei finanzielle Hilfestellung leistete, wurde durch den Grenzsekretär der Sopade in Forbach Flugblätter vorbereitet. Eine hierbei diskutierte Frage war, inwieweit Kommunisten in die Aktion eingeschaltet werden sollten, was Schevenels für den IGB scharf ablehnte. Jedoch Kirschmann vertrat die Ansicht, daß im Rahmen der Volksfront-Politik derartige Kontakte unumgänglich seien, jedoch dürften Kommunisten dabei keinen Einblick in den illegalen Apparat erhalten[44].

Diese Vorgänge fielen in die gleiche Zeit wie gewisse Unruhen der saarländischen Bevölkerung wegen der nationalsozialistischen Schul- und Kirchenpolitik. Bereits im April 1936 war Pfarrer Bungarten nach kurzer Verhaftung aus dem Saarland ausgewiesen worden. In Frankenthal protestierte die Elternschaft im Februar 1937 gegen die Entfernung des Kruzifixes zugunsten eines Hitler-Bildes durch einen Schulstreik[45]. Offensichtlich wurde ein Übergreifen der Unruhen auf die Saargruben befürchtet, so daß sich das Regime vorübergehend konzessionsbereit zeigte. Die Flugblätter aus Forbach scheinen dabei eine durchaus mobilisierende Wirkung ausgeübt zu haben. Etwa in dieser Zeit fällt auch das Erscheinen eines neuen Untergrundblättchens, *Der Saarbergmann*, das sich zur Tarnung als „Schulungsblatt der DAF im Saarbergbergbau" bezeichnete und in hektographierter oder machinenschriftlicher Form das NS-Regime attackierte[46]. Leider ist die Zahl der noch erhaltenen Exemplare derart lückenhaft, daß aus den meist sehr allgemein gehaltenen Artikeln keine Rückschlüsse auf Zeit, Ort, politische Anlässe und Standort ihrer Herausgeber gezogen werden können. Die Flugblattsammlung enthält jedoch auch Hinweise auf das Fortwirken einer christlichen Opposition. Offensichtlich war auch Johannes Hoffmanns „Christliche-Sozialer Volksbund" noch in kleineren Einzelgruppen lebendig. Darauf deutet der ausdrückliche Hinweis auf den interkonfessionellen Charakter einer christlichen Widerstandsbewegung, der ja auch im Volksbund – wenn auch nur schwach – zum

---

41 Gestapo-Bericht vom 7. 10 35; PA AA, Pol. II: Emigranten im Saargebiet Bd. 5.
42 Jacoby, S. 177 f.
43 „Flugblätter von der Saar" (Abschrift) und Schilderung des Falles, AsD: Emigratiion-Sopade, Mappe 94.
44 Schreiben Reinbolds vom 24.4.37 an den PV, ebda.
45 Jacoby, S. 197 f.
46 IISG, Saar-Kollektie, Mappe 19 (Flugblattsammlung).

Ausdruck gekommen war. Da frühere christliche Parteibildungen und Gruppierungen ausschließlich konfessionell gebunden waren, ist auch aus diesem Grunde die Annahme einer Erbschaft aus dem Volksbund gerechtfertigt.

Erst im Laufe des Jahres 1937 scheint der Widerstand an der Saar weitgehend gebrochen worden zu sein, nachdem er zwei Jahre lang dem Terror des NS-Regimes getrotzt hatte. Bereits im Sommer 1935 hatte die Gestapo hart durchzugreifen versucht. Im August 1935 meldete die *Freiheitskorrespondenz* zwischen 300 und 400 Verhaftete, die nicht mehr unter die Schutzgarantien des Völkerbundes fielen. Am 8. Juni hatte vorher schon ein Schauprozeß gegen 29 Saarländer vor dem Zweiten Strafsenat des Volksgerichtshof in Frankfurt am Main begonnen, nachdem viele der Angeklagten im „Roten Zimmer" am Saarbrücker Schloßplatz und in der Landjägerkaserne von St. Arnual von der Gestapo mißhandelt worden waren. Die Urteile waren als Abschreckung gedacht: so erhielt die Stenotypistin Käthe Westenburger, die vor der Rückgliederung zeitweilig im KJVD mitgewirkt hatte, wegen ihrer fortgesetzten Tätigkeit für die illegale KPD zweieinhalb Jahre Zuchthaus[47]. Bereits die Weitergabe von Nachrichten,die dem Regime abträglich waren, wurden verfolgt. So erhielt 1936 eine Frau acht Monate Haft, weil sie sich brieflich bei ihrer in Metz lebenden Schwester über die politischen Verhältnisse beschwert hatte[48]. Nach und nach ließ auch Gauleiter Bürckel die anfangs aus taktischen Gründen gezeigte Konzessionsbereitschaft in vielen politischen Fragen fallen. Gegen den Protest der Bischöfe von Trier und Speyer wurde 1937 die Konfessionsschule beseitigt; Schikanen gegen Geistliche häuften sich, indem Schulräume für Kommunions- oder Konfirmandenunterricht verweigert wurden[49]. Im Frühjahr wurden Maßnahmen gegen die Bergarbeiter solcher Gruben durchgeführt, die als „Widerstandsnester" der Gestapo ein Dorn im Auge waren. Ungefähr 1 370 Bergleuten wurden Kündigungsschreiben zugestellt und dafür Arbeitsplätze im rheinisch-westfälischen oder im oberschlesischen Bergbau zugewiesen. Nicht wenige Saarländer kehrten jedoch von dort bald enttäuscht zurück. Später folgten ähnliche Maßnahmen, mit denen man die Zahl der Bergleute auf 39 000 im Juli reduziert, vor allem aber unbequeme Kritiker in eine ihnen fremde Umgebung verpflanzt wurden[50].

Parallel zu diesen verschärften Repressionsmaßnahmen ließ auch die Widerstandtätigkeit an der Saar nach. Aufgehört hat sie aber bis zum Ende des Dritten Reiches nie; so kehrte beispielsweise der emigrierte saarländische Kommunist Jacob Welter 1943 – also während des Krieges – von Schweden über Holland an die Saar zurück, um Widerstandszellen aufzubauen; er wurde jedoch in Dudweiler auf der Straße wiedererkannt, verhaftet und nach kurzem Terrorprozeß zum Tode verurteilt[51]. Kleinere Widerstandsakte in Form von Sabotage oder heimlich verbreiteten Flugblättern hat es immer gegeben. Aber sie beruhten auf organisatorischen Ansätzen, die nicht mehr in einem unmittelbaren Zusammenhang mit dem Abstimmungskampf und der Rückgliederung standen. Insofern bildete das Jahr 1937 tatsächlich eine Zäsur. Nach Mitteilung des Pariser „Centre International pour le Droit et la Liberté en Allemangne" wurden am 23. Juli 1937 der 43jährige Saarbrücker Arbeiter Thomas Ferdinand und am 16. August die Brüder Erich und Hermann John, beides Arbeiter aus Neunkirchen im Alter von 24 und 25 Jahren, aus politischen Gründen verurteilt und hingerichtet[52]. Das Dritte Reich hatte das Saargebiet endgültig und auf seine Weise integriert.

---

47 Bungert/Mallmann, S. 44.
48 Bericht über die Situation in der Pfalz vom 19. 9. 36; AsD: Emigration-Sopade, Mappe 93.
49 Jacoby, S. 197 ff.
50 Bungert/Mallmann, *Arbeitnehmer* H. 2 (1977), S. 87 f.
51 Vernehmungsprotokoll vom 11. 11. 43; HStA Düsseldorf, Akte Jacob Welter.
52 „Fünf Jahre Zerstörung von Freiheit, Recht und Frieden durch das Hitlerregime", Denkschrift vom 30. Januar; AsD: Emigration-Sopade, Mappe 194.

Der Exodus: Die Emigration aus dem Saargebiet

So unrealistisch die meisten Prognosen über das bevorstehende Abstimmungsergebnis gewesen waren, so wenig zutreffend waren auch Spekulationen über die zu erwartende Emigrationswelle im Falle einer Rückgliederung. Im November 1934 berichtete die deutsche Botschaft in Paris von französischen Befürchtungen, wonach 45 000 Saarländer sich als politische Emigranten in Frankreich niederlassen und weitere 15 000 Saarländer Naturalisierungsanträge stellen würden[1]. Unter dem unmittelbaren Eindruck der Abstimmungsniederlage vermuteten Kreise des IGB und der SAI einen Exodus von 13 000 Saarländern, die vorwiegend nach Frankreich strömen würden. Vermutlich wären die Franzosen bereit, alle Personen mit französischem Paß aufzunehmen sowie solche, die vor dem 1. Januar 1935 Naturalisierungsanträge gestellt hätten, darüber hinaus Juden. Schwierigkeiten würde jedoch der französische Geheimdienst einigen unliebsamen Personen bereiten, die er auf einer Liste zusammengestellt habe. Darunter fielen vor allem reichsdeutsche Emigranten, die nunmehr ein zweitesmal innerhalb von zwei Jahren flüchten mußten. von 1 270 reichsdeutschen Sozialdemokraten mußten daher 146 mit gefälschten Papieren in die Benelux-Länder geschleust werden. Von den 1 900 kommunistischen Emigranten seien viele wieder mit gefälschten Papieren mit politischen Aufträgen ins Reich zurückgeschickt worden[2]. Zur gleichen Zeit erfuhr die deutsche Botschaft in Rom von britischer Seite die Zahl von bereits 9 000 für Saarländer ausgestellten Visen[3]. Erst mit zeitlichem Abstand vom Abstimmungstage legte sich der Wirbel um die Spekulationen und eröffnete die tatsächlichen Ausmaße der Emigrationswelle.

Eine größere Abwanderung vor allem jüdischer Bürger hatte schon im Laufe des Jahres 1934 eingesetzt, was wohl teilweise auf die im Reich propagierten und auch im Saargebiet von Anhängern der „Deutschen Front" durchgeführten Boykotte jüdischer Geschäfte zurückzuführen ist[4]. Aufgrund einer Verfügung vom 16. März 1935 stellten die saarländischen Bürgermeistereien Listen über die aus ihrem Amtsbereich geflüchteten Personen auf; erhalten sind uns Angaben über die Zahl der Emigranten aus einigen Ortschaften der Landkreise Saarbrücken und St. Ingbert: Dudweiler 161, Völklingen (mit Geislautern) 114, Sulzbach 85, Ludweiler 67 und Püttlingen 58; aus der Stadt St. Ingbert emigrierten 100 Saarländer und 43 reichsdeutsche Flüchtlinge, aus neun weiteren Gemeinden des

---

1 Bericht der Deutschen Botschaft Paris vom 9.11.34 an das AA; PA AA, Pol. II: Emigranten im Saargebiet Bd. 3.
2 Abschrift des Protokolls der IGB- und SAI-Sitzung vom 17.1.35 in Paris; PA AA, Pol. II: Parteien im Saargebiet, Bd. 15.
3 Mitteilung der deutschen Botschaft in Rom vom 31.1.35 an das AA; PA AA, Pol. II: Emigranten im Saargebiet, Bd. 4.
4 Hierzu Hans-Walter Herrmann: Beiträge zur Geschichte der saarländischen Emigration 1935-1939, *Jahrbuch für westdeutsche Landesgeschichte* H. 4 (1978), S. 357-412, hier S. 358. – Zur Situation der jüdischen Saarländer s. Hans-Walter Herrmann: Das Schicksal der Juden im Saarland 1920 bis 1945. (Dokumentation zur Geschichte der jüdischen Bevölkerung in Rheinland-Pfalz Bd. 6) Koblenz 1974.

Kreises St. Ingbert 42 Saarländer und 64 Reichsdeutsche[5]. Die Schwerpunkte des Exodus lagen naturgemäß in den Hochburgen der Arbeiterbewegung, in denen ein besonders scharfes Durchgreifen der neuen Machthaber zu erwarten war, am meisten aber in Saarbrücken selbst, wo die Parteizentralen ihren Sitz hatten und die exponiertesten Vertreter der Status quo-Bewegung lebten. Gerade sie waren es, die auf Anraten dr Regierungskommission und französischer Stellen in Frankreich Schutz und Sicherheit suchten und sich als erste in Forbach und anderen Grenzorten sammelten[6].

Nach den Garantiebestimmungen des Römischen Abkommens vom 3. Dezember 1934 stand den Saarländern auch die Möglichkeit der Abwanderung innerhalb eines Jahres nach der Rückgliederung zu[7]. Diese Regelung schuf für einen breiten Personenkreis die Möglichkeit, das Saargebiet auch nach der Rückgliederung bis zum 29. Februar 1936 zu verlassen. Zu der ersten Welle der Emigration kam also noch eine zweite, bestehend aus Personen, die sich noch nachträglich zur Auswanderung aus politischen, rassischen oder anderen mit der Rückgliederung zusammenhängenden Gründen entschlossen. Eine genaue Aufstellung über die Zahl derer, die das Land aufgrund der Garantiebestimmungen erst nach dem 1. März 1935 verließen, ist nicht möglich, da die vorhandenen Statistiken hier nicht näher differenzieren und zudem einige Emigranten nachträglich vom Ausland aus ihre Abwanderungsanträge einreichten. Nach Mitteilung des französischen Innenministeriums hatten sich bis Ende Januar 7 374 Personen zum Übertritt über die französische Grenze gemeldet, von denen schließlich 3 679 zugelassen wurden[8]. Nach offiziellen französischen Angaben wurden im Juni 4 129 Saaländer vom französischen Staat unterstützt[9]. Im November 1935 behauptete Bürckel auf der Grundlage wohl sehr pauschaler Statistiken, daß nach Abzug von 3 000 zurückgekehrten oder von Frankreich wieder abgeschobenen Emigranten sich immer noch 12 000 im Exil aufhielten[10]. Wenig später korrigierte er diese stark übertriebenen Zahlen mit einer Aufstellung vom 13. Dezember 1935. Danach waren 4 352 Saarländer emigriert, von denen 828 wieder freiwillig in ihre Heimat zurückgekehrt und 22 abgeschoben worden waren. Die überwältigende Mehrheit (55 %) der Emigranten stammte aus Saarbrücken-Stadt, das zweitgrößte Kontingent stellte der Kreis Saarlouis mit 20 %. Bemerkenswert ist auch die Verteilung der Rückwanderer. Während nur 17 % aller Saarbrücker Emigranten zurückkehrten, waren es bei ihren Saarlouiser Schicksalsgenossen immerhin 23 %. Dieser Prozentsatz stieg erheblich an bei den Emigranten aus den übrigen saarländischen Kreisen.

Die Zahlenangaben aus den anderen saarländischen Kreisen legen die Vermutung nahe, daß hier bei einem kleinen Personenkreis eine mehr spontane Fluchtbewegung einsetzte, die dann von etwa 25 % der Abgewanderten durch freiwillige Rückkehr wieder rückgängig gemacht wurde.

5 Verzeichnis der Bürgermeisterei-Verwaltungen des Kreises Saarbrücken-Land vom 20., 21. und 22. März 1935; AStV Saarbrücken: P-A/17. – Listen aus dem Kreise St. Ingbert befinden sich unvollständig im LA Saarbrücken: 600 F-III/13.
6 Gestapo-Bericht vom 4.2.35; PA AA, Pol. II: Emigranten im Saargebiet, Bd. 4. – Schreiben der Préfecture de Moselle vom 19.3.35 an die Sûreté Nationale; AD Strasbourg: AL 98/409. – Kunkel, S. 118, Siegmann, S. 315 ff.
7 Jacoby, S. 179 f.
8 Mittelung der Deutschen Botschaft Paris vom 1.2.35 an das AA, ebd. – Abweichend hiervon schätzte das deutsche Konsulat in Genf die Zahl sämtlicher Emigranten auf 4 000, darunter 800 Reichsdeutsche; Mittelung vom 14.3.35; PA AA, Pol II: Emigranten im Saargebiet Bd. 4.
9 Mitteilung der Botschaft Paris vom 9.8.35 an das AA; ebd.
10 Rundschreiben Bürckels vom 7.11.35 an die Landräte un Polizeidienststellen; LA Saarbrücken: 600 F-III/13.
11 Übersicht über die Saaremigration vom 13.12.35; ebd. Bd. 5.

Zu der ersten Welle von Saaremigranten kamen also die nach der Rückgliederung unter dem Schutz des Garantieabkommens legal Ausgewanderten. Das Reichsinnenministerium nannte im Januar 1936 unter Berufung auf Bürckel 2 350 Abwanderungsanträge, von denen 564 Anträge von bereits emigrierten Saarländern vom Ausland aus gestellt wurden[12]. Vermutlich war hierbei der Wunsch maßgebend, die Abwanderung irgendwie „legalisieren" zu lassen, um unter dem Schutz des Garantieabkommens noch mögliche Rechtsansprüche geltend machen oder Vermögenstransaktionen durchführen zu können. Von diesen Anträgen wurden 125 vom Reichskommissar für das Saargebiet abgelehnt, 317 wurden widerrufen, darunter 265 von jüdischen Saarländern. Da die Anträge auch Familienmitglieder miteinbegriffen, betrug die tatsächliche Zahl der Abwanderer 4 644 Personen, unter ihnen 2 014 Juden[13]. Zusammen mit den rund 3 500 Saarländern, die vor der Rückgliederung emigriert und nicht zurückgekehrt waren, wird man etwas über 8 000 Personen als Saaremigranten ansetzen dürfen, worunter sich mindestens 800 Reichsdeutsche befanden, die nunmehr ein zweites Mal fliehen mußten[14].

Die Möglichkeit, unter dem Schutz des Garantieabkommens Abwanderungsanträge zu stellen, lief ein Jahr nach der Rückgliederung, am 29. Februar 1936, aus. Die Anträge mußten spätestens bis zum 31. August 1935 eingereicht werden. Viele, die sich erst nach diesem Termin zur Auswanderung entschlossen, sahen legale Möglichkeiten hierzu versperrt. Dies betraf besonders politisch exponierte Personen sowie Juden, die nach Ablaufen der Fristzeit eine Repressionswelle und neue Schikanen erwarteten. Ein Druckmittel zur Einschüchterung einiger Saarländer war die Drohung, frühere Strafprozesse, die durch Strafverbüßung oder Amnestie längst erledigt waren, erneut aufzurollen. Von seiten exilsaarländischer Betreuungsstellen für Saarflüchtlinge wurde im Dezember 1935 befürchtet, daß sich in den Wochen vor dem 29. Februar von neuem eine nicht abschätzbare (illegale) Fluchtbewegung nach Frankreich absetzen werde, die dann erhebliche soziale Schwierigkeiten bereiten würde. Nach informellen Informationen lagen aus den Ortschaften Merzig-Stadt, Wallerfangen, Püttlingen und Körprich-Hemmersdorf Auswanderungswünsche von 60 Familien (190 Personen) vor. Diese Zahlen beleuchten nur stichprobenartig eine im gesamten Saargebiet verbreitete Emigrationsabsicht[15]. Max Braun bedrängte den Völkerbund, sich für eine Instanz zum Schutz von Emigranten sowie für eine deutsche Amnestie einzusetzen und auf die Nachbarländer dahingehend einzuwirken, daß sie ihre Grenzen für den Strom saarländischer Flüchtlnge öffneten[16]. Es ist nicht bekannt, daß diesen Bemühungen Erfolg beschieden wäre.

Zur sozialen Lage der saarländischen Emigration

Der Exodus der ersten Welle von Emigranten, die noch vor der Rückgliederung das Saargebiet verließen, bedeutete in meisten Fällen einen Schritt in ein Notlager an der Grenze. Von französischer Seite war bereits Anfang November 1934 die Wahrscheinlichkeit einer größeren Fluchtbewegung erkannt und entsprechend vorbereitet worden[17]. Auf Anord-

---

12 Schreiben des Reichsinnenministeriums vom 17.1.36 an das AA; ebd.
13 Jacoby, S. 181.
14 Hierzu vgl. Schneider, S. 500, und Herrmann: Saarländische Emigration, S. 378 ff.
15 Denkschrift der Beratungsstelle für Saarflüchtlinge vom 7.12.35; AsD: Emigration-Sopade, Mappe 61.
16 Max Braun: „Für eine Saaramnestie", *Pariser Tagesblatt* vom 24.1.36.
17 Schreiben der Direction Générale des Services d'Alsace et de Lorraine vom 11.7.34 an die Sûreté Nationale; AD Strasbourg: D 286/382. – Herrmann: Saarländische Emigration, S. 361.

nung des Innenministeriums wurden in den grenznahen Orten Forbach, Saargemünd, Teterchen und Busendorf (Bouzonville) Auffanglager für Saarländer und in der Kaserne Lizé-Nord in Straßburg-Neudorf für Nicht-Saarländer eingerichtet. Als die Kapazitäten dieser Einrichtungen recht bald erschöpft waren, versuchten die französischen Behörden, den weiteren Zugang vom Emigranten zu verhindern. Schwerbewaffnete Angehörige der Garde Mobile jagten Flüchtlinge gewaltsam über die Grenze zurück, wenn sie nicht die erforderlichen Papiere vorweisen konnten. Es gab auch Fälle, in denen geflüchtete Saarländer auf Lastwagen verladen und an die Grenze zurückgebracht wurden[18]. Diese Maßnahmen ließen kurz darauf wieder nach, jedoch blieb die grundsätzlich restriktive Haltung französischer Behörden bestehen und kam bei einzelnen Anlässen immer wieder zur Geltung. Um eine Kontrolle der Emigranten zu gewährleisten, wurde der Präfekt in Metz beauftragt, in Forbach für alle in Frankreich befindlichen Saarländer eine zentrale Kartei (fichier central) anzulegen. Gleichzeitig wurden Vorbereitungen getroffen für ihre Verteilung auf Südfrankreich: 5 000 waren vorgesehen für das Department Haute-Garonne und die angrenzenden Gebiete, weitere Siedlungspläne bestanden für die Gegenden um Bordeaux, Nantes und – bei Bedarf – um Gap[19].
Die Quartiere in den vier lothringischen Grenzorten waren bloße Durchgangslager, meistens in Kasernen, Turnhallen und ähnlichen Räumlichkeiten untergebracht, von denen bereits im Februar die ersten Transporte nach Toulouse und von dort weiter in ländliche Quartiere abgingen. Politik der französischen Stellen war es, möglichst viele Saarländer in ihren erlernten Beruf unterzubringen und Ungelernte beim Kanal- oder Wegebau einzusetzen[20]. Sowohl Lothringen, wo zahlreiche Saarländer auch bei Verwandten und Freunden unterkamen, als auch in Südfrankreich konnten sich die Emigranten relativ frei bewegen. Zwar wurden sie angewiesen, sich in Elsaß-Lothringen strikt jeder politischen Tätigkeit zu enthalten[21], unterlagen jedoch, wenn sie die bald restriktiver gehandhabten Einreisebestimmungen überwunden hatten, keinen sonstigen Beschränkungen. Völlig anders dagegen wurden die nicht-saarländischen Emigranten behandelt, in der Mehrzahl Reichsdeutsche, aber auch Ausländer und Staatenlose. Da Fremden die Niederlassung in den östlichen Grenzdepartements nur selten gestattet wurde, glich das Lagerleben in Straßburg-Neudorf einer Internierung mit rigorosem Reglement. Bei geringstem Zwischenfall von seiten der Insassen sollten diese in Ausweisehaft genommen werden[22]. Die Flüchtlinge durften das Kasernengelände nur zu bestimmten Zeiten und mit besonderer Erlaubnis verlassen. Verpflegung und hygienische Verhältnisse waren schlecht, die Disziplin streng und die Behandlung insgesamt bürokratisch und gereizt, so daß die Rote Hilfe Saar sich mit einem massiven Protest an den Völkerbund wandte[23]. Die darauf ergriffenen Maßnah-

---

18 Vgl. Wehner, S. 76. – Hans-Albert Walter: Die Asylpolitik Frankreichs von 1933 bis zur Annexion Österreichs, in: Exil und innere Emigration II. Internationale Tagung in St. Louis, hrsg. von Peter Uwe Hohendahl und Egon Schwarz, Frankfurt am Main 1973, S. 47–63, hier S. 52, 54. – Schneider, S. 502 f.
19 Schreiben des Préfecture du Bas-Rhin vom 7.1.35 an den Chef de la 4ème Division; ebd.: D 460/42. – Schreiben des Préfet du Bas-Rhin vom 7.1.35 an den Commissaire Divisionnaire de Police Spéciale; ebd.: D 286/386. – Hermann: Saarländische Emigration, S. 361.
20 „Was wird aus den Saaremigranten?", Neuer Vorwärts vom 10. 2. 35.
21 Schreiben des Directeur Général de la Sûreté Nationale vom 1. 3. 35 an den Préfet du Bas-Rhin; AD Strasbourg: D 286/383.
22 Schreiben der Direction Générale de la Sûreté Nationale vom 5. 2. 35 an den Préfet du Bas-Rhin; AD Strasbourg: ebd.
23 Schreiben des Inspecteur Général des Services d'Alsace et de Lorraine vom 8. 4. 35 an den Innenminister; ebd. – Schreiben der Roten Hilfe Saar vom 5. 2. 35 an den Völkerbund (hekt.); ebd. – „Die Saaremigranten in Südfrankreich", Neuer Vorwärts vom 24. 2. 35; „Saar-Emigranten ohne Asylrecht!", Rundschau vom 17. 2. 35.

men der Lagerverwaltung gegen eine politische Betätigung der Insassen verschärften den Konflikt, der schließlich in einer Art Lagerkoller seinen Ausbruch fand. Bei Ankunft des verantwortlichen Inspecteur principal liefen etwa 250 Lagerinsassen zusammen und schrien: „Nieder mit Frankreich! Pfui! Schlimmer als bei Hitler!". 26 Personen wurden daraufhin festgenommen. Bei den Verhören erlitten zwei Frauen Nervenzusammenbrüche[24].

Mit der Zeit wurden auch die meisten in Straßburg-Neudorf internierten Emigranten ins Innere Frankreichs verlegt, wo das Lager von Ancénies/Loire ein Zentrum für Saarflüchtlinge bildete. Der von der Roten Hilfe vorgebrachte Vorwurf, durch die schlechten Verhältnisse in der Kaserne sollten die Männer zur Fremdenlegion gepreßt werden, war offensichtlich unbegründet; jedenfalls meldeten sich in Straßburg nur sieben Männer zu den französischen Fahnen. In anderen Emigrantenlagern dürften entsprechende Zahlen kaum wesentlich höher gelegen haben. Dagegen wurden frühzeitig Auswanderungswünsche angemeldet. Nach einer Ende Januar 1935 in Straßburg erstellten Liste nannten 187 von 270 Lagerinsassen die Sowjetunion als gewünschtes Ziel, 25 Palästina und 20 Spanien[25]. Mit der Verschlechterung der Lagerverhältnisse stieg indessen auch die Zahl der für die UdSSR Optierenden. Im Mai 1935 meldeten sich fast 300 der nunmehr rund 350 in Straßburg-Neudorf internierten Emigranten für die Sowjetunion[26]. Ihre Enttäuschung war daher groß, als die Sowjetunion ihre Aufnahme verweigerte und sie größtenteils mit ungewisser Zukunft in Frankreich bleiben mußten. Da die meisten europäischen Länder ihre Grenzen für Emigranten schlossen, mag die Ungewißheit über ihr künftiges Schicksal eines der maßgebenden Motive für diejenigen gewesen sein, die trotz der damit verbundenen persönlichen Gefahr nach Deutschland zurückkehrten. Indessen scheinen sich auch die Saarländer, die zuvorkommender behandelt wurden als reichsdeutsche und andere Flüchtlinge, nur schwer den Lebensbedingungen in der Fremde angepaßt zu haben. Darauf deuten die recht häufigen Ortswechsel vieler Emigranten, für die sie vom französischen Staat kostenlose Eisenbahnfahrten beantragten. Da diese Anträge bald überhand nahmen, verfügte schließlich das französische Innenministerium im Februar 1936, daß nur noch solchen Personen Fahrmöglichkeiten gewährt werden sollten, die repatriiert werden und nach Deutschland zurückkehren wollten[27].

Die saarländische Emigration, zu der wir zunächst auch die über das Saargebiet weitergezogenen reichsdeutschen Flüchtlinge rechnen wollen, war in sich sehr uneinheitlich. Die Hauptgruppen bildeten zwar politische und jüdische Emigranten, aber auch andere Personenkreise schlossen sich der Bewegung an. Der aus Köln stammende Redakteur der *Deutschen Freiheit*, Georg Beyer, charakterisierte in einem vermutlich im Laufe des Jahres 1935 verfaßten Papier „Die Saar-Emigration"[28] die hierunter fallenden Personen. Zu jener Zeit befanden sich etwa 5 500 Flüchtlinge in der Obhut der französischen Regierung; daneben gab es eine sogenannte „wilde Emigration", deren Angehörige bei meist lothringischen oder elsässischen Verwandten untergekommen waren. Die offiziell registrierten Emigranten gliederten sich nach Beyer in (1) politische Flüchtlinge, meistens Sozialdemokraten, aber auch Kommunisten, die sich von der Partei im Stich gelassen und durch die sowjetische Aufnahmesperre für Saaremigranten enttäuscht fühlten. Sodann (2) „Anpassungswillige", die mit ihrer Vergangenheit völlig brachen und entweder sich um die französische

---

24 Vermerk des Inspecteur Principal vom 27. 5. 35; AD Strasbourg: D 286/383. – Vgl. Schneider S. 503 f.
25 Scheiben des Préfet du Bas-Rhin vom 28. 1. 35 an das Innenministerium; ebd.
26 Schreiben Berthold Jacobs vom 13. 5. 35 an Georg Reinbold; AsD: Nachlaß Rinner Nr. 30.
27 Rundschreiben der Sûreté Nationale vom 3. 2. 36 an die Präfekten; AD Strasbourg; D 460/42.
28 „Die Saar-Emigration", undatiertes Mskr.; AsD: Emigration-Sopade, Mappe 19.

Staatsbürgerschaft oder aber um Auswanderung nach Übersee bemühten. Schließlich bezeichnete Beyer einige Emigranten (3) als Asoziale und Abenteurer, durch die in den Lagern ständig neue Konflikte entstünden. Auch zwischen Kommunisten und Sozialdemokraten gebe es regelmäßig Zusammenstöße, wobei jene diesen das Fiasko der Einheitsfront vorwürfen. Durch anmaßendes Auftreten, oft in Gemeinschaft mit französischen Parteifreunden, hätten die Kommunisten ein gelegentlich scharfes Eingreifen der Behörden provoziert, von dessen Folgen auch die Aktivitäten der Sozialdemokraten in Mitleidenschaft gezogen würden. Vielfach nähmen die Konflikte Formen an, die die sozialdemokratischen Emigranten veranlaßten, bei den zuständigen Stadtverwaltungen – so beispielsweise in Toulouse – ein von Kommunisten getrenntes eigenes Lager zu beantragen. Viele kommunistische Flüchtlinge fühlten sich durch das Verhalten ihrer eigenen Gesinnungsgenossen so kompromittiert, daß sie sich gegenüber französischen Behörden als Sozialdemokraten ausgaben[29].

Es ist nicht möglich, unter den 1935/36 schätzungsweise 8000 aus dem Saargebiet emigrierten Personen eine annähernde Bestimmung des zahlenmäßigen Anteils von Sozialdemokraten und Kommunisten zu geben. Max Braun vermutete im Januar 1935 1900 reichsdeutsche kommunistische Emigranten im Saargebiet[30]. Wieviele von ihnen im rückgegliederten Saargebiet blieben oder ins Reich zurückkehrten und wieviele saarländische Kommunisten emigrierten, ist nicht bekannt. Da die Parteiführung der Exil-KPD, wie vom Saargebiet aus so auch von Frankreich aus, konspirativ tätig war und hierbei gern Emigranten und Flüchtlinge einsetzte, mußte aus Tarnungsgründen gewöhnlich deren Parteizugehörigkeit geheim bleiben. Zum Teil erhielten KPD-Mitglieder von ihrer Partei den Auftrag, ihren politischen Standort zu tarnen. Mehrfach wurden der Sopade kommunistischer Handzettel (bzw. Abschriften) mit der Aufschrift „Sehr streng vertraulich!" zugeleitet[31]. Darin wurde mitgeteilt, daß die Flüchtlingslager im kommenden Monat (September 1935) aufgelöst würden. Die Genossen sollten sich gegenüber französischen Behörden sowie auch sonst nie als Kommunisten, stets als Antifaschisten, Sozialisten oder Freigewerkschaftler ausgeben. Arbeitsangebote sollten nur angenommen werden, wenn dadurch die politische Betätigung nicht beeinträchtigt würde; andernfalls sollten derart überhöhte Anforderungen gestellt werden, daß ein Arbeitsverhältnis nicht zustande kommen würde. – Die Handzettel sollten nach Lektüre sofort vernichtet werden.

Die soziale Lage der Emigranten war eine recht schwierige. Die meisten Flüchtlinge, die zwischen der Abstimmung und der Rückgliederung ins benachbarte Frankreich eilten, waren gewöhnlich hastig und ohne große Vorbereitungen aufgebrochen. Sie waren also in materieller Not und auf Unterstützung des Gastlandes angewiesen. Der nach der Rückgliederung auswandernde zweite Schub der Emigration durfte zwar unter dem Schutz des Garantieabkommens alle bewegliche Habe mitnehmen. Jedoch versuchte die Reichsstelle für Devisenbewirtschaftung, den Abfluß von Devisen bei der Abwanderung von Saarländern möglichst gering zu halten[32], so daß deren Praktiken sich ebenfalls auf den späteren sozialen Status der Abgewanderten einschränkend auswirkte. Betreut wurden die Saar-Emigranten von der noch im Januar 1935 in Forbach eingerichteten „Beratungsstelle für Saarflüchtlinge", über die gleich zu berichten sein wird, von internationalen Organisationen und Verbänden wie dem IGB, der SAI, auf französischer Seite von der CGT sowie bei

---

29 Schreiben der Préfecture de la Moselle vom 23. 3. 35 an die Direction Générale d'Alsace et de Lorraine; AD Strasbourg: AL 98/409. – „Die Saaremigranten in Südfrankreich", *Neuer Vorwärts* vom 24. 2. 35.
30 Anm. 2.
31 Abschriften eines Flugblattes; AsD: Emigration-Sopade, Mappen 66 und 133.
32 Jacoby, S. 181.

den Kommunisten von der IAH und der Roten Hilfe. Bereits kurz nach der Saarabstimmung hatte Frankreich den Völkerbund an seine Verpflichtungen gegenüber den Flüchtlingen aus einem Territorium erinnert, das fünfzehn Jahre unter seiner Verwaltung gestanden hatte. Der Völkerbundsrat erkannte seine Verantwortung an und übertrug am 1. Mai die Betreuung der Flüchtlinge, die die Eigenschaft als Saareinwohner besessen hatten, dem Nansen-Amt. Diese Dienststelle trug ihren Namen nach ihrem früheren Leiter, dem norwegischen Polarforscher Fridtjof Nansen, der vom Völkerbund zum Hochkommissar für Flüchtlingsfragen bestellt worden war. Das Verwaltungsbudget des Nansen-Amtes wurde erhöht, jedoch erhielt es keine Mittel zur materiellen Betreuung der Saarländer. Damit war den Emigranten zwar in materieller Sicht nur wenig geholfen, jedoch existierte im Nansen-Amt eine Instanz, die wenigstens mit der politischen Verantwortung für saarländische Flüchtlinge betraut worden war[33].

Die erwähnte „Beratungsstelle für Saarflüchtlinge" hatt sich auf Initiative saarländischer Sozialdemokraten um Max Braun unmittelbar nach der Abstimmung die Aufgabe gesetzt, Emigranten ungeachtet ihrer politischen Zugehörigkeit zu betreuen und in juristischen, sozialen und technischen Angelegenheiten zu beraten. Unter den Mitarbeitern befanden sich führende saarländische SPD- und Gewerkschaftsfunktionäre wie Richard Kirn, Heinrich Hünnekens und andere. Von reichsdeutschen Emigranten wirkten Emil Kirschmann und die frühere Reichstagsabgeordnete Johanna Kirchner mit, die seit Oktober 1934 in der saarländischen SPD mitgearbeitet hatte[34]. Träger der Beratungsstelle war der IGB, unterstützt und gefördert von der SAI, der Sopade und anderen Organisationen, die auch die Mittel zur Verfügung stellten. Über die Höhe der finanziellen Hile und die Art ihrer Verwendung liegen für die Zeit bis Juni 1935 detaillierte Abrechnungen vor[35]. Aufschlußreich ist das Protokoll einer Besprechung der Beratungsstelle am 6. Juli 1935 in Forbach, an der Walter Schevenels vom IGB sowie für die Saarländer Max Braun, Heinrich Hünnekens, Emil Kirschmann und andere teilnahmen. Nach Überprüfung der Abrechnungen sagte Schevenels eine weiter materielle Unterstützung des IGB in Höhe von 3 000 ffrs und von seiten des Matteotti-Fonds in Höhe von 500ffrs zu; außerdem versprach er eine Fühlungnahme mit der SAI und der Sopade, um ein Darlehen sowie weitere Mittel zur Bestreitung laufender Kosten und Begleichung älterer Schulden zu gewinnen[36]. Aufschlußreich ist auch ein Tätigkeitsbericht der Beratungsstelle für das zweite Quartal 1935, demzufolge diese durch Vorsprache bei französischen Stellen mehr als 50 Landesverweisungen rückgängig machen konnte. Ein besonderes Problem stellten etwa 200 Rentenanträge von Saar-Emigranten dar, deren Angelegenheit vom zuständigen Beauftragten der Beratungsstelle, Richard Kirn, in Zusammenarbeit mit der CGT bearbeitet wurde. Wichtig war auch die Herausgabe des Mitteilungsblattes *Nachrichten von der Saar*, von dem bis Juni 1935 15 Nummern erschienen war[37].

Die Beratungsstelle war, wie dem Tätigkeitsbericht zu entnehmen ist, nur für saarländische Emigranten tätig. Erst nach langem zähem Ringen mit französischen Stellen konnte durchgesetzt werden, daß auch reichsdeutsche Emigranten, die über das Saargebiet nach Frankreich gekommen waren, in die Betreuung einbezogen wuden. Allerdings blieb die

---

33 Herrmann: Saarländische Emigration, S. 368 ff.
34 Schreiben der Hanna Kirchner vom 1. 3. 35 an Martin Plettl; DGB-Archiv Nachlaß Plettl. – Vgl. auch Max Oppenheim: Das kämpferische leben der Johanna Kirchner. Porträt einer antifaschistischen Widerstandskämpferin, Frankfurt am Main 1974. – Schneider, S. 505 ff.
35 AsD: Emigration-Sopade, Mappe 62.
36 Protokoll vom 6. 7. 35; ebd.
37 Emil Kirschmann: „Allgemeiner kurzer Bericht über die Tätigkeit der Beratungsstelle vom 1. April–30. Juni"; ebd.

Einflußnahme der Beratungsstelle zugunsten reichsdeutscher Emigranten von begrenztem Erfolg. Dennoch hat sie vor allem mit Hilfe des IGB und französischer sozialistischer Abgeordneter manche Verbesserung in den Lagern durchgesetzt und durch ihre Rundbriefe vor allem auch eine psychologische Stütze geboten. Die Arbeit war weitgehend ehrenamtlich, so daß bis August 1935 nur 1 000 ffrs für die Beratungsstelle selbst verwendet werden mußten, während alle übrigen Gelder für Unterstützungen ausgegeben wurden. Gefördert wurden mit diesen Geldern übrigens auch kommunistische Hilfsorganisationen wie die Rote Hilfe, die selbst wenig zur Aufbringung von Mitteln beigetragen zu haben scheint[38].

Die Emigrantenlager wurden aufgrund einer Verfügung des französischen Innenministers am 20. September 1935 geschlossen. Die Politik der Regierung änderte sich, als die vorher gewährte Unterstützung eingestellt wurde, was in einem Schreiben des Innenministers an den Generalsekretär der CGT mit finanziellen Rücksichten erklärt wurde. Die Regierung versprach aber, den Flüchtlingen bei der Arbeitssuche behilflich zu sein, bei unverschuldeter Arbeitslosigkeit eine Unterstützung zu zahlen und solchen Saarländern, die schon in Berufen untergebracht waren, in Einzelfällen einen kleinen Zuschuß zu gewähren; außerdem sagte sie Saarländern ihre Hilfe zu, die nach Südamerika auswandern wollten. Nach Angaben einer Denkschrift der „Beratungsstelle" sahen die tatsächlichen Folgen dieser neuen Behandlung weniger erfreulich aus. Viele Emigranten wurden in berufsfremde Stellen verwiesen, denen sie fachlich oder körperlich nicht gewachsen waren und die ihnen kaum mehr als ein Existenzminimum boten. Gewöhnlich handelte es sich um private Unternehmen, die im Auftrage des Staates öffentliche Aufträge durchführten. Ein arbeitsrechtlicher und sozialer Schutz existierte dabei nicht, vielmehr standen die Emigranten angesichts einer möglichen Ausweisung unter besonderem Druck. Die in Aussicht gestellte Arbeitslosenunterstützung wurde nicht in allen Fällen gezahlt. Eine Auswanderung in andere Länder war außerordentlich schwierig. Hinzu kam die räumliche Verteilung der Emigranten auf ganz Frankreich. Obwohl 90 % von ihnen nur deutsch sprachen, versuchte die französische Regierung, sie möglichst aus den deutschsprachigen Grenzdepartements zu entfernen und in anderen Regionen Frankreichs auszusiedeln. Aufschlußreich für ihre Situation ist der Brief eines Lagerinsassen in Toulouse an die Sopade. Bereits zwei Monate vor der endgültigen Auflösung der Lager wurden bereits Gerüchte über diesen bevorstehenden Schritt der französischen Regierung laut. Die 45 Insassen des Lagers Toulouse müßten dann, so hieß es, eine Arbeit ergreifen, wobei sie von französischer Seite zur Betätigung in der Landwirtschaft in Südfrankreich gedrängt würden, wo bereits 200 Saar-Emigranten tätig seien. Bis zum 15. August könnten die Emigranten sich jedoch ihre Arbeit selbst aussuchen. Zur gleichen Zeit, hieß es, werben die Nansen-Komitees für die Auswanderung nach Brasilien[40].

Eine Verbesserung ihrer rechtlichen Stellung in Frankreich bedeutete wiederum die im August 1935 vefügte Ausdehnung des Geltungsbereiches des Nansen-Passes auch auf die Saar-Emigranten. Dieser Paß war 1923 auf Anregung Nansens für staatenlose Flüchtlinge – vor allem Armenier und Russen – eingerichtet worden und wurde in allen dem Völkerbund angeschlossenen Ländern als gültiges Personaldokument anerkannt. Diese Maßnahme war von der Beratungsstelle schon frühzeitig gefordert worden und der Völkerbundsrat hatte diese Forderung im Mai 1935 aufgegriffen. Allerdings beantworteten bis zum Sommer 1935 nur Frankreich und die Schweiz positiv diesen Beschluß. Mit Dekret vom 27. August 1935 wurde daher die Geltung des Passes auf solche Personen ausgedehnt, die die

---

38 Schreiben der Beratungsstelle vom 10. 8. 35; ebd.
39 „Die Lage der Saarflüchtlinge" (undatierte Denkschrift); AsD: Emigration-Sopade, Mappe 61.
40 Schreiben Walter Sassnicks vom 26. 7. 35 an Hans Vogel; ebd., Mappe 112.

Eigenschaft als Saareinwohner besessen hatten. Jedoch würden die französischen Behörden, meldete die Presse, die Verleihung dieses Dokuments sehr wählerisch handhaben und es nicht „berufsmäßigen Arbeitslosen" aushändigen; nur etwa 1 200 in Frankreich lebende Saarländer kämen als Empfänger des Passes in Frage[41].

Seit 1935 bemühte sich das Nansen-Amt auch um Auswanderungsmöglichkeiten für Saarländer nach Südamerika. Aber die hierfür bevorzugten Länder Argentinien, Brasilien und Uruguay hatten ihre Grenzen für Einwanderer geschlossen oder ließen nur Vertreter bestimmter Berufsgruppen ein. Schließlich erklärte sich Paraguay zur Aufnahme von 500 Saaremigranten bereit. Die französische Regierung erklärte, daß sie die Auswanderung von etwa 200 Familien finanziell unterstützen würde. Eine Delegation des Nansen-Amtes erwarb von dem in Paraguay begüterten Schweizer M. Naville Ländereien, auf denen Saarländer als Landwirte angesiedelt werden konnten. Für die Durchführung des Projekts bewilligte der Völkerbund schließlich 140 000 Schweizer Franken[42]. Im April 1937 waren die Vorbereitungen soweit abgeschlossen, daß das Nansen-Amt an die in Frankreich lebenden Saarflüchtlinge mit folgendem Angebot herantreten konnte: Jede Familie sollte nach kostenloser Überfahrt 12 Hektar Land und ein Jahr lang monatlich zwölf argentinische Pesos pro Person erhalten[43]. Es meldeten sich etwa 60 bis 70 Familien für die Überfahrt, die dann im Laufe des Jahres 1937 in mehreren Transporten erfolgte; mit der achten Auswanderungsgruppe, die Frankreich am 10. Dezember verließ, erreichte die Zahl der Saarländer in Paraguay 142. Sie wurden in der Colonia Nansen bei Villa Rica etwa 150 km östlich der Hauptstadt Asunción angesiedelt. Offiziell hatte Paraguay nur Landwirte einlassen wollen, jedoch erfüllten nur wenige Neusiedler diese Bedingung. Die Saarländer – größtenteils Arbeiter aus verschiedenen Industriebranchen – wurden mitten im ungewohnten tropischen Urwald ausgesetzt, ohne im geringsten auf Land und Leute, Natur und Lebensbedingungen vorbereitet worden zu sein. Angesichts der Schwierigkeiten baten sie das Nansen-Amt um weitere Unterstützung und um eine Verschiebung der Frist für die Rückzahlung des ihnen gewährten Darlehens. Insgesamt war das Projekt für die meisten ausgewanderten Saarländer eine herbe Enttäuschung; mit wenigen Ausnahmen verließen die Siedler das Land, das ihnen wegen des Chaco-Krieges auch kaum helfen konnte, und schlugen sich über meist illegale Wege nach Brasilien, Uruguay oder Argentinien durch. Die meisten Auswanderer dürften, sofern sie diese abenteuerliche und nicht immer ungefährliche Odyssee überlebten, in Buenos Aires oder anderen Städten am La Plata ihre endgültige Heimat gefunden haben. In Paraguay selbst gibt es nur noch wenige Abkömmlinge saarländischer Einwanderer[44].

Für die in Europa umherirrenden Saarflüchtling verschlechterte sich die Lage. Die meisten Länder hatten sich ihnen verschlossen oder nur eine sehr begrenzte Anzahl von Saarländern eingelassen, so daß ihre Mehrheit in Frankreich blieb. Nach einem Bericht, der von einem Vertreter der Sopade nach einer Informationsfahrt durch Belgien, Frankreich und der

---

41 Décret du 27. 8. 35, *Journal Officiel* du 7. septembre 1935. – „Der Nansenpaß für Saarflüchtlinge", *Pariser Tageblatt* vom 11. 9. 35. Anm. 34. – Herrmann: Saarländische Emigration, S. 372.

42 Herrmann: Saarländische Emigration, S. 376 ff.

43 Rundschreiben des Office International Nansen pour les Réfugiés vom 14. 4. 37 an die französischen Präfekten; AD Strasbourg: D 460/42.

44 Auf einer Urlaubsreise durch Südamerika begegnete der Verfasser 1976 in Posadas an der argentinisch-paraguayischen Grenze durch Zufall einem dieser Auswanderer, von dem mündlich und schriftlich die hier angeführten Details mitgeteilt wurden; – Korrenspondenz mit Ludwig Becheter, insbes. Schreiben vom 29. 4. 78 an den Verf. – Herrmann: Saarländische Emigration, S. 378.

45 „Die Lage der deutschen Emigration Anfang 1936" (Vermerk vom 6. 1. 36) – AsD: Emigration-Sopade, Mappe 174. – Walter: Asylpolitik, S. 54.

Schweiz erstellt worden war, bestanden aber gerade in Frankreich besondere soziale und materielle Schwierigkeiten. Die französischen Gewerkschaften und die Sozialistische Partei, hieß es, hatten keine Hilfsorganisation gegründet, und jedes Ersuchen um Hilfe bliebe von dieser Seite unbeantwortet. Viele Emigranten mußten von Schwarzarbeit leben. Für ein legales Arbeitsverhältnis benötigten sie die für drei Jahre geltende carte d'identité, deren Ausstellung 230 ffrs und deren Verlängerung 100 ffrs kostete, also damals umgerechnet etwa 37 bzw. 16 Mark. Wer die carte d'identité nicht erhielt, bekam entweder eine blaue Karte, die ihm die Aufenthaltserlaubnis entzog („refoulement"), ihm jedoch die Möglichkeit einer späteren Rückkehr mit gültigem Visum beließ. Eine weiße bzw. rote Karte bedeutete jedoch die Ausweisung („expulsion") binnen Stunden bzw. Tagen; ohne Aufhebung des Ausweisungsbeschlusses durfte er nie wieder französischen Boden betreten. Bei der Erteilung von Aufenthaltsgenehmigungen besaßen Saarländer allerdings noch eine bevorzugte Stellung gegenüber reichsdeutschen Emigranten, die vielfach ausgebürgert und somit staatenlos geworden waren, sowie Flüchtlingen anderer Nationalität; in zahlreichen Fällen erhielten Saarländer nicht nur die erforderlichen Papiere, sondern auch kommunale Unterstützungen. Schließlich wurde Anfang 1938 die Regelung eingeführt, daß jeder als „réfugié sarrois" anerkannte Emigrant, der früher die Eigenschaft als Saareinwohner besessen hatte, ohne Vorbedingungen eine provisorische Arbeitserlaubnis erhielt[46].

Eine spürbare Verschlechterung erfuhr wiederum die Lage der saarländischen Emigranten, als die in Forbach wirkende Beratungsstelle am 30. April 1936 auf französische Anordnung geschlossen wurde. Begründet wurde diese Maßname damit, daß nach Ablauf des Schutzjahres im Anschluß an die Rückgliederung des Saargebiets keine Notwendigkeit zur Wahrnehmung spezifisch saarländischer Interessen mehr bestehe. Dies war naturgemäß ein Vorwand. Auf seiten Frankreichs sah man ungern politische Aktivitäten, die sich auch über die Grenze nach Deutschland hin erstreckten. Daher wurde den Mitarbeitern der Beratungsstelle nahegelegt, sich einen Aufenthaltsort außerhalb des Departements Moselle zu suchen[47]. Hinzu kamen noch andere Gründe, vermutlich innere Streitigkeiten in der Beratungsstelle, wie dies ein Rundschreiben vorsichtig andeutete. Mit der Schließung stellten auch die Nachrichten von der Saar, die in den vorangegangenen Monaten ohnehin nur spärlich erschienen waren, ihr Erscheinen ein. Noch verbleibende gewerkschaftliche Belange wurden der örtlichen CGT anvertraut, in der Richard Kirn mitwirkte[48]. Die Unterlagen der Beratungsstelle wurden mit Hilfe der CGT ins Innere Frankreichs gebracht. Kurz vorher kam es noch zu einem Zwischenfall, als in der Nacht vom 25. zum 26. April im Büro der Beratungsstelle, in der Forbacher rue Nationale 41, eingebrochen wurde. Dank der Aufmerksamkeit des Wachhundes Jack, der hierbei einen leichten Streifschuß erhielt, wurden die drei – vermutlich im Auftrage der Gestapo handelnden – Einbrecher an der vollen Durchführung ihres Planes behindert und erbeuteten nach Angaben der Beratungsstelle nur wertloses Altpapier. Kurz darauf wurde noch einmal eingebrochen, wobei diesmal die Beute größer gewesen zu sein scheint[49].

Die Beratungsstelle für Saarflüchtlinge wurde und blieb dann geschlossen; wohl aber gab es Versuche, einen Ersatz für sie zu schaffen. Gerade ihre ehemaligen Mitglieder Kirschmann und Johanna Kirchner hofften, im Zuge einer Annäherung von sozialdemokratischen und kommunistischen Emigranten eine gemeinsame Betreuung aller Flücht-

---

46 Rundschreiben Nr. 3 des Office sarrois vom 5. 1. 38; AD Strasbourg: D 460/42.
47 Schreiben des Commissaire Spécial vom 29. 4. 36 an den Sous-Préfet von Forbach; AD Strasbourg: D 286/383.
48 Schreiben des Commissaire Spécial vom 2. 5. 36 an den Sous-Préfet von Forbach; ebd.
49 Rundschreiben der Beratungsstelle vom 12. 5. 36; AsD: Emigration-Sopade, Mappe 62. – Bericht der Préfecture de la Moselle vom 23. 7. 36 an den Innenminister; AD Strasbourg: AL 98/409.

linge, darunter auch der Saarländer, organisieren zu können. Als Vorbild sollte die Zusammenarbeit der Exilorganisationen von Arbeiterwohlfahrt und Roter Hilfe im Rahmen der Beratungsstelle dienen. Geplant wurde die Herausgabe eines eigenen Mitteilungsblattes für Emigranten, in dem auch die Belange der Saarländer zur Geltung kommen sollten. Als Organ erschienen dann ab Juli 1936 die *Informationen von Emigranten für Emigranten* (IEE); sie waren vorher unter gleichem Namen nominell von der Beratungsstelle, in Wirklichkeit jedoch von Emigrantenkreisen in Paris herausgebracht worden. Dieses Blatt wurde von der Arbeiterwohlfahrt und der Roten Hilfe getragen und propagierte die Fortführung der Einheitsfront[50].

Eine Organisation nach Art der Beratungsstelle ist dann doch nicht wieder zustande gekommen. Vielmehr ergriff die französische Regierung die Initiative für eine Ersatzinstitution, die auf überparteilicher Ebene die Interessen der Saarländer vertreten sollte. Als ständige Einrichtung der von oben dekretierten „Vereinigung der Saaremigranten" (Comité pour les Réfugiés Sarrois) wurde in Übereinstimmung mit dem Völkerbund und dem Internationalen Nansen-Amt das Office Sarrois eingerichtet, das nach dem Vorbild ähnlicher Institutionen für russische und armenische Flüchtlinge arbeiten sollte. Aufgabe des Office Sarrois war es, den Saaremigranten in Zusammenarbeit mit dem Pariser Vertreter des Nansen-Amtes die erforderlichen Urkunden auszustellen, den aus Zuwendungen des Nansen-Amtes sowie anderen Quellen gespeisten Fonds für Saarflüchtlinge zu verwalten und schließlich über den Vertreter des Nansen-Amtes die Wünsche, Vorschläge, Anträge und Beschwerden der saarländischen Emigranten gegenüber der französischen Regierung vorzutragen. Die Mitarbeit im Office Sarrois war ehrenamtlich, die Mitglieder der Vereinigung mußten Beitrag zahlen. Gleichwohl war die Leitung eine von oben eingesetzte. Die französische Regierung ernannte Max Braun zum Präsidenten und berief in das leitende Komitee auch Saarländer anderer politischer Couleur, so beispielsweise Philipp Daub, Edgar Hector und den parteilosen früheren Neunkirchener Schlachthofdirektor Ludwig Meyer. Das Office Sarrois gab ein monatlich erscheinendes Mitteilungsblatt heraus[51]. Max Braun erhielt durch diese seine amtliche Funktion eine reicht einflußreiche Stellung, die er im Interesse saarländischer Emigranten auch auszunutzen verstand. Vor allem noch nach Kriegsbeginn, als zahlreiche deutsche Emigranten vorläufig von der französischen Regierung interniert wurden, konnte seine Fürsprache in einigen Fällen ihre Freilassung erwirken[52]. Dies war allerdings nur in den ersten Kriegsmonaten möglich, da das Office Sarrois recht bald sein Ende fand und Max Braun nach London flüchtete.

Die politische Betätigung der saarländischen Emigration

Die bisher genannten Vereinigungen und Institutionen der Emigration verfolgten in erster Linie soziale Ziele, wurden aber doch auch stark in die politischen Konflikte hineingezogen, die das Leben der deutschen Flüchtlinge im französischen Exil erschwerten. Viele von ihnen, vor allem die ehemaligen Mitglieder der Einheitsfront, verstanden das Exil als Verpflichtung und Chance, den Kampf gegen Hitler vom Ausland aus fortzusetzen. Das gilt vor allem auch für Max Braun. Seine Stellung, seine zahlreichen Verbindungen

---

50 Rundschreiben der ehemaligen Beratungsstelle vom 16. 7. 37; AsD: Emigration-Sopade, Mappe 61. – Schneider, S. 507.
51 (Undatiertes) Rundschreiben Nr. 1 des Office Sarrois; ebd., Mappe 125. – Das Rundschreiben wurde nach eigenen Angaben im November (1936?) herausgegeben. – Schneider, S. 515.
52 Schreiben des PV vom 20. 11. 1939 an Max Braun mit der Bitte, sich für den internierten Saarländer Jean Liebergall zu verwenden; ebd., Mappe 23. – Schreiben des PV vom 23. 11. 1939 an Jean Liebergall, ebd., Mappe 72.

und das hohe Ansehen, das er sich als eigentlicher Organisator des Abstimmungskampfes an der Saar erworben hatte, prädestinierten ihn zu einer führenden Rolle innerhalb der Emigration. Er hatt diese Möglichkeiten auch gesehen und zu nutzen versucht. Aber seine Aktivitäten stießen vielfach dadurch auf Schwierigkeiten, daß die alten Konflikte zwischen der SPD/Saar und der Sopade sowie die Streitigkeiten innerhalb der saarländischen Sozialdemokratie weiter bestanden und alle politischen Projekte und neuen Organisationsbildungen belasteten. Die Affäre Klopfer wirkte noch nach in Form von Beschuldigungen solcher Emigranten, die mit ihr zu tun gehabt hatten[53]. Mit Georg Beyer, 1933–35 Redakteur der *Deuschen Freiheit*, trug Max Braun eine jahrelange Fehde aus, die in Form beiderseitiger offener Briefe und Erklärungen bis 1939 fortgesetzt wurde. Die Verbitterung, die noch aus der Klopfer-Affäre und dem Streit zwischen den Anhängern Max Brauns und denen der Sopade herrührte, wirkte nach, bis schließlich der Kriegsbeginn diesen Querelen ein Ende setzte[54].

Eine der Streitpunkte zwischen der Gruppe um Max Braun und der Sopade, der ohne Kenntnis der saarländischen Vorgeschichte nicht verständlich ist, betraf Max Brauns Bemühungen um die Gründung einer neuen Zeitschrift im Exil. Hierüber führte er im Mai 1935 eine Unterredung mit Otto Wels, offensichtlich um zu diesem Zweck Gelder von der Sopade zu bekommen[55]. Tatsächlich gelang es Max Braun, von Dezember 1937 bis April 1939 die *Deutsche Freiheit* wieder herauszugeben; sie war zeitweilig identisch mit *Die Zukunft* und erschien auf französisch unter dem Namen *La Liberté Allemande*. Das Blatt stützte sich weitgehend auf die Spenden seiner Abonnenten. Ein Rundschreiben der Herausgeber an die Leser, Abonnenten und Freunde der *Deutschen Freiheit* mit der Bitte um weitere Spenden, unterzeichnet von Max Hoffmann und Emil Kirschmann, offenbarte die materiellen Schwierigkeiten der Zeitschrift[56].

Die Sopade war hieran nicht beteiligt und distanzierte sich vom neuen Blatt, dem sie sogar das Recht auf seinen Namen streitig machte[57]. Der Konflikt zwischen den Parteiführungen in Saarbrücken und Prag bestand also weiter und prägte nachhaltig die deutsche sozialdemokratische Emigration in Frankreich. Obwohl die saarländische Sozialdemokratie nach der Rückgliederung der Saar die Daseinsberechtigung ihrer organisatorischen Eigenstädigkeit eingebüßt hatte, blieben doch unter den Emigranten regionale Zusammenschlüsse bestehen, denen sich dann oft noch reichsdeutsche anschlossen. Insgesamt war der Zusammenhalt zwischen den deutschen Sozialdemokraten in Frankreich ein sehr lockerer. Max Braun bemühte sich daher um einen festeren organisatorischen Zusammenschluß. Schon im Winter 1936/1937 konnte er vor allem im Elsaß und in Lothringen größere Gruppen hierfür gewinnen. Bewußt wurde dabei die Unterscheidung in ehemalige Saarländer und Reichsdeutsche fallengelassen. Insgesamt rechnete er mit etwa 800 in Frankreich lebenden, beitrittswilligen deutschen Sozialdemokraten, zu denen er auch prominente Persönlichkeiten wie Rudolf Breitscheid zählte[58]. Es dauerte jedoch mehrere Monate, bis die neue Organisation Gestalt annahm. Etwa gleichzeitig wie die Herausgabe der ersten Nummer der *Deutschen Freiheit* konnte er die „Sozialdemokratische Landesgruppe Frankreich" proklamieren, die schließlich 1 500 Mitglieder vereinigte. Aber die dadurch entstandene Rivalität zwischen den Anhängern Brauns und der Sopade spaltete die

---

53 Schreiben zwischen Max Braun, Hans Vogel, Emil Kirschmann und der sozialdemokratischen *Berner Tagwacht* vom März 1936 über Walter Sassnick, ebd., Mappen 18 und 62.
54 Materialien hierzu ebd., Mappe 19. – Schneider, S. 514.
55 Schreiben Otto Wels' vom 17. 5. 1935, ebd., Mappe 50.
56 Undatiertes Rundschreiben der *Freiheit*, ebd., Mappe 43. – Schneider, S. 515, Anm. 178.
57 Schreiben vom 30. 11. 1937 an Richard Hansen, ebd., Mappe 49.
58 Schreiben Schwarz' vom 2. 11., 3. 12. und 27. 12. 1936 an den PV, ebd., Mappe 93.

deutsche sozialdemokratische Emigration in zwei Lager. Gewöhnlich standen die Saarländer hinter Max Braun, die meisten anderen hinter der Sopade. Dies galt jedoch nicht generell. Die überwiegend aus Saarländern bestehende Forbacher Emigrantengruppe beispielsweise lehnte eine derartige Fraktionsbildung ab[59].

Die Spaltung der sozialdemokratischen Emigration war aber nur vordergründig eine landsmannschaftlich oder historisch bestimmte. Dahinter stand die Problematik der Volksfront zwischen Sozialdemokraten und Kommunisten[60]. Die Erfahrungen mit der Einheitsfront im saarländischen Abstimmungskampf waren maßgebend dafür, daß von seiten der saarländischen Sozialdemokratie die Vorbehalte gegen Volksfrontprojekte geringer als bei der Sopade waren. Bereits im Dezember 1935 hatte eine Gruppe von Sozialdemokraten in Forbach die Frage der Einheitsfront diskutiert und war dabei zum Ergebnis gekommen, daß man die Bekenntnisse der Kommunisten zur Demokratie nicht völlig ignorieren dürfte. Ein entsprechendes Schreiben an die Sopade war von führenden Funktionären der SPD/Saar, darunter Hermann Petri, Richard Kirn und Heinrich Hünnekens, unterzeichnet worden[61].

Max Braun wurde zum treibenden Motor eines engen Zusammengehens von Sozialdemokraten, Kommunisten und Schriftstellern. Die Kontakte mit beiden hatten bereits im September 1935 im Pariser Hotel „Lutetia" begonnen, wobei die „Saargruppe" als relativ eigenständiger Flügel innerhalb der sozialdemokratischen Emigration auftrat[62]. Gesprächspartner von kommunistischer Seite war Willi Münzenberg. Max Braun scheint zunächst an die Gründung einer gemeinsamen Zeitschrift gedacht zu haben, von der eine west- und eine osteuropäische Ausgabe, jeweils in Paris und Prag, erscheinen sollte[63]. Wie es scheint, sind diese Pläne nicht verwirklicht worden. Dafür konzentrierten sich die Aktivitäten im Februar 1936 auf Protestresolutionen gegen das Dritte Reich, zu denen Max Braun ein breites Spektrum von Unterzeichnern gewinnen wollte, auf seiten der Schriftsteller Thomas und Heinrich Mann und Lion Feuchtwanger, von den Sozialdemokraten Viktor Schiff, Rudolf Breitscheid und Emil Kirschmann und von den Kommunisten Willi Münzenberg, Franz Dahlem und andere. Der Text hierzu war von Heinrich Mann entworfen worden[64]. Auf einer Kundgebung am 2. Februar 1936, organisiert von Heinrich Mann und Max Braun, wurde ein „Ausschuß zur Vorbereitung der deutschen Volksfront" gegründet, der die Plattform für eine breite Zusammenarbeit der deutschen Linken erarbeiten sollte. Dieser Ausschuß gab ab März 1936 unter der Federführung von Heinrich Mann, Max Braun und anderen die bereits erwähnten *Nouvelles d' Allemagne* heraus, in deutscher Sprache unter dem Namen *Deutsche Informationen.* Als theoretischen und programmatischen Beitrag lieferte Max Braun zusammen mit Georg Denike die Statuten zu dem von ihm konzipierten „Bund ‚Das kommende Deutschland'". Großen Wert legte Braun auch auf die Teilnahme der emigrierten katholischen Politiker von der Saar. Johannes Hoffmann und Otto Pick nahmen zeitweilig an den Volksfrontverhandlungen teil[65]. Ende

59 Schreiben Adolf Ludwigs vom 8. 2. 1938 an die Sopade, ebd., Mappe 73. – Matthias/Link: Mit dem Gesicht nach Deutschland, a. a. O. , S. 307.
60 Langkau-Alex, S. 95 ff.
61 Schreiben an die Sopade vom 20. 12. 1935, AsD: Emigration-Sopade, Mappe 18.
62 „Notiz über die Besprechung in Paris am 26. September 1935 nachmittags 3 Uhr im Hotel Lutetia", ebd., Mappe 190.
63 Schreiben Otto Wels' vom 21. 12. 1935 an Viktor Schiff, ebd., Mappe 112.
64 Schreiben Max Brauns vom 2. 1. 1936, ebd., Mappe 43. – Hierzu vgl. den Bericht Reinbolds vom 2. und 6. 2. 1936 an den PV, ebd., Mappe 92.
65 Hierzu Duhnke, S. 238 ff. – Langkau Alex, S. 136 ff. – Schneider, S. 509, 511.

1937 scheiterten die Volksfrontprojekte und kurz darauf beendeten die nicht-kommunistischen Emigranten ihre Mitarbeit in den Bereits bestehenden Gremien; die Gegensätze zwischen der Exil-KPD einerseits und den übrigen Gruppen der Emigration hatten sich nicht überbrücken lassen.

Auch der Konflikt zwischen der von Max Braun geführten Sozialdemokratischen Landesgruppe Frankreich und der Sopade schwelte weiter und gewann an Schärfe, als letztere wegen der politischen Entwicklung in Europa ihren Sitz Anfang 1938 nach Paris verlegte. Damit existierten in Frankreich zwei Dachverbände der deutschen Sozialdemokratie, hinter deren organisatorischer Trennung auch die ganze Erbschaft politischer und persönlicher Konflikte lastete. Als der Parteivorstand aufgrund offizieller tschechoslowakischer Maßregeln und des drohenden Verbots des *Neuen Vorwärts* im Dezember 1937 den Umzug nach Paris diskutierte, wurde auch die Frage erörtert, ob es sinnvoll sei, die deutsche Sozialdemokratie überhaupt unter der Führung der Sopade zusammenzufassen. Zumindest könnte es eine unliebsame Konkurrenz zwischen dem *Neuen Vorwärts* und Max Brauns *Deutscher Freiheit* geben, von der sich der Parteivorstand schon vorher distanziert hatte[66].

Die befürchtete Konkurrenzsituation zwischen Landesorganisation und Sopade trat ein und bildete mehr als anderthalb Jahre lang Gegenstand der sogenannten Konzentrationsbestrebungen. Die Verhandlungen zwischen beiden wurden belastet durch die politischen und persönlichen Differenzen, die in der unterschiedlichen Einstellung von Sopade und Landesorganisation zur Volksfront wie auch in den gereizten privaten Beziehungen ihrer Vertreter ihre Ursache hatten. Hinzu kam, daß Max Braun in dem wahrscheinlich wohl nicht ganz unbegründeten Verdacht stand, mit „Miles" (Walter Löwenheim) und seinr von der Partei abgespalteten linken Gruppierung „Neu Beginnen" in Verbindung zu stehen[67]. Am 24. April 1938 beauftragte die Landeskonferenz (Delegiertentagung) den Vorstand der Landesgruppe, in Verhandlungen mit der Sopade einzutreten über die Herbeiführung der „organisatorischen Einheit und Erneuerung der deutschen Sozialdemokratie", und benannte hierzu eine Verhandlungskommission[68]. Die Tatsache, daß hierbei neben organisatorischen Fragen zusätzlich programmatische Probleme zur Debatte standen, mußte die Verhandlungen wohl zwangsläufig scheitern lassen. Im August 1938 forderte Max Braun die Sopade auf, neue Vorschläge zu unterbreiten und ihrer Verhandlungskommission weiterführende Vollmachten zu erteilen[69].

Soweit die Quellen hier den Verhandlungsverlauf dokumentieren, hatte die Sopade gegen die *Deutsche Freiheit* einen Prozeß um die Verlagsrechte angestrengt und im Juni 1938 gewonnen. Bei den insgesamt drei Verhandlungsterminen hatten sich zudem die Landesorganisation und die Sopade nicht einigen können, weil Max Braun für sich und seine Organisation Sitz und Stimme im Parteivorstand der Sopade beanspruchte[70]. Das offensichtliche Scheitern der Verhandlungen führte zu einer tiefen Verwirrung innerhalb der sozialdemokratischen Emigranten. Sowohl von der weiteren Anhängerschaft als auch im Parteivorstand selbst regte sich Widerstand gegen eine Aufnahme Max Brauns. Vielmehr wurde von ihm erwartet, die *Deutsche Freiheit* einzustellen und seine Organisation auf-

---

66 Protokoll der PV-Sitzung vom 24. 12. 1937, AsD: Emigration-Sopade. Mappe 3.
67 Schreiben Richard Hansens vom 9. 3. 1938 an Kurt Geyer, ebd., Mappe 49.
68 Schreiben des Landesvorstandes vom 9. 5. 1938 an den PV, ebd., Mappe 123.
69 Schreiben des Landesvorstandes vom 9. 8. 1938 an den PV, ebd.
70 Protokolle der PV-Sitzungen vom 29. 6. und 10. 8. 1938, ebd., Mappe 3.

zulösen[71]. Das Scheitern der Konzentrationsverhandlungen im Oktober 1938 führte daraufhin zu weiteren Spaltungen. Verschiedene lokale Emigrantengruppen in Frankreich schlossen sich der Sopade an, so die Mehrheit der Forbacher, die schon früher die Eigenständigkeit der Landesgruppe kritisiert hatten[72]. Die sozialdemokratischen Emigranten in Straßburg stellten sich dagegen schon im August 1938 hinter Max Brauns Organisation[73]. Eine Gruppe in Montluçon hielt nach Bekanntwerden der gescheiterten Verhandlungen zunächst an der Sopade fest, spaltete sich aber, nachdem spätere Vermittlungsversuche zwischen beiden Organisationen im Frühjahr 1939 fehlgeschlagen waren. Dabei tendierten gewöhnlich ehemalige SPD-Mitglieder zur Sopade, Saarländer dagegen zur Landesgruppe[74]. Eine Einigung zwischen beiden Organisationen wurde niemals erreicht. Der Kriegsausbruch und die fluchtartige Verlegung des Parteisitzes von Paris nach London im Sommer 1940 haben derartige Bemühungen schließlich gegenstandslos gemacht.

Die saarländische Emigration im Kriege

Bei Kriegsbeginn ließ die französische Regierung aus Frucht vor möglicher Agententätigkeit von Emigranten alle Deutschen und Österreicher internieren. Nach einem in richtiger Einschätzung der Kriegsgefahr erlassenen französischen Gesetz vom 12. April 1939 waren Emigranten für den Kriegsfall hinsichtlich der Einberufung zum Militärdienst den Franzosen gleichgestellt worden. Nach Kriegsausbruch ignorierte die französische Regierung aber ihr eigenes Gesetz und erklärte in einer Verordnung vom 5. September deutsche und österreichische Flüchtlinge zu Staatsfeinden. Zwischen 12.000 und 14.000 Emigranten wurden daraufhin festgenommen, auf über 30 verschiedene Internierungslager verteilt und teilweise unter katastrophalen Bedingungen gefangen gehalten. Unter ihnen befanden sich etwa 4000 Österreicher und 1000 Saarländer[75].
In dieser Situation konnte Max Braun als Präsident des Office Sarrois einige Saarländer aus der Internierung befreien und ihnen sogar Arbeitsstellen un Funktionen in der französischen Verwaltung vermitteln. Im November 1939 erfuhr der Parteivorstand der Sopade von Max Braun, daß in Kürze mit der Freilassung aller internierten Saarländer zu rechnen sei[76]. Wie es scheint, hat Max Braun bei den französischen Behörden weitere zusätzliche Vergünstigungen durchgesetzt, zu denen sich Frankreich gegenüber den Saarländern als sogenannten „protégés de la France" verpflichtet fühlte. Ein Schreiben Max Brauns an den neuen SPD-Vorsitzenden Hans Vogel teilte mit, daß sich – offensichtlich auf eine Aufforderung des Office Sarrois – immer noch Saar-Emigranten meldeten. Alle „réfugiés sarrois" könnten in der „armée métropolitaine" (vermutlich die Pariser Stadtverwaltung) Dienst leisten und sich auf Antrag beschleunigt naturalisieren lassen[77].
Dies scheint der letzte Fall einer Sonderbehandlung von Saarländern gewesen zu sein. Am 22. Juni 1940 schloß Frankreich ein Waffenstillstandsabkommen mit dem Dritten Reich, aufgrund dessen alle von der Reichsregierung benannten Deutschen auf Verlangen auszuliefern seien, Gestapo-Beamte mit einer „Sonderfahndungsliste West" durchsuchten die

---

71 Schreiben Richard Hansens vom 10. 8. 1938 an den PV, ebd., Mappe 49. – Schreiben Hans Vogels vom 9. 12. 1938 an R. Görlinger, ebd., Mappe 45.
72 Schreiben Ludwig Adolfs vom 8. 2. und 18. 8. 1938 an den PV, ebd., Mappe 73.
73 Schreiben Georg Reinbolds vom 31. 8. 1938 an die Sopade, ebd., Mappe 94.
74 Korrespondenzen zwischen dem PV und Jacob Ott vom Oktober 1938 bis April 1939; zuletzt Schreiben des letzteren an Erich Ollenhauer vom 27. 6. 1939, ebd., Mappe 86.
75 „Vom Schicksal der deutschen Flüchtlinge in Frankreich", Der Aufbau Nr. 48 vom 1. 12. 1939.
76 Schreiben des PV vom 23. 11. 1939 an Jean Liebergall, AsD: Emigration-Sopade, Mappe 72.
77 Schreiben Max Brauns vom 25. 4. 1939 an Hans Vogel, ebd., Mappe 23.

Internierungslager. Zahlreiche Emigranten flüchteten in den nicht besetzten Süden des Landes und versuchten, über das Mittelmeer zu entkommen. Spanien und die Schweiz hatten ihre Grenzen geschlossen[78]. Der Parteivorstand der Sopade konnte sich rechtzeitig nach London absetzen. Emil Kirschmann und Wilhelm Sollmann entkamen in die Vereinigten Staaten. Max Braun gelang in letzter Minute die Flucht nach England. Johannes Hoffmann schlug sich nach Südfrankreich durch und rettete sich von dort nach Brasilien. Noch bis weit in das Jahr 1940 bemühten sich ausländische Organisationen, von denen vor allem die Quaker genannt seien, um die Rettung deutscher Emigranten[79]. Aber vielen gelang die Flucht nicht. Georg Beyer von der Redaktion der *Deutschen Freiheit* starb als schwerkranker Mann unter falschem Namen in einem französischen Kloster. Einige Flüchtlinge konnten sich tarnen und untertauchen, um die Kriegsjahre im Untergrund in ständiger Angst und materieller Not zu verbringen. Prominente Sozialdemokraten dagegen wie Rudolf Hilferding und Rudolf Breitscheid fielen in die Hände der Gestapo und endeten in deutscher Haft oder entzogen sich diesem Schicksal durch Freitod.

Das Pétain-Regime richtete für deutsche Emigranten insgesamt 65 Internierungslager ein, aus denen sie in den Jahren 1940 und 1941 unmittelbar der Gestapo und dem Sicherheitsdienst ausgeliefert wurden. Darunter befanden sich auch ehemalige Teilnehmer am Spanischen Bürgerkrieg, die breits nach ihrer Rückkehr nach Frankreich 1939 interniert worden waren. In den Internationalen Brigaden hatten der SAJ-Vorsitzende Ernst Braun gekämpft sowie der RFB-Funktionär Karl Merkel, der in Spanien den Tod fand. Einigen internierten Saarländern wie dem RFB-Gauführer Otto Niebergall gelang die Flucht aus dem Lager. Wie manche andere Flüchtlinge, die rechtzeitig untertauchen oder entkommen konnten, schloß er sich der französischen Résistance an[80]. Niebergall war es auch, der die nach den gescheiterten Volksfrontbemühungen ins Leben gerufene Bewegung „Freies Deutschland" leitete. Im Oktober 1943 konstituierte sich das kommunistisch gelenkte „Komitee ‚Freies Deutschland' für den Westen" (Comité 'Allemagne Libre pour l'Ouest' – CALPO), in dem gleichfalls saarländische Emigranten führend mitwirkten: die Sozialdemokratin Luise Schiffgens, Karl Mössinger und Franz Glauben sowie der Kommunist Fritz Nickolay[81]. Gegen Kriegsende bildete sich aus einigen Saaremigranten die frankophile Anschlußbewegung „Mouvement pour la Libération de la Sarre", die von Edgar Hector, Walter Sender und anderen Saarländern geführt wurde[82]. Aus ihr entstand später die von den Franzosen protegierte Anschlußbewegung MRS.

Von den reichsdeutschen Emigranten, die sich während des Abstimmungskampfes an der Saar aufgehalten hatten, wurden unter anderem verhaftet: Erich Gentsch; er hatte im Herbst 1934 für die KPD/Saar Gewerkschaftsfragen bearbeitet und wurde wegen seiner späteren langjährigen Widerstandarbeit 1944 zum Tode verurteilt. Carl Minster, der 1933-35 in frankophilen Kreisen mitgewirkt hatte, wurde 1942 verhaftet und nach kurzem Prozeß hingerichtet; Johanna Kirchner, die vor allem in der Arbeiterwohlfahrt in Saarbrücken gearbeitet hatte, wurde zunächst zu zehn Jahren Zuchthaus verurteilt, jedoch verwandelte

---

78 Edinger, S. 187 f.
79 Matthias/Link (Hrsg.): Mit dem Gesicht..., S. 468.
80 Hierzu vgl. Résistance. Erinnerungen deutscher Antifaschisten, zusammengestellt und bearbeitet von Dora Schaul, Frankfurt am Main 1973, insbes. S. 25 ff. Edith Zorn/Luise Kraushaar: Unvergeßliche Kampfgefährten. Über die illegale Agitation unter den deutschen Besatzungstruppen in Frankreich während des zweiten Weltkrieges, *Beiträge zur Geschichte der deutschen Arbeiterbewegung* III (1961), S. 50–62. – Karlheinz Pech: an der Seite der Résistance, Frankfurt am Main o. J. – Florimond Bonte: Les antifascistes allemands dans la résistance française, Paris 1969.
81 Schneider, S. 517 f.
82 Ebd., S. 519. – Herrmann: Saarländische Emigration, S. 391.

der Volksgerichtshof ihre Strafe in ein Todesurteil. Sie wurde am 9. Juni 1944 in Berlin-Plötzensee enthauptet[83].

Ein ähnliches Schicksal widerfuhr auch zahlreichen Saarländern. Die KPD-Funktionäre Josef Wagner, Heinrich Konrath, Jakob Welter wurden während des Krieges zum Tode verurteilt und hingerichtet. Der RGO-Funktionär Wilhelm Frisch nahm sich nach Mißhandlungen durch die Gestapo im Gefängnis das Leben. In nationalsozialistischer Haft starben Pater Hugolinus Dörr und der Kommunist Wilhelm Hermann; der ADGB-Vorsitzende Fritz Dobisch kam im Konzentrationslager Buchenwald um. Langjährige Haftstrafen erhielten die Sozialdemokraten Richard Kirn, Max Bock, Karl und Hermann Petri, Ernst Kunkel und Hugo Brück sowie der Kommunist Heinrich Detgen. Kirn, der eine achtjährige Zuchthausstrafe erhielt, begegnete in der Haftanstalt Brandenburg dem saarländischen KJVD-Vorsitzenden Erich Honecker, der wegen seiner Widerstandsarbeit zu zehn Jahren Zuchthaus verurteilt worden war. Ein Schicksalsgenosse in dieser Haftanstalt war der Physiker und spätere marxistische Regimekritiker Robert Havemann, dessen Todesurteil aus kriegswirtschaftlichen Gründen nicht vollstreckt wurde. Sie wurden erst 1945 durch die Rote Armee befreit[84].

Die hier angeführten Schicksale stehen stellvertretend für etwa 2350 Saarländer sowie reichsdeutsche Emigranten, die infolge oder im Zusammenhang mit dem Abstimmungskampf und der Expansion der nationalsozialistischen Gewaltherrschaft Opfer politischer Verfolgung wurden. 131 von ihnen fanden hierbei den Tod; über 800 wurden inhaftiert oder mußten sich unter menschenunwürdigen Umständen im Untergrund verbergen. In den Terrorprozessen wurden insgesamt mehr als 1500 Jahre Haft verhängt[85]. Abstimmungskampf, Emigration und Widerstand und die damit verbundenen menschlichen Tragödien fanden erst mit dem Ende der Hitler-Diktatur ihren endgültigen Abschluß.

83 Weber 2. S. 133; Koszyk, S. 224; Schneider, S. 515, Anm. 185.
84 Bies, S. 36; Kunkel (Angaben im Personenregister); Siegmann (Erläuterungen in den Fußnoten); Lippmann, S. 37 f.
85 Kunkel, S. 30.

Epilog

Der Abstimmungskampf im Saargebiet eignet sich nicht zur Mythenbildung. Es war keine allgemeine Erhebung gegen die braune Diktatur in einem Teile Deutschlands, in dem eine freie Meinungsäußerung zumindest ungefährlicher war als im Reich. Das zahlenmäßige Übergewicht der Stimmen für die Rückgliederung war zu eindeutig, als daß der verbleibende Stimmenrest als Fanal eines verbreiteten Widerstandes ausgelegt werden könnte. Wohl ist der differenzierende Einwand geboten, daß nicht jedes Votum für Deutschland zugleich auch als Stimme für Hitler gedacht war. Nicht wenige Saarländer sahen den Diktator als vorübergehende Erscheinung an, dessen Herrschaftssystem nicht von der grundsätzlichen Entscheidung über die nationale Zugehörigkeit abhalten dürfe. Aber gerade dieses von politischen Inhalten und Werten entblößte Nationalgefühl war es, das der „Deutschen Front" zugute kam und die Verfechter des Status quo mit den Vorwurf des Verrats belastete.

Dennoch kann und darf der Widerstand gegen die nationalsozialistische Gleichschaltung des Saargebiets und der Kampf gegen die Rückgliederung nicht an seiner Erfolgosigkeit gemessen werden. Daß dieser Widerstand in verschiedenen Parteien sich regte, neue politische Aussagen fand und schließlich Formen einer Zusammenarbeit entwickelte, die sich vor 1933 als unmöglich erwiesen hatten, ist bemerkenswert genug. Alle hieran maßgeblich beteiligten Parteien und Gruppen mußten hierzu Lernprozesse durchmachen und wesentliche Korrekturen an ihren bisherigen Standorten, ja an ihrem überlieferten Selbstverständnis vornehmen. Dies gilt zunächst einmal für die Sozialdemokratie. Die saarländische SPD überwand die von ihrer reichsdeutschen Mutterpartei betriebene Politik der Konfliktvermeidung und Unentschlossenheit gegenüber einem Gegner, der dies als Schwäche wertete und ausnutzte; sie wurde im Abstimmungskampf eine militante und kompromißlose Partei, die in wesentlichen Fragen auch den Bruch mit dem nach Prag emigrierten Parteivorstand nicht scheute. Die Feststellung über den Lernprozeß gilt auch für die KPD/Saar. Die Kommunisten überwanden, wenngleich spät, ihre doktrinären Positionen, die eine Zusammenarbeit aller antifaschistischen Kräfte behindert hatten; sie gaben die „Sozialfaschismus"-These auf und die „Rote Saar"-Parole, sie verzichteten vorübergehend auf den absoluten Führungsanspruch im Sinne der früher praktizierten Politik der „Einheitsfront von unten" und stellten ihre unerträgliche Polemik ein. Der „Christlich-Soziale Volksbund" schließlich, der sich sechs Wochen vor der Abstimmung konstituierte, versuchte die verhängisvolle Selbstauflösung des saarländischen Zentrums zu korrigieren und gegen den von der offiziellen Amtskirche geschlossenen Kompromiß mit dem Dritten Reich eine eigenständige christliche Politik zu betreiben.

Alle drei Parteien, zu denen noch die kleineren frankophilen, linken und rechten Splittergruppen gerechnet werden müssen, fanden sich zu einer punktuellen Zusammenarbeit bereit. Was sie verband, war ein antifaschistischer Konsens, der sie dazu brachte, über die früher für unüberwindbar gehaltenen parteipolitischen und weltanschaulichen Barrieren hinweg das gemeinsame Gespräch zu suchen und gemeinsame Aktionen zu planen. Die Auftritte katholischer Geistlicher auf kommunistischen Veranstaltungen geben auf

261

anschauliche Weise Zeugnis hiervon. Dennoch blieb der antifaschistische Konsens nur negativer Natur, indem er über die sehr allgemeinen Ziele der Einheitsfront für die Zeit nach einem Abstimmungssiege hinaus keinerlei konkrete Gemeinsamkeiten vorwies. Das Scheitern der Volksfrontdiskussionen innerhalb der deutschen Emigration in Paris bestätigte wenige Jahre später diese auch für die saarländische Parteienszenerie gültige Feststellung.

Die drei genannten Parteien waren in gewisser Weise Vorläufer der politischen Kräfte, die nach dem Kriege das geteilte Deutschland prägten. Die personelle und organisatorische Kontinuität ist im Falle der KPD und später der SED am deutlichsten erkennbar. Problematischer ist diese Feststellung im Falle der Sozialdemokratie. Die SPD/Saar war nicht identisch mit der reichsdeutschen Mutterpartei oder ihrem Exilvorstand Sopade. Einige der ehemals führenden saarländischen Sozialdemokraten traten nach dem Kriege für den Anschluß an Frankreich, andere für die Europäisierung der Saar ein, womit sie auf heftigen Widerstand der SPD in der Bundesrepublik Deutschland stießen. Noch schwieriger ist es, eine Verbindung zwischen Johannes Hoffmanns „Volksbund" und der späteren CDU zu sehen. Nicht nur daß Hoffmann nach dem Kriege als saarländischer Ministerpräsident für die Europäisierung der Saar eintrat und damit eine von weiten Kreisen der CDU abgelehnte Politik betrieb. Es läßt sich auch weder eine personelle noch eine organisatorische Kontinuität vom „Volksbund" über Hoffmanns SVP bis zur späteren saarländischen CDU ziehen. Dennoch wird man hier eine zumindest weitläufig vermittelte Vorläuferschaft des „Volksbundes" gegenüber der CDU nicht völlig abstreiten können. Der „Volksbund" war, obwohl überwiegend katholisch, eine überkonfessionelle christliche Volkspartei und vertrat damit eine Programmatik, an die nach dem Kriege die CDU ausdrücklich angeknüpft hat. Es ist im übrigen auch kein Zufall, daß die CDU nach der zweiten Rückkehr der Saar weitgehend das Wählererbe von Johannes Hoffmanns SVP angetreten hat.

Der von den genannten Kreisen und Gruppierungen getragene antifaschistische Konsens hat das Dritte Reich kaum überdauert. Wohl nahmen vor allem während des Krieges Widerstandsgruppen der verschiedenen politischen Richtungen Verbindungen miteinander auf; wohl bestanden lockere Kontakte dieser Art innerhalb der deutschen Emigration oder aber in festerer Form im „Nationalkomitee Freies Deutschland". Aber mit dem Kriegsende und der sich abzeichnenden Spaltung Deutschlands, vollends aber mit Beginn des Kalten Krieges wurden die gemeinsamen Erfahrungen des deutschen Widerstandes von späteren Konflikten verschüttet. Während in Italien noch heute eine aus dem Kampf gegen die Mussolini-Diktatur erwachsene Tradition des antifaschistischen Widerstandes im gesamten republikanischen Parteienspektrum, von den Christdemokraten bis hin zu den Kommunisten, lebendig ist, konnte sich eine derartige Tradition im geteilten Deutschland nicht entwickeln. Hier machen sich die verschiedenen Richtungen des Widerstandes gegenseitig das Erbe streitig und stellen einander die Ehrenhaftigkeit der jeweiligen Motive in Abrede. Wenn beispielsweise der Sohn eines hingerichteten Offiziers vom 20. Juli sich weigert, zusammen mit einem ehemaligen Kommunisten an einer gemeinsamen Gedenkfeier teilzunehmen, so bedeutet dies einen Rückfall in politische Borniertheit, die die meisten deutschen Widerstandsgruppen überwunden hatten.

Der von verschiedenen politischen Kräften getragene Kampf gegen das NS-Regime blieb nicht nur erfolglos, seine Erfahrungen blieben auch folgenlos. Auch aus diesem Grunde eignet sich der Abstimmungskampf an der Saar nicht zum Mythos. Er nahm nichts vorweg, was später fortgesetzt worden wäre. Er endete als Niederlage und geriet weitgehend in Vergessenheit. Eine nach Max Braun benannte Straße in Saarbrücken erhielt 1956 wieder ihren früheren Namen. Der Abstimmungskampf wurde allenfalls Forschungsgegenstand der Landesgeschichte, obwohl das Saargebiet als erstes Refugium für zahllose deutsche Emigranten, als Ausgangspunkt von Widerstandsaktionen und als Basis einer ersten breiten überparteilichen Front gegen Hitler Bedeutung für das erlangte, was man das *andere Deutschland* genannt hat.

Blieb auch der antifaschistische Konsens in Deutschland ohne politische Tradition, so ist die Geschichte des Abstimmungskampfes selbst ein nicht zu leugnendes Faktum. Wenigstens ihre historische Präsenz ist nicht auszulöschen und sollte auch in den Erinnerungen der Nachwelt erhalten bleiben.

Quellen- und Literaturverzeichnis

A. Ungedruckte Quellen

I. Bundesarchiv Koblenz

1. Alte Reichskanzlei (R 43 I):
   R 43 I/253
   R 43 I/254
2. Reichsicherheitshauptamt (R 58):
   R 58/1249
   R 58/1250
   R 58/494–1
3. Sammlung Schumacher Bd. 226
4. Zeitschriftenausschnittsammlungen (ZSg.)
   ZSg. 2–228
   ZSg. 2–229

II. Politisches Archiv des Auswärtigen Amts, Bonn

1. Büro des Reichsaußenministers: Akten betr. Saargebiet Bd. 6
2. Politische Abteilung II: Akten betr. Abstimmung im Saargebiet, adh. III: Durchführung des Garantieabkommens – Abstimmungsgericht Bde. 1–3
3. Politische Abteilung II: Parteien im Saargebiet Bde. 3–15
4. Politische Abteilung II: Arbeitsverhältnisse im Saargebiet Bde. 10–14
5. Politische Abteilung II: Emigranten im Saargebiet Bde. 1–5
6. Politische Abteilung II: Verhaftungen von Saardeutschen im Reichsgebiet Bde. 1–2
7. Missionsakten Paris: Saargebiet Bde. 23–34

III. Bayerisches Hauptstaatsarchiv, München

a) Allgemeines Staatsarchiv

1. Akten des Staatsministeriums für Unterricht und Kultus: Verhälnisse im besetzten Gebiet, hier: Das Saargebiet Bde. IV–V (MK 15 573–74)
2. Staatsministerium des Innern, Betr.: Vollzug des Art. 49 des Versailler Friedensvertrages vom 28. Juni 1919, hier: die Saarpfalz und das Saargebiet, Sept. 1931–1933, Bde. X (MInn 47 094) und V (MInn 47 095)

b) Geheimes Staatsarchiv

Akten des Staatsministeriums des Äußern, Saargebiet: Vereine, Parteien. Bde. XV a, b, c

IV. Geheimes Staatsarchiv/ Preußischer Kulturbesitz, Berlin

a) Rep. 77, Nr. 36
b) Rep. 90 P, Nr. 67 Bd. 1
        Nr. 77 Bd. 1

V. Landeshauptarchiv Koblenz

1. Akten des Oberpräsidiums der Rheinprovinz (403)
   403/16 857
   403/16 858
   403/16 859
   403/16 860
   403/16 861
2. Akten des Regierungspräsidenten von Trier (442)
   442/8530
   442/8531
   442/8532
   442/8533
   442/8538
3. Sammlung Wolff 700/45: 87/1−4

VI. Landesarchiv Saarbrücken

1. Bestand Generalstaatsanwaltschaft Neustadt/W
   Abt. I, Nr. 45/1
   Abt. I, Nr. 133
2. Akten des Landratsamts St. Ingbert
   600 F−II/13
   III/16−3300
   III/23−3321
   III/24−3330
   III/25−3331
   III/25−3331a
   III/26−3331
   III/27−3350
   3318a−III/22
   3318c−III/22
   3334/b
3. Privatpapiere Emil Straus, Nr. 3
4. Stenographische Berichte des Landesrats (hekt.)

VII. Hauptstaatsarchiv Düsseldorf

Akten der Geheimen Staatspolizei/Leitstelle Düsseldorf
Dossier Alexander Abusch
Dossier Adolf Lex Ende alias Bräuer
Dossier Erich Gentsch
Dossier Ernst Hundt
Dossier Heinrich Imbusch sen.
Dossier Johann Jennes

Dossier Walter Kaiser
Dossier Wilhelm Kox
Dossier Emil Kreuzburg
Dossier Hubert Küpper
Dossier Carl Minster
Dossier Hermann Müsgen
Dossier Jacob Welter
Dossier Wilhelm Winkelmann

VIII. Archives Départementales, Strasbourg

1. Bestände D 286 und D 460
   D 286/382
   D 286/383
   D 460/42
2. Bestand AL 98
   AL 98/407
   AL 98/408
   AL 98/409
   AL 98/688

IX. Pfälzisches Landesarchiv, Speyer

1. Akten des Bezirksamts Kusel (H 38)
   H 38/1399
   H 38/1420
   H 38/1423
   H 38/1426
   H 38/1427
   H 38/1431
2. Akten der Gestapo-Leitstelle Neustadt/W. (H 91)
   H 91/B 3782
   H 91/B 4255

X. Stadtarchiv Köln

Sollmann-Nachlaß, Mikrofilme Nrn. 1–3

XI. Stadtarchiv Saarbrücken

1. Akten der Bürgermeisterei in Dudweiler
   Nr. 712: Betr. Wochenberichte über die politische Lage,
   Nr. 713: Verordnung betr. Aufrechterhaltung der öffentlichen Ruhe, Ordnung und Sicherheit
2. Johannes Hoffmann: Journalistische Erfahrungen im Kampf gegen den Nationalsozialismus. Vortrag vor den Studenten des Instituts für Zeitungswissenschaft der Ludwig-Maximilians-Universität München, 18. November 1965 Mskr.

266

XII. Archiv des Stadtverbandes Saarbrücken

1. P–A/10, 11, 12, 13, 14, 16, 17
2. P–V/7, 8, 10, 11, 15b
3. S/17

XIII. Internationales Institut für Sozialgeschichte, Amsterdam

1. Nachlaß Paul Hertz
   – Sollmann-Korrespondenz, Mappen 1–2
   – Korrespondenz Hertz-Deniker
   – Leitzordner S 16–1f (SPD vor 1945)
2. Bestand Adler – SAI Dossiers Duitsland, Mappe 1
3. Miner's International Federation, Corr. re. Germany 1933–53
4. Saar-Kollektie: Materialien des Barons Mackay und der Adama van Scheltema-Kleefstra, Mappen 3–19

XIV. Archiv der sozialen Demokratie, Bonn

1. Bestand Emigration-Sopade, Mappen 1–220
2. Rinner-Korrespondenz Nr. 30, 34
3. Nachlaß Ritzel

XV. Berlin Document Center

Volksgerichtshofsakten
VGH A 57
VGH Sch 178
VGH S 238
VGH B 134
VGH F 25

XVI. Institut für Zeitgeschichte, München

a) Mappe ED 201/4
b) Mikrofilme MA 643 und MA 645

XVII. DGB-Archiv, Düsseldorf

Nachlaß Plettl

B. Gedruckte Quellen

1. Dokumentationen und amtliche Publikationen

Akten zur Deutschen Auswärtigen Politik, Serie C, Bde. I ff., Göttingen 1971 ff.
Bericht des Statistischen Amtes des Saargebiets, H 11, Saarbrücken 1933
Stenographische Berichte des Landesrats, Saarbrücken 1933/34

Die Bevölkerung des Saargebiets nach den Ergebnissen der Volkszählung vom 19. Juli 1927, Bd I:
Volkszählung, Saarbrücken 1930, Bd. II: Die berufliche und soziale Gliederung der Bevölkerung
des Saargebiets, Saarbrücken 1931

Hermann, Hans-Walter (Hrsg.): Das Schicksal der Juden im Saarland 1920 bis 1945, (Dokumentation
zur Geschichte der jüdischen Bevölkerung in Rheinland-Pfalz und im Saarland Bd. 6), Koblenz
1974

Verordnungen, Erlasse, Verfügungen und Bekanntmachungen der Regierungskommission des Saargebiets, verbunden mit Öffentlichem Anzeiger, herausgegeben vom Generalsekretariat der Regierungskommission, Saarbrücken 1933–35

2. Zeitungen und Zeitschriften

(Nicht aufgeführt werden unregelmäßig herausgegebene und hektographierte Blätter sowie Periodika, von denen nur noch Einzelexemplare ermittelt werden konnten. Fundorte: Stadtarchiv Saarbrük-
ken; Pfälzische Landesbibliothek, Speyer; Internationales Institut für Sozialgeschichte, Amsterdam; Archiv der sozialen Demokratie, Bonn)

Arbeiter-Zeitung, Saarbrücken 1933/35
Deutsche Freiheit, Saarbrücken 1933/35
Der Deutsche Kumpel, Saarbrücken 1934/35
Jahrbücher der christlichen Gewerkschaften, Köln 1927/31
Neue Saar-Post, Saarbrücken 1934/35
Neuer Vorwärts, Prag 1933/35
NSZ-Saarfront, Saarbrücken 1933/35
Pariser Tageblatt, Paris 1933/35
Der Rufer im Warndt, Ludweiler 1934/35
Rundschau über Politik, Wirtschaft und Arbeiterbewegung, Basel 1933/35
Saar-Bergarbeiter-Zeitung, Saarbrücken 1933/34
Saarbrücker Abendblatt, Saarbrücken 1933/35
Saarbrücker Zeitung, Saarbrücken 1933/35
Saarlouiser Journal/General-Anzeiger, Saarlouis 1933/35
Volksecho, Saarbrücken 1933/35
(Saar-) Volksstimme, Saarbrücken 1933/35
Westland/Grenzland, Saarbrücken 1933/35

3. Memoiren, Interviews, Briefsammlungen, Tagebücher, autobiographische Berichte und Saar-Romane

Balk, Theodor: Hier spricht die Saar. Ein Land wird interviewt, Zürich 1934
Buber-Neumann, Margarete: Von Potsdam bis Moskau. Stationen eines Irrwegs, Stuttgart 1957
Bungarten, Franz: Ich darf nicht schweigen. Meine Ausweisung aus dem Saargebiet, Köln 1951
Dunner, Joseph: Zu Protokoll gegeben. Mein Leben als Deutscher und Jude, München 1971
Mit dem Gesicht nach Deutschland. Eine Dokumentation über die sozialdemokratische Emigration.
Aus dem Nachlaß von Friedrich Stampfer, ergänzt durch andere Überlieferungen. Herausgege-
ben im Auftrag der Kommission für Geschichte des Parlamentarismus und der politischen Par-
teien von Erich Matthias, bearbeitet von Werner Link, Düsseldorf 1968
Glaser, Georg K.: Geheimnis und Gewalt, 2 Bde., Basel 1951
Hoffmann, Johannes: Das Ziel war Europa. Der Weg der Saar 1945 bis 1955, München-Wien 1963
Koestler, Arthur: Die Geheimschrift. Bericht eines Lebens, Wien-München-Basel 1955
zu Löwenstein, Hubertus Prinz: Botschafter ohne Auftrag. Lebensbericht, Düsseldorf 1972
Regler, Gustav: Im Kreuzfeuer. Ein Saar-Roman, Paris 1934
Regler, Gustav: Das Ohr des Malchus, Köln-Berlin 1958
Résistance. Erinnerungen deutscher Antifaschisten, zusammengestellt und bearbeitet von Dora
Schaul, Frankfurt am Main 1973

Retzlaw, Karl: Spartakus. Aufstieg und Niedergang. Erinnerungen eines Parteiarbeiters, Frankfurt am Main 1974

Siegmann, Paul: Vor vierzig Jahren. Der Kampf um den 13. Januar 1935. Tagebuch-Auszüge, *Zeitschrift für die Geschichte der Saargegend* XXII (1974)

Souchy, Augustin: „Vorsicht: Anarchist!" Ein Leben für die Freiheit. Politische Erinnerungen, Darmstadt-Neuwied 1977

~~*Wehner, Herbert:*~~ Untergrundnotizen von KP zur SPD 1933–1945. Das ungekürzte Tagebuch (unveröffentlichtes Mskr.)

~~*(Weinert, Erich:)*~~ Erich Weinert erzählt, Berlin DDR 1955

Wolf, Lore: Ein Leben ist viel zuwenig, Frankfurt am Main 1974

C. Literatur

Abendroth, Wolfgang: Das Problem der Widerstandstätigkeit der „Schwarzen Front", *Vierteljahrshefte für Zeitgeschichte 8 (1960)*

Abendroth, Wolfgang: Der Widerstand der Arbeiterbewegung, in: Deutscher Widerstand 1933–1945. Aspekte der Forschung und der Darstellung im Schulbuch. Eine Berichterstattung von Edgar Weick im Auftrage des Studienkreises zur Erforschung und Vermittlung des deutschen Widerstandes, Heidelberg 1967

Adolph, Hans J. L.: Otto Wels und die Politik der deutschen Sozialdemokratie 1894–1939. Eine politische Biographie, Berlin 1971

Babelon, Ernest: Au pays de la Sarre. Sarrelouis et Sarrebruck, Paris 1918

Bahne, Siegfried: Die KPD und das Ende von Weimar. Das Scheitern einer Politik 1932–1935, Frankfurt am Main – New York 1976

Bainville, Jacques: Histoire de deux peuples, Paris 1915

Baldauf, Heinrich: Fünfzehn Jahre publizistischer Kampf um die Saar, Diss. München, Saarbrücken 1934

Bartz, Karl: Weltgeschichte an der Saar, Neustadt/Hardt 1935

Bednareck, Horst: Gewerkschafter im Kampf gegen die Todfeinde der Arbeiterklasse und des deutschen Volkes. Zur Geschichte der deutschen Gewerkschaftsbewegung 1933–1945, Berlin DDR 1966

Bellot, Josef: Hundert Jahre politisches Leben an der Saar unter preußischer Herrschaft (1815–1918), (Rheinisches Archiv 45), Bonn 1954

Bentwich, Norman: The Refugees from Germany, April 1933 to December 1935, London 1936

Berndt, Alfred-Ingemar: Meilensteine des Dritten Reiches. Erlebnisschilderungen großer Tage, München 1938

Bers, Günter: Der Bezirk Mittelrhein/Saar der Kommunistischen Partei Deutschlands (KPD) im Jahre 1922, Wentorf bei Hamburg 1975

Bies, Luitwin: Klassenkampf an der Saar 1919–1935. Die KPD im Saargebiet im Ringen um die soziale und nationale Befreiung des Volkes, Frankfurt am Main 1978

Biesel, Eduard: Die völkerrechtliche Stellung des Saargebiets, (Frankfurter Abhandlungen zum modernen Völkerrecht), Leipzig 1929

Blaich, Fritz: Grenzlandpolitik im Westen 1926–1936, Stuttgart 1978

Blondel, Georges: La Rhenanie, Paris 1921

Bock, Hans Manfred: Geschichte des „linken Radikalismus" in Deutschland. Ein Versuch, Frankfurt am Main 1976

Bock, Hans Manfred: Syndikalismus und Linkskommunismus von 1918–1923. Zur Geschichte und Soziologie der Freien Arbeiter-Union (Syndikalisten), der Allgemeinen Arbeiter-Union Deutschlands und der Kommunistischen Arbeiter-Partei Deutschlands, Meisenheim am Glan 1969

Bonte, Florimond: Les antifascistes allemands dans la résistance française, Paris 1969

Borck, Otto: Die Großeisenindustrie des Saargebiets unter besonderer Berücksichtigung der Lohn- und Arbeitsverhältnisse in der Nachkriegszeit, Diss. Frankfurt am Main, Leipzig 1930

Bracher, Karl Dietrich: Die deutsche Diktatur. Entstehung, Struktur, Folgen des Nationalsozialismus, Köln-Opladen 1969

Brandt, Peter: Einheitsfront und Volksfront in Deutschland, *Probleme des Klassenkampfes* 6 (1976)

Braunthal, Julius: Geschichte der Internationale, Bd. 2, Hannover 1963

Bungert, Gerhard/ Klaus-Michael Mallmann: "Beamte und Profitler – grüßen mit Heil Hitler". Gewerkschaftlicher Kampf an der Saar unter dem Nationalsozialismus, *arbeitnehmer.* Zeitschrift der Arbeitskammer des Saarlandes, H. 1–2, 25 Jg. (1977)

Cerný, Bohumil: Der Parteivorstand der SPD im tschechoslowakischen Asyl (1933–1938), *Historica* XIV (1967)

Dontenville, F.: Le bassin de la Sarre doit appartenir à la France, Paris 1926

Dünow, Hermann: Der rote Frontkämpferbund. Die revolutionäre Schutz- und Wehrorganisation des deutschen Proletariats in der Weimarer Republik, Berlin DDR 1958

Duhnke, Horst: Die KPD von 1933 bis 1945, Köln 1972

Edinger, Lewis J.: Sozialdemokratie und Nationalsozialismus. Der Parteivorstand der SPD im Exil von 1933–1945, Hannover-Frankfurt am Main 1960

Engerand, Fernand: L'Allemagne et le fer. Les frontières lorraines et la force allemande, Paris 1916

Felten, Franz: Die Herrschaft des Nationalsozialismus, in: 1 000 Jahre Dudweiler 977–1977, Dudweiler 1977

Finker, Kurt: Aus dem Kampf der Internationalen Arbeiterhilfe in Deutschland, *Beiträge zur Geschichte der deutschen Arbeiterbewegung* VI (1964)

Fischer, Per: Die Saar zwischen Deutschland und Frankreich. Politische Entwicklung von 1945–1959, Frankfurt am Main 1959

Florinsky, Michael T.: The Saar Struggle, New York 1935

Frederik, Hans: Gezeichnet vom Zwielicht seiner Zeit, München 1969

Freudenhammer, Alfred/ Karlheinz Vater: Herbert Wehner. Ein Leben mit der Deutschen Frage, München 1978

Frey, Ludwig: Die Stellung der christlichen Gewerkschaften zu den politischen Parteien, Berlin 1931

von Freyberg, Jutta: Sozialdemokraten und Kommunisten. Die Revolutionären Sozialisten Deutschlands vor dem Problem der Aktionseinheit 1934–1937, Köln 1973

Freymond, Jacques: Die Saar 1945–1955, München 1961

Gall, Klaus-Dieter: Die Situation der Mannheimer SPD in den letzten Jahren der Weimarer Republik und der sozialdemokratische Widerstand gegen den Nationalsozialismus, Staatsarbeit Universität Mannheim 1978 (unveröff. Mskr.)

Gerhard, Dieter: Das Saargebiet (1919–1935), *Saarheimat.* Zeitschrift für Kultur, Landschaft und Volkstum 19. Jg. (1975)

Geimer, Alexander: Die völkerrechtliche Stellung des Saargebiets unter besonderer Berücksichtigung der ausländischen Literatur, Diss. Erlangen, Saarbrücken 1931

Gittig, Heinz: Illegale antifaschistische Tarnschriften 1933 bis 1945, Leipzig 1972

Goergen, Joseph M.: Frankreichs Fundamentalirrtum im Saargebiet. 150 000 Saarfranzosen oder Fälschung?, München 1927

Goergen, Joseph M.: Das Saarexperiment des Völkerbundes, Strasbourg 1934

Grabowsky, Adolf/ Georg Wilhelm Sante (Hrsg.): Die Grundlagen des Saarkampfes. Handbuch zur Volksabstimmung, *(Zeitschrift für Politik,* Sondernummer 1), Berlin 1934

Grasmann, Peter: Sozialdemokraten gegen Hitler 1933–1945, München-Wien 1976

Grebing, Helga: Geschichte der deutschen Arbeiterbewegung. Ein Überblick, München 1966

Grimm, Friedrich: Frankreich an der Saar. Der Kampf um die Saar im Lichte der historischen französischen Saarpolitik, Hamburg 1934

Gross, Babette: Willi Münzenberg. Eine politische Biographie, Stuttgart 1967

Grossmann, Kurt R.: Emigration. Die Geschichte der Hitler-Flüchtlinge 1933–1945, Frankfurt am Main 1969

Groten, Curt: Die Kontrolle des Völkerbundes über die Tätigkeit der Regierungskommission des Saargebiets, Diss. Bonn, Saarbrücken 1929

Groten, Curt: Die Volksabstimmung im Saargebiet. Eine völkerrechtliche Studie in allgemeinverständlicher Bearbeitung, Berlin 1934

Hebel-Kunze, Bärbel: SPD und Faschismus. Zur politischen und organisatorischen Entwicklung der SPD 1932–1935, Frankfurt am Main 1977

Herold, Martin/ Josef Niessen/ Franz Steinbach: Geschichte der französischen Saarpolitik. Ausgangsstellung und Angriff. Von der Saar zum Rhein. Wende und Wiederkehr, Bonn 1934

Hermann, Hans-Walter: Beiträge zur Geschichte der saarländischen Emigration 1935–1939, *Jahrbuch für westdeutsche Landesgeschichte* 4 (1978)

Hirsch, Felix E.: William Sollmann: Wanderer Between Two Worlds, *The South Atlantic Quarterly* LII (1953)

Hirsch, Helmut: Die Saar von Genf. Die Saarfrage während des Völkerbundregimes von 1920–1935, (Rheinisches Archiv 46), Bonn 1954

Hirsch, Helmut: Die Saar in Versailles. Die Saarfrage auf der Friedenskonferenz von 1919, (Rheinisches Archiv 42), Bonn 1952

Hirsch, Helmut: The Saar Plebiscite of 1935, *The South Atlantic Quarterly* XLVI (1946)

Jacobsen, Hans-Adolf: Nationalsozialistische Außenpolitik 1933–1938, Frankfurt am Main-Berlin 1968

Jacoby, Fritz: Die nationalsozialistische Herrschaftsübernahme an der Saar. Die innenpolitischen Probleme der Rückgliederung des Saargebiets bis 1935, Saarbrücken 1973

Jastroch, Eva: Die Gewerkschaftsarbeit der KPD und die Entwicklung der Revolutionären Gewerkschafts-Opposition (RGO) unter besonderer Berücksichtigung des Einflusses der Kommunistischen Internationale (1920–1930), Staatsarbeit Universität Gießen 1976 (unveröff. Mskr.)

Kalbe, Ernst Gert: Die internationale antifaschistische Solidaritätsbewegung zur Rettung Georgi Dimitroffs im Jahre 1933, *Wissenschaftliche Zeitschrift der Martin-Luther-Universität Halle-Wittenberg* IX (1960)

Katsch, Hellmut: Regierung und Volksvertretung im Saargebiet, Leipzig 1930

Kloevekorn, Fritz (Hrsg.): Das Saargebiet, seine Struktur, seine Probleme, Saarbrücken 1929

Koszyk, Kurt: Das abenteuerliche Leben des sozialrevolutionären Agitators Carl Minster (1873–1942), *Archiv für Sozialgeschichte* V (1965)

Kraushaar, Luise/ Gerhard Nitzsche: Einheitsbestrebungen sozialdemokratischer Mitglieder nach Errichtung der faschistischen Diktatur, *Beiträge zur Geschichte der deutschen Arbeiterbewegung* IX (1967)

Kunkel, Ernst: Die sozialdemokratische Partei des Saargebiets im Abstimmungskampf 1933/1935, o. O. o. J. (1968)

Lankau-Alex, Ursula: Volksfront für Deutschland, Bd 1: Vorgeschichte und Gründung des „Ausschusses zur Vorbereitung einer deutschen Volksfront", 1933–1936, Frankfurt am Main 1977

Lehmann, Hans-Georg: In Acht und Bann. Politische Emigration, NS-Ausbürgerung und Widergutmachung am Beispiele Willy Brandts, München 1976

Lehmann-Russbüldt, Otto: Der Kampf der deutschen Liga für Menschenrechte, vormals Bund Neues Vaterland, für den Weltfrieden 1914–1927, Berlin 1927

Lehndorff, Steffen: Wie kam es zur RGO? Probleme der Gewerkschaftsentwicklung in der Weimarer Republik von 1927 bis 1929, Frankfurt am Main 1975

Lewy, Guenter: Die katholische Kirche und das Dritte Reich, München 1965

Linse, Ulrich: Die Transformation der Gesellschaft durch die anarchistische Weltanschauung. Zur Ideologie und Organisation anarchistischer Gruppen in der Weimarer Republik, *Archiv für Sozialgeschichte* XI (1971)

Lippmann, Heinz: Honecker. Porträt eines Nachfolgers, Köln 1971

Matthias, Erich/ Rudolf Morsey (Hrsg.): Das Ende der Parteien 1933, Düsseldorf 1960

Matthias, Erich: Sozialdemokratie und Nation. Ein Beitrag zur Ideengeschichte der sozialdemokratischen Emigration in der Prager Zeit des Parteivorstandes 1933–1938, Stuttgart 1952

Maupas, Jacques: La Sarre et son rattachement à l'Allemagne, Paris 1936

Mausbach-Bromberger, Barbara: Der Widerstand der Arbeiterbewegung in Frankfurt am Main 1933–1945, Phil. Diss. Marburg/L 1976 (hekt.)

Metzger, Ernst: Der Einfluß des Saarstatuts auf die politischen und wirtschaftlichen Verhältnisse des Saargebiets, Diss. Jena, Würzburg 1934

Milatz, Alfred: Wähler und Wahlen in der Weimarer Republik, Bonn 1965

271

Moraw, Frank: Die Parola der „Einheit" und die Sozialdemokratie. Zur parteiorganisatorischen und gesellschaftspolitischen Orientierung der SPD in der Periode der Illegalität und in der ersten Phase der Nachkriegszeit 1933–1948, Bonn-Bad Godesberg 1973

Morsey, Rudolf: Der Untergang des politischen Katholizismus. Die Zentrumspartei zwischen christlichem Selbstverständnis und „Nationaler Erhebung" 1932/33, Stuttgart-Zürich 1977

Müller, Hans: Katholische Kirche und Nationalsozialismus, München 1963

Müller, Ludwig: Der Völkerbund als Treuhänder des Saargebiets, Diss. Würzburg 1931

Müssener, Helmut: Die deutschsprachige Emigration in Schweden nach 1933. Ihre Geschichte und kulturelle Leistung, Stockholm 1971

Niemann, Heinz: Zur Vorgeschichte und Wirkung des Prager Manifestes der SPD, *Zeitschrift für Geschichtswissenschaft XIII (1965)*

Obé, Rudolf: Die Arbeiterverhältnisse im französisch-fiskalischen Saarbergbau, Diss. Frankfurt am Main, Leipzig 1930

Oppenheimer, Max: Der Fall Verbote. Zeugnisse des Mannheimer Widerstandes, Frankfurt am Main 1969

Oppenheimer, Max: Das kämpferische Leben der Johanna Kirchner. Porträt einer antifaschistischen Widerstandskämpferin, Frankfurt am Main 1974

de Pange, Jean: Les libertés rhénanes. Pays rhénans, Sarre, Alsace, Paris 1922

Passe, Georges: Le Plébiscite de la Sarre, Paris 1935

Pech, Karlheinz: An der Seite der Résistance, Frankfurt am Main o. J.

Plum, Günter: Gesellschaftsstruktur und politisches Bewußtsein in einer katholischen Region 1928–1933. Untersuchung am Beispiel des Regierungsbezirks Aachen, Stuttgart 1972

Plum, Günter: Volksfront, Konzentration und Mandatsfrage. Ein Beitrag zur Geschichte der SPD im Exil 1933–1939, *Vierteljahrshefte für Zeitgeschichte* 18 (1970)

Rettig, Rudolf: Die Gewerkschaftsarbeit der Kommunistischen Partei Deutschlands unter Berücksichtigung der Auseinandersetzungen mit den freien Gewerkschaften, Phil. Diss. Hamburg 1954

Rixecker, Otto: Die Bevölkerungsverteilung im Saargebiet, Diss. Berlin 1930

Röchling, Hermann: Wir halten die Saar!, Berlin 1934

Röder, Werner: Die deutschen sozialistischen Exilgruppen in Großbritannien. Ein Beitrag zur Geschichte des Nationalsozialismus, Bonn-Bad Godesberg 1973

Röder, Werner: Emigration und innerdeutscher Widerstand, Verfolgung und Emigration 1933–1945. Referate auf der Tagung des Forschungsinstituts der Friedrich Ebert-Stiftung vom 25. bis 30. 9. 1966 in Bergneustadt, (hekt.) Bad Godesberg 1967

Roehl, Fritzmichael: Marie Juchacz und die Arbeiterwohlfahrt, überarbeitet von Hedwig Wachenheim, Hannover 1961

Rohe, Karl: Das Reichsbanner Schwarz Rot Gold. Ein Beitrag zur Geschichte der politischen Kampfverbände zur Zeit der Weimarer Republik, Düsseldorf 1966

Runge, Wolfgang: Das Prager Manifest. Ein Beitrag zur Geschichte der SPD, Hamburg 1971

Salm, Fritz: Im Schatten des Henkers. Vom Arbeiterwiderstand in Mannheim gegen faschistische Diktatur und Krieg, Frankfurt am Main 1973

Saul, Klaus: Staat, Industrie, Arbeiterbewegung im Kaiserreich. Zur Innen- und Außenpolitik des Wilhelminischen Deutschland 1904–1914, Diss. Hamburg, Düsseldorf 1974

Schmidt, Robert H.: Saarpolitik 1945–1957, 3 Bde., Berlin 1959 ff.

Schneider, Dieter Marc: Saarpolitik und Exil 1945–1957, *Vierteljahrshefte für Zeitgeschichte* 25 (1977)

Schnell, Karl: Die Bergarbeiterbewegung im Saargebiet seit der französischen Okkupation, Diss. München 1924 (Mskr.)

Schorr, Albert: Zur Soziologie des Industriearbeiters an der Saar, Diss. Hamburg, Völklingen 1931

Schumann, Hans-Gerd: Nationalsozialismus und Gewerkschaftsbewegung. Die Vernichtung der deutschen Gewerkschaften un der Aufbau der „Deutschen Arbeitsfront", Hannover-Frankfurt am Main 1958

Schuster, Kurt G. P.: Der Rote Frontkämpferbund 1924–1929. Beiträge zur Geschichte und Organisationsstruktur eines politischen Kampfbundes, Düsseldorf 1975

Seibt, Bernhard: Die Rückgliederung der saarländischen Schwerindustrie nach 1935, Diss. München 1941

Siegele-Wenschkewitz, Leonore: Nationalsozialismus und Kirchen. Religionspolitik von Partei und Staat bis 1935, Düsseldorf 1974

Stegemann, Herbert: Rettes das Saarland! Ein Aufruf, Berlin 1919

Stern, Carola: Ulbricht. Eine politische Biographie, Köln-Berlin 1963

Straus, Emil: Die gesellschaftliche Gliederung des Saargebiets. Eine soziographische Beschreibung, Diss. Frankfurt am Main 1935

Sywottek, Arnold: Deutsche Volksdemokratie. Studien zur politischen Konzeption der KPD 1933–1946, Düsseldorf 1971

Szliska, Jakob: Der Freiheitskampf an de Saar, Teile I–V, Breslau 1936

Thape, Ernst: Von Rot zu Schwarz-Rot-Gold, Hannover 1969

Theisen, Ursula: Die Haltung der sozialistischen Presse des Saargebiets im Abstimmungskampf 1934/35, Staatsarbeit Universität Saarbrücken 1975 (Mskr.)

Thieringer, Rolf: Das Verhältnis der deutschen Gewerkschaft zu Staat und politischen Parteien in der Weimarer Republik 1918 bis 1933, Phil. Diss. Tübingen 1954

Tjaden, Karl Hermann: Struktur und Funktion der „KPD-Opposition" (KPO). Eine organisations-soziologische Untersuchung zur „Rechts"-Opposition im deutschen Kommunismus zur Zeit der Weimarer Republik, Meisenheim am Glan 1964

Tutas, Herbert E.: Nationalsozialismus und Exil. Die Politik des Dritten Reiches gegenüber der deutschen politischen Emigration 1933–1939, München-Wien 1975

Vidal de la Blache, Paul: La France de l'Est, Paris 1917

Vidal de la Blache, Paul/ Lucien Gallois: Le Bassin de la Sarre. Clauses du Traité de Versailles. Etude historique et économique, Paris 1919

Wagner, Eugen: Die Presse des Saargebiets und ihr Kampf gegen die französischen Annexions-bestrebungen in den Jahren 1918–1925, Saarbrücken 1933

Walter, Hans-Albert: Die Asylpolitik Frankreichs von 1933 bis zur Annexion Österreichs, in: Exil und innere Emigration, II. Internationale Tagung in St. Louis, herausgegeben von Peter Uwe Hohendahl und Egon Schwarz, Frankfurt am Main 1973

Walter, Hans-Albert: Deutsche Exil-Literatur 1933–1950, Bd. 1, Darmstadt–Neuwied 1972

Wambaugh, Sarah: The Saar Plebiscite. With a Collection of Official Docoments, Cambridge/Mass. 1940

Weber, Hermann: Die Wandlung des deutschen Kommunismus. Die Stalinisierung der KPD in der Weimarer Republik, 2 Bde., Frankfurt am Main 1969

Wegmüller, Jürg: Das Experiment der Volksfront. Untersuchungen zur Taktik der Kommunistischen Internationale der Jahre 1934 bis 1938, Bern-Frankfurt am Main 1972

Wegner, Matthias: Exil und Literatur. Deutsche Schriftsteller im Ausland 1933–1945, Frankfurt am Main-Bonn 1967

Wehling, Wilhelm: Zum Manifest des Prager Emigrationsvorstandes der deutschen Sozialdemokratie vom Januar 1934, *Beiträge zur Geschichte der deutschen Arbeiterbewegung* VI (1964)

Weisenborn, Günther: Der lautlose Aufstand. Bericht über die Widerstandsbewegung des deutschen Volkes 1933–1945, Frankfurt am Main 1974

Willard, Claude: Les réactions du PC et de la SFIO à l'arrivée de Hitler au pouvoir, in: Mélanges d'histoire sociale, offerts à Jean Maitron, Paris 1976

Winzer, Otto: Zwölf Jahre Kampf gegen Faschismus und Kriegsgefahr. Ein Beitrag zur Geschichte der Kommunistischen Partei Deutschlands 1933–1945, Düsseldorf 1955

Zelt, Johannes: ... und nicht vergessen – die Solidarität! Aus der Geschichte der Internationalen Roten Hilfe und der Roten Hilfe Deutschlands, Berlin DDR 1960

Zenner, Maria: Parteien und Politik im Saargebiet unter dem Völkerbundsregime 1920–1935, Saarbrücken 1966

Zimmermann, Albert: La Réadaption économique de la Sarre à l'Allemagne, (Travaux de la Faculté de Droit et des Sciences Politiques de Strasbourg), Paris 1937

Zorn, Edith/ Luise Kraushaar: Unvergeßliche Kampfgefährten. Über die illegale Agitation unter den deutschen Besatzungstruppen in Frankreich während des zweiten We rieges, *Beiträge zur Geschichte der Arbeiterbewegung* III (1961)

Personenregister

(Sofern nicht anders vermerkt, beziehen sich Angaben und Erläuterungen auf den Zeitraum 1933/35; bei historisch allgemein bekannten Persönlichkeiten wurde von derartigen Angaben abgesehen. Pseudonyme und mutmaßliche Decknamen weden in Anführungszeiten wiedergegeben.)

Abusch, Alexander, KPD-Funktionär, Mitarbeiter der *Arbeiter-Zeitung* 114

Adam, Conrad, Mitglied der FAUD in St. Ingbert 156, 157

Adler, Friedrich, Generalsekretär der Sozialistischen Arbeiter-Internationale 85, 172

Aloisi, Pompeo, Baron, Vorsitzender des Dreierkomitees des Völkerbundrates 223

Amrhein, Anton, 171

André-Fribourg, Georges Alexandre, französischer Deputierter, Mitglied der Radikalsozialistischen Partei 123, 146, 219

„Anton", s. *Switalla, Anton*

Arnau, Frank, Schriftsteller 215

Bärwolf, Max, KPD-Funktionär, Führer des RFB-Sturmtrupps „Engels" in Merzig 106, 115, 193

Barthou, Louis, französischer Außenminister, ermordet am 9.10.1934 223

Becher, Johannes, R., Schriftsteller 215

Becheter, Ludwig, SPD-Mitglied in Dillingen 252

Becker, Ernst, KPO-Mitglied in Ludweiler 161

Becker, Karl, 158

Bentwich, Norman, Direktor des Hohen Komissar des Völkerbundes für Flüchtlinge aus Deutschland 170

Bérenger, Henri, Mitarbeiter im Hochkommissariat des Völkerbundes für Flüchtlinge aus Deutschland 170

Bernarding, Johann, Funktionär der SPD/Saar und des BAV 42, 45, 88

Bernhard, Georg, Herausgeber des *Pariser Tageblattes* 215

Beyer, Georg, sozialdemokratischer Emigrant aus Köln, Redakteur der *Deutschen Freiheit* 83, 84, 87, 88, 89, 248, 249, 255

Binder, Richard, Regierungsrat, bayerischer Saarvertrauensmann 78, 79, 102, 158, 162, 165, 198, 204, 239

Blanc, Thomas, Vorstandsmitglied der SPD/Saar 221

Blum, Léon, Vorsitzender der französischen Sozialisten (SFIO) 22

Bock, Max, Vorsitzender des DMV/Saar 45, 260

Bode, Karl, KPD-Stadtverordneter in Saarbrücken 241

Bollmann, Hugo, kommunistischer Widerstandskämpfer 186

Bornewasser, Franz Rudolf, Bischof von Trier 123, 133, 136, 137

Brand, Ernst, Rechtsanwalt 179

Brandt, Karl, KPD-Vorsitzender in Merzig 185, 193

Branting, Hjalmar, schwedischer Senator 219

Braun, Ernst, Vorsitzender der SAJ/Saar 42, 94, 234, 259

Braun, Heinz, Rechtsantwalt, Bruder von Max Braun 41, 221

Braun, Max, Vorsitzender der SPD/Saar, Mitglied des Landesrates, Chefredakteur der *Volksstimme* und der *Deutschen Freiheit* 39, 40, 41, 42, 43, 47, 74, 82, 84, 85, 86, 87, 88, 89, 91, 92, 94, 96, 100, 101, 135, 165, 188, 196, 197, 200, 201, 203, 213, 214, 215, 217, 218, 219, 221, 227, 228, 230, 234, 235, 239, 246, 250, 254, 255, 256, 257, 258, 259, 262

Brecht, Bert, Schriftsteller 215

Breitscheid, Rudolf, ehemaliger preußischer Innenminister, bis 1933 sozialdemokratischer Reichstagsabgeordneter 89, 93, 228, 255, 256, 259

Briand, Aristide, französischer Ministerpräsident und Außenminister (gest. 1932) 23

Brix, Walter, Emigrant aus Düsseldorf, Pol-Leiter der KPD in Bischmisheim 115

Brück, Hugo, SPD-Vorsitzender in Illingen, Vorstandsmitglied der SPD/Saar 42, 260

Brückner, M., Funktionär des RGO-„Einheitsverbandes für das Baugewerbe 59

Brückner, Walter, KPD-Funktionär in Saarbrücken 118, 241